HERMENÉUTICA

Cómo entender la Biblia

Dr. Carlos A. Villanueva

Editorial CLIE
www.clie.es

EDITORIAL CLIE
C/ Ferrocarril, 8
08232 VILADECAVALLS
(Barcelona) ESPAÑA
E-mail: clie@clie.es
http://www.clie.es

HERMENÉUTICA
ISBN: 978-84-16845-87-3
Depósito Legal: B 13239-2018
Estudio Bíblico
Hermenéutica y exégesis
Referencia: 225053

Carlos A. Villanueva

El Dr. Carlos A. Villanueva ha sido profesor por más de 30 años en el campo de Biblia en el Seminario Internacional Teológico Bautista de Buenos Aires (Argentina). Las materias en las que se especializó son Antiguo Testamento, exégesis bíblica, interpretación bíblica y teología bíblica. Dictó clases y conferencias en distintos países de América Latina. Además, de su tarea docente, fue Decano (Vice-Rector), Director del Departamento de Ciencias Bíblicas y Rector del Seminario internacional teológico Bautista hasta su retiro.

Autor de varios libros y artículos publicados en revistas evangélicas y católicas, ha colaborado en la primera edición en español del Nuevo Diccionario Bíblico (Editorial Certeza).

Estudió inicialmente en el Seminario Internacional Teológico Bautista y completó sus estudios doctorales en la Pontificia Universidad Católica Argentina, bajo la dirección del reconocido biblista Armando Levoratti.

Casado con su esposa Lidia desde hace 45 años, tiene 4 hijos mayores y siete nietos. En la actualidad está dedicado a la escritura y la investigación en relación con la Biblia. Participa en el comité de revisión de la NVI.

Contenido

Abreviaturas

En el presente libro se utiliza la Nueva Versión Internacional de la Sociedad Bíblica Internacional (NVI) para todas las citas bíblicas. En otros casos, se sigue el texto hebreo de la *Biblia Hebraica Stuttgartensia* (BHS); en el caso del texto griego, de la Septuaginta (LXX); y en el caso del Nuevo Testamento, el texto griego que se usa es *The Greek New Testament* (4ª edición). Cuando se citen otras versiones de la Biblia se indicará mediante las siglas correspondientes. Las abreviaturas utilizadas son las siguientes:

BHS	*Biblia Hebraica Stuttgartensia.*
DHH	*Dios habla hoy.*
Gr.	*The Greek New Testament.* 4ta. ed. *United Bible Societies.*
LA	*Biblia para todos.* Traducción en lenguaje actual.
LBLA	*La Biblia de las Américas.*
LXX	*Septuaginta.*
RVR	*Santa Biblia.* Versión Reina-Valera, revisión de 1960.

Libros de la Biblia
Antiguo Testamento

Génesis	Gn.	2 Crónicas	2 Cr.	Daniel	Dn.
Éxodo	Éx.	Esdras	Esd.	Oseas	Os.
Levítico	Lv.	Nehemías	Neh.	Joel	Jl.
Números	Nm.	Ester	Est.	Amós	Am.
Deuteronomio	Dt.	Job	Job	Abdías	Abd.
Josué	Jos.	Salmos	Sal.	Jonás	Jon.
Jueces	Jue.	Proverbios	Pr.	Miqueas	Mi.
Rut	Rt.	Eclesiastés	Ec.	Nahum	Nah.
1 Samuel	1 S.	Cantares	Cnt.	Habacuc	Hab.
2 Samuel	2 S.	Isaías	Is.	Sofonías	Sof.
1 Reyes	1 R.	Jeremías	Jer.	Hageo	Hag.
2 Reyes	2 R.	Lamentaciones	Lm.	Zacarías	Zac.
1 Crónicas	1 Cr.	Ezequiel	Ez.	Malaquías	Mal.

Nuevo Testamento

Mateo	Mt.	Efesios	Ef.	Hebreos	He.
Marcos	Mr.	Filipenses	Fil.	Santiago	Stg.
Lucas	Lc.	Colosenses	Col.	1 Pedro	1 P.
Juan	Jn.	1 Tesalonicenses	1 Ts.	2 Pedro	2 P.
Hechos	Hch.	2 Tesalonicenses	2 Ts.	1 Juan	1 Jn.
Romanos	Ro.	1 Timoteo	1 Ti.	2 Juan	2 Jn.
1 Corintios	1 Co.	2 Timoteo	2 Ti.	3 Juan	3 Jn.
2 Corintios	2 Co.	Tito	Tit.	Judas	Jud.
Gálatas	Gá.	Filemón	Flm.	Apocalipsis	Ap.

USO DE ESTE LIBRO

Este libro ha sido diseñado y escrito como una ayuda al lector de la Biblia para que pueda apreciar, aún más, del lugar de la Palabra de Dios, especialmente para quienes están sirviendo en algún tipo de ministerio. Se puede usar de distintas maneras; en primer lugar, para el uso individual, debemos reconocer que el estudio independiente ha sido, y es, uno de los métodos de educación tradicionales entre el pueblo evangélico. En segundo lugar, se puede usar para el estudio grupal; esta es una manera de aprovechar mejor el material, pues la participación en un grupo es de mucha ayuda, puesto que pueden apoyarse en el enriquecimiento que implica el compartir. Finalmente, se puede usar como libro de texto para materias de hermenéutica, o interpretación bíblica, en instituciones teológicas, o congregaciones que tengan programas de formación ministerial.

La organización del material está dividida en 12 lecciones (capítulos) que debieran leerse por semana. El texto contiene los contenidos esenciales de los diferentes temas que trata y actividades de aprendizaje (que se encuentran resaltados) para que el lector aplique o repase lo que ha estado leyendo. En los grupos de estudio, además del estudio personal debe haber la posibilidad de compartir esas actividades bajo la guía de un tutor. En este caso el discípulo es responsable de la lectura cuidadosa del texto, de manera que al reunirse puedan compartir y modificar —de ser necesario— sus respuestas. En todos los casos pedimos que se lean **los pasajes bíblicos** indicados, pues son claves para la comprensión del texto. El cumplimiento de las tareas para el hogar que figuran al final del libro tiene como finalidad afirmar los temas centrales de cada uno de los capítulos / lecciones del libro.

El lector notará que con frecuencia se citan a diversos autores que han escrito sobre temas relacionados con una visión general de la Biblia. Las citas transcriptas son el resultado de una cuidadosa selección de materiales, hecha con el propósito de dar oportunidad al discípulo de tomar contacto con la literatura que el autor mismo ha utilizado para su estudio personal del tema. De este modo, estas citas pueden ser útiles para ilustrar, ampliar, aclarar y fundamentar los conceptos desarrollados en este libro de texto. A su vez, las fuentes están indicadas como notas al pie de página, para que el lector pueda referirse a ellas en caso de tener interés en profundizar el tema. Al final de cada capítulo se incluye una bibliografía para "profundizar el tema," que no es exhaustiva, pero presenta algunos de los materiales publicados más significativos especialmente en lengua castellana sobre el tema que trata cada uno. Al final del libro se presenta una bibliografía general del contenido del libro.

En los casos de los grupos de estudios, es importante que el que coordina (maestro o tutor) actúe en clase como moderador en el repaso del contenido del libro, la realización de los ejercicios, y la asignación de las tareas para el hogar. Se sugiere que el maestro o tutor no dicte clases a la manera tradicional, sino que procure cumplir el papel de dinamizador de la discusión y el diálogo alrededor de los contenidos del libro. Para ello, deberá estar preparado para responder a las preguntas de los discípulos, especialmente para aplicar a las situaciones concretas, propias de cada contexto, los contenidos que se discutan.

En todo el proceso de enseñanza-aprendizaje debería tenerse muy presente que el propósito de este material no es impartir información sobre el tema que trata, sino producir cambios de conducta. El fin es que el encuentro con el mensaje de La Palabra de Dios guíe al lector a ajustar la vida y servicio cristianos en términos del significado y el valor de la Biblia para la comunidad de fe y para la extensión de su Reino. Si después de estudiar estas páginas, los lectores aprenden a vivir y servir mejor como ciudadanos del reino de Dios y miembros de su congregación, este material habrá cumplido su propósito fundamental.

PRESENTACIÓN

El contenido de este libro está avalado por tres décadas de dedicación a la enseñanza bíblica y teológica por parte del autor en el Seminario Internacional Teológico Bautista de Buenos Aires (Argentina). En lo personal el autor es un lector creyente de la Escritura interesado en que el pueblo cristiano lea por sí mismo la Escritura y lo haga de un modo que pueda extraer de la misma toda la riqueza de su contenido. Sin embargo, en la Biblia se da una extraña paradoja, como señala el autor: *Es la vez un libro difícil y fácil de leer*. Es *difícil* porque el contexto en el que surgió está muy alejado del nuestro. Esta lejanía se da en el plano cronológico, lingüístico y cultural. El lector se puede encontrar con palabras, relatos y acciones que son más o menos distantes a su realidad. Al mismo tiempo, es *fácil* porque habla al corazón del ser humano, y a pesar de la distancia cronológica, geográfica o cultural, el ser humano tiene las mismas necesidades y enfrenta los mismos desafíos, por eso la Escritura, más allá de su contenido histórico y religioso, es esencialmente práctica en su finalidad. No es un manual de teología, historia o espiritualidad. Es un libro que nos interpelada individualmente con vistas a una decisión personal: creer y vivir conforme al plan de Dios revelado en ella, plan que se concreta y se encarna en la persona de Jesús de Nazaret, Señor y Salvador del mundo.

Para no errar el blanco y fracasar en nuestra empresa de seguir a Dios y vivir conforme a su Palabra revelada, es del todo imprescindible aplicar una hermenéutica o ejercicio interpretativo de su texto, según las reglas o principios que los exégetas y estudiosos de la Biblia han ido perfilando a lo largo de los años. Esto no repercute negativamente en nuestra lectura personal de la Escritura, ni interfiere en nuestra aproximación libre a la misma, sino al contrario, las refuerza notablemente al darnos pistas y claves para sumergirnos en su texto con devoción e inteligencia, según el consejo paulino de orar con el espíritu, pero también con el entendimiento (1 Co. 14,15).

Además tenemos que tener en cuenta otro aspecto del estudio bíblico, que generalmente se pasa de manera superficial, a saber, su aplicación. En el caso de la Biblia, y su lectura creyente, no basta solo el análisis y la interpretación histórico-gramatical más correcta posible. Esto es solo el principio, la condición para el fin que la revelación divina persigue: guiar nuestra experiencia creyente mediante la sabia aplicación a nuestra situación presente las verdades y principios reveladas hace ya milenios en ese libro inspirado que da testimonio de Dios y Jesucristo, a quien Él ha enviado.

Por otra parte, aunque el fin primordial es analizar y enriquecer nuestra experiencia cristiana de comunión con Cristo desde la misma Palabra de Dios, esto no se consigue mediante una lectura individualista, ajena a los principios que rigen la interpretación correcta de su texto y contexto. Todo aquel que tenga una idea más completa de la naturaleza de la Biblia y su interpretación, estará más capacitado para beneficiarse en la práctica de su vida, de su fe y de su espiritualidad, gracias a los frutos resultantes de una lectura atenta y un estudio riguroso de carácter hermenéutico.

Con inteligencia pedagógica, el autor de este manual, el Dr. Carlos Villanueva, va guiando al lector en todos aquellos aspectos y materias que intervienen en el estudio e interpretación de la Biblia en una serie de capítulos y lecciones con sus correspondientes ejercicios, que nos van introduciendo en todo lo que tenemos que saber sobre la interpretación de la Biblia y su aplicación.

El autor aborda, como no podía ser de otra manera, la no siempre fácil relación entre el Antiguo y el Nuevo Testamento y el problema con las citas del Antiguo Testamento en el Nuevo. Del mismo modo nos introduce en la historia de la interpretación, comenzando por los hebreos, primeros receptores de la revelación, "de los cuales son la adopción, la gloria, el pacto, la promulgación de la ley, el culto y las promesas" (Ro. 9,4). Nos introduce en la interpretación judía y la inmensa literatura generada por los rabinos, codificada en la *Misná,* la *Tosefta* y el *Talmud.* A continuación pasa a la interpretación cristiana de la Biblia, desde el período judeocristiano hasta el presente, con especial atención a la Reforma del siglo XVI. Un interesante recorrido histórico que nos ofrece un panorama cabal de los caminos recorridos por la hermenéutica judía y cristiana, que nos ayuda a evaluar y evitar los errores en los que se puede caer en el estudio bíblico.

Le sigue un bloque de estudios sobre el texto bíblico, su naturaleza y fiabilidad, las peculiaridades de las figuras literarias y de los géneros literarios, imprescindibles a la hora de interpretar correctamente el texto bíblico. Cierra la obra con una serie de pasos para comprender el texto bíblico y su relación con la teología y la predicación. Todo esto, y muchos más, hace de esta obra un manual completísimo para el estudio personal o en grupo; en seminarios e institutos bíblicos. Escrito con rigor académico y con voluntad pastoral, estamos ante uno de los mejores textos de hermenéutica escritos en nuestro idioma.

Alfonso Ropero Berzosa
Director editorial de CLIE

Introducción General

No se puede sobredimensionar la importancia de la lectura de las Escrituras. Carlos H. Spurgeon, el gran predicador, dijo en uno de sus sermones:

Carlos H. Spurgeon: "Los sermones y los libros están muy bien, pero los ríos que recorren una gran distancia sobre la tierra, gradualmente recogen algo de basura del suelo sobre el que fluyen y pierden la frescura que los acompañaba al salir del manantial. La verdad es más dulce cuando acaba de salir de la Roca abierta, pues ese primer chorro no ha perdido nada de su vitalidad ni de su carácter celestial. Siempre es mejor beber agua del pozo, que del tanque de almacenamiento. Ustedes se darán cuenta que leer la Palabra de Dios por ustedes mismos, leer esa Palabra más que comentarios y notas acerca de ella, es la manera más segura de crecer en la gracia".[1]

Si el primer paso es leer la Biblia y reflexionar sobre ella, a eso debe seguirle su aplicación. Pero ¿cómo aplicarla si no se la ha comprendido? Cuando hablamos de *entender* (comprender, interpretar) la Biblia debemos tener presente que la referencia es a tener una idea clara de su contenido, saber cómo penetrar en el mismo, reconocer su intención.[2] El pueblo cristiano ha afirmado que la Biblia es su única regla de fe y práctica. Por lo tanto, debemos conocerla y entender su sentido, a fin de poder aplicar a la vida diaria sus demandas.

Un dato para resaltar es que la fe cristiana es la única religión que nació con un libro sagrado ya existente. En general, las religiones elaboraron sus propios textos sagrados. Pero la fe cristiana, cuando nació Jesús, vio allí el cumplimiento de la antigua profecía (Isaías 7), es

---

[1] Charles H. Spurgeon, *Cómo leer la Biblia* (Sermón n° 1, 503) en http://www.spurgeon.com.mx. El autor hace referencia a 2 Pedro 3.18.

[2] Ver la definición de "entender" en el *Diccionario de la Real Academia* (DRA). Microsoft® Encarta® 2008. © 1993-2007 Microsoft Corporation.

decir, aceptó la Biblia Hebrea (Antiguo Testamento) como su texto sagrado. El mismo Jesús aceptó y proclamó su autoridad.[3] No obstante, persiste la necesidad de entender la Biblia.

Uno de los problemas con los que se encuentra la persona que se propone leer la Biblia en su totalidad, es la dificultad con la que choca al enfrentar ciertas secciones de la misma; dificultad que puede terminar desanimándolo. Como ya se hizo referencia en mi libro *Panorama de la Biblia*, la Biblia es un libro difícil y fácil de leer. Es difícil porque el contexto en el que surgió está muy alejado del nuestro. Esta lejanía se da en el plano cronológico, lingüístico y cultural. El lector se puede encontrar con palabras, relatos y acciones que son más o menos distantes a su realidad.

Sin embargo, como ya se ha dicho también, la Biblia es fácil de leer. Es fácil porque habla al corazón del ser humano, y a pesar de la ya mencionada distancia cronológica, geográfica o cultural, el ser humano tiene las mismas necesidades y enfrenta los mismos desafíos. En este sentido, la Biblia es un libro para todos los seres humanos y no solo para algunos. Somos conscientes que en la Palabra de Dios encontramos pasajes difíciles de comprender, o textos que parecen no tener valor para el cristiano contemporáneo, como las genealogías. Pero, si como escribió el apóstol, toda la Escritura es inspirada por Dios y útil para enseñar, para reprender, para corregir y para instruir en la justicia (2 Ti. 3.16, 17), entonces debemos acercarnos a ella buscando lo que tiene para darnos.

El cristiano comprometido con su fe se encuentra desafiado a obedecer la Palabra de Dios. Jesús mismo hizo este énfasis cuando respondió a una mujer: "Dichosos más bien —contestó Jesús— los que oyen la palabra de Dios y la obedecen (Lc. 11.28). También Santiago desafió a no contentarse solo con escuchar la Palabra, sino que hay que llevarla a la práctica (Stg. 1.22). El salmista escribió que la Palabra de Dios es lámpara y lumbrera que guía (Sal. 119.105). Creemos y afirmamos que el crecimiento de nuestra relación con Dios tiene uno de sus pilares en la lectura y práctica de la Palabra; de la misma manera, proclamamos que ella es fuente de vida (Jn. 6.63).

La Biblia es la expresión en palabras humanas de la Palabra de Dios, dirigida a los seres humanos para su salvación. A esta Palabra, el

---

[3] Robert L. Cate, *Teología del Antiguo Testamento* (El Paso, TX: Casa Bautista de Publicaciones, 1996), 13.

ser humano debe responder, no solo escuchándola, sino también comprendiéndola, a fin de que la pueda obedecer. La iglesia cristiana ha practicado la interpretación de la Biblia desde siempre. Cada vez que ha desafiado a vivir de acuerdo a la misma, se ha visto en la necesidad de definir qué estaba desafiando a hacer.

Si obedecer a la Palabra de Dios es tan importante, la pregunta es ¿cómo conocer o comprender lo que Dios demanda de mí? Si la Biblia es una fuente de recursos para el crecimiento espiritual, ¿cómo acceder a esos recursos? Si la Biblia es dirección y vida, ¿cómo usarla para que nos guíe y de vida? La respuesta a estas preguntas es el objetivo principal de este libro. No se trata de un libro que presenta la interpretación de la Biblia como un simple ejercicio intelectual, sino con un propósito específicamente práctico. El objetivo es proveer las herramientas para que, al leer las Escrituras, el lector pueda comprenderlas con provecho para su vida espiritual.[4]

Tras dos mil años de interpretación cristiana, ¿puede quedar todavía algo por descubrir acerca de la Biblia? A quienes se dedican a los estudios bíblicos se les suele hacer esta pregunta. Una respuesta correcta es que aún quedan por realizar investigaciones fundamentales, porque los descubrimientos de los tiempos actuales (como los manuscritos del mar Muerto y otros) han mejorado nuestro acceso al mundo en que nació la Biblia. La arqueología está sacando continuamente a la luz datos y más datos sobre las realidades físicas de la vida en el mundo bíblico; y los nuevos testimonios lingüísticos arrojan nueva comprensión sobre el significado de los textos bíblicos. La nueva información justifica una nueva investigación.

Pero los textos antiguos no requieren solo investigación, sino también interpretación. Cuando tengamos el texto más exacto posible de los libros bíblicos y todo el conocimiento que brinda la investigación, todavía nos veremos enfrentados a esta pregunta: ¿qué quiere decir la Biblia? Esta pregunta no se puede responder de una vez para siempre; y no porque la Biblia cambie, sino porque para captar su significado hacen falta dos cosas: el texto y su intérprete, el autor y el lector. Y los lectores-intérpretes hacen preguntas diferentes en cada época. De ahí

---

[4] Walter Henrichsen, *Entendamos 24 principios básicos para interpretar la Biblia* (Miami: Caribe, 1976), 10. "La interpretación bíblica es algo más que un pasatiempo intelectual que divierte a los teólogos. Ella abre nuestras vidas a la presencia de Cristo. Es la vida cristiana llevada en su plenitud".

que surjan aspectos diferentes del significado del texto. La tarea de la interpretación, a diferencia de la labor investigadora, nunca está terminada, ni siquiera teóricamente.

Hace un tiempo, el erudito católico argentino Armando J. Levoratti escribió que muchos lectores piensan, quizás ingenuamente, que el escritor es el único autorizado a decidir sobre el sentido de su obra y que es válido solamente el sentido reivindicado por él.[5] Ya sea en las cartas como en los poemas, el autor tiene en mente a un lector, como nos muestran las cartas de Pablo. Sin embargo, su mensaje no se agota en esto. Este es uno de los grandes milagros de la Escritura, que trasciende a los primeros lectores para alcanzarnos también a nosotros.

En cuanto a la actividad del lector, es importante que esté dispuesto a escuchar lo que la obra dice y asumir frente al texto una actitud receptiva. Una misma obra leída por un crítico o un ama de casa tienen direcciones diferentes, aunque no debe caerse en un escepticismo hermenéutico/interpretativo. No todo vale. Aunque el sentido del texto no proviene solamente de la persona que lo está leyendo, este no está excluido de la aplicación final del mismo.

Carlos Mester cuenta una "parábola", con la que quisiera terminar esta Introducción. Aunque es un texto algo extenso, el propósito es que la lean y saquen de ellas algunas conclusiones.

Carlos Mester: "En aquel pueblo había una casa. La llamaban Casa del Pueblo. Muy antigua, bien construida. Tenía una puerta ancha y bonita: daba sobre el camino por donde pasaba el pueblo. Puerta extraña aquella. El umbral eliminaba la separación que existía entre casa y camino. Quien entraba por ella, parecía seguir en la ruta. Y quien pasaba por el camino creía ser acogido y envuelto por la casa. Nadie jamás se había dado cuenta del hecho, pues era una cosa tan natural, como es natural la luz y el calor cuando brilla el sol en el cielo. La casa formaba parte de la vida del pueblo, gracias a la puerta que unía la casa al camino y el camino a la casa. Era una plaza alegre, donde la vida se desarrollaba, donde todo se discutía, donde el pueblo se encontraba; la puerta quedaba abierta día y noche. Por el uso y el tiempo estaba gastado el umbral.

Un buen día llegaron dos sabios. Venían de lejos. No eran de allí. No conocían la casa. Solo habían oído hablar de su belleza y

---

[5] Armando J. Levoratti, "Biblia y literatura" (s/l: apuntes inéditos, s/f), 78.

antigüedad. Querían conocerla. Eran señores que sabían juzgar sobre cosas antiguas. Vieron la casa y se dieron cuenta de su extraordinario valor. Y pidieron permiso para quedarse allí: tenían ganas de estudiarla. Habían encontrado una puerta al costado de la casa. Para realizar sus estudios, entraban y salían por allí. No querían ser molestados por el barullo y la charla del pueblo en la puerta del frente. Querían tener la tranquilidad necesaria para sus reflexiones. Y se ubicaron allá dentro, lejos de la puerta del pueblo, en un rincón oscuro, absortos en la investigación del pasado de la casa.

El pueblo, entrando en su casa, los veía entre grandes libros y complicadas máquinas. Llegando a sus puertas, la gente sencilla los miraba en silencio. Y callaba para no molestarlos. Sentían por ellos gran admiración: '¡Estudian la belleza y la historia de nuestra casa! ¡Son doctores!' Avanzaban los estudios. Ambos descubrían lindas cosas que el pueblo no conocía, aunque todos los días las viese en su casa. Obtuvieron licencia para raspar algunas paredes y habían descubierto antiguas pinturas que representaban la historia de la vida del pueblo, historia que el pueblo no conocía. Excavaron al pie de las columnas y consiguieron rehacer la historia de la construcción de la casa; historia que ya nadie recordaba. El pueblo desconocía el pasado de su vida y de su casa, porque su pasado estaba dentro de él, detrás de sus ojos, ojos que no se observan a sí mismos, sino que miran todo lo demás, orientando su vida al futuro. Por la noche, en las veladas, mezclados con el pueblo, los estudiosos contaban sus descubrimientos. Y en el pueblo crecía la admiración por su casa y por los doctores.

Los días iban pasando. El pueblo, al entrar en su casa, comenzó a callarse; una casa tan rica y noble, tan discutida y famosa en el mundo entero, merecía todo respeto. Bastante diferente de la vida sencilla y barata del camino cercano. Tenían que respetarla un poco más. Aquel no era un lugar de charlas y bailes. Todo el mundo pensaba así. Y así comenzaron a obrar. Algunas personas del pueblo ya no entraban por la bulliciosa puerta del frente. Preferían el silencio de la puerta lateral de los estudiosos. Evitaban el ruido del pueblo. Entraban a su casa, no para encontrarse y charlar con los demás, sino para conocer mejor la belleza de su casa, la Casa del Pueblo. Y recibían explicaciones de los doctores sobre la casa que el pueblo tanto conocía y que parecía ahora no conocer más. Y así, poco a poco, la Casa del Pueblo, dejó de ser del pueblo. Todos prefirieron la puerta de los doctores. Allí recibían un folleto que les explicaba las cosas antiguas y raras, descubiertas en la casa.

El pueblo se convenció de que realmente era ignorante. Eran los sabios los que conocían y sabían las cosas del pueblo, y mejor que el propio pueblo. Así pensaban todos. Ahora, entrando en su propia casa, el pueblo permanecía silencioso y tímido. Como si estuviera en casa extraña, de tiempos idos y que no conocía. Observaba y estudiaba, folleto en mano, en pequeños grupos, rondando en la penumbra. Ya nadie se acordaba de aquellos tiempos en que, juntos, brincaban y danzaban en el lugar donde ahora estudiaban, miraban con seriedad, imitando a los doctores, librito en mano, repitiendo la lección. Poco a poco la puerta de entrada cayó en el olvido. Una tormenta de viento la cerró. Nadie se dio cuenta. Pero no se cerró del todo. Quedó una estrecha rendija. Creció la gramilla en el frente. Y, por falta de uso, crecieron los yuyos, cubriendo la entrada. Hasta el camino cambió de aspecto. Ahora es solamente camino. Nada más. Triste y desierto, callejón sin salida, sin los encuentros del pueblo que por allí pasaba.

La puerta lateral recibía al pueblo que entraba y miraba, admirado y extasiado. ¡Tanta riqueza desconocida! Por dentro la casa quedó más oscura por faltarle la luz que venía del camino. Lámparas y velas suplían su ausencia: pero la luz artificial modificaba los colores. El tiempo fue pasando. La alegría del descubrimiento decayó. Disminuía la concurrencia popular que visitaba la casa por la puerta del costado, la de los sabios. Y la puerta del frente, la del pueblo, ya no existía. Nadie se acordaba de ella.

El pueblo estudioso, un puñado de gente, con ilustres visitantes de otros lugares, continuaba frecuentando la casa del pueblo por la puerta de los sabios. Allá dentro hacían sus reuniones discutiendo las cosas antiguas de la casa, cosas del pasado. El pueblo sufrido, la gente humilde, pasaba por el camino desolado y triste. Nadie se interesaba por las cosas antiguas. Nadie entendía las discusiones de los doctores. Vivía su vida, eso hacía. Pero en verdad, algo le faltaba. No sabía qué, puesto que no se acordaba más. Faltaba una Casa que fuese realmente del Pueblo.

Cierta noche sucedió que un viejo mendigo, sin techo y sin tener para vivir, penetró en el matorral que crecía junto al camino, buscando abrigo. Y allí vio, sin saber qué era, una abertura y por ella penetró. Ante su vista se levantaba una casa enorme. Una casa muy bella, y lo dejó muy contento. Le parecía estar en el camino y, no obstante, se sentía muy bien cobijado. A la noche siguiente regresó. Y volvía siempre. Se lo dijo a sus amigos, todos ellos mendigos y pobres como él. De tanto salir y entrar por la puerta del frente, la gramilla fue pisoteada y el matorral desapareció. Una estrecha senda se formó en el suelo, se abrió un camino nuevo. Siendo tantos los amigos que querían entrar, empujaron la puerta y cedió. Y quedó bien ancha la entrada, tanto como para que el pueblo pudiera pasar, para que el sol entrara. La casa se iluminó por dentro, y quedó más bella. Allí se quedaron con gusto. Y fue inmensa la alegría del pueblo.

Un sabio se escondió, de noche, en un rincón de la casa. Vio entrar al pueblo, sin pedir permiso, para saltar y bailar, hablar y reír, para cantar y sentirse a gusto, para encontrarse con los demás. Le gustó mucho ver esa alegría en la casa y se olvidó por un momento de las antiguas riquezas. Descubrió en aquel momento que todo aquello que tanto había estudiado, tenía que haberlo hecho por el pueblo, para que el pueblo pudiera alegrarse en la vida. El error estaba en la puerta lateral. Esta había desviado al pueblo de la puerta del frente, había separado al camino de la casa y a la casa del camino, había hecho la casa más sombría y más extraña al pueblo, había vuelto desierto y triste al camino, un callejón sin salida. Y empezó, él también, a entrar por la puerta del frente.

Entrando por la puerta del frente, miraba la riqueza y la belleza de la casa desde un ángulo de vista que aún no conocía. Contemplada a la luz que venía del camino y ante la alegría del pueblo, la casa revelaba bellezas que los libros no enseñaban y las máquinas no descubrían. Para él, la casa se tornó como una majestuosa montaña que el sol ilumina de golpe, con sus innumerables rayos, amarillos y rojos, al clarear el nuevo día. Todo cambió aunque nada hubiera cambiado; todo era como antes y todo era diferente. Comenzó a estudiar sus libros con ojos nuevos y descubría cosas que ni siquiera sospechaba. Incluso aumentó su gusto por el estudio".[6]

He aquí un peligro y al mismo tiempo un desafío. El peligro es aceptar que los estudiosos sean quienes tengan el predominio del estudio del texto, negando al pueblo de Dios el gozo del mismo. El desafío es

[6] Adaptación de la parábola de Carlos Mesters, *El misterioso mundo de la Biblia* (Buenos Aires: Bonum, 1977), 13-19.

claro: es la responsabilidad del pueblo disfrutar de lo que representa el estudio e interpretación de las Escrituras. Disfrutar de ellas es una de las bendiciones que Dios le da.

• •

EJERCICIO 1

La casa sobre el camino.

Responde a las siguientes preguntas y reflexiona sobre tus respuestas:

1. ¿Qué representan la *puerta* y el *camino*?

2. ¿A quiénes personifican *los doctores* y *la gente*?

3. ¿Con cuál de ellos te identificas?

• •

UNIDAD UNO

LA INTERPRETACIÓN DE LA BIBLIA

En estos días finales
nos ha hablado por medio de su Hijo".
Hebreos 1.1, 2.

Ya se ha afirmado en más de una ocasión la importancia de la Biblia para el pueblo cristiano. Hemos dicho que aunque hay mucho libro bueno, hay uno solo en el que podemos tener absoluta confianza para apoyar nuestra fe: LA BIBLIA.

> **John R. W. Stott:** "Una vez oí decir a Alan Cole, de Sidney, que por más sorprendente que parezca, a veces Dios bendice una pobre exégesis de una mala traducción de una lectura dudosa de un oscuro versículo. Esto es verdad. Suele hacerlo. Pero eso no es una excusa para el descuido en la interpretación bíblica. Por el contrario, si la Biblia es la Palabra escrita de Dios, no deberíamos ahorrar esfuerzos ni trabajo para descubrir lo que él ha dicho (y dice) en la Escrituras".[7]

Debemos reconocer que, en cuanto a la relación del pueblo de Dios con las Escrituras, estamos pasando por un tiempo difícil que se ha dado en llamar de analfabetismo bíblico. Hay tres aspectos que señalar en este sentido.

En primer lugar, a pesar de la gran cantidad de traducciones y ediciones de estudio de las Sagradas Escrituras, el pueblo de Dios no lee su Palabra. Es necesario volver a afirmar que la iglesia cristiana está pasando por un tiempo de alejamiento de la Palabra de Dios. Se venden

---

[7] John R. W. Stott, *Cómo comprender la Biblia* (Buenos Aires: Certeza, 1977), 197.

Biblias, pero no se la lee ni se vive. Las Sociedades Bíblicas Unidas, se ha propuesto para este nuevo año (2014), enfatizar la lectura y aplicación de la Biblia más que sencillamente propagar el texto.

En segundo lugar, estamos asistiendo a un tiempo en el que desde los púlpitos no se predica la Biblia como se debiera. En 1742, Johann A. Bengel afirmó que "la Escritura es el fundamento de la iglesia, y la iglesia es la 'guardiana' de las Escrituras".[8] Cuando la iglesia tiene buena salud, las Escrituras brillan en el mundo al que la misma ha sido llamada a ministrar. Por el contrario, cuando la iglesia está enferma o débil, el mensaje de las Escrituras se diluye o se pierde. No es un secreto que en muchos lugares del mundo, la iglesia de Jesucristo se encuentra pasando por un período de "languidez" espiritual, pues le falta el auténtico alimento que es la Palabra de Dios. Este alimento ha sido reemplazado por cierta "comida rápida" o como se la ha llamado "comida chatarra", que llena pero no alimenta. Entre las distintas crisis que el cristianismo contemporáneo debe enfrentar está la crisis de la teología exegética. La ignorancia de las Escrituras no solo se encuentra entre los creyentes, sino también a nivel del liderazgo.

Finalmente, se debe señalar el abismo existente entre la teoría y la práctica. Esta separación tiene dos direcciones. Por un lado, están los que asisten a las iglesias o grupos de estudio de la Biblia; escuchan con atención, pero eso no se transforma en acciones. Por otro lado, es necesario tener en cuenta que existe una brecha entre los pasos para una correcta exégesis, que se enseñan en los Seminarios e Institutos Bíblicos, y la aplicación de ellos en los sermones y estudios bíblicos.[9] Posiblemente, en razón del poco tiempo y elementos que tienen la mayoría de los pastores para preparar sus sermones y estudios bíblicos, tienden a buscar llenar el estudio de la Palabra para prepararse en público con el uso de libros de bosquejos y sermones.

Un erudito católico, F. Dreyfus, publicó en 1975 un artículo que se convirtió en una especie de manifiesto hecho dentro de la Iglesia

---

[8] Johann A. Bengel (1687-1752), fue un pastor y erudito luterano; nació en Alemania, realizó una edición crítica del NT griego (1734), que se convirtió en el punto de partida de la crítica textual del NT.

[9] Ver Walter C. Kaiser, *Toward an Exegetical Theology* (Grand Rapids: Baker Academic, 1998), 17-27.

Católica criticando la situación de la exégesis bíblica en su contexto.[10] Dreyfus intentaba establecer la diferencia entre una exégesis con una finalidad propia y exclusivamente científica, y una exégesis estrechamente ligada y ordenada a la vida de la iglesia. Este autor describía la exégesis propiamente científica como aquella que estudia el texto bajo todos los aspectos que pueden ser objeto de conocimiento. Su finalidad es el saber mismo y por sí mismo en torno a un texto. Para alcanzar tal finalidad, se utilizan todos los medios disponibles del saber humano y se excluye todo saber no racional. Semejante exégesis no va dirigida al gran público, al "pueblo de Dios", sino solo a los especialistas.

Es este tipo de exégesis o interpretación bíblica el que alejó al pueblo de Dios de las Escrituras. De esta manera, se crearon lo que R. C. Sproul ha llamado los mitos que a fuerza de ser repetidos se convirtieron en indiscutibles.[11] El primero es que la comprensión de la Biblia es tarea de los "teólogos", como lo presenta con tanta claridad la parábola de Carlos Mester o en la afirmación de Gordon D. Fee y Douglas Stuart sobre la protesta del "lego contra los profesionales".[12] El resultado de todo esto fue que se alejó al pueblo de la Palabra y, como consecuencia, se quitó luz y vida al camino, es decir, a la vida cristiana. El segundo mito, y que se ha difundido especialmente entre los jóvenes, es que la Biblia es un libro aburrido, lleno de leyes o genealogías, que poco tienen que ver con el ser humano de hoy. Es notable que tanto desde el catolicismo (Dreyfus) como desde el mundo evangélico (Kaiser) se señale la crisis en la lectura e interpretación de la Biblia. Esto muestra que se trata de un problema que se ha generalizado en el cristianismo.[13] Sin embargo, no nos podemos quedar en la simple enunciación de la situación actual lamentándonos sobre la misma, es necesario

---

[10] F. Dreyfus, "Exégèse en Sorbonne, exégèse en Église", *Revue Biblique* 82 (1975), citado en Horacio Simian-Yofre, *Metodología del Antiguo Testamento* (Salamanca: Sígueme, 2001), 13.

[11] R. C. Sproul, *Cómo estudiar e interpretar la Biblia* (Miami: Logoi, 2004), 9-11.

[12] Gordon D. Fee y Douglas Stuart, *La lectura eficaz de la Biblia* (Miami: Vida, 1994), 11.

[13] En una conferencia realizada durante 2009 en el Seminario Internacional (Buenos Aires), Armando J. Levoratti, un reconocido biblista católico y consultor de las Sociedades Bíblicas Unidas, enfatizó la necesidad de volver a la Biblia en la tarea pastoral. Esto es otra indicación de que es un problema actual.

que la iglesia vuelva a sus orígenes, es decir, a la Palabra, a su lectura y comprensión, y sobre todo, a la aplicación de la misma.

● ●

EJERCICIO 2

¿Cuáles son los tres elementos que muestran que la iglesia está viviendo en una situación de analfabetismo bíblico?

1. _____.

2. _____.

3. _____.

¿Concuerdas con esta descripción? ¿Por qué?

_____

_____

_____

_____

_____

● ●

Capítulo 1
Definiendo la interpretación bíblica

"Toda la Escritura es inspirada por Dios y útil
para enseñar, para reprender, para corregir
y para instruir en la justicia".
2 Timoteo 3.16.

El párrafo o sección a la que pertenece este texto (3.10-17) se centra en el único imperativo del v.14 ("permanece firme en lo que has aprendido").[14] Tengamos presente que cuando Pablo escribe esta carta, él está al final de su vida, por lo que tiene el sabor de un testamento o enseñanza final a un hijo en la fe. Partiendo del conocimiento que Timoteo tenía de la Palabra (2 Ti. 2.15), el apóstol enfatiza ahora el origen divino y el valor práctico que ella tiene. En cuanto al origen divino, no propone una teoría de la inspiración, sino que parte de una convicción ("es inspirada por Dios", una sola palabra en griego: θεόπνευστος, exhalada por Dios), y quería poner énfasis en la función crucial de la Palabra para el ministerio. La inspiración es la obra del Espíritu Santo de Dios, al hacer que los autores de la Biblia transmitiesen, es decir, escribiesen esa palabra o revelación de Dios que habían recibido. El acto de recibir, interpretar y transmitir la revelación de Dios involucra actividades tanto humanas como divinas. Luego, Pablo confirmó la "utilidad" de la Palabra de Dios para todo aspecto del ministerio del que quiera ser "siervo de Dios" (v. 17). La primera responsabilidad de este es utilizar las Escrituras para dar al pueblo una sana instrucción en el evangelio. Luego le siguen: "reprender", es decir, señalar los errores; "corregir", que tiene el sentido de guiar éticamente; y, finalmente, "ins-

---

[14] Gordon D. Fee, *Comentario de las epístolas a 1 y 2 Timoteo y Tito* (Barcelona: Clie, 2008), 314.

truir en justicia" (παιδεία, instrucción de niños), guiar a los nuevos creyentes en los caminos de Dios.

Una de las preguntas que ya nos hicimos es: después de dos mil años, ¿queda algo por descubrir acerca de la Biblia? Esta pregunta puede ser integrada con la siguiente: ¿los estudios anteriores no revelaron todo lo que había por conocer sobre el significado de las Escrituras? A estas preguntas vitales, que señalan la importancia de la interpretación de la Biblia, se le debe sumar otra: ¿qué significa interpretar la Biblia? Si bien es cierto que la Biblia está al alcance de todo cristiano y que el principal problema de la Biblia no es la falta de comprensión sino de lectura, no es menos cierto que en muchas ocasiones los lectores de la Biblia, más que recibir la palabra que ella quiere transmitir, la usan para apoyar sus propias ideas o enseñanzas, o pueden encontrarse con pasajes que le son muy difíciles de comprender. Cuando un hermano o hermana visita una librería cristiana buscando algún libro que lo ayude a entender mejor el texto bíblico, se encuentra con títulos como: *Hermenéutica bíblica, Cómo comprender la Biblia, Lectura eficaz de la Biblia, Principios de interpretación bíblica, Comentario exegético y explicativo*, etc.[15] Allí se encuentra con términos, como hermenéutica, exégesis, interpretación (entre otros), que aunque crea que significan lo mismo, no es así. Es por eso que deben ser definidos. Al ver estos títulos, un lector que no conozca el significado de estos términos y lo que implican puede confundirse y buscar en alguno de ellos algo que no contiene. Es por eso que presentar una descripción de la terminología usada tiene importancia.[16]

Cualquier definición debe ser una declaración de las propiedades de cierta cosa, o una proposición que trata de exponer con claridad y exactitud las características específicas y diferenciadoras de algo, ya sea material o inmaterial. Por lo tanto, se necesita especificar el significado de estas palabras, de tal manera que no solo sea provechoso para este módulo, sino que ayude al lector cuando tiene que adquirir

---

[15] José M. Martínez, *Hermenéutica bíblica* (Barcelona: Clie, 1984); Milton S. Terry, *Hermenéutica* (Barcelona: Clie, 1990); Stott, *Cómo comprender la Biblia;* Luis Berkhof, *Principios de interpretación bíblica* (Barcelona: Clie, 1989); Ernesto Trenchard, *Normas de interpretación bíblica* (Madrid: Literatura Bíblica, 1973); R. Jamieson, A. Fausset y D. Brown, *Comentario exegético y explicativo de la Biblia* (El Paso, TX: Casa Bautista de Publicaciones, 2002).

[16] Una opción diferente y muy interesante es la que dan Fee y Stuart, *La lectura eficaz de la Biblia.*

material para su estudio personal. Al presentar la definición de cada uno de estos términos, se pondrá el acento tanto en el significado lexicológico y del lenguaje común, como en las cualidades y alcances de cada uno de los mismos.

Definiciones

Vamos a definir algunas palabras que son claves para una mejor comprensión de las Sagradas Escrituras, como exégesis, hermenéutica e interpretación, y finalmente, entender y comprender. Cada uno de estos términos tiene algo que aportar al conocimiento del tema que nos ocupa.[17]

Exégesis[18]

Esta es quizás la locución más conocida y usada, pero al mismo tiempo es probablemente una de las menos comprendidas. En términos generales, se ha usado para referirse a cualquier acercamiento al texto de las Escrituras. Sin embargo, el término tiene un sentido particular que debemos considerar. Desde una perspectiva lexicológica, el término *exégesis* es una transliteración de una palabra griega, que tiene su origen en el verbo ἐξηγεῖσθαι y significa literalmente "extraer o guiar hacia afuera". Esto tiene que ver con descubrir el significado de un texto. Se usa de manera general para referirse a la explicación de un texto, especialmente religioso.

Esto se contrapone a la palabra *eiségesis*, término que también viene del griego: εις, "adentro", "entrar" más ἡγέομαι, "guío" o "dirijo". La *eiségesis* consiste en atribuir a la Biblia (u otro texto) lo que uno quiere que diga, sin tomar en cuenta el significado del mismo. En términos generales, comienza con los pensamientos de las personas y

---

[17] Se debe mencionar que hay una diferencia en la comprensión de estos términos entre lo que se podría llamar distintas escuelas de interpretación. En nuestro medio, se conocen especialmente dos: la escuela europea y la norteamericana. Representantes de la primera son J. Severino Croatto, *Hermenéutica bíblica* (Buenos Aires: Lumen, 2000); mientras que de la segunda se puede mencionar a José M. Martínez, *Hermenéutica bíblica*. En términos generales, seguiremos el enfoque de la escuela norteamericana, aunque siempre tomando en cuenta los aportes de otras líneas de pensamiento.

[18] En la obra de Raúl Rocha Gutiérrez, *Una iglesia unida: el señorío de Cristo en la unidad de la iglesia según Efesios* (Buenos Aires: Dunken, 2010), 17-27, se puede encontrar una variedad de definiciones de exégesis (y hermenéutica); allí se muestran las distintas escuelas de interpretación.

termina con las palabras de ellas.[19] A menudo se usa la *eiségesis* para apoyar creencias, cuando alguien cree algo y quiere usar la Biblia para justificarlo.[20]

En el texto bíblico no aparece el sustantivo *exégesis*, pero el verbo se encuentra varias veces (ver Jn. 1.18; Lc. 24.35; Hch. 10.8; 15.12; 21.19). En Juan 1.18 se ha traducido este verbo por "conocer". Había una relación de intimidad permanente entre Dios el Padre y Dios el Hijo. Jesucristo (que vive en unión íntima con el Padre) es quien hace posible que el Padre sea conocido; es él quien lo da a conocer. Solo él reúne las condiciones para ser el Intérprete o Exégeta de Dios, lo que significa que nos da un conocimiento adecuado de él.[21]

En el cristianismo se entiende que exégesis es la búsqueda del significado del texto bíblico.[22] Se reconoce que él mismo es semejante y distinto a cualquier otro texto literario. Es semejante porque fue escrito por seres humanos que usaron una lengua específica y categorías de su propio contexto histórico. Pusieron en acción sus facultades (imaginación, memoria) y ciertos órganos (manos), de la misma manera que los demás escritores de la antigüedad. Pero al mismo tiempo es distinto, pues tenemos la convicción que es Palabra de Dios y, como tal, trasciende las limitaciones de esta relación con su momento histórico. Esas facultades fueron puestas al servicio de una causa diferente. Hay un obrar sobrenatural o divino que hace que se trate de textos de una naturaleza diferente.

Distintos autores han definido este término de distintas maneras. Por ejemplo, Eugene A. Nida describió la exégesis como el proceso de reconstruir el acto comunicativo determinando el significado —o los significados— que para los participantes en la comunicación haya

---

[19] C. Gibbs; Q. McGhee y W. Teague, *Introduction to Hermeneutics: How to Interpret the Bible, An Independent-Study Textbook* (Springfield, ILL: Global University, 2006), 26.

[20] A diferencia de esta opinión, J. Severino Croatto, señala: "*Eiségesis* es la 'entrada' en el texto desde el horizonte de comprensión del lector. No se opone a la *exégesis*, sino que es la explicitación de un aspecto de esta". *Hermenéutica bíblica*, 131.

[21] William Hendriksen, *Comentario al Nuevo Testamento: el Evangelio según San Juan* (Grand Rapids: Libros Desafío, 1986), 96.

[22] Raúl Rocha Gutiérrez, *Una iglesia unida: el señorío de Cristo en la unidad de la iglesia según Efesios* (Buenos Aires: Dunken, 2010), 17, menciona a Joan Corominas en su artículo "Exegético", en *Breve diccionario etimológico de la lengua castellana* (Madrid: Plazas, 2000), quien afirma que el término exégesis comenzó a utilizarse a partir de la segunda mitad del siglo XIX.

tenido dicho acto.[23] En otras palabras, Nida coloca el acento en la comunicación de la verdad. Algo semejante hacen Lothar Coenen, Erich Beyreuther y Hans Bietenhard, cuando dicen que la exégesis es el arte de entender la Escritura, que ha sido transmitida tal como los autores de la misma la entendían y querían que se entendiese.[24]

Pablo A. Deiros afirma que, en el campo teológico, se refiere al proceso de interpretar un texto. Él distingue la exégesis de la traducción y de la pesquisa de los principios de la interpretación (hermenéutica), que, reconoce, están estrechamente relacionados. En este caso, el énfasis se encuentra en que se trata de un proceso. Por ello, entiende una secuencia de hechos que siguen o forman un patrón lógico reconocible, que se repite lo suficiente como para que se lo pueda observar una y otra vez, y que conducen hacia un resultado predecible.[25]

A modo de conclusión, podemos decir que este término ha sido usado, por un lado, con el significado de interpretación o casi como sinónimo de hermenéutica. Y por otro lado, y dada la evolución semántica de hermenéutica, se suele reservar la palabra exégesis para designar la realización concreta de la interpretación mediante los métodos adecuados.[26] Por tanto, la expresión "exégesis bíblica" indica el modo concreto de interpretar los textos bíblicos, según pautas hermenéuticas previamente fijadas y siguiendo determinados métodos.[27]

Se debe hacer una observación final, y es que hay quienes han entendido mal la tarea del predicador y la han equiparado o identificado con la del exégeta. Pero la tarea del predicador es diferente de la de este. Mientras que al exégeta le interesa lo que dice el texto y descubrir

---

[23] Eugene A. Nida y William D. Reyburn, *Significado y diversidad cultural* (Miami: Sociedades Bíblicas Unidas, 1998).

[24] Lothar Coenen, Erich Beyreuther y Hans Bietenhard, "Vocabulario de tecnicismos", en *Diccionario teológico del Nuevo Testamento* (Salamanca: Sígueme, 1985), 1:28. Ver, Gordon Fee, *Exégesis del Nuevo Testamento* (Miami: Vida, 1993), 15.

[25] Pablo A. Deiros, "Exégesis", en *Diccionario hispano-americano de la misión*, ed. rev., versión electrónica (Miami: COMIBAM Internacional, 2004). Ver también, D. N. Freedman, "Exegesis", en *The Anchor Bible Dictionary* (Nueva York: Doubleday, 1992), 2:682.

[26] Daniel G. Reid, ed., "Exegese", en *Dictionary of Christianity in America* (Downers Grove: InterVarsity Press, 1990). "Es la práctica de descubrir el significado de un texto en su contexto cultural, histórico, literario y teológico original. Debe ser distinguida de la hermenéutica, que es la teoría de la interpretación".

[27] De allí el uso común de la expresión "métodos exegéticos" para referirse a las distintas maneras de interpretar el texto bíblico.

sus enseñanzas, la tarea del predicador es guiar a la congregación para que descubra cómo se puede vivir ese texto en la adoración a Dios y en el servicio a los demás.

• •

EJERCICIO 3

Escribe una breve oración en la que marques la diferencia entre el trabajo exegético y el de proclamación de la Palabra.

_____

_____

_____

• •

Hermenéutica

Como alguna vez escribió Wilhelm Dilthey, la hermenéutica es el arte de evitar el malentendido. Es por eso que es necesario definir y aclarar el sentido del término, para evitar una tergiversación o malentendido en la comprensión del mismo. Como señala Ernesto Trenchard: "La palabra 'hermenéutica' extraña un poco, pero es una etiqueta conveniente (derivada de la voz griega *hermeneuo:* explicar un texto) para resumir las distintas consideraciones, principios y normas que nos ayudan a llegar a una interpretación adecuada de las Sagradas Escrituras".[28] Utilizando la historia de la lengua, el término está relacionado con la capacidad especial que tenía uno de los dioses del Olimpo griego: Hermes (Ἑρμῆς, de dónde viene el vocablo hermenéutica), que era el heraldo de los dioses e intérprete de Zeus, encargado de transmitir su mensaje a los seres humanos.[29] Daniel Carro dice que de esta relación se puede deducir que el trabajo de la hermenéutica es relacionar a la divinidad con la humanidad.[30]

---

[28] Trenchard, *Normas de interpretación bíblica*, 7.

[29] De allí se deriva el significado del verbo griego *hermeneuen,* que significa afirmar, proclamar, interpretar, esclarecer, traducir.

[30] Daniel Carro, "Principios de interpretación bíblica", en *Comentario bíblico Mundo Hispano* (El Paso, TX: Mundo Hispano, 1994), 1:12.

Tanto los sustantivos como los verbos relacionados con esta raíz son usados en el Nuevo Testamento.[31] Una mención especial la merece Lucas 24.27, donde se cuenta el encuentro de Jesús con los discípulos que iban a Emaús. El texto dice que en la conversación él les explicó lo que se refería a él en todas las Escrituras. Es decir, que para ayudar a los discípulos a entender los eventos relacionados con su muerte y resurrección, el Señor les explicó el significado de varios pasajes del Antiguo Testamento que hablaban de él. Es interesante notar que Jesús unió la situación actual con lo que estaba escrito. Él tomó las historias del pasado, las profecías, para, a partir de ellas, transformar la situación presente. Es en esta ocasión cuando la Palabra muestra de manera más plena su valor vivificador.[32]

• •

EJERCICIO 4

¿Qué aporta Lucas 24.27 a la comprensión del significado de hermenéutica? Escribe tres líneas presentando tu aporte:

_____

_____

_____

• •

La hermenéutica es el estudio de los principios de la interpretación. La exégesis consiste en la interpretación real de la Biblia, el sacar su sentido, mientras que la hermenéutica establece los principios por los cuales se efectúa la exégesis.[33] Bernard Ramm ha definido la hermenéutica como aquel "grupo de reglas que se emplean en todos los materiales que necesitan interpretación". Y agrega:

---

[31] En el Nuevo Testamento encontramos varias palabras relacionadas con este nombre: *hermeneia*, "traducción o interpretación" (1 Co. 12.10); *hermeneutes*, "traductor o intérprete" (1 Co. 14.28); *hermeneuo*, "interpretar o explicar" (He. 7.2, "significa"); *diermeneutes*, "traductor o intérprete" (1 Co. 14.28); *diermeneuo*, "interpretar o explicar" (Lc. 24.27; 1 Co. 12.30).

[32] Salmos 119.25, 107.

[33] Charles Ryrie, *Teología básica* (Miami: Unilit, 2003), 124.

Bernard Ramm: "Existe una brecha entre el intérprete y los materiales que necesitan interpretación, y por eso deben fijarse reglas que conecten esa brecha. Puede ser que el intérprete esté separado de sus materiales en el tiempo, y entonces hay una brecha histórica. También es posible tener una cultura diferente, entonces hay una brecha cultural. Quizá el texto está escrito en otro idioma, entonces hay una brecha lingüística. Cuando el documento se ha originado en otro país, hay una brecha geográfica. Y cuando el texto tiene una actitud hacia la vida y el universo totalmente diferente a la del intérprete, podemos decir que hay una brecha filosófica".[34]

El mismo Bernard Ramm, en una de sus obras más significativas sobre este tema, escribió lo siguiente: "La hermenéutica es la ciencia y el arte de la interpretación de la Biblia. Es una ciencia porque es guiada por reglas dentro de un sistema; y es un arte porque la aplicación de estas reglas es sobre la base de cierta habilidad, y no se hace simplemente en forma mecánica.[35] Anthony Thiselton escribió hace un tiempo que la hermenéutica puede definirse brevemente como la teoría de la interpretación. Sin embargo, no se trata simplemente del estudio o aplicación de una serie de reglas o principios. La hermenéutica tiene que ver con la interpretación y la comprensión de cualquier acto de comunicación, sea escrita o verbal, y también a través de uso de símbolos. Para él, es un área específica que concierne a la interpretación, comprensión y apropiación de textos.[36]

Al pensar en la relación entre exégesis y hermenéutica, se ha dicho que mientras la primera busca el sentido del texto en su propio contexto histórico, la segunda busca el desarrollo de ese sentido para el creyente. La exégesis busca lo que está detrás del texto (las circunstancias en el momento de su producción, que condicionan su sentido), mientras que la hermenéutica considera lo que está por delante de él (lo que es capaz de decir en circunstancias siempre nuevas).[37] Eugene Nida

---

[34] Citado por Carro, "Principios de interpretación bíblica", 12.

[35] Bernard Ramm, *Protestant Biblical Interpretation: A Textbook of Hermeneutics* (Grand Rapids: Baker, 1998), 1.

[36] Anthony Thiselton, "Hermenéutica", en *Nuevo diccionario de teología* (El Paso, TX: Casa Bautista de Publicaciones, 1992), 452, 453. Ver del mismo autor, *New Horizons in Hermeneutics* (Grand Rapids: Zondervan, 1992).

[37] Johan Koning, *La Biblia: su historia y su lectura* (Madrid: Verbo Divino, 1995), 213, donde cita a Paul Ricoeur.

afirmó que la hermenéutica consiste en señalar paralelos entre el mensaje bíblico y los eventos actuales, así como en determinar el grado de pertinencia actual de aquel y la respuesta apropiada del creyente. Tanto la exégesis como la hermenéutica se incluyen dentro de la categoría más amplia que es la interpretación.[38]

Interpretación

Aunque se suele identificar con las dos anteriores, este es un término diferente pero relacionado con las mismas.[39] Interpretar viene del latín *interpretari*, que significa traducir, declarar y explicar. Aquí lo usaremos en su sentido más general, comprendiendo a la vez con él a la hermenéutica y la exégesis bíblica, pero dando un paso más, incluyendo también la aplicación de ese texto. En el diccionario de la Real Academia encontramos estas siete definiciones para el verbo interpretar: (1) Explicar o declarar el sentido de algo, y principalmente el de un texto, (2) Traducir de una lengua a otra, sobre todo cuando se hace oralmente, (3) Explicar acciones, dichos o sucesos que pueden ser entendidos de diferentes modos, (4) Concebir, ordenar o expresar de un modo personal la realidad, (5) Representar una obra teatral, cinematográfica, etc., (6) Ejecutar una pieza musical mediante canto o instrumentos, (7) Ejecutar un baile con propósito artístico y siguiendo pautas coreográficas.[40] Conviene aclarar que ninguna de estas acepciones describe o define en su totalidad el sentido del término, sino distintas facetas del mismo. Cada disciplina que lo usa, lo hace a partir de una de sus acepciones, aunque a veces lo hace de manera incorrecta.

En la Biblia, el término se usa treinta y seis veces: treinta y tres en el Antiguo Testamento y tres en el Nuevo.[41] En el Antiguo Testamento, la palabra más traducida de esta manera es *pesher* (פשר, 30 veces), cuyo sentido básico es explicar algo que necesita explicación (Gn. 40.18; Dn. 2.5). En el Nuevo Testamento, el sustantivo que se traduce de esta manera es *epilusis* (ἐπίλυσίς).[42] El texto que merece nuestra atención es 2 Pedro 1.20. Allí se indica que la profecía misma no nos llega de una fuente con un propósito privado o particular, sino que los profetas, ins-

---

[38] Nida y Reyburn, *Significado y diversidad cultural*, 57.
[39] Como lo hace Berkhof, *Principios de interpretación bíblica*, 1.
[40] *Diccionario de la lengua española*, 22ª ed. Edición en CD-ROM.
[41] Según la versión RVR. En la NVI, en cambio, se usa 15 veces, para los mismos términos hebreos y griegos.
[42] El verbo ἐπιλύω se usa en Marcos 4.34 y Hechos 19.39.

pirados por el Espíritu Santo, buscaron transmitir la voluntad de Dios. Esto implica que la misma solo puede interpretarse adecuadamente tomando en cuenta al Espíritu de Dios.[43]

La tarea del intérprete es buscar el sentido que el autor inspirado intentó expresar y expresó en circunstancias determinadas, según las condiciones de su tiempo y cultura. Por 'sentido' entendemos la orientación o dirección del significado de un texto. Es mucho más que la búsqueda del significado de las palabras o frases (exégesis), o presentar la actualización del mismo para el tiempo presente (hermenéutica). El intérprete traduce el texto a la acción, busca una conexión emocional y actual entre el receptor y el texto. El sentido del texto, es decir, su significado, nos conduce a la verdad, que no es otra que la verdad de Dios, que es la revelación del misterio de Dios en Jesucristo. Es decir, se trata del evangelio que había sido anunciado por los profetas, que se cumplió en la vida de Jesús el Cristo, y que los apóstoles transmitieron en la Iglesia. De aquí que esta verdad, captada por el texto bíblico y en él verbalizada, no pueda agotarse en él, puesto que es la realidad misma de Dios presente en la historia. Y de aquí también que siempre podamos descubrir en el texto nuevas manifestaciones de la verdad en él expresadas, al leerlo e interpretarlo desde circunstancias nuevas.

Interpretar es el hecho de que un contenido material, ya dado e independiente del intérprete, es comprendido y expresado o traducido a una nueva forma de expresión. Tomando en cuenta las acepciones 5 a 7 del *Diccionario de la Real Academia*, se debe notar que el intérprete es capaz de ejecutar, ya sea la obra teatral o musical y no solo de comprenderla. Al ejecutarla, o sea, interpretarla, lo hace de manera diferente y única. La interpretación posee algunas características que hacen de ella una disciplina especial. La primera es que se trata de una comunicación efectiva, la traducción del lenguaje técnico (diferente) de la Biblia a términos e ideas que la gente que no es especialista pueda comprender. Además, se realiza a partir de su objetivo, que es apropiarse del mensaje de manera efectiva. No es suficiente con entender la Palabra de manera meramente intelectual o afectiva, ella debe ser apropiada para usarla en la vida. La interpretación debe ayudar al creyente a aferrarse por la fe a Jesucristo.

---

[43] Ver 1 Pedro 1.10-12.

• •

EJERCICIO 5

Redacta una definición de cada una de las palabras que se han presentado con un ejemplo:

Exégesis: _____

Hermenéutica: _____

Interpretación: _____

• •

Comprensión

El título de este libro contiene el término "entender". Se trata de una elección que fue difícil pues las palabras "entender" y "comprender", como sinónimos, muestran dos aspectos de una misma idea. En cuanto a la primera, en el prólogo al libro *Hermenéutica: entendiendo la Palabra de Dios*, Kevin Vanhoozer defiende el término entender, y su uso en el título de la obra, afirmando que la intención de los autores fue hacer hincapié en la importancia de los pequeños detalles de los textos bíblicos.[44] En cuanto al significado de "entender", en el *Diccionario de la Real Academia* encontramos una serie de acepciones de las que consideraremos solo algunas: (1) Tener idea clara de las cosas, (2) Saber con perfección algo, (3) Conocer, penetrar, (4) Conocer el ánimo o la intención de alguien ("Ya te entiendo"), (5) Discurrir, inferir, deducir. Esto muestra que la tarea de entender la Biblia es mucho más que saber qué significan sus palabras. Tiene que ver con un conocimiento integral y profundo de la misma.

En Nehemías 8.8 encontramos un ejemplo del pueblo de Dios leyendo y comprendiendo la Palabra. Al mismo tiempo, el pasaje provee de unos principios básicos para interpretar las Escrituras. Hay allí tres características a tener en cuenta:

Primero, leer claramente (leían con claridad). Nehemías abrió el libro de la ley, y leyó clara y audiblemente el texto a la congregación. Se debe recordar que bajo la cautividad babilónica, el pueblo judío fue

---

[44] En este caso, "entender" como traducción del inglés *grasp* y *grasping*. Kevin J. Vanhoozer, "Prólogo", en J. Scott Duvall y J. Daniel Hays, *Hermenéutica: entendiendo la Palabra de Dios* (Barcelona: Clie, 2008).

deportado, y por más de cien años había perdido contacto con la Palabra de Dios y las ceremonias del templo. Para esta generación quizás esta fue la primera ocasión en que escucharon la palabra de Dios en una lectura pública. Aplicando esto al día de hoy, es importante que los hijos de Dios sepan lo que la Biblia dice. La lectura de la Biblia es algo que no tiene sustituto. Muchas veces el pueblo de Dios es más fiel a las ceremonias religiosas que a la lectura de la Palabra. Solo la lectura de esta producirá cambios significativos en la vida. Esdras llevó al pueblo a tener un contacto con la Palabra de Dios.

Segundo, poner el sentido en el texto (lo interpretaban). La palabra que la NVI traduce como "interpretaban" es el término hebreo *shakal,* que significa literalmente advertir, conducir o hacer entender. Durante el cautiverio, el pueblo de Israel había perdido contacto con su lengua materna, el hebreo, lengua en la que estaban escritas las Escrituras. Es por eso que la tarea de los levitas fue traducir o aclarar las palabras que para los oidores eran incomprensibles.

Tercero, entender la Escritura (comprender su lectura). El propósito único del estudio, exégesis o interpretación es que la congregación se beneficie entendiendo la palabra de Dios. El entendimiento de las Escrituras debe llevar a cada cristiano a la obediencia a Dios. Por otro lado, el hijo de Dios no puede obedecer aquello que no entiende.

Esdras y sus compañeros hicieron una labor excepcional y nos dejaron un testimonio bien documentado de lo que debemos hacer como hijos de Dios. Ellos leyeron las Escrituras al pueblo de una forma clara, le pusieron el sentido, y todos entendieron lo que debían hacer. En esto consiste el propósito de la hermenéutica: que todos entiendan la Palabra de Dios.

• •

EJERCICIO 6

Resume en tus propias palabras las tres lecciones que se pueden rescatar de Nehemías 8.8.

1. _____

2. _____

3. _____

• •

Objetivos

Se ha escrito que el objetivo fundamental de la hermenéutica es proveer los medios para alcanzar la comprensión del objeto o escritura que es interpretado, sorteando los obstáculos que surgen de la complejidad del lenguaje o de la distancia que separa al intérprete del objeto investigado. En general, el propósito del estudio de un tema es el conocimiento; y esto es cierto ya se trate de biología, astronomía o cualquier otra ciencia. Aplicando este principio a las Sagradas Escrituras, se puede decir que el propósito es descubrir el significado correcto de la Palabra de Dios y su aplicación al tiempo que nos toca vivir. Como escribió J. Severino Croatto: "La Biblia no es depósito cerrado que ya 'dijo' todo. Es un texto que 'dice' en presente".[45]

Como trasfondo de estas afirmaciones se encuentra aquella que declara que el objetivo final es conocer a Dios mismo. Una de las afirmaciones de la Reforma Protestante fue que la Palabra de Dios era accesible para todo el que la leyera. Si esto es así, ¿no basta solamente con leer la Biblia? En principio, la lectura de la Escritura da al lector los elementos que necesita para su salvación. De esto no hay dudas. Sin embargo, si se quiere profundizar en la misma, llegar a una comunión intensa con Dios y conocer su voluntad, es necesario entenderla.

Conocer a Dios

El desafío de todo creyente es crecer en el conocimiento de Dios. Es necesario aclarar que conocer a Dios no es un mero conocimiento intelectual o teórico. Es una experiencia de encuentro. El objeto fundamental de esa comprensión o conocimiento no es simplemente una idea abstracta o un ideal de ultimidad y perfección. Tal como indicó Isaac Newton: "Dios es una palabra que expresa una relación, y se refiere a servidores... pues decimos mi Dios, tu Dios, el Dios de Israel". Más recientemente, Martin Buber desarrolló este pensamiento hasta el punto de negar que pudiera tratarse a Dios adecuadamente como objeto del pensamiento. Según él, Dios es de manera suprema el Tú al que solo cabe dirigirse, pero que no se puede definir.

La Palabra de Dios es aquella que nos lleva a un encuentro con el autor de la misma. Entenderla es avanzar en el encuentro con Dios y conocerlo de manera directa y personal. Este es, y sin duda debería

---

[45] Croatto, *Hermenéutica bíblica*, 6.

ser, el objetivo de todo aquel que se acerque al texto de las Escrituras. San Agustín escribió que "por medio de los hombres y al modo humano Dios nos habla, porque hablando así nos busca".[46] Un primer aspecto a rescatar de esta frase es el deseo de Dios de relacionarse con los seres humanos. Desde que el mismo pecó, en el Jardín del Edén, Dios lo ha estado buscando (Gn. 3.9). El segundo aspecto es que él eligió para comunicarse el lenguaje humano. Como escribió Juan Calvino, se amoldó al lenguaje humano.[47] Al hacer esto, nos muestra que, al revelarse, él eligió hablarnos con palabras humanas para que nosotros lo podamos comprender; comprensión que nos lleva a un crecimiento espiritual. El apóstol Pedro escribió que deseáramos con "ansias la leche pura de la palabra, como niños recién nacidos... por medio de ella, crecerán en su salvación" (1 P. 2.2). Este concepto de la Palabra como medio de crecimiento, ya se había expresado en el libro (1 P. 1.23) indicando de esta manera la importancia que tenía para Pedro.

El estudio y comprensión de la Palabra tiene como meta básica llegar a conocer y relacionarse con el autor de la misma. Este conocimiento se da en la comunión con él. El propósito de la Biblia se cumple cuando las personas son llevadas a un conocimiento real de Dios por medio de la fe en Jesucristo y a la sumisión a él como Señor. El autor del cuarto Evangelio es explícito en cuanto a este propósito: "Jesús hizo muchas otras señales milagrosas en presencia de sus discípulos, las cuales no están registradas en este libro. Pero estas se han escrito para que ustedes crean que Jesús es el Cristo, el Hijo de Dios, y para que al creer en su nombre tengan vida" (Jn. 20.30, 31). En Juan 5.39 se cita a Jesús diciendo: "Ustedes estudian con diligencia las Escrituras porque piensan que en ellas hallan la vida eterna. ¡Y son ellas las que dan testimonio en mi favor!". Así es, pues, que las Escrituras no son un fin en sí mismas, sino un testimonio de aquel único en quien hay vida.

Conocer la voluntad de Dios

Como cristianos, sin duda queremos obedecer las demandas de nuestro Señor. Para eso, debemos conocer y entender su Palabra. En Colosenses 1.9, 10, Pablo escribió que su oración en relación con los creyentes era que "Dios les haga conocer plenamente su voluntad con toda

---

[46] Citado por Luis Alonso Schökel, *Los profetas* (Madrid: Cristiandad, 1980), 1:17.

[47] Citado por David S. Dockery y George H. Guthrie, *Guía Holman de interpretación bíblica* (Nashville: Broadman, 2004), 8.

sabiduría y comprensión espiritual, para que vivan de manera digna del Señor, agradándole en todo". Se podría decir que en estas palabras el apóstol presenta uno de los grandes desafíos de la comprensión de la Biblia, que es conocer la voluntad de Dios. Para poder hacer lo que Dios quiere, después de haber tenido un encuentro con él, necesitamos saber lo que él quiere de nosotros (Hch. 22.10). El propio apóstol aclara que el conocimiento del que habla no es una comprensión meramente teórica, que cualquier persona puede alcanzar. Como escribió William Hendriksen, esto puede ser hecho por Satanás mismo.[48] Por el contrario, es una comprensión profunda de la naturaleza de la revelación de Dios en Jesucristo, que produce fruto para la vida práctica, y que trasforma el corazón y renueva la vida.

El cristiano afirma que Jesús es su Señor y que "teóricamente" se somete a su autoridad. Cristo es el Señor de todo y eso es lo que nos da una vida plena e integral. Un cristiano integrado es aquél que está en paz consigo mismo. No hay en él una dicotomía entre sus creencias y su conducta. Por eso, como decía el apóstol Pablo, se hace necesario llevar "cautivo todo pensamiento para que se someta a Cristo" (2 Co. 10.5). Desde la caída, la voluntad del ser humano se ha desviado tras el pecado (Gn. 6.5). En el Antiguo Testamento se plantea claramente que la obediencia tiene "consecuencias" positivas (Dt. 11.13, 14; Is. 1.19), mientras que la desobediencia trae consigo efectos negativos (Dt. 28.15ss). Las dos palabras más usadas en el AT para expresar el concepto de obediencia son 'abah (querer, Is. 1.19) y shama' (oír, Dt. 11.13, 14). Cada una de estas agrega un valor a lo que los textos expresan. La primera muestra que la obediencia debe ser algo que se quiere o desea. Justamente por esto, el mayor uso del término es en expresiones negativas, como cuando dice que el pueblo no "quiso obedecer" (Pr. 1.25). El segundo muestra que la obediencia es oír o entender, lo que significa captar la voluntad de Dios, no solo en sus demandas sino también en sus consecuencias.

La obediencia en el Nuevo Testamento es una parte inseparable de la sumisión a Jesús y su reconocimiento como Señor. El modelo es el mismo Jesucristo, quien se hizo "obediente hasta la muerte, y ¡muerte de cruz!" (Fil. 2.8), sin perder su voluntad personal (Lc. 22.42). El creyente no puede mostrar una sujeción selectiva. No se puede pasar por

---

[48] William Hendriksen, *Comentario al Nuevo Testamento: Colosenses y Filemón* (Grand Rapids: Libros Desafío, 2007), 70. En este sentido es bueno recordar Santiago 2.19.

las páginas de la Escritura, al igual que en una visita a un jardín, y seleccionar solo las flores de tu agrado y dejar de lado las que no te gustan. Eso no es sometimiento u obediencia. Por el contrario, es muestra de inmadurez y rebeldía o arrogancia. Esto no niega que haya dificultades en entender o comprender las Escrituras, pero al reconocer la autoridad de Cristo y su Palabra se debe estar dispuesto a pagar el precio de conocer y entender sus demandas y su aplicación a nuestra vida.

Conocer la Palabra de Dios

Debemos ser conscientes de que interpretamos la Biblia cada vez que la leemos. Eso es inevitable. La pregunta es si al considerar el texto estamos buscando también conocer la Palabra de Dios (la voluntad de Dios) o simplemente queremos justificar nuestras conductas, actitudes o pensamientos. La enseñanza bíblica es que Dios se ha revelado. Él ha manifestado cuál es su voluntad a través de su Palabra. El creyente debe buscar y aceptar esa verdad. En 2 Timoteo 2.15, Pablo le dijo a Timoteo que interpretara correctamente (RVR, "usar bien") la Palabra de Dios. El participio traducido "usa bien" en RVR, o "interpreta correctamente" en la NVI es *orthotomounta* (ορθομουντα), que viene de dos palabras griegas: *ortho* (recto) y *tomeo* (cortar). Según el *Diccionario* de James Strong, al aplicarse al texto bíblico, el significado sería dividir (exponer) correctamente el mensaje divino.[49] Una aplicación de este texto sería que el propósito de la interpretación de la Biblia es evitar un parloteo inútil. Pablo quería que Timoteo presentara lo que era correcto en cuanto a la palabra de la verdad, sin andar dando vueltas, es decir, yendo al grano.[50]

John MacArthur en su comentario a 2 Timoteo menciona que Pablo era un hacedor de tiendas (Hch. 18.3) y posiblemente estaba usando una expresión relacionada con su oficio. Cuando Pablo hacía sus tiendas, utilizaba ciertos patrones. En aquellos tiempos las tiendas eran hechas de pieles de animales con un diseño como de composturas. Cada pieza tenía que ser cortada y encajar perfectamente una con otra.[51] Pa-

---

[49] James Strong, *Nueva concordancia Strong exhaustiva: Diccionario* (Nashville: Caribe, 2002), En la LXX esta palabra figura solamente en Proverbios 3.6 y 11.5 donde tiene el sentido del camino recto.

[50] Gerhard Kittel, G. Friedrich y Geoffrey W. Bromiley, *Compendio del diccionario teológico del Nuevo Testamento* (Grand Rapids: Desafío, 2002), 1152.

[51] John MacArthur, *The MacArthur New Testament Commentary: Second Timothy* (Chicago: Moody Press, 1995), 75.

blo simplemente estaba diciendo: si uno no corta correctamente las partes, el todo no se podrá armar. Aplicando esta idea a las Escrituras, esto muestra que si uno no entiende correctamente las diferentes partes, no entenderá cabalmente todo el mensaje. En el estudio e interpretación de la Biblia, el cristiano debe ser directo, preciso y diligente. La fe en Cristo proviene de escuchar la Palabra de Dios (Ro. 10.14, 15). La salvación llega a través de su Palabra, y es por eso que entenderla correctamente es básico en nuestra fe.

Una mirada a la realidad del cristianismo contemporáneo nos lleva a considerar que uno de los problemas que tiene el pueblo de Dios es confundir las palabras de los seres humanos con la Palabra de Dios. Demasiadas veces se usan los mismos textos para afirmar cosas opuestas. Gordon Fee y Douglas Stuart mencionan que quienes dicen que la mujer debe callar en la iglesia en base a 1 Corintios 14.34, 35, al mismo tiempo niegan la validez de hablar en lenguas y profetizar que están en el mismo contexto. Tanto la "seguridad eterna" como la posibilidad de "perder la salvación" son predicadas como enseñanzas bíblicas en la iglesia.[52]

• •

EJERCICIO 7

Cada uno de los pasajes que se encuentran a continuación tiene una enseñanza relacionada con el propósito de la comprensión de la Biblia. Escribe cuál es esa enseñanza a continuación de la referencia.

1 Pedro 2.2: _____

Colosenses 1.9, 10: _____

2 Timoteo 2.15: _____

• •

Es básico tener en cuenta que la lectura y comprensión de la Biblia son muy importantes para tener una relación saludable con nuestro Señor. Esta, a su vez, es la clave para una relación adecuada con su pueblo. A lo largo del tiempo han existido cristianos quienes pensaron que estudiar la Biblia no era (ni es) espiritual. Han pensado que la oración,

---

[52] Fee y Stuart, *La lectura eficaz de la Biblia*, 13.

evangelizar o participar en cultos sí son ejercicios espirituales. A esta afirmación se debe responder que en la interpretación actual se usa la figura de tener un diálogo con el texto bíblico, es decir: se trata de un proceso en el que el lector se enfrenta o dialoga con el texto. En nuestro encuentro con la Biblia vamos a un encuentro con el Señor, que se revela en la misma. En la iglesia cristiana hoy pareciera que es más fácil leer un diario (periódico) que la Biblia, un libro devocional o de temática cristiana que las Escrituras. Muchos en nuestras congregaciones no han desarrollado el hábito de la lectura sistemática de la Palabra de Dios. Sin embargo, están dispuestos a decir cosas acerca de la Biblia. El desafío sigue siendo el de leer y comprender la Palabra.

Herramientas

Cuando hablamos de las herramientas para la interpretación nos estamos refiriendo a las ayudas necesarias que necesita todo el que lee o quiere conocer más de la Biblia. Toda tarea que se realiza usa de distintos elementos para la realización de la misma. Casi se podría definir una herramienta como "un objeto elaborado para facilitar una tarea". Querámoslo o no, en la lectura e interpretación de la Biblia usamos ayudas. Cuando una persona se dispone a leer la Biblia, ya está usando una herramienta, pues las traducciones nos ayudan a saltar la diferencia lingüística existente entre las lenguas en las que fue escrito el texto bíblico y nuestra propia lengua. Al pensar en las herramientas necesarias para la interpretación debemos considerar la primera y básica, que es la traducción bíblica.[53] A esta herramienta básica le seguirán otras conocidas, como los diccionarios generales y bíblicos, las concordancias y los comentarios, llegando a los distintos programas de computadoras o software, que cada día tienen más herramientas para el estudio de las Escrituras.

Traducciones

La traducción bíblica es una forma de transmisión de la Palabra de Dios en una lengua distinta de la original. Como se ha dicho y mostrado en mi libro *Panorama de la Biblia*, esta fue escrita en tres idiomas diferentes: hebreo (casi todo el Antiguo Testamento), arameo (algunos

---

[53] *Ibid.*, 25-33.

pasajes, básicamente en Daniel) y griego (el Nuevo Testamento).[54] En cuanto a la efectividad salvífica de la proclamación, el cambio de lenguaje carece de importancia con tal que la traducción ofrezca el contenido inalterado. Los trabajos especializados requieren utilizar el texto en los idiomas originales. Pero en un determinado momento será necesario traducir ese texto a la lengua del que trabaja con el texto. Normalmente, el acto de traducir será el resultado final de todo un proceso de comprensión del texto, y en él quedarán reflejadas todas las opciones hermenéuticas elegidas, así como los métodos usados para entenderlo mejor. En la mayoría de los casos, sin embargo, el lector no entiende la lengua original del texto bíblico. Entonces debe utilizar una traducción, la cual ofrece ya el resultado de toda una serie de estudios y trabajos previos realizados por otros. Ya sea que el que haga la exégesis conozca las lenguas originales o no, siempre está presente la traducción.[55]

Desafíos y dificultades. Antes de seguir adelante, debemos tomar muy en cuenta las palabras siguientes:

J. Scott Duvall y J. Daniel Hays: "Hemos dedicado un capítulo a las traducciones de la Biblia, porque la necesidad de traducción es algo inevitable. Dios se ha revelado a sí mismo y ha comisionado a su pueblo para que comunique a los demás el contenido de esta revelación. A no ser que todo el mundo estuviera dispuesto a aprender hebreo y griego (los idiomas originales de la Biblia), la traducción será absolutamente necesaria. Traducir no es más que transferir el mensaje de un idioma a otro. No deberíamos pensar que la traducción es algo malo, puesto que a través de las traducciones podemos escuchar lo que Dios ha dicho".[56]

Y luego, estos autores agregan que traducir es algo más que encontrar palabras equivalentes y unirlas. Es reproducir el significado de un texto expresado en un idioma (el idioma de origen), de la manera más completa posible, en otro idioma (idioma de destino).[57] Se han mencionado

---

[54] Ver Isaías 36.11, donde se diferencia la lengua de Judá con el arameo.

[55] Maurice Carrez, *Las lenguas de la Biblia* (Estella: Verbo Divino, 1984), 3-5, quien afirma que todo lector de la Biblia ha escuchado y leído términos hebreos y arameos, como por ejemplo *abba* (Mr. 14.36; Ro. 8.15) o *amén* (Mt. 6.13).

[56] Duvall y Hays, *Hermenéutica* (Barcelona: Clie, 2008), 222.

[57] Esta frase de Mark L. Strauss es citada por Duvall y Hays, *Hermenéutica*, 228.

una cantidad de problemas que deben enfrentar los traductores, como por ejemplo la relación de pesos y medidas (que son diferentes en el Antiguo y el Nuevo Testamento), el vocabulario, es decir, el sentido de los términos y los llamados eufemismos.[58]

Plutarco Bonilla señala que la iglesia cristiana desde sus comienzos fue una comunidad misionera. Esta fue su característica fundamental, es decir, tuvo un enorme celo evangelizador.[59] Fue este celo el que llevó a los cristianos a romper las barreras lingüísticas y trascender el mundo griego, llegando con el evangelio a territorios donde se hablaban otras lenguas. Como consecuencia lógica, quisieron poner al alcance de las nuevas comunidades su Escritura o libro Sagrado. Así surgieron las traducciones al latín, al siríaco y al copto. Luego, siguieron el gótico y el armenio, entre otros idiomas. No se trató de un hecho aislado o accidental. Por el contrario, fue y es la manifestación misma de la fe cristiana. El mismo Bonilla agrega: "Si la palabra es un modo de presencia de la persona, la Palabra de Dios es un modo de presencia de Dios. Y el Dios que de alguna manera se hace presente es un Dios misionero. La palabra participa de este aspecto del ser de Dios".[60]

---

[58] Fernando Lázaro Carreter, *Diccionario de términos filológicos* (Madrid: Gredos, 1981), 177, los define como el proceso que trata de evitar una palabra molesta, sucia, inoportuna, por otra cuya expresión sea más agradable. Fee y Stuart, *Lectura eficaz de la Biblia*, 31, mencionan que las opciones del traductor al enfrentarse con un eufemismo es: (1) traducir literalmente, pero con el riesgo de confundir al lector; (2) traducir el equivalente literal, pero tal vez ofender al lector; o, (3) traducir con un eufemismo equivalente. Proponen que en el caso de Génesis 31.35, donde la traducción de RVR es "estoy con la costumbre de las mujeres", es mejor que decir "estoy con la menstruación", que sería una traducción más exacta.

[59] Plutarco Bonilla, "Traducciones castellanas de la Biblia", en *Descubre la Biblia III*, ed. por Edesio Sánchez Cetina (Miami: Sociedades Bíblicas Unidas, 2006), 257-258.

[60] *Ibid.*, 258-260. Estas traducciones son la *Vulgata Latina*, que fue la traducción que hizo el "padre de la iglesia" conocido como Jerónimo en el siglo IV, y que desde el siglo XVI recibió este nombre (*Vulgata*). A partir de entonces se convirtió en la versión "divulgada" y oficial de la Iglesia latina. En siríaco la traducción a esa lengua fue la *Peshita*. Este término (*peshitta*) es de origen arameo-siríaco, y significa "común, simple, sencillo". Así se definió, a partir del siglo X, la versión siríaca de las Sagradas Escrituras. La elección de este nombre parece que se debe a la sencillez estilística y terminológica de esta versión. En el caso del gótico, la traducción fue de Ulfilas (311-381), sacerdote y misionero, quien para hacerlo inventó un alfabeto. Al idioma armenio, la traducción fue hecha en el siglo V, y para hacerla también debieron crear un alfabeto. Sobre estas dos últimas versiones, ver J. D. Douglas y J. E. Ruark, eds., *The New International Dictionary of the Christian Church* (Grand Rapids: Zondervan

Antes de seguir, quisiera decir que el pueblo cristiano debería tener una palabra de agradecimiento a Dios por la tarea de los traductores. Pues es por su trabajo que a lo largo de muchos años nos hemos podido acercar al mensaje de la Palabra en nuestra propia lengua. Como escribió Plutarco Bonilla: "la lengua en que expresamos nuestros sentimientos e ilusiones, la lengua en que discutimos y soñamos, y, sobre todo, la lengua en que oramos y escuchamos la voz de Dios".[61]

Traducir es trasladar todo lo que es y significa un texto escrito en una lengua extranjera a nuestra propia lengua. Tal operación no puede hacerse, sin embargo, con absoluta fidelidad, porque es imposible trasladar a un idioma todos los matices, significados y contenidos de otro. Siempre habrá una pérdida. A veces será en el significado o contenido de las palabras, en los aspectos literarios y lingüísticos, y, salvo raras excepciones, en los matices fonéticos. Con razón dice el proverbio italiano: "*tradutto retraditore*", que significa: todo traductor es un traidor. Obsérvese cómo ya en esta misma traducción resulta casi imposible trasladar con exacta precisión el juego de palabras del idioma original. La razón de que sea imposible una correspondencia plena entre el original y la traducción es, al menos, doble. Por un lado, la no coincidencia de las estructuras lingüísticas y culturales; y por el otro, la diferencia de los esquemas estilísticos y los sistemas connotativos entre dos lenguas. Pero, además, debe añadirse —y esto es importante para la Biblia— la distancia temporal que hay entre los textos bíblicos y nuestro lenguaje actual.

Diferentes tipos de traducciones. Nada tiene de extraño que haya diversos procedimientos y modelos de traducción. Eugene A. Nida ha descrito dos maneras de traducir —que para algunos autores se las podría llamar procedimientos extremos— y que son la equivalencia formal y la equivalencia dinámica. A estas se debe agregar la traducción libre (paráfrasis). Estas tienen en cuenta que la traducción es el paso, la traslación de una lengua original a una lengua receptora, pero dan distinto valor a una y a otra.[62] J. Scott Duvall y J. Daniel Hays citan a D. A. Carson, quien señala las diferencias que existen entre distintos idio-

Publishing House. 1978), 651; y, Justo L. González, *Historia del cristianismo*, 2 vols. (Miami: Unilit, 2003), 1:247.

[61] Bonilla, "Traducciones castellanas de la Biblia", 279.

[62] Ver Eugene Nida y Charles R. Taber, *Teoría y práctica de la traducción* (Madrid: Cristiandad, 1986); y J. C. Margot, *Traducir sin traicionar: teoría de la traducción aplicada a los textos bíblicos* (Madrid: Cristiandad, 1979).

mas, que hacen difícil el trabajo del traductor. Esto se aplica de manera especial a las lenguas bíblicas (hebreo, arameo y griego) con el español (castellano). Este autor propuso las siguientes diferencias:

D. A. Carson: "No existen dos palabras que sean exactamente iguales. Las palabras significan cosas diferentes en cada idioma, incluso las de significados similares difieren de algún modo entre sí. El número de palabras de los idiomas es distinto. Esto significa que es imposible asignar directamente una palabra del idioma de origen a otra del idioma de destino. Cada idioma vincula las palabras de manera distinta para formar sus expresiones, cláusulas, y oraciones gramaticales (la sintaxis es distinta). Esto significa que, entre cualquier par de idiomas, existen diferencias estructurales preestablecidas. Cada idioma tiene sus propias preferencias de estilo".[63]

Desde mediados del siglo pasado las técnicas de traducción han experimentado un cambio sustancial, de manera especial a partir de la aparición de las versiones populares, en las que se emplearon métodos distintos a los habituales.

William L. Wonderly: "Los traductores han utilizado dos técnicas diferentes. Tradicionalmente, y de manera especial en las traducciones bíblicas, se ha hecho hincapié en la traducción por correspondencia formal. Sin embargo, la obra contemporánea tiende a destacar la equivalencia dinámica. Una traducción que pone el énfasis en la correspondencia formal se orienta principalmente hacia el idioma de la fuente, o sea, el mensaje en su forma original, y trata de conservar lo más posible sus características gramaticales, la estructura de cláusulas y frases, y una consistencia en la traducción de los términos del idioma original. En contraste, una traducción que recalca la equivalencia dinámica se orienta principalmente hacia el impacto sobre el receptor y, por lo tanto, trata de lograr la manera más natural de comunicar la misma idea en el lenguaje contemporáneo".[64]

---

[63] D. A. Carson, *The Inclusive-Language Debate: A Plea for Realism* (Grand Rapids: Baker, 1998), 48-51, citado por Duvall y Hays, *Hermenéutica*, 227-228.

[64] William L. Wonderly, *Traducciones bíblicas para uso popular* (México: Sociedades Bíblicas Unidas, 1977), 24.

Además de estos dos métodos de traducción, en las décadas siguientes han ocurrido cambios importantes, como por ejemplo: la llamada equivalencia dinámica pasó a llamarse equivalencia funcional. Además, se puede hablar de las traducciones libres, que algunos llaman paráfrasis o versiones populares.[65] De estas técnicas de traducción de la Biblia, la formal intenta traducir el texto palabra por palabra, aun al costo de perder la naturalidad en la lengua receptora. Por otro lado, la equivalencia dinámica intenta comunicar la idea expresada en el texto base, aun al costo de la literalidad o del orden original de las palabras. Las distintas técnicas representan un énfasis, ya sea de fidelidad literal o de legibilidad del texto. A estas formas se deberían sumar los llamados "interlineales", que representan un intento de colocar al lector en el marco más estricto de las lenguas originales. Así, pues, hay varios métodos y técnicas de traducción.

Traducción por equivalencia formal. Este procedimiento de equivalencia formal intenta sobre todo reflejar al máximo las características de la lengua original. En cierto modo, intenta trasladar al lector actual hasta los tiempos y la cultura de la lengua original, haciéndole participar en lo posible de sus modismos, sus procedimientos literarios, e incluso, si puede, de sus recursos fonéticos. Generalmente, cuanto más se acentúa este procedimiento de traducción, más necesarias son las notas aclaratorias para el lector.[66] Cuando se habla de equivalencia formal, la referencia es al intento de correspondencia, que consiste en la reproducción del original en todos sus aspectos.[67] Es decir, a cada uno de los términos que aparecen en las lenguas originales se le busca un equiva-

---

[65] Ver Pedro Puigvert, *¿Cómo llegó la Biblia hasta nosotros?* (Barcelona: Clie, 1999), 190-192. Este autor menciona la aparición un nuevo método de traducción llamado lenguaje inclusivo, aunque Puigvert no tiene una opinión positiva de este tipo de traducción. En el campo católico se habla de las traducciones pastorales (es decir de carácter popular); literarias (semejante a las equivalencia dinámica-funcional); literales (equivalencia formal), y litúrgicas, las que están pensadas para las lecturas en los actos litúrgicos-cultuales.

[66] Entre las traducciones en que la equivalencia formal es muy fuerte se puede señalar en el campo evangélico a la *Biblia Textual* (Seúl: Sociedad Bíblica Iberoamericana, 2008).

[67] Fee y Stuart, *La lectura eficaz de la Biblia*, 29, la llaman traducción literal y agregan que es un intento de traducir manteniéndose tan cerca como sea posible a las palabras y frases exactas del idioma original, aunque dando sentido en el idioma receptor.

lente, de manera que a un sustantivo corresponda un sustantivo, a un verbo un verbo, etc. De este modo, el propósito es que el vocabulario sea lo más idéntico al original, buscando el máximo de literalidad.[68]

Por un lado, el intento es acercarse al texto original por medio de las expresiones idiomáticas características de la primera lengua; por otro lado, surgen dificultades de comprensión, sobre todo cuando se trata de traducir modismos que literalmente requieren una explicación. Un ejemplo se encuentra en 2 Corintios 5.16, donde RVR traduce: "conocemos según la carne; y aun si a Cristo conocimos según la carne". En castellano, esta es una frase ambigua, si bien es una traducción palabra por palabra del original.[69] ¿Se refiere a la apariencia exterior? Es mucho mejor la traducción de la NVI: "según criterios meramente humanos". Notemos el siguiente ejemplo en relación con Hechos 2.17.

Reina Valera Revisada (1960)	La Biblia de las Américas	Nueva Versión Internacional	Dios Habla Hoy
Y en los postreros días, dice Dios, Derramaré de mi Espíritu sobre toda carne, y vuestros hijos y vuestras hijas profetizarán; vuestros jóvenes verán visiones, y vuestros ancianos soñarán sueños.	Y sucederá en los últimos días—dice Dios—que derramare de mi Espíritu sobre toda carne; y vuestros hijos y vuestras hijas profetizarán, vuestros jóvenes verán visiones, y vuestros ancianos soñaran sueños.	Sucederá que en los últimos días —dice Dios—, derramaré mi Espíritu sobre todo el género humano. Los hijos y las hijas de ustedes profetizarán, tendrán visiones los jóvenes y sueños los ancianos.	Sucederá que en los últimos días, dice Dios, derramaré mi Espíritu sobre toda la humanidad; los hijos e hijas de ustedes hablarán mensajes proféticos, los jóvenes tendrán visiones, y los viejos tendrán sueños.

[68] Dos ejemplos de literalidad extrema deben tenerse en cuenta: los interlineales, que ya se mencionaron, como los cuatro tomos de Ricardo Cerni, *Antiguo Testamento interlineal hebreo-español* (Barcelona: Clie, 2002); o Francisco Lacueva, *Nuevo Testamento interlineal griego-español* (Barcelona: Clie, 1984). Entre las versiones de la Biblia entera está la *Biblia Textual* ya mencionada.

[69] Fee y Stuart, *La lectura eficaz de la Biblia*, 30. Ver Simón J. Kistemaker, *Comentario del Nuevo Testamento: 2 Corintios* (Gran Rapids: Libros Desafío, 2004), 216ss.

• •

EJERCICIO 8

¿Sobre quién se derramará el Espíritu de Dios? Nota las diferencias entre las distintas traducciones y ponlas por escrito:

Reina Valera Revisada (1960): _____

La Biblia de las Américas: _____

Nueva Versión Internacional: _____

Dios Habla Hoy: _____

• •

Traducción interlineal. El caso extremo de este modo de traducción son las traducciones interlineales, que desde hace algún tiempo han aparecido también en castellano. Se trata de un lugar intermedio entre el texto en las lenguas originales y las traducciones formales o literales. Estos trabajos permiten una rápida confrontación entre el texto griego (o hebreo) y el español. Debajo de cada palabra griega o hebrea se coloca la correspondiente palabra española. En estos casos, la traducción se hace prácticamente incomprensible para el lector ordinario. Un ejemplo de texto interlineal del Antiguo Testamento de Génesis 24.2 es el siguiente:

Nueva Versión Internacional	Reina Valera Revisada (1960)	Dios Habla Hoy
Un día, Abraham le dijo al criado más antiguo de su casa, que era quien le administraba todos sus bienes: —Pon tu mano debajo de mi muslo.	Y dijo Abraham a un criado suyo, el más viejo de su casa, que era el que gobernaba en todo lo que tenía: Pon ahora tu mano debajo de mi muslo.	Un día llamó al más viejo de sus siervos, el que estaba a cargo de todo lo suyo, y le dijo: —Pon tu mano debajo de mi muslo.

En cuanto al interlineal del Nuevo Testamento, a diferencia del interlineal del Antiguo Testamento, se colocan notas lingüísticas marginales, que ayudan a una mejor comprensión. Ver el siguiente ejemplo en relación con Juan 4.22.

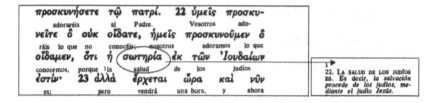

Traducción por equivalencia dinámica o funcional. El procedimiento de equivalencia dinámica o funcional es justamente el inverso al de equivalencia formal. En este caso se pone el acento o se da el primer lugar al receptor actual. Por lo tanto, la traducción transforma de tal manera al texto, que el lector se encuentra en condiciones semejantes a aquellas en las que se hallaba el destinatario original. Su énfasis se encuentra en que el texto sea comprensible en la lengua receptora. Eugene A. Nida afirma que para que haya una auténtica equivalencia dinámica debe no solo reproducirse en la traducción el sentido del texto, sino también el estilo del mensaje en la lengua original. Pero, en caso de tensión entre el sentido y el estilo, habría que sacrificar el estilo, en su interés por mantener el sentido. Los traductores, con este método, tienen presente el efecto del mensaje sobre el receptor al que iba dirigido originalmente, para valorar su verdadero sentido, y traducir un texto equivalente que cause el mismo efecto en el lector actual.

Edesio Sánchez Cetina: "No se puede decir, así en abstracto, qué traducción es mejor que otra. Dependiendo del texto que tengamos enfrente, debe escogerse el tipo de traducción que mejor refleje el sentido o significado 'original' del pasaje. La meta es acercarse lo más posible al sentido original. Eso es lo que impone la pauta para decidir qué tipo de traducción realizar. Por ejemplo, en el caso de nombres propios, el sentido se obtiene, por lo general, con una simple transliteración del nombre. En otros casos, debido a la intención expresa del autor original, se transliteran frases enteras: *talita qumi*. Sin embargo, estos casos son muy pocos en la Biblia. Aplicarlo a otros pasajes es desastroso".[70]

---

[70] Edesio Sánchez Cetina, "Traducción formal o dinámica", en *Descubre la Biblia III*, ed. por Edesio Sánchez Cetina (Miami: Sociedades Bíblicas Unidas, 2006), 309.

El mismo autor hace el siguiente croquis para ilustrar lo que quiere decir:

El trabajo que hacen aquellos que realizan una traducción dinámica–funcional es el de analizar el texto, buscando las funciones que tienen cada una de sus partes, reconocer los elementos implícitos en el mismo y reformularlo de tal manera que pueda ser comprendido por los lectores contemporáneos. En este sentido, deben trabajar con más de un contexto cultural (el del autor del texto, el propio y el del lector al que se dirigen). Se trata de producir un texto que salve las barreras culturales y se adapte plenamente al nuevo lector. Para ello se dará la primacía al lenguaje y a la cultura del receptor sobre la del original. Esto tiene la ventaja de que el nuevo lector lee el texto traducido como si fuera un texto producido en el seno de su cultura y de su tiempo, sin necesidad de muchas notas aclaratorias. Esto tiene, sin embargo, algunas desventajas, como por ejemplo, que no es fácil saber cuál era el receptor original de un texto, que no se puede siempre prescindir del efecto que los siglos han acumulado a su significado original y, sobre todo, que puede borrar en cierto modo el carácter histórico concreto del texto que se lee.

• •

EJERCICIO 9

Compara las traducciones RVR60, NVI y Dios Habla Hoy de cada uno de los siguientes pasajes y menciona cuál te parece la más accesible:

1. Romanos 12.20: _____   2. Amós 4.6: _____

3. 1 Pedro 5.14: _____   4. 1 Samuel 24.3: _____

• •

Traducción libre o paráfrasis. Las llamadas paráfrasis o traducciones libres merecen un párrafo aparte. El término paráfrasis viene de dos términos griegos (παρά, junto, al lado de; y φράσις, locución). Para el *Diccionario de la Lengua Española* es una explicación o interpretación amplificada de un texto, a fin de ilustrarlo o hacerlo más claro o inteligible. En la enciclopedia libre Wikipedia se define como la reescritura del texto original.[71] El propio Eugene Nida menciona que en algunas ocasiones el término paráfrasis se usó para referirse a "una traducción desgarbada e imprecisa en la que el traductor ha introducido a su gusto juicios subjetivos".[72] Gordon Fee y Douglas Stuart escribieron sobre esta forma de traducir que es un "intento de traducir las ideas de un idioma a otro, con menos preocupación por el uso exacto de los equivalentes de las palabras del idioma original. Una traducción libre, llamada también paráfrasis, trata de eliminar la distancia histórica en cuanto sea posible".[73]

Los editores de *La Biblia al día*, una de las paráfrasis más conocidas, en la Introducción dicen que "parafrasear es expresar el pensamiento de un autor en palabras más comprensibles a las empleadas por él originalmente".[74] A lo que agregan que se trata de un intento de actualizar el vocabulario ("las palabras que usan los autores"). Por otro lado, a pesar de las buenas intenciones que se tenga, al parafrasear existe el peligro de expresar algo que el autor no tenía en mente. Este es un peligro que debe considerarse muy seriamente. Neil R. Lightfoot afirma que este tipo de traducción "sacrifica la fidelidad a lo que dice el texto original, por lo que el traductor dice lo que él piensa que quiso decir el autor original".[75]

En la mayoría de los casos no se dan estas formas de traducción en estado puro, sino que se combinan una y otra, según distintos factores, como la naturaleza del mensaje, el propósito del traductor y el tipo de receptores. El tipo de traducción tiene que ver con el propósito de la misma. Por ejemplo, si es para el estudio bíblico, en general se sigue la equivalencia formal. Pero si tiene como propósito ser usada en la lectura pública o por lectores sin formación evangélica, parece más conveniente la equivalencia dinámica. Veamos el siguiente cuadro:

---

[71] Según Carreter, *Diccionario de términos filológicos*, 312, el término significa amplificación explicativa.

[72] Nida y Taber, *La traducción, teoría y práctica*, 73.

[73] Fee y Stuart, *La lectura eficaz de la Biblia*, 30.

[74] *La Biblia al día* (El Paso, TX: Mundo Hispano, 1979), 2.

[75] Neil R. Lightfoot, *Comprendamos cómo se formó la Biblia* (El Paso, TX: Mundo Hispano, 2009), 209.

Tipo de Traducción	Interlineales	Equivalencia Formal	Equivalencia Funcional	Paráfrasis (libre)
Propósito	Interlineal del Antiguo y Nuevo Testamento	Reflejar al máximo las características de la lengua original. Énfasis en el hebreo y el griego.	Transforma el texto para que el lector se encuentre en condiciones semejantes a aquellas en las que se hallaban los destinatarios originales. Énfasis en el castellano.	Explicación que se hace de un texto, conservando el contenido, pero cambiando las palabras y extensión del mismo.
Traducciones		Biblia Textual. RVR (60 – 95). RVC.[76] LBLA. Biblia de Jerusalén.* Cantera-Iglesias.*	DHH. Nueva Biblia Española.* Biblia del Peregrino.* Biblia Latinoamericana.*	La Biblia al Día. Lenguaje Actual.
		Nueva Versión Internacional		
			Nueva Traducción Viviente.[77]	

[76] En 2011 se publicó una nueva revisión de la Reina Valera, que recibió el nombre de *Reina Valera Contemporánea* (Buenos Aires: Sociedades Bíblicas Unidas, 2011), cuyo objetivo es reflejar el "español latinoamericano". Además de la actualización del vocabulario, una de las diferencias con las revisiones anteriores de Reina Valera es el cambio del nombre "Jehová" por "Señor".

[77] La *Nueva Traducción Viviente*, fue publicada por Tyndale House Fundation en 2010, y aunque tiene de base la Biblia en inglés *New Living Translation*, fue revisada en su edición en español con el propósito de ser una traducción que respete el texto crítico de manera dinámica.

¿Cómo saber si una traducción es buena? Se han mencionado tres factores claves para evaluar una traducción. En primer lugar, su fidelidad al texto bíblico en las lenguas originales y a los lectores originales del texto. Esto es básico, ninguna traducción puede traicionar lo que el autor original quiso decir. En segundo lugar, la facilidad de comprensión, es decir estar cerca de aquellos a quienes se dirige. Finalmente, una traducción debe ayudar a los lectores a conocer a Dios. Que ellos puedan captar no solo las ideas, sino que los guíe a una experiencia de encuentro con su Señor.[78]

Biblias de estudio

Otro de los fenómenos contemporáneos es la aparición de Biblias de estudio. Tal como su nombre lo indica, se refiere a ediciones de la Biblia con características especiales. En general, contienen ayudas para una mejor comprensión del texto bíblico. En realidad se trata de que estas Biblias tengan algo adicional al texto bíblico en sí, referencias a los textos originales, comentarios a temas específicos, a pasajes determinados, relacionamiento entre ellos, etc. Una Biblia de estudio contiene una introducción para cada libro de la Biblia. Esta incluye ciertos hechos sobre el autor, los receptores originales, el tema, el bosquejo, el trasfondo, el propósito, una visión panorámica del libro y algunas características especiales. Como las demás Biblias, contienen mapas, generalmente en colores y tablas de pesos y medidas. Pero a esto se le debe sumar cuadros, como por ejemplo, de los patriarcas, jueces, reyes y profetas, fiestas, principios éticos y cosas semejantes. Se le agregan artículos sobre temas clave como el reino de Dios, el Espíritu Santo, la voluntad de Dios, la fe y la gracia. Finalmente, contienen comentarios sobre versículos importantes. Muchas de estas Biblias de estudio, están referidas a temas generales como liderazgo, profecía, devocionales, familia, énfasis denominacionales, etc. Al usar las Biblias de estudio y tomar en cuenta sus notas no se debe olvidar que se trata de una interpretación y que nada reemplaza el estudio personal.

Diccionarios

Los diccionarios son obras de consulta de palabras o términos ordenados alfabéticamente. Nos ayudan a entender mejor las palabras. Estos

---

[78] En el Capítulo 6 hablaremos sobre el uso de las traducciones; y en el capítulo 10 mostraremos como usarlas.

libros explican los diferentes sentidos en que se usa una palabra. A veces incluyen sinónimos, o sea, palabras que tienen casi el mismo significado que la que se busca; o antónimos, esto es, las que significan lo contrario. En general, esta clase de diccionarios trae los significados de las palabras como se usan en la actualidad. En cuanto a los diccionarios bíblicos, se trata de una lista alfabética de palabras y nombres que aparecen en la Biblia o relacionados con ella. Estos nos ayudan a entender cómo se usaban las palabras en los tiempos bíblicos. Contiene información general sobre la vida en los tiempos bíblicos, identifica los personajes más importantes, describe los lugares mencionados en la Biblia, explica los sistemas de pesos y medidas, y resume los conceptos teológicos más importantes de las Escrituras. Dentro de este tema se deben considerar los diccionarios teológicos, que muestran los posibles sentidos de una palabra. Una concordancia proporciona algunos hechos sobre los significados de las palabras y los lugares que aparecen en la Biblia. Un diccionario muestra la investigación que ha efectuado un autor. Por eso al usar un diccionario bíblico, debemos entender que, al igual que una versión o una Biblia de estudio, este refleja un punto de vista. Los autores, como cada uno de nosotros, tienen ciertas presuposiciones, que pueden, variar el significado de un texto o palabra. Por eso hay que evaluar cuidadosamente el material.

Concordancias

Una concordancia es una lista alfabética de todas las palabras que figuran en la Biblia. La entrada correspondiente a cada palabra proporciona las citas bíblicas donde se usa esa palabra en la Biblia. Algunas concordancias traen más entradas que otras. Las que son completas tienen todas las palabras que aparecen en la Biblia. Muchas Biblias, especialmente las de estudio, traen una concordancia abreviada al final de la misma. Se debe reconocer que hay concordancias de acuerdo a las distintas versiones (NVI o RVR). Una concordancia es muy útil cuando se quiere saber dónde se encuentra una palabra en la Biblia o cuántas veces aparece. Las concordancias completas, como la *Concordancia completa de la Santa Biblia* de William H. Sloan, la *Concordancia exhaustiva de las Sagradas Escrituras (RVR)* por C. P. Denyer, y la *Concordancia completa de la NVI*, son una muestra de las concordancias disponibles, ya sea de una traducción tradicional, como la Reina Valera Revisada (1960) o de la Nueva Versión Internacional. Una concordancia que es muy útil para el estudio de las Escrituras es la *Nueva concordancia Strong- exhaustiva* de James Strong.[79] Lo que hizo (y hace diferente) a esta concordancia es que al lado de cada término que aparece en la Biblia (originalmente según la versión *King James* en inglés) incluía un número, que hacía referencia al término hebreo, arameo o griego que se usa en ese lugar. Estaba acompañada de dos diccionarios, que mostraban los distintos significados de cada término hebreo, arameo o griego.

CREAR	
Gn 1.1 en el principio *creó* Dios los cielos	1254
1.21 *creó* Dios los grandes monstruos marinos	1254
1.27 *creó* Dios al hombre... a imagen de... lo c	1254
1.27 a imagen de... varón y hembra los *creó*	1254
2.4 son los orígenes... cuando fueron *creados*	1254
5.1 el día en que *creó* Dios al hombre, a	1254
5.2 varón y hembra los *creó*; y los bendijo	1254
5.2 el nombre... el día en que fueron *creados*	1254
6.7 raeré de... a los hombres que he *creado*	1254
Dt 4.32 desde el día que *creó* Dios al hombre	1254
32.6 ¿no es él tu padre que te *creó*? El te	6213
32.18 de la Roca que te *creó* te olvidaste	3205
Job 26.13 su mano *creó* la serpiente tortuosa	2490

A la *Concordancia exhaustiva de la Biblia* (publicada por Caribe en 2002) se le pueden agregar diccionarios de las lenguas de la Biblia como ser: Moisés Chávez, *Diccionario de hebreo bíblico* (El Paso, TX: Mundo Hispano, 1992) y Alfred E. Tuggy, *Léxico griego-español del Nuevo Testamento* (El Paso, TX: Mundo Hispano, 1996). En ambos casos, se usan estos números de Strong. De manera que al buscar una palabra en la concordancia Strong, se puede completar el conocimiento de un término con la búsqueda de estos números. El uso de estas herramientas permite a la persona que no conoce las lenguas originales tener la oportunidad de conocer más acerca de palabras importantes en el texto bíblico. Al mismo tiempo, ayuda a entender los distintos sentidos en que se emplea una palabra. Por eso, se debe tener presente que los escritores bíblicos usan las mismas palabras en sentidos diferentes.

---

[79] El Dr. James Strong (1822-1894) publicó en 1890 su *Concordancia exhaustiva de la Biblia*, que fue conocida con el nombre *Concordancia Strong*. Esta era el fruto de más de 35 años de trabajo y la colaboración de más de cien colegas.

Comentarios

Un comentario bíblico es un libro que estudia un libro, sección o la Biblia con mayor detenimiento. Aunque hay comentarios de toda la Biblia en un solo tomo, por lo regular un comentario se concentra en estudiar un solo libro de la misma o varios libros cortos (por ejemplo, las cartas de Juan o las cartas de Pedro). En términos generales, comienzan con una introducción, en la que presentan quién escribió el libro bíblico, cuándo y dónde fue escrito, y cuáles son sus ideas teológicas más importantes, para luego pasar a comentar el texto mismo del libro o libros. El propósito de los comentarios es ayudar al lector a comprender el texto, de manera que pueda preparar una clase o un sermón sobre el mismo. Hay dos advertencias que hacer en relación con el uso de los comentarios. En primer lugar, nunca deben ocupar el lugar de las Escrituras. Puede ocurrir que el creyente tenga una tendencia a prestar mayor atención a lo que dice el comentario que a lo que dice la Palabra de Dios. En segundo lugar, el comentario solo contiene lo que opina un autor o varios autores sobre un libro o un versículo.

Software bíblico[80]

En los últimos años se ha acentuado aún más el impacto de la tecnología sobre nuestra vida cotidiana. En plena "era informática" el uso de las computadoras (u ordenadores personales) se encuentra en un continuo estado de expansión. Tanto es así, que cuesta imaginar un mundo sin ellas. La ciencia de la computación avanza a pasos agigantados y nos hace la vida un poco más fácil, al tiempo que nos exige una urgente puesta al día para evitar convertirnos en los nuevos analfabetos, o como dijo un profesor amigo "compusaurios" del siglo XXI. Actualmente cualquier persona que tenga acceso a la Web (Internet) puede escribir un pasaje bíblico y tendrá acceso a las distintas versiones, es decir, podrá consultar la Biblia *online*. Otra alternativa son los llamados programas o el software bíblico. Como ya se afirmó, estos cambios afectaron a todos los ámbitos de la vida, y también cómo es lógico, la manera de estudiar el texto bíblico. Cada vez son más las personas que van dejado atrás los métodos tradicionales de estudiar la

---

[80] Los dos párrafos siguientes siguen un resumen de Rubén Gómez, *Guía práctica de software bíblico* (Barcelona: Clie, 2000), 35-53, que aunque es una obra ahora antigua, sigue siendo una introducción interesante y hasta el momento única al software bíblico. Ver también, Nancy Weber de Vyhmeister, *Manual de investigación teológica* (Miami: Vida, 2009), 131-140.

Biblia y que se van adaptando a los nuevos sistemas de estudio asisti-
dos por computadoras.

Al igual de lo que ocurre en otras disciplinas, el *software* bíblico
ha visto aumentar espectacularmente el número de usuarios, a medida que fue ofreciendo mayores y mejores prestaciones. Ya no se trata de productos confinados a los centros de investigación y enseñanza
bíblico-teológica, sino de programas al alcance de cualquier persona
(medianamente culta). Son aplicaciones capaces de satisfacer prácticamente todas las b es del amplio espectro de usuarios que se acercan a
ellas: creyentes en general, estudiantes, pastores, misioneros, profesores
y especialistas. El *software* bíblico tiene algo que ofrecerle a cada persona, si bien no todo lo que ofrece es para todos.

Ventajas. La primera ventaja tiene que ver con el tiempo y la opti-
mización del mismo. El uso de la PC (Computadora Personal), una vez
aprendido su manejo, ahorra tiempo y permite acceder a la información
de manera más rápida y efectiva que si hubiera que hacerlo de forma
manual. En segundo lugar, está la reducción de las tareas más tediosas.
Como todo el mundo sabe, estudiar, investigar y escribir se componen
de un noventa por ciento de "transpiración" y de un diez por ciento de
"inspiración". No hay atajos para el trabajo duro, a menudo árido y repetitivo. El software bíblico reduce al mínimo las actividades mecáni-
cas. Es cierto que no puede inspirar, pero sí puede aligerar la carga del
trabajo "pesado", para que podamos disponer de mayor tiempo para la
necesaria reflexión y síntesis.

Otro aspecto a mencionar es la flexibilidad. El software bíblico es
mucho más versátil que los métodos tradicionales de estudio. Con su
ayuda podemos hacer muchas más cosas, además de hacerlas con mayor exactitud. El medio impreso es más "rígido", mientras que con la
ayuda de una computadora podemos realizar varias tareas al mismo
tiempo y combinar sus resultados. Un elemento más es la integración.
El software bíblico integra en un solo entorno de trabajo varias herramientas (Biblias, concordancias, diccionarios, comentarios, atlas, etc.)
y las pone al servicio del estudio. En algunos casos, tener todos estos
mismos libros abiertos sobre la mesa es muy difícil y requiere de mucho espacio, además de la necesidad de pasar un buen tiempo buscando información en unos y otros. Además, siempre está el peligro de
no encontrar lo que se busca. Con la informática, todo es mucho más

sencillo y la información se puede sintetizar mejor. Finalmente, y asociado con lo anterior, se debe mencionar la precisión. Con la computadora se puede alcanzar un grado de seguridad mucho mayor que si no se utilizara. Ninguna obra humana es perfecta y la informática no es la excepción, pero la posibilidad del fallo humano es mucho mayor cuando no se cuenta con los medios electrónicos adecuados para realizar el trabajo.

Desventajas. Ya se han presentado algunas de los beneficios del uso del *software* bíblico, que son muy buenos. Pero es importante reconocer que existen algunos problemas y limitaciones en el uso del mismo. Primero, es necesario tener conocimientos básicos de informática. No necesariamente hay que ser un especialista o técnico en computación, pero sí tener una cierta idea de cómo utilizar una computadora. La experiencia demuestra que el aprendizaje es más fácil y más rápido cuanto más joven es la persona. Pero se debe tener presente que la edad no es un impedimento para aprender. Un segundo aspecto a considerar es que se debe aprender el funcionamiento peculiar de cada programa. No todas las aplicaciones funcionan de la misma manera. De manera que cada vez que se conoce o comienza a usar un programa, el usuario enfrenta lo que se ha llamado una curva de aprendizaje. Por lo general, esta curva no es muy pronunciada ni se extiende durante un período demasiado prolongado, pero está ahí y hay que tenerla en cuenta.

En tercer lugar, se debe reconocer que se tiene que contar con una computadora adecuada. En general, los requisitos mínimos del sistema dependen de la complejidad y tamaño del programa o software que se usa. Pero siempre existen requisitos mínimos indispensables. Al mismo tiempo, se debe tener en cuenta que cuanto más nuevo y potente sea el equipo, tanto más complicada es su operación. A esto se debe agregar que el usuario está sujeto a los problemas propios de cualquier computadora. Pese a todos los avances habidos en las últimas décadas en gran parte del mundo occidental, los cortes en el suministro eléctrico, el agotamiento de la batería, los problemas con el disco duro, los virus informáticos, etc., son factores que se deben tener en cuenta. Finalmente, y muy importante, es que el uso de programas bíblicos, puede crear una falsa sensación de seguridad. Una dependencia acrítica del *software* bíblico puede desembocar en errores. El uso de computadoras con programas no es una prueba irrefutable de la exactitud de los resultados obtenidos. Como afirma Rubén Gómez: "La infalibilidad no es una cualidad humana, y el *software* bíblico, aunque a veces pueda parecer lo contrario, está diseñado por seres humanos".[81] Alguien ha dicho —no sin cierta razón— que con el advenimiento del ordenador y el *software* bíblico, ahora es posible malinterpretar el texto bíblico a velocidades hasta ahora desconocidas.

Por otro lado, la calidad de los resultados depende de la calidad de las bases de datos utilizadas, es decir, de los programas o software que se usen. Dicho de otro modo: la computadora rara vez se equivoca al procesar la información, pero si esta información no es correcta, tampoco lo serán los resultados. Podemos disponer de la última tecnología en informática, pero si una preposición está catalogada erróneamente como una conjunción y queremos obtener el número total de preposiciones que aparecen en un pasaje bíblico, la información que se nos presente será errónea. Por otro lado, si una palabra es susceptible de ser clasificada de más de una manera (por ejemplo, como adverbio o adjetivo), y nos interesa tan solo una parte de la oración, corremos el riesgo de conseguir datos incompletos o duplicados.

Como conclusión, podemos decir que aunque no es indispensable el uso de este software, se ha convertido (y posiblemente seguirá siendo así aún más) una herramienta muy útil en el estudio de la Palabra de Dios. Es claro que no podemos darnos el lujo de ignorarlos ni el potencial que tienen. Al mismo tiempo es necesario ser consciente que, de ninguna manera, esto es la solución a todos los problemas o resuelve definitivamente nuestras dudas. Resulta fundamental tener muy en claro que se trata de una herramienta sofisticada, pero herramienta al fin. Como tal, tiene una gran limitación, no puede analizar, esto es, leer, asimilar y comprender los datos por nosotros. Es el usuario el que debe interpretar los resultados y alcanzar las conclusiones pertinentes. En ese aspecto, la computadora nunca va a ser un sustituto para el estudio, la reflexión y la exégesis. La única forma de evitar caer en ese peligro es recordando que la computadora es una máquina, que ni siquiera llega a la categoría de inteligencia artificial, y que son los seres humanos los encargados de pensar por sí mismos.

---

[81] Gómez, *Guía práctica de software bíblico*, 49,

● ●

EJERCICIO 10

Si tuvieras que escribir una carta a un amigo que te pregunta cuál es el valor del software bíblico, ¿qué le escribirías? En cuatro líneas haz tu evaluación de los mismos.

_____

_____

_____

_____

● ●

Programas. En cuanto al software bíblico, en la actualidad hay una serie de programas que se están usando en la interpretación de la Biblia. Los hay de varios tipos, pero vamos a dividirlos en dos muy generales. El primer tipo son los programas que se deben comprar (de pago). Entre ellos se debe mencionar el programa producido por Libronix Corporation (hoy *Software Bíblico Logos*). Este programa ofrece un sistema integrado que cataloga y organiza los recursos de toda una biblioteca y te ayuda a encontrar la información que estás buscando, crea conexiones con fuentes variadas y soporta interfaces de usuario y libros electrónicos traducidos a centenares de idiomas. Con ese sistema, el usuario tiene almacenado en su computadora una concordancia con más de 600 mil referencias bíblicas; la Biblia de estudio, tablas temáticas, mapas, diccionarios bíblicos, diccionarios y léxicos de los idiomas bíblicos, guía sinóptica de los Evangelios, cronología bíblica y tablas de pesos, equivalencia de dinero y medidas que figuran en la Biblia y comentarios. Al hacer una evaluación de Logos se debe reconocer que su utilidad depende de los recursos disponibles que uno haya integrado en su biblioteca. Es necesario recordar que la cantidad de recursos está directamente relacionada con el costo del programa. Al mismo tiempo, es necesario observar que es de muy fácil uso. Se puede encontrar y relacionar el contenido de los distintos libros.

Entre los programas que se deben comprar también se puede mencionar *Bible Works*, en las versiones 7, 8 y 9. Se trata de un software pensado especialmente para la exégesis e investigación del texto bíblico. Todo el programa funciona alrededor de un poderoso buscador, que en menos de un minuto puede analizar y comparar todos los textos principales de la Biblia en hebreo, griego y español. Este software destaca el uso de los idiomas originales como base para la exégesis.

¿Cuáles son las ventajas y debilidades de cada uno de estos programas? Aunque *Bible Works* (versiones 7-9) hace más fácil la exégesis de pasajes bíblicos, tiene algunas desventajas que se deben mencionar. En primer lugar, presupone que los usuarios conocen muy bien el inglés. Hay muy poca ayuda para el uso del programa para hispanoparlantes, salvo las Biblias en nuestro idioma. Tanto la interfaz como los archivos de ayuda están en inglés. En segundo lugar, este programa no tiene diccionarios bíblicos modernos que brinden información del trasfondo del texto con datos históricos y costumbres culturales. Esto es así porque el enfoque del programa es más el análisis de versículos y palabras que de pasajes. En tercer lugar, aun desde lo que es su fuerte —el estudio de versículos— todavía falta el aparato crítico que es normal en las ediciones del Nuevo Testamento en griego y del Antiguo Testamento en hebreo.

Volviendo a la pregunta inicial, pero realizada de otra manera: ¿cuál es el mejor software bíblico? ¿*Bible Works* 7/9 o *Logos*? En el caso de *Logos* su búsqueda es en toda la biblioteca de libros que contiene, mientras que *Bible Works* 7/9 es más del texto de la Biblia. El enfoque de *Bible Works* 7/8 está sobre Biblias, gramáticas y léxicos, mientras que *Logos* ofrece el mejor rango de libros electrónicos en español entre todos los programas de software bíblico. Además de los dos programas mencionados existen otros más, pero estos dos son los más usados en nuestro contexto y pueden ser comprados.

Para el que estudia la Palabra de Dios y no puede comprar un programa existe lo que se llama "software libre". El más conocido es *E-Sword,* cuya traducción sería algo así como *la Espada electrónica.* Esta es una herramienta gratis, efectiva y rápida, que tiene una interfaz sencilla, que no solo tiene distintas versiones de la Biblia, sino también comentarios, notas de las Biblias de estudio, diccionarios bíblicos, de las lenguas bíblicas, y materiales accesorios que permiten un estudio eficaz de la Palabra de Dios. Al igual que el programa de la interfaz *Libronix*, tiene una edición en castellano, lo que lo hace más accesible y fácil de usar para el lector en nuestra lengua. Según Rick Meyers, el creador del programa, el hecho de que *E-Sword* sea gratuito es una de las bendiciones del mismo, pero no habla de la calidad del software.

"Paso mi vida escribiendo programas y creo que he puesto mi mejor esfuerzo en esta tarea. El trabajo real, sin embargo, fue realizado por los hombres y mujeres de Dios que dedicaron años a la creación de los textos que se han hecho disponibles para nuestro beneficio".

Como ya se mencionó, en *E-Sword* se pueden ver distintas versiones de la Biblia en castellano. Hay por lo menos 17 versiones diferentes. De las versiones evangélicas, las más conocidas son: Reina Valera, en sus varias revisiones, Reina Valera Actualizada, Reina Valera 2000; La Biblia de las Américas, Nueva Biblia de los Hispanos, la Nueva Versión Internacional, Biblia en Lenguaje Actual, Dios Habla Hoy, Biblia al Día; y finalmente mencionamos la Biblia Textual (versión de 2009). De las versiones católicas, se pueden mencionar versiones antiguas como Nácar y Colunga, Biblia de M. Nieto, Torres Amat, la traducción de la Septuaginta de G. Jünemann; y más contemporáneas como la Biblia de Jerusalén (en tres revisiones), Biblia Latinoamericana (dos revisiones), Biblia del Pueblo de Dios, la Biblia del Peregrino. Esta lista de recursos, que no es completa, muestra que el que quiera estudiar la Biblia puede contar, de manera gratuita, con un buen número de versiones, que al mismo tiempo pueden ser leídas en paralelo.

Por otro lado, uno de los aportes más interesantes de este programa es la Biblia Reina Valera 1960, con los números de Strong. Esta versión permite que el lector pueda saber cuál es el término hebreo o griego que se usa en las lenguas originales y su significado, según este diccionario. Como ya se ha mencionado, además, cuenta con comentarios, ya sea evangélicos o católicos; en el campo de los diccionarios los hay bíblicos, arqueológico, geográfico, de las lenguas (hebreo y griego), teológicos y el Diccionario de la Real Academia Española. Lo que hay que agregar es una serie de libros de apoyo, como de gramática y ortografía, mini biografías bíblicas, anécdotas, concordancias doctrinales, entre otras herramientas.

Internet

Uno de los elementos que no pueden ignorarse, dada la popularidad de Internet, son las búsquedas de información por este medio.

Nancy W. de Vyhmeister: "Para descubrir las riquezas del ciberespacio se necesita usar un motor de búsqueda, un buscador. Algunos buscadores buscan solo dentro de ciertos límites, generalmente por tema. Otros buscan por todo el ciberespacio rastreando los diversos sitios, en busca de uno nuevo. El buscador encuentra la palabra o frase buscada en cualquier parte de la página web y en segundos provee una lista de páginas encontradas. Cuantas más veces aparezca la palabra o frase en la página web, más cerca del comienzo de la lista se encontrará el resultado".[82]

Sobre la búsqueda en Internet hay algunas cosas que decir. En primer lugar, pueden darse errores, porque la computadora y su buscador no saben interpretar el pensamiento del que escribe. No puede distinguir entre los diferentes sentidos de una palabra. Un ejemplo simple es el siguiente: si uno pone la palabra Job, el buscador puede encontrar referencias al personaje o al libro bíblico, pero también con el sentido de "trabajo", que es el significado del vocablo en inglés. En segundo lugar, puede darse una ignorancia ilustrada. Nancy Vyhmeister menciona que al poner la palabra "discipulado" en Google se pueden encontrar 475.000 resultados. Es imposible leer todas las referencias y es muy probable que las que leamos no respondan a nuestras necesidades.

Eso nos lleva a un tema de vital importancia. ¿Cómo evaluar los recursos en Internet? Vyhmeister propone que nos hagamos las siguientes preguntas. Primero: ¿qué propósito tiene este sitio? ¿Es entretener, investigar, informar, mantener unida a una familia? El sentido común ayuda a responder. El mismo nombre ayuda también. Los sitios que terminan en .com tienen algo que vender; los que terminan en .org son algún tipo de organización; los que terminan en .edu o .ac son instituciones educacionales; los que terminan en .info brindan información; los que terminan en .gov pertenecen al gobierno. Segundo: ¿quién patrocina este sitio? ¿Es una organización confiable, tal como una universidad, una sociedad profesional o un grupo que lucha por algo? ¿Se trata de una compañía que quiere vender algo o de un individuo que quiere convencer a sus lectores de algo? Tercero: ¿cuándo se escribió este material o cuándo fue puesto al día el sitio? Esta información no es siempre fácil de encontrar, pero generalmente se puede encontrar la fecha de la última puesta al día. Cuarto: ¿quién fue el autor y qué calificaciones tiene el mismo, ya sea en el ámbito profesional o académico? ¿Esta persona es conocida? ¿Es un estudiante o un profesor?

Nunca debemos tomar lo que encontramos en Internet sin hacernos algunas de estas preguntas. A fin de cuentas, las preguntas son la

---

[82] Vyhmeister, *Manual de investigación teológica*, 131-140.

base de toda buena investigación. Repetimos lo que más de una vez se ha mencionado: cualquier programa o software bíblico es simplemente una herramienta. Su utilidad dependerá del que la usa. Deben ser usadas como medios auxiliares para entender la Palabra de Dios. Se debe recordar que las herramientas no reemplazan la necesidad del estudio personal que cada persona debe realizar antes. Además, nada reemplaza la necesidad de orar y de depender del Espíritu Santo.

Capítulo 2
La Biblia se interpreta a sí misma

"La mano abrió ante mis ojos el rollo,
el cual estaba escrito por ambos lados,
y contenía lamentos, gemidos y amenazas".
Ezequiel 2.10.

Este versículo se encuentra en el contexto del llamado de Ezequiel al ministerio profético. Allí el Señor lo preparó para la tarea que debía enfrentar. Esta preparación tenía dos aspectos: uno negativo, en el que Dios le presentó las dificultades y una descripción del pueblo, como sería su rebeldía, su reticencia a oír la Palabra de Dios y su terquedad. Todo esto era algo que hubiera desanimado a muchos. En cuanto a la preparación positiva, el Señor equipó a su siervo. El primer elemento que Dios le planteó al profeta fue la necesidad de la obediencia, o por lo menos, "no ser rebelde" (v.8). Su obediencia tenía una forma concreta, él debía comer lo que le fuera presentado (3.1). Antes de comenzar su ministerio debía asimilar el mensaje que tenía que dar. Cuando el profeta se preparaba para cumplir con la orden de Dios se encontró con un rollo. En la presentación del rollo se debe notar que el v.10 menciona dos aspectos del mismo que lo hacían singular. Por un lado, se afirma que "estaba escrito por ambos lados". Esta expresión parece presentar la idea de la seguridad y plenitud del juicio, pero al mismo tiempo podía contener un mensaje al propio Ezequiel de que ya no había lugar para su opinión, y que el rollo estaba completo. No podía agregar nada. El profeta usa tres palabras para definir el contenido del rollo: "lamentos, gemidos y amenazas", de las cuales se deduce que el mensaje que estaba recibiendo —y tenía que compartir— era la noticia de una muerte, la de la nación o la casa rebelde.

Hoy, como Ezequiel, nos enfrentamos a un tiempo en que Dios nos llama a un ministerio de la Palabra (enseñanza, exposición, guía en la misma) frente a un pueblo necesitado de ella. El desafío es a asimilarla. Antes de presentarla, la Palabra debe estar en nuestro estómago, y no debemos agregar nada. Dios ya nos ha dado un mensaje que compartir.

Algo que se debe tener siempre presente es que la interpretación actual es una parte de un proceso que se inició hace mucho tiempo. Tanto el Nuevo Testamento se vio en la necesidad de interpretar al Antiguo Testamento, como en el mismo Antiguo Testamento fueron re-leídos los relatos de los patriarcas, el éxodo de Egipto, etc., buscándoles una aplicación al tiempo que les tocaba vivir. Aunque la historia de la interpretación bíblica, en general, no recibe mucha atención, creemos que es importante tener algún conocimiento de la manera en que la Biblia fue interpretada, en primer lugar por ella misma y también a lo largo de la historia de la fe cristiana. Si bien en el Nuevo Testamento encontramos una interpretación del Antiguo, no es la primera interpretación que existe. Los libros de la Escritura judía se interpretaban a sí mismos. Un dato que es necesario tener muy en cuenta al pensar en esto es que la distancia temporal entre la aparición de los primeros libros (o textos) del Antiguo Testamento, a través de la persona de Moisés, y los últimos pasaron cerca de mil años. A lo largo de tan extenso período hubo cambios históricos, culturales, sociales, políticos y lingüísticos, que hicieron necesaria una interpretación y actualización de lo que se había recibido. Por otro lado, desde los comienzos de la historia bíblica, la interpretación ha sido parte integrante del mismo texto. Los profetas citaban la Ley, sus discípulos nos preservaron sus mensajes agregándoles los detalles de su historia, para que se pueda comprender el contexto en el que fueron entregados.

Un texto significativo es el que se encuentra en Proverbios 25.1. Allí dice: "Éstos son otros proverbios de Salomón, copiados por los escribas de Ezequías, rey de Judá". ¿Cuál es el valor de esta cita para nuestro estudio? En primer lugar, se debe tomar conciencia que entre Salomón (año 960 a.C.) y los escribas (RVR, varones) de Ezequías (alrededor del 700 a.C.) pasaron poco más de 250 años. En este período de tiempo se habían vivido una serie de experiencias y circunstancias, que seguramente influyeron en la situación del pueblo de Israel. En segundo lugar, el término que se traduce "copiaron" (he. *'atak*), es un término que significa literalmente mover o remover (ver Gn. 12.8) y, en sentido metafórico, traer.[83] Estos escribas o funcionarios reales debieron actualizar —y posiblemente reordenar— los antiguos dichos, haciéndolos pertinentes para el tiempo que les tocaba vivir. Es decir, interpretaron el texto que habían recibido.

En este capítulo vamos a ver cómo la Biblia se interpreta a sí misma. Lo haremos pensando en tres direcciones: la primera, es pensar en lo que se ha llamado la exégesis intra-bíblica, qué es y cómo se usó en el texto bíblico. Luego, y de manera más específica, veremos cómo el Antiguo Testamento se lee a sí mismo; y finalmente, cómo el Nuevo interpreta al Antiguo Testamento.

● ●

EJERCICIO 11

Menciona por lo menos dos aportes de Proverbios 25.1 a la comprensión de la interpretación dentro de la Biblia misma.

1. _____

2. _____

● ●

Exégesis intra-bíblica (intertextualidad)

Con la expresión "exégesis intra-bíblica" nos referimos a la luz que un texto bíblico refleja sobre otro. Esto puede ser para solucionar un posible problema relacionado con su contexto, como también para adaptar el texto a la necesidad del intérprete.[84] Es algo que puede ocurrir de distintas maneras. El pasaje interpretado se puede encontrar cerca o lejos del texto interpretador. No siempre uno de los textos será el interpretado y el otro el interpretador. Puede darse la posibilidad de que los dos textos se estén interpretando mutuamente. Debemos tener presente

---

[83] Para el significado de las palabras en hebreo o griego, cotejar los números de Strong. Ver Strong, *Nueva concordancia Strong exhaustiva.*

[84] Relacionado con esto debemos tener presente que una de las palabras que más se ha usado recientemente (o "puesto de moda") en la interpretación bíblica es "intertextualidad". Aunque parece un término raro o complejo, es algo que se ha hecho a lo largo de la historia de la interpretación de las Escrituras.

que la literatura del Nuevo Testamento se desarrolló dentro de la cultura interpretativa judía. Es decir, el Nuevo Testamento nació como una interpretación de lo que Dios ya había revelado a los patriarcas y profetas (He. 1.1). El resultado es una Biblia cristiana, que resuena con ecos de textos anteriores. Tomar conciencia de esto permite al intérprete entender plenamente el significado teológico de un texto bíblico.

Definiciones

Ya se ha mencionado que la exégesis intra-bíblica es aquella en la que un texto sirve de explicación para otro que debe ser interpretado, ya sea por problemas en su comprensión o para contextualizar el mensaje del mismo. Este es un proceso que se da dentro de la misma Biblia. Algunos autores han llamado a este proceso intertextualidad.[85] Como es una particularidad de la literatura, las obras suelen recurrir a otros escritos, en general anteriores. De tal manera que no hay un texto isla o aislado, compuesto sin tener en cuenta otras obras. Además, se supone que cada escritor emplea expresiones retóricas conocidas desde la antigüedad, no simplemente para repetirlas, sino también para ampliar su significado original. Podríamos decir que los textos se comunican entre sí, casi independientemente de sus usuarios. Una palabra evoca a otra palabra, un personaje evoca a otro personaje. Wim Weren compara el texto bíblico con una red, y dice: "Nosotros solo vemos partes de la red, cuando nos detenemos ante un texto concreto; pero ese texto habla de cosas que aparecen mencionadas también en otros textos. Cada vez que leemos, comparamos el contenido de un texto con el contenido de otros".[86]

Cuando leemos un texto científico, sabemos que este está basado en otros textos anteriores a él y que otros surgirán a partir del mismo. Como ya se escribió, no hay ningún enunciado que no se relacione con otros enunciados. Una obra, para ser aceptada en general en la

---

[85] Ver S. Teófilo Correa, "Intertextualidad y exégesis intra-bíblica: ¿dos caras de la misma moneda?" *Davar Logos* 5:1 (2006): 1-13. Este autor plantea que mientras la exégesis intra-bíblica es algo mucho más antiguo, el concepto de intertextualidad es reciente y viene del campo de la lingüística. Ver Wim Weren, *Métodos de exégesis de los Evangelios* (Estella: Verbo Divino, 2003), 237. Este autor define intertextualidad, diciendo: "palabra que proviene del latín (*intertexere*, entretejer, tejer con algo) y denota el entretejimiento fundamental de los textos. Los textos están vinculados con toda clase de hilos, de manera que forman un conjunto". Kevin J. Vanhoozer, ed., *Dictionary for Theological Interpretation of the Bible* (Grand Rapids: Baker Academic, 2005), 332.

[86] Weren, *Métodos de exégesis de los Evangelios*, 237.

comunidad científica, debe mostrar conocimiento de los estudios anteriores, a través de la cita de los mismos. El reflejo de este conocimiento en el texto garantiza la competencia del autor. Es en este sentido que el término intertextualidad se ha incorporado al vocabulario de los estudios bíblicos. Según Luis H. Rivas: "En la exégesis bíblica se suele referir a los vínculos o relaciones que un texto bíblico determinado tiene con textos que se hallan en otros libros de la misma Sagrada Escritura".[87] La intertextualidad muestra que los escritores bíblicos se presentan como una continuación de la revelación anterior, que es citada, o que se muestra como un eco de la misma. Según este aporte a la interpretación del texto bíblico, el significado de muchos pasajes está relacionado con otros textos, ya sea que sigan el mismo patrón literario, tengan correspondencia lingüística, o bien haya una referencia al mismo.

Por otro lado, Rob Haskell menciona las conexiones intuitivas o las resonancias.[88] Para él lo que diferencia a esta de las conexiones concretas son las resonancias, a veces sutiles, que surgen de la lectura de un texto. Tienen su base en la unidad y coherencia de la Palabra de Dios como una sola obra. El mismo autor advierte contra el peligro de buscar tantas resonancias que pueden terminar en disonancias. Este es uno de los problemas que tienen aquellos que elaboran estudios y mensajes a partir de determinadas palabras de la Biblia. Él cita tres textos: Romanos 8.6; Colosenses 3.15 y Filipenses 4.7. En los tres pasajes se encuentra la palabra paz. Sin embargo, el sentido con el que se la usa es diferente.

• •

EJERCICIO 12

Lee con detenimiento Génesis 1.28, 29 y Génesis 9.1-3 y llena el siguiente cuadro, comparando tanto las frases semejantes como el contenido de ambos pasajes.

---

[87] Ver Luis H. Rivas, "Intertextualidad", en *Diccionario para el estudio de la Biblia*, ed. por Luis H. Rivas (Buenos Aires: AMICO, 2010), 100. El mismo autor diferencia entre inter e intra-textualidad. A esta última la define como "la relación que existe entre un texto perteneciente a un libro y otro texto que se encuentra en otra parte del mismo libro".

[88] Rob Haskell, *Hermenéutica: interpretación eficaz hoy* (Barcelona: Clie, 2009), 254ss.

Génesis 1.28, 29		Génesis 9.1-3	
28a	Los bendijo Dios	1a	Los bendijo Dios
28b		1b	
28c		2	
29		3	

Después de realizar esta comparación, contesta las siguientes preguntas:

1. ¿Cuál te parece que fue el propósito de Génesis 9.1-3?

2. ¿Cómo se relaciona Génesis 1.29 con 9.3? ¿Qué elemento se agrega?

• •

Razones

Las razones que pueden haber llevado a este proceso son de dos tipos. De manera general, se puede mencionar que, por un lado, los autores del Nuevo Testamento (y algunos del Antiguo) encontraron significados nuevos y distintos a los textos e historias de su Escritura. Quizás los sentidos eran diferentes de lo que pensaron los autores originales de los mismos. Esta búsqueda se realizó, en primer lugar, por la realidad del nuevo tiempo que les tocaba vivir, es decir, respondieron a una necesidad existencial. Ellos querían ayudar a su pueblo con una visión de la Palabra siempre nueva. A esto debe sumarse el sentido de urgencia escatológica, pues creían que el tiempo era corto, por lo que debían desafiar al pueblo en ese momento.

De manera más precisa, algunas de las razones pueden ser las siguientes. En primer lugar, resolver alguna dificultad objetiva del texto. Una palabra que ya no era utilizada corrientemente y, por lo tanto, no era comprendida por sus lectores y necesitaba ser explicada por medio de otra palabra más actual; o bien, contradicciones dentro de una misma unidad literaria o entre unidades literarias distintas, las cuales debían ser solucionadas. Esta fue probablemente la tarea que realizaron los escribas en tiempo de Esdras y Nehemías (Neh. 8.8). El término hebreo que se utiliza en este lugar es *parash*, que se debería traducir con la palabra "tradujeron". Los israelitas, durante el exilio babilónico, habían dejado de hablar el hebreo, pues se habían adaptado al arameo, una lengua semejante al hebreo. Es posible que los levitas tuvieran que traducir, si no todo el texto, por lo menos aquellas palabras que no podían entender. En una medida mucho menor es lo que suele ocurrir con nosotros cuando usamos antiguas traducciones en las que se leen palabras que no se entienden, porque a lo largo de los años han dejado de usarse.

En segundo lugar, pueden haber intentado actualizar el texto, dado que, sin duda, hubo cambios en las costumbres sociales que exigían una explicación de las leyes a la nueva realidad. Por ejemplo, en Rut 4.7 el autor creyó necesario interpretar lo que iba a suceder, pues en la época que estaba escribiendo esta costumbre ya había desaparecido. En este texto se hace una referencia a Deuteronomio 25.8-10, donde se muestra no solo el sentido de quitarse la sandalia, sino las consecuencias para la familia de negarse a cumplir con un acuerdo. Podría ser un paralelo a la costumbre moderna de cerrar una transacción mediante la firma de un documento o de entregar un juego de llaves.

Un tercer factor puede ser el ideológico o teológico. Un ejemplo es el nombre de un hijo de Saúl (Isboset, "hombre de vergüenza"), que se menciona en 2 Samuel (2.8, 10, 12, etc.) y de un nieto suyo, Mefiboset (2 S. 4.4, "el que quita la vergüenza"), que son sin duda una interpretación de los nombres de estas personas, pues de acuerdo a 2 Crónicas (8.33, 34 y 9.39), sus nombres eran Esbaal ("hombre de Baal"), y Meribaal ("héroe de Baal"). Se debe tener presente que originalmente el término *baal*, un sustantivo, significaba señor, amo o dueño. Por lo tanto, era una palabra adecuada para referirse a Dios. Sin embargo, dado que también era un nombre propio, que designaba al principal dios cananeo, debió dejar de usarse. En el libro del profeta Oseas, Dios, por medio de su siervo, prohíbe al pueblo el uso de esta palabra (*baal*) para referirse a él (Os. 2.16, NVI: "mi señor", RVR: *baali*). Estos elementos fueron formativos de una comprensión teológica que requería que intérpretes talentosos (es decir, los escritores bíblicos) buscaran en las antiguas historias nuevos significados que fuesen "adaptables" a la vida de los creyentes.

El Antiguo Testamento se interpreta a sí mismo

La actividad de interpretar tradiciones o textos antiguos es una exigencia de la vida misma, especialmente cuando se trata de textos en los que se reconoce autoridad. Cada vez que se trata de aplicar una antigua enseñanza, lo que en realidad se está haciendo es interpretarla, a fin de ponerla en práctica en el día que se está viviendo. Como se ha mencionado anteriormente, desde la aparición de los primeros libros del Antiguo Testamento hasta los últimos pasaron alrededor de mil años. Sin embargo, no se trató solamente de un período de tiempo, sino que a eso deben agregarse los cambios socio-culturales que tuvo el pueblo.

Es por eso que no es extraño —o no debiera extrañarnos— que, en el mismo texto del Antiguo Testamento, se insertaran (incorporaran) interpretaciones de textos, que representaban un tiempo distinto. Uno de los casos más conocidos es el que se puede señalar en el Decálogo (también conocido como los Diez Mandamientos). Recordemos que se encuentra en dos pasajes: Éxodo 20 y Deuteronomio 5. Cada uno de estos textos representa momentos diferentes de la historia de Israel. El primero (Éx. 20) se ubica en el marco de la etapa inicial después de la salida de Egipto, mientras que el segundo (Dt. 5) es la recapitulación que hizo Moisés 38 años más tarde, en las planicies de Moab. Al leer cuidadosamente el texto encontraremos diferencias existentes, que muestran que Deuteronomio tiene un trasfondo distinto a la versión que da el libro de Éxodo. Los años transcurridos, las experiencias vividas, todo ello hace que al presentar las demandas, el autor realice la actualización necesaria.[89]

• •

EJERCICIO 13

Lee detenidamente Éxodo 20.2-17 y Deuteronomio 5.6-21. Allí encontrarás diferencias en las dos versiones de los mandamientos. En el cuadro a continuación presenta las diferencias que hay en por lo menos tres de esos mandamientos.

Verso	Éxodo 20. 2-17	Deuteronomio 5. 6-21

• •

---

[89] Ver Gerhard von Rad, *Teología del Antiguo Testamento*, 2 vols. (Salamanca: Sígueme, 1976), 2:423-431.

Aclaraciones

En el Antiguo Testamento encontramos una serie de frases que se pueden llamar anotaciones o aclaraciones que son de carácter exegético. Se trata de frases que ayudan al lector a ubicar el texto, ya sea tanto histórica como geográficamente. Gran parte de estas anotaciones son relativamente fáciles de detectar para todo aquel que lee la Biblia detenidamente. Estas frases no tenían la intención de agregar algo al texto, sino que eran anotaciones que ayudaban a comprenderlo mejor. Algunos ejemplos nos ayudarán a entender mejor esta idea. En Génesis 10.12, las palabras "aquélla es la gran ciudad" (Gn. 10.12) son una anotación para ayudar al lector del libro de Génesis.[90] La referencia es seguramente a Nínive, que según el libro de Jonás es "la gran ciudad" (Jon 1.1; ver también: 3.2, 3; 4.11). En Josué 15.8 se identifica la ciudad de los jebuseos con Jerusalén. Un ejemplo muy conocido de este fenómeno es el versículo del libro de Samuel (1 S. 9.9), donde se interrumpe el diálogo entre Saúl y su criado para aclarar la relación entre vidente y profeta ("Antiguamente, cuando alguien en Israel iba a consultar a Dios, solía decir"). La función de esta aclaración que hace el autor es dar una explicación histórica de los términos usados en el capítulo, de tal manera que puedan ser comprendidos por sus lectores.

• •

EJERCICIO 14

Lee detenidamente e indica cuál es la frase que aclara una palabra del texto.

Éxodo 16.36: _____

Jeremías 50.2: _____

• •

Interpolaciones

Cuando hablamos de interpolaciones nos referimos a los párrafos o secciones que se han intercalado a un texto dado. Aunque algunos autores enfatizan que siempre se trata de una mano extraña o diferente

---

[90] Traducción de *La Biblia de las Américas*.

a la del autor, es posible que el mismo autor o editor del libro bíblico haya intercalado esta sección o párrafo con un propósito didáctico o teológico. La diferencia, a mi entender, entre las anotaciones exegéticas y las interpolaciones es que las anotaciones son más breves y su objetivo era el de hacer más comprensible el texto bíblico. En cambio, las interpolaciones pueden ocupar varios versículos y aun capítulos, y tenían un objetivo más amplio.

Un ejemplo se encuentra en Génesis 14, en el relato de la liberación por parte de Abraham [Abram] de su sobrino Lot, después de la incursión de los cuatro reyes que lo llevaron prisionero. Allí encontramos tres versículos (18-20) que interrumpen el desarrollo natural del relato. El versículo 17 presenta la salida del rey de Sodoma al encuentro de Abram, y en el versículo 21 vemos el comienzo del diálogo entre ambos. Es claro —de acuerdo a la construcción del texto— que el autor insertó (intercaló o interpoló) los versículos 18-20, que nos cuentan del encuentro entre Abram y Melquisedec, rey de Salem (Jerusalén, ver Sal. 76.2). El autor inserta estos versículos con gran habilidad. Si leemos el relato, se presenta al rey de Sodoma, que sale en el Valle del Rey (v. 17) e inmediatamente nos habla de otro rey, Melquisedec. En la continuidad (v. 21) vuelve al rey de Sodoma. El relato de la guerra de los cuatro reyes contra los cinco reyes es el único texto del libro de Génesis que nos presenta a Abram como un valiente guerrero, que sale a la guerra por una causa justa, como es salvar a su sobrino y todas sus pertenencias.

Entre los propósitos que se pueden encontrar para la inserción de ese relato se puede mencionar, en primer lugar, la actitud de Abram. La entrega de los diezmos está relacionada con la afirmación "he jurado por el Señor, el Dios altísimo, creador del cielo y de la tierra, que no tomaré nada de lo que es tuyo" (Gn. 14.22, 23). En segundo lugar, mostrar que la victoria alcanzada por el patriarca no fue lograda por su habilidad o fuerza, sino que fue obra de Dios. Nótense las palabras de Melquisedec: "¡Bendito sea el Dios altísimo, que entregó en tus manos a tus enemigos!" (Gn. 14.20). En tercer lugar, mostrar que la ciudad de Jerusalén, que ya era una ciudad especial (santa) para los patriarcas, debía ser importante para todo Israel y no solo para la tribu de Judá. La elección de David de la misma tenía antecedentes. A esta habría que agregar una razón más: si el patriarca tenía trato con el rey de Sodoma, que era la ciudad paradigma de la perversión, ¿cómo no habría de tener trato con el de Jerusalén, que era todo lo contrario? Justamente la ubicación en este lugar trata de cortar el impacto que pueden causar en el lector las conversaciones con el rey de una ciudad que habría de ser recordada por su maldad.

En el mismo libro de Génesis, en medio de la historia de José, se inserta el relato de la fornicación de Judá. En el libro de Job, cuando termina el discurso de Job (Job 31.49) y antes de que Dios le responda desde un torbellino (Job 38.1) se interpolan los capítulos que contienen el (o los) discursos de Eliú (caps. 32-37). En general, en las interpolaciones el autor trató de dar un mensaje, ya sea por la ubicación de los textos como por el contenido de los mismos.

● ●

EJERCICIO 15

¿Cuáles son las razones por las cuales el autor del libro de Génesis colocó el relato del encuentro de Abraham y Melquisedec en el lugar en que lo puso?

1. _____

2. _____

3. _____

4. _____

● ●

Semejanzas

En la literatura bíblica abundan los relatos semejantes, historias que se encuentran en textos cercanos o lejanos y que se parecen en su trama (a veces en su lenguaje), o que en general tienen como protagonistas a los mismos personajes. Algunos autores han pensado que esta repetición se debió a errores del autor. Sin embargo, es posible que tengan una intención exegética, ya que hay relatos semejantes que se interpretan mutuamente. Entre los relatos semejantes se pueden mencionar las dos historias de la creación (Gn. 1.12-4a y 2.4b3-24); las dos historias de la esposa-hermana de Abraham (Gn. 12.10-20; y cap. 20); las dos historias del agua que brota de la piedra (Éx. 17.1-7 y Nm. 20.1-13); las dos historias de la muerte de Saúl (1 S. 31 y 2 S. 1.1-15), entre otras.

Posiblemente, el ejemplo más evidente de esta intención exegética o interpretativa se encuentra en los llamados dos relatos de la creación (Gn. 1 y 2). Ya se ha mencionado en el libro *Panorama de la Biblia*, que mientras el primero presenta una cosmovisión, es decir, una visión del cosmos o universo, el segundo tiene como punto de interés al ser humano. De la misma manera que hay semejanza de vocabulario, hay diferencias en la presentación de los temas. Más que relatos paralelos son complementarios, o sea, el segundo trata de mostrar aspectos que el primero por su visión global no pudo mostrar. Una comparación que es muy interesante se encuentra en los capítulos 17 y 18 del libro de Génesis, donde el autor presenta dos relatos del anuncio del nacimiento de Isaac, en los que utiliza el tema de la risa como clave.

Génesis 17		Génesis 18	
v. 16	Yo la bendeciré, y por medio de ella te daré un hijo. Tanto la bendeciré, que será madre de naciones, y de ella surgirán reyes de pueblos.	v. 10	Dentro de un año volveré a verte —dijo uno de ellos—, y para entonces tu esposa Sara tendrá un hijo.
v. 17	Entonces Abraham inclinó el rostro hasta el suelo y se rió de pensar: "¿Acaso puede un hombre tener un hijo a los cien años, y ser madre Sara a los noventa?"	v. 12	Por eso, Sara se rió y pensó: "¿Acaso voy a tener este placer, ahora que ya estoy consumida y mi esposo es tan viejo?"

Como se puede notar en la comparación, el anuncio del futuro nacimiento es presentado como símbolo de bendición. Pero en ambos casos, los dos padres (Abraham y Sara) se ríen. Y es justamente esta actitud lo que da origen al nombre del hijo Isaac (Gn. 17.19). Se debe tener presente que en hebreo este nombre (*Itshaq*) y el verbo reír (*tsahaa*) tienen la misma raíz gramatical. Otro ejemplo es la comparación de Éxodo 23.4 con Deuteronomio 22.1-3. Allí encontramos que el texto de Deuteronomio es más explícito que el de Éxodo y al mismo tiempo más nacionalista, dado que en Éxodo se habla del "enemigo" mientras que en el segundo solamente de "hermano". Algunas claves que el mismo texto nos da son un poco más sutiles. Por ejemplo, una comparación entre los relatos de Génesis 27 y 29 es muy significativa. Allí encontramos dos historias de engaños en torno al patriarca Jacob. En el primero él es el engañador, mientras que en el segundo él es el engañado. Veamos el siguiente cuadro.

Génesis 27			Génesis 29		
Incentivador	Rebeca	Madre	Incentivador	Labán	Padre
Engañado	Isaac	Padre	Engañado	Jacob	Hijo
Engañador	Jacob	Hijo	Engañador	Labán	Padre

• •

EJERCICIO 16

En base a la lectura de Génesis 27 y 29, ¿qué lecciones puedes sacar de la comparación que se encuentra en el cuadro? Piensa en dos que puedas aplicar al día de hoy.

1. _____

2. _____

• •

Referencias

Relacionado —y al mismo tiempo diferente— al punto anterior, se encuentra un detalle que, a lo largo del tiempo, se ha dejado de lado en la interpretación del Antiguo Testamento. Se trata de la referencia que hace un texto a otro, ya sea del mismo libro o de otro. Dos ejemplos de esto se encuentran en los profetas Oseas e Isaías, en relación con Jacob. En Oseas 12.3-5 se hace referencia a Génesis 25.24-26. Se trata de una referencia muy clara. Sin embargo, este mismo hecho es el trasfondo del texto de Isaías 48.8. Allí el profeta dice: "sé bien que eres muy traicionero, y que desde tu nacimiento te llaman rebelde", es decir, identifica la conducta del pueblo con la de su progenitor. El pueblo era representado por Jacob. De la misma manera, Jeremías (9.3-6) hace referencia a este hecho cuando aconsejaba de guardarse del hermano. Allí plantea que el engaño se había extendido entre los integrantes del pueblo, de tal manera que eran incapaces de convertirse. A lo largo del Antiguo Testamento encontramos la relación entre distintos pasajes. Al compararlos, podemos encontrar de manera más clara las enseñanzas de los mismos. Esto se ve especialmente en los Salmos y los profetas.

Los Salmos y el resto del Antiguo Testamento. Como todos sabemos, los Salmos son poemas y representan el himnario (o cancionero) de Israel. Como poemas, eran expresiones de las emociones que estaban dentro del salmista; emociones que podían ser de alabanza por la grandeza del actuar de Dios o de dolor por el castigo recibido por el pecado. Los poemas que se encuentran en este libro tienen, en primer lugar, la particularidad de hacer referencia a otros textos del Antiguo Testamento. Esto se puede ver en las referencias que se muestran en frases repetidas como en aplicaciones que se hacen al mismo.

• •

EJERCICIO 17

Completa los textos con tus propias palabras:

Números 6.24-26	Salmos 67.2
El Señor te _____ y te _____	Dios nos tenga _____ y nos _____
El Señor te mire _____ y te _____	Dios _____ su rostro _____

¿Cómo se relaciona Números 6.24-26 con Salmos 4.8? _____

_____

• •

En segundo lugar, en el libro de los Salmos se encuentra una serie de frases iniciales, que se han denominado "títulos". Se trata de expresiones que forman parte del texto hebreo del Salmo y que fueron escritas para ayudar a los lectores a que tengan una mejor comprensión del mismo. Dado que algunas de las traducciones tienen también un encabezado para cada Salmo, es necesario evitar confundirlos. Para ver un ejemplo de esto, compara el texto impreso del Salmo 67 en la RVR60 y la NVI. Puedes hacerlo en la *Biblia Paralela* publicada por Editorial Vida. Entre los datos o ayuda de apoyo, o que de alguna manera nos ayudan a entender el texto bíblico en los títulos, se pueden mencionar los siguientes datos.

Por un lado, estos suelen presentar la coyuntura histórica en la que deben ser interpretados algunos de los Salmos. En ellos se encuentran referencias a situaciones históricas en cuyo contexto deben leerse los

Salmos. Por ejemplo, el Salmo 3 está relacionado a cuando David huía de Absalón (2 S. 15-18); el Salmo 51, a cuando fue acusado por Natán (2 S. 11, 12); el Salmo 54, a cuando David fue denunciado por la gente de Zif (RVR, *zifeos*), y lo relaciona con dos episodios en la vida de David (1 S. 23, especialmente v. 19; y 1 S. 26.1).[91] Estas indicaciones tienen un valor interpretativo, como es reconocer el ambiente histórico que dio origen a estos poemas. Esto ayuda a entender cómo surgieron algunos de los sentimientos que allí se muestran.

Por otro lado, suelen mostrar tanto las tonadas (ritmos musicales) o los instrumentos que debían acompañar a esa canción. No se debe olvidar que el libro de los Salmos era el cancionero (¿himnario?) del antiguo Israel. Allí el pueblo de Dios expresaba musicalmente su fe. Entre los Salmos que contienen referencias a tonadas o ritmos musicales se pueden mencionar los Salmos 9, 22, 45 y 60. Algunas de estas tonadas, por su nombre, parecen ser alegres (Sal. 22: "la cierva de la aurora"), mientras que otras parecen ser más lentas o tristes (Sal. 9: "la muerte del hijo;" o el Sal. 53: *majalat*, que significa dolor o enfermedad). En cuanto a los instrumentos para acompañar a los Salmos, hay varios ejemplos en los Salmos 4, 54, 55, 61, 67 y 76. Estos Salmos mencionan que deben ser acompañados con instrumentos de cuerda.[92] El Salmo 5 menciona que debe ser acompañado con flauta. Una pregunta que nos podemos hacer es, ¿cuál es el valor de estos títulos? Es evidente que se trata de notas hermenéuticas dadas por los autores o, por lo menos, son anotaciones muy antiguas, dado que se encuentran en el texto hebreo. Fueron escritas para ayudar en la comprensión del poema y representaban una clave hermenéutica para los mismos.

La interpretación de los textos legales por los profetas. A lo que ya se ha mencionado habría que agregar el uso que hacen los profetas de la legislación de Israel. Generalmente se ha creído que los profetas se distanciaban de la Ley, y que ellos representaban una fe carismática y eran bien llamados hombres de Dios (1 R. 17.18). Sin embargo, se debe notar que en los textos proféticos hay numerosas referencias a las leyes del Antiguo Testamento. Tanto el profeta como el sacerdote, cada uno,

---

[91] Otros Salmos con indicaciones históricas son: Salmos 7, 18, 34, 52, 54, 56, 59, 60, 63 y 142.

[92] Salvo indicación contraria se usan las indicaciones de los títulos según la *Nueva Versión Internacional*.

designan una actitud propia frente a lo divino. Mientras que el profeta era el hombre de la Palabra, es decir, de la inspiración divina, el sacerdote era el guardián de la ley (Jer. 18.18). Pero es de notar que en Israel se concebía que tanto la ley como el sacerdocio estaban inspirados por Dios mismo. Tanto el profeta como el sacerdote eran portadores de la Palabra. En principio, estas dos palabras (profeta y sacerdote) eran idénticas, y lo eran efectivamente en su esfuerzo conjunto de santificación. La ley y la profecía se completaban, ya que cada una tendía a realizar lo que la otra dejaba inacabado o sin la aplicación histórica correspondiente.

Por ejemplo, Amós 8.4 dice que los impíos "pisotean a los necesitados y exterminan a los pobres de la tierra". Este texto es una aplicación de Deuteronomio 24.14. Otro ejemplo es Amós 8.5, que hace referencia a Deuteronomio 23.14, 15. Un pasaje que debe citarse es el de Jeremías 3.1 ("Supongamos que un hombre se divorcia de su mujer, y que ella lo deja para casarse con otro. ¿Volvería el primero a casarse con ella? ¡Claro que no! Semejante acción contaminaría por completo la tierra"). Aquí hay una referencia directa a Deuteronomio 24.1-4. En este texto, el profeta hace una doble interpretación de la ley sobre el divorcio. Por un lado, la interpreta literalmente ("¡Claro que no! Semejante acción contaminaría la tierra"). Por otro lado, toma la figura del divorcio de manera metafórica para representar la infidelidad de su pueblo. Si la ley prohibía el regreso del marido con la mujer que se había contaminado, Dios estaba dispuesto a recibirlos si ellos se arrepentían. El gran énfasis en este pasaje es la gracia.

• •

EJERCICIO 18

Lee cuidadosamente Isaías 45.18 y luego responde:

1. ¿A qué otro texto del Antiguo Testamento hace referencia este versículo?

2. ¿Cuáles son las palabras que se repiten en ambos?

3. ¿De qué manera el otro texto citado nos ayuda a entender el de Isaías 45?

• •

De acuerdo a lo que hemos visto, se puede notar que el Antiguo Testamento se lee o se interpreta a sí mismo. Es decir, que encontramos a lo largo de sus páginas una serie de referencias internas que nos ayudan a entender y aplicar los distintos textos. A la luz de esto, decimos que hay allí una labor interpretativa. Debemos ser conscientes de que la lectura de todo el Antiguo Testamento (y de la Biblia en general) es la primera herramienta de aquel que quiera entenderla. Muchas veces, las respuestas a las preguntas que nos hacemos en relación con un texto, se pueden encontrar en otros pasajes de la misma Escritura. La lectura cuidadosa de la Palabra es básica para una comprensión de la misma.

El Nuevo Testamento interpreta al Antiguo Testamento[93]

El cristianismo nació con un libro sagrado, el Antiguo Testamento, y con el propósito de reinterpretar esos antiguos textos. De hecho, lo que diferenció (y diferencia) a la fe cristiana del judaísmo es su manera de entender el mensaje de las Escrituras hebreas. La nueva fe se acercó a esos textos desde un nuevo eje o clave: la persona de Jesús. Tener esto en cuenta nos ayuda a ver que los autores del Nuevo Testamento fueron inicialmente intérpretes del Antiguo. Para decirlo de otra manera: el Nuevo Testamento presenta e interpreta los hechos salvíficos de Dios en la historia de Israel y encuentra su culminación en la persona de Jesús, quien es a su vez el mensaje del mismo. Al mismo tiempo, los apóstoles y otros autores del Nuevo Testamento basaron su autoridad para interpretar los textos hebreos en su condición de testigos. De la misma manera que los profetas hablaban de su propia experiencia con Dios, los autores de los Evangelios (y de los otros escritos del Nuevo Testamento) escribían sobre lo que habían visto y oído (1 Jn. 1.1), a partir de su experiencia salvífica con el Señor. Es por eso que, para los cristianos, Jesús es la clave hermenéutica por excelencia.

En 1 Pedro 1.10-12 (ver el contexto a partir de 1 P. 1.3-12), el apóstol muestra de qué manera los autores del Nuevo Testamento entendieron el Antiguo. Un resumen de las enseñanzas que se encuentran en el mismo puede presentarse de las siguiente manera: (1) Los profetas del Antiguo Testamento enseñaron (predicaron de) la salvación por gracia (v.10a), (2) Ellos estudiaron y observaron (RVR: "diligentemente indagaron") sobre esta enseñanza (v. 10b), (3) Trataron de descubrir a

---

[93] Una obra que contiene gran información sobre este tema es G. K. Beale y D. A. Carson, *Commentary on the New Testament Use of the Old Testament* (Grand Rapids: Baker Academic, 2007).

qué tiempo y circunstancias apuntaba el Espíritu (v.11a), (4) El Espíritu predijo los sufrimientos y la gloria de Cristo, en ese orden (v.11b), (5) Los profetas sabían que escribían no solo para su tiempo, sino que esa palabra tendría su cumplimiento en un futuro que ellos no conocían. El autor interpretó que ese mensaje tenía como destinatario a la iglesia cristiana (v. 12). Aunque el apóstol no da nombres, se puede decir que con la expresión "los profetas" abarca a todos los profetas del Antiguo Testamento, como lo afirmó Jesús mismo en su encuentro con los discípulos que iban camino a Emaús, cuando les explicó que las Escrituras se referían a él (Lc. 24.25-27). Más adelante, el mismo Lucas escribe que "les abrió el entendimiento para que comprendiesen las Escrituras" (Lc. 24.44, 45; ver también Jn. 5.39).

Hay tres aspectos a resaltar sobre 1 Pedro 1.10-12. En primer lugar, está la referencia a la salvación por gracia (v. 10a). Los autores del Nuevo Testamento interpretaron el Antiguo a la luz de su experiencia salvífica. De allí que fueron capaces de ver la gracia de Dios en su Palabra. En segundo lugar, está la revelación del Mesías (Cristo) revelado por el Espíritu de Cristo. Este texto muestra la dependencia constante de los profetas y el Espíritu, mostrando que él les revelaba por medio de predicciones que el Cristo tendría que sufrir como el paso previo a su glorificación. Se debe prestar atención al hecho de que Pedro presenta, sin lugar a dudas, la preexistencia de Cristo ("el Espíritu de Cristo que estaba en ellos testificó de antemano los sufrimientos de Cristo"). Cristo hizo estas predicciones siglos antes de su cumplimiento. En tercer lugar, está el rol que juegan los que predicaron (predican) el evangelio. Si fue el Espíritu el que manifestó esto a los profetas, el mismo Espíritu Santo es el que se movió y se mueve en aquellos predicadores cuyo mensaje se basa en el evangelio revelado.

EJERCICIO 19

Pon en orden, de acuerdo al texto bíblico, las enseñanzas de 1 Pedro 1.10-12, escribiendo el número de orden correspondiente en el cuadradito y luego el versículo que corresponde al final:

☐ Los profetas del Antiguo Testamento profetizaron sobre la salvación por gracia (v. ___).

☐ Los profetas sabían que escribían no solo para su tiempo. El autor interpreta que es para la iglesia cristiana (v. ___).

☐ El Espíritu predijo los sufrimientos y la gloria de Cristo, en ese orden (v. ___).

☐ Los profetas trataron de descubrir a qué tiempo y circunstancias apuntaba el Espíritu (v. ___).

☐ Ellos estudiaron y observaron (RVR: "diligentemente indagaron") sobre esta cuestión (v. ___).

• •

Para tener una visión general de cómo los autores del Nuevo Testamento interpretaron el Antiguo debemos considerar la relación que hay entre ambos Testamentos. Hemos afirmado que la Biblia es una, con dos Testamentos, que llamamos habitualmente pactos. Partimos del hecho de que para el creyente, la Biblia es Palabra de Dios. No un testamento u otro, sino la Biblia como una unidad. Pero esta unidad debe pasar de lo teórico a lo práctico. Debe ser unidad para cada uno de nosotros. Como bien lo expresó el profesor Floreal Ureta: "La unidad de la Biblia alcanzará su plenitud cuando veamos de qué manera específica el contenido del Nuevo Testamento está en armonía con el del Antiguo Testamento, precisamente en su núcleo central, en el Mesías anunciado y esperado en el Antiguo, y creído y proclamado en el Nuevo".[94] El cristiano se encuentra con el desafío de aplicar esta unidad a la vida diaria.[95] En relación con esto se deben incluir las citas que allí se encuentran y cómo se usaron. Todo esto nos ayudará a comprender de qué manera entendieron los escritores del Nuevo Testamento al Antiguo, y cómo influyó esta comprensión en el desarrollo de la enseñanza bíblica.

La relación entre el Antiguo y el Nuevo Testamento[96]
La relación de los dos Testamentos es fundamental para nuestra comprensión del uso y aplicación del Antiguo Testamento en el Nuevo. No

---

[94] Floreal Ureta, "La unidad de la Biblia", en *La Biblia de estudio Mundo Hispano* (El Paso, TX: Mundo Hispano, 1977), 49. Ver también David Lozano Medina, *Rabinismo y exégesis judía* (Barcelona: Clie, 1999), 36-37.

[95] Escribió Robert L. Cate: "De un modo muy real, el Antiguo Testamento es el fundamento del Nuevo, ya que en él se encuentran las raíces de nuestra fe". Cate, *Teología del Antiguo Testamento*, 13.

[96] Para profundizar este tema ver A. W. Robertson, *El Antiguo Testamento en el Nuevo* (Buenos Aires: Nueva Creación, 1996).

hay duda que los apóstoles y la iglesia primitiva atribuyeron plena autoridad a las Escrituras recibidas del pueblo de Israel. El Nuevo jamás es concebido en conflicto con el Antiguo Testamento, sino que más bien se lo ve como el cumplimiento de lo que Dios había comenzado en la vida del pueblo elegido (ver He. 1.1, 2). Los escritores del Nuevo Testamento vieron al Antiguo como investido con autoridad divina, y cuando lo utilizaron lo trataron como la misma Palabra de Dios. La cantidad de referencias va mucho más allá de lo que muchas veces imaginamos. Esta cantidad de menciones muestra la relación de continuidad a la que se hizo referencia. En el Nuevo Testamento hay 278 citas directas del Antiguo Testamento. Además, hay un número de alusiones al mismo, que no son citas específicas, pero donde es obvio que el autor estaba empleando fraseología del Antiguo Testamento.[97] Según E. Earle Ellis entre las citas y las alusiones que hay en el Nuevo Testamento se pueden encontrar más de 2.500 referencias del Antiguo.[98] Sobre esto debemos mencionar tres aspectos.

En primer lugar, están las referencias directas. Ya se mencionó que sin tener en cuenta todas las alusiones que no son directas, hay por lo menos 278 diferentes versículos del Antiguo Testamento citados en el Nuevo Testamento. Estas citas representan a los siguientes libros del Antiguo Testamento: 94 vienen del Pentateuco (30 por ciento), 99 de los Profetas (31 por ciento), 40 de los Salmos (13 por ciento), 38 de Isaías (12 por ciento), 45 de los otros libros (llamados históricos, 14 por ciento). Un detalle para resaltar es que los dos libros más citados en el Nuevo Testamento son Salmos e Isaías. En ambos casos, al usarlos, los autores neotestamentarios rescataron las referencias al Mesías que hay en cada uno de ellos.

En segundo lugar, debemos mencionar los libros o autores del Nuevo Testamento que usan o citan textos del Antiguo. El siguiente dato es bastante ilustrativo. El 44 por ciento de las citas se encuentran en las cartas de Pablo o llamadas paulinas. Y, naturalmente, el libro que más referencias hace al Antiguo Testamento es el libro de Hebreos. Un dato a mencionar es que en Filipenses, 1 y 2 Tesalonicenses, Tito, Filemón, 1, 2 y 3 Juan, Judas y Apocalipsis no hay citas directas del Antiguo

---

[97] David S. Dockery, *Comentario bíblico conciso Holman* (Nashville: Broadman y Holman, 2005), 618.

[98] Edward Earle Ellis, *The Old Testament in the Early Christianity: Canon and Interpretation* (Tübingen: Mohr, 1991), 53.

Testamento.[99] Parte de la autoridad con la que los autores del Nuevo Testamento citaron al Antiguo Testamento se puede ver en el uso de determinadas frases o fórmulas con las que introdujeron las citas. A veces usaron fórmulas para citar, tales como "escrito está" o "la Escritura dice".[100] La primera expresión enfatiza la naturaleza permanente de la Palabra. Jesús resistió la tentación de Satanás en el desierto al introducir tres veces citas del Antiguo Testamento con la frase "escrito está" (Mt. 4.4, 6, 7). La segunda frase enfatiza que las Escrituras nos hablan, en tiempo presente, a nosotros hoy. En otras ocasiones, los autores del Nuevo Testamento enfatizan el origen divino de las Escrituras, haciendo referencia a Dios como el autor de ellas y mencionando los nombres de los autores humanos así como del Autor Divino (Mt. 1.22 dice: "lo que el Señor había dicho por medio del profeta"; o Hch. 1.16 habla de "la Escritura que por boca de David, había predicho el Espíritu Santo").[101]

El Antiguo Testamento en los Evangelios. No podemos dejar de enfatizar que Jesús trató al Antiguo Testamento como la Palabra de Dios misma, asignándole la autoridad más alta. Recordemos que él dijo: "ni una letra ni una tilde de la ley desaparecerán hasta que todo se haya cumplido" (Mt. 5.18). En los tres primeros Evangelios (los sinópticos) hay, como ya se señaló, 39 citas del Antiguo Testamento atribuidas a Jesús, a las que habría que agregar otras menciones de los evangelistas.[102] Muchas veces el uso que Jesús hace del Antiguo

---

[99] Sobre el libro de Apocalipsis, ver apartado más adelante.

[100] La frase "escrito está" se usa en Mateo 4.4, 6, 7; 21.13; 26.3; Lucas 4.4, 6; Juan 6.45; etc. La frase "la Escritura dice" aparece en Marcos 15.28; Juan 7.38, 42; Romanos 9.17; 10.11; Gálatas 4.30; 1 Timoteo 3.18. Se puede encontrar el singular "Escritura" o "la Escritura", o el plural "Sagradas Escrituras" (Mt. 21.42; 22.29; Mr. 12.24; Jn. 2.22; Hch. 17.11; Ro. 1.2; etc.). El singular "Escritura" (Mr. 12.10; Lc. 4.21; Stg. 2.8), en general se usa para referirse a un determinado pasaje del Antiguo Testamento, aunque a veces se usa para subrayar la unidad maravillosa de propósito en toda la Biblia (2 Ti. 3.16; Hch. 8.32). Ver Julio Montalvo, "El cumplimiento del Antiguo Testamento en el Nuevo Testamento", en *Comentario bíblico Mundo Hispano* (El Paso, TX: Mundo Hispano, 2005), 23:9.

[101] Otras frases similares son: "mensaje digno de crédito" (NVI) o "palabra fiel" (RVR60) en 1 Timoteo 1.15, 4.9; 2 Timoteo 2.11; "esto es" (Mt. 3.3; 11.10; Hch. 2.16; etc.); "han oído" (Mt. 5.33; Stg. 5.11).

[102] No se toman en cuenta para este número los pasajes paralelos, como por ejemplo, Mateo 5.21, que tiene sus paralelos en Marcos 10.19 y Lucas 18.20. Los tres se cuentan como una sola referencia. Para una lista de los pasajes en los Evangelios en los que se cita el Antiguo Testamento, ver Robertson, *El Antiguo Testamento en el Nuevo*, 55-58.

Testamento refleja una interpretación literal. En otras ocasiones, utilizó el Antiguo Testamento con un tipo de interpretación al estilo de "esto es eso" o de cumplimiento (Mt. 5.18; 7.12; 13.14). Un ejemplo claro se encuentra en Lucas 4.16-21, donde el tema del cumplimiento es prominente en el uso que hace Jesús del Antiguo Testamento.

Al detallar las referencias que hacen los evangelistas se debe tener presente que el Evangelio según Mateo —por dirigirse a un auditorio judío— utiliza un gran número de textos mesiánicos, comenzando con la genealogía del Mesías (Mt. 1.1-17), que desde el primer versículo muestra el tenor que va a desarrollar el autor: Jesús es descendiente de David y simiente de Abraham. Los relatos iniciales del Evangelio contienen claras referencias al Antiguo Testamento como, por ejemplo, cuando presenta el nacimiento del Mesías y su relación con la profecía de Isaías (Is. 7.14) o el viaje a Egipto (Mt. 2.15b y Os. 11.1). De igual modo, la entrada triunfal (Mt. 21.1-11) hace referencia a Zacarías 9.9, Isaías 62.11 y Salmos 118.25, 26. Al margen de las palabras de Jesús, el evangelista presenta todo el ministerio del Ungido como el cumplimiento de las profecías.

Los otros dos Evangelios contienen muchas menos referencias al Antiguo Testamento que Mateo. El Evangelio según Marcos incluye pocas citas directas del Antiguo Testamento (por ejemplo, Mr. 1.2, 3 cita a Miqueas 3.1). Sin embargo, de la misma manera que en los otros Evangelios, se usa la frase "está escrito" (Mr. 1.2; 7.6; 9.12; 9.13; 11.17; 14.27), a fin de mostrar el trasfondo escritural del ministerio del Salvador. Hay por lo menos dos datos a tener en cuenta. El primero es señalar que a diferencia de Mateo y Lucas, que inician sus Evangelios con los relatos de la infancia de Jesús, Marcos lo hace relacionando el ministerio de Jesús con el de Juan el Bautista y el cumplimiento de una profecía del Antiguo Testamento. El segundo dato a tener en cuenta es que el único discurso completo del Maestro que se encuentra en este libro (Mr. 13) tiene su origen en el libro de Daniel.[103]

El Evangelio según Lucas, el libro más largo del Nuevo Testamento y el que describe la vida de Jesús de manera más completa, solo tiene tres citas explícitas del Antiguo Testamento (Lc. 2.23, 24; 3.4-6). Sin embargo, hay una serie de referencias indirectas que se tienen que

---

[103] Se debe tener presente que el Evangelio según Marcos se caracteriza por mostrar lo que Jesús hizo más que lo que dijo, razón por la que hay solamente un discurso completo del Maestro.

considerar. De la lectura de este libro se puede notar, desde el principio, que el autor presenta a Jesús como el Salvador de todo el mundo. En la genealogía, a diferencia de Mateo, Lucas comienza con Adán, y afirma explícitamente que el "Hijo del hombre vino a buscar y a salvar lo que se había perdido" (Lc. 19.10). Además, se presta mucha atención a los marginados de la sociedad.[104] Aunque se dice que en este Evangelio hay solamente tres citas explícitas del Antiguo Testamento, el evangelista presenta la importancia de las Escrituras para la iglesia a través de su presentación de la vida de Jesús. El mismo Señor emplea la prueba de la Escritura en los momentos difíciles (Lc. 4.4, 8; 24.46, etc.)

• •

EJERCICIO 20

Ubica cada uno de los textos del Antiguo Testamento que se presentan a continuación con un momento particular de la vida de Jesús.

1. Nacimiento	Salmos 78.2
	Zacarías 9.9
	Salmos 118.25, 26
2. Ministerio	Malaquías 3.1 y 5
	Isaías 42.1-4
	Jeremías 31.15
3. Enseñanzas	Isaías 11.1
	Oseas 11.1
	Isaías 9.1
4. Muerte	Isaías 53.6
	Zacarías 11.12, 13
	Salmos 22.1

• •

En el Evangelio según Juan, el cuarto Evangelio, hay alusiones muy importantes al Antiguo Testamento. Para el evangelista, este estaba muy presente en sus enseñanzas. Algunos de los pasajes más citados y conocidos del Evangelio contienen una referencia clara al Antiguo Testamento. Cuando habla del Buen Pastor (Jn. 10) o de la Vid Verdadera

---

[104] Como ser las mujeres, los niños, los pobres, etc.

(Jn. 15), el autor está haciendo una referencia directa al mismo (Sal. 23; Is. 5). Pero hay otros textos en los que es más sutil o indirecto en su presentación, por ejemplo, cuando usa solo el lenguaje o las ideas de allí. En Juan 17.5, 6, Jesús, en su oración, afirma que ha "revelado quién es" [Dios] (RVR: "revelado tu nombre"). Después de esto, Jesús debe enfrentar su arresto. En esta ocasión, el apóstol relata que ante la respuesta de Jesús "yo soy", los que iban a arrestarlo "dieron un paso atrás y se desplomaron" (Jn. 18.6). La expresión "yo soy" debe ser leída en el contexto de Éxodo 3.14 (ver también Jn. 8.5-58). Si el nombre de Dios es una manifestación de su naturaleza, entonces en esta frase lo que nuestro Señor quiere hacer es mostrar la unidad entre el Padre y el Hijo, que en este caso es probada a través de un ejemplo concreto.

El Antiguo Testamento en el libro de Hechos. El libro de los Hechos de los Apóstoles muestra la predicación apostólica, que estuvo centrada, inicialmente, en mostrar que la redención o salvación eran accesibles por la obra de Jesús el Mesías esperado. De las 36 citas del Antiguo Testamento que se encuentran en este libro, 31 se usan en los primeros 13 capítulos, lo que representa casi el 90 por ciento. Casi todas ellas en mensajes evangelizadores que se dieron en el ambiente judío y a algunos prosélitos, como por ejemplo Felipe y el etíope (Hch. 8.26-40); Cornelio y su familia (Hch. 10); los prosélitos de Antioquía de Pisidia (Hch.13.47-52). Luego, a medida que el ministerio de Pablo se fue extendiendo a los gentiles, la cantidad de citas o el uso del Antiguo Testamento bajaron notablemente. Este dato nos muestra el contenido de la predicación cristiana primitiva. Cuando el evangelio comenzó a propagarse en un ambiente dominado por el pensamiento judío, los predicadores creyeron necesario presentar a Jesús como el Mesías en cumplimiento de las profecías. Pero a partir del momento que el evangelio fue propagándose entre los gentiles, los mensajes siguieron siendo cristocéntricos, pero con menor énfasis en las pruebas presentes en el Antiguo Testamento. En el discurso de Pablo en el Areópago (Atenas) hay una sola alusión a este (17.31 es una referencia indirecta a Sal. 9.8).

El Antiguo Testamento en las Cartas de Pablo. En las epístolas paulinas hay no menos de 88 citas del Antiguo Testamento (excluyendo alusiones).[105] Al igual que en Hechos, la comprensión y el uso del

---

[105] Ver Robertson, *El Antiguo Testamento en el Nuevo*, 178-183.

Antiguo Testamento por parte de Pablo tuvieron también un contexto cristológico. Con frecuencia, las citas de Pablo referidas al Antiguo Testamento pueden encontrarse en grupos, especialmente en los casos en que él buscaba fortalecer un argumento con citas de muchas partes del Antiguo Testamento (ver, por ejemplo, Ro. 3.10, 18 y 9.12-29). En el caso de Pablo se tiene que tener en cuenta su formación en el judaísmo (Hch. 2.3, comparar con Hch. 5.34) especialmente farisaico (Fil. 3.5). Estos datos cobran importancia al considerar la manera en que el apóstol usa el Antiguo Testamento, ya sea en los temas que elige como en su hermenéutica.

Es de señalar que para el judaísmo de la época de Pablo —y de la nuestra también— la Torá (nuestro Pentateuco, los primeros cinco libros de la Biblia) era fundamental. Para ellos era la base de su fe. Creían que la Torá era un pedagogo para educar a las criaturas de Dios.[106] Pablo desarrolla este pensamiento y lo aplica a la fe cristiana cuando afirma que la ley es nuestro guía (griego *paidagogós*) para llevarnos a Cristo. Más de la mitad de estas citas o referencias se encuentran en la Epístola a los Romanos, a la que le siguen Corintios y Gálatas. La razón es que estas iban dirigidas a comunidades en las que había muchos judíos, que no solo podían entender la argumentación paulina, sino que la necesitaban. Por otro lado, en las cartas dirigidas a comunidades en las que no había ese trasfondo (Tesalonicenses y Filipenses) las referencias al Antiguo Testamento son indirectas o solo alusiones. Un ejemplo se encuentra en Filipenses 4.5: "Que su amabilidad sea evidente a todos. El Señor está cerca". Esta última frase se suele relacionar con la segunda venida de Cristo. Sin embargo, el apóstol está citando (sin mencionarlo) el texto del Salmo 145.18 en la versión de la Septuaginta.[107]

Filipenses 4.5	Salmos 145.18 (LXX)
Que su amabilidad sea evidente a todos. **El Señor está cerca** (κύριος ἐγγύς) (RVR).	**El Señor está cerca** (ἐγγὺς κύριος) de quienes lo invocan (NVI).

---

[106] Solomon Schechter, *Aspects of Rabbinic Theology* (Nueva York: Schocken Books, 1961), 136.

[107] Se colocó entre paréntesis la frase griega para que se pueda notar la semejanza. Es de notar que en la RVR se pierde esta similitud, que tienen el texto griego y la NVI.

Es de señalar que la interpretación de Filipenses 4.5 cambia si se toma en el contexto de la referencia que el apóstol está haciendo al Antiguo Testamento.[108]

• •

EJERCICIO 21

Escribe en una breve aplicación de la afirmación de Pablo "el Señor está cerca", en relación con Salmos 145.18.

_____

_____

_____

¿Cómo entendiste hasta ahora este mismo versículo?

_____

_____

_____

• •

El Antiguo Testamento en la Carta a los Hebreos. De la misma manera que se mencionó el libro de Apocalipsis como una muestra de un texto donde no había ninguna referencia directa al Antiguo Testamento, la carta a los Hebreos contiene 55 referencias con 25 maneras diferentes de citarlo.[109] El deseo del autor de esta carta era enfatizar la continuidad del antiguo pacto y del nuevo. Esto se puede notar en que 18 de estas 25 maneras de citar el Antiguo Testamento aparecen en tiempo presente (por ejemplo, He. 1.6, 7, 10, 11). En sus fórmulas, el autor, en general, no introduce el Antiguo Testamento como los otros escritores del Nuevo. En ocasiones, presenta la cita como un dicho directo de Dios ("dijo Dios"), como por ejemplo las siete citas del Anti-

---

[108] Otro ejemplo se encuentra comparando Filipenses 1.19 con Job 13.16.

[109] Para una lista completa de las citas, ver Robertson, _El Antiguo Testamento en el Nuevo_, 205-207.

guo Testamento que se encuentran en 1.5-13 (Sal. 2.7; 2 S. 7.14; Dt. 32.43; Sal.103.4; 45.6, 7; 101.26-28; 109.1). La manera de usar y entender el Antiguo Testamento en la Carta a los Hebreos es única en el Nuevo Testamento. El autor se propone examinar un pasaje de la Escritura hasta en sus mínimos detalles, con el propósito de lograr una síntesis doctrinal entre el mensaje del Antiguo y el Nuevo Pacto. Su intento es profundizar en el hecho que la revelación dada por Dios en Jesús es el cumplimiento pleno del Antiguo Testamento.

> **Julio Montalvo:** "La gran pregunta que debió resolver este autor fue: ¿Encuentra el antiguo pacto (su sistema ceremonioso, su ley, etc.) su consumación en el nuevo pacto establecido por Jesús? El autor está convencido de que sí tiene su cumplimiento de las Escrituras; sabe que es preciso poder mostrar una cuádruple relación entre el Antiguo Pacto y el Nuevo: continuidad, ruptura, superación y cumplimiento".[110]

Hay continuidad porque la muerte de Cristo tuvo una relación directa con los sacrificios, pero al mismo tiempo era diferente, o sea, hay ruptura, y, por lo tanto, se trata de algo superador, que llega así al auténtico cumplimiento de su propósito. Jesús hizo el sacrificio perfecto por los pecados (10.10, 14, 18). En general, la carta a los Hebreos usa y entiende el Antiguo Testamento desde una perspectiva cristológica. Hay en la misma un gran esfuerzo por explicar, a partir de su fundamento cristiano (cristológico), hasta los más mínimos detalles de los textos de las Escrituras hebreas. No cabe duda que toda la historia de Israel debe entenderse a la luz de la revelación en Jesús el Mesías, como lo demuestra Hebreos 11.

• •

EJERCICIO 22

¿Cuál es la cuádruple relación que hace el autor de la carta a los Hebreos entre el Antiguo y el Nuevo Testamento? Menciona un texto de la carta a los Hebreos que enfatice cada uno de estos aspectos.

---

[110] Montalvo, "El cumplimiento del Antiguo Testamento en el Nuevo Testamento", 19.

1. _____

2. _____

3. _____

4. _____

• •

El Antiguo Testamento en las Epístolas Generales. Las llamadas Epístolas Generales, que comprenden a Santiago, 1 y 2 Pedro, 1, 2, 3 Juan y Judas, aunque tienen pocas referencias al Antiguo Testamento, las que poseen son de singular importancia. Por ejemplo: en 1 Pedro 2.4-10, uno de los pasajes más citados de este libro (especialmente 2.9-10), se encuentran varias referencias (Is. 28.16; Sal.118.22, 23; Is. 61.6; 66.21; Is. 8.14; Éx. 19.5, 6; 23.22; Is. 43.20, 21; Os. 1.6, 9; 2.1).[111]

Un ejemplo del libro de Santiago se encuentra en 2.21-23, donde el apóstol acentúa que la fe auténtica es certificada por las acciones que la acompañan. Su argumento toma, en primer lugar, el caso del patriarca Abraham. Aunque en una lectura superficial pareciera que Santiago está citando un solo evento de su vida, el autor en realidad cita tres pasajes del Antiguo Testamento (Gn. 22.9; 15.6 e Is. 41.8). Luego, y a modo de contraste, menciona a Rajab (v. 25). El contraste no podía ser más pronunciado: uno era varón y el padre del pueblo de Israel, mientras que la otra era mujer, prostituta y gentil (Jos. 2 y 6). Ella nunca podría haber sido justificada por su vida (a diferencia de Abraham). Sin embargo, la fe viva que ella manifestó es lo que la declaró justa. Además, una cita muy interesante es Santiago 4.6, enseñanza que se encuentra también en 1 Pedro 5.5. El texto es una referencia a Proverbios 3.34. Como hemos visto, los dos libros usan de manera muy significativa el Antiguo Testamento.

El Antiguo Testamento en el libro de Apocalipsis. El libro de Apocalipsis merece un párrafo aparte. Si bien, como lo menciona Edward E. Ellis, no contiene ninguna cita directa del Antiguo Testamento, se puede notar en el libro una relación con algunos libros del mismo,

---

[111] Tener en cuenta que 1 Pedro 1.24, 25 responde a Isaías 40.6-8.

especialmente los libros de Ezequiel, Daniel y Zacarías.[112] El influjo o impacto de Ezequiel se encuentra a lo largo del libro. Como ejemplo podemos mencionar que la visión del trono (Ap. 1) contiene elementos de la visión que se encuentra en Ezequiel 1. También se deja sentir en la descripción de su entorno: el arco iris, los relámpagos, el fuego, la comparación con las piedras preciosas, todo esto es expresión de su gloria, de su belleza, de su carácter inaccesible (Ap. 4.2-5; Ez. 1.5, 13, 18, 22, 26-28). Los cuatro seres vivientes que aparecen delante del trono (Ap. 4.6) se inspiran en Ezequiel 1.5. Cuando el autor presenta la protección que Dios concede a la comunidad, menciona que los creyentes reciben en sus frentes una señal, que los protege de cualquier daño (Ap. 7.3), como ocurrió con los habitantes de Jerusalén que agradaban a Dios y que, según Ezequiel 9.4-6, recibieron una señal de protección gracias a la cual escaparon de la muerte y la destrucción. Cuando el autor presenta una lamentación por la caída de la ciudad de Roma, puesta en labios de quienes habían gozado de su protección y de sus riquezas (Ap. 18), vemos que este lamento se elaboró tomando algunos motivos que se leían en la queja-lamento sobre Tiro, que se encuentra en Ezequiel 27.

EJERCICIO 23

Compara los textos mencionados en el cuadro y escribe las palabras que se asemejan en cada uno de ellos.

Apocalipsis 18		Ezequiel 27	
18.3		27.12-22	
18.9		27.30	
18.11-19		27.36	

A modo de síntesis, se puede decir que los escritores del Nuevo Testamento interpretaron muchos eventos referidos a Cristo y la iglesia como profetizados en el Antiguo Testamento. Además, bajo la inspiración del

---

[112] Es decir, las que son precedidas por frases específicas, que han sido llamadas "fórmulas", que se usan en el Nuevo Testamento para introducir referencias del Antiguo Testamento. Sin embargo, Robertson, *El Antiguo Testamento en el Nuevo,* 227, menciona catorce pasajes en los que se cita el Antiguo Testamento.

Espíritu Santo, tomaron muchos pasajes del Antiguo y los interpretaron y aplicaron con una perspectiva amplia, yendo más allá de su contexto original. Por ejemplo, Habacuc 2.4 ("el justo vivirá por su fe") es citado tres veces en el Nuevo Testamento (Ro.1.17; Gá. 3.11 y He. 10.38).

Problemas con las citas del Antiguo Testamento en el Nuevo

A veces surgen preguntas cuando uno compara la cita del Nuevo Testamento con el original del Antiguo Testamento. En estos casos parecería que los escritores del Nuevo Testamento se manejaron con cierta libertad en sus citas, tanto con respecto a la forma como al significado. Varios factores deben ser tenidos en cuenta.

En primer lugar, las reglas modernas de precisión en la cita no se aplicaban a los escritores bíblicos. En general, en la antigüedad, había un sentido de libertad al citar obras anteriores, que aumentaba en el caso de los escritores del Nuevo Testamento. Estos se permitían, a veces, parafrasear los textos que citaban, viendo el significado derivado del cumplimiento en Cristo de las promesas del Antiguo Testamento. De ahí la frecuencia con que aparece la frase que acompaña a muchas citas: "Para que se cumpliese...". (Mt. 2.15; 4.14; 21.4; Jn. 12.38; 13.18; 15.25; 17.12, etc.) En segundo lugar, como resultado de esto, las citas del Antiguo Testamento con frecuencia fueron parafraseadas por los escritores del Nuevo Testamento. Sin embargo, no puede decirse que aquella libertad equivaliese a arbitrariedad. Cuando los autores bíblicos usan textos del Antiguo Testamento, tanto para probar el cumplimiento en Cristo de lo predicho por los profetas como para refutar objeciones judías o establecer una doctrina, ellos muestran una gran coherencia con el conjunto de la revelación. En su modo de utilizar el Antiguo Testamento no hay lugar para fantasías caprichosas ni para fáciles alegorizaciones o tergiversaciones gratuitas. Siguiendo la línea de Jesús mismo, tenían demasiado respeto por la autoridad de la Escritura como para permitirse veleidades personales.

Para una mejor comprensión de estos dos factores mencionados, es necesario tener presente que tanto en el mundo grecorromano como en el judaico había una gran libertad en el uso de referencias literarias. Pese al literalismo de algunos rabinos, no se daba tanta importancia a la letra de un texto como a su significado. Incluso en los Evangelios, cuando se reproduce lo dicho por Jesús, no siempre es fácil llegar a determinar cuáles fueron las palabras exactas *(ipsissima verba)* pronunciadas por Jesús. Un ejemplo de ello nos lo ofrece Juan en su Evangelio. En el aposento alto, dice el Señor a sus discípulos: "Ustedes están limpios, aunque no todos" (Jn. 13.10). Pero en la observación que a renglón seguido hace el evangelista, la frase de Jesús reaparece modificada: "No todos están limpios".

El tercer factor tiene que ver con que las citas tenían que ser traducidas del hebreo al griego. Los escritores del Nuevo Testamento tuvieron a su disposición tres textos diferentes del Antiguo Testamento: el masorético, la versión griega de los setenta o Septuaginta y las traducciones al arameo, que existían en tiempo de Jesús (targúmenes arameos, ya sea orales o escritos).[113] Probablemente hicieron uso de las tres, aunque predomina el empleo de la Septuaginta, dado que el griego era la lengua común, la más idónea para una comunicación más amplia y, por tanto, la más usada en el mundo grecorromano. Es comprensible que los apóstoles, al citar textos del Antiguo Testamento, se valieran de la versión griega ya existente. Pero tal versión discrepa en ocasiones con el texto hebreo masorético. Un ejemplo muy conocido es el de Mateo 1.23, donde se cita a Isaías 7.14. Aquí la Septuaginta usa la palabra *parthenos* (virgen) para traducir el término hebreo *'almah* (doncella). *Parthenos* correspondía al hebreo *bethulah* (virgen), pero probablemente en tiempo de los traductores ya tenía un significado más amplio, que permitía legítimamente su uso para traducir *'almah* sin violentar el sentido del texto.

El cuarto factor es que los escritores del Nuevo Testamento a menudo simplemente aludieron a un pasaje del Antiguo Testamento sin intención de citarlo palabra por palabra. Debemos tener presente que algunas variaciones verbales podían obedecer en algunos casos a motivos estilísticos. Pero la mayoría de las veces se debían, sin duda, a que el sentido de fidelidad a lo escrito concernía más al contenido que a la forma. Tal vez nos ayudará a comprender este hecho la situación creada en nuestros días por la proliferación de versiones de la Biblia en nuestra lengua, especialmente cuando se han llevado a cabo según

---

[113] Una definición de *tárgum* es: "el término se usa en los estudios bíblicos para designar un tipo particular de traducción de las Escrituras hebreas al arameo. Cuando el hebreo llegó a ser incomprensible, las traducciones al arameo coloquial llegaron a ser una necesidad práctica. Nehemías 8.8 parece ser una referencia a dichas traducciones. Después que la Escritura era leída en hebreo, un intérprete le daba sentido en arameo". E. F. Bromiley y C. F. H. Henry, "Tárgum", en *Diccionario de teología* (Grand Rapids: Libros Desafío, 2006), 592.

los principios de la "traducción dinámica". Esto produce cambios en el modo de expresar el pensamiento original del autor, que a veces son considerables, sin que ello signifique ningún problema para la mayoría de lectores. Algo análogo acontecía en tiempos apostólicos cuando se trataba de reproducir tanto las palabras de Jesús como los textos del Antiguo Testamento.

En conclusión, los escritores del Nuevo Testamento creían que el Antiguo Testamento era directamente relevante para ellos. Es claro que en sus declaraciones indican que el Antiguo Testamento en su totalidad era muy significativo para la iglesia del primer siglo así como lo es para nosotros hoy. Pero hay que tener presente que el gran acontecimiento de Cristo invadía su pensamiento. Su interpretación del Antiguo Testamento estaba iluminada y regida por el hecho glorioso de que el tiempo escatológico de la salvación ya había llegado. Para ellos lo importante era presentar el hecho de Cristo y no hacer una exégesis del texto del Antiguo Testamento. No cambiaron el significado original de los textos, sino que lo complementaron. Un pasaje que nos puede ayudar ver esto es el de Mateo 2.15. Allí se cita a Oseas 11.1 ("de Egipto llamé a mi hijo"). El evangelista aplica a Jesús palabras que originalmente se referían a Israel y a su liberación de Egipto. Es evidente que el autor quería mostrar los paralelos que existen entre la liberación de Israel, que llegó por medio de la salida de Egipto (el éxodo), y la que recibimos por medio de la obra de Jesucristo.

El Nuevo Testamento se interpreta a sí mismo

Los autores de los libros que componen el Nuevo Testamento trataron de transmitirnos las palabras y hechos de Jesús de un modo que supera la mera crónica. En muchos casos, reflejaron la interpretación de la palabra de Jesús en el contexto de nuevas circunstancias. Un texto muy significativo es el de 2 Pedro 3.15-17. En este pasaje encontramos a un apóstol citando a otro (Pedro a Pablo) como "escritura" (ver 3.16). Hay algunos detalles de este pasaje que quisiera resaltar. En primer lugar, el hecho de que Pedro llame a Pablo "nuestro querido hermano" (3.15) es por demás ejemplificador. Si hacemos memoria, Pablo lo había confrontado en Antioquía cuando le reprochó por ceder a la presión de los judíos para que no comiera con los gentiles (Gá. 2.11–14). Sin embargo, y a pesar de este duro encuentro, la relación entre ellos fue buena o armoniosa. Pablo menciona a Pedro con frecuencia en 1 Corintios

(1.12; 3.22; 9.5; 15.5).Y queda claro por esta referencia que Pedro no le guardó rencor por la corrección que recibió en Antioquía, o por ver esa corrección registrada en la carta a los hermanos de Galacia (Gálatas).

En segundo lugar, la mención que hace de las cartas de Pablo muestra que estas estaban circulando entre las iglesias y eran de uso general, tal como lo quería el propio apóstol Pablo (Col. 4.16 y 1 Ts. 5.27). La frase que introduce el autor "tal como les escribió también" (2 P. 3.15), que luego se asocia con "las demás Escrituras" (2 P. 3.16), muestra el lugar que tenían estas epístolas en tiempos del Nuevo Testamento. Dado que Romanos 2.4 es una expresión paralela a la del v. 15a, se ha sugerido que la carta a los Romanos debe haber sido por lo menos conocida por los lectores de segunda Pedro.

En tercer lugar, la referencia a las Escrituras que hace el autor es una nueva indicación del lugar que se le daba a las cartas de Pablo. Como bien menciona Colin Brown, el término griego que se traduce escritura o escrituras (*grafe*) se usa exclusivamente en el Nuevo Testamento para referirse al Antiguo Testamento, por lo que sin duda, Pedro puso a las epístolas de Pablo a la altura del mismo.[114] Esto expresa no solamente su evaluación personal de las cartas de este apóstol, sino también el pensamiento de la comunidad cristiana de aquel entonces. El mismo apóstol Pablo escribió a sus lectores con plena conciencia de estar actuando bajo la inspiración del Espíritu Santo, y que sus epístolas eran parte de la revelación de Dios (1 Ts. 2.13).[115]

Veamos algunos ejemplos en los que textos del Nuevo Testamento son re-leídos o reinterpretados por él mismo.

Los Evangelios Sinópticos

En los Evangelios Sinópticos (Mateo, Marcos y Lucas) se encuentran pasajes en los que aparecen las palabras de Jesús reinterpretadas por los mismos evangelistas. Estas interpretaciones o lecturas se hicieron en dos líneas o sentidos. Una es cuando un evangelista se encuentra en la necesidad de aclarar las palabras de Jesús, en virtud de las características específicas de sus lectores. Un ejemplo es el de Lucas 16.1-8,

[114] En el Nuevo Testamento, el término Escritura, tanto en singular como en plural, "es utilizado exclusivamente para referirse a las Santas Escrituras". Colin Brown, *New International Dictionary of New Testament Theology* (Grand Rapids: Zondervan, 1998), 3:490.

[115] Simón J. Kistemaker, *Comentario al Nuevo Testamento: 1 y 2 Pedro y Judas* (Grand Rapids: Desafío, 1994), 392.

la parábola del mayordomo astuto, donde la alabanza a la astucia o sagacidad del mayordomo requería una explicación, pues debía sonar extraña. Se trata de la sagacidad de los hijos del mundo entre sí, no frente a Dios (v. 8b). La segunda línea, es la que añade una nueva aplicación a un texto que puede sonar difícil. En este caso, la aplicación que da es la de ser fieles y honrados en las cosas pequeñas (vv. 9-12) para poder recibir cosas mayores. Se trata, pues, de una exhortación dirigida a la comunidad.

EJERCICIO 24

Lee Mateo 5.3 y Lucas 6.20 y contesta las siguientes preguntas:

1. ¿Cuál de los dos textos te parece que es una interpretación del otro?

   _____

2. ¿Cómo afecta a tu comprensión de las palabras de Jesús cada uno de ellos?

   a. Mateo: _____

   b. Lucas: _____

Por otro lado, los evangelistas presentaron las enseñanzas de Jesús en más de un contexto. Sin duda, que en sus tres años de ministerio, el Maestro debió repetir frases, instrucciones o ilustraciones. Cuando se compusieron y escribieron los Evangelios, cada uno de los autores eligió o no un contexto en el que presentarlas. La elección del contexto de una frase o enseñanza de Jesús es de por sí una interpretación que hacían del mismo. Un ejemplo de esto se encuentra en la enseñanza de Jesús acerca de la sal (Mt. 5.13; Mr. 9.49, 50; Lc. 14.34, 35). En el Evangelio según Mateo esta se encuentra en el contexto del Sermón del Monte (Mt. 5-7), cuando Jesús presenta a sus discípulos lo que representaba seguirlo, el desafío de convertirse en agentes de cambio social y en un ejemplo (sal de la tierra, *luz del mundo*). El Evangelio según Marcos ubica este dicho en relación con el costo del discipulado, con un acento en la vida interna de los discípulos, ya sea en lo personal ("la sal con que todos serán sazonados es el fuego") o comunitario ("para que puedan vivir en paz unos con otros"). Finalmente, Lucas se encuentra en el contexto del costo del discipulado. Como podemos notar, cada uno de los Evangelios ubicó la enseñanza de Jesús sobre la sal en un contexto diferente, de acuerdo al énfasis que querían hacer.

Las cartas de Pablo

Desde los orígenes del cristianismo, los creyentes confiaban en las Escrituras del Antiguo Testamento y en la palabra hablada por los apóstoles. Pero cuando aparecieron los Evangelios y las Epístolas, los apóstoles estuvieron entre los primeros en reconocer la autoridad divina de estos textos. Una ilustración de este punto es Pablo, quien declara que los ancianos de la iglesia "son dignos de doble honor, especialmente los que dedican sus esfuerzos a la predicación y a la enseñanza" (1 Ti. 5.17). Él apoya su argumento citando la Escritura, y hace mención a dos referencias. La primera es del Antiguo Testamento: "No le pongas bozal al buey mientras esté trillando" (1 Ti. 5.18, tomada de Dt. 25.4). Como ya se ha dicho, esto muestra el lugar que tenía el Antiguo Testamento en la enseñanza cristiana. Algo diferente ocurre con la segunda referencia que hace el apóstol: "El trabajador merece que se le pague su salario" (1 Ti. 5.18). En este caso se trata de la cita de palabras del mismo Jesús, que ocurren tanto en el Evangelio de Lucas ("el trabajador tiene derecho a su sueldo", Lc. 10.7), y con alguna variante en Mateo ("porque el trabajador merece que se le dé su sustento", Mt. 10.10). Para el tiempo en que Pablo le escribe a Timoteo (supuestamente entre 63–65 d.C.), algunas partes del Nuevo Testamento ya estaban en circulación y eran consideradas con la misma autoridad que el Antiguo Testamento.

Merece una mención especial el texto de Hechos 20.35, donde el mismo apóstol Pablo hace una referencia a palabras de Jesús: "recordando las palabras del Señor Jesús: Hay más dicha en dar que en recibir". Esta cita que hace Pablo tiene una doble significación. En primer lugar, se trata de una frase que no se encuentra en los Evangelios, lo que muestra que como bien escribió el apóstol Juan, la vida y enseñanzas de Jesús no pudieron ser cubiertas por una serie de libros. Podemos decir que Dios mismo es un ejemplo de esto, pues él dio a su Hijo Unigénito (Jn. 3.16). En segundo lugar, se debe notar que Pablo exhorta a los ancianos de Éfeso a recordar las palabras del Señor. Es decir, ellos sabían ya que Jesús había pronunciado estas palabras. Seguramente el apóstol, durante su ministerio entre ellos, había enseñado fidelidad los dichos del Maestro. Es por eso que los cristianos de allí estaban al tanto de su significado.[116]

• •

EJERCICIO 25

Al pensar en Hechos 20.35, ¿qué dos enseñanzas podemos extraer de este texto?

1. _____

2. _____

• •

La Epístola de Santiago

En la epístola de Santiago, el autor se hace eco del tono y tenor de la predicación de Jesús que aparece en los Evangelios. Es notable el paralelo entre el Sermón del Monte (Mt. 5.3-7.27; Lc. 6.20-49) y algunos versículos, cláusulas, frases y palabras de la carta de Santiago.[117] Aquí tenemos algunos versículos para ilustrar este punto:

Mateo	Santiago
5.3 Dichosos los pobres en espíritu, porque el reino de los cielos les pertenece.	2.5 ¿No ha escogido Dios a los que son pobres según el mundo para que sean ricos en la fe y hereden el reino que prometió a quienes lo aman?
5.7 Dichosos los compasivos, porque serán tratados con compasión.	2.13 Porque habrá un juicio sin compasión para el que actúe sin compasión. ¡La compasión triunfa en el juicio!
6.19 No acumulen para sí tesoros en la tierra, donde la polilla y el óxido destruyen, y donde los ladrones se meten a robar.	5.2, 3 Se ha podrido su riqueza, y sus ropas están comidas por la polilla. Se han oxidado su oro y su plata... Han amontonado riquezas.

---

[116] Simón J. Kistemaker, *Comentario al Nuevo Testamento: Hechos* (Grand Rapids: Libros Desafío, 2007), 792.

[117] Joseph Mayor, *The Epistle of St. James* (Grand Rapids: Zondervan, 1954), lxxxv–lxxxvii, presenta una lista completa de las semejanzas existentes entre de Epístola de Santiago y los Evangelios Sinópticos. Seleccionando de entre los paralelos más notables, separo aquellos pasajes que son paralelos de Mateo 5–7: Mt. 5.3 y Stg. 2.5; Mt. 5.7 y Stg. 2.13; Mt. 5.11, 12 y Stg. 1.2; Mt. 5.10, 11; 5.34–37 y Stg. 5.12; Mt. 6.11 y Stg. 2.15, 16; Mt. 6.19 y Stg. 5.2, 3; Mt. 6.22 y Stg. 4.4, 8; Mt. 6.34 y Stg. 4.13, 14; Mt. 7.1 y Stg. 4.11, 12; 5.9; Mt. 7.7, 8 y Stg. 1.5; 4.3; Mt .7.16 y Stg. 3.10–13, 18; 1.21; Mt. 7.21–23 y Stg. 1.26, 27; 2.14–26; 3.13, 14; Mt. 7.24 y Stg. 1.22–25.

Desde un punto de vista estrictamente literario, los comentaristas afirman, por lo general, que Santiago no cita directamente a los Evangelios Sinópticos, sino que hace una referencia y aplicación de los mismos. Es claro que, aunque exista cierta terminología que relaciona a ambos textos, la sintaxis y la estructura de las oraciones son diferentes. De allí que Simón Kistemaker afirme que Santiago "se basa en la palabra hablada, y formula alusiones al Evangelio escrito". Este autor sigue diciendo que Santiago debe haber oído predicar a Jesús en muchas ocasiones, y que, por consiguiente, se había familiarizado con sus enseñanzas.[118]

> **Simón Kistemaker:** "Estas alusiones son una clara e importante fuente de información sobre el contexto del libro. En primer lugar, las referencias a la enseñanza ética de Jesús son muy numerosas. De hecho, todo el libro exuda el Sermón del Monte. En segundo lugar, estas alusiones a menudo son aplicaciones prácticas de los principios generales de Jesús (como el caso de Stg. 5.2, 3, que es una aplicación de Mt. 6.19). En tercer lugar, el material proviene de la tradición sinóptica preliteraria, no de los Evangelios escritos. Esto muestra que el autor era alguien saturado con la enseñanza de Jesús".[119]

El Evangelio según Lucas (1.1-3) menciona a testigos presenciales y siervos de la palabra, quienes fueron una fuente de información para el evangelista. En este sentido, es posible que Santiago haya sido uno de los que participaron en la recepción y la entrega del mensaje del Maestro. Como hemos visto a lo largo de los distintos ejemplos presentados, tanto los evangelistas mismos como algunos de los otros autores del Nuevo Testamento (Pablo, Santiago), en la elaboración de sus propios textos usaron e interpretaron testimonios (escritos y orales) de las enseñanzas de Jesús o de otros apóstoles. Si a esto se le suma la relación entre los escritos del Antiguo Testamento entre sí y el uso que hace el Nuevo del Antiguo, veremos que hay un auténtico tesoro del que podemos sacar cosas preciosas.

Guillermo D. Powell: "Las Escrituras se interpretan a sí mismas, solemos escuchar de boca de los expertos. Sin embargo, pocos

---

[118] Simón J. Kistemaker, *Comentario al Nuevo Testamento: Santiago y 1-3 Juan* (Grand Rapids: Desafío, 2007), 23.

[119] Peter H. Davids, *The Epistle of James: A Commentary on the Greek Text* (Grand Rapids: Eerdmans, 1982), 16.

tenemos el suficiente conocimiento de todo el texto bíblico para relacionar pasajes entre sí... El enigma de los pasajes bíblicos oscuros recibe nueva luz al considerar otros textos bíblicos relacionados y al comparar las Escrituras con las Escrituras y comprender cómo lo que Pablo dijo se relaciona con lo que Jesús dijo, con lo que Juan dijo, con lo que Pedro dijo, con lo que Isaías dijo, con lo que el salmista dijo".[120]

Como lo afirmamos desde la primera página de este libro (y en *Panorama de la Biblia*), nada reemplaza la lectura y estudio de las Sagradas de las Escrituras. El estudiarla nos alimenta, el interpretarla correctamente y aplicarla a nuestra vida trae crecimiento espiritual.

---

[120] Guillermo D. Powell, *El tesoro del conocimiento bíblico* (Bellingham: Logos Research Systems, 2009).

Capítulo 3
La interpretación y su historia (I)

"Así dice el Señor:
Deténganse en los caminos y miren;
pregunten por los senderos antiguos.
Pregunten por el buen camino,
y no se aparten de él.
Así hallarán el descanso anhelado.
Pero ellos dijeron: 'No lo seguiremos'".
Jeremías 6.16.

El profeta Jeremías ha estado describiendo una situación en la que el pueblo ha sido mal dirigido por sus líderes religiosos (6.13-15). La dirección que tomaron los llevó inevitablemente al castigo de Dios (v. 15b). En medio de esta situación, hay dos preguntas que surgen: ¿Qué responsabilidad le cabe al pueblo? ¿Qué hacer para cambiar esta situación? La respuesta se encuentra en el v. 16, que contiene cuatro verbos en modo imperativo (deténganse, miren, pregunten, anden; NVI: "no se aparten"), que implican desafíos. La aplicación de los mismos es la clave para encontrar el camino o estilo de vida que agrada a Dios. En primer lugar, la Palabra de Dios desafía al pueblo a examinar su propia vida ("deténganse"). Muchas veces, las situaciones que vivimos nos llevan de acción en acción. Demasiadas veces "nos dejamos llevar" sin considerar qué estamos haciendo. Es necesario que tomemos un tiempo para hacer un examen de nuestro estilo de vida. En segundo lugar, la Palabra desafía a examinar las posibilidades ("miren"). El texto usa la imagen de una persona que se encuentra en una encrucijada o encuentro de caminos. "Mirar" (he.: *ra'ah*) significa ver profundamente, ver más allá. Debemos tener en cuenta Proverbios 14.12, que dice que un camino puede parecer una cosa, pero es lo opuesto.

En tercer lugar, está el desafío a examinar el testimonio permanente ("pregunten"). Después del análisis, debemos considerar que necesitamos ayuda, pues es posible que nos engañemos a nosotros mismos (Pr. 16.2). El profeta invita a preguntar o consultar en primer lugar a Dios (Jos. 9.14). Pero al mismo tiempo se deben buscar "las sendas antiguas". La palabra que se traduce "antigua" (*'olam*) significa eterna o permanente. La revelación de Dios es la misma para el ser humano del siglo VI a.C. que el del siglo XXI. Finalmente, el texto presenta el desafío a emprender un nuevo estilo de vida ("anden"). El resultado de esta búsqueda es tomar el "buen camino". "Bueno" en el sentido ético y teológico, es decir, lo que agrada a Dios. No basta con conocer cuál es la voluntad de Dios. Se debe estar dispuesto a andar, es decir, a vivir de acuerdo a la misma. Este es el camino que trae el "descanso anhelado". En medio de situaciones conflictivas, el ser humano necesita encontrar un tiempo de descanso y refrigerio (tal es el sentido del término hebreo). Jesús nos invitó a "tomar su yugo" (aceptar sus demandas) para encontrar el ansiado descanso que el ser humano necesita (Mt. 11.28-30).

Más de una vez hemos dicho que cuando el cristianismo nació tenía un texto Sagrado en sus manos, y que lo que diferenció al cristianismo del judaísmo fue la interpretación y aplicación de las Escrituras hebreas, que nosotros llamamos Antiguo Testamento. De tal manera, el cristianismo "heredó" ciertas pautas de interpretación de su contexto, es decir, del judaísmo. La interpretación de las Escrituras tiene una larga historia. Se ha afirmado que los primeros intérpretes que menciona la Biblia fueron los levitas que ayudaron a Esdras, a fin de que el pueblo comprendiera la Ley. El pueblo ya no hablaba hebreo, el idioma en que había sido escrito "el libro de la ley", debido a la cautividad. Allí se habían acostubrado al arameo, que era el idioma del imperio babilónico. Es probable, pues, que ellos interpretaran y explicaran las Escrituras. Por eso, se dice que este es el comienzo del tárgum, una traducción e interpretación del Antiguo Testamento hecha por rabinos judíos.

En la Ley o Pentateuco, como lo llamamos los cristianos, hay dos pasajes muy interesantes. El primero es Deuteronomio 34.10, donde se afirma: "no volvió a surgir en Israel otro profeta como Moisés, con quien el Señor tenía trato directo". El segundo texto es complementario a este y se encuentra en Números 12.6-8: "el Señor les dijo: Escuchen lo que voy a decirles. Cuando un profeta del Señor se levanta entre ustedes, yo le hablo en visiones y me revelo a él en sueños. Pero esto no ocurre así con mi siervo Moisés, porque en toda mi casa él es mi hombre de confianza. Con él hablo cara a cara, claramente y sin enigmas". De acuerdo a este último texto, había algo enigmático en la predicación de los profetas, enigmas que sin duda necesitaban una interpretación (Ez. 17.2, Hab. 2.6). De hecho, más de una vez, los profetas necesitaron interpetar las figuras o acciones simbólicas que realizaban para que el pueblo pudiera recibir la Palabra que necesitaba. La Biblia es Palabra de Dios para el pueblo de Dios. Es por eso que un breve repaso de cómo este pueblo la ha interpretado a lo largo de la historia, puede ser de mucha ayuda, pues nos advertirá sobre errores que podemos cometer o nos puede dar elementos positivos de los que podemos aprender.

El pueblo del Antiguo Pacto lee su Biblia

Lo que ha diferenciado a los judíos de las demás naciones ha sido su religión o fe, que se basó en las Escrituras. El pueblo de Israel fue creciendo y desarrollándose en torno a la Palabra de Dios. De hecho, Dios usó a ese pueblo para transmitirnos por medio de él su mensaje a toda la humanidad. Fue la historia de Israel, sus vicisitudes, pecados, fracasos y victorias, el medio del que Dios se valió en gran medida para transmitir su mensaje de salvación. El deseo de querer interpretar las Escrituras surge a raíz de la crisis religiosa que vivió el pueblo judío después del exilio. Como escribió Hans Küng: "Sorprende sobremanera que el pueblo judío lograra sobrevivir, incluso cuando se vio privado de todas las instituciones estatales... La supervivencia del pueblo judío tiene que ver con la supervivencia de la religión judía, con la creencia en el único Dios de este pueblo".[121] Este proceso estuvo ligado a dos instituciones fundamentales ligadas a la interpretación y enseñanza de las Escrituras: la sinagoga y los escribas.

Las instituciones judías

La gran crisis que debió enfrentar el pueblo de Israel con la destrucción del Templo —el centro de su adoración hasta ese momento— convertida en cenizas su ciudad capital y caído el reino davídico, todo esto requirió una fuerza especial para superar la crisis. El pueblo intentó superar esto con la fuerza que encontró en su fe. La historia cuenta que en su afán de transmitir la tradición piadosa, se creó en cada ciudad

---

[121] Hans Küng, *El judaísmo: pasado presente y futuro* (Madrid: Trotta, 1998), 103.

importante una *kahal* (קָהָל, asamblea religiosa), que en la LXX se traduce por el griego *sinagoge* (Éx. 12.6; Lv. 16.17) y en algunos casos
por *ekklesia* (Dt. 4.10; 9.10; 31.30).[122] Ambos términos son casi sinónimos, y solo se opusieron cuando los cristianos se apropiaron del segundo, por lo que el primero fue usado por los judíos en oposición al
cristianismo. Estas asambleas tuvieron su razón de ser en la convoca-
ción santa a un grupo que era reunido por iniciativa divina, lo cual expresaba siempre la idea de un llamamiento santo. En ese lugar se dio
comienzo a una "espiritualidad de la Torá", en la cual el sábado, las
fiestas religiosas y los preceptos alimenticios se convirtieron en señales
de pertenencia al pueblo de Dios.[123]

La sinagoga. El rol y lugar de la sinagoga fue fundamental. El término griego que se traduce *sinagoga* (συναγωγή) aparece unas 200
veces en la *Septuaginta* y 57 veces en el Nuevo Testamento.[124] Inicialmente fue usado para referirse a la comunidad nacional, especialmente
legal (Éx. 12.47; 16.1, 2, 9), y luego a la asamblea o comunidad cultual
de Israel (Lv. 10.3; 19.2). Durante el exilio babilónico (el contexto de
Ezequiel), cuando las prácticas sacrificiales fueron discontinuadas y las
fiestas regulares no podían ser observadas según la tradición, es posible
que estos eventos hayan sido celebrados como memoriales y como expresión de la esperanza de que algún día, cuando las misericordias del
Señor fueran nuevamente invocadas y las esperanzas para el futuro otra
vez encendidas, volverían a ocurrir. Como hemos mencionado, durante este período, la sinagoga se convirtió en un sustituto del Templo y
como un centro local de estudio y adoración. Privada del culto del templo, la gente más y más se gloriaba en la Ley de Dios, de la cual ellos
eran los únicos custodios. Como el lugar propicio para leer y estudiar
la Ley, la sinagoga era primariamente una institución de aprendizaje.

---

[122] El término hebreo *kahal* (קָהָל) se usa 123 veces en el Antiguo Testamento hebreo.
Los libros que más lo usan son 2 Crónicas (26 veces; por ejemplo 7.8); Ezequiel (15
veces; por ejemplo 23.46); Números (12 veces; por ejemplo 20.4) y Deuteronomio (11
veces; por ejemplo 31.30). El otro término hebreo que se usa para asamblea o congregación es *'ehad* (עֵדָה, H5712), que también en ocasiones es traducido sinagoga (por ejemplo Éx. 12.3). Mientras que *'ehad* es más común en Éxodo, Levítico y especialmente
Números (83 veces; por ejemplo 8.20); *kahal* es usado ampliamente en Deuteronomio.

[123] La frase "espiritualidad de la Torá" ha sido acuñada por Hans Küng, *El judaísmo*, 104.

[124] Kittel y Bromiley, *Compendio del diccionario teológico del Nuevo Testamento*, 1088.

113

A partir del exilio babilónico hubo un cambio del culto o religión sacrificial, donde el sacrificio ocupaba el lugar central, a la religión o culto de la palabra, o sea, el estudio de la Torá. Este cambio se mantuvo después del regreso a la tierra de Israel y aún después de la reconstrucción del templo. De tal manera que aún en Jerusalén, durante la vida de Jesús, había sinagogas a las que asistía el pueblo.[125] Estos lugares de reunión habrían de ocupar un lugar especial en los relatos de la vida de Jesús.[126] De acuerdo a las excavaciones arqueológicas en Palestina, salieron a la luz los restos de unas cincuenta sinagogas. La mayoría de ellas están en Galilea y datan de la época en que el grueso de la población judía se cambió a Galilea, desde fines del segundo siglo en adelante.[127]

Los escribas. Juntamente con la sinagoga surge un nuevo funcionario: el escriba o maestro (doctor) en la Ley, que tenía como principal función interpretar la misma, de tal manera que pudiera aplicarse de forma concreta a todos los casos o situaciones de la vida cotidiana.[128] Debemos tener presente que en la antigüedad saber leer y escribir era un privilegio, por lo cual el escriba era una persona que se especializaba en trabajos relacionados con la escritura de documentos. Los que se dedicaban a este oficio eran empleados como funcionarios especiales para registrar crónicas, redactar las cartas y comunicaciones de los reyes. En el Antiguo Testamento cumplían distintas funciones, entre las que se pueden mencionar: transcripción de contratos legales (Jer. 32.12) y escribir cartas o llevar cuentas (2 Cr. 24.11; 2 R. 12.10). También se encargaban de los registros oficiales (2 S. 8.16; 1 R. 4.3). Llegaron a ser consejeros reales (1 Cr. 27.32) y participaron en accio-

---

[125] De acuerdo a Alfonso Lockward, *Nuevo diccionario de la Biblia* (Miami: Unilit, 2003), 971: "documentos judíos señalan que en los días de la destrucción de Jerusalén (70 d.C.), había en la ciudad muchas sinagogas".

[126] De los 57 testimonios que hay de esta palabra en el Nuevo Testamento, 8 se encuentran en Marcos (por ejemplo 1.21); 9 en Mateo (por ejemplo 12.9), 34 en los escritos de Lucas, 15 en el Evangelio (por ejemplo, 4.16) y 20 en el libro de Hechos de los Apóstoles (por ejemplo, 6.9); dos en el Evangelio según Juan (por ejemplo, 6.59), una vez en Santiago (2.2) y dos en Apocalipsis (2.9). Lo sorprendente es que el término falte por completo en las Epístolas Paulinas.

[127] Charles F. Pfeiffer, "Sinagoga" en *Diccionario bíblico arqueológico* (El Paso: Mundo Hispano, 1993), 609.

[128] Sobre los escribas, ver Joachim Jeremías, *Jerusalén en tiempos de Jesús* (Madrid: Cristiandad, 1977), 249-260.

nes militares, como parlamentar con el ejército asirio que estaba sitiando Jerusalén (2 R. 18.18; 19.2; Is. 36.3) o controlar el botín capturado (2 R. 25.19; Jer. 52.25). Si bien a algunos escribas se les asignaban tareas en el templo, que tenían que ver con los diezmos y ofrendas (2 R. 12.10) o incluso con la preservación de la Ley (2 R. 22.8), fue después del exilio babilónico que los escribas cobraron importancia. No solo como copistas, sino también como los encargados de preservar e interpretar la Ley del Señor (Esd. 7.6). En cuanto a la función que desarrollaron después del exilio, se debe tener presente que, en un principio, ellos descendían de sacerdotes, como es el caso de Esdras (Esd. 7.1-5 y 12). No obstante, pronto llegaron a formar una clase aparte, como se puede ver en el Nuevo Testamento.

La importancia de los escribas en el Nuevo Testamento. El término griego que se usa en el Nuevo Testamento (*grammateús*, γραμματεύς) designa a un estudioso o teólogo rabínico. Como escribió un autor:

> **Joachim Jeremias:** "Como lo vemos con base en el Nuevo Testamento, los rabinos son una orden cerrada de eruditos calificados, que han recibido el espíritu de Moisés por sucesión (Mt. 23.2). Gozan de alta reputación (Mr. 12.38, 39) como quienes conocen la ley y proclaman la voluntad de Dios mediante su enseñanza, su predicación y sus dictámenes. Como eruditos, cuestionan a Jesús en cuanto a su mensaje y sus transgresiones de la tradición, y como miembros del Sanedrín ayudan a procesarlo y condenarlo".[129]

De las 67 veces que aparece el término *grammateús* en el Nuevo Testamento, 61 veces se encuentran en los Evangelios Sinópticos.[130] Cuatro veces aparece en el libro de Hechos (por ejemplo, 4.5), una vez en Juan (8.3) y una en las epístolas paulinas (1 Co. 1.20). En la época del Señor Jesús se les llamaba también "maestros (RVR: doctores) de la ley" (Lc. 5.17), lo que era el equivalente de rabí o rabino. Esta concepción tiene su origen en Esdras, quien es llamado "maestro muy versado" (Esd. 7.6; LBLA: "escriba experto"). Su función era enseñar las Escrituras, a lo que agregaban las tradiciones de los ancianos (Mt. 15.2). El propio

---

[129] Kittel y Bromiley, *Compendio del diccionario teológico del Nuevo Testamento*, 130.

[130] En Mateo 24 veces (por ejemplo 8.19); 22 veces en Marcos (por ejemplo 12.32); y 15 veces en Lucas (por ejemplo 11.53).

Señor Jesús les reconocía el conocimiento de la Ley cuando dijo: "los maestros de la ley y los fariseos tienen la responsabilidad de interpretar a Moisés. Así que ustedes deben obedecerlos y hacer todo lo que les digan. Pero no hagan lo que hacen ellos" (Mt. 23.2, 3). Junto con los fariseos, ellos trataron siempre de encontrar alguna falla o error en las palabras del Señor.[131] Recordemos que los fariseos, quienes aparecen asociados con los escribas en muchos pasajes del Nuevo Testamento, eran un partido judío con implicaciones religiosas y políticas, se consideraban los sucesores tradicionales de Esdras y sostenían la validez de la ley oral junto con el Pentateuco como la fuente de su religión.

● ●

EJERCICIO 26

Tanto el Antiguo como el Nuevo Testamento mencionan una serie de funciones de los escribas. ¿Cuáles son?

1. _____

2. _____

3. _____

● ●

La importancia de los escribas en la transmisión del texto del Antiguo Testamento. En el largo proceso de desarrollo del texto bíblico, los escribas tuvieron una intervención decisiva. Su papel trascendió el de los copistas, para convertirse en revisores, anotadores y correctores del texto hebreo. Entre los trabajos que se pueden mencionar de los mismos, se encuentran los siguientes. La primera tarea tenía que ver con la modificación de la antigua escritura. Les correspondió a ellos hacer el cambio de la antigua escritura hebrea (caracteres fenicios) por los caracteres cuadrados que se usan hasta el día de hoy. La tradición judía asigna esta tarea a Esdras, aunque se trató de un proceso que requirió de un tiempo, para el cambio del tipo de escritura.[132] La referencia de

---

[131] Lockward, *Nuevo diccionario de la Biblia*, 358. Sobre los fariseos, ver Carlos Villanueva, *Panorama de la Biblia* (Buenos Aires: Publicaciones PROFORME, 2008), 211-213.

[132] Ver, Villanueva, *Panorama de la Biblia*, 30-34.

Jesús en Mateo 5.18 a la *iota*, es decir, la letra hebrea *yod*, muestra que en su época se usaba la escritura cuadrada, pues esta era en este alfabeto la letra más pequeña. No era así en la escritura antigua o arcaica.

Un segundo aporte está relacionado con el tamaño de las letras. Es de notar que en los manuscritos hebreos, los escribas usaban letras más grandes de lo común, para indicar detalles que querían resaltar. Dos ejemplos: el primero, ya mencionado en mi libro *Panorama de la Biblia* (p. 34), se encuentra en Levítico 11.42. En el hebreo, la razón de la letra *vav* grande es que se trata de la letra que señala la mitad de la Torá, en cuanto al número de letras. Lo mismo ocurre en Salmos 80.13, donde se señala una de las letras de la palabra "jabalíes" (NVI, RVR, puerco montés), que indica que es la mitad del libro de los Salmos. Estas señalizaciones tenían como propósito ayudar a evaluar la calidad del manuscrito. El segundo ejemplo tiene un valor especial. Se encuentra en Deuteronomio 6.4, un texto por demás conocido para el judío fiel.[133] Allí hay una singularidad que se puede ver en el texto hebreo. Las letras de mayor tamaño encierran el texto que para ellos era trascendental. Se podría decir que no usaron la primera y última letra de la frase, pues en este caso y en esta combinación de letras hebreas se encuentra en la palabra *shed*, que significa demonio. Las dos letras elegidas forman una palabra que significa testimonio. Este era el testimonio de la fe de Israel. En el primer caso, la señalización tiene que ver con una razón puramente técnica (servía para controlar los manuscritos), mientras que en el segundo caso se trató de un énfasis teológico o testimonial, o sea, definir qué era lo que el pueblo de Israel debía creer.

En tercer lugar, los escribas se ocuparon de controlar que no hubiera errores o frases oscuras en el texto. En general, dirigieron su atención a dos tipos de circunstancias, las que podríamos llamar accidentales, entre las que se encuentran los pasajes donde hubo faltantes o sobrantes de letras o palabras en el texto hebreo del Antiguo Testamento. En este caso, las palabras o letras que faltaban se colocaban al margen del texto consonántico, de manera que procuraban así no tocar el texto. Para ellos, el texto mismo era santo o sagrado, de allí su fuerte énfasis en mantenerlo intacto. Un ejemplo de esto se encuentra en 2 Samuel 8.3,

---

[133] Deuteronomio 6.4 (completo 6.4-9) es conocido como la *shema'*, pues así comienza. Es la primera palabra del texto hebreo de esta confesión de fe. Era la declaración que todo judío recitaba y debía recitar dos veces por día, en la que confesaba su fe en el Dios único.

donde las consonantes de la palabra que se traduce "Éufrates" faltan en los manuscritos (ver la traducción de LBLA). En este caso, como se ha mencionado, los escribas pusieron las consonantes en el margen, aunque las vocales se agregaban al lugar en el que faltaba el término.

Un segundo ejemplo, pero inverso, se encuentra en Jeremías 51.3, donde aparecen repetidas las consonantes de la palabra "tense" ("Que no tense el arquero su arco, ni se vista la coraza"). En este caso, los escribas no le pusieron las vocales, de manera que fuera evidente que se encontraba ante un accidente o error involuntario.

Las escuelas de interpretación judías

Durante el período de tiempo comprendido entre el primer siglo antes de la era cristiana y los dos primeros siglos posteriores al nacimiento de Jesús, la actividad intelectual en el judaísmo —especialmente en relación con la Torá— estuvo relacionada con dos escuelas rivales, conocidas como las casas de Hillel y Shammai. Tengamos presente que, aunque la Biblia obliga u ordena a los padres ocuparse de la instrucción religiosa de los hijos (Dt. 11.19), la mayoría de los padres no se veía a sí misma con la capacidad de hacer esto, por lo que para cumplir con esta obligación buscaba a alguien que pudiera hacerlo. De esta manera surgieron las primeras escuelas, que posiblemente se encontraban asociadas a una sinagoga.[134] El surgimiento de estas instituciones fue el paso inicial para un proceso mucho más complejo y amplio, pues de la escuela elemental —llamada casa del libro— donde el niño aprendía los rudimentos, se desarrolló una instancia superior —llamada casa de estudio— en la que se avanzaba en la formación.[135] La siguiente etapa fue el desarrollo de las escuelas como ámbito de reflexión y discusión sobre maneras de aplicar las enseñanzas de la Torá.[136]

Las escuelas de escribas o el estudio de la Ley existieron en Babilonia desde el segundo siglo antes de la era cristiana, y fue de su seno que salieron los escribas que desarrollaron su ministerio en Jerusalén, como por ejemplo Esdras. Los alumnos, una vez que iniciaban sus estudios,

---

[134] H. L. Strack y G. Stemberger, *Introducción a la literatura talmúdica y midrásica* (Estella: Verbo Divino, 1996), 39.

[135] *Ibid.*, 39, 40.

[136] El proceso de discusión de posibles interpretaciones se llamó parejas, pares o *zugot*. Se desarrolló luego del período macabeo, cuando la interpretación se popularizó en debates amistosos entre grupos (pares) de rabinos. Estas discusiones formaron la tradición oral en tiempos de Jesús.

participaban de la vida diaria del maestro. Inclusive observaban sus actitudes y gestos, copiándolos fielmente. Las enseñanzas doctrinales del maestro eran conservadas como un don precioso, llegando a difundirse a través de la predicación del discípulo. De esta manera, la tradición se transmitía ampliándose cada vez más. Jesús siguió este mismo método. Las personas que fueron llamadas por él no tuvieron ningún problema en dejar sus actividades cotidianas para ir en pos del Maestro, ya que ello era una práctica muy común en ese tiempo, y hasta cierto punto, loable.

Las dos escuelas mencionadas, Hillel y Shammai, representaban dos maneras de interpretar la Ley, y estaban en plena vigencia durante la vida y ministerio de Jesús. Por lo tanto, formaron el trasfondo del surgimiento de la iglesia primitiva. Estas representaban a sus fundadores o ideólogos. De tal manera que, de acuerdo al carácter de cada uno de ellos, así fueron sus seguidores, es decir, según la particularidad de los líderes.[137] Por un lado, Hillel era amable, indulgente y siempre inclinado a la tolerancia.[138] Por otro lado, Shammai era severo e intransigente en extremo; exigía el cumplimiento literal de las estipulaciones de la Ley.[139] Un ejemplo de las diferencias entre estos dos se encuentra en lo siguiente: Shammai dictaminaba que no estaba permitido vender cosa alguna a un gentil o ayudarlo a cargar su bestia si iba a viajar con esa carga el día sábado; Hillel no veía ningún mal en permitir esto (*Shabbat* 1.7).[140] De estas dos escuelas, la que prevaleció fue la de Hillel, no solo por su adaptación y búsqueda de aplicar la Ley a las situaciones concretas de la vida, sino porque tuvo al mismo tiempo un mayor desarrollo.

---

[137] David Romano, *Antología del Talmud* (Barcelona: José Janés, 1953), xix; Adin Steinsaltz, *Introducción al Talmud* (Buenos Aires: La Aurora, 1985), 31.

[138] El rabino conocido como Hillel el anciano o sabio, nació en Babilonia alrededor del 60 a.C. y murió en el año 20 de nuestra era. Aunque de una familia acomodada, viajó a Jerusalén rechazando el apoyo de los suyos y comenzando desde abajo, trabajó hasta alcanzar una posición elevada, aunque nunca perdió su humildad. Ver Nahum N. Glatzer, *Hillel el sabio* (Buenos Aires: Paidós, 1972; Salamanca: Sígueme, 1997), 221-257.

[139] A pesar de que no se conoce mucho acerca de este rabí judío, se cree que nació en la tierra de Israel, contemporáneo de Hillel y como él también de familia acomodada. En general, se lo menciona como lo opuesto a este, aunque lo que se dice de él viene del trasfondo de la oposición a su persona y pensamiento.

[140] Para una muestra de las diferencias entre Hillel y Shammai en torno al sábado, ver Carlos del Valle, *La Misná* (Salamanca: Sígueme, 2011), 221-257.

Adin Steinsaltz: "Una leyenda muy conocida cuenta que un pagano se acercó a Hillel e insistió en que quería aprender toda la Torá, mientras se mantenía parado sobre un solo pie. Fue en ese momento que Hillel, a fin de definir la ley judía en una sola oración, inventó su sentencia más famosa: 'No hagas a otros lo que no quisieras que te hicieran a ti. Esa es toda la Torá; todo lo demás es comentario. Ahora ve y estudia'".[141]

Como podemos ver, una de las frases de Hillel se parece notablemente a una de las enseñanzas de Jesús, conocida como la regla de oro (Mt. 7.12).[142] La gran diferencia se encuentra en que Jesús la presenta de manera positiva, mientras Hillel (y el libro de Tobías) lo hace de manera negativa. Es posible que esta visión negativa sea más conocida en el ámbito intelectual, quizás porque la demanda de Jesús es mayor. Como escribió Joachim Jeremías: "No es 'no harás daño a tu prójimo', sino que en cambio afirma: 'El amor que tú quieras sentir habrás de manifestárselo a tu prójimo'. Ofrecer amor es, sin duda, más que evitar daños".[143] También a Hillel se le atribuyen las siete reglas de interpretación que estaban en funcionamiento en tiempos del Nuevo Testamento y de las que hablaremos más adelante.

Los intérpretes judíos

Los intérpretes judíos de las distintas corrientes diferían en sus métodos y énfasis, y aunque algunas de sus tendencias los alejaban cada vez más de la intención de Dios, todos tenían en común cuatro presupuestos básicos.

En primer lugar, los judíos creían en la inspiración divina de las Escrituras. Esto significaba que, para ellos, las palabras de la Biblia tenían su origen en Dios y, de hecho, eran Palabra de Dios. Esta enseñanza es cualitativamente diferente de las nociones griegas sobre una suerte de posesión divina de sus poetas y videntes como factor de inspiración. Además, las palabras de estos, aunque nobles, seguían siendo puramente humanas. En cambio, para los judíos, inspiración divina significaba que estos escritos tenían en sí mismos la autoridad de Dios. Jesús y los apóstoles enseñaban que las Escrituras (Antiguo Testamento) tenían esta autoridad.

---

[141] Steinsaltz, *Introducción al Talmud*, 31; ver también Joachim Jeremías, *Abba: el mensaje central del Nuevo Testamento* (Salamanca: Sígueme, 2005), 238, 239.

[142] Esta enseñanza de Hillel se encuentra en el libro deuterocanónico de Tobías 4.15 y fue agregada al Talmud.

[143] Jeremías, *Abba: el mensaje central del Nuevo Testamento*, 239.

En segundo lugar, los judíos creían que la Torá (la Ley o nuestro Pentateuco) contenía toda la verdad de Dios para la orientación del ser humano. Debemos reconocer que aunque respetaban este presupuesto, los fariseos habían agregado a la enseñanza de las Escrituras mucha tradición. En el Nuevo Testamento encontramos a Jesús y a los mismos evangelistas denunciando que estas tradiciones no tenían autoridad divina (Mt. 15.2-6; Mr. 7.3-5). Rescatemos el principio que las Escrituras (toda la Biblia) son suficientes para guiarnos tanto en la vida espiritual (conducta religiosa) como en la vida diaria (ética).

En tercer lugar, y ante la cantidad de posibles significados que tenía un texto, ellos buscaron siempre los significados obvios y literales de la Escritura y también los significados implícitos o deducidos de ella. Por supuesto que las distintas escuelas de interpretación lo hicieron en mayor o menor medida, pero esa fue su intención. Esto mismo sigue siendo el desafío de la interpretación de las Escrituras hoy. ¿Cómo ser fiel al espíritu y mensaje de ellas sin caer en un subjetivismo que hace de la exégesis bíblica un relativismo que refleja lo que queremos que diga y no lo que Dios quiere?

En cuarto lugar, los intérpretes judíos querían traducir la Palabra de Dios a la vida cotidiana contemporánea, y mostrar la pertinencia de la Palabra de Dios a las personas en su situación presente.[144] Para ellos, las Escrituras tenían un valor inestimable en términos de su aplicación práctica a las variadas y complejas circunstancias de la vida cotidiana. De esta manera, el texto bíblico no era solamente del interés de los eruditos o especialistas religiosos, sino un rico material aplicable a todo el pueblo en las situaciones de la vida cotidiana. Las personas siempre hemos necesitado de orientación y guía para resolver los problemas de la vida diaria. Para los maestros de Israel, las Sagradas Escrituras eran una fuente válida y autoritativa en esta dirección.

• •

EJERCICIO 27

Los intérpretes judíos tenían cuatro presupuestos al acercarse al texto de sus Escrituras. Menciónalos y piensa en una manera en que podamos fallar a los mismos hoy.

---

[144] Richard N. Longnecker, *Biblical Exegesis in the Apostolic Period* (Grand Rapids: Eerdmans, 1999), 6.

1. _____

2. _____

3. _____

4. _____

• •

Las normas de interpretación judías

Durante la vida de Jesús. Como hemos mencionado, durante el ministerio de Jesús y en tiempos del Nuevo Testamento, se habían aceptado las siete reglas básicas de interpretación atribuidas a Hillel por la tradición judía.[145] La primera regla decía que lo que vale para un caso menor se aplica a un caso mayor o más importante y viceversa. El argumento también puede definirse como "ligero y pesado" o "*minore ad majus*". Una de las maneras de identificar cuando se usa esta norma es cuando aparece la frase "cuánto más". Podríamos decir que Hillel no "inventó" esta norma o regla, sino que la misma se encuentra en las Sagradas Escrituras. Allí encontramos muchas argumentaciones siguiendo este esquema. Por ejemplo: "Si los justos reciben su pago aquí en la tierra, ¡cuánto más los impíos y los pecadores!" (Pr. 11.31, ver también Jer. 12.5). En el Nuevo Testamento podemos encontrar algunos ejemplos de este método. Por ejemplo, en Romanos 5.10 (ver Ro. 11.12, 24. 1 Co. 9:11, 12; 12.22; 2 Co. 3.7-9, 11; Fil. 2.12).[146]

La segunda regla, es la que se conoce como la analogía literal o semántica entre dos textos que, debido a esta conexión, se iluminan mutuamente. Este principio dice que si una palabra o expresión se encuentra en dos textos o pasajes distintos, entonces la palabra o expresión se aplica a los dos casos tratados por igual y su sentido se refiere al mismo argumento en ambos textos o pasajes. Este es uno de los métodos

---

[145] Strack y Stemberg, *Introducción a la literatura talmúdica y midrásica*, 51-69, quien menciona que más adelante, con la participación de otros maestros, estas reglas llegaron a ser 32. Ver también Robertson, *El Antiguo Testamento en el Nuevo*, 28, 29. Ver M. Fishbane, *Biblical Interpretatiton in Ancient Israel* (Clarendon Press, 1985); A. Ropero, "Interpretación de la Biblia", *en Gran diccionario enciclopédico de la Biblia* (Barcelona, CLIE, 2013), 1250-1255.

[146] *Ibid.*, 28, dice que "para algunos habría sido el padre de Gamaliel, maestro de Saulo de Tarso, para otros el abuelo", lo que ayudaría a comprender el uso que hizo el apóstol de sus reglas.

que se han usado en el Nuevo Testamento (Ro. 4.1-12 con Gn. 15,6 y Sal. 32.1, 2 (ver también He. 3.6—4.13 comparado con Sal. 95.7-11).

La tercera regla, es la identificación de una categoría temática a partir de un texto, que sirve de base interpretativa para otros. Cuando una misma frase de un texto se encuentra en varios pasajes relacionados entre sí, entonces el sentido y la conclusión de uno de ellos se aplica a los demás pasajes. Un pasaje bíblico explícito sirve como una base, un punto de partida, para constituir una regla para pasajes o casos similares. Esto es algo muy cercano a lo que los protestantes podríamos llamar la "ley de primera referencia". Así pues, Dios da una palabra que está dirigida a Moisés desde la zarza. "Moisés, Moisés" (Éx. 3.4), y se concluye que cada vez que Dios habló a Moisés, se dirigió a él de la misma manera.[147] Hebreos 9.20 usa este método al relacionar el tema de la sangre con Jeremías 31.31, 34.

La cuarta regla es una extensión de la tercera. Se trata de la identificación de una categoría temática sobre la base de la relación entre dos textos que se clarifican mutuamente. Cuando una misma frase de dos textos se encuentra en varios pasajes vinculados entre sí, entonces el sentido y la conclusión de ambos textos se aplican a los demás. Un ejemplo es la interpretación que encontramos en Éxodo 21.26, 27. Allí se especifican solo dos partes del cuerpo (ojo y dientes) como elemento a tomar en cuenta para dar libertad a un esclavo. Sin embargo, se afirma que la mutilación de cualquier parte era suficiente para su libertad. En el Nuevo Testamento encontramos el uso de esta norma en Hebreos 1.5-7 en relación con Salmos 2.7 y 2 Samuel 7.14.

La quinta regla, indica que lo general determina lo particular y que lo particular se determina por lo general. El principio general de un texto puede restringirse por la condición particular de otro texto, o viceversa: una regla particular puede extenderse a un principio general. Un ejemplo de interpretación del Antiguo Testamento desde esta perspectiva es el relato de la creación del ser humano (Gn. 1 y 2). En Génesis 1.27 se habla de la misma en términos generales, "varón y hembra lo creó". Pero Génesis 2.7 y 2.21 dicen de qué manera y material fueron creados por Dios tanto el hombre como la mujer. Estas últimas dos referencias no son otro registro o historia de la creación ni son relatos contradictorios a 1.27; solo particularizan la declaración general inicial. Nuevamente encontramos en el Nuevo Testamento a Pablo interpretando el Antiguo con esta pauta (ver Ro. 13.8-10).

---

[147] Kaiser, *Toward an Exegetical Theology*, 54.

La sexta regla dice que las dificultades de un texto pueden resolverse a partir de otro texto que se le puede yuxtaponer, incluso en términos generales. Las dificultades de un texto pueden resolverse cuando se lo compara con otro que contiene puntos similares. O un tercer pasaje se puede utilizar para explicar a otros dos. Así, la aparente contradicción de que el Señor habló a Moisés desde "fuera de la tienda de reunión" (Lv. 1.1) y "desde arriba del arca de la alianza entre los querubines" (Éx. 25.22) se resuelve en Números 7.89, donde está registrado que Moisés tuvo que entrar en la tienda para escuchar a Dios hablar "de entre los querubines". Comparar también 2 Samuel 24.9 y 1 Crónicas 21.5 con 1 Crónicas 27.1. Este último versículo se ha utilizado para explicar la aparente discrepancia numérica entre los otros dos. En cuanto al Nuevo Testamento, se puede ver la relación entre Romanos 4.10 y Gálatas 3.17.

Finalmente, la última de las reglas señala que el significado de un término o de un versículo debe explicarse a partir de su contexto. Para la exégesis correcta de una frase se debe considerar el contexto total y no una instrucción o frase aislada. Por ejemplo, Éxodo 16.29: "El día séptimo nadie debe salir. Todos deben quedarse donde estén". No se debe entender esta frase de manera absoluta, ya que el contexto indica que fue dicha en relación con la búsqueda del maná en el desierto en el día de reposo.[148]

Es importante mencionar que la vigencia de estas reglas (*middot*) en el período que nos ocupa -y antes de su excesiva generalización- constituyó una prudente restricción para un tipo de interpretación (los *hagadá*) en los que existía el peligro de una exagerada creatividad o imaginación agregada a las narraciones del Antiguo Testamento.

• •

EJERCICIO 28

En el texto se mencionaron las siete reglas de interpretación de las Escrituras propuestas por el rabino Hillel. Escríbelas en una frase con tus propias palabras.

1. _____

2. _____

3. _____

4. _____

---

[148] Kaiser, *Toward an Exegetical Theology*, 55.

5. _____

6. _____

7. _____

• •

En el judaísmo posterior.[149] Cuando la nación judía fue conquistada por Alejandro Magno, comenzó un proceso de impacto o influencia de la cultura griega sobre la fe de Israel. Al mismo tiempo, la persecución del judaísmo que llevaron adelante los herederos de Alejandro -y la dispersión que comenzó a partir de entonces- con su intento de destruir a la religión judía, obligó a los judíos a aclarar y proteger sus creencias. Asimismo, los hizo renovar el estudio de las Escrituras y crear nuevos métodos para interpretarlas. Esta persecución hizo que se desarrollaran diferentes métodos de estudiar las Escrituras. En general, estos estaban asociados a una zona geográfica, donde vivían rabinos. Estos métodos de interpretación nos proporcionan un trasfondo de las maneras cómo los escritores del Nuevo Testamento interpretaban el Antiguo Testamento.[150] Además de las siete reglas básicas de Hillel, se agregaron las trece reglas de rabino Ismael (vivió alrededor del 60–121 d.C.)[151] Estas fueron la base del desarrollo del método midrásico. Además, estaban las treinta y dos reglas del rabino Eliezer (segundo sigo d.C.).[152] Las primeras (13 reglas) se usaron en las interpretaciones halákicas.[153] Las segundas (32 reglas) se usaron para los midrás haggadicos.[154]

---

[149] Una obra que es muy importante para este período es Emil Schürer, *Historia del pueblo judío en tiempos de Jesús: instituciones políticas y religiosas* (Madrid: Cristiandad, 1985), 2:446-496; ver también Domingo Muñoz León, "La exégesis judía", en *Comentario bíblico latinoamericano* (Estella: Verbo Divino, 2005), 1:71-92.

[150] Carl Gibbs; Quentin McGhee y Willard Teague, *Introducción a la hermenéutica: cómo interpretar la Biblia* (Springfield, ILL: Global University, 2006), 31.

[151] Strack y Stemberg, *Introducción a la literatura talmúdica*, 55-57.

[152] *Ibid.*, 58, 69.

[153] La palabra se deriva del verbo hebreo *halak* (caminar, andar). En el lenguaje de la tradición rabínica designaba la sentencia religiosa normativa, la prescripción en vigor y, más tardíamente, indicó también todo el sistema jurídico del judaísmo. En sentido metafórico, indica la conducta o el comportamiento, y por tanto, el obrar en conformidad con la voluntad de Dios, expresado en normas y mandamientos, nace y se desarrolla como un esfuerzo de adaptación y de aplicación de la Torá bíblica. Según la antigua tradición judía, dio origen a 248 preceptos positivos y a 365 prohibiciones. Estas 613 prescripciones se refieren al culto, al templo, a las comidas, a las condiciones de pureza, a las fiestas y al derecho civil.

[154] Este término se deriva del verbo *higgid* (contar, anunciar). Designa, en contraposición a la *halak*, una literatura que no contiene normas jurídicas o morales, sino que se

La exégesis judía del primer siglo puede clasificarse de manera general en cuatro categorías: la interpretación literal, la interpretación rabínica o midrásica, la interpretación del *pésher* y la interpretación alegórica. Es cierto que una clasificación hecha de esta manera destaca distinciones de las que los primeros intérpretes judíos no siempre fueron conscientes. Sobre todo, en relación con un sistema que piensa más holística, funcional y prácticamente que analíticamente.[155]

La interpretación literal. No es necesario argumentar mucho para demostrar que en el judaísmo, a menudo se tomaron literalmente las palabras del Antiguo Testamento. La literatura rabínica contiene una serie de ejemplos en los que las Escrituras se entendieron de manera sencilla, y se aplicaron literalmente a la vida de las personas, particularmente la legislación deuteronómica. Dos ejemplos para mostrar esto: uno es la interpretación que hacía la escuela de Shammai de cómo debía recitarse la *shema*.[156] En la noche debían reclinarse, pero en la mañana debían estar de pie, pues está escrito "cuando te acuestes y cuando te levantes" (Dt. 6.8); el segundo ejemplo es la interpretación de Deuteronomio 21.18-20: la ley sobre el hijo rebelde. Según esta interpretación literal, para acusar a un hijo de rebeldía, los padres no debían ser cojos, ciegos o mudos, pues según el texto, debían llevarlo, hablar de él y decir "Este es mi hijo", lo que implicaba que podían mirarlo.

La interpretación rabínica o midrásica. La segunda forma o método de interpretación que se mencionó es la midrásica, que posiblemente tuvo su génesis en conferencias públicas y homilías. El término *midrás* se deriva de una raíz hebrea que significa buscar, investigar, es decir, descubrir un pensamiento que no se ve en la superficie.[157] Su uso para referirse a un comentario hace referencia a una exposición didáctica u homilética. El verbo *daras* se usa en Isaías 34.16 (NVI, "consulten;" RVR, "inquirid"), y es una referencia a estudiar o profundizar en un tex-

---

presenta bajo formas literarias diversas (relato, leyenda, parábola, fábula, etc.) La *haggadah* ("cuenta"), interpretando y actualizando libremente los sucesos salvíficos del pasado que se narran en la Biblia hebrea, y sacando de ellos enseñanzas espirituales y éticas.

[155] Longenecker, *Biblical Exegesis in the Apostolic Period*, 14

[156] Con este nombre se conoce la confesión de fe judía que comienza diciendo: "Oye (*shemá*), Israel: Jehová nuestro Dios, Jehová uno es" (Dt. 6.4). La *shemá* completa se encuentra en tres pasajes del Antiguo Testamento (Nm. 11.13-21; 15.37-41; Dt. 6.4-9).

[157] Ver Strack y Stemberger, *Introducción a la literatura talmúdica*, 320-321.

to. El término *midrás* aparece dos veces en el Antiguo Testamento: en 2 Crónicas 13.22, donde se menciona el "comentario" del profeta Iddo; y en 2 Crónicas 24.27, pasaje en el que se menciona el comentario del libro de los Reyes. Probablemente fueron formulaciones didácticas de las narraciones históricas, que tenían como propósito destacar alguna verdad religiosa. Fue en el período postbíblico que el término cobró importancia, para referirse a un tipo específico de comentario entre los judíos.

A veces se utiliza *midrás* por oposición a *misná*, caso en el que significa la rama de conocimiento rabínico que tiene que ver especialmente con las reglas de la Ley tradicional. Es claro que después del retorno de los judíos de Babilonia, con la actividad de Esdras y su escuela a favor de la Ley, la exposición y el comentario se hicieron necesarios para la congregación. Estos comentarios iniciales eran orales, y luego tomaron forma escrita. Como la mayor parte de estas importantes obras ya no existen en su composición original, es casi imposible determinar su fecha de compilación. La actividad midrásica llegó a su fin poco después de completado el Talmud babilónico. A su vez los *midrasim* fueron desplazados por la historia, la gramática y la teología.

Los *midrás* se dividen en exposicionales y homiléticos. Los primeros comentan el texto de la Escritura de acuerdo con su orden actual, o les agregan cuentos, parábolas y cosas por el estilo.[158] Los últimos se ocupan de textos individuales, principalmente de los comienzos de las lecciones escriturales.[159] Existen *midrás* sobre el Pentateuco, Cantar de los Cantares, los Salmos, Proverbios y otros libros.

La interpretación del pésher. El tercer método o forma de interpretar es el llamado *pésher*. Esta palabra se deriva de la raíz de un verbo hebreo que significa "interpretar", y es usada frecuentemente para introducir la explicación de un fragmento de las Escrituras. Lo característico del *pésher* es que interpreta el texto antiguo en referencia a la historia presente, subordinando completamente el sentido y contexto original al significado actualizado. La idea subyacente a esta técnica es que el texto contiene una información velada, cuyo verdadero sentido solo se hace patente al ser referido a acontecimientos históricos

---

[158] Un ejemplo muy gráfico es la obra del rabino Moshe Weissman, *El midrás dice: el libro de Devarim* (Buenos Aires: Bnei Sholem, 1998).

[159] Por ejemplo, Luis Fernando Girón Blanc, *Midrás Cantar de los Cantares, Rabba* (Navarra: Verbo Divino, 1991.

posteriores, concretamente al presente del grupo religioso que lo utiliza. Se asume que quien pronunció o escribió por primera vez el contenido del texto fue inspirado por Dios, pero que la mayoría de las veces él mismo no era consciente del significado que la historia llegaría a revelar en sus palabras.

Quienes usaron de manera muy amplia, no solo el término sino también el método de interpretación *pesher*, fueron los habitantes de la comunidad de Qumrán.[160] La frase típica "esto es" señala a una profecía del Antiguo Testamento que encuentra ahora su cumplimiento. Así, por ejemplo, el texto de Isaías 11.1-5, donde se describe a un personaje mesiánico que traerá la justicia y la paz al pueblo de Israel, era interpretado por el grupo de Qumrán en relación con su propio fundador, el cual vivió varios siglos después de que Isaías pronunciara esas palabras. De forma análoga, Mateo construye un significado actualizado de numerosos textos proféticos haciendo que se refieran a la historia de Jesús (Is. I7.14 en Mt. 1.23; Os. 11.1 en Mt. 2.15; otros ejemplos son: Jer. 31.15 en Mt. 2.18; Is. 9.1, 2 en Mt. 4.15, 16; Is. 42.1-4 en Mt. 12.18-21).

La interpretación *pesher* es la que más usó Jesús, quien marcó la pauta de cómo las profecías del Antiguo Testamento se cumplían en él (Mt. 26.31; 15.8, 9; Lc. 22.37; Jn. 15.25; 13.18; 6.45; Mr. 12.36). Desde el principio de su ministerio, Jesús señaló pasajes de la Escritura que él estaba cumpliendo. En la sinagoga en Nazaret dijo: "Hoy se cumple esta Escritura en presencia de ustedes" (Lc. 4.21). Vez tras vez, Jesús aplicaba pasajes del Antiguo Testamento a lo que sucedía en su ministerio.

La interpretación alegórica. El cuarto método de interpretación es el alegórico. La interpretación alegórica, tanto judía como cristiana, está asociada con la ciudad de Alejandría.[161] Esta fue una ciudad

---

[160] Sobre la comunidad de Qumrán se han traducido y producido investigaciones y obras muy interesantes (e importantes): Florentino García Martínez y Julio Trebolle Barrera, *Los hombres de Qumrán* (Valladolid: Trotta, 1997); Harmut Stegemann, *Los esenios, Qumrán, Juan el Bautista y Jesús* (Valladolid: Trotta, 1996); Émile Puech y Farah Mébarki, eds., *Los manuscritos del Mar Muerto* (Buenos Aires: Editorial SB, 2009). Por otro lado, una posición diferente se encuentra en Hershel Shanks, *Los manuscritos del Mar Muerto* (Buenos Aires: Paidós, 1998). Una edición completa de los textos de Qumrán (no bíblicos) se encuentra en Florentino García Martínez, *Textos de Qumrán* (Valladolid: Trotta, 1993).

[161] Alejandría contenía una numerosa comunidad judía; ver J. I. Packer, M. C. Tenney y W. White, *Enciclopedia ilustrada de realidades de la Biblia* (Miami: Caribe, 2002), 156.

fundada por Alejandro Magno, quien le puso su nombre. Fue conocida por su gran biblioteca y por su fuerte énfasis en la enseñanza de la filosofía y cultura griegas. En el caso de la interpretación alegórica entre los judíos el nombre que sobresale es el de Filón (15 a.C.– 50 d.C.)[162] Este erudito aprendió la interpretación alegórica de los griegos, que usaban este método a fin de hacer sus antiguos mitos más relevantes para su vida cotidiana. Filón quería demostrar, a través de la interpretación alegórica, que la cultura judía no era inferior a la cultura griega. Así que interpretó los textos bíblicos, especialmente el Pentateuco o Torá, como un filósofo. Él quería encontrar el mismo nivel profundo de interpretación en los escritos bíblicos. A partir de allí, la Escritura comenzó a tener un significado más allá de los simples relatos históricos.

• •

EJERCICIO 29

Menciona los cuatro métodos de interpretación de las Escrituras del judaísmo posterior definiéndolos en una frase en tus propias palabras.

Método	Definición
1. _____	_____
2. _____	_____
3. _____	_____
4. _____	_____

---

[162] Aunque no se sabe mucho de su vida, han llegado hasta nuestros días tres obras, ninguna de ellas completa: *La alegoría de las leyes* (comentario sobre Génesis); *Preguntas y respuestas sobre Génesis y Éxodo* (obra más breve del mismo tipo); y *La exposición de las leyes*. Su producción estaba motivada por el deseo de demostrar que la búsqueda filosófica y religiosa del mundo gentil encontraba su verdadera meta en el Dios de Abraham. Mediante una exégesis alegórica logra extraer enseñanza moral y mística de todas las partes de estos libros. Su método alegórico se deriva de aquel que ya aplicaban los filósofos, especialmente los estoicos, y que puede resumirse como: (1) "cosmológico" ("fisiológico" según su propia terminología), en el que se percibe la alegoría relativa a la naturaleza de las cosas (por ejemplo, el sumo sacerdote y sus vestimentas vistos como el Logos y el universo); y, (2) "ético", en el que se ve una referencia a la psicología humana y la lucha moral (por ejemplo, sus interpretaciones etimológicas de figuras tales como Isaac), La base tanto de la cosmología como de la psicología es el sistema estoico: J. D. Douglas, *Nuevo diccionario bíblico* (Miami: Sociedades Bíblicas Unidas, 2000), primera edición electrónica.

¿Cuál de estos métodos usó Jesús? Elije un ejemplo y preséntalo en tus propias palabras:

_____

_____

_____

• •

La literatura judía

Ya se ha mencionado que la Ley (Torá) necesitó, en el curso de la historia, de una explicación y aplicación en la que se diesen precisiones detalladas de cómo aplicarlas a las nuevas circunstancias que iban surgiendo. Esta aplicación fue completada por tradiciones populares de la observancia y los precedentes establecidos por prominentes líderes. Es así que, en el Nuevo Testamento, se habla de la tradición de los ancianos (Mt. 15.2). El material que fue surgiendo de este proceso de transmisión de boca en boca, fue conocido como la Torá oral. Estos materiales poco a poco fueron creciendo y desarrollándose de tal manera que después de la caída de Jerusalén y la destrucción del Templo en el año 70 d.C., los líderes religiosos judíos, todos ellos estudiosos de la Ley, comenzaron el proceso de recolección, reelaboración y sistematización de la tradición oral, dando lugar a una serie de escritos que guiaron al pueblo de Israel por siglos. La tarea literaria de los rabinos se cristalizó en tres obras muy importantes: la *Misná, la Tosefta y el Talmud.*

La *Misná.* Es la recopilación de la tradición oral, que para los judíos llegó a ser tan normativa como la misma Torá. El término tiene su origen en el verbo hebreo *shanan,* que significa repetir.[163] En un sentido estricto, significa aprender mediante la repetición de la tradición. Para algunos autores "Misnah significa tanto aprender (*Abot* 3.7) como enseñar la tradición oral".[164] En pocas palabras: es la recopilación de la tradición oral, que formó un *corpus* legal-religioso que se fue desarrollando desde las primeras aplicaciones de la Ley a la vida diaria. Es probable que comenzara a escribirse en la Gran Sinagoga y conti-

---

[163] Este verbo aparece en Deuteronomio 6.7, que RVR traduce como "la repetirás", mientras NVI como "incúlcaselas".

[164] Ver Strack y Stemberger, *Introducción a la literatura talmúdica,* 167.

nuara con los sabios de cada generación. En la forma que es conocida actualmente, fue obra del Rabí Judá (llamado "el santo"), que fue el presidente del tribunal rabínico y patriarca de la judería palestina, descendiente de Hillel, el viejo.[165] Pero siempre fue evidente que este fue solo un compilador.

Para los rabinos, tanto la Torá (Ley escrita) como la *Misná* (Ley oral) tienen su origen en el Sinaí. De allí que le concedieran un valor tan importante. Una de las preguntas que podemos hacernos es, ¿cuál es la relación entre la Torá y la *Misná*? La respuesta a esta pregunta no es simple. En un sentido, la *Misná* es una interpretación o aplicación de la Torá. Así, por ejemplo, en los casos del orden quinto, cuando se trata de las cosas sagradas o santas, en el que en la *Misná* hay una aplicación de la legislación sobre sacrificios y santidad en el libro de Levítico (también Éxodo y Números). Pero, por otro lado, la *Misná* trató de llenar aparentes huecos de la legislación; y en otras ocasiones, contiene un material totalmente diferente. Este es el caso del tratado de los padres (hebreo: *Pirke Aboth*), en el que se presenta una serie de sentencias de los maestros o rabíes.

Sobre el contenido de la *Misná*, esta se divide en seis secciones principales llamadas *sedarim* (órdenes), cada una de estas tiene un número de tratados, que a su vez se dividen en capítulos.[166] Los tratados no tienen que ver directamente con lo teológico, sino con la vida en general. El primer orden se llama *Semillas* (he. *zera'im*) y contiene leyes relacionadas con la agricultura, donde se responde a problemas prácticos, como por ejemplo, qué tipo de trabajo se puede realizar en el año sabático. El segundo orden se titula *Días festivos* (he. *mo'ed*), y está relacionado con el sábado, la Pascua, las solemnidades y peregrinaciones. Allí se mencionan por ejemplo las 39 clases de trabajo que están prohibidos en el día sábado.[167]

El tercer orden está relacionado con las mujeres, y se llama en hebreo *Nashim* (mujeres). Los títulos de los tratados son muy significativos: cuñadas, contratos matrimoniales, los votos, el voto de nazareo, la

---

[165] *Ibid.*
Ver Del Valle, *La Misná*, 13.
[166] Para una descripción de cada uno de los *Seder* (u órdenes) y los tratados que los componen, ver Strack y Stemberger, *Introducción a la literatura talmúdica*, 168-179.
[167] Por ejemplo, la mujer no puede salir de su casa con una "aguja que tenga agujero", es decir que esté en condiciones de coser, pues está prohibido en sábado. Ver Del Valle, *La Misná*, 230.

esposa sospechada de adulterio, el documento de divorcio y los esponsales. El cuarto orden es referente a las injurias o daños (he. *neziqin*). Esto comprendía tanto los que una persona recibía, como ser robos, hurtos o heridas, como la composición de la corte de justicia y límites de la propiedad; también comprendía las normas procesales y la legislación civil y penal. Un dato interesante es que allí se encuentra un tratado que era diferente a los restantes, y es el octavo, que reflexiona sobre las fiestas idolátricas y como evitar el contacto con los idólatras, ya sea de forma personal o con sus objetos.

El quinto orden, se refería a las *Cosas sagradas o santas* (he. *qodashim*). Aquí se trata el tema de las ofrendas y sacrificios que debían hacerse especialmente en el Templo de Jerusalén. La gran pregunta que quiere contestar es, ¿cómo puede el culto responder a la demanda de Dios? Al mismo tiempo dedica un tratado a las medidas y ajuar del Templo. El sexto y último orden es el relacionado con la *Pureza* (he. *toharoth*). En realidad, el título es un eufemismo para presentar las impurezas. En los doce tratados que contiene trata con los distintos tipos de impurezas que afectan a las cosas (objetos, tiendas, etc.), a las personas (distintos tipos de enfermedades), y a los animales. También trata don la duración de las impurezas y las acciones que se pueden tomar para enfrentarlas (baños rituales de inmersión). El tratado décimo primero de este orden tiene una cierta importancia para los cristianos, pues este se ocupa de las manos (he. *yadayim*). Aquí es donde se prescribe que deben purificarse las manos mediante el lavado con agua. Tema que fue causa de una discusión de Jesús con los fariseos (Mt. 15.2; 23.25; Mr. 7.3, 4; Lc. 11.38).

• •

EJERCICIO 30

En Marcos 7.1-4 (Mt. 15.2 y Lc. 11.38) encontramos una discusión entre Jesús y los fariseos. Contesta las siguientes preguntas:

1. ¿Quiénes participaron de la discusión? _____

2. ¿Cómo se lavaban? (comparar LBLA y DHH) _____

_____

3. ¿Por qué hacían esto? _____

4. ¿En qué momento en especial? _____

5. ¿Tiene algún valor para nosotros esta costumbre? _____

• •

La *Tosefta*. Esta obra es una expansión de la *Misná*. El término significa, de modo general, añadido o complemento, y se refiere a una enseñanza suplementaria que complementa a la primera (*Misná*).[168] Se ha
afirmado que en la *Tosefta* se encuentra las enseñanzas de los *tannaim*
que no se incorporaron a la *Misná*.[169] La *Tosefta* es una obra cuatro veces más larga que la *Misná*, pero responde a la misma estructura que
aquella, es decir, contiene las seis divisiones u órdenes pero, en este
caso, con 59 tratados (la *Misná* tiene 63, faltan *'Abot, Tamid, Middoty
Qinniri),* de forma que es la longitud de los tratados de la *Tosefta* lo
que la diferencia de la *Misná*. Sobre el origen de esta obra, escribió
Adin Steinsaltz: "Sucedía que el rabino Judá solo había reunido una
parte muy pequeña del vasto tesoro de sabiduría que se enseñaba en
las distintas academias. Si bien se aceptaba que su trabajo de compilación era el más importante, también se consideró conveniente conservar otros materiales como una ayuda para el estudio y con el fin de
establecer comparaciones".[170]

Un acercamiento superficial a la *Tosefta* nos muestra una obra similar a la anterior tanto en la forma como en los contenidos y en el
método de tratamiento. Sin embargo, una comparación más detallada
muestra que se pueden distinguir en ella básicamente tres tipos de textos. En primer lugar, hay citas literales y glosas de frases de la *Misná*.
A esto se debe agregar que hay textos que complementan a la *Misná*
pero no la citan. Y por último, hay textos que son independientes de la
misma, aunque están escritos con su mismo estilo.[171]

---

[168] Ver Strack y Stemberger, *Introducción a la literatura talmúdica*, 218. Ver,
también, "Toseftá", en A. Ropero, ed., *Gran diccionario enciclopédico de la Biblia*
(Barcelona, CLIE, 2013), 2518.

[169] Nombre que se dio (repetidores de la tradición) a siete doctores de la Torá que,
a raíz de la toma de Jerusalén por Tito, se agruparon alrededor de Jo'hanán Ben Zakai,
discípulo de Hillel, que consiguió fundar un centro Rabínico de Yabne, donde reconsti-
tuyeron el Sanedrín. Para una descripción de los *tannaim*, ver Steinsaltz, *Introducción
al Talmud*, 29-37; Strack y Stemberger, *Introducción a la literatura talmúdica*, 113ss.

[170] Steinsaltz, *Introducción al Talmud*, 47.

[171] Moisés Silva y M. C. Tenney, *The Zondervan Encyclopedia of the Bible* (Grand
Rapids: Zondervan, 2009), 5:896; S. E. Porter y C. A. Evans, *Dictionary of New*

El *Talmud.* El término significa "enseñanza".[172] Así como la *Misná* se parece a un código, el *Talmud* es un comentario a la *Misná*. Es de la misma naturaleza que la *Tosefta*, pero ha sobrevivido como un material independiente. Es una glosa monumental, en la que la anterior queda incorporada y discutida. El jurista judío trata más con el *Talmud* que con la *Misná*. Los redactores del *Talmud* pertenecen a la generación de los *Amorain* (comentadores).

Existen dos clases de *Talmud*: El *Talmud* Palestinense o de Jerusalén. Este nunca se terminó de componer. Lo que se conoce es de fines del s. IV. Las bases de esta obra las proyectó el jefe de la Escuela de Tiberíades, Jojanán ben Nappaha. Todas las generaciones de pensadores, desde el s. II al IV, colaboraron en la constitución del *Talmud* Palestinense. El segundo es el *Talmud* Babilónico, que apareció 100 años después del anterior. Se llama así por su origen. Las escuelas de Babilonia comenzaron a hacer lo mismo que en Jerusalén. Pero la obra resultó unas seis veces mayor. Es un arsenal de toda clase de conocimientos: religión, folclore, astronomía, etc. Una verdadera enciclopedia. Es la obra cumbre del judaísmo babilónico.

El *Talmud* se divide en los mismos seis órdenes y 63 tratados de la *Misná*. Las secciones se llaman *guemará*, que significa actualización. La lengua del *Talmud* es peculiar. Pasa en cada página del hebreo al arameo. La razón es que la *Misná* está en hebreo, pero el *Talmud* refleja conversaciones con los alumnos en arameo. Además, las corrientes fundamentales de la interpretación de esta obra son dos. Por un lado, la *Halaká*, que Israel debía seguir para responder en verdad al orden del Señor. Con el rigor deductivo y fuerte de la *Halaká*, de fuerte naturaleza legal, alterna la corriente de la *Haggadá*, que, partiendo también del texto bíblico, transmite la enseñanza bajo el método de una anécdota o historia que ilustra agradablemente.

De alguna manera, el esfuerzo de los intérpretes judíos fue responder a preguntas que se hicieron desde una lectura de la Torá (Pentateuco). Allí se insinúan leyes o costumbres que no se describen en ella. Lo que dio origen a la tradición oral (*Misná – Tosefta – Talmud*), que trató de acompañarla. Mencionemos algunos ejemplos. En Éxodo 21.9 se

---

Testament Background: A Compendium of Contemporary Biblical Scholarship, edición electrónica (Downers Grove, ILL: InterVarsity Press, 2000).

[172] Se deriva del verbo hebreo *lamad,* que se usa 79 veces en el Antiguo Testamento (Dt. 4.10; Sal. 109.118). Ver A. Cabezón Martín, "Talmud", en A. Ropero, ed., *Gran diccionario enciclopédico de la Biblia* (Barcelona, CLIE, 2013), 2421-2424.

habla del que quiere casar a su hijo con una esclava judía. Allí se dice: "Si el amo entrega la muchacha a su hijo, deberá tratarla con todos los derechos de una hija". La palabra que se traduce "derechos" es el término hebreo *mishpat*, que significa literalmente juicio, sentencia, reglamento. La pregunta que los intérpretes judíos trataron de responder es, ¿a qué se refiere el texto al decir "reglamento (sentencia) de las hijas"? Este reglamento o sentencia no se encuentra en el texto bíblico. Por eso, ellos trataron de definir a qué se refería.

• •

EJERCICIO 31

Lee detenidamente Éxodo 22.16 en RVR60 y la NVI, y responde a las siguientes preguntas:

1. ¿Cuáles son "las dotes de las vírgenes"? _____

2. ¿Cómo se relaciona este texto con Deuteronomio 22.28, 29? _____

_____

3. ¿Por qué hacían esto? _____

• •

En el cuadro que se encuentra a continuación resumimos lo que hemos presentado sobre la interpretación bíblica en el judaísmo.

En resumen, podemos decir que el pueblo del Antiguo Pacto, Israel, tuvo y tiene dos fuentes de autoridad, la Torá (Pentateuco), que es la base, y el Talmud que pretende explicar, aplicar y actualizar a aquélla.

Sin embargo, en el proceso de desarrollo se puede ver que finalmente en su intento de aplicarla, lo que hacían era corromperla. Un ejemplo sencillo es Marcos 7.9-13. Allí encontramos la palabra *corbán*, que es la transliteración griega (y española) de un término hebreo usado para referirse a una ofrenda a Dios (Lv. 1.2). Con el tiempo, el vocablo se convirtió en una fórmula de dedicación que se pronunciaba sobre el dinero y propiedades donadas al templo y su servicio haciendo un voto inviolable. Tales ofrendas solo podían ser utilizadas para propósitos religiosos.

Si un hijo declaraba que los recursos necesarios para sostener a sus padres ancianos eran *corbán*, entonces, según la tradición de los escribas, estaba exento de este mandamiento de Dios y sus padres quedaban legalmente excluidos de cualquier reclamo contra él. Los escribas enfatizaban que este voto de un hijo era inalterable (Nm. 30.1, 2) y que tenía prioridad sobre sus responsabilidades familiares. De modo que no estaba obligado a hacer algo por sus padres. En la práctica, dijo Jesús, con esta interpretación anulaban la Palabra de Dios (Mr. 7.13). Ese es el peligro de cualquier interpretación que se colocara por encima de la Palabra.

El pueblo del Nuevo Pacto lee su Biblia

Como hemos mencionado, la fe cristiana se diferenció del judaísmo en su manera de entender el mensaje de las Escrituras hebreas, el Antiguo Testamento. En otras palabras: la interpretación de la Biblia pertenece al carácter originario del cristianismo, dado que el anuncio de Jesús se presenta como el cumplimiento de lo que "estaba escrito". Justo L. González escribió que "la historia del pensamiento cristiano es la historia de la interpretación bíblica".[173] La predicación de los discípulos se desarrolló en esta misma línea, y los primeros escritos que produjo la nueva fe profundizaron esta relación de la misma con la hermenéutica. Como escribió Justo L. González: "La iglesia vive de la Palabra de Dios, como Israel en el desierto vivía del maná cotidiano. Cuando la iglesia deja de alimentarse de esa Palabra, sencillamente deja de ser la iglesia. Y cuando trata de vivir hoy sobre la base exclusiva de alguna interpretación anterior de la Biblia, le pasa lo mismo que al Israel

---

[173] Justo L. González, *Retorno a la historia del pensamiento cristiano* (Buenos Aires: Kairós, 2004), 93.

de antaño cuando trató de guardar el maná de un día para otro".[174] El mismo autor agrega que no es tan sencillo decir que las Escrituras son nuestra única base de fe y práctica, pues hay una serie de situaciones concretas que debemos resolver en el día a día.[175] A esto se le debe sumar el hecho de que somos criaturas históricas. El mismo González cita a Ortega y Gasset, en el sentido de que cada generación se encuentra sobre los hombros de las generaciones anteriores, como los acróbatas en el circo.[176]

Hay una serie de acontecimientos que nos han traído hasta donde estamos. Formamos parte de una tradición. El pasado, por mucho que lo olvidemos, sigue viviendo en nosotros y contribuye a determinar lo que somos y el modo en que somos. Esto es cierto en el modo en que interpretamos las Escrituras. No podemos olvidar esa rica tradición o historia hermenéutica que como cristianos tenemos, historia que comienza desde el nacimiento de nuestra fe y que dio una identidad a la comunidad cristiana.

José P. Martín: "En el siglo II se escriben numerosos libros que intervienen en la exposición o en la disputa sobre la nueva visión de las Escrituras, y la producción literaria aumenta progresivamente durante los tres siglos siguientes. El cristianismo de los orígenes es creador tanto de comunidades como de bibliotecas en correlación. De la época imperial romana no conocemos otro grupo social que haya producido tanta literatura".[177]

La escritura y las bibliotecas son un punto de referencia para establecer la identidad de la comunidad cristiana (2 Ti. 4.13). Este hecho hizo que desde el primer momento, inspirados por los textos del Nuevo Testamento, los líderes y la comunidad realizaran interpretaciones tanto de las palabras que recordaban de los apóstoles como del Antiguo o el Nuevo Testamento.

---

[174] *Ibid.*, 19.

[175] Así dice la *Declaración de creencias y prácticas bautistas* aprobada por la Asamblea Extraordinaria de la Convención Evangélica Bautista Argentina, realizada en Buenos Aires del 15 al 17 de Agosto de 1987.

[176] Justo L. González, *Retorno a la historia del pensamiento cristiano*, 19.

[177] José Pablo Martín, "Corrientes hermenéuticas de la época patrística", en *Comentario bíblico latinoamericano* (Estella: Verbo Divino, 2005), 1:105.

Vamos a pensar en los distintos períodos y formas en que el pueblo cristiano interpretó las Escrituras a lo largo del tiempo. Debemos pensar en esto, porque cada uno de nosotros trae consigo una tradición que nos lleva a entender el texto bíblico de manera especial. Leemos la Biblia como nos enseñaron a leerla. Reconocerlo nos ayudará a aprender de lo bueno de esa historia y ser conscientes de los peligros que involucra.

La interpretación en la iglesia cristiana antigua

El período que llamamos "de la iglesia antigua" abarca desde la muerte del último apóstol (Juan) hasta el tiempo del papa Gregorio el Grande (604 d.C.). Durante este tiempo, se fijó el canon del Nuevo Testamento, que fue y es el fundamento de las doctrinas de la iglesia. Al mismo tiempo, la iglesia debió enfrentar la persecución tanto externa de parte del Imperio Romano, como los conflictos o debates internos, por ejemplo: tanto sobre el contenido del canon neotestamentario como sobre la persona de Cristo.

Otras de las características de este período fue que durante el mismo se originaron dos de las grandes corrientes del cristianismo, lo que está relacionado con división del Imperio Romano. Por un lado, está el cristianismo en su faz oriental, que tuvo su centro en Constantinopla y que estaba muy influido por la filosofía neoplatónica y por el misticismo. Y, por otro lado, el cristianismo latino u occidental, moldeado en su mayor parte por el pensamiento jurídico romano.

Al principio de este período, los intérpretes estudiaban el sentido literal de las Escrituras. Pero la alegorización influyó cada vez más, hasta que se convirtió en el método principal de interpretación.[178]

La interpretación en el período judeo-cristiano[179]

Con la muerte del último apóstol dio comienzo una nueva etapa en la vida de la iglesia, que se puede llamar el "período judeo-cristiano". Este término se refiere a una forma de pensamiento cristiano que no implicaba un vínculo con la comunidad judía, pero que se expresaba según esquemas sacados del judaísmo. Este tipo de pensamiento era, evidentemente, el de los cristianos venidos del judaísmo y también el de los

---

[178] Gibbs, McGhee y Teague, *Introducción a la hermenéutica*, 35.

[179] Sobre el judeocristianismo, ver Jean Daniélou, *Teología del judeocristianismo* (Madrid: Cristiandad, 2004).

primeros paganos convertidos, pues una ley de la misión era que existía un desfase considerable entre el enraizamiento del Evangelio en un pueblo nuevo y su expresión en la cultura de ese pueblo. Hasta la mitad del segundo siglo, el cristianismo, que ya se había extendido por toda la cuenca del Mediterráneo, conservaba su estructura judía, y estaba enteramente conformado en sus concepciones por el Antiguo Testamento.

El cristianismo era un acontecimiento y una revelación nueva, pero apareció en ambiente judío y se expresó con las formas de ese medio, es decir, como una interpretación de la Biblia hebrea. Ya hemos hablado de la actitud cristiana hacia el Antiguo Testamento, que se encuentra reflejada en la exégesis que el Nuevo Testamento hace del Antiguo. Esto constituye una cuestión esencial para el cristianismo primitivo, que, a la vez, se afirmaba como una revelación nueva, si bien consideraba las Escrituras hebreas como Palabra de Dios. Este es el punto de partida de la exégesis cristiana del Antiguo Testamento, que presentaba en Cristo la realización de sus figuras y profecías.

Uno de los problemas que debió enfrentar la primera comunidad judeo-cristiana fue la relación entre la Ley y el evangelio. El judaísmo había destacado la centralidad de la Torá, y el cristianismo afirmaba el reconocimiento de Jesús como el Cristo, el Hijo de Dios. Esto significaba confesar a Jesús como Señor. Cristo era más que un nuevo Moisés y más que los profetas. El judeo-cristianismo comprendió pronto que no podía haber otro centro que Cristo, hecho para nosotros sabiduría de Dios (1 Co. 1.30). Esta fue la clave hermenéutica para toda la lectura del Antiguo Testamento. Debemos reconocer que junto al sentido literal, con el que inicialmente leyeron las Escrituras, estos creyentes buscaron un sentido espiritual más profundo.

En un segundo momento de la vida de la iglesia, se debió enfrentar un serio problema práctico, y es que el mantenimiento de la Torá en especial y el Antiguo Testamento en general, llevaba consigo el encerrar a los posibles conversos del paganismo en lo que había sido una peculiaridad religiosa del judaísmo. A esto se debía sumar que esto lo delimitaba como un grupo cerrado, étnico y cultural. Con estos presupuestos, la misión cristiana habría tropezado con las mismas dificultades que el proselitismo judío, cuyo desarrollo y logros habían sido muy escasos.

A modo de conclusión, debemos recordar que el cristianismo es una revelación y acontecimiento totalmente nuevos, pero que surgió en el contexto judío y se expresó inicialmente con las formas de ese medio; es decir, como una interpretación de la Biblia.

La interpretación en el período patrístico

Al mediados del segundo siglo, comenzó una nueva era para la iglesia, que puede ser llamada el "período patrístico", porque cuenta con la contribución de los llamados padres de la iglesia, los líderes prominentes durante los primeros cinco siglos del cristianismo. El período patrístico se puede dividir en tres sub-períodos.

El primer período. Al primer período lo podemos llamar el período de los padres apostólicos, es decir, de los discípulos de los apóstoles.[180] Estos nos dan una idea de la interpretación bíblica durante el primer medio siglo después de la muerte del apóstol Juan. Las fuentes de ese período son los escritos de los primeros líderes de la iglesia como Clemente de Roma, Ignacio, Policarpo y un escritor seudónimo que se llama a sí mismo Bernabé.[181]

Los llamados padres apostólicos se dirigieron a dos audiencias. Por un lado, a los cristianos, que participaban de la vida de la iglesia. Por otro lado, a los judíos, que fueron los primeros en oponerse a la fe, por lo que sus escritos tienen dos finalidades que surgen de esto: instruir a los creyentes y defender la fe contra los argumentos judíos. Para ello, los padres apostólicos usaron varios métodos de interpretación. En ocasiones utilizaron la tipología para relacionar el Antiguo con el Nuevo Testamento.[182] Por ejemplo: en la Epístola de Bernabé se mencionan dos pasajes del Antiguo Testamento como tipos de la cruz de Cristo, los brazos extendidos de Moisés, que dieron la victoria de Israel sobre Amalec (Éx. 17.8ss) y la serpiente de bronce (Nm. 21, comparar con Jn. 3.14). El escritor trata de mostrar que ambos tipos enseñan que no hay ninguna esperanza de salvación fuera de Jesús.

---

[180] Con este nombre se conoce a quienes sucedieron a los apóstoles en la conducción de la iglesia. Su principal tarea fue mantener pura la doctrina transmitida y defender la fe evangélica ante los herejes y enemigos de la Iglesia.

[181] Para leer algunos de esos textos, ver J. B. Lightfoot, *Los padres apostólicos* (Barcelona: Clie, 1990). Y su nueva edición *Obras escogidas de los Padres Apostólicos* (Barcelona, CLIE, 2018).

[182] El término griego *typos,* del que se deriva la palabra "tipo" aparece catorce veces en el Nuevo Testamento con diversas acepciones, las más importantes de las cuales son dos: a) modelo; b) producto que se obtiene según el modelo. Puede definirse la tipología como el establecimiento de conexiones históricas entre determinados hechos, personas o cosas (tipos) del Antiguo Testamento y hechos personas u objetos semejantes del Nuevo.

Uno de los métodos más usados por estos autores fue el alegórico.[183] Varios factores llevaron a adoptar este método. Los padres querían apoyar sus enseñanzas en las Escrituras del Antiguo Testamento, presumiblemente para dar más credibilidad a su doctrina, y en su tiempo el método alegórico era la forma más popular para interpretar la literatura en general. Por lo tanto, fue natural para ellos usar este método literario —el más aceptado de sus días— y aplicarlo a las Escrituras. A pesar de cierta conciencia de la historia de la interpretación, los lectores modernos tienden a hacer lo mismo. Para el autor de la Epístola de Bernabé, los siete días de la creación proporcionan la clave interpretativa para el futuro de la historia. Los primeros seis días simbolizan que el mundo durará seis mil años, mientras que el séptimo día simboliza la segunda venida de Cristo (*Epístola de Bernabé* 15).

••

EJERCICIO 32

Menciona las dos razones por las que los llamados padres apostólicos usaron la tipología y la alegoría en su interpretación de las Escrituras.

1. _____

2. _____

••

El segundo período. Comienza con la desaparición de los discípulos de los apóstoles, cuando una nueva generación asumió la tarea de interpretar la Biblia, especialmente el Antiguo Testamento, para satisfacer las necesidades de la comunidad cristiana. En este segundo período se diferencian claramente las distintas maneras de interpretar, que hasta entonces estaban en la comunidad cristiana (literal, alegórica, tipológica). Es en este momento de la historia del cristianismo que surgen

---

[183] Para definir este término, ver Everett F. Harrison, ed., *Diccionario de teología Baker* (Grand Rapids: Baker, 1960), 19: "una alegoría (llamada a veces una metáfora prolongada) es un recurso retórico que representa un significado más alto que el literal. Se diferencia de la metáfora en que es más larga y detallada. La obra de Juan Bunyan, *El progreso del peregrino*, es una alegoría religiosa clásica". En Gálatas 4.24, Pablo mismo usa el término alegoría. Ver A. Ropero, "Alegoría", en *Gran diccionario enciclopédico de la Biblia* (Barcelona, CLIE, 2013), 81.

las llamadas escuelas o líneas de interpretación, de las que hablaremos más tarde.

El tercer período. Puede llamarse el "tiempo de los primeros Concilios".[184] Con la "conversión" del emperador Constantino (en 312), la política ejerció una profunda influencia en la interpretación que hizo la iglesia de la Sagrada Escritura. A los ojos del emperador, las disputas doctrinales entre la corriente ortodoxa y los movimientos heréticos amenazaban la unidad del cristianismo y la estabilidad política del Imperio. Es por eso que se presionó a la iglesia para que resolviera sus diferencias y estandarizara sus doctrinas.

Esta no fue una tarea fácil, por distintas razones. En primer lugar, la simple apelación a la Biblia en defensa de la ortodoxia produjo un conflicto doctrinal, porque los grupos no ortodoxos también apoyaron sus puntos de vista en una interpretación de la Escritura que a veces parecía convincente. En segundo lugar, los teólogos ortodoxos no estaban de acuerdo entre ellos en la forma (¿correcta?) de interpretar la Palabra de Dios. Estos dos factores hicieron que Tertuliano (alrededor de año 200) cuestionara el uso que hacían los no ortodoxos del texto bíblico, porque en su opinión la Escritura pertenecía solo a la iglesia que sostenía la enseñanza apostólica. Por lo tanto, era esa la iglesia (la que mantenía la ortodoxia) la que tenía autoridad para determinar el significado de la misma.

Si bien los padres apostólicos apelaron a la interpretación tradicional en su respuesta a las herejías como el gnosticismo, bajo Constantino, los líderes de la iglesia confirmaron ese argumento con un elemento nuevo. Este fue el reconocimiento de la apostolicidad, es decir, que solo los sucesores de los apóstoles eran los verdaderos intérpretes de las Escrituras, ya que habían recibido su formación directamente de aquellos.

Recapitulando: los Concilios tuvieron por objeto definir aspectos de la doctrina cristiana en oposición a la herejía. Sus decisiones definieron las creencias cristianas correctas contra la herejía. Los pronunciamientos conciliares trataron de explicar lo que, conforme a la tradición apostólica, era la correcta interpretación de las Escrituras. De alguna

---

[184] Se llama concilio ecuménico a las asambleas celebradas por la iglesia con carácter general, a la que fueron convocados todos los obispos para reconocer la verdad en materia de doctrina o de práctica y proclamarla.

manera, estos Concilios sentaron un precedente que habría de afectar la interpretación de la Biblia hasta la llegada de la Reforma. De esta manera, establecieron el lugar de la jerarquía y la institución como árbitros de lo que es una correcta interpretación de las Escrituras.

La interpretación en las escuelas de interpretación bíblica

En el período patrístico, el desarrollo de los principios hermenéuticos estuvo relacionado con los grandes centros de la iglesia. Tengamos presente que si bien el cristianismo tuvo su cuna en Jerusalén, esta ciudad fue sitiada y destruida por los ejércitos romanos en el año 70. Desde el avance de la iglesia relatado en el libro de los Hechos, la ciudad de Antioquía ocupó un lugar importante (Hch. 11). Al mismo tiempo, al extenderse el evangelio al mundo gentil, la ciudad ocupó un lugar muy importante. De acuerdo también con libro de los Hechos, muy pronto el evangelio llegó a Roma, lugar al que Pablo dedicó atención (ver su Epístola a los Romanos), por el lugar que ocupaba en el Imperio.

Justo L. González menciona que los principales centros de reflexión teológica durante los primeros siglos del cristianismo fueron: Cartago, como representante del cristianismo occidental, Alejandría y Antioquía.[185] A partir de la presentación de Justo L. González, se debe aceptar que en los orígenes de la fe cristiana hubo tres líneas de reflexión teológica y por ende de interpretación de la Escritura, que podemos llamar escuelas o modelos de interpretación.[186] Por un lado, está la interpretación occidental o legalista, que habría de tener gran importancia en el desarrollo del pensamiento cristiano. A ella le sigue la interpretación alejandrina o alegórica, cuyo impacto se siente hasta el día de hoy. Y, finalmente, la interpretación antioqueña o pastoral. Repetimos la frase de González: "la historia del pensamiento cristiano es la historia de la interpretación bíblica". Estudiar el uso de las Escrituras en cada una de estas tres líneas de pensamiento o teología será de mucha ayuda para que veamos cuáles fueron los principales énfasis del cristianismo de allí en adelante.

---

[185] Justo L. González, *Retorno a la historia del pensamiento cristiano*, 27.

[186] Ver Raúl Berzosa Martínez, *¿Qué es la teología?: una aproximación a su identidad y método* (Bilbao: Desclée de Brouwer, 1999). Es a partir del contacto con la cultura helénica que el cristianismo desarrolla una nueva comprensión de la Escritura.

La escuela legalista o de Cartago. La primera escuela de interpretación en ser mencionada es la que llamamos interpretación occidental o legalista, que tuvo su origen en Cartago. Esta era una ciudad que se encontraba sobre la costa norte del continente africano, cerca de donde se asienta hoy la ciudad de Túnez. Era una antigua ciudad, fundada alrededor del año 800 a.C. por fenicios procedentes de Tiro. Destruida por los romanos en el 146 a.C., fue reconstruida por los mismos como parte del Imperio Romano alrededor del 29 a.C., como una ciudad típicamente romana y capital de la provincia romana de África. Aunque se encontraba en el norte de África, Cartago y las ciudades cercanas representaban el pensamiento romano por excelencia. Su clase dirigente se consideraba a sí misma como heredera de Roma y lo mejor de su tradición.

Los orígenes del cristianismo en Cartago son desconocidos. Lo que se sabe es que a finales del segundo siglo existía allí una floreciente comunidad cristiana.[187] Esta ciudad produjo mártires durante el período de persecución y líderes destacados, entre los que se pueden mencionar a Tertuliano (155-220), el escritor cristiano más antiguo en lengua latina cuya obra se ha conservado; y más adelante, a Agustín de Hipona (354-430). La importancia de estos dos personajes no puede ser dejada de lado, tanto por su labor teológica como exegética.

Tertuliano de Cartago. En cuanto al primero, según Justo L. González, Tertuliano se acercó a las Escrituras con la actitud del abogado que se acerca a un texto legal.[188] Esto puede verse en su tratado contra los herejes. Precisamente alrededor del año 200, la iglesia se hallaba invadida por toda suerte de doctrinas que amenazaban el centro mismo de la fe cristiana (gnosticismo, religiones de los misterios, etc.). Para enfrentarlas, Tertuliano usó un argumento estrictamente legal. En lugar de iniciar una discusión con los herejes acerca de lo que dicen las Escrituras, planteó la cuestión de si los herejes tenían el derecho a discutir sobre la base de las Escrituras. Su argumento fue no discutir, sino mostrar que la parte contraria no había presentado su caso sobre bases legales aceptables. Para él, las Escrituras le pertenecían a la iglesia, que había estado usándolas todos estos años. Por tanto, los herejes

---

[187] Justo L. González, *Historia del pensamiento cristiano* (Miami: Caribe, 1993), 1:196.

[188] Justo L. González, *Retorno a la historia del pensamiento cristiano*, 97.

no tenían derecho a utilizarlas, y toda discusión con ellos respecto a la interpretación del texto bíblico era innecesaria. Todo esto quiere decir que en la interpretación de las Escrituras debían utilizarse los mismos medios que se empleaban en la interpretación de textos legales. Estos métodos requerían, ante todo, que el intérprete se ajustara al sentido literal del texto. Y requería, además, que el intérprete los leyera en términos de las obligaciones que imponen en cada caso.

En resumen, Tertuliano busca dos cosas en las Escrituras. En primer lugar, leyes y mandamientos que le indiquen qué es lo que Dios espera de los seres humanos; y, además, profecías que sirvan para confirmar su aplicación de esas leyes. De esta manera, Tertuliano aportó a la fe cristiana un código de conducta. Tertuliano abrió el camino para que otros exégetas de occidente siguieran sus pasos. Fue el autor de una serie de frases muy interesantes, entre las que se pueden mencionar: "La sangre de los cristianos es semilla", y "¿Qué tiene que ver Atenas con Jerusalén? ¿Qué acuerdo hay entre la Academia y la iglesia?"[189]

Agustín de Hipona. Posiblemente el expositor más distintivo de la interpretación occidental fue Agustín de Hipona. Este avanzó en el camino que había abierto Tertuliano: la autoridad de la tradición y de la iglesia en la interpretación de la Biblia. A la enseñanza de la iglesia se le atribuyó valor normativo en la esfera de la exégesis. Sus principios hermenéuticos, tal como los desarrolla en su obra *De doctrina Christiana*, eran mejores que su exégesis. Agustín demanda que el intérprete esté equipado filológica, crítica e históricamente para su tarea, pero que por encima de todo ame al Autor del texto.

Se ha dicho que Agustín fue el teólogo más grande de su época y padre de la teología occidental.[190] En su libro sobre doctrina cristiana, estableció diversas reglas para la exposición de las Escrituras, algunas de las cuales siguen en uso actualmente. Sus reglas incluían las siguientes, según el resumen de Bernard Ramm.[191]

(1) El intérprete debe poseer una genuina fe cristiana. La actitud de intérprete es tan importante como sus herramientas o conocimiento.

---

[189] *Ibid.*, 27.
[190] Ver Hans Küng, *Grandes pensadores cristianos* (Madrid: Trotta, 1997), 98.
[191] Ramm, *Protestant Biblical Interpretation*, 36, 37.

(2)   Debe tenerse en mucha consideración el significado literal e histórico de las Escrituras. Aunque el sentido literal e histórico de las Escrituras no es el único que existe, se debe tener en alta estima. No toda la Biblia es alegórica, aunque una gran parte de ella sí.

(3)   Las Escrituras tienen más de un significado y por tanto el método alegórico es adecuado.

(4)   Hay significado en los números bíblicos. Agustín consideraba el campo de la lógica y los números como verdades eternas; y, por lo tanto, los números desempeñaron un papel especial en el conocimiento humano. Si esto es así, entonces es posible conocer verdades por medio de la interpretación alegórica o simbólica de los números en las Escrituras.

(5)   El Antiguo Testamento es un documento cristiano porque en él se describe a Cristo de principio a fin.

(6)   La tarea del expositor es entender el sentido del autor, y no dar su propio sentido al texto.

(7)   El intérprete debe consultar el verdadero credo ortodoxo.

(8)   Un versículo debe estudiarse en su contexto, no aislado de los versículos que lo rodean.

(9)   Si el significado de un texto no es claro, nada en el pasaje puede constituirse en materia de fe ortodoxa.

(10) El Espíritu Santo no es un sustituto para el necesario aprendizaje de las Escrituras. El intérprete debe conocer hebreo, griego, geografía y otros asuntos.

(11) El pasaje oscuro debe ceder la preferencia al pasaje claro. Es decir, en una determinada doctrina debemos tomar nuestra orientación principal de los pasajes claros o accesibles en lugar de los que son oscuros.

(12) Ninguna parte de la Escritura puede interpretarse de tal manera que cause conflicto con otro texto. Hay una armonía en la revelación. Afirmó que se deben "distinguir los tiempos" y "armonizar las escrituras". Esto significa que es necesario tener presente la revelación progresiva.

En general, Agustín subrayó la necesidad de respetar el sentido literal del texto, siendo este sentido la base del significado alegórico. Pero al mismo tiempo, se dejó llevar libremente por interpretaciones alegóricas. Por otra parte, en casos en que el sentido de la Escritura fuera dudoso, defendió decisivamente la *regula fidei,* es decir, la regla de fe de la Iglesia. Agustín puso gran énfasis en el rol de la fe en la comprensión bíblica. Su lema, "Creo para entender" (*Credo ut inteligam*), supuso un gran respeto por la autoridad de la Biblia y de la iglesia en su interpretación. Esta debe estar conforme con la regla de fe, o sea, el credo establecido históricamente en la iglesia.

Es lamentable tener que decir que Agustín fue mejor en su planteamiento que en su aplicación. Hizo énfasis en el conocimiento de las lenguas, pero su manejo del hebreo era muy limitado, de tal manera que en sus interpretaciones se equivocaba, pues no conocía el significado de los términos.[192] Fue él quien adoptó una forma cuádruple de interpretación bíblica: histórica, etiológica, analógica y alegórica. Es en este respecto particularmente, que influyó sobre la interpretación de la Edad Media.

La escuela alegórica o de Alejandría. La segunda escuela o línea que debe ser mencionada es la interpretación alegórica, que tuvo su sede principal en Alejandría. Esta ciudad fue fundada por Alejandro el Grande, en el 333 a.C. Cuando el imperio de Alejandro se deshizo, a su muerte, la gran ciudad que él había fundado en Egipto se convirtió en la capital de los territorios gobernados por uno de sus herederos, los Ptolomeos, hasta que los romanos la capturaron en el 30 a.C. La ciudad se encuentra en la desembocadura del Nilo, lugar que en esa época resultaba muy adecuado para el transporte y el comercio. Gracias a esto se convirtió en una de las principales ciudades del Mediterráneo. Alejandría fue un gran centro cultural, donde la religión judía y la filosofía griega convergieron y se influyeron mutuamente. La filosofía platónica todavía era popular en las formas del neoplatonismo y el gnosticismo, y no es extraño que la famosa escuela catequística de esta ciudad fuera influida por la filosofía popular, acomodando su interpretación de la Biblia a dicha filosofía. El método natural para armonizar la religión y la filosofía fue la interpretación alegórica, debido a las siguientes razones. Primero: los filósofos paganos (estoicos) ya habían estado aplicando por mucho tiempo este método en la interpretación de Homero.

---

[192] Ver Hans de Wit, *En la dispersión el texto es patria: introducción a la hermenéutica clásica, moderna y posmoderna* (San José, Costa Rica: Universidad Bíblica Latinoamericana, 2002), 70-72.

Segundo: en esta ciudad desarrolló su tarea Filón de Alejandría, con su método alegórico de la interpretación del Antiguo Testamento.

Todo esto influyó sobre los líderes cristianos de la ciudad. Allí se fundó una escuela catequística (llamada *didaskálion*), que se convirtió en uno de centros teológicos más importantes de la cristiandad. Los principales representantes de esta escuela fueron: Clemente de Alejandría y su discípulo Orígenes. Ambos consideraron la Biblia como la Palabra inspirada de Dios en el sentido más estricto y compartieron su método de interpretación. Reconocían el sentido literal de la Biblia, pero tenían la opinión de que solo la interpretación alegórica podía entregarnos conocimiento genuino.

Clemente de Alejandría. Nació a mediados del siglo II y se estima que murió entre los años 211- 216. Fue el primero en aplicar el método alegórico a la interpretación del Nuevo Testamento, así como del Antiguo. Su profundo amor por la filosofía y cultura griega quedó expresado en su exégesis de Génesis 22.1-4 (el viaje de Abraham a Moriah para sacrificar a Isaac):

Clemente de Alejandría: "Al tercer día, cuando Abraham llegó al lugar que Dios le había indicado, levantando los ojos, vio el lugar a distancia. El primer día es aquel que está constituido por la visión de las cosas buenas; y el segundo es el mejor deseo del alma; en el tercero la mente percibe las cosas espirituales, los ojos del entendimiento se abren al Maestro que resucitó al tercer día. Los tres días pueden ser el misterio del sello (bautismo) en el cual se cree de verdad en Dios. Es, en consecuencia, a la distancia que él percibió el lugar. Porque el reino de Dios es difícil de alcanzar, lo que Platón llama el reino de las ideas, al aprender de Moisés que se trataba de un lugar que contenía todas las cosas universalmente. Pero Abraham correctamente lo ve a distancia, ya que él está en los dominios de la generación, y él es inmediatamente iniciado por el ángel. Por eso dice el apóstol: 'Porque ahora vemos como por un espejo, borrosamente, pero entonces veremos cara a cara', mediante aquellas exclusivas aplicaciones puras e incorpóreas del intelecto".[193]

---

[193] Cita tomada de Henry A. Virkler, *Hermenéutica: principios y métodos de interpretación bíblica* (Miami: Vida, 1994), 51, donde el autor cita a M. S. Terry como el autor de la traducción.

Clemente encontró cinco posibles significados a un pasaje de la Biblia. (1) El primero era el sentido histórico, pero él se refería a tomar la historia en sentido actual, (2) El segundo era el sentido doctrinal, que tomaba la enseñanza moral y espiritual de los textos, (3) El sentido profético, en el que se buscaba el elemento predictivo de los textos, (4) El sentido filosófico que siguen los estoicos con su significado cósmico y psicológico, que ve significados en objetos naturales y los personajes históricos, (5) Y, finalmente, un sentido místico, ya sea moral o espiritual, buscando la verdad más profunda simbolizada por eventos o personas.[194]

Orígenes. Su discípulo, Orígenes (185–254), lo superó en cultura e influencia. Fue, sin duda, si no el más grande teólogo de su época, por lo menos el más prolífico.[195] A primera vista parece que no compartía el apego de su maestro por la filosofía griega, pues escribe a uno de sus discípulos: "Ruégote que tomes la filosofía griega como aquellas cosas que pueden ser conocimientos comunes o educación preparatoria para el cristianismo, y de la geometría y astronomía lo que pueda ser útil para la exposición de la Sagrada Escritura".[196] A pesar de sus palabras, no cabe duda que la filosofía platónica influyó en su teología más de lo que él mismo se dio cuenta.

Sin embargo, su mérito más permanente radica en su trabajo de crítica textual. Orígenes estimuló el estudio crítico del texto, lo que ayudó mucho en las comparaciones de los distintos textos vigentes del Antiguo Testamento. Esto se ve especialmente en su *Hexapla*. El nombre *Hexapla* se deriva del hecho que era una obra que tenía seis columnas de textos paralelos. Se trataba de una monumental edición del Antiguo Testamento que tenía en sus columnas: (1) El texto hebreo del Antiguo Testamento, (2) Una transliteración en caracteres de ese mismo texto hebreo, (3) La traducción al griego conocida como versión de Aquila,[197] (4) La traducción al griego conocida como versión de

---

[194] Ramm, *Protestant Biblical Interpretation*, 30.

[195] Según una lista que hace el historiador Eusebio de Cesarea, había más de dos mil obras suyas, posiblemente muchas de ellas fueron destruidas dado que fue condenado por la misma iglesia. Alfonso Ropero, *Grandes autores de la fe: lo mejor de Orígenes, Tratado de los principios* (Barcelona: Clíe, 2002), 17, menciona que escribió más de seis mil obras.

[196] Citado por Johannes Quasten, *Patrología I* (Madrid: Biblioteca de Autores Cristianos, 1961), 343.

[197] Posteriormente a la Septuaginta, se hicieron nuevas versiones en griego, que pretendían ser más literales. Una de las más conocidas es la de Teodoción, que se trata

Símaco,[198] (5) Una copia de la Septuaginta (LXX), y (6) La traducción al griego conocida como versión de Teodoción.

En su obra *Tratado de los principios,* entrega una detallada teoría de la interpretación.[199] Orígenes no busca reglas de conducta sino verdades eternas. Puesto que tales verdades no han de depender de los sucesos que tienen lugar dentro del tiempo, sino que han de ser anteriores a ellos, busca el modo de penetrar más allá de lo temporal y pasajero, y llegar hasta lo inmutable. En su estudio menciona que: (1) El significado literal de la Escritura es el nivel preliminar de comprensión de la misma. Es el "cuerpo", no el "alma" (sentido moral) ni el "espíritu" (sentido alegórico) de la Biblia. El sentido literal es el significado de las Escrituras para el lego, (2) Para poder comprender la Biblia debemos tener un don especial dado por Cristo. Él es el principio interno de la Palabra, y solo aquellos que tienen su Espíritu pueden llegar a comprenderla cabalmente. (3) La verdadera exégesis es espiritual; la Biblia misma es un libro espiritual y su sentido solo puede descubrirse espiritualizándola; aun los hechos que relata el Nuevo testamento no pueden ser tomados literalmente, (4) El Antiguo Testamento es la preparación para el Nuevo; esta afirmación implica dos cosas: en primer lugar, que el Nuevo está escondido en el Antiguo; la tarea del exégeta cristiano es traerlo a la superficie; en segundo lugar, hay continuidad y divergencia en la relación entre el Antiguo y el Nuevo Testamento, lo que significa que el Nuevo es como el Antiguo, lo que a su vez significa que este debe ser interpretado tipológicamente. Ahora, si hay divergencia, esto significa que el Antiguo debe ser dejado de lado.

En resumen, Orígenes consideraba que la Biblia tenía un sentido triple, a saber, el significado literal, que es lo que el texto dice de manera clara. Este sentido es siempre inferior, que va dirigido a los más

---

realmente de una revisión de la LXX. El texto de Daniel de Teodoción suplantó en casi todos los manuscritos a la versión original de la LXX. Otra que merece ser citada es la versión de Aquila, que fue una versión que fue excesivamente dependiente del hebreo, forzando de esa manera el griego.

[198] Según Eusebio de Cesárea, quien le dedica un párrafo en su *Historia Eclesiástica,* era ebionita: "Símaco era ebionita. Los seguidores de esta herejía pretenden que Cristo era hijo de José y María y lo consideran como un mero hombre. Insisten en que la Ley debería ser observada de una forma más judaica, como ya hemos mencionado antes. Todavía existen comentarios de Símaco en los que, al oponerse al Evangelio de Mateo, parece defender esta herejía. Orígenes dice que recibió esas y otras interpretaciones de las Escrituras de Símaco de una cierta Juliana, que recibió las obras de manos del mismo Símaco" (*Historia Eclesiástica,* 6.17).

[199] Alfonso Ropero, *Grandes autores de la fe,* 311ss.

simples o con menos curiosidad intelectual. Hay un segundo sentido, que es el moral y es intermedio. Y luego está el sentido espiritual o alegórico. Este le abre al cristiano vastos horizontes. Todo texto bíblico tiene necesariamente al menos un sentido espiritual. Este es el que le muestra al creyente más preparado aquellas verdades más excelsas, que el creyente común no alcanza a descubrir, precisamente porque se queda en el nivel del sentido literal.

A pesar de su trabajo con el texto del Antiguo Testamento, en su práctica exegética Orígenes menospreció el sentido literal de la Escritura, se refirió pocas veces al sentido moral, y constantemente empleó el método alegórico, puesto que en dicho método creía encontrar el verdadero conocimiento. Un ejemplo es su interpretación de la caída de Jericó. Según él, el episodio tenía varios sentidos: (1) Sentido literal: Josué y el pueblo de Israel literalmente caminaban alrededor de las murallas, tocaron sus trompetas y cayeron los muros, dándoles Dios la victoria, (2) Sentido moral: esto afecta la vida de cada persona; la caída de este mundo alcanza a todos; pero en el creyente por medio de Jesús, el mundo en él ha sido destruido; hay que tocar las trompetas de júbilo, (3) Sentido cristológico: como cayó Jericó, así han caído en el siglo presente los poderes del pecado, que es un hecho cumplido en Cristo desde su pasión a la llegada del Espíritu Santo, (4) Sentido escatológico: la primera venida de Cristo en humillación es una sombra de la segunda parusía, de la gloria de la resurrección y el triunfo final.

Este acercamiento a la Biblia tuvo varias consecuencias, que afectaron profundamente la interpretación bíblica. Las diferentes formas posibles de interpretar las Escrituras fueron divididas en dos líneas principales: literal y espiritual (alegórico). La interpretación literal, que era más accesible, era considerada inferior pues estaba al alcance del lector sencillo, con poco desarrollo intelectual o espiritual. De esa manera, se buscaba una interpretación que fuera más allá de lo que la misma Palabra decía, creando un precedente muy peligroso.

• •

EJERCICIO 33

¿Cuál consideras que es el aporte positivo de la interpretación alegórica?

_____

_____

¿Cuál consideras es el problema que puede surgir con esta interpretación?

_____

_____

• •

La escuela literalista o de Antioquía. La tercer línea de interpretación que se debe mencionar es la que tuvo su sede en Antioquía y que puede llamarse literalista o también histórica-gramatical. Este tercer centro de actividad teológica abarcaba toda la región nordeste del Mediterráneo, región que incluía a Siria y Asia Menor, lo que hoy son aproximadamente Turquía y Siria. Antioquía fue fundada en el 301 a.C. por Seleuco I, quien le puso este nombre en honor de su padre (Antíoco). Con el correr del tiempo, llegó a ser una de las ciudades más importantes de todo el Imperio Romano, capital de la provincia imperial de Siria. Puesto que nunca fue arrasada por los romanos —como lo fueron Jerusalén y Cartago— siempre retuvo mucho de su antigua cultura. Según Flavio Josefo: "tiene sin duda el tercer lugar de cuantas están sujetas al Imperio", después de Roma y Alejandría.[200]

Gracias al libro de Hechos, sabemos algo acerca de la iglesia en Antioquía durante el siglo primero. Después de la muerte de Esteban, los discípulos dispersos por temor a la persecución llevaron el evangelio a Antioquía. Si bien los primeros discípulos predicaron únicamente a los judíos, algunos provenientes de Chipre y de Cirene empezaron a predicar a los gentiles.

Fue en Antioquía donde los seguidores del Camino recibieron el nombre de "cristianos". Sobre este punto, resulta interesante señalar que la palabra "cristianismo" aparece por primera vez en las cartas de un obispo de Antioquía, a principios del siglo segundo. Sobre esta ciudad, escribió John R. W. Stott: "No es posible imaginar un lugar más apropiado, ya sea como sede de la primera iglesia internacional o como un trampolín para la misión cristiana al mundo".[201] Aunque originalmente era una ciudad griega, su población era extremadamente cosmopolita, ya que tenía una gran colonia de judíos atraídos por la oferta de obtener la ciudadanía romana.

---

[200] Flavio Josefo, *Guerras de los judíos* (Barcelona: Clie, 2004), 1:306 (Libro 3.1). Ver A. Ropero, "Antioquía de Siria", en *Gran diccionario enciclopédico de la Biblia* (Barcelona, CLIE, 2013), 140-142.

[201] John R. W. Stott, *El mensaje de Hechos* (Buenos Aires: Certeza, 2010), 238.

Según Bernard Ramm, la primera escuela protestante de hermenéutica floreció en la ciudad de Antioquía de Siria.[202] Este autor afirma que la comunidad cristiana fue influida por la comunidad judía y el resultado fue una práctica hermenéutica que, aunque evitaba el literalismo judío, defendía el sentido histórico del texto, sentido que fue luego rescatado por los reformadores del siglo XVI. Esta es probablemente una de las grandes diferencias entre Antioquía y Alejandría como escuelas de interpretación bíblica: una estaba influida por la filosofía griega y la otra por el pensamiento hebreo. Según Justo L. González, uno de los iniciadores de la línea de pensamiento de esta escuela fue Ireneo de Lyon (130-202).[203] Este padre apostólico combatió con la herejía gnóstica. Una de sus frases famosas fue: "El error nunca se presenta en toda su desnuda crudeza, a fin de que no se le descubra. Antes bien, se viste elegantemente, para que los incautos crean que es más verdadero que la verdad misma".[204]

La visión fundamental de Ireneo era de un Dios pastor, que conducía a su pueblo a través de la historia. Esto le llevó a tomar la narración bíblica muy en serio. Ella es la que da testimonio de esta obra de Dios llevando a cabo sus propósitos. Si la Biblia se interpretaba solo como alegoría, no quedaba nada del obrar de Dios. La Biblia no nos enseña una serie de verdades eternas al margen de la revelación de Dios en la historia. Su énfasis se encuentra en cómo Dios se relaciona con la humanidad, es decir, lo que Ireneo llamó la "economía" divina, hacia dónde está llevándonos, y cuál es nuestro lugar y nuestra responsabilidad dentro de esa historia. Lo que encontramos en las Escrituras, según las interpreta Ireneo, es la historia de las relaciones entre Dios y la humanidad. En esa historia, a pesar del pecado humano y de las muchas veces que el pueblo de Dios ha sido desobediente, Dios ha estado llevando a su pueblo hacia la consumación final. En consecuencia, hay progreso en las Escrituras. La Biblia no es una serie de verdades eternas, pronunciadas por Dios desde lo alto, sino que es el testimonio de cómo la Palabra —el Verbo— de Dios ha ido dirigiendo a la humanidad en cada paso.

Por cuestiones de cercanía, tanto geográfica como cronológica, la escuela de Antioquía luchó en particular contra el método alegórico de Orígenes y mantuvo la primacía de la interpretación literal e histórica

---

[202] Ramm, *Protestant Biblical Interpretation*, 49.
[203] Justo L. González, *Historia del cristianismo*, 1:76.
[204] *Ibid.*, 1:77.

de las Escrituras. Es cierto que en la práctica algunos de los "antioque-ños" se dejaron llevar por el "alegorismo". No obstante, su exégesis fue básicamente literal e histórica. Ellos creían que el significado espiritual de un acontecimiento histórico estaba implícito dentro del mismo suce-so. Henry A. Virkler da un ejemplo muy gráfico: "Por ejemplo, según los alegoristas, la salida de Abraham de Harán significaba su rechazo de conocer las cosas mediante los sentidos; para la escuela de Antio-quía, la salida de Abraham de Harán representaba un acto de fe y con-fianza conforme él obedeció el llamado de Dios para ir de la ciudad histórica de Harán a la tierra de Canaán".[205]

Sin duda Ireneo fue un precursor de esta línea de pensamiento. Pero esta escuela tuvo en Diódoro, el primer presbítero de Antioquía —y después del año 378, Obispo de Tarsis— al verdadero fundador de la misma. Este último escribió un tratado sobre principios de interpreta-ción. Pero los más conocidos expositores fueron sus dos ilustres discí-pulos: Teodoro de Mopsuestia (350-428) y Juan Crisóstomo (347-407).

Teodoro de Mopsuestia y Juan Crisóstomo. Estos dos hombres se diferenciaron mucho en todos los aspectos. Teodoro mantenía puntos de vista más bien liberales respecto a la Biblia, mientras que Juan la consideraba en todas sus partes como la infalible Palabra de Dios. La exégesis del primero fue intelectual y dogmática; pero la del segundo más espiritual y práctica. El primero fue famoso como crítico e intér-prete; el segundo, aunque exégeta de mediana habilidad, eclipsó a to-dos sus contemporáneos como orador de púlpito. De ahí que Teodoro fuese llamado el exégeta, mientras que a Juan se le dio el título de Cri-sóstomo (boca de oro) por el esplendor de su elocuencia.

Ambos avanzaron bastante en el desarrollo de una verdadera exé-gesis seria, reconociendo la necesidad de determinar el sentido original de la Biblia, a fin de sacar provecho de ella. No solo atribuyeron gran valor al sentido literal de la Biblia, sino que conscientemente repudia-ron el método alegórico de interpretación. Aun cuando reconocían el elemento típico (tipológico) en la Biblia, para ellos, lo más importante era buscar el sentido literal y natural de los pasajes bíblicos, utilizan-do las herramientas gramaticales históricas para interpretarlos. Existía espacio para la interpretación tipológica, pero esta debía estar fundada

---

[205] Henry Virkler, *Hermenéutica: principios y métodos de interpretación bíblica* (Miami: Vida, 1994), 53.

estrictamente sobre el sentido literal. Aceptaron, por supuesto, que los textos pueden tener significados espirituales más allá que el sentido literal, pero estos nunca pueden contradecir el sentido literal.

En comparación con la escuela alejandrina, esto significó una gran reducción de pasajes del Antiguo Testamento considerados como cristológicos. Estos autores daban gran importancia a la intención del autor y a encontrar la aplicación pastoral y práctica que tenía el pasaje. Teodoro de Mopsuestia, por ejemplo, insistió en que solo cuatro de los Salmos eran mesiánicos (2, 8, 45, 110). Los demás tenían que ver con David y su tiempo. Cuando Isaías dice: "Como un cordero llevado al matadero" (53.7), no tiene la crucifixión de Cristo en vista. Pero, el Salmo 16.10, porque fue citado por Pedro en Hechos 13.35, fue cumplido realmente en Cristo. En cuanto al Salmo 22, aunque creía que tenía que ver con la historia contemporánea, fue cumplido tipológicamente en Cristo. La interpretación siempre estaba basada en el texto escrito. Muchas veces tenía un sentido más profundo que el literal o histórico, pero nunca podía ser encontrado si se ignoraba el sentido literal.

Jerónimo. Un autor que pertenece a esta escuela, pero que impactó en el cristianismo occidental fue Jerónimo (340-420). Este fue un gran estudioso de la Biblia, en términos de lo que era la erudición en la antigüedad. Tradujo la Biblia al latín (*Vulgata Latina*), lo que lo obligó a profundizar sus estudios en griego y hebreo. Notó que la Biblia Hebrea no contenía, ni contiene, los libros llamados apócrifos y sugirió su carácter secundario y que debería colocarse como una lectura entre los dos Testamentos. Esta sugerencia no se llevó a cabo hasta la época de Lutero.

Jerónimo realizó varias interpretaciones de la Biblia, aunque daba un gran énfasis en la exégesis histórica y literal, pues había sido influido por la escuela de Antioquía. Sin embargo, en la práctica fue un alegorista. Estaba familiarizado con el hebreo y el griego. Su obra en el campo exegético consistió principalmente en un gran número de notas lingüísticas, históricas y arqueológicas. Trabajó inicialmente con tres instrumentos bíblicos, que aumentaron su reputación de erudito: el *Onomasticón* (un diccionario etimológico de nombres bíblicos), el *Líber locorum* (un vademécum de lugares mencionados en la Biblia) y un estudio de pasajes difíciles del Génesis.[206] Jerónimo prosiguió con

---

[206] Ramón Trevijano Etcheverría, *Patrología* (Madrid: Biblioteca de Autores Cristianos, 1994), 244.

su tarea emprendida en Roma de revisión de la *Vetus Latina,* con nueva revisión del salterio *(Psalterium Gallicanum),* que llegaría a ser el Salterio de la Vulgata y del Breviario Romano.

En el año 390 comenzó la inmensa tarea de traducción de la Biblia hebrea y griega, que va a terminar en 405. Esta versión fue muy criticada por sus contemporáneos, no solo porque la Biblia griega había sido la recibida por la iglesia desde sus orígenes judeo-helenísticos, sino porque se pensaba que el texto hebreo había sido corrompido intencionadamente por los judíos. Aunque la versión de Jerónimo comenzó a ser usada desde el siglo V en adelante, finalmente se impuso desde el siglo X. Su uso común le dio el nombre de *Vulgata.*

Ya antes de esta tarea, Jerónimo se dedicó a la labor de comentarista. Comenzó por las cartas paulinas, comentarios que son compilaciones, con retoques personales de exegetas anteriores, principalmente de Orígenes, como él reconoce en *A los Gálatas* y *Efesios.* Su interpretación de Gálatas 2.11-14 le llevaría años, pues tuvo un prolongado debate epistolar con Agustín. Agustín se distinguió de Jerónimo en que su conocimiento de las lenguas originales era bastante deficiente. Esto equivale a decir que no era principalmente un exégeta. Tenía una gran habilidad en sistematizar las verdades de la Biblia, pero no en la interpretación de la Escritura.

• •

EJERCICIO 34

Menciona cuáles son las tres principales corrientes de interpretación bíblica en el cristianismo antiguo, sus principales exponentes y la característica principal de las mismas:

	Primera	Segunda	Tercera
Lugar			
Exponente			
Aporte a la interpretación bíblica			

• •

La interpretación en la Edad Media

El proceso que se dio en la Iglesia Antigua continuó durante el período que conocemos como la Edad Media. En general, se puede decir que se mantuvieron dos escuelas de interpretación bíblica: la literal y la alegórica o espiritual. Entre los más literalistas estuvieron los que a partir del siglo VIII empezaron a luchar a favor de la transubstanciación.[207] Esto significó la interpretación literal de las palabras de Jesús acerca de la presencia de su cuerpo y sangre en la Santa Cena. Para ellos, las palabras "este es mi cuerpo" y "el que come mi carne y bebe mi sangre, tiene vida eterna" (Jn. 6.54), deben ser entendidas literalmente. Fue esta forma de entender las palabras de Jesús lo que llevó a la iglesia a reconocer la transubstanciación como doctrina oficial en el Cuarto Concilio de Letrán de 1215.

Al mismo tiempo, en este período, se desarrolló una combinación entre la escuela de Alejandría y la de occidente, que estaba representada por Agustín de Hipona, de tal manera que se aceptó generalmente la multiforme interpretación de la Biblia, siguiendo el método alegórico de la escuela alejandrina, pero enfatizando el lugar del cumplimiento de las demandas (occidente), lo que se ha dado en llamar el sentido espiritual.

Para muchos, el sentido literal reflejaba la intención del autor humano, mientras el sentido espiritual reflejaba el significado dado por Dios, y, por lo tanto, era lo más importante del texto. Esto provocó un divorcio creciente entre la interpretación bíblica y la teología, con un énfasis creciente en la tradición de la iglesia. En la obra misionera, la Escritura fue utilizada en forma apologética como arma contra el judaísmo y contra el Islam.

Como ejemplo del énfasis espiritualista, podemos citar a Honorio de Autun, del siglo XI. En su interpretación de la parábola del buen samaritano, Honorio consideraba que el hombre herido era Adán, quien pecó y cayó entre los demonios. Para él, el sacerdote que pasó por el mismo camino representaba al orden de los patriarcas, que siguió el sendero de la mortalidad. El sacerdote lo dejó herido, ya que no tenía poder alguno para ayudar a la raza humana encontrándose él mismo herido por el pecado. El levita pasó por el camino, ya que el orden de los profetas tenía que hollar asimismo el sendero de la muerte. El Señor fue el Buen Samaritano, quien recorrió este camino cuando desde el cielo vino a este mundo.

---

[207] Esta palabra viene del latín *trans*, a través de o por sobre de; y *substantia*, sustancia. En la doctrina católica romana es el concepto de que el pan y el vino en la misa cambian milagrosamente su substancia para transformarse realmente en el cuerpo y la sangre de Jesús". Pablo A. Deiros, *Diccionario hispanoamericano de la misión*, edición electrónica.

Cuando se habla de la Edad Media, se hace referencia al período de la historia europea que transcurrió desde la desintegración del Imperio Romano de Occidente, en el siglo V, hasta el siglo XV. No obstante, se debe mencionar que estas fechas no pueden ser tomadas como referencias fijas, pues no existió una brusca ruptura en el desarrollo cultural del continente. Generalmente, la Edad Media se divide en tres épocas:[208] los inicios o temprana Edad Media (siglos V-X), la alta Edad Media (siglos X-XII), y, finalmente, la baja Edad Media (siglos XII-XV).

La temprana Edad Media. Se puede ubicar desde fines del siglo V, cuando una serie de procesos hizo cambiar la faz de Europa. Durante este período (de aproximadamente 300 años), Europa occidental mantuvo una cultura primitiva, aunque instalada sobre la compleja y elaborada cultura del Imperio Romano. Se absorbieron las tribus que dominaban Europa. Este es el período que se suele llamar la edad oscura.[209] Un dato que no se puede dejar de lado en este período es el surgimiento del Islam como potencia antagónica al cristianismo católico medieval.[210] Como escribió Hans Küng: "Dejando de lado la manifiesta potencia política-militar y organizativa del islam y los factores geopolíticos, económicos y culturales —que también afectaban al judaísmo— se comprenderá que una de las causas principales del déficit de la cristiandad parece haber sido la insuficiente fundamentación del dogma cristológico y trinitario".

En esta crisis, la única institución europea de alcance general fue la iglesia, pero incluso en ella se había producido una fragmentación de la autoridad. Todo el poder en el seno de la jerarquía eclesiástica estaba en las manos de los obispos de cada región. El Papa tenía una cierta preeminencia como obispo de Roma. Esta se veía a sí misma como

---

[208] Justo L. González, *Bosquejo de historia cristiana* (Decatur: AETH, 1995), 22ss, divide en baja Edad Media (456-1054); alta Edad Media (1054-1303); y fin de la Edad Media (1303-1453). Por otro lado, Paul Tillich, *Pensamiento cristiano y cultura de Occidente* (Buenos Aires: La Aurora, 1976), 1:158, divide la Edad Media en: 1) Período de transición (600-1000); 2) la Edad Media temprana (1000-1200); 3) la alta Edad Media (1200-1300); y 4) la Edad Media tardía (1300-1450).

[209] Paul Tillich, *Pensamiento cristiano y cultura de Occidente*, 1:157, dice: "este juicio implica que ahora vivimos en una edad iluminada de manera que miramos con cierto desprecio a ese período de supersticiones terribles. Nada de eso es cierto".

[210] Ver Hans Küng, *El cristianismo* (Madrid: Trotta, 2004), 352-358.

una comunidad espiritual de creyentes exiliados del reino de Dios que aguardaba en un mundo hostil el día de la salvación.

Desde una perspectiva cultural, el período inicial de la Edad Media consistió principalmente en la conservación y sistematización del conocimiento del pasado. Se copiaron y comentaron las obras de autores clásicos. Como producción se pueden mencionar algunas obras enciclopédicas como las *Etimologías* de Isidoro de Sevilla, escrita alrededor de 634, en las que su autor pretendía compilar todo el conocimiento de la humanidad.

En este primer período la relación entre razón y revelación todavía no se había clarificado. Usaban la Biblia como una guía para explicar cualquier circunstancia, ya fuera natural o sobrenatural. Consideraban que la Biblia contenía muchos significados. Influenciados por el platonismo, que veía el mundo visible como una tipología de la realidad metafísica (abstracta o trascendente), dijeron que las palabras de la misma simbolizaban la verdad de Dios, y para comprender esta verdad debían interpretarse los símbolos de la palabra.

En general, muchos cristianos, aun entre el clero, vivían en la más profunda ignorancia de la Biblia. Y en la medida en que la conocían, era solo mediante la traducción de la Vulgata y los escritos de los Padres. En general, se la consideraba un libro lleno de misterios y que solo se la podía entender de un modo místico. En este período, el sentido cuádruple de la Sagrada Escritura (literal, tropológico, alegórico y analógico) fue comúnmente aceptado. Y se convirtió en un principio establecido, que la interpretación de la Biblia debía conformarse a la tradición y a la doctrina de la iglesia.

Hacia el final del período, los monasterios adoptaron con sabiduría la regla de Benito de Nursia, y se decretó que las Escrituras debían ser leídas y, junto con ellas, la interpretación de los Padres, como explicación definitiva del texto. Incluso Hugo de San Víctor dijo: "Aprende primero lo que debes creer y después ve a la Biblia para corroborarlo". En aquellos casos en que las interpretaciones de los padres diferían entre sí, como ocurría con frecuencia, el intérprete tenía el deber de escoger, *quod ubique, quod semper, quod ab omnibus creditum est.*[211] Durante ese período no se desarrolló ningún nuevo principio hermenéutico, y la exégesis estaba atada de pies y manos por la erudición tradicional y la autoridad de la iglesia.

---

[211] Lo que se ha creído en todo lugar, siempre y por todos.

La alta Edad Media. Hacia mediados del siglo XI, Europa se encontraba en un período de evolución desconocido hasta ese momento. La época de las grandes invasiones había llegado a su fin y el continente europeo experimentaba el crecimiento dinámico de una población ya asentada. Renacieron la vida urbana y el comercio regular a gran escala. Este periodo se ha convertido en centro de atención de la moderna investigación y se le ha dado en llamar el renacimiento del siglo XII.

En este tiempo jugó un rol fundamental el poder papal, ya que durante este período la Iglesia Católica estuvo organizada en torno a una estructurada jerárquica con el Papa en una indiscutida cúspide. El papado no solo ejerció un control directo sobre el dominio de las tierras del centro y norte de Italia, sino que, además, lo tuvo sobre toda Europa gracias a la diplomacia y a la administración de justicia (en este caso mediante el extenso sistema de tribunales eclesiásticos). La iglesia se consideraba a sí misma como el centro de la existencia humana.

Este es el período del surgimiento y desarrollo del escolasticismo.[212] Se elaboraron los temas fundamentales de la fe cristiana, estudiaron los escritos de la iglesia, analizaron las doctrinas teológicas y las prácticas religiosas, y se discutieron las cuestiones problemáticas de la tradición cristiana.

La espiritualidad adoptó un carácter individual, centrada ritualmente en el sacramento y en la identificación subjetiva y emocional del creyente con el sufrimiento humano de Cristo. Paul Tillich plantea que el misticismo fue una de las actitudes teológicas fundamentales de la Edad Media. Para él no había oposición entre el misticismo y el escolasticismo, pues por este se entendía la experiencia de lo que se creía.[213]

Se fundaron las primeras universidades, se ofertaron graduaciones superiores en medicina, derecho y teología, ámbitos en los que fue intensa la investigación. Se recuperaron y tradujeron escritos médicos de la antigüedad, muchos de los cuales habían sobrevivido gracias a los eruditos árabes, y se sistematizó, comentó e investigó la evolución tanto del Derecho Canónico como del Civil. Esta labor tuvo gran influencia en el desarrollo de nuevas metodologías, que fructificarían en todos los campos de estudio.

---

[212] El término se deriva del griego σχολαστικός (de la escuela). Según Paul Tillich, *Pensamiento cristiano y cultura de Occidente* (Buenos Aires: La Aurora, 1976), 1:158, significa filosofía escolar, y representó la explicación metodológica de la doctrina cristiana.

[213] *Ibid.*, 1:159.

La baja Edad media. La tercera y última etapa de este período es la llamada baja Edad Media. Si la alta Edad Media estuvo caracterizada por la consecución de la unidad institucional y una síntesis intelectual, la baja Edad Media estuvo marcada por los conflictos y la disolución de dicha unidad. Fue entonces cuando empezó a surgir el Estado moderno aun cuando este, en ocasiones, no era más que un incipiente sentimiento nacional, y la lucha por la hegemonía entre la iglesia y el Estado se convirtió en un rasgo permanente de la historia de Europa, durante algunos siglos posteriores. Pueblos y ciudades continuaron creciendo en tamaño y prosperidad, y comenzó una lucha por la autonomía política. Este conflicto urbano se convirtió, además, en una lucha interna en la que los diversos grupos sociales quisieron imponer sus respectivos intereses.

La lectura devocional de la Biblia produjo una percepción de la iglesia como institución marcadamente diferente a la de épocas anteriores, en las que se la consideraba como algo omnipresente y ligado a los asuntos terrenales. Cristo y los apóstoles representaban una imagen de radical sencillez, y al tomar la vida de Cristo como modelo de imitación, hubo personas que comenzaron a organizarse en comunidades apostólicas. En ocasiones se esforzaron por reformar a la iglesia desde su interior para conducirla a la pureza y sencillez apostólica, mientras que en otras ocasiones se desentendieron simplemente de todas las instituciones existentes.

La aparición de la peste negra en la década de 1340, que terminó con una cuarta parte de la población europea, produjo el surgimiento de bandas de penitentes, flagelantes y de seguidores de nuevos mesías, que recorrieron toda Europa. Esta situación de agitación e innovación espiritual desembocaría en la Reforma Protestante. Las nuevas identidades políticas conducirían al triunfo del Estado nacional moderno, y la continua expansión económica y mercantil puso las bases para la transformación revolucionaria de la economía europea. De este modo, las raíces de la Edad Moderna pueden localizarse en medio de la disolución del mundo medieval, y en medio de su crisis social y cultural.

Desde el punto de vista de la fe cristiana, uno de los personajes destacados de este período fue Tomás de Aquino. El cristianismo, o el pensamiento de Occidente, fue condicionado por un acontecimiento capital: el encuentro del mensaje evangélico o de la sabiduría cristiana con la cultura de la antigüedad.

La manera en que Tomás de Aquino se acercó a la Escritura es altamente filosófica y racional. La tradición y los Padres (Agustín,

Gregorio, etc.) jugaban un papel importante en su exégesis. El texto debía servir en la disputa filosófica que Tomás desarrollaba con ciertos oponentes no-cristianos. El texto bíblico debía ser usado para presentar la verdad bíblica de manera inteligente, bien pensada, racional y defendible frente a un auditorio no cristiano. La filosofía platónica era clave. Platón y Aristóteles eran para Tomás instancias de gran importancia. Mucho en su exégesis obedece a esfuerzos por reconciliar la verdad contenida en los textos bíblicos con la verdad articulada por la filosofía griega. "El filósofo" era una figura importante en el comentario de Tomás y se refiere a Aristóteles. El comentario, tiene la forma de una disputa filosófica. Un buen ejemplo es el comentario a Génesis.[214]

Tomás de Aquino: "Artículo 3.
Q.: ¿La mujer fue confeccionada adecuadamente de la costilla del hombre?
Obj.1: La mujer no debe haber sido formada de la costilla del hombre. Pues, la costilla fue mucho más pequeña que el cuerpo de la mujer. Es imposible que de una cosa más pequeña sea hecha una cosa más grande... Por lo tanto, Eva no puede haber sido formada de la costilla de Adán.
Obj.2: Además, en las cosas creadas primeramente no había nada superfluo. Por lo tanto, una costilla de Adán pertenecía a la integridad de su cuerpo. Así que, cuando una costilla hubiera sido removida, su cuerpo hubiera quedado imperfecto. No es razonable suponer que esto haya sido el caso.
Obj.3: Además, una costilla no puede ser removida sin causar dolor. Pero antes del pecado no hubo dolor. Por lo tanto, no puede ser que se haya tomado una costilla del hombre para fabricar de ella a la mujer.
Respuesta: Al contrario, está escrito: (Gn.2:22) "Dios construyó de la costilla, que había tomado de Adán, una mujer".
Contesto: que la mujer perfectamente puede haber sido hecha de la costilla del hombre. Primeramente, era para indicar la unión social entre hombre y mujer, porque la mujer nunca debería 'ejercer autoridad sobre el hombre'; por lo tanto no fue hecha de su cabeza (del hombre); tampoco la mujer iba a poder estar expuesta al menosprecio del hombre, como su esclava; por lo tanto no fue hecha de sus pies.

---

[214] De Wit, *En la dispersión el texto es patria*, 74, 75.

En segundo lugar, había un significado sacramental: desde el costado de Cristo, durmiendo en la Cruz, fluyeron los sacramentos: sangre y agua, en los que la Iglesia fue establecida".

• •

EJERCICIO 35

Después de leer Génesis 2 y frente a la interpretación de Tomás de Aquino de la creación de la mujer, contesta las preguntas que siguen:

1. Según Tomás de Aquino, ¿cuál fue el objetivo por el cual Dios pudo haber hecho a la mujer del costado del hombre?

_____

_____

2. ¿Qué crees al respecto? _____

_____

_____

• •

Aportes de la Edad Media

Un autor de las características de Paul Tillich escribió que no hay razón para mirar la Edad Media con desdén. Hubo un desarrollo del pensamiento cristiano muy interesante a lo largo de estos siglos. Tillich afirma que, en general, se tiene una imagen distorsionada de la Edad Media. Un juicio muy corriente es aquel que afirma que fue una "época oscura". Ese juicio implica que ahora vivimos en una edad iluminada, de manera que miramos con cierto desprecio a ese período de supersticiones terribles. Nada de eso es cierto. La Edad Media representó una forma de resolver el gran problema de la existencia humana a la luz de lo eterno o sagrado.[215] Algunos de los aportes que podemos tomar de ella son los siguientes.

La lectio divina. En el primer período de la Edad Media —el período de transición— ocuparon un lugar importante los monasterios. Es en

---

[215] Tillich, *Pensamiento cristiano y cultura de occidente*, 1:150.

este contexto que surge la *lectio divina,* que tiene sus raíces en la lectura patrística de la Biblia y ocupa un largo espacio que va del siglo VIII al XII.[216] El gran padre de la *lectio divina* fue Gregorio Magno (540-604).[217] Teóricamente, él admite que primero es preciso buscar el sentido literal e histórico del texto sagrado, para construir a partir de él, el sentido típico y, por fin, el moral, que es el decisivo. Pero, en realidad, lo importante es leer la Escritura para descubrir en ella un nuevo modo de vida. "Escuchamos la Escritura, si obramos según ella", escribió Gregorio, apoyándose en Lucas 8.21. Obrar según la Escritura, para este padre de la iglesia, era amar y practicar su enseñanza, porque: "Dios nos habla a través de la Escritura con un solo propósito: conducirnos a su amor y al amor del prójimo" (comparar *Moralia* 27.21, 41).[218]

Se trata, pues, de una lectura que instruye, no tanto en una doctrina, sino en una vida espiritual; una lectura en la que interviene el Espíritu para orientar la vida del lector hacia Dios. No es una nueva interpretación teórica y especulativa, sino una lectura inserta en el contexto litúrgico, que debía llevar al lector a imitar lo que dice y a orientar la vida. En el centro de la práctica de la *lectio divina* se encuentra una actitud receptiva y reflexiva de lo que Dios dice por medio de la Palabra. Este método contempla cuatro partes: lectura (*lectio*), meditación (*meditatio*), oración (*oratio*) y contemplación (*contemplatio*). Estas deben realizarse en silencio y reflexivamente.

La Biblia en la escuela. Durante la Edad Media, tanto los monjes como los teólogos leyeron la Escritura mediante antologías o *catenae,* que fueron ganando popularidad.[219] Al mismo tiempo, se fue imponiendo un método, derivado del anterior, para ayudar a la lectura e interpretación de la Biblia: la *glosa,* que habrá de seguir desarrollándose posteriormente.[220] Esta puede ser marginal, interlineal o continua. Con el texto bíblico

---

[216] La frase *lectio divina* viene del latín y significa lectura divina con el sentido de "lectura orante". Es una metodología de reflexión y oración de un texto bíblico.

[217] Antonio M. Artola y José M. Sánchez Caro, "Biblia y Palabra de Dios", en *Introducción al estudio de la Biblia* (Estella: Verbo Divino, 1995), 2:264. Según Hans Küng, *El cristianismo: esencia e historia* (Madrid: Trotta, 2013), 342-351, Gregorio I (Magno) fue el primer Papa medieval y forma parte de los grandes de la historia universal.

[218] Artola y Sánchez Caro, "Biblia y Palabra de Dios", 2:265.

[219] *Catanae*: compilaciones de las opiniones de los "padres de la iglesia" que tuvieron gran influencia en las interpretaciones posteriores.

[220] *Glosa*: es una nota escrita en los márgenes o entre las líneas de un libro, en la cual se explica el significado del texto en su idioma original. Esta fue un formato muy

en el centro, las glosas van desarrollando una serie de comentarios, que pronto se convertirán en *quaestiones* teológicas, hasta que estas pasen a independizarse del texto bíblico y a tener vida propia.[221]

De este modo, la Biblia no solo se leía en el monasterio, sino que pasó a un nuevo ámbito, la escuela; primero a la catedralicia y después a la universidad. Este aporte terminó derivando en un biblicismo, que preparó el camino para la Reforma Protestante. Cuando hablamos de biblicismo nos referimos a una lectura de la Escritura que prescinde de las implicaciones personales y sociales que emanan de la Palabra, limitándose a un acercamiento científico o académico.[222]

La lectio scholastica. A partir de finales de los siglos XII y XIII llega a su máximo desarrollo la lectura escolástica de la Biblia o la *lectio scholastica*. Quizás valga la pena hacer una breve observación del método escolástico. Según Paul Tillich, el problema básico que trataba de responder la escolástica era: ¿cuál es la base de autoridad?[223] De acuerdo a los inicios de la Edad Media, la autoridad se encontraba en la tradición de la iglesia, o sea, la opinión de los Padres. La escolástica respondía a esta pegunta colocando en primer lugar a la razón, si bien la usó para armonizar e interpretar a la tradición de la misma.

Con el descubrimiento de las obras de Aristóteles, la exégesis tomó una nueva dirección. Para los monjes, las palabras habían sido creadas por Dios y designaban las cosas por su propia naturaleza. Pero para este filósofo, las palabras son una creación humana, sujetas a la historia. La *lectio scholastica* quebró (o rompió) la conexión mística entre palabra y realidad. La interpretación y toda la reflexión teológica al final de la Edad Media estaba creada y dirigida a una élite intelectual; no había una visión pastoral y mucho menos la intención de hacerla llegar

---

utilizado en la interpretación bíblica medieval, y fueron memorizadas por sus propios méritos, sin importar su autor. Muchas veces, un pasaje bíblico era fuertemente asociado con una glosa en particular, cuya verdad numerosos teólogos daban como un hecho. Tomado de Wikipedia, consultado el 7 /12 /2011.

[221] Este término (*quaestiones*: del latín, preguntas) se usa en la teoría retórica para los puntos discutibles en torno al cual giran las disputas.

[222] Deiros, *Diccionario hispanoamericano de la misión*, edición digitalizada, define biblicismo como el concepto "que acepta como verdadero todo lo que se encuentra en la Biblia según su significado literal, y que no acepta ninguna verdad que no tenga un fundamento explícito en ella".

[223] Tillich, *Pensamiento cristiano y cultura de Occidente*, 1:161.

al pueblo.[224] Cuando la tarea del erudito bíblico solo está dirigida a la erudición, el valor de una obra de esta naturaleza pierde parte del sentido que debe tener, que es acercar la Palabra al pueblo de Dios.

● ●

EJERCICIO 36

En la actualidad, nuestra lectura e interpretación de la Biblia:

1. ¿Está influenciada por alguno de los aportes que hizo la Edad Media?

   _____

   _____

2. Si la respuesta es Sí ¿cuál de estos aportes? _____

   _____

3. ¿Rescatas alguno de estos como positivo? _____

   _____

● ●

---

[224] Küng, *El cristianismo*, 426.

Capítulo 4
La interpretación y su historia (II)

"Con tu apoyo me lanzaré contra un ejército:
contigo, Dios mío, podré asaltar murallas.
El camino de Dios es perfecto;
la palabra del Señor es intachable.
Escudo es Dios a los que en él se refugian".
2 Samuel 22.30, 31.

Estos versículos se encuentran en una composición poética, colocada entre el registro de las guerras filisteas de David (21.15-22) y la lista de sus héroes (23.8-39). Es un poema que celebra la providencia de Dios al librar al rey de todos sus enemigos (v. 4). Este poema se ha clasificado, desde el punto de vista de la literatura, como un himno real de acción de gracias.[225] La historia de David termina adecuadamente con un gran himno, que se puede considerar tanto el programa como el resumen de su vida y reinado en su aspecto espiritual. Algo modificado, posiblemente por motivos litúrgicos, lo hallamos en el libro de los Salmos (Sal. 18).

Allí se afirma que Dios camina delante de sus hijos, y por eso David podía decir: "Contigo me lanzaré contra un ejército". Los hijos de Dios se apropian de la victoria desde antes de la batalla y caminan seguros del resultado final. Dios afirma a su pueblo por medio de su Palabra. La confianza de los hijos de Dios se encuentra puesta totalmente en la Palabra de Dios. El término hebreo que está en este lugar es *'imra*, que se deriva del verbo *'amar*, que significa decir, prometer, actuar (con poder). Es el que se usa en Génesis 1, cuando se describe cómo Dios creó por medio de su palabra ("dijo Dios"). David confiaba

---

[225] J. F. Walvoord, y R. B. Zuck, *El conocimiento bíblico, un comentario expositivo: Antiguo Testamento* (Puebla, México: Ediciones Las Américas, 1999), 2:273.

en esa Palabra de Dios y podía decir que era una palabra probada. Los grandes personajes de la fe confiaron en la Palabra de Dios. Fueron motivados por ella a alcanzar grandes metas. Fueron amonestados por la Palabra de Dios.[226]

El proceso que desembocó en el final de la Edad Media comenzó con la gran epidemia que asoló Europa, y que diezmó a la población y causó descalabros económicos y políticos (1347). La respuesta de muchos fue culpar de esta peste a los judíos, a quienes acusaron de brujería, y quienes sufrieron repetidas persecuciones. Lo mismo les sucedió a muchas mujeres, también acusadas de brujería. Fue esta también la época de la Guerra de los Cien Años entre Francia e Inglaterra, que llegó a involucrar prácticamente a todo el continente europeo. La religión se tornó cada vez más tétrica, orientada casi exclusivamente hacia la muerte y la vida futura.

Se han mencionado distintas fechas para el final de la Edad Media y el comienzo de la llamada Edad Moderna. Entre ellas se puede citar la caída de Constantinopla (1453), hecho que coincide con la invención de la imprenta de tipos movibles por Juan Gutenberg. Otros eventos que podrían haber marcado el final de la Edad Media e inicio de la Moderna son el descubrimiento de América (1492) o las 95 tesis de Lutero (1517). A esto se debe agregar que, a medida que los reyes de los "países" que formaban el Sacro Imperio, asociados con la burguesía, fueron reclutando y armando ejércitos permanentes, comenzó el fin del feudalismo y el surgimiento de las naciones modernas. Este proceso trajo también el fin del sueño de un solo pueblo bajo un emperador y un Papa. Según Justo L. González: "La decadencia del papado fue clara y abismal. Primero, quedó bajo la sombra y el dominio de Francia, hasta tal punto que la sede papal se trasladó de Roma a Aviñón, en las fronteras mismas de Francia (1309–1377)".[227]

Al igual que el papado, la teología académica, es decir, la que tenía lugar en las universidades, cayó también en crisis. A base de distinciones cada vez más sutiles y de un vocabulario cada vez más especializado, esta teología perdió contacto con la vida diaria de los cristianos y dedicó buena parte de sus esfuerzos a cuestiones que no les interesaban

---

[226] Héctor Llanes, *2 Samuel*, en *Comentario bíblico Mundo Hispano*, ed. por Daniel Carro, J. T. Poe y Rubén O. Zorzoli (El Paso, TX: Mundo Hispano, 1997), 297.

[227] Justo L. González, *Bosquejo de historia de la Iglesia* (Decatur, GA: AETH, 1995), 32.

sino a los teólogos mismos. Durante este período, la teología se dedicó a distinciones cada vez más sutiles. Además, se fue abriendo un abismo cada vez mayor entre la fe y la razón, de modo que a la postre prácticamente se dio la impresión de que Dios era un ser caprichoso.

En respuesta a todo esto, hubo varios movimientos reformadores. Algunos se mantuvieron dentro de la iglesia y otros fueron considerados "herejías".[228] Como escribió Pablo A. Deiros: "El deseo de una reforma de la Iglesia estaba bien generalizado durante el siglo XV, pero tenía antecedentes en muchos individuos y grupos disidentes a lo largo de toda la Edad Media".[229]

Dentro de los intentos de reforma que fueron condenados por la Iglesia se puede mencionar a los guiados por John Wycliff (1330-1384) y Jan (Juan) Huss (1369-1415). El primero, que vivió en Inglaterra, creía que la Biblia se debía traducir al idioma del pueblo. Tras su muerte, algunos de sus seguidores tradujeron la Biblia al inglés. Inspirados en sus enseñanzas surgió un movimiento llamado de los "lolardos", que se dedicó a predicar por toda Inglaterra. El segundo, Juan Huss, era natural de Bohemia, adonde llegaron también las enseñanzas de Wycliff. De la misma manera que este, Huss insistía en la autoridad de la Biblia para reformar la vida y las doctrinas de la iglesia. Fue llamado al Concilio de Constanza (1414-1418) con un salvoconducto, dado por el emperador, pero el Concilio decidió ignorar este salvoconducto y arrestarlo (durante siete meses). En su defensa, Huss citaba la Biblia como autoridad, por lo que fue quemado en la hoguera. Este mismo Concilio ordenó quemar los restos de Wycliff, quien había muerto en 1384, es decir, más de 30 años antes. Estos dos líderes y otros que el espacio disponible no nos da la oportunidad de mencionar, fueron los precursores de la Reforma o pre-reformadores.[230] Su ministerio fue el

---

[228] Ver Juan Driver, *La fe en la periferia de la historia* (Guatemala: Clara-Semilla, 1997), 93-128. Entre los movimientos que intentaron cambiar la situación de la iglesia se puede mencionar a Francisco de Asís (1181-1226).

[229] Pablo A Deiros, *Historia del cristianismo: los mil años de incertidumbre* (Buenos Aires: Ediciones Del Centro, 2006), 190.

[230] Para conocer más acerca de estos hombres, ver los artículos publicados bajo sus nombres en: Justo L. González, ed., *Diccionario ilustrado de intérpretes de la fe* (Barcelona: Clie, 2002); Wilton M. Nelson, ed., *Diccionario de historia de la iglesia* (Miami: Caribe, 1989). "Precursores o pre-reformadores" los llama Tillich, *Pensamiento cristiano y cultura de occidente*, 1:221ss. El mismo autor menciona que tenían en común con los reformadores su crítica de la situación de la Iglesia, pero carecían de lo que se podría llamar el descubrimiento de Lutero, la justificación por la fe.

antecedente inmediato de lo que habría de ser conocido como la Reforma Protestante.[231]

La interpretación en la Reforma Protestante

El impulso que en los siglos XIII y XIV habían recibido los estudios bíblicos (ver los aportes de la Edad Media, más arriba) decayó notablemente durante el s. XV, período en el que la mayoría de los autores, aún con mentalidad medieval, interpretaban la Biblia sobre todo de manera místico-alegórica. Pero el renacimiento de los estudios clásicos, las lenguas antiguas y de la historia, a finales de este siglo y comienzos del XVI, provocaron una nueva orientación. Para Paul Tillich: "El período previo a la Reforma es muy distinto de la alta Edad Media. Durante esta época adquiere importancia el principio laico y el biblicismo comienza a prevalecer sobre la tradición eclesiástica".[232]

El Renacimiento y el Humanismo

El Renacimiento y el humanismo fueron de gran importancia para el desarrollo de sanos principios hermenéuticos.[233] En los siglos XIV y XV, prevaleció la más densa ignorancia sobre el contenido de la Biblia. Había doctores en teología que nunca la habían leído completamente, y la única forma de conocer algo de la Biblia era por medio de la traducción de Jerónimo, *La Vulgata*. El Renacimiento hizo énfasis en la necesidad de acudir al texto original.

> **Justo L. González:** "Durante la Edad Media, siempre había habido algunos que amaban y estudiaban los clásicos latinos, y los utilizaban como fuentes para su reflexión y para sus escritos. Pero en el

---

[231] Justo Anderson, *Historia de los bautistas*, 3 vols. (El Paso, TX: Casa Bautista de Publicaciones, 1978), 1:141-144, afirma que en la Edad Media hubo dos corrientes subterráneas de oposición a la jerarquía católica medieval: la valdense y la catarista, esta última incluía distintos grupos como los paulicianos y otros.

[232] Tillich, *Pensamiento cristiano y cultura de occidente*, 1:221.

[233] El término Renacimiento es el usado por los historiadores para referirse a un período en que hubo un renacer o progreso cultural, y está comprendido entre los siglos XV-XVI. Este comenzó en Italia con un renovado interés por los clásicos. El renacimiento está asociado con el humanismo. Según Deiros, *Diccionario hispanoamericano de la misión*, por humanismo se entiende "un reavivamiento de la literatura clásica, el estímulo de un espíritu individualista y crítico, y el énfasis sobre los intereses seculares que caracterizaron al Renacimiento".

siglo XV, como parte del gran despertar del interés en la antigüedad clásica, que pudo verse también en la arquitectura, la pintura y la escultura, hubo un despertar en los estudios de la literatura clásica. A esto contribuyó la caída de Constantinopla, puesto que los numerosos eruditos bizantinos que buscaron refugio en Italia, trajeron consigo su conocimiento de la lengua y literatura griegas. Pronto el griego vino a ser posesión común de las gentes educadas en toda Europa, y así se abrió una amplia avenida hacia los tesoros de la antigüedad".[234]

Esta apertura que menciona González es lo que habría de ser el caldo de cultivo para la Reforma.

Dos personajes de la época deben ser mencionados: Johannes Reuchlin (1455-1522) y Desiderio Erasmo (1466-1536), quienes insistieron en que los intérpretes de la Biblia tenían el deber de estudiarla en las lenguas originales en que había sido escrita. Con su tarea, estos eruditos facilitaron ese estudio. Reuchlin fue un humanista alemán, que manejaba latín, griego y hebreo, publicó una gramática y un léxico hebreo, que fueron las herramientas usadas por quienes querían estudiar esta lengua. Un dato interesante es que fue tío abuelo de Felipe Melanchton, el colaborador de Lutero. Sin embargo, no abrazó la causa de la reforma luterana.

Erasmo de Rotterdam y el Nuevo Testamento Griego. Erasmo fue posiblemente la figura "sobresaliente de transición entre la Edad Media y la era moderna".[235] Su obra muestra claramente que terminaba una era, pero mantenía una cierta relación con la misma. Si bien introdujo una nueva manera de expresar la fe, no rompió con lo previo. Aunque en toda su obra Erasmo se destaca por su cuidadosa ortodoxia, sus incesantes y duros ataques a los defectos de la Iglesia le hicieron merecedor de enconadas y rebuscadas acusaciones, particularmente a raíz de la aparición de Lutero. En este caso, tuvo una posición difícil, ya que compartía la crítica que hacía Lutero a las costumbres en la Iglesia, pero no estaba de acuerdo con la forma en que este lo hacía. Erasmo no se definió por una reforma a fondo. Algunos han dicho que fue

---

[234] Justo L. González, *Historia del pensamiento cristiano*, 3:17.

[235] Roberto Amparo Rivera, "Erasmo de Roterdam", en *Diccionario ilustrado de intérpretes de la fe*, 170.

porque se reservaba para actuar como mediador dentro de la Iglesia. Lo que irritó a muchos fueron sus silencios, es decir, lo que dejó de decir.

En cuanto a la interpretación de las Escrituras, Erasmo saltó el Medievo, volvió al texto bíblico en directo y al contacto con los Padres de la Iglesia.[236] En este campo, su gran aporte fue la edición en 1516 del texto griego del Nuevo Testamento bajo el nombre de *Novum Instrumentum*. La primera edición estaba acompañada de una columna paralela con una traducción latina nueva, la primera traducción latina de todo el Nuevo Testamento desde la aparición de la Vulgata Latina. Desafortunadamente, la primera edición tenía centenares de errores tipográficos. En las cuatro ediciones posteriores (segunda en 1519; tercera en 1522; cuarta en 1527; quinta en 1535) se corrigió la mayor parte de estos errores.

La segunda edición titulada *NovumTestamentum* fue la base del Nuevo Testamento alemán traducido por Lutero. La tercera edición es famosa por la introducción del conocido pasaje de los "tres testigos" en 1 Juan 5.7, 8a. Este pasaje considerado como una adición a Juan, aparecía en la Vulgata en los tiempos de Erasmo, pero no en los manuscritos griegos que este conocía, y, por lo tanto, la omitió en sus primeras dos ediciones. Cuando fue criticado por omitirla, prometió que la colocaría en su próxima edición, si alguien podía descubrir un solo manuscrito griego donde estuviera este pasaje. Finalmente, le mostraron tal manuscrito y Erasmo la colocó en su tercera edición, tal como había prometido, pero señalando en una nota que no la creía auténtica. Erasmo no sabía que ese manuscrito que le mostraron había sido escrito en 1520, con el único propósito de obligarlo a incluir dicha añadidura en su texto griego. El trabajo de Erasmo fue reproducido en cuatro ediciones posteriores por el impresor francés Robert Estienne y en nueve ediciones (1565–1604) por el erudito reformado Teodoro Beza.

---

[236] Erasmo dejó de lado la interpretación de los cuatro sentidos de la Escritura de la última etapa del Medievo. El primero era el sentido literal, que presenta los hechos históricos narrados por la Biblia, es decir, la serie de intervenciones de Dios en la historia de la salvación. Pero esta historia esconde el misterio de Cristo, es decir, el sentido espiritual de los Padres de la Iglesia, que comienza con el sentido alegórico, la referencia a Cristo y a la Iglesia. En el Antiguo Testamento se debía buscar la referencia a Jesús y en el Nuevo Testamento a la vida de la iglesia contemporánea. El tercer sentido era el sentido moral, mediante el cual la Escritura ofrecía una orientación segura para regular la vida cristiana según los criterios queridos por Dios. Y, finalmente, estaba la anagogía o el sentido místico (superior) que llevaba al conocimiento de las realidades trascendentes y escatológicas.

Erasmo presentó su teoría de la interpretación en un escrito llamado *Ratio seu methodus compendio perveniendi ad veram theologiam.* En ella definió que era preciso tener un adecuado bagaje científico y cultural, que incluyera el conocimiento de las lenguas bíblicas, de la naturaleza, la retórica y los escritos antiguos. Allí menciona varios puntos, entre los cuales se pueden mencionar: (1) Se debe ejercer la crítica literaria, tratando de averiguar el lugar, tiempo, ocasión, intención y tono de cada libro bíblico, (2) Es preciso tener en cuenta el contexto de cada pasaje bíblico e interpretarlo de acuerdo con el pensamiento general de su autor y de toda la Escritura, (3) Se puede hacer uso de los escritos de los Padres, pero debe ser un uso no indiscriminado, sino crítico y de primera mano, (4) Pero, sobre todo, es preciso tender al conocimiento de Cristo, centro y corazón de la Escritura, al cual conducen todos sus libros.

Erasmo explicó que cuando en ella nos encontramos con aparentes contradicciones, es preciso buscar el conocimiento de la más completa circunstancia histórica. Y, a la vez, es necesario abrirse a Cristo, escucharlo y hacerse su discípulo; para lo cual es necesario la guía el Espíritu Santo.[237] Como podemos ver, Erasmo tenía una preferencia por el sentido literal de la Escritura, y había conjugado lo viejo y lo nuevo. Introdujo la dimensión crítica del humanismo, combinándola con la cultura patrística y tradicional, y el sentimiento de religiosidad interior y personal propio de la época. Se redescubría así la Escritura como el centro de la teología y de la vida del cristiano, colocándola en el corazón de la reforma de la Iglesia, solo posible a partir de la reforma interior.

• •

EJERCICIO 37

Al leer los principios propuestos por Erasmo, hay algunos que son de mucho valor. Escribe en tus propias palabras los dos que consideres más importantes:

1. _____

_____

2. _____

_____

• •

---

[237] Artola y Sánchez Caro, *Biblia y Palabra de Dios*, 268, 269.

Robert Estienne y el *textus receptus*. Robert Estienne fue un impresor que nació en París 1503 y murió en Ginebra 1559. Comenzó trabajando en la imprenta de un familiar, corrigiendo griego, hasta que creó su propia imprenta (1526), donde realizó las ediciones-impresiones del Nuevo Testamento. Bajo el nombre de Stephanus publicó cuatro ediciones del Nuevo Testamento griego entre 1546 y 1551, utilizando el texto de Erasmo.[238] En las dos primeras ediciones (1546 y 1549), aunque siguieron a Erasmo, le introdujo algunos cambios tomados de la Biblia Complutense. En 1550 publicó su tercera edición, que fue muy importante por dos razones: la primera es que estaba impresa en un tamaño de 22 por 32 centímetros (tamaño folio y era muy hermosa), y la segunda es que siguió estrictamente a Erasmo, aunque las variantes de la Complutense estaban al margen. Este texto constituyó la base del llamado *textus receptus*, es decir, el texto que fue aceptado y que fue la base de la mayoría de las traducciones históricas (como RVR), hasta la aparición de las modernas ediciones críticas.[239]

Stephanus creía que este texto griego era el verdadero "texto recibido" por los apóstoles, y, por lo tanto, inspirado. El nombre de Texto Recibido está formalmente impreso en la segunda edición de los impresores Elzevir de 1633, debido a las palabras que aparecen en latín en el prefacio: *Textum... ab ómnibus receptum* (texto recibido por todos).[240] Puesto que la edición de Elzevir es la misma que la de Erasmo-Stephanus, ambas son referidas indistintamente como el *Textus Receptus*. Un año más tarde (1551), Stephanus enumeró los versículos del Nuevo Testamento al margen del texto, pero no los dividió, ni colocó los números dentro del texto.

Sobre el valor que se dio al Texto Recibido escribió Josep O'Callagham: "Fue reproducido en centenares de ediciones posteriores y se convirtió en casi sagrado, de manera que prácticamente no se podía modificar nada. La reverencia atribuida al *textus receptus* llegó a ser tan supersticiosa que, en algunos casos, criticarlo o modificarlo era considerado casi como un sacrilegio.[241] Nuestra traducción Reina Vale-

---

[238] Estienne mismo latinizó su nombre a Stephanus con el que fue más conocido.

[239] Ver Lightfood, *Comprendamos cómo se formó la Biblia*, 118, 119.

[240] Los Elzevir o Elzeviro fueron una familia holandesa de editores que se mantuvo por 132 años y gozó de gran prestigio durante el siglo XVII. Sus libros fueron famosos por su pequeño formato y su precio económico.

[241] Josep O'Callagham, *Introducción a la crítica textual del Nuevo Testamento* (Estella: Verbo Divino, 1999), 80.

ra Revisada (RVR1960) sigue el Texto Recibido, mientras que las nuevas traducciones tienen la tendencia a seguir ediciones críticas, tanto del texto hebreo del Antiguo Testamento como del griego del Nuevo Testamento.

● ●

EJERCICIO 38

¿Cuál ha sido tu reacción al comparar distintas versiones y notar diferencias?
(Lee, por ejemplo, 1 Tesalonicenses 4.4 en RVR, LBLA y NVI).

_____

¿Que "versión" de la Biblia aceptas y por qué?

_____

_____

● ●

La Biblia Complutense. En España, el espíritu humanista se manifestó sobre todo en Alcalá y su máxima expresión fue la publicación de la *Biblia Políglota Complutense*. Esta tiene el honor de ser la primera Biblia impresa en las lenguas originales (hebreo, arameo y griego), y al mismo tiempo fue la primera edición políglota de toda la Biblia. Fue patrocinada por el cardenal Ximénez de Cisneros. En ella colaboraron con mayor o menor dedicación humanistas como Antonio de Nebrija, que intervino especialmente en la corrección de la Vulgata, el texto latino de San Jerónimo. La parte griega la trabajaron Demetrio Ducas el Cretense y Fernando Núñez de Guzmán. Hebraístas de la categoría de los conversos Alonso de Alcalá, Alfonso de Zamora y Pablo Coronel se encargaron de la parte hebrea y aramea.

El nacimiento de la imprenta, en la década de 1450, se aprovechó enseguida para una mayor eficiencia en la publicación de la Biblia. Con grandes gastos personales, el cardenal Cisneros compró muchos manuscritos e invitó a los mejores teólogos de la época para trabajar sobre la ambiciosa tarea de compilar una enorme y completa Biblia políglota para "reavivar el decaído estudio de las Sagradas Escrituras". Los estudiosos se encontraron en Alcalá de Henares (en latín, *Complutum*), en la universidad fundada por Cisneros. Los trabajos comenzaron en 1502 bajo la dirección de Diego López de Zúñiga y se continuaron durante 15 años. Aunque los criterios hermenéuticos, expuestos en el prólogo todavía sostenían la teoría medieval de los cuatro sentidos bíblicos, la obra en su conjunto es uno de los más acabados productos de la crítica literaria surgida del humanismo.

En Salamanca, cuya universidad seguía líneas más tradicionales, se percibían también los vientos del humanismo en obras de exégetas que, si bien no alcanzarían la categoría de los posteriores al Concilio de Trento, no eran insensibles a las nuevas orientaciones. Así se aprecia en el comentario al Génesis de Antonio de Honcala, publicado en 1555. Pero donde se va a situar la discusión más profunda es en la actitud hermenéutica de los reformadores protestantes.

Los reformadores y la Biblia

Lo distintivo para todos los reformadores del siglo XVI, sea Lutero, Zwinglio, Calvino, los anabautistas o Menno Simons, es que todos insistieron en dos cosas muy importantes. Por un lado, la autoridad de las Sagradas Escrituras. Este énfasis es clave, porque justamente la Reforma surge como un cuestionamiento de la autoridad tradicional de la Iglesia, los papas y los concilios. Como mencionan Artola y Sánchez Caro: "No se debe tomar este dato simplísticamente, como si Lutero hubiese apelado a un libro frente a una persona. La cuestión es más compleja y supone una toma de postura hermenéutica... En este camino, Lutero fue precedido por John Wycliff (1384), para quien la Escritura ha de interpretarse literalmente y siguiendo la autoridad del Espíritu frente a la autoridad de los intérpretes humanos, incluido el magisterio de la iglesia".[242] Por otro lado, las Escrituras debían estar en las manos del pueblo, y posiblemente aquí estuvo una de sus fortalezas. Esto significó un giro de ciento ochenta grados en la vida religiosa del pueblo de Dios. A partir de allí ya no se debía depender de mediadores para que comunicaran las demandas de Dios para su pueblo.

Aporte general de la Reforma. Como ya se ha mencionado, los reformadores comenzaron a enfatizar el lugar importante de la Escritura, redescubrieron la Biblia como autoridad primaria y fuente de revelación. Pero, dado que nadie dudaba que la Biblia es la Palabra de Dios,

---

[242] Artola y Sánchez Caro, *Biblia y Palabra de Dios*, 270.

el problema se encontraba en que había que evitar que fuera contaminada por la intervención humana. Para ello era necesaria una lectura nueva del texto. Una lectura no interrumpida o contaminada por la intervención humana; una lectura directa con énfasis en la primera significación del texto.

Fue esta la cuestión central que llevó a una renovación mayor en el campo de la interpretación bíblica. Gracias a reformadores como Lutero, Calvino y otros, y gracias a un nuevo interés en la gramática hebrea y el sentido literal del texto (lo que el texto "realmente" dice), el modo de interpretar el texto bíblico cambió.

Entre las premisas de los reformadores se pueden mencionar: primero, el texto de las Escrituras es claro y comprensible para cualquier ser humano; segundo, toda persona tiene la capacidad potencial de entender la Biblia como criatura dotada por Dios para ese entendimiento; tercero, cada creyente puede entender el mensaje de la Biblia; cuarto, el sentido natural y obvio de la Escritura determina lo que Dios quiere decirnos; y quinto, la Sagrada Escritura es su propio intérprete y debe ser interpretada a la luz de su propio contexto y por la ayuda de pasajes semejantes.

• •

EJERCICIO 39

Reescribe en tus propias palabras las premisas de los reformadores:

1. _____

2. _____

3. _____

4. _____

5. _____

• •

Lutero: la Biblia al alcance del pueblo. Acerca de la vida e importancia de Martín Lutero para el desarrollo del pensamiento cristiano no podemos explayarnos en este lugar. Un resumen de la diferencia que existió entre Lutero y el paradigma medieval del catolicismo puede ser presentado de esta forma: (1) Contra los méritos u obras, esfuerzos de piedad religiosa, prescritos por la iglesia, Lutero opuso la gracia y la fe (*sola gratia* y *sola fide*), (2) Contra la mediación de los santos y otros, Lutero opuso la centralidad de Cristo (*solo Christus*), (3) Y, finalmente, contra las tradiciones, leyes y autoridades humanas, Lutero opuso el primado de la Escritura (*sola scriptura*).[243]

Tengamos presente que cuando era acusado por su doctrina de la *sola gratia,* Lutero apelaba a la Escritura contra el Papa y los Concilios, y recogía la doctrina ya sembrada de la única autoridad de la Escritura, fundada en la autoridad del Espíritu Santo, que no podía errar. Tal postura, afirmada ya en 1518, se expresaba con toda claridad en el discurso ante la dieta de Worms, de 1521. Así, a la *sola gratia* corresponde la *sola Scriptura,* que no necesita ni puede apoyarse en la autoridad humana del Papa, los Concilios u otras autoridades.

El cristiano tiene acceso directo a la Escritura, a su sentido verdadero, siempre que se acerque a ella con disposiciones adecuadas para recibir la luz del Espíritu. Según Lutero, las Escrituras no deben ser entendidas sino en el espíritu en que fueron escritas, espíritu que solo se puede encontrar presente y vivo en sus mismas letras sagradas, las que el Espíritu Santo escribió. Ninguna autoridad humana puede confirmar una interpretación como válida de la Escritura. Esta es intérprete de sí misma. La piedra de toque que confirmará si se está o no en la verdadera interpretación es la experiencia interna de saber si conduce o no a Cristo, que es el corazón del evangelio y por ende de todas las Escrituras.

Lutero rindió un gran servicio a la nación alemana traduciendo la Biblia al alemán, su lengua vernácula. También hizo alguna obra expositiva, aunque en forma limitada. Sus reglas hermenéuticas fueron mucho mejores que su exégesis. Aunque reconocía solo el sentido literal y habló burlonamente de las interpretaciones alegóricas como *affenspiel*, no estuvo enteramente libre del método que rechazaba.[244]

Como es bien conocido, Lutero escribió una enorme cantidad de comentarios a casi todos los libros del Antiguo y Nuevo Testamento. Para él el sentido literal ocupaba el primer lugar. Justo después viene el sentido espiritual, que, en la obra de Lutero, sigue teniendo cierta importancia: para divertir, iluminar, ilustrar. Por su interés en el sentido literal y su trabajo de traducción, Lutero comenzó a estudiar el hebreo.

---

[243] Ver Küng, *Grandes pensadores cristianos*, 138.

[244] *Affenspiel* significa literalmente "juego de monos", es decir, cosa fútil y de poca importancia. Ver Berkhof, *Principios de interpretación bíblica*.

Se debe recordar que para entonces ya habían aparecido las primeras gramáticas hebreas. En sus comentarios es posible ver el progreso del reformador. Cuando escribió el comentario a Génesis, hizo referencia al texto hebreo, mencionó que la palabra hebrea *raqui'a* debía ser traducida como "expansión", porque el verbo *raqa'* significa expandir (ver su comentario de Gn. 1.6).

Para Lutero, el hebreo era un lenguaje que solamente el alemán era capaz de representar en sus modismos, expresiones, ritmo y formas. Lutero creía que las palabras hebreas tenían un significado agregado, adicional, metafórico. Por ejemplo: "mano" es también poder, "rostro" es también presencia, etc. Sin embargo, buscaba un sentido espiritual o místico. Consideraba las repeticiones de las palabras como portadoras de una significación profunda y mística. Por ejemplo: si encontraba tres veces la palabra Dios en un Salmo, Lutero tomaba esto como una alusión a la Trinidad; la duplicación de una palabra la veía como referencia a la doctrina de las dos naturalezas de Cristo. La forma externa de la Biblia se debía comparar con la cáscara dura de una nuez. Hay que romperla contra la roca que se llama Cristo para poder encontrar el núcleo dulce. "Los estúpidos creen haber encontrado todo en la Biblia y dicen: 'De qué me sirve... Ya sé todo'. Sin embargo, para poder descubrir que el jardín es una nuez (*nucum*) hay que meditar en él".[245]

Al hablar de Lutero no se puede dejar de mencionar a Felipe Melanchton, el sobrino nieto de Reuchlin, y que fue la mano derecha de Lutero y lo superaba en conocimientos. Sus conocimientos de las lenguas originales, tanto del griego como del hebreo, hicieron de él un admirable intérprete. Él publicó los primeros comentarios de Lutero sobre Gálatas y Salmos.

Calvino: el exégeta de la Reforma. Juan Calvino (1550-1564) fue considerado el "más grande exégeta de la Reforma".[246] Sus exposiciones abarcan casi todos los libros de la Biblia. Compartió los mismos principios fundamentales de Lutero, pero los superó en cuanto a poner su práctica de acuerdo con la teoría. Calvino, aún más que Lutero, se opuso a la interpretación medieval alegórica, de allí que su exége-

---

[245] De Wit, *En la dispersión el texto es patria*, 78-80.

[246] Virkler, *Hermenéutica*, 57, ver también Berkhof, *Principios de interpretación bíblica*, 25. Para una biografía de Calvino, ver Jacob T. Hoogstra, *Juan Calvino: profeta contemporáneo* (Grand Rapids: TSELF, 1973), entre otras obras.

sis del Antiguo Testamento fuera mucho menos cristológica que la de sus predecesores. El sentido histórico del texto era para él el verdadero sentido. Calvino fue mucho más sistemático que Lutero. Sus trabajos carecen de la pasión que se encuentra en los comentarios de aquel, pero ponía especial énfasis en el valor de la Escritura (2 Ti. 3.16, 17).

Para él un comentario a un texto bíblico debe ser breve y transparente. El principio interpretativo debe ser el descubrimiento de la intención del autor del texto. La interpretación del texto debe esclarecer el contexto histórico del texto, y prestar atención a las circunstancias históricas en que se originó e investigar meticulosamente la gramática del texto. El sentido literal es lo más importante del texto.

A partir de las premisas de los otros reformadores, Calvino agregó lo siguiente. En primer lugar, se debe renunciar a la interpretación alegórica, pues es un arma de Satanás para corromper las Sagradas Escrituras. En segundo lugar, se debe interpretar el texto de manera literal. En tercer lugar, debe haber una fuerte dependencia del Espíritu Santo. En cuarto lugar, se debe valorizar el lugar de las lenguas originales (hebreo y griego). La ayuda del Espíritu es indispensable, pero eso no libera del estudio del texto. En quinto lugar, se debe utilizar una tipología equilibrada de los textos del Antiguo Testamento. Y, finalmente, la mejor herramienta para interpretar las Escrituras es la misma Palabra de Dios. Si comparamos con las premisas de la Reforma, nos podemos dar cuenta que lo que propone Calvino parte de esa base.

Uno de los aspectos destacados de Calvino fue su manera de interpretar el Antiguo Testamento, que no es tan cristológica como la de Lutero. Reconoce que hay muchos pasajes del Antiguo Testamento que tienen una referencia implícita a Cristo, pero eso no significa que pierdan su valor histórico. Un ejemplo que menciona Hans de Wit, es su interpretación de Génesis 3.15.

Juan Calvino: "Este lugar es una excelente prueba de cuán grande es la ignorancia, el descuido, la negligencia de todos los maestros del papado. Han traducido este pasaje usando el género femenino en vez del género masculino o neutro. Nadie hubo entre ellos quien haya consultado los manuscritos hebreos o griegos, o por lo menos alguien que hubiera comparado las copias latinas. Por este común error se ha adoptado la peor lectura. Es por eso que se ha inventado la interpretación impía que asocia lo que fue dicho de la serpiente con la santa madre de Cristo. En las palabras de Moisés, sin embargo, no hay la menor ambigüedad... Tampoco estoy de acuerdo con los que vinculan la palabra 'descendencia' con Cristo. Como si el texto hubiera dicho que de la descendencia de la mujer (solamente) uno se levantará para destrozar la cabeza de la serpiente... No, la palabra descendencia se refiere a todos los descendientes".[247]

En este y otros comentarios podemos ver el estilo directo y polémico, casi agresivo de Calvino. Sea como fuere la disputa de los reformadores con los demás intérpretes, hay que reconocer que en la Reforma nace una nueva manera de acercarse al texto bíblico. Es difícil subestimar el valor de los trabajos exegéticos que se produjeron en aquel entonces. Comentarios como los de Calvino son realmente nuevos. Es impresionante ver cómo y con cuánta disciplina y rigor metodológico el texto bíblico estuvo siendo tomado, analizado e interpretado en sus varios aspectos fundamentales.

La Contrarreforma

La reacción de la Iglesia Católica Romana a los principios de interpretación aceptados y declarados por los reformadores está contenida en la Sesión IV (celebrada el 8 de abril de 1546) del Concilio de Trento.[248] Allí se dieron dos "decretos": *Sobre las Escrituras canónicas* y *Sobre la edición y uso de la Sagrada Escritura.*[249] En general, se condenó el principio de la libre interpretación de la Escritura. Las definiciones de esta sesión (y documentos) fue la siguiente: (a) Aceptación de los Libros Sagrados y las tradiciones de los apóstoles. En otras palabras: el decreto contiene una definición de los libros canónicos, en la que se incluyen los libros llamados deuterocanónicos. Y la aceptación, como fuente de autoridad de "las tradiciones no escritas que, transmitidas como de mano en mano han llegado hasta nosotros desde los apóstoles, quienes las recibieron o bien de labios del mismo Cristo, o bien por inspiración del Espíritu Santo... con igual afecto de piedad e igual

---

[247] De Wit, *En la dispersión el texto es patria,* 81, tomado de Juan Calvino, *Calvin's Commentaries: Genesis* (ed. electrónica Logos Library System; *Calvin's Commentaries,* Génesis 3.15.

[248] El Concilio de Trento se reunió entre 1545 y 1563, y representó la respuesta católica romana a la Reforma Protestante. Fue una auténtica reforma del catolicismo, que se denominó Contrarreforma.

[249] Ver Enrique Denzinger, *El magisterio de la Iglesia* (Barcelona: Herder, 1963), 223 ss.

reverencia recibe y veneran todos los libros tanto del Antiguo como del Nuevo Testamento... y también las tradiciones mismas".[250] (b) Aceptación de la edición de la Vulgata de la Biblia. En cuanto al texto, debe darse la más alta autoridad a la Vulgata. El Concilio "establece que esta misma antigua y vulgata edición... sea tenida por auténtica... y que nadie, por cualquier pretexto, presuma rechazarla". (c) Además, se prescribió el modo de interpretar la Sagrada Escritura. El Concilio afirmaba que era necesario conformar toda interpretación a la autoridad de la Iglesia y al unánime consentimiento de los Padres. Por eso, "decreta que nadie, apoyado en su prudencia, sea osado a interpretar la Escritura... conforme al propio sentir, contra aquel sentido que sostuvo y sostiene la santa madre Iglesia".[251]

La aplicación de estos principios tuvo algunas consecuencias positivas y negativas. Entre las primeras, se puede mencionar la cantidad de comentarios teológicos que surgieron a partir de entonces, pero estos mismos comentarios tuvieron las limitaciones de los decretos. Y, por otro lado, un autor católico como Artola reconoce que se acentuó el papel de la tradición y disminuyó la importancia de la Escritura.[252] Donde quiera que prevalezcan estos principios, el desarrollo exegético se estanca.

La interpretación en la Modernidad[253]

Se puede decir que el énfasis en la enseñanza bíblica de los reformadores no significó que automáticamente a finales del siglo XVI todo el mundo tuviera su propia copia de la Biblia. Por el contrario, la gran mayoría no sabía leer ni escribir. A principios del siglo XIX podremos hablar de grandes avances en la educación pública y un descenso notable en el analfabetismo, aunque solo en un número muy limitado de pueblos. Es verdad que los reformadores clásicos como Lutero y Calvino insistieron en la educación de los niños, y hasta cierto modo de las

---

[250] *Ibid.*, 223.

[251] *Ibid.*, 224.

[252] Ver Artola, *Biblia y Palabra de Dios*, 271, 272.

[253] En las páginas siguientes se hará referencia a movimientos filosóficos y culturales de los que solo se mencionarán los aspectos que tienen que ver específicamente con la interpretación bíblica. Para más detalles, ver las obras específicas, como por ejemplo Küng, *El cristianismo*; Mauricio Ferraris, *Historia de la hermenéutica* (Buenos Aires: Siglo XXI, 2005), entre otros.

niñas. Sin embargo, tal educación llegó a ser realidad principalmente para las clases más altas de la sociedad durante los siglos siguientes y no para la mayoría de los pobres.

Por lo general, el uso de la Biblia se limitaba a los pastores y profesores para sus mensajes y enseñanza. Ya en la generación que siguió a la de los reformadores, comenzó el esfuerzo de sistematizar las doctrinas centrales y de defender los nuevos enfoques frente a la Contrarreforma católica. La tendencia hacia una intelectualización de la fe fue en detrimento del mantenimiento del dinamismo y espiritualidad del movimiento reformador. A medida que protestantismo fue aceptado por pueblos y naciones, cesó la persecución y la necesidad de luchar y sufrir por la fe, lo cual produjo un enfriamiento del movimiento protestante.

El uso de las Escrituras fue seriamente afectado por esta corriente que se suele llamar "escolasticismo protestante". Más importante que el compromiso personal de la fe y una interpretación experiencial del evangelio, el enfriamiento trajo un mayor énfasis en los credos. Ya no hubo más espacio para lo sobrenatural, lo milagroso, ni la unicidad de Jesucristo como Salvador divino. La Biblia fue un gran texto para la vida moral, pero no la única y final autoridad espiritual para la iglesia.

En los siglos XVI y XVII se descubrió un "nuevo mundo" y nació una nueva cosmovisión. La publicación del libro *De las revoluciones de las esferas celestes* de Copérnico (1543) causó un tremendo choque.[254] El cambio revolucionario en la percepción del universo, el nuevo lugar que a partir de esta publicación ocupó la tierra y el ser humano en ella, todo llevó a la necesidad de buscar una posición frente al debate entre la ciencia "moderna" y la verdad bíblica. En esta controversia, que empezó en el siglo XVII, la Biblia comenzó a ser examinada críticamente. Se levantaba la pregunta si la cosmovisión bíblica o la de la ciencia era la verdadera.

Por otro lado, el siglo XVII inició una nueva etapa en la interpretación bíblica, que tuvo su momento de apogeo en el siglo XIX. Este período se caracterizó por una búsqueda del sentido literal, pero desde una perspectiva completamente nueva. Se trató de buscar el sentido

---

[254] Tengamos presente que en un período de casi tres siglos se levantaron científicos como Copérnico (1473-1543), Galileo (1564-1642), Descartes (1596-1650), Locke (1632-1704), Espinoza (1632-1677), Newton (1642-1727), Voltaire (1694-1778), quienes abrieron el camino a los desarrollos posteriores.

literal, pero usando sobre todo la razón, y dando menos importancia y hasta ignorando la naturaleza de la Escritura como texto inspirado.

Ya se ha mencionado que el Renacimiento y el Humanismo fueron el trasfondo donde se desarrolló la Reforma Protestante del siglo XVI, Reforma que trajo una nueva visión de la interpretación bíblica. La nueva etapa, que duró aproximadamente tres siglos, se puede dividir en tres momentos, cada uno de los cuales tuvo una reacción que al mismo tiempo sirvió de pie para el siguiente período. El primero fue el Racionalismo del siglo XVII, que tuvo las reacciones del puritanismo y el pietismo. El segundo fue el Iluminismo o Ilustración del siglo XVIII, cuya reacción se encuentra en el Romanticismo.[255] Y, finalmente, está el criticismo de los siglos XIX y XX, que tuvo como reacción la interpretación bíblica de la actualidad (posmoderna).

El racionalismo del siglo XVII

Racionalismo fue el nombre que se le dio a un movimiento intelectual que surgió durante este período. Esta "era de la razón" duró desde el fin de la Guerra de los Treinta Años (1618-1648) hasta el comienzo de la Revolución Francesa (1789). Los racionalistas creían que la mente humana podía discernir la verdad sin la ayuda de Dios. Esta forma de pensamiento provocó un grave daño porque exaltó la mente del ser humano por encima de la Biblia. Este orgullo y confianza en la razón dio por resultado una pobre interpretación de la Biblia.

El primer gran filósofo de la edad moderna fue René Descartes. En sus *Meditaciones sobre la filosofía primera*, redujo todos los fenómenos a un principio único. Dios aparecía, pero pasaba a ser una parte integrante del sistema. Pertenecía a la realidad experimentable y se lo podía entender de un modo puramente racional. El ser humano conocía bien a Dios. Solo que con ello la razón humana se convertía en la autoridad suprema. La filosofía despojaba a la teología de su tema propio y específico: ahora su objeto era Dios. En la práctica, esto significaba que la "religión verdadera" o "natural" no podía contener nada que no hubiera refrendado la razón. Esto introdujo la estrategia de la duda.[256] Hay que

---

[255] Artola y Sánchez Caro, *Biblia y Palabra de Dios*, 273-277.

[256] René Descartes en su obra básica, *Discurso del método* (Barcelona: Sopena, 1983), 59, 60, propone cuatro pasos que serán la base de la investigación científica: (a) No aceptar como verdadero nada que no lo conociese evidentemente como tal, (b) Dividir los objetos en partes de estudio, (c) Conducir ordenadamente los pensamientos desde lo más simple a lo más completo, y (d) Enunciar todas las partes sin omitir nada.

dudar de todo y de toda teoría. Lo único seguro es que hay alguien que duda, por eso se puede decir *cogito, ergo sum* (pienso, luego existo).

Reflejo de esta actitud sobre la Biblia es el intento del filósofo de origen sefaradí-portugués Baruc Espinoza (1632-1677) por interpretar la Escritura desde presupuestos racionalistas, elaborando una hermenéutica filosófica. En su obra *Tratado teológico político* (1676), hizo una nítida separación entre el pensamiento civil (político) y el religioso. Allí desarrolló una "nueva" metodología de interpretación de la Biblia y articuló mucho de lo que después serán los grandes presupuestos de la crítica histórica: de que la Biblia debe ser considerada como literatura y ha pasado por todo un proceso de crecimiento. Afirmó que en ella hay grandes verdades reveladas, pero no es posible mantener la doctrina de su infalibilidad.

Para él, los profetas ciertamente eran personas inspiradas, pero también entre otros pueblos había expresiones proféticas. Según él, era un error seguir buscando en la Biblia conocimiento exacto y científicamente confiable de fenómenos naturales. Se debía analizar la Biblia en el marco general de una historia de la literatura bíblica. Solo cuando es posible enmarcar los textos dentro de su contexto histórico, es posible comprender las mentes de los autores. Cada análisis debe dejarse guiar por las preguntas: ¿quién fue (el autor), en qué ocasión ocurrió, en qué tiempo y, finalmente, en qué idioma fue escrito? Con justicia se ha dicho que Espinoza es el primero en formular los presupuestos y puntos de partida de la crítica racionalista de la Biblia.

El puritanismo y el pietismo

Ya mencionamos que a medida que el protestantismo fue aceptado por pueblos y naciones, cesó la persecución y la necesidad de luchar y sufrir por la fe, lo cual produjo un enfriamiento del movimiento protestante. Como reacción a esto aparecieron varios movimientos paralelos. Aunque la forma específica que estos movimientos tomaron fue diferente en cada país, resulta claro que los unió la convicción de que la fe cristiana era mucho más vital que las disquisiciones de los teólogos o las especulaciones de los filósofos, y que era necesario recuperar esa vitalidad.

Hans Küng: "Ante el endurecimiento de la situación eclesial en las Iglesias y teologías protestantes y del sistema eclesial-estatal cada día más exteriorizado, a la vista de esta petrificación doctrinal-institucional del paradigma de la Reforma, se ponen de manifiesto desde el paso del siglo XVI al siglo XVII de forma simultánea en diversos países de Europa, nuevos movimientos de espiritualidad. Les interesa la experiencia viva de la fe y de la comunión de fe, la disciplina e interiorización de la vida y la congregación de los devotos en comunidades voluntarias de sentimientos: un *pietismo avant la lettre,* un pietismo antes de que existiera este concepto".[257]

Dentro de los movimientos mencionados por Küng, el primero en mencionarse debe ser el puritanismo, que surgió en Inglaterra dentro de la Iglesia Anglicana, con el propósito de llevar a cabo una completa reforma de la misma, con énfasis en la regeneración personal, la santificación y la oración.

Pablo A. Deiros: "Movimiento integrado por cristianos bíblicos que querían llevar a la iglesia de Inglaterra de vuelta a una fe y práctica puras, eliminando toda traza de catolicismo en sus ceremonias y formas. Los puritanos eran acusados con frecuencia de ser demasiado solemnes, pero sus logros fueron grandes, especialmente en tiempos de Oliverio Cromwell (1599–1658) en Inglaterra y en las colonias establecidas por los Padres Peregrinos en Norteamérica. Se caracterizaron por su énfasis sobre la Biblia en lugar de la tradición, una teología fuertemente calvinista, y una moralidad muy estricta".[258]

En relación con las Escrituras, estos apelaban a un regreso a las mismas, y a vivir por medio de ellas. Muchos fueron perseguidos por la iglesia establecida, y en el caso de los ministros tuvieron que dejar sus iglesias y fueron a predicar a los bosques y aldeas, esparciendo de esa manera el evangelio por la predicación de la Palabra de Dios. Eran conocidos por su desarrollo profundo de cada texto de la Escritura. La mayor parte de ellos eran personas sin preparación académica secular o religiosa, pero su aprecio de la Escritura los llevó a escribir tratados profundos y respetados.

En Alemania, este intento de reforma dentro de la Iglesia Luterana se conoció como pietismo, que luchó contra la fría intelectualidad dominante en la misma, que a su vez estaba dominada por el dogmatismo y el racionalismo de la época, así como por el sistema eclesial-estatal

---

[257] Küng, *El cristianismo,* 630.

[258] Deiros, Pablo A., *Diccionario multidisciplinar de la misión.* Barcelona, CLIE, *prox. pub.*

cada día más exteriorizado. Este representó la experiencia viva y personal de la fe, la disciplina e interiorización de la vida consagrada, de tal manera que Hans Küng, lo llama una nueva reforma.

Como sucedió en otros casos, el término pietismo fue al principio un mote que sus adversarios pusieron a un movimiento que no se daba tal nombre. Luego, la palabra "pietismo" frecuentemente tuvo connotaciones peyorativas, con el sentido de "santurronería". Sin embargo, los líderes de este movimiento, aunque preocupados por la santidad de vida y la devoción, estaban lejos de ser santurrones de rostro amargado. Al contrario, parte de lo que les preocupaba era que la fe cristiana había perdido algo de su gozo, que era necesario recobrar.

El iniciador de este movimiento se llamó Felipe Jacobo Spener (1635-1705). Este escribió un tratado titulado *Anhelos piadosos*, donde apuntaba nada menos que a la consumación y superación de la Reforma de Lutero. Para ello formulaba seis exigencias de reformas claras y concretas a la iglesia y a los individuos: (1) Intensificación del estudio de la Biblia y creación de reuniones para conversar como hermanos sobre la palabra de la Escritura, (2) Renovación del sacerdocio de todos los fieles, en contraste con una iglesia enferma de institucionalismo, (3) Concentración en la práctica de la piedad en vez de la doctrina pura, la confirmación de la fe en la praxis de una vida y actuación cristianas, (4) Superación de las nocivas disputas religiosas mediante un espíritu ecuménico de amor fraterno, (5) Reforma del estudio de la teología mediante la atención de las exigencias de la predicación y de la pastoral, y (6) Reforma de la predicación, que no debe estar hecha de erudición retórica, sino que ha de ser edificante de verdad.[259]

El pietismo hizo significativas contribuciones al estudio de las Escrituras, pero no fue inmune a la crítica. En sus mejores momentos, los pietistas combinaron un profundo deseo de entender la Palabra de Dios y apropiarse de ella para sus vidas con una fina apreciación de la interpretación gramático-histórica. No obstante, posteriormente descartaron la base de la interpretación gramático-histórica y dependieron en su lugar de una "luz interior", realizando exposiciones basadas en impresiones subjetivas y reflexiones piadosas, que a veces resultaban en interpretaciones que se contradecían entre sí y tenían muy poca relación con el sentido del autor.

---

[259] Hans Küng, *El cristianismo*, 631.

• •

EJERCICIO 40

¿Cuáles de las "exigencias" de Spener te parece que son pertinentes para el día de hoy? Selecciona tres.

1. _____

2. _____

3. _____

• •

El iluminismo del siglo XVIII[260]

El avance del pietismo y su fuerte acento en lo subjetivo e individual, más la espiritualidad basada en la iluminación del Espíritu, dieron pie a lo que se ha llamado la ilustración o iluminismo.[261] Cuando se mencionan los términos iluminismo o ilustración, nos estamos refiriendo al movimiento que caracterizó el ambiente general en el siglo XVIII. "Su origen se encuentra en los desarrollos intelectuales del Renacimiento, con sus tendencias naturalistas e individualistas, que evocaron en la mente de la gente una consciencia orgullosa en cuanto a la autonomía de la razón. Como fenómeno histórico, el iluminismo representó el esfuerzo por aplicar las reglas de la razón a la vida cotidiana".[262]

El siglo XVIII, llamado el siglo de la ilustración, estuvo caracterizado por la confianza en la razón y el auge del deísmo.[263] Hans Küng menciona que se trató de un período en el que, según Kant, el ser humano superó su minoría de edad. El eslogan fue "atrévete a servirte de

---

[260] Artola y Sánchez Caro, *Biblia y Palabra de Dios*, 274; y Ferraris, *Historia de la hermenéutica*, 50, llaman Ilustración a este período. Por otro lado, De Wit, *En la dispersión el texto es patria*, 91; y Deiros, *Diccionario hispanoamericano de la misión*, prefieren hablar de Iluminismo.

[261] Hans Küng, *El cristianismo*, 634.

[262] Deiros, *Diccionario hispanoamericano de la misión*, ad loc.

[263] Según Marcos A. Ramos, *Nuevo diccionario de religiones denominaciones y sectas* (Nashville: Caribe, 2000), el deísmo es la creencia racionalista en la existencia de Dios, término que también puede indicar simplemente creencia en el Ser Supremo. Deiros, *Diccionario hispanoamericano de la misión*, agrega que es un Dios que está alejado del mundo y no se revela, por lo que el ser humano tiene como base de confianza la razón.

tu propia inteligencia".[264] Tanto el racionalismo como el idealismo alemán (Kant) representaban una respuesta al escolasticismo protestante, que había encasillado la fe en principios doctrinales muy rígidos.[265] El siglo XVIII, llamado el siglo de las luces, se caracterizó por el afán de explicar la realidad valiéndose exclusivamente de la razón. Las ideas no se derivaban de la experiencia, sino de ciertos principios que conocemos de nuestra razón. Es en este tiempo en que se inicia la concepción positivista de la "historia como ciencia". Esta es una historia en la que ya no se tiene en cuenta la acción de Dios. Se buscaba la explicación de los hechos, por una parte, en el comparativismo histórico y, por otra, en presupuestos filosóficos de la crítica que alcanzarán todo su auge en el siglo XIX.[266]

Durante este período, los biblistas protestantes realizaron una profunda crítica tanto de la naturaleza inspirada de la Escritura, como del valor del canon bíblico. El nombre que sintetiza en esta época los esfuerzos hechos es Johann G. Eichhorn (1752- 1827), quien en 1783 terminó la publicación de su *Introducción al Antiguo Testamento*, donde por primera vez se expusieron ordenadamente los métodos histórico-críticos de acceso a la Escritura. Su *Introducción fue* el modelo para todas las demás posteriores, sobre todo en el campo de la exégesis protestante.

La reacción del romanticismo[267]

En el campo de la interpretación, la reacción del romanticismo estuvo a cargo de Friedrich E. D. Schleiermacher (1768-1834). Este fue

---

[264] Hans Küng, *El cristianismo*, 689.

[265] La corriente conocida como idealismo alemán, que nace con Kant y culmina con Hegel, en general se aplica a la doctrina filosófica que define la idea como principio del conocimiento y al mismo tiempo de la realidad.

[266] En cuanto a la historia bíblica, comienza el período de comparación con la historia antigua, algo que se va a desarrollar mucho más en el siglo XIX.

[267] Por romanticismo nos referimos al movimiento literario y artístico, que surgió en Alemania y se difundió por toda Europa a finales del siglo XVIII y comienzos del XIX, cuya característica fundamental fue la oposición a los criterios estéticos del clasicismo. Su origen se encuentra en la obra de literatos (August Wilhelm y Friedrich Schlegel, entre otros), que se reunían en "círculos", oponiéndose a las ideas y criterios estéticos del clasicismo, pero especialmente al racionalismo y la ilustración. Valoraban menos la razón que el sentimiento, ponían énfasis en lo irracional, lo vital, lo particular e individual, por encima de lo abstracto y general, en el arte, la literatura, la historia y la filosofía. Para una descripción más detallada de este ver Tillich, *Pensamiento cristiano y cultura en occidente*, 2:394-406.

un filósofo y teólogo romántico alemán, iniciador de la hermenéutica como ciencia filosófica. Para él un verdadero filósofo podía ser un verdadero creyente, y combinar la piedad con la filosofía para sumergirse en las profundidades del pensamiento filosófico.[268] Con él, la hermenéutica comienza a cobrar plena relevancia filosófica, y aparecer como una teoría general de la interpretación y la comprensión. En sus estudios teológicos y neotestamentarios postula la necesidad de no limitar la interpretación al aspecto filológico externo.[269]

A Schleiermacher le preocupaba llamar a las personas a una experiencia personal e inmediata de la obra en Dios en su Hijo. Para él, el absoluto es comprendido por el sentimiento. La religión es algo muy profundo, único y especial. Solo cuando advertimos esto podemos explicarnos la gran apelación y la expresión universal de la misma. Esta pertenece al terreno del sentimiento. Con esto quiere decir que la religión es una especie de conciencia primaria, un elemento único de la experiencia humana, que es realmente más fundamental que el conocimiento o la acción ordinaria. Conozco a Dios no indirectamente por inferencias tomadas del mundo de los sentidos o morales, sino directamente, mediante mi experiencia, que es completamente diferente del conocer (teórico) o el actuar.

Su aporte a la hermenéutica fue el siguiente: (1) Vio la hermenéutica como parte del problema de comprensión. Inició la reflexión global sobre la hermenéutica como arte de comprender un texto, patrocinó la aproximación psicológica, la búsqueda de un punto de contacto entre autor y receptor. Para comprender, este necesita entrar en la mente del autor y tratar de identificarse con él. La intención se comprende "comprensivamente" en sus intenciones, si conocemos la psicología y el espíritu del autor, (2) La interpretación tiene que estar incluida en el horizonte de la temporalidad, (3) El tercer aspecto es que toda interpretación debe quedar inscrita en el círculo hermenéutico de la compresión. El espíritu no es en parte alguna una suma de particularidades, sino una entidad originaria e indivisa. Así, la hermenéutica no se ejerce sobre particularidades sino sobre la totalidad, (4) Un elemento privilegiado del método hermenéutico es el análisis comparativo, (5) La multiplicidad de

---

[268] Citado por Tillich en *Ibid.*, 2:410.

[269] Para datos biográficos, ver Küng, *Grandes pensadores cristianos*, 153-179. Un dato digno de mencionar es que fue nieto e hijo de pastores reformados (pietistas) y que hasta el final de su vida (a los 66 años) siguió predicando regularmente.

los significados está en el intérprete y su pragmática y no en el texto. Es decir, que la explicación no es explicación de la letra, es explicación del sentido y del espíritu.[270]

Para Schleiermacher, la hermenéutica era mucho más que el análisis de textos. Era el conocimiento del autor. No era posible comprender un texto de Pablo sin una comprensión integral del pensamiento del apóstol y, al mismo tiempo, sin una experiencia con Dios. En este sentido, Schleiermacher hizo un aporte significativo a la interpretación de la Palabra. Se trata mucho más que tomar un pasaje específico.

• •

EJERCICIO 41

Al pensar en el aporte especial de F. Schleiermacher, ¿cómo influye eso en tu entendimiento de la interpretación bíblica?

_____

_____

_____

• •

El criticismo de los siglos XIX y XX

El siglo XIX y principios del XX fue el tiempo del racionalismo autosuficiente, convencido del progreso sin límites de la razón, una actitud que se mantendrá prácticamente hasta la Primera Guerra Mundial. Al mismo tiempo, fue el siglo del dominio de la historia y de los descubrimientos arqueológicos y, en consecuencia, el gran momento de la filología. Los descubrimientos que se hicieron en arqueología y los estudios de las lenguas bíblicas no tuvieron parangón con ningún otro momento de la historia del cristianismo. Y esto no es solo aplicable al "primer mundo" sino también al contexto latinoamericano. Pero no todo es color de rosa. El racionalismo de esta época sentó las bases para el liberalismo en la teología, comenzando con las ciencias bíblicas.

---

[270] Víctor Mendoza, "Hermenéutica crítica", *Razón y Palabra* 34 (2003), versión electrónica (razonypalabra.org.mx); ver también José M. García Gómez-Heras, "En los orígenes de la hermenéutica contemporánea: F. D. E. Schleiermacher", *Azafea* 5 (2003): 29-52.

Nuestro conocimiento del "antiguo cercano oriente" se ha amplia-do en proporciones fenomenales. La arqueología ha sacado a la luz una enorme cantidad de textos y artefactos de todas las etapas a par-tir de 8000 a.C. y especialmente 3000 a.C. Esto ha afectado nuestra comprensión del medio ambiente en el cual se desarrolló la historia de Israel y, por ende, a través del cual llegó hasta nosotros el Antiguo Tes-tamento. Algunos ejemplos de los datos que se conocieron de la histo-ria antigua: (1) La escritura se inventó 1.300 años antes de que naciera Abraham, (2) Para el tiempo de Moisés, la comunicación entre los cen-tros de poder y cultura (Egipto, Canaán, Mesopotamia) era muy fluida, (3) La cultura estaba bastante desarrollada. El hecho de que en Ugarit (pueblo vecino de Israel, 1200 a.C.) hubiera textos en ocho idiomas y diccionarios de cuatro idiomas a la vez, muestra el desarrollo que había logrado la cultura en aquellos tiempos.

En este contexto se debe tener en cuenta la aparición de un mate-rial que trajo iluminación sobre la relación entre la vida y literatura de Israel y su medio ambiente. Es en esta situación que aparecieron, en primer lugar, los famosos relatos mesopotámicos (y también los uga-ríticos) de la creación, diluvio, poemas, proverbios (Amen-en-otep y Proverbios); y, en segundo lugar, el cuerpo legal y religioso que ilumi-na las costumbres y ritos del "antiguo oriente".

Con referencia a la investigación bíblica, podemos decir que, en ge-neral y pese a algunas excepciones, se impusieron los puntos de vista de algunos investigadores. Por ejemplo, en el campo del Antiguo Testamen-to, dentro del llamado protestantismo liberal, este es el momento del sur-gimiento de la crítica histórico-literaria, representada especialmente por Julius Wellhausen (1844-1918). Este erudito emprendió su análisis histó-rico y literario del Pentateuco, completando y haciendo la síntesis de los trabajos que habían sido inicidos en el siglo anterior por el católico Jean Astruc, en los *Prolegómenos a la historia de Israel* (1883). La obra mar-ca un hito en la investigación de los libros del Antiguo Testamento. Sin embargo, es necesario puntualizar que, mientras se hablaba de un aná-lisis objetivo, la interpretación de los datos se hacía cada vez más des-de presupuestos conjeturales y filosóficos del momento. Así, Wellhausen utilizaba el esquema evolutivo histórico de Hegel para interpretar el naci-miento y desarrollo de la historia religiosa israelita.

En una línea semejante se movieron los estudios, siempre dentro del protestantismo liberal, respecto al Nuevo Testamento. En este caso se puede citar a Ferninad Christian Baur (1792-1860), profesor de la influyente Escuela de Tubinga, quien aplicó literalmente la teoría hegeliana a la historia del cristianismo primitivo.[271] Su discípulo David F. Strauss (1808-1874), en su *Vida de Jesús* (1835), convirtió a Jesús en un sabio de la época, incomprendido por sus ignorantes contemporáneos, que hicieron de él un mago. En Francia, Ernesto Renán publicó en 1863 su versión de la vida de Jesús, que hizo de él un ejemplar perfecto del ser humano, pero sin aceptar absolutamente nada que pudiera sonar a sobrenatural.

Si quisiéramos resumir lo dicho, podríamos afirmar que las notas hermenéuticas que caracterizan a la exégesis liberal son tres: (1) Confianza en la razón, (2) Confianza en los métodos de análisis literario, (3) Aceptación del sistema filosófico y "científico" del momento (idealismo hegeliano, evolucionismo, positivismo, historicismo).

El siglo XX tuvo dos de los mayores descubrimientos en la investigación bíblica, como son los Rollos del Mar Muerto y los textos de Nag Hammadi, tan importantes para el estudio del Antiguo y Nuevo Testamento.[272] Sin embargo, en general, se mantuvieron los presupuestos de la crítica liberal, previa a estos descubrimientos. Aunque en este período hubo magníficos avances en el campo de la crítica textual y literaria, es necesario tener presente que se produjo un alejamiento cada vez mayor de los exégetas con respecto a los teólogos y al pueblo cristiano (tema del que hablaremos más adelante).

Los modelos diferentes de interpretación que se han mencionado se encuentran en vigor todavía. Ya sea el pietista-funcional, que lee la Biblia como parte de su devocional y no piensa en las cuestiones históricas, gramáticas o teológicas del texto, ya que en este método lo importante es la aplicación práctica y las lecciones morales; o la llamada lectura crítica de la Palabra, que tiene una tendencia a leer el texto con un cierto escepticismo y un claro énfasis intelectual o académico.

---

[271] Tesis: judaizantes; antítesis: paulinismo; y síntesis: los escritos del Nuevo Testamento.

[272] Existe una amplia bibliografía, también en castellano, para estos dos descubrimientos. En cuanto a los textos, se encuentran publicados en: Puech y Mébarki, *Los manuscritos del Mar Muerto*; Florentino García Martínez, *Textos de Qumrán* (Madrid: Trotta, 1993); Antonio Piñeiro, José Monserrat Torrents y Francisco García Bazán, *Biblioteca de Nag Hammadi* (Madrid: Trotta, 1997) en tres volúmenes.

• •

EJERCICIO 42

¿Ayudaron los descubrimientos arqueológicos a una mejor comprensión de la Biblia? _____

_____

¿En qué sentido? _____

_____

• •

La interpretación en la Posmodernidad

Se ha hablado mucho del tiempo que nos toca vivir. Algunos lo llaman
posmodernidad (post modernidad), otros hipermodernidad, ultramo-
dernidad, y hasta edad sin nombre.[273] Sin querer entrar en una discusión que no tenemos el tiempo de desarrollar, solo quisiera decir que el
tiempo que nos toca es muy diferente al que vivieron nuestros padres
y abuelos. Antonio Cruz menciona que en esta sociedad vivimos en
constantes contradicciones.

> **Antonio Cruz:** "El mundo se globaliza, pero a la vez proliferan los
> nacionalismos. La economía se mundializa, los corazones se nacio-
> nalizan, y las cabezas no saben lo que hacer. Aumenta la produc-
> ción de bienes materiales, pero disminuye el trabajo; y en los países
> que disminuye el paro, se precariza el empleo. La sociedad tecno-
> lógica está en auge, pero desconfiamos de la tecnología. Necesita-
> mos la política y a los políticos, pero tampoco confiamos en ellos.
> En Europa vivimos en democracias representativas, en las que no

---

[273] Algunas de la obras principales que analizan la fe en la situación actual son:
José María Mardones, *Síntomas de un retorno: la religión en el pensamiento actual*
(Santander: Sal Terrae, 1999); José María Mardones, *Posmodernidad y cristianismo*
(Santander: Sal Terrae, 1988); Luis González Carbajal, *Ideas y creencias del hombre
actual* (Santander: Sal Terrae, 1991); Antonio Cruz, *Posmodernidad* (Barcelona: Clie,
1997). Sin embargo, el mismo Antonio Cruz, "El final de la posmodernidad" (artículo
en una edición electrónica), agosto de 2008, sigue el pensamiento de Gilles Lipovetsky,
Los tiempos hipermodernos (Barcelona: Anagrama, 2006)

nos sentimos representados (descrédito general de las instituciones). Creemos que el conocimiento es importante, pero son los sentimientos los que nos hacen felices o desgraciados. El hombre de
hoy no se fía de sus sentimientos y, en muchas ocasiones, no sabe
lo que sentir. Se admira el valor de la responsabilidad, pero se mul-
tiplican las conductas irresponsables. Las personas desean ser autó-
nomas, pero cada vez son más dependientes. El pasado nos seduce,
pero el presente y sus normas cambiantes nos gobiernan: se celebra
lo que ya no se quiere tomar como ejemplo".[274]

Esta es la sociedad que nos toca vivir. Y en la misma estudiamos, enseñamos y predicamos la Biblia. Los miembros de las iglesias son parte
de esta sociedad que está en busca de su identidad. En resumen: estamos viviendo una nueva etapa o una época que tiene un nuevo "paradigma". Eso afecta no solo la religiosidad popular, sino también ha
dado lugar a una nueva hermenéutica. Durante la modernidad, el eje
era el texto y la interpretación del mismo. En la posmodernidad, texto
y lector no son realidades distintas, por el contrario, la crítica posmoderna ve la literatura en términos del lector. En una palabra, la posmodernidad cambia el eje hermenéutico, que pasa del texto al lector.
¿Cómo afecta esta situación a la interpretación de la Biblia? Podríamos
responder desde dos perspectivas.

Julio Trebolle Barrera: "La hermenéutica 'moderna' corresponde
a una concepción del mundo en la que el 'yo', el sujeto pensante,
y el universo fisicomatemático desplazan al cosmos sagrado como
centro de toda referencia... El racionalismo crítico de la ilustración
termina cuestionando al Dios de teólogos y filósofos, y la crítica histórica del Romanticismo pone en entredicho los textos en los que se
expresa la revelación de la Biblia. La hermenéutica 'postmoderna' o
post-crítica se caracteriza por un cierto des-encantamiento hacia la
conciencia ilustrada y unos atisbos desencantamiento del mundo. El
título de la obra de Z. Werblowsky, *Más allá de la tradición y de la
modernidad: religiones cambiantes en un mundo cambiante*, constituye toda una definición del pensamiento postmoderno en el ámbito de lo religioso. La postmodernidad no renuncia a los valores de

---

[274] Cruz, "El final de la posmodernidad", 2.

la modernidad, la crítica racional y la libertad frente a los dogmas, pero reconoce que la crítica ilustrada no está libre de prejuicios y que sus pretensiones de objetividad no pasan de ser muchas veces más que un 'deseo piadoso' o un *wishful thinking*".[275]

Aunque las palabras de este autor parecen ser muy optimistas, hay un cambio en la ciencia bíblica. Hay un nuevo acercamiento a las Sagradas Escrituras.[276]

En primer lugar, se ha intentado encontrar un sentido refrescante (fresco) al texto bíblico. Esto no es ni más ni menos que un intento de complementar, modificar o adecuar el paradigma de auto satisfacción que estamos viviendo. Desde esta perspectiva, las Sagradas Escrituras están al servicio del ser humano, su bienestar y su realidad. Más que la importancia del texto en sí, lo que prima es "si me hace bien" (aunque no se entienda en absoluto).

En segundo lugar, podemos ver la importancia de la "aplicación histórica" en la lectura de los textos. En este sentido, se pierde el contexto histórico original o solo se usa cuando este conviene, para reemplazarlo con el contexto del lector. De esta manera, la danza de David (2 S. 6.14), es interpretada desde una perspectiva cúltica, perdiendo desde esa perspectiva el verdadero sentido de la misma.

Otro elemento que ha aflorado en los últimos tiempos es una lectura simbólico-imaginativa del texto. Una de las características de la lectura actual del texto ha sido tratar en encontrar un valor simbólico al mismo. Entre los numerosos ejemplos que se podrían citar, solo mencionaremos el uso de determinados lenguajes y funciones que vienen del contexto tanto del Antiguo Testamento, como el rol de los "levitas" y su relación con el culto en la actualidad, y el ministerio sacerdotal-profético aplicado de manera selectiva.

Finalmente, y relacionado con el primer punto, está la búsqueda de experiencias detrás del texto. Es cierto que el lenguaje es un medio de comunicación y no un fin en sí mismo. Sin embargo, hay un énfasis exagerado en la búsqueda de experiencias detrás del texto. ¿Qué es lo

---

[275] Julio Trebolle Barrera, *La Biblia judía y la Biblia cristiana* (Madrid: Trotta, 1998), 629-630.

[276] En general, se siguen las ideas de E. V. McKnight, *Post-Modern Use of the Bible* (Nashville: Abingdon, 1988), 2-28.

que sintió el autor de determinado pasaje? Y a partir de estas experiencias, ¿cuáles son las alternativas de interpretación del texto?

Desde la perspectiva hermenéutica, metodológicamente la modernidad ignoró la realidad de lo sagrado. Se propuso leer la Biblia desde una perspectiva objetiva, al margen de la realidad espiritual que ella representa. Es por eso que fue necesario recuperar la dimensión espiritual y trascendente en la lectura de los textos bíblicos. No obstante, esto debe hacerse sin olvidar los aportes de la crítica. Es importante reconocer, por un lado, los aspectos positivos de la hermenéutica en la modernidad, y al mismo tiempo sus exageraciones.

Desde otra perspectiva —la eclesial— se debe superar el dualismo: seminario – iglesia. Hace algunos años atrás el pueblo evangélico era conocido por su manejo de las Escrituras. De alguna manera, era conocido como "el pueblo del libro". La lectura de las Escrituras era común en las casas y su estudio era una de las características de las iglesias (Escuela Bíblica Dominical). Hoy estamos viviendo una situación totalmente diferente. Vivimos en medio de un analfabetismo escritural profundo.

Una de las razones que explican esta falencia está en relación con la tarea de los seminarios y su aplicación a la iglesia. Casi podemos afirmar que en muchas congregaciones no hay un fundamento bíblico auténtico, tanto en los mensajes, como en las clases de educación cristiana. ¿Dónde está el problema? Si en los seminarios e instituciones teológicas enseñamos correctamente los pasos para una correcta exégesis, y los alumnos toman cursos sobre cómo desarrollar un ministerio educativo, ¿por qué las iglesias que pastorean nuestros propios egresados tienen estas dificultades?

Quizás la respuesta se encuentre en que no están poniendo en práctica lo que escucharon. Prefiero esta palabra a aprender, porque si lo hubieran hecho, la situación sería muy distinta. Hace falta que revitalicemos la necesidad de un auténtico conocimiento de las Sagradas Escrituras. Si hemos de cambiar a nuestro país, debemos hacerlo a través de la influencia de la Biblia en la sociedad. Para ello, la promoción que tenemos (los promotores) son los mismos miembros de nuestras congregaciones, que deben leer, vivir y promocionar la Biblia. Debemos recuperar una hermenéutica que tome en serio el hecho de que la Biblia es Palabra de Dios, pero que fue y es una palabra histórica, que está enraizada en un determinado momento histórico, y tiene un mensaje para cada uno de nosotros hoy.

• •

EJERCICIO 43

Menciona los cuatro aportes del nuevo enfoque hermenéutico:

1. _____

2. _____

3. _____

4. _____

• •

UNIDAD DOS

LA INTERPRETACIÓN FRENTE AL TEXTO BÍBLICO

"Ciertamente, la palabra de Dios es viva y poderosa,
y más cortante que cualquier espada de dos filos.
Penetra hasta lo más profundo del alma y del espíritu".
Hebreos 4.12.

La historia de la Biblia es la historia del deseo de Dios de comunicarse con el ser humano. La Biblia es la Palabra de Dios para ellos. A lo largo de la historia de la fe cristiana y del judaísmo, se puede ver que estas tradiciones religiosas han considerado a la Biblia como un libro único y como la base de sus postulados esenciales. Pero, en general, no encontramos en la Biblia a Dios hablando directamente desde el cielo (salvo en Mt. 3.17), sino a través de seres humanos. En lenguaje humano, ellos nos han transmitido el mensaje de Dios. Esta palabra, al llegar a los seres humanos en forma de texto, es decir, de palabra escrita, ha necesitado y necesita ser leída y comprendida.

Al estudiar la historia de la interpretación de la Biblia, se puede señalar que, junto a las orientaciones o direcciones que fue tomando la comprensión de la Biblia a lo largo de la historia de la fe, hubo métodos de interpretación que se usaron y en algunos casos se siguen usando. En realidad, estos métodos nunca estuvieron ajenos a determinadas orientaciones de la iglesia, que derivan en formas de interpretar las Escrituras. Estas orientaciones dependen casi siempre de condicionamientos y presupuestos filosóficos aceptados consciente o inconscientemente.

Como hemos señalado, el pueblo cristiano tiene en la Palabra el fundamento de la iglesia. De allí que, de manera continua, buscará en sus páginas herramientas o claves para su crecimiento y desarrollo. La iglesia siempre ha visto a la Escritura como viva y eficaz (RVR).[277] Como consecuencia de esto, la predicación cristiana debe ser de acuerdo a la misma, como escribió el apóstol (1 P. 4.11). De esta manera, el mensaje puede ser eficaz y poderoso, con el poder de LA PALABRA y no de *las palabras*. Cuando el apóstol Pablo escribió sobre la "incomparable grandeza de su poder a favor de los que creemos" (Ef. 1.19), se estaba refiriendo a la acción de la Palabra en nuestro ser interior.

Si bien, históricamente, ha sido la iglesia y sus líderes quienes se han ocupado de guiar al pueblo en la lectura y comprensión de la Palabra, todos los cristianos tuvieron y tienen la posibilidad de conocerla y apreciarla porque, como escribió alguien, desconocerla es desconocer a Cristo. Es en este encuentro diario del cristiano con su Biblia, que se han usado distintas maneras o caminos para comprenderla o asimilarla. La lectura y meditación de la Biblia no ha sido solamente una costumbre, sino también una necesidad en los creyentes. La relación vital entre estos y las Escrituras es esencial para el desarrollo de su carácter cristiano.

Esta Unidad está dirigida especialmente al encuentro con el *texto* de la Escritura, a partir de una mirada a las distintas maneras de hacerlo, ya sean tradicionales o populares, y las que tienen un carácter más acreditado. Luego, pasaremos a ofrecer algunas orientaciones sobre cómo comprender la Biblia. A lo largo de la Unidad, trataremos de dar ejemplos concretos, por lo que te pido que leas con atención cada uno de los textos bíblicos y completes los ejercicios a fin de que saques un mayor provecho de tu estudio.

• •

EJERCICIO 44

Relaciona cada uno de los siguientes pasajes (Mt. 3.17; He. 4.12; 1 P. 4.11; Ef. 1.19) con una de las palabras o frases siguientes:

---

[277] La palabra griega ἐνεργης, que RVR traduce "eficaz" y la NVI "poderosa", tiene el sentido de actividad o energía. En este sentido, eficaz es una traducción que representa mejor el término. Ver Kittel, Friedrich y Bromiley, *Compendio del diccionario teológico del Nuevo Testamento*, 252.

1. El creyente recibe poder por medio de su Palabra (_____).

2. La Biblia es vigorosa para ayudarnos en nuestras situaciones (_____).

3. La Palabra de Dios nos viene directamente del cielo (_____).

4. La predicación, si quiere ser eficaz, debe basarse y tener fuerza en la Palabra (_____).

• •

Capítulo 5
Métodos de interpretación bíblica

"Estos eran de sentimientos más nobles que los de Tesalónica,
de modo que recibieron el mensaje con toda avidez
y todos los días examinaban las Escrituras
para ver si era verdad lo que se les anunciaba".
Hechos 17.11.

Este pasaje muestra la actitud de un grupo al que Pablo califica como "más noble" que los de Tesalónica, pues estaban más abiertos a la verdad de la Palabra. La razón de esa actitud hay que buscarla en su receptividad a y en su amor por la Palabra de Dios. Para ellos, las Escrituras eran mucho más que un papel escrito o un libro que comunicaba un mensaje. Ellos usaban el Antiguo Testamento como la piedra de toque de la verdad, de manera que cuando Pablo les proclamaba el evangelio, ellos inmediatamente iban a la Palabra escrita de Dios para su verificación. Lucas agrega que lo hacían con "toda avidez". Prestemos atención al adjetivo que se usa, una expresión que indica que ellos atesoraban la Palabra de Dios. Para Lucas, los judíos de Berea tenían la misma diligencia que Pedro dedica a los profetas del Antiguo Testamento, quienes intensa y diligentemente indagaron la Palabra e investigaron en su significado (1 P. 1.10). Este es el desafío que tenemos al abrir las Escrituras, si con mentes dispuestas procuramos aprender el mensaje que Dios tiene para nosotros.

Esta actitud de examinar las Escrituras día tras día para ver si lo que les enseñaban Pablo y Silas estaba de acuerdo con la Palabra escrita de Dios, era una muestra de integridad, de buscar con seguridad el mensaje de Dios. Esta es una actitud que debe recuperarse en la iglesia contemporánea. Hoy necesitamos más cristianos que día a día examinen la Palabra buscando el mensaje que Dios tiene para cada uno. Esto significa leer y comprender el texto a fin de aplicarlo a la nueva situación que se está viviendo.

A lo largo de la historia, como hemos visto, el pueblo de Dios ha buscado distintas maneras de acercarse a la Palabra. Maneras que tuvieron diferentes formas, pero que tenían en común la búsqueda del alimento espiritual. En términos generales, para llevar esto a cabo se han usado distintos métodos o caminos. Cada uno de ellos tuvo y tiene su valor. Pero lo más importante es que la Palabra llegue a nuestra vida.

Los intérpretes de la Biblia

Un punto que casi todos los libros que hablan de interpretación bíblica mencionan es el conjunto de características que tiene que tener quien se acerca a ella a buscar las palabras que le den vida.[278] Siguiendo a José M. Martínez, se puede mencionar dos tipos de requerimientos. El primer tipo es lo que él llama requisitos generales, que comprenden objetividad, "espíritu científico",[279] y humildad para reconocer las propias limitaciones.[280] Milton S. Terry, en *Hermenéutica*, habla de una mente sana y bien equilibrada, y agrega: "esta es condición indispensable, pues la dificultad de comprensión, el raciocinio defectuoso y la extravagancia en la imaginación, son cosas que pervierten el raciocinio y conducen a ideas vanas y necias".[281]

El segundo tipo son los llamados requisitos especiales, y quizás sean los que más nos interesen. Estos comprenden: (1) Capacidad espiritual. Con ello este autor indica que la mente, los sentimientos y la voluntad del exégeta han de estar abiertos a la acción espiritual de las Escrituras. La Palabra de Dios fue inspirada por el Espíritu Santo

---

[278] Por ejemplo, Martínez, *Hermenéutica bíblica*, 27-36; E. Lund y A. Luce, *Hermenéutica: introducción bíblica* (Miami: Vida, 1975), 15-19; W. Robert Palmer, *Como entender la Biblia* (Joplin, MO: Literature and Teaching Ministries, 1999), 39-49; Terry, *Hermenéutica* (Barcelona: Clie, 1990), 13-18; de manera menos directa, Duvall y Hays, *Hermenéutica: entendiendo la Palabra de Dios*, 119-133; Richard Mayhue, *Cómo interpretar la Biblia uno mismo* (Grand Rapids: Portavoz, 1994), 15-24; entre otros autores.

[279] Por esto quiere decir la búsqueda del sentido original; Martínez, *Hermenéutica bíblica*, 30.

[280] Palmer, *Cómo entender la Biblia*, 29ss, habla del uso del sentido común y dice: "la Biblia debiera ser tratada igual que otros libros: con lógica y sentido común. Por supuesto que la decisión del razonamiento humano puede ser sobre estimada... por otro lado, puede ser suprimida totalmente".

[281] Terry, *Hermenéutica* (Barcelona: Clie, 1990), 13.

(2 P. 1.21), por lo que se necesita la guía del mismo para su comprensión, (2) Actitud de compromiso. Con acierto menciona que el verdadero intérprete es aquel que no se limita al estudio frío. En nuestras palabras, la comprensión de la Biblia se cristaliza cuando se pone en práctica. Dios no promete bendecir a quienes comprenden la Biblia, sino a quienes la obedecen (Ap. 1.3; Stg. 1.22-25), (3) Espíritu mediador. Por esto, él entiende que el intérprete tiene como misión servir de puente entre el autor del texto y el lector. También tiene que abrir un diálogo entre el pasado del autor bíblico y el presente del lector.[282]

• •

EJERCICIO 45

Contesta las siguientes preguntas:

1. ¿Por qué es necesario el ministerio del Espíritu Santo para comprender la Biblia?

_____

2. ¿De qué manera se sabe si se ha comprendido correctamente la Palabra de Dios?

_____

3. ¿Qué significa "espíritu mediador"?

_____

• •

De la misma manera que José M. Martínez, otros autores pusieron el acento en las características positivas del que se acerca a las Escrituras. Un caso interesante es el de Lund y Luce, que mencionan cinco aspectos positivos, en los que al mismo tiempo se rechazan actitudes inapropiadas: (1) Espíritu respetuoso. Reconocer que la Biblia es la revelación de Dios y estar dispuesto a obedecerla (1 Ts. 2.13). En este sentido, se deben tener en cuenta las palabras de Jesús de no dar "perlas a los cerdos" (Mt. 7.6), pues no solo no la apreciarán sino que estarán dispuestos a atacarnos por las mismas, (2) Espíritu dócil. Se refiere a la flexibilidad de aceptar lo que la Palabra afirma. En la medida que se deja que los

---

[282] Este párrafo está basado en Martínez, _Hermenéutica bíblica_, 31-36.

dogmatismos, ideas preconcebidas, ocupen un lugar en nuestra mente y corazón al acercarnos a las Escrituras, perderemos la posibilidad de recibir lo que tienen para darnos, (3) Amante de la verdad. Aunque esta característica está relacionada con lo anterior, creo que vale la pena darle un párrafo aparte. No siempre el ser humano ha buscado la verdad. Este ha sido un tema muy importante en la Biblia. Ya el sabio había escrito a su discípulo que debía adquirir (encontrar) la verdad, como un bien preciado (Pr. 23.23). Jesús dijo a los judíos que al conocer la verdad serían verdaderamente libres (Jn. 8.32). El autor de la epístola a los Hebreos escribió a los creyentes que aunque deberían ser maestros todavía necesitaban que se les enseñen "las verdades más elementales de la palabra de Dios" (He. 5.12), (4) Debe ser paciente o perseverante en el estudio. Jesús desafió a los judíos a escudriñar las Escrituras, pues estos (como muchos eruditos contemporáneos) dominaban la Palabra, pero esta no los dominaba a ellos, (5) Ser prudente en los textos que se busca comprender. Un principio básico de la comprensión es que va de lo conocido a lo desconocido, y de lo sencillo a lo más complejo. Jesús utilizó este método para enseñar a las multitudes. Muchas veces les habló por parábolas (Mt. 13.34, 35), pues eran historias sencillas para representar verdades más profundas, que quizás en ese momento no estaban en condiciones de recibir (Lc. 24.45). Comenzando por lo sencillo, si uno no puede comprender debe pedir sabiduría a Dios para que le dé la sabiduría necesaria para crecer en la verdad (Stg. 1.5-7).[283]

EJERCICIO 46

Escribe una frase, en tus propias palabras, de cada uno de los requisitos de Lund-Luce:

1. _____

2. _____

3. _____

4. _____

5. _____

---

[283] Lund y Luce, *Hermenéutica: introducción bíblica*, 15-19.

Los métodos de la interpretación

Según Martínez, "los resultados dependen de los sistemas o métodos de trabajo". Esto que puede parecer muy general se puede aplicar precisamente a la interpretación o comprensión de las Escrituras.[284] Al pensar en los distintos métodos para la comprensión de la Biblia, debemos comenzar contestando dos preguntas básicas. La primera es: ¿Qué es un método? Y la segunda es: ¿Es necesario seguir un método?

Comenzando con la primera pregunta, decimos que la palabra "método" procede del griego *methodos*, que proviene de la preposición *metá*, que significa "hacia" y del sustantivo *odos*, que significa "vía, camino, marcha".[285] Dado que la palabra significa ponerse en camino, esto quiere decir que es el orden seguido por la inteligencia en su búsqueda de la verdad.[286] Bernard Lonergan menciona que método es "un esquema normativo de operaciones recurrentes y relacionadas entre sí, que producen resultados acumulativos y progresivos".[287] A esto le agrega algunas observaciones. Por un lado, menciona que se ha concebido, equivocadamente, el método como un conjunto de reglas que, seguidas ciegamente, no dejan de producir resultados positivos. Debemos tener en cuenta que los resultados son progresivos, es decir, el avance depende de los pasos que se están dando. Por otro lado, debemos notar que en la definición no se habla de un conjunto de reglas sino de un esquema de operaciones, del cual pueden derivarse reglas. Estos procedimientos pueden ser lógicos y no lógicos. En el caso de las primeras, se tiende a consolidar lo que se ha logrado; en el segundo caso, se trata de estar abiertos a otras posibilidades. Todo método debe dar lugar a la creatividad.

El método de Lucas

Hemos mencionado la importancia de la iluminación de la Palabra de Dios por el Espíritu Santo, pero esto no excluye la necesidad de técnicas o un plan para el estudio. Después de todo, la revelación divina de la verdad no eliminó la necesidad de que Lucas y otros escritores

---

[284] Martínez, *Hermenéutica bíblica*, 65.

[285] Deiros, *Diccionario Hispano-Americano de la misión*; también los diccionarios griegos, como por ejemplo, Rufo Mendizábal, *Diccionario griego-español* (Madrid: Razón y Fe, 1963).

[286] J. Lasso de la Vega, *Cómo se hace una tesis doctoral* (Madrid: Fundación Universitaria Española, 1977), 86.

[287] Bernard Lonergan, *Método en teología* (Salamanca: Sígueme, 1998), 13.

bíblicos investigaran y estudiaran a fondo los materiales que habían reunido (véase Lc. 1.1-4; Jn. 20.30, 31). En el Evangelio según Lucas encontramos uno de los mejores ejemplos de un trabajo que sigue un método. Me refiero a la escritura de este Evangelio de Lucas y quizás del libro de Hechos de los Apóstoles.

Comencemos señalando algunos elementos del método del evangelista (Lc. 1.1-4). Notemos, en primer lugar, que se trata de una profundización de la búsqueda de la verdad partiendo y yendo más allá de lo que ya conocía. Quizás el primer paso que debemos dar es definir el término que se traduce "investigar" (*parakolouzeo*), que tiene su origen en una raíz que significa seguir de cerca, acompañar, entender. Al autor no le bastó con conocer los hechos. Él quería entenderlos. Y a esto le agrega un dato más: lo hizo con "esmero", término que significa cuidadosamente, con atención. Cualquier estudio de la Palabra de Dios debe ir creciendo a partir de lo ya conocido, para avanzar a lo que se quiere conocer. Debe haber un esfuerzo por entender la Palabra y hacerlo prestando atención a lo que dice.

En segundo lugar, veamos que se trata de un proceso diligente y ordenado de análisis de todo el material (escrito, verbal, etc.) a su alcance. Prestemos atención que dos veces hace referencia a una búsqueda de todo los elementos disponibles. Comienza hablando de lo que "muchos habían intentado hacer un relato" (v. 1) y luego menciona "todo esto" (v. 3). Es seguro que Lucas había leído y estudiado lo que otros habían escrito acerca de Jesús, entre ellos el Evangelio según Marcos. El hecho de que Dios lo inspiró para que escribiera no lo alejó de la necesidad de estudiar y entender lo que ya se había escrito. Como sabemos, Lucas no fue discípulo directo de Jesús. Por lo tanto, debía confiar en aquellos que fueron "testigos presenciales", es decir, en quienes eran una fuente directa y a quienes seguro realizó entrevistas. A estos, Lucas agregó a los que fueron "servidores de la palabra", es decir, los que transmitieron la verdad.

En tercer lugar, podemos notar que se trata de una obra literaria escrita en una forma ordenada, para que la verdad sea claramente entendida. Notemos la frase "escribírtelo ordenadamente". Lo que pretendía Lucas era escribir un relato que no fuera confuso ni arbitrario. Y, finalmente, podemos inferir que, como el Evangelio según Lucas no es una copia ni de los materiales que el autor consultó ni de los otros evangelios, el autor interpretó adecuadamente la información a su alcance e incorporó una visión personal. Con esto nos dejó una de las mejores obras literarias del Nuevo Testamento. Este texto tiene un gran valor para nosotros, pues este gran hombre de Dios se puso a estudiar lo que había recibido y nos dejó un mensaje significativo. Su trabajo contó con la inspiración de Dios, pero no por eso faltó el estudio detenido de lo que ya se había escrito acerca del Señor.

● ●

EJERCICIO 47

Menciona tres lecciones que te dejan la lectura y meditación de Lucas 1.1-4.

1. _____

2 _____

3. _____

● ●

Al pensar en los métodos de interpretación bíblica hay tres grupos que se destacan.

Métodos tradicionales

A la cita de Martínez en la que afirma que los resultados dependen del método que se usa, se debe agregar lo que Tomás de la Fuente escribió: "La interpretación correcta depende de varios elementos. No basta tener el espíritu correcto al comenzar el estudio, será necesario también usar un método correcto. Aunque el intérprete tenga la sinceridad, la humildad, la reverencia y el espíritu de oración, no podrá llegar a conclusiones adecuadas si no procede usando el método correcto.[288]

La gran pregunta es: ¿Cuál es el método correcto? Tomás de la Fuente hace un buen aporte al mencionar cuáles son los métodos incorrectos. Más que pensar en si un método es correcto o no, vamos a presentar distintos métodos con sus puntos positivos y negativos.

Método intuitivo. La principal característica que podemos encontrar en esta forma de interpretar la Biblia es, precisamente, la falta de un procedimiento hermenéutico formal. El cristiano lee unas palabras de la Biblia, las aplica a sí mismo e intenta ponerlas en práctica, afirmando "Dios

---

[288] Tomás de la Fuente, *Claves de interpretación bíblica* (El Paso, TX: Casa Bautista de Publicaciones, 1985), 29.

me dijo esto". El Cuaderno de participación de CLADE V contiene una definición, que al mismo tiempo es una evaluación de este método.

CLADE V: "La hermenéutica intuitiva es la más encontrada en las iglesias de América Latina y el Caribe. En ella, el lector y la lectora estudian la Biblia poniendo énfasis en la aplicación del mensaje para su vida personal. No consideran los aspectos culturales involucrados en el proceso. Se concentran en cómo la lectura puede ser aplicada a la realidad vivida en el momento, casi siempre de manera individual, generalmente con la ayuda del Espíritu Santo. Valorizan el sentimiento y la emoción".[289]

Cuando hablamos de un método intuitivo, lo que se intenta es acercar lo más posible el texto a la realidad inmediata del lector. El principio de intuición es su fundamento y no rechaza ninguna forma o actividad en la que predomine la actividad y experiencia real de los lectores. Quienes adoptan este método no emplean ninguna regla particular de hermenéutica, sino que leen la Biblia como si esta hubiera sido escrita por un solo autor y en un solo momento.

El postulado de estos lectores es que la situación del autor bíblico coincide con la actual. Quienes leen la Biblia de esta manera, no ven la necesidad de ayuda, excepto la del Espíritu Santo. Este método es uno de los acercamientos más comunes al texto bíblico. Pone su énfasis en "la aplicación" personal inmediata al momento del lector. Para muchas personas, el mejor modo de leer la Palabra de Dios (devocionalmente) es el de pedir a Dios en oración que nos dé un mensaje para ese día.

La intuición, la imaginación, la memoria y la razón están todas naturalmente envueltas en el estudio bíblico. Muchas implicaciones (verdades ocultas) de declaraciones explícitas (verdades evidentes) se extraen solo por el uso de la imaginación y la intuición. Lo que hay entre líneas, entendido correctamente, es tan inspirador como las líneas mismas. Sin embargo, la excesiva concentración en cualquiera de estos medios, con exclusión de los otros, lleva a un desequilibrio en la comprensión. La intuición sola conduce a un peligroso subjetivismo; la

---

[289] Nancy E. Bedford y Harold Segura, eds., *Cuaderno de participación del Quinto Congreso Latinoamericano de Evangelización (CLADE V): Sigamos a Jesús en su Reino de Vida* (edición digital: http://www.clade5.org/index.php/es/cuaderno), 14; ver especialmente, Luciano Jaramillo Cárdenas, *¡Ahora entiendo! Hermenéutica bíblica* (Miami: Vida, 2005), 121-128.

imaginación sola, a la fantasía. La memoria sin aprehensión es improductiva. La dependencia de la sola razón cegará nuestros ojos a gran parte del contenido de la Biblia.

Hay algunos presupuestos de este método que haríamos bien en tomar en cuenta:

En primer lugar, el presupuesto básico de este acercamiento es que la situación del lector contemporáneo coincide en gran medida con la situación representada por el texto original. Recordemos que el pueblo de Dios fue el destinatario de la Escritura, y dado que la naturaleza humana no ha cambiado desde que fue escrita, la Biblia tiene un mensaje para el pueblo de Dios hoy.

En segundo lugar, este acercamiento da por sentado que la Biblia es un texto para el creyente, es decir, el hombre y la mujer común, y no para los teólogos o intérpretes especializados exclusivamente. Seguramente, este fue el presupuesto que impulsó a los reformadores a traducir la Biblia a las lenguas del pueblo.

En tercer lugar, se da gran importancia al papel del Espíritu Santo y su labor iluminadora, que hace posible que el creyente comprenda el significado del texto. El ser humano no es solo cuerpo, mente y emociones —como pretenden la mayoría de los humanistas—, sino que tiene también un lado fuertemente espiritual en su naturaleza. Ese aspecto de su ser se transforma en el momento de la salvación en morada divina, como que la persona es una "nueva criatura" (2 Co. 5.17), y de allí en adelante tiene que ser alimentada. El Espíritu Santo es el autor de la Biblia y él es quien nos inspira con los mensajes devocionales de parte de Dios cuando la leemos. Él no nos llevará a utilizar una porción de su Palabra de forma contraria a su propia voluntad, o de modo que resulte contradictorio a su sentido original. La lectura devocional brinda la inspiración espiritual que todo creyente necesita para vivir la vida diaria, y ella se basa siempre en las verdades reveladas en la Biblia.

En cuarto lugar, el principal énfasis de este método no es llevar al lector a una comprensión intelectual del mensaje bíblico, sino conducirlo a una obediencia consciente de la Palabra de Dios que le habla a través de la Escritura. Rick Warren escribió que la meta final del estudio bíblico es su aplicación y no su interpretación.[290] Consecuente-

---

[290] Rick Warren, *Métodos de estudio bíblico personal* (Miami: Vida, 2005), 29; ver también Walter C. Kaiser y Moisés Silva, *Introdução à hermenêtica bíblica* (São Paulo: Editora Cultura Cristã, 2002), 159.

mente, aun cuando alguien no encuentre nada especial en la lectura de la Biblia (y así ocurrirá algunas veces), siempre hay un beneficio espiritual en la sola lectura, porque es en este aspecto devocional o espiritual que nuestro ser se nutre. Muchas veces nos dará un pensamiento que satisfará la sed de nuestro corazón. Algunas veces será una bendición que habremos de necesitar más adelante en el transcurso del día. El creyente se encuentra directamente con la Palabra y saca de ella lo que necesita. Es importante señalar que este acercamiento es pertinente porque el pueblo cristiano, en general, solo recibe el mensaje de la Palabra de Dios cuando es intermediada por los eruditos o expertos. Tanto los ministros como los profesores pareciera que quieren mostrar sus conocimientos haciendo que la Palabra se aleje del pueblo, cuando la misma fue escrita para afirmar la fe del hombre y la mujer que se quiere acercar a Dios. En este sentido, el título del libro escrito por Catalina F. de Padilla, *La Palabra de Dios para el Pueblo de Dios,* es muy interesante. En la introducción, escribe la autora: "Este curso se basa en la convicción que la Biblia es para todos los creyentes, que todo el pueblo de Dios tiene el privilegio de estudiar la Palabra, reflexionar sobre su significado y hacer teología".[291]

Aunque ya lo mencionamos, creo que debemos repetirlo: el peligro de este método es el extremo subjetivismo y emocionalismo. Esto hace que muchas veces se encuentre en la Biblia lo que se busca y no lo que ella tiene para decirnos. No obstante, un punto que merece nuestra atención es el valor de las emociones en la vida de fe. Debemos comenzar mencionando que el entusiasmo es contagioso, las emociones forman parte de nuestra vida y no podemos negarlas. Pero al mismo tiempo, debemos reconocer el peligro de las mismas, como puede ser: (1) Lo emocional suele tener un vocabulario exclusivista y, por lo tanto, alimenta una actitud de superioridad, (2) Generalmente se limita la forma de culto a esta esfera. Debemos preguntarnos si Dios solo se revela de esta manera (1 R. 19.8-18), (3) Tiende a confundir la voluntad de Dios con la voluntad del ser humano, (4) Tiende a convertirse en una forma de escape, tanto de la situación en la vida como de los propios pecados.

---

[291] Catalina F. de Padilla, *La Palabra de Dios para el pueblo de Dios* (Buenos Aires: Kairós, 2007), 7. Es necesario aclarar que el método que propone la autora no es el intuitivo. Por el contrario, ella lo critica.

Debemos notar que muchos movimientos religiosos comenzaron en la esfera de lo emocional. Sin embargo, no se quedaron allí. No olvidemos que la fe cristiana inició su desarrollo en Pentecostés, pero fue necesaria una reflexión sobre la vida, ministerio y enseñanzas de Jesús, y la obra del Espíritu Santo, a fin de que el cristianismo creciera fuerte y se desarrollara.

• •

EJERCICIO 48

Menciona por lo menos tres ventajas del método intuitivo y tres peligros que encierra el mismo:

Ventajas:

1. _____

2. _____

3. _____

Peligros:

1. _____

2. _____

3. _____

• •

Método dogmático. Este método es casi lo opuesto al anterior. Su nombre se deriva de la palabra griega *dogma*,[292] que tiene más de un significado: lo que parece correcto, opinión, resolución, enseñanza, ley.[293] Propiamente hablando, la doctrina cristiana es *dogma*, aunque desafortunadamente esta palabra lleva cierto sentido desagradable a la

---

[292] Esta palabra se usa en la Biblia con el sentido de decreto, por ejemplo, en el Antiguo Testamento en griego (Dn. 6.6); en el Nuevo Testamento (Lc. 2.1; Ef. 2.15; Col. 2.14); y en Hechos 16.4 se usa para referirse a los acuerdos (NVI) u ordenanzas (RVR60).

[293] Kittel, Friedrich y Bromiley, *Compendio del diccionario teológico del Nuevo Testamento*, 178.

mente popular. Se debe a que las doctrinas cristianas se han enseñado muchas veces en un espíritu rígido, que ha sido llamado *dogmático*.[294]

Aunque teóricamente todos los sistemas teológicos del cristianismo han sido elaborados a partir de la Biblia, la verdad es que tales sistemas pronto adquirieron, en muchos casos, una autoridad propia, que impuso sus conclusiones con rigor a la interpretación bíblica. No siempre la teología fue sometida a un constante examen y actualización, en sujeción al texto bíblico, iluminado por un mayor conocimiento de la Palabra. Por el contrario, la interpretación ha sufrido los efectos de una fuerte sujeción a las tradiciones teológicas. La interpretación dogmática se ha practicado, y se practica aún, en mayor o menor grado, en la mayoría de las confesiones cristianas. Aunque ha caracterizado de modo especial al catolicismo romano, nadie puede sentirse libre de este peligro.

En el caso de los escrituristas católicos, a pesar de la libertad que disfrutan, su exégesis siempre está relacionada con el dogma, pues ninguna interpretación puede estar en contradicción con el mismo o con el magisterio eclesiástico. Esto es muy diferente al principio protestante de que ningún dogma puede estar en contradicción con las claras enseñanzas de la Escritura y que esta debe ocupar siempre un lugar de supremacía, por encima de toda tradición y de toda formulación teológica. Lamentablemente, el error del dogmatismo se ha extendido ampliamente en el seno del las iglesias protestantes, durante el llamado período del surgimiento confesionalista.

Louis Berkhof: "En el periodo que siguió a la Reforma, se hizo evidente que los protestantes no habían quitado enteramente la vieja levadura. En teoría, mantenían el sólido principio de *Scriptura Scripturae interpres,* pero mientras por un lado rehusaron someter su exégesis al dominio de la tradición y a la doctrina de la iglesia formulada por papas y concilios, cayeron en el peligro de dejarse llevar por los principios confesionales de cada denominación. Fue preeminentemente la edad de las denominaciones. 'Hubo un tiempo en que cada ciudad importante tenía su credo favorito' (Farrar)... Cada cual trató de defender su propia opinión apelando a la Escritura. La

---

[294] Deiros, *Diccionario Hispano-Americano de la misión,* agrega que este término suele tener un sentido peyorativo, como indicando autoritarismo, y una actitud mental irracional o incluso oscurantista, más inclinada a la especulación que a la acción".

exégesis vino a ser servidora de lo dogmático y degeneró en una simple búsqueda de textos favorables".[295]

Dos citas pueden mostrar el peligro de este método. Walter Kaiser cita a Matthias Flacius, quien en 1567 escribió en una obra llamada *Llave a las Escrituras*: "Todo cuanto se dice respecto a la Escritura o sobre la base de la Escritura debe estar de acuerdo con lo que el catecismo declara y con lo que se enseña en los artículos de fe".[296] Bernard Ramm cita a Fullerton, quien de modo incisivo declara: "En vez de adoptar un principio científico de exégesis, se introduce la autoridad de la iglesia disfrazada de tradición como norma de interpretación".[297]

Posiblemente el mayor problema del método dogmático es que interpreta de acuerdo con los dogmas (doctrinas o enseñanzas) de algún grupo. Esta interpretación o comprensión de la Biblia es aceptada como *la* correcta solo porque se ajusta a esa enseñanza. José M. Martínez menciona como ejemplo de esto la interpretación que se suele hacer de Isaías 1.6: "Desde la planta del pie hasta la coronilla no les queda nada sano", en un sentido moral, lo que ha permitido usarlo como texto demostrativo de la depravación total del ser humano. Pero lo que el profeta quiere resaltar es la condición lastimosa a que ha llegado el pueblo escogido bajo los juicios divinos acarreados por la maldad y la deslealtad, y solo por deducción podría extraerse esta doctrina del texto mencionado. Esta es una enseñanza de la Biblia, pero son otros los textos que la avalan.

● ●

EJERCICIO 49

¿Qué alcance ha tenido la interpretación dogmática en el cristianismo?

_____

_____

_____

_____

● ●

[295] Berkhof, *Principios de interpretación bíblica*, 33.
[296] Kaiser, *Toward an Exegetical Theology*, 35, 36.
[297] Ramm, *Protestant Biblical Interpretation*, 29.

Método "literalista". El llamado método literal de interpretación de la Biblia consiste en aceptar como básica la representación literal de las frases, a menos que en virtud de la naturaleza de la oración no fuera posible. Por ejemplo: las figuras de dicción o fábulas o alegorías no admiten interpretación literal. El espíritu de interpretación literal es que debemos estar satisfechos con el significado literal de un texto, a menos que razones muy importantes nos lleven a darle una interpretación que esté más allá del significado literal. Bernard Ramm afirmó que deberíamos hablar más bien del método hiperliteralista o letrista.[298] Es decir, el método del que somete la interpretación al significado atribuido, a veces subjetivamente, a la letra del texto. El literalismo o letrismo descansa sobre el postulado de que un texto ha de entenderse siempre en su sentido literal, a menos que ello sea razonablemente inadmisible, como sucede en el caso de las metáforas, parábolas, símbolos y otras figuras de lenguaje.

Algunos de los ejemplos mencionados tanto por Bernard Ramm, como por José M. Martínez, nos pueden mostrar el peligro de este método de interpretación. Fue, posiblemente, en el judaísmo donde este método tuvo su mayor impacto. Martínez menciona que comentando Salmos 130.1, cuando el autor dice "de lo profundo" (según RVR), los intérpretes judíos solo veían una forma externa de orar, lo cual significaba que la oración debía practicarse en la posición más baja posible. Otro ejemplo se encuentra en Proverbios 22.9 (RVR), cuando el texto bíblico dice "el ojo misericordioso será bendito". El uso del singular ("ojo") en vez del plural debe interpretarse en el sentido de que dos ojos podrían mirar en distintas direcciones, mientras que un solo ojo forzosamente dirigirá su mirada en una sola dirección, la del bien, lo que le hace merecedor de la bendición divina. Los dos ejemplos mencionados muestran que este método, que se usa muy frecuentemente, requiere de versiones bíblicas muy literales.

Al hacer una evaluación de esta manera de interpretar la Escritura es necesario rescatar que toma en serio la Palabra, es decir, se dedica a estudiarla hasta en sus mínimos detalles. Pero lo que se puede llamar su punto fuerte, el estudio de las Escrituras, es al mismo tiempo su mayor debilidad, pues esos detalles le impiden ver el mensaje total de la

---

[298] *Ibid.*, 47. Ramm asocia este método con la escuela de Antioquía. Por otro lado, Richard Mayhue, *Cómo interpretar la Biblia uno mismo*, llama a este método ultraliteralismo.

misma. Uno de los presupuestos de este tipo de interpretación es la inspiración mecánica o verbal de la Biblia. Según este planteamiento, el Espíritu Santo inspiró exactamente las palabras que los autores escribieron. Lo que generalmente no se toma en cuenta es que la Biblia no se escribió en castellano (o inglés) según sea el caso, sino en hebreo y griego.

Todavía hoy, en predicaciones y en escritos de tipo devocional, se siguen tomando palabras o frases de la Escritura para sacar de ellas lecciones espirituales, que pueden resultar edificantes y no contradicen las enseñanzas bíblicas, pero que no se ajustan al verdadero significado del texto. Tal práctica siempre entraña el riesgo de caer en lo erróneo y en lo extravagante. Como hace notar Bernard Ramm: "hay una lección principal que debemos aprender de la exégesis rabínica: los males del letrismo. En la exaltación de las letras de la Escritura, el verdadero significado de la Escritura se perdió... Toda exégesis que se sumerge en trivialidades y letrismo está condenada al extravío".[299]

Tim La Haye menciona que muchas personas están acostumbradas a "picotear" aquí y allá, y abren la Biblia con la esperanza de encontrar algo para ese día.[300] Aunque en algunos casos hubo quien encontró la respuesta a su necesidad puntual, el uso indiscriminado de este método puede llevar al "extravío". Por otro lado, Richard Mayhue menciona que uno de los grandes errores de este método es buscar textos bíblicos para defender o fundar una posición personal, generalmente basándose en versículos sueltos, y dejando de lado el contenido general de la Palabra.

No se debe confundir este método con lo que podemos llamar la lectura devocional de la Biblia. Según Rick Warren: "El método de estudio bíblico devocional implica tomar un pasaje de la Biblia, extenso o breve, y meditarlo en oración hasta que el Espíritu Santo le muestre la manera de aplicar esa verdad a su propia vida de una manera tan personal, que sea práctica, posible y mesurable".[301] El estudio bíblico devocional no pretende buscar versículos para mi necesidad o problema, sin tomar en cuenta el sentido natural del mismo. Por el contrario, busca la dirección de Dios cuando leo un pasaje para poder aplicarlo a la vida diaria. Hay una manera muy diferente de acercarse a las Escrituras.

---

[299] Ramm, *Protestant Biblical Interpretation*, 48.

[300] Tim La Haye, *Cómo estudiar la Biblia por sí mismo* (San Juan, Puerto Rico: Betania, 1977), 41, 42.

[301] Warren, *Métodos de estudio bíblico personal*, 29.

Método alegórico-místico.[302] Cuando hablamos de alegoría nos referimos a la lectura donde una cosa representa o simboliza otra distinta. El método alegórico- místico es otra manera de interpretar la Biblia. Este método considera que toda la Biblia fue escrita como una serie de alegorías. Insiste en que no es el significado natural y evidente el que da a la Biblia su importancia, sino el sentido "místico". Tengamos presente que, para quienes siguen este método, "místico" significa oculto.

Este método fue creado por los antiguos griegos, que procuraban explicar para sí mismos sus mitos y leyendas. Luego, el método fue aplicado por los llamados padres apostólicos y especialmente por la escuela de Alejandría. Como en aquella ciudad se usaba este método para interpretar la propia cultura griega, los líderes cristianos de esa ciudad lo adoptaron para presentar las Escrituras y la fe cristiana a sus conciudadanos educados en este contexto. Se debe reconocer que este método siguió afectando toda la historia de la interpretación bíblica, aun hasta el tiempo presente. Siempre hubo una estrecha relación de la interpretación alegórica con una postura mística, según la cual deben buscarse múltiples profundidades y matices de significado en cada palabra de la Biblia. Por lo tanto, los intérpretes alegóricos, muy naturalmente, cayeron en muchas cosas que pueden clasificarse con teorías místicas.

Semejante a esta postura mística es el modo de exposición pietista, según el cual el intérprete pretende ser guiado por una luz interna, recibida como "una unción del Santo" (1Jn. 2. 20). En teoría, esta santa luz interna nunca se contradiría, ni guiaría a sus seguidores a diversas exposiciones de un mismo texto. Pero las interpretaciones divergentes e irreconciliables que prevalecieron y prevalecen entre los adherentes de este sistema, demuestran que hay una gran diferencia entre la teoría y la práctica.

Un aspecto positivo de esta manera de comprender o acercarse a la Biblia es que admite la santidad de las Escrituras y busca en ellas lecciones de vida eterna. Pero en cuanto a principios y reglas de exégesis es menos coherente. En general, se dejan de lado tanto las reglas gramaticales, como el significado básico y común de los términos. Quien interpreta la Biblia de esta manera busca seguir ciertas analogías y correspondencias. José M. Martínez define uno de los problemas que se pueden ver al pensar en este método, y es que quien lo practica "es ley para sí mismo". De modo que su propio sentimiento o subjetivismo es

---

[302] Para un detalle de este método en la escuela de Alejandría, ver página 108.

la regla básica de interpretación. Y esto tiene como propósito poner fin a toda controversia. En el fondo, el intérprete se establece como un nuevo oráculo, y aunque afirma seguir la Palabra escrita de Dios, establece su propia interpretación como "otra revelación".

Esta manera de comprender la Biblia se distingue por una ausencia casi total de preocupación respecto a lo que el autor sagrado deseó comunicar, y por la libertad con que se abren las puertas al subjetivismo del intérprete. Lo que importa, en el fondo, no es lo que el autor quiso expresar, sino lo que el intérprete comprende. Como consecuencia, el producto de la exégesis puede variar adaptándola, según convenga, a las formas cambiantes del pensamiento de cada época. Con razón Karl Grobel se ha referido a la alegorización como a un "arte camaleónico".[303]

A lo largo de la historia, el ser humano ha buscado interpretaciones alegóricas. Un ejemplo se encuentra en Filón de Alejandría (15 a.C. - 45 d.C.) y su explicación o significado que da acerca de los ríos del Edén (Gn. 2.10-14). Para él la presencia de los ríos tenía como objetivo mostrar ciertas virtudes necesarias para el cristiano, que son cuatro: prudencia, templanza, valor y justicia. Ahora bien, el río mayor, del cual fluyen los cuatro ramales es la sabiduría de Dios, la que se regocija y alegra y triunfa, deleitándose y honrándose en una sola cosa: su Padre, Dios. Y las cuatro virtudes particulares son ramas de la virtud genérica, la cual, como un río, baña todas las buenas acciones de cada una, con una abundante corriente de beneficios.

Otro ejemplo, muy popular, también tomado de la interpretación de la historia de nuestros primeros padres en el Edén, es ver en el árbol del conocimiento del bien y del mal una referencia a las relaciones sexuales. De ahí tenemos el uso popular de la manzana como símbolo del contacto sexual, aunque la Biblia misma no sugiere tal cosa. Esta interpretación surgió en un momento en el que se veía el sexo como algo pecaminoso. Esto no es una enseñanza de las Sagradas Escrituras. Al contrario, muchas veces la Biblia habla de la bendición que es la sexualidad humana.

Si bien la interpretación alegórica, como se ha descrito, tiene una tendencia a apartar al lector del recto sentido del texto, en la misma Biblia encontramos la alegoría como un medio por el cual el Señor

---

[303] Karl Grobel, "Interpretation", en *Interpreter's Dictionary of the Bible* (Nashville: Abingdon, 1962), 5:719.

enseñó. En otro capítulo vamos a ver cómo se deben interpretar estos pasajes. Al mismo tiempo, en la misma Biblia hay un ejemplo notable del uso del método alegórico por parte del apóstol Pablo (Gá. 4.24). Es la interpretación que el apóstol hace de la historia de Abraham, Sara y Agar, que es explicada como una alegoría. Pero este sentido le es dado como algo adicional. Su sentido histórico no está puesto en duda.

Hay un sentido en que este y otros sucesos de la Biblia pueden ser alegorizados o espiritualizados correctamente. Los predicadores lo hacen con frecuencia en sus sermones que, en otros aspectos, son enteramente fieles al mensaje de la Biblia. Tales eventos pueden usarse como ejemplos o ilustraciones, pero solamente cuando el sentido literal e histórico del suceso es reconocido antes. De otra manera, el resultado es una interpretación falsa del texto bíblico. El gran error de este método es que los intérpretes hacen a un lado los hechos importantes de la historia bíblica y perjudican así el sentido claro de la Escritura.

El *sensus plenior* o sentido pleno de la Biblia. Una lectura o forma de interpretación de las Escrituras que no hemos mencionado hasta ahora, y que viene del campo católico, es lo que se ha dado en llamar el *sensus plenior* (sentido pleno o completo). Luciano J. Cárdenas lo define como "un sentido más amplio y profundo que Dios intenta revelar, aunque el autor humano no esté al momento consciente del mismo".[304] Se trataría de un sentido adicional más profundo, pretendido por Dios, pero no buscado necesariamente por el autor humano. Este sentido se va descubriendo progresivamente, está contenido en el texto bíblico o en un conjunto de textos, y aparece cuando se estudia a la luz de posteriores revelaciones y desarrollos de la historia y la revelación bíblica.[305]

---

[304] Luciano Jaramillo Cárdenas, *¡Ahora Entiendo! Hermenéutica bíblica: diferentes sentidos de las Escrituras* (Miami: Vida, 2005), 151; véase también Douglas J. Moo, *The Problem of* Sensus Plenior, en D. A. Carson, ed., *Hermeneutics, Authority and Canon* (Grand Rapids: Zondervan, 1986), 201ss; Rivas, *Diccionario para el estudio de la Biblia*, 169; Heinrich Fries, "El *sensus plenior*" en Hans Urs von Balthasar y otros", en *Mysterium Salutis* (Madrid: Cristiandad,1981), 1:468-480.

[305] Aunque el *sensus plenior*, tal como lo tratan los biblistas modernos es de reciente aparición, su primera cita es en el año 1925. Ver *Misterium Salutis*, 1:468. Pero para Rivas, *Diccionario para el estudio de la Biblia*, 169, la frase fue acuñada por A. Fernández, en 1926. Ver también, Raymond E. Brown, *The «Sensus Plenior» of Sacred Scripture* (Baltimore: St. Mary's University, 1955), 92.

El sentido pleno de un texto se relaciona, en parte, con el sentido literal, es decir, el sentido básico primario que el autor (humano) da a sus palabras, pero a partir de un *a priori*. Dios es el autor de la Biblia, y de allí se deduce que es él quien se revela a sí mismo. Se debe aceptar que el autor humano, con frecuencia, no alcanza a comprender todo el contenido y significado de la revelación divina, a pesar de ser él mismo instrumento de ella.

Como ejemplo, podemos mencionar lo que ocurre con la lectura que hacen los autores del Nuevo sobre el Antiguo Testamento. Las profecías cobran un nuevo sentido y se hacen realidad en la persona de Jesús. Toman sentido y proyección, y muchas de las promesas se hacen realidad en la nueva economía de la salvación, que nos entrega el Nuevo Testamento.[306] La presentación de este progreso de la revelación y su culminación en la persona y enseñanza de Jesús es lo que presenta el autor de la carta a los Hebreos (1.1-3).

Jaramillo Cárdenas afirma que "el sentido pleno no sustituye a la exégesis histórica, sino que debe entenderse como un desarrollo de la misma".[307] El autor del Evangelio según Mateo, en 1.23, usa Isaías 7.14 para hablar del nacimiento virginal de Cristo respetando el criterio de homogeneidad. El texto alude originalmente al nacimiento de un niño, que sería signo de la continuidad de la línea davídica y aseguraría la presencia de Dios entre su pueblo. Aunque Isaías no pensó en una virgen sino en una joven, esta interpretación se desarrolló posteriormente en el judaísmo, como lo vemos en la traducción de este pasaje de Isaías en la versión de los LXX (siglo III a.C.), donde la palabra "joven" que va a concebir, que usa el texto hebreo, se identifica como "virgen". Y cuando Jesús nació de una virgen en la ciudad de David, él fue el signo de la continuidad de la línea davídica e implicó la presencia de Dios entre su pueblo.

El peligro es usar la Palabra de Dios con un sentido que el Señor no le quiso dar. Así pues, se ha usado la teoría del sentido pleno como pretexto para inventar nuevas doctrinas. En estos casos, esta manera de leer el texto se asemeja en mucho a la interpretación alegórico-mística.

---

[306] Se ha afirmado que en realidad el Nuevo Testamento no hace más que reinterpretar el Antiguo a la luz del nuevo hecho de salvación en Jesucristo. Jaramillo Cárdenas, *¡Ahora Entiendo! Hermenéutica bíblica*, 154; Manuel de Tuya y José Salguero: *Introducción a la Biblia* (Madrid: Biblioteca de Autores Cristianos, 1967), 2:54–84.

[307] Jaramillo Cárdenas, *¡Ahora Entiendo! Hermenéutica bíblica*, 156.

Métodos científicos[308]

Al pensar en los métodos que podríamos llamar científicos, debemos comenzar reconociendo que han generado rechazo en algunos autores evangélicos. Dos de los libros más conocidos en este campo tienen hacia este tipo de métodos una actitud de hostilidad.

Por un lado, Tomás de la Fuente inicia su presentación de los métodos incorrectos de interpretar la Biblia hablando del que llama método racionalista. Por este entiende la tarea de sujetar toda la Escritura al juicio humano para saber si son válidas o no sus declaraciones. Para él, este tipo de método parte del presupuesto que lo sobrenatural no existe, y que todo texto se puede entender por medio de la razón humana. Y este autor termina afirmando que el suyo "pretende ser el método científico".[309] En el mismo sentido, José M. Martínez habla de la interpretación liberal, que confía en la supremacía de la razón y la exaltación del ser humano como centro del pensamiento.[310]

> **CLADE V:** "La hermenéutica científica constituye un abordaje por el cual quien lee se acerca a la Biblia con la ayuda de herramientas y técnicas especializadas. El conocimiento es fundamentalmente intelectual y dotado de un fuerte cuño académico. Se estudia a partir de las lenguas originales, del conocimiento histórico y cultural del contexto original. Se define el mensaje original del texto, pero cuesta descubrir la aplicabilidad del mensaje al mundo contemporáneo".[311]

No cabe duda que, al igual que con los métodos anteriores, los que se llaman métodos científicos se pueden usar de manera incorrecta o exagerada y llegar a extremos inaceptables para los cristianos. Pero

---

[308] Se ha dividido a los métodos de estudio bíblico en sincrónicos (que se produce o se hace al mismo tiempo que otro hecho) y diacrónicos (que tiene relación con la evolución de un hecho, fenómeno o circunstancia a través del tiempo). Carreter, *Diccionario de términos filológicos*, 139, define el uso de estas palabras diciendo que, por un lado, es sincrónico todo lo que se refiere al aspecto estático, en este caso de la lingüística, es decir, el estado de una lengua o los estudios de un texto en un determinado momento de la historia. Por el otro lado, es diacrónico todo lo que se relaciona con las evoluciones, es decir, aquello que estudia las transformaciones y los cambios efectuados por la lengua a través del tiempo. Aplicado a los estudios bíblicos esto tiene que ver con cómo se ha comprendido un texto a lo largo de la historia.

[309] De la Fuente, *Claves de interpretación bíblica*, 29.

[310] Martínez, *Hermenéutica bíblica*, 79.

[311] Bedford y Segura, eds., *Cuaderno de participación de CLADE V*, 14.

cualquier modo de comprender la Palabra puede ser usado de una manera extremista, que contradiga la esencia de la misma. Antes de presentar el principal de estos métodos, el histórico-crítico, debemos reflexionar en el valor e importancia de la crítica bíblica, para luego presentar brevemente el método.

La crítica bíblica. Antes de que sigamos adelante, debemos afirmar que el estudio crítico de la Palabra de Dios no significa necesariamente alejarnos del valor espiritual. Cuando escuchamos o leemos la palabra "crítica" solemos tener una reacción negativa. Pensamos en ella como la acción de censurar las acciones o la conducta de una persona, o de hacer notar los defectos de una cosa, ya sea una obra literaria o el texto bíblico. Una definición más adecuada de crítica la presenta como el arte de juzgar el valor, las cualidades y los defectos de una obra artística, literaria, o el juicio o conjunto de juicios críticos sobre una obra artística o literaria. Desde esta perspectiva, la crítica de la Biblia no afecta a la misma, sino que nos ayuda a encontrar cuáles son sus valores o cualidades.[312] Sin lugar a dudas, podemos afirmar que el estudio crítico no es algo que se opone a nuestra fe, o que tenga como propósito hacernos desconfiar de la Palabra de Dios, la revelación o el Dios que está detrás de la misma. Por el contrario, tiene como propósito que podamos conocer más detalladamente esta revelación y, a través de ella, fortalecer nuestra fe en el Señor de la misma.

Es necesario que diferenciemos entre hechos o evidencias y teorías. Una evidencia, un hecho, es algo concreto, es decir, algo que es verdadero, demostrable sin consideración del tiempo y circunstancias, algo que se puede señalar en el texto mismo de las Escrituras. Una teoría es un intento de explicar estos hechos o evidencias. Esta diferenciación en el estudio de la Biblia es de vital importancia. Debemos aceptar las teorías como lo que son, es decir, intentos de explicar algunos hechos que nos llaman la atención. El hecho o la evidencia no cambian, pero sí cambian las teorías que intentan explicarlos, a medida que se va avanzando en el estudio del texto y del contexto bíblico. Una teoría debe aceptarse como lo que es, y no asignarle un valor indiscutible.

Al pensar en la crítica, debemos tener presente que antiguamente se dividía la crítica bíblica en baja crítica, que se ocupaba de aspectos

---

[312] "Crítica", en *Diccionario general de la lengua española Vox* (Barcelona: Tecnolingua, 1997).

relacionados con el texto, y alta crítica, que se ocupaba exclusivamente de aspectos literarios e históricos. Al imponerse, en determinados ámbitos, el método histórico-crítico, esta distinción se dejó de lado y se sigue la que este método propone.

¿Qué es el método histórico-crítico? Escribió John Barton: "La crítica histórica, también conocida como método histórico-crítico, fue el enfoque dominante en el estudio académico de la Biblia desde mediados del siglo XIX hasta hace una generación".[313] Este autor aclara que actualmente está desacreditado, por lo menos en el mundo de habla inglesa.

Desde el punto de vista católico, la Pontificia Comisión Bíblica presenta el método histórico-crítico como un método indispensable para el estudio científico del sentido de los textos antiguos. Dado que la Biblia es palabra de Dios en lenguaje humano y ha sido compuesta por autores humanos, su comprensión admite como legítima la utilización de este método. A esto le agregan que se debe tener presente que el estudio de la Biblia no está nunca completamente concluido. Cada época tendrá que buscar nuevamente, a su modo, la comprensión de los libros sagrados. En la historia de la interpretación, el surgimiento del método histórico-crítico significó el comienzo de una nueva época. Con él se abrieron nuevas posibilidades para comprender la palabra bíblica.[314] Al pensar en el contexto de este método, tenemos que tener presente lo que escribió Hans de Wit: "El Renacimiento, el Humanismo y la Reforma establecen los cimientos de una nueva interpretación de la Biblia. Con razón se ha hablado de una vuelta copernicana en el campo de las ciencias bíblicas. El énfasis en la gramática del texto, su aspecto histórico (*sensus literalis*), el contexto en que nació, anticipa un tipo de exégesis que dominará el campo hasta mediados del siglo XX: la investigación histórico-crítica de los textos".[315]

Quizás debamos decir que se ha usado tanto el singular (método histórico-crítico) como el plural para designar a esta manera de estudiar la Biblia. De cualquier manera, se trata de un conjunto amplio de técnicas

---

[313] John Barton, ed., *La interpretación bíblica hoy* (Santander: Sal Terrae, 1998), 25.
[314] Pontificia Comisión Bíblica, *La interpretación de la Biblia en la Iglesia* (Vaticano: Librería Editrice Vaticana, 1993).
[315] De Wit, *En la dispersión el texto es patria*, 91. Recordemos que ya se hizo una breve referencia al Iluminismo como el contexto del surgimiento de este método.

de investigación.[316] Como método analítico, este método estudia el texto bíblico del mismo modo que cualquier otro texto de la antigüedad, y lo comenta como lenguaje humano. Al pensar en este método debemos mencionar los siguientes aspectos más importantes del mismo.

En primer lugar, hay que recordar que es un método histórico, no solamente porque se aplica a textos antiguos —en este caso los de la Biblia— sino también porque se estudia su alcance histórico. Además, y sobre todo, porque procura dilucidar los procesos históricos de producción del texto bíblico, procesos diacrónicos a veces complicados y de larga duración. El estudioso pregunta cuándo fueron escritos los libros de la Biblia y quién fue su autor, cuáles fueron las etapas en las que llegó a ser lo que es hoy. De hecho, en la misma Biblia hay evidencia que los libros sufrieron un proceso de compilación, como por ejemplo los Salmos. En las diferentes etapas de su producción, los textos de la Biblia se dirigen a diferentes categorías de oyentes o de lectores, que se encontraban en situaciones espacio-temporales diferentes. El problema de este interés por el proceso de composición de los libros es que quizás los estudiosos estén más interesados en este proceso, que en el producto final, o sea, la Biblia como Palabra de Dios.

En segundo lugar, es un método crítico, porque opera con la ayuda de criterios científicos tan objetivos como sea posible en cada uno de sus pasos (de la crítica textual al estudio crítico de la redacción), para hacer accesible al lector moderno el sentido de los textos bíblicos, con frecuencia algo difícil de captar. El método se interesa especialmente en lo que el texto significó para sus primeros lectores, a quienes estaba dirigido y no tanto lo que pueda significar para el lector de hoy. Para lograr esto, se llevan a cabo estudios filológicos y lingüísticos muy detallados, a fin de establecer el significado que el autor quiso dar a su texto. Para los cultores de este método, el significado original es el verdadero y la principal tarea de los que estudian la Biblia es recuperarlo. Cualquier otro sentido será falso. En este sentido, los cultores de este método pretendían y pretenden tener una posición puramente objetiva e imparcial. Su intento es acercarse al texto sin prejuicios. Para ellos es un error preguntar qué significa para mí, y no simplemente qué significa... y punto. Posiblemente, este intento de objetividad sea uno de los principales errores de este método. Ha quedado demostrado que

---

[316] René Krüguer, Severino Croatto y Nestor Míguez, *Métodos exegéticos* (Buenos Aires: ISEDET, 2005), 15.

la búsqueda objetiva y científica de la verdad, por medio de un estudio imparcial, es una utopía o ideal que no se puede alcanzar. Desde el mismo momento que hay un lector o estudioso, la objetividad desaparece, porque nadie es totalmente imparcial y cada uno tiene algún interés o posición que orienta su estudio.

Este tipo de búsqueda de la verdad representa la postura de lo que hemos llamado Iluminismo o Ilustración, que ha colocado a la razón como el único camino para comprender y explicar todas las cosas. Este método surgió en un momento de furor racionalista, cuando todos los problemas del ser humano se solucionaban desde esta perspectiva. La fe quedó de lado, se rechazaron los llamados presupuestos teológicos, olvidando que la Biblia es un libro que llama a la fe, y que quien se acerca a leerla es porque tiene fe y busca alimentarla en sus palabras.

• •

EJERCICIO 50

¿Cuál es el trasfondo del método histórico-crítico?

_____

_____

¿Qué falencia inicial trae este método?

_____

_____

• •

Desarrollo del método histórico-crítico. Después de todo lo que hemos dicho, surge la pregunta: ¿es posible usar este método para interpretar y comprender las Sagradas Escrituras? Como con todos los procesos humanos, aquí también se deben considerar tanto los riesgos como sus posibilidades. A continuación vamos a hacer una presentación de los aportes positivos del método, señalando también sus peligros. En general, podemos presentar las contribuciones de este método en dos áreas generales: la construcción del texto y el análisis que se hace del mismo.[317]

---

[317] Reconozco que esta división puede parecer parcial, pero creo que ayuda a un acercamiento más ordenado a estos métodos.

Por construcción del texto nos estamos refiriendo a los "métodos" que se pueden aplicar para estudiar el proceso de formación del texto bíblico. Algunos de estos tienen su base en la evidencia textual, mientas que otros (crítica de fuentes) en teorías. El segundo grupo de "métodos" trabaja sobre el texto mismo. De la misma manera que en el primer grupo algunos tienen su apoyo en la evidencia textual (las formas literarias), mientras que otros presentan teorías que tratan de reconstruir el origen del texto bíblico, en este enfoque se opera igual.

Método Histórico-crítico	
Construcción del Texto	Análisis del Texto
Crítica textual	Historia (crítica) de las formas
Crítica literaria	Crítica de las tradiciones
Crítica lingüística	Historia (crítica) de redacción
Crítica de fuentes	

Dentro del primer grupo encontramos lo que antiguamente se llamaba la baja crítica. Se la denominaba así porque consideraba que representaba el nivel primario en la estructura del examen crítico del texto bíblico. La primera en ser mencionada es la crítica textual: esta es la disciplina que se propone determinar cuál es el texto original. Para Neil R. Lightfoot, la función de la crítica textual es sencilla: "Procura por medio de la comparación y el estudio de la evidencia disponible recuperar las palabras exactas de la composición original del autor... y eliminar la paja de malas lecturas".[318] Un propósito tan idealista o noble, como el pretendido por Lightfoot, es por lo menos muy difícil (si no imposible). Quizás es mejor pensar en la crítica textual como una disciplina que se esfuerza por restaurar el texto, para llegar al texto lo más cercano posible al original.[319]

Debemos tener en cuenta que desde que el último de los libros del Antiguo Testamento se terminó de escribir y el manuscrito más antiguo que tenemos, pasaron muchos siglos. Si se toma en cuenta que fueron copiados a mano y en circunstancias poco favorables, es comprensible que entre los manuscritos existan diferencias. En cuanto al Nuevo Testamento, aunque la distancia en el tiempo es muchísimo menor, sus

---

[318] Lightfoot, *Comprendamos cómo se formó la Biblia*, 96.

[319] H. Zimmermann, *Los métodos histórico-críticos en el Nuevo Testamento* (Madrid: Biblioteca de Autores Cristianos, 1969), 21.

copias se realizaron por escribas que no eran profesionales y bajo persecución.[320] Sin embargo, y como lo hemos mencionado en *Panorama de la Biblia,* una de las muestras de lo que hemos llamado "el milagro de la Biblia" es la seguridad que podemos tener en cuanto a su texto.

La que se encuentra en segundo lugar en nuestro cuadro guía es la "crítica literaria". Si nos limitamos a una diferenciación teórica de campos entre la crítica textual y la literaria, podemos decir que la primera tiene como propósito reconstruir el texto, a fin de llegar lo más cerca posible al supuesto original. La segunda, aspira a reconstruir la composición original del mismo. Se habla de "crítica literaria", porque la Biblia es un texto compuesto en diversas etapas, y lo que intenta esta crítica es distinguir diversos estratos literarios que pueden proceder de diferentes tiempos o autores.[321] Para cumplir con sus propósitos, se realiza un detenido examen del texto buscando en el mismo las peculiaridades e intenciones literarias, y quién escribió un determinado libro. En pocas palabras: esta disciplina trata con los temas que llamamos introductorios a cada libro de la Biblia. Al mismo tiempo, la crítica literaria busca saber si se trata de un texto uniforme o de un texto compuesto.

Los criterios que se usan para comprobar la uniformidad de un texto son los siguientes: (1) Duplicados y repeticiones discordantes, (2) Tensiones y contradicciones innegables, (3) Fisuras y rupturas en la construcción de las frases y en el transcurso de la acción, (4) Diferencias en el estilo y en el uso del lenguaje, (5) Elementos atípicos del género. Al margen de nuestra opinión sobre la validez o no de este método, lo que es innegable es que sus cultores estudian detenidamente el texto, rescatando del mismo detalles de mucho valor para el estudio de la Palabra.

En tercer lugar, mencionamos la "crítica lingüística" (filología), que examina la raíz y el modismo de las palabras usadas en el texto. Una de las claves a partir de la cual surge esta disciplina es la certeza de que los idiomas tienen una evolución o desarrollo en el tiempo. Muchos de los términos tienen que ver o surgen con una determinada situación sociocultural que los explica. Un ejemplo concreto de esto se encuentra en relación con Génesis 15.18: "En aquel día el Señor hizo un pacto con Abram". El término hebreo que se traduce "hizo" es *carath,* que significa literalmente cortar o romper. Sin embargo, es un término que

---

[320] En el próximo capítulo profundizaremos un poco más este tema.

[321] Uno de los ejemplos más claros de este proceso de formación se encuentra en Jeremías 36, donde el mismo autor muestra las distintas etapas de la formación del libro.

en relación con el pacto tenía que ver con partir por la mitad animales en el sacrificio (ver Gn. 15.10). Esto implicaba lo contrario de lo que entenderíamos desde nuestra perspectiva occidental y moderna, si no tomamos en cuenta el uso de la palabra.[322]

En cuarto lugar, se debe mencionar la "crítica de fuentes". Esta examina las fuentes orales o escritas en las que se basa una obra literaria y está en relación directa con la anterior. Se debe mencionar que el origen de esta crítica se encuentra en relación con el Antiguo Testamento, especialmente lo que conocemos como el Pentateuco (o Torá para los hebreos). Esta crítica consideraba dos tipos de fuentes: por un lado las orales y por el otro las escritas. Para los autores que siguen el método histórico-crítico, la literatura del Antiguo Testamento tiene una etapa pre-literaria, es decir, se refiere a acontecimientos que fueron expresados primero en forma oral.

Otto Eissfeldt: "El término 'pre-literario' tiene ante todo un sentido temporal, pues entre los hebreos existían composiciones orales mucho antes de que nacieran las narraciones, leyes, dichos y poemas más antiguos que se conocen en el Antiguo Testamento. Pero también se refiere al estadio 'sub-literario', ya que durante todo el período de la formación de los libros bíblicos y de los relacionados con ellos (aproximadamente desde el 1200 a.C. hasta la era cristiana), de la vida diaria y del culto fueron surgiendo nuevas composiciones, que pasaron después a la esfera literaria".[323]

Cuando presentamos la formación del canon (en *Panorama de la Biblia*, 55-57), se mencionó que el origen del texto bíblico se encontraba en lo que se ha dado en llamar "palabras pronunciadas con autoridad".

En cuanto a las fuentes escritas, la tarea de la crítica de las fuentes podría llevarse a cabo con mayor certidumbre cuando la fuente documental de una obra posterior todavía existe a la par de la obra de la que se valió. Donde ya no existen las fuentes o las señales dejadas por las mismas en la recopilación de un documento, la crítica se torna mucho más precaria y sus conclusiones son hipotéticas. A partir del estudio de

---

[322] Un nuevo aporte a este análisis surgió a partir de lo que se ha dado en llamar la filología semítica comparada. Los descubrimientos de la literatura ugarítica y semítica, en general, han ayudado al estudio de la lengua hebrea.

[323] Otto Eissfeldt, *Introducción al Antiguo Testamento* (Madrid: Cristiandad, 2000), 50, 51.

la evidencia, hay acuerdo en que una cantidad de fuentes sirvieron de base al texto final del Pentateuco. Un ejemplo lo podemos tomar del libro de Génesis. El mismo se puede dividir en diez secciones a partir de la repetición de la palabra hebrea *toledoth*, que RVR traduce "orígenes" (en Gn. 2.4) o "generaciones" (en Gn. 5.1; 6.9; etc.). Pero como menciona William Sanford LaSor, esta palabra tiene dos posibles traducciones. Por un lado, se puede traducir como descendientes. Este es el sentido cuando se refiere o introduce una genealogía (Gn. 5.1; 10.1). Por el otro, como historia, como cuando introduce una narración (por ejemplo, 6.9; 25.19).[324] El uso de este término introduciendo secciones concretas, muestra que el autor usó fuentes, que son introducidas con estas referencias.[325]

Volviendo al tema general de este método, su fin es determinar cuáles pueden ser esas fuentes usadas por los autores bíblicos, cuáles pueden ser las fechas de composición de las mismas y las relaciones que puedan existir entre ellas, y cómo y cuándo fueron utilizadas en la composición final del Pentateuco. Son cuestiones en las que los eruditos no se han puesto de acuerdo. Por favor, recordemos que lo único indiscutible es la evidencia bíblica. Las teorías han cambiado y seguirán cambiando a lo largo del tiempo.

Al pasar a la segunda etapa en el método histórico-crítico (el análisis del texto) ingresamos en lo que antiguamente se llamaba la alta crítica, porque representaba los niveles superiores de la estructura crítica, que no podían encararse mientras no se hubiesen puesto en orden los niveles inferiores planteados por la crítica textual. De las disciplinas que se suelen enumerar en esta etapa, vamos mencionar, en primer lugar, la crítica de formas, también llamada historia de las formas. Su propósito es analizar las formas típicas de una expresión literaria. No debe extrañarnos la presencia de géneros o formas literarias en la Biblia. Toda obra literaria las tiene y nosotros mismos en nuestra lectura las evaluamos. Por ejemplo: ninguno aprecia de la misma manera un periódico que una novela, un poema que una historia. La identificación del género puede ser consciente o inconsciente, pero en cualquier caso, influye en la interpretación del texto que estamos leyendo.

---

[324] William Sanford LaSor y otros, *Panorama del Antiguo Testamento* (Buenos Aires: Nueva Creación, 1995), 66.

[325] Las diez menciones de esta palabra, que a la vez son las divisiones generales del libro, se encuentran en Génesis 2.4; 5.1; 6.9; 10.1; 11.10; 11.27; 25.12; 25.19; 36.1; 37.2.

Tanto en el Antiguo como en el Nuevo Testamento, los autores bíblicos usaron distintas formas literarias para presentar el mensaje que querían dar. La importancia de reconocerlas es conocer que, de acuerdo a la forma, se usa cierta terminología y figuras literarias. Por ejemplo, las leyes o normas contienen ciertos términos básicos. Lo mismo se puede decir de la poesía (por ejemplo, en los Salmos).

La crítica de la tradición trata de descubrir el proceso de transmisión de los textos a través de la forma y encontrar de qué manera esta forma particular está asociada a distintos grupos o comunidades. La tradición es la interpretación que hacía un grupo determinado de cierto texto, lo que al transmitirlo, le daba su marca particular. Un dato interesante para comparar se encuentra en el libro de los Salmos. Una lectura de los Salmos 14.1-2 y 53.1-2 ilustra esto.

Salmos 14.1, 2	Salmos 53.1, 2
Dice el necio en su corazón: "No hay Dios". Están corrompidos, sus obras son detestables; ¡no hay uno solo que haga lo bueno! Desde el cielo el Señor (Jehová) contempla a los mortales, para ver si hay alguien que sea sensato y busque a Dios.	Dice el necio en su corazón: "No hay Dios". Están corrompidos, sus obras son detestables; ¡no hay uno solo que haga lo bueno! Desde el cielo Dios contempla a los mortales, para ver si hay alguien que sea sensato y busque a Dios.

Notemos que mientras uno usa el nombre "Jehová" (14.2; en NVI: Señor) el otro usa solo "Dios" (hebreo: 'elohîm; Sal. 53.2). Esto es algo que ocurre con otros Salmos, y es muy probable que los que usan el nombre de Dios (Jehová) provengan de los círculos cercanos al Templo de Jerusalén, mientras que los que no lo usan, estén relacionados con los fieles que vivían en el norte (Reino del Norte), alejados de las tradiciones y vocabulario del Templo.

La última de las disciplinas mencionadas es la crítica de la redacción. Para esta, el autor no es un mero transmisor, sino que tenía una perspectiva y propósito, de tal manera que daba su contribución personal a la redacción de un texto. Hay dos ejemplos que se pueden mencionar. En primer lugar, los libros de Josué, Jueces, Samuel y Reyes contienen mucho material antiguo, pero tal como llegaron hasta nosotros se trata de un relato continuado que se compuso mucho después de que ocurriera gran parte de los acontecimientos que relatan. El o los redactores que reunieron este material lo hicieron teniendo un propósito claro. El segundo ejemplo, es el ya mencionado del Evangelio según Lucas (Lc. 1.1-4). Allí el evangelista reconoce explícitamente que ha recopilado material y lo presenta en un orden determinado, que sin duda representa su posición frente a la vida de Jesús.

Evaluación del método histórico-crítico. En esta breve presentación me pareció bien mencionar que, en alguna medida, el método histórico-crítico surgió como una manera de responder a la evidencia que se encuentra en la misma Palabra de Dios. Sin embargo, sigue siendo una realidad que las explicaciones que se han dado frente a esta evidencia fueron y son el resultado de una posición ideológica (o filosófica), en la que el racionalismo era la base de toda manera de entender o comprender la Biblia. Al gran trabajo de análisis del texto, le agregaron un presupuesto en el que dejaron afuera a Dios y su obrar.

Para terminar, se puede decir, en primer lugar, que el acercamiento a las Sagradas Escrituras en el momento en que surgieron estos métodos pretendía diferenciar texto y lector, texto y fe. De tal manera que el estudio del texto bíblico era algo completamente separado de la experiencia de fe. En segundo lugar, su búsqueda del sentido original los llevó a trasladar completamente la Palabra al pasado, de modo que no se la percibe en su dimensión presente. Esta actitud puede conducir a enfatizar solamente la dimensión humana de la Escritura, poniendo el énfasis en el autor humano, mientras el verdadero autor, Dios, se escapa a la percepción de un método que ha sido elaborado precisamente para la comprensión de cosas humanas. Debemos volver a señalar su incapacidad para hacernos captar ciertas verdades teológicas o de fe, verdades de salvación, que la Escritura quiere transmitirnos. Esto es algo que debe ser básico de cualquier método exegético, pues debe haber una contrapartida teológica y espiritual de los resultados de un análisis del texto.

En tercer lugar, hay una incapacidad del método histórico-crítico de abrirse a una interpretación actual del texto y superar así la distancia entre el texto y el lector. Finalmente, se debe enfatizar que es un método de dudas y de falsa objetividad. Sin duda, podemos rescatar el trabajo de análisis del texto, pero debemos dejar de lado sus conclusiones. Para finalizar, y como ya lo hemos mencionado en más de una ocasión, estos métodos respondieron a una actitud filosófica, la Ilustración o el paradigma de la modernidad. Por otro lado, debemos considerar que estamos en un tiempo en que la mayor parte de los valores o presupuestos de la modernidad se han venido abajo.

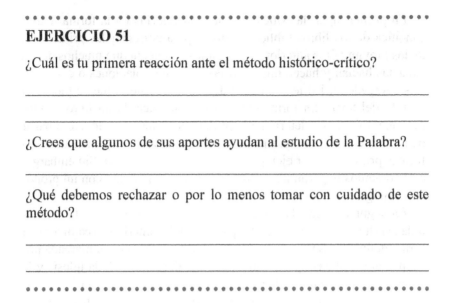

EJERCICIO 51

¿Cuál es tu primera reacción ante el método histórico-crítico?

_____

_____

¿Crees que algunos de sus aportes ayudan al estudio de la Palabra?

_____

¿Qué debemos rechazar o por lo menos tomar con cuidado de este método?

_____

_____

_____

La crítica canónica. En las últimas décadas del siglo pasado ha tenido gran desarrollo una corriente teológica, que se ha dado en llamar exégesis desde el canon. Este planteamiento propone una reorientación de la exégesis y la teología a partir del canon bíblico. Esta crítica está asociada a Brevard S. Childs.[326] Este erudito se interesó en el análisis de la forma final de los textos bíblicos. Otro de los autores pioneros en esta postura ha sido James A. Sanders, quien puso su énfasis en los principios hermenéuticos del proceso de canonización.[327] Él afirmó que el canon bíblico constituye el contexto a partir del cual es posible construir una verdadera teología bíblica y recuperar las dimensiones del texto, que habían sido olvidadas por la crítica bíblica tradicional. Si hemos de pensar en los fundamentos en los cuales se apoya esta posición, debemos mencionar dos.[328]

---

[326] Entre las obras de este autor se encuentran *Introduction to the Old Testament as Scripture* (Filadelfia: Fortress Press, 1979). En castellano se publicó *El libro del Éxodo: comentario crítico y teológico* (Estella: Verbo Divino, 2003), y *Teología bíblica del Antiguo y Nuevo Testamento* (Salamanca: Sígueme, 2011).

[327] James A. Sanders "Hermeneutics", en *The Interpreter's Dictionary of the Bible* (Nashville: Abingdon, 1976), 5:402-407.

[328] Para un análisis de la crítica canónica ver el libro de Arthur Saneki, *La Biblia: entre historia y teología. La exégesis canónica de B. S. Childs* (Madrid; Biblioteca de Autores Cristianos, 2012), 434-442.

En primer lugar, la crítica canónica da prioridad a la forma final o canónica de los libros bíblicos. Esto es para enfrentar las prioridades de los movimientos anteriores. Tengamos en cuenta que muchos de los exégetas hacían y hacen mucho énfasis en interpolaciones o comentarios agregados a los textos originales, de tal manera que se pierde el sentido del texto. La forma definitiva y canónica de un libro confiere al mensaje de un determinado profeta el contexto teológico a partir de los cuáles trabajar con sus oráculos. Childs reconoce que existieron formas primitivas (por ejemplo, los oráculos proféticos). Sin embargo, estos oráculos llegaron hasta nosotros como una unidad con un propósito teológico.[329]

En segundo lugar, la crítica canónica presta atención a las comunidades (judía y cristiana) en la que los textos anteriores recibieron su forma definitiva. Se trata de una reacción a la orientación marcada por las posturas críticas, que sacan a la Biblia del ámbito de la iglesia y la colocan en el ámbito académico. Es un intento por devolver las Escrituras a la comunidad viva en la que nació. Al mismo tiempo, es necesario mencionar que para estos autores, el establecimiento del canon no fue la decisión de un sínodo o concilio, sino un proceso en el que el mismo pueblo de Dios reconoció en estos libros como Palabra de Dios.

En tercer lugar, ayuda a restablecer la autoridad de la Biblia como Palabra de Dios. Muestra así, a la interpretación de la Biblia, cuál es la especificidad del objeto principal de su trabajo. Es útil tanto para redescubrir la autoridad como la originalidad del material que el exegeta encuentra dentro de la Biblia.

Pero no todo es positivo con este método. Existen algunos peligros en esta interpretación. En primer lugar, el peligro de esta posición es la descontextualización de los textos. Esta se puede dar en varios aspectos. Por un lado, el sentido histórico pasa a un segundo lugar. Es lo que podría llamarse la descontextualización histórica. Importa mucho más el momento en que un determinado texto fue reconocido como canónico, que cuando fue escrito. Para esta crítica, el auténtico contexto vital de la Biblia es el de la comunidad creyente, ya sea judía o cristiana.

---

[329] Cuando se usa el término "oráculo", se refiere a la forma más frecuente de transmisión del mensaje profético. Se trata de una declaración breve y solemne que el profeta hace en el nombre de Dios. Generalmente, los oráculos comienzan con la frase "Así dice el Señor" (por ejemplo, Jer. 13.9, 12; 14.10, etc.). Ver Gonzalo Flor Serrano y Luis Alonso Schökel, *Diccionario de la ciencia bíblica* (Estella: Verbo Divino, 2000), 80.

En segundo lugar, esta postura tiene como peligro la pérdida del sentido de los géneros literarios, es decir, su descontextualización literaria.[330] Los libros de la Biblia, al ser considerados como inspirados solamente, se los interpreta desde esta perspectiva, que es muy cercana al acercamiento dogmático. Esto puede estar alejado del propósito original del autor y de su elección del género literario. También es importante mencionar que este contexto global, debe ser considerado con cuidado, pues la Biblia ha sido siempre leída y recordada en unidades sueltas, no en una lectura ininterrumpida, como se puede hacer con obras más breves y menos importantes. De allí la importancia de tener en cuenta el contexto de cada una de estas secciones o párrafos.[331]

Métodos contemporáneos

Ningún método para el estudio de la Biblia está en condiciones de corresponder a toda la riqueza de los textos bíblicos. Cualquier método es insuficiente para una plena comprensión de las Escrituras, pues forzosamente no puede abarcar todos los aspectos de los escritos que estudia. No debe sorprendernos, pues, si actualmente se proponen otros métodos y acercamientos para profundizar tal o cual aspecto digno de atención. Después de dos mil años de historia cristiana y de lectura y estudio de la Palabra de Dios, uno puede preguntarse si todavía queda algo por descubrir. No cabe duda que la investigación en los estudios bíblicos ha hecho un gran aporte a la comprensión del texto y contexto de la Biblia. Sin embargo, tal investigación sigue sin respuesta a muchas preguntas.

¿Qué quiere decir la Biblia? Esta es una pregunta que no tiene una respuesta final, pues cada época o generación tiene que responderla para sí. Se puede aprender del pasado y se pueden dar elementos para los que vengan. Pero la tarea de interpretación de la Palabra nunca está terminada. Nadie nos puede decir lo que la Escritura significa para nosotros. Esto es algo que tenemos que descubrir por nosotros mismos. Al

---

[330] Rivas, *Diccionario para el estudio de la Biblia*, 73-74, define el género literario como: "la forma con la que las personas de una época o de una cultura expresan sus pensamientos. Y agrega que los factores internos que muestran que estamos frente a un género literario son: (1) un tema particular; (2) una estructura o forma interna; (3) una cantidad de procedimientos frecuentes o dominantes (lenguaje, estilo, etc.)

[331] Saneki, *La Biblia: entre historia y teología*, 434, agrega que, desde una posición católica, un peligro o problema se encuentra en el énfasis que hace Childs en el canon hebreo (nuestros libros canónicos) y que deja de lado a los libros deuterocanónicos.

pensar en los métodos contemporáneos (los que en este momento estamos usando), debemos tener siempre presente que su validez es temporal, pues cada intérprete es distinto de otro, de la misma manera que cada momento histórico tiene sus necesidades y maneras de vivir la fe.

Énfasis en la interpretación de la Biblia en la posmodernidad. Ya hemos mencionado en el capítulo anterior algunos datos sobre la modernidad y la posmodernidad. Solo para tener presente, la modernidad fue la época de la razón, donde el ser humano pensaba más de lo que actuaba o sentía. En nuestras propias iglesias desarrollábamos un culto "racional" poniendo más énfasis en los aspectos doctrinales de la fe, que en el desafío a vivir y experimentar la presencia de Dios. Sin embargo, esa misma razón nos llevó a un desierto, en el que el cambio fue muy necesario. Se ha hablado hasta el cansancio de la posmodernidad. Dejamos de lado cualquier discusión sobre si existe o no. No hay dudas que estamos en un tiempo distinto. Como se suele decir, estamos viviendo una nueva etapa o una época que tiene un nuevo paradigma, una nueva manera de concebir la realidad.[332] Eso afecta nuestra manera de vivir la fe y, por supuesto, ha dado lugar a una nueva manera de leer e interpretar la Palabra de Dios.

Antes de entrar en detalles, pensemos que durante la modernidad el eje era el texto y la interpretación del mismo, etc. Los métodos histórico-críticos representaban a la modernidad o a un acercamiento particular a las Escrituras. El cristianismo venía de leer el texto bíblico dogmáticamente, solo para justificar posiciones dogmáticas o teológicas. Estos métodos representaron un cambio importante, aunque como hemos dicho, el cambio se agotó produciendo una nueva manera de leer las Escrituras. Esta nueva posición, ahora, tiene algunas características entre las que podemos mencionar las siguientes.

En primer lugar, en la actualidad (posmodernidad o el nombre que se le quiera poner) texto y lector no son realidades distintas. Por el contrario, están íntimamente relacionados. Hoy se lee el texto en términos

---

[332] Küng, *El judaísmo*, 67, cita a Thomas Kuhn para definir paradigma: "Toda una constelación de convicciones, valores, formas de comportamiento, etc., compartidas por los miembros de una determinada comunidad". Según David S. Bosch, *Misión en transformación: cambios de paradigma en la teología de la misión* (Grand Rapids: Libros Desafío, 2000), 234: "Las teorías de Kuhn revisten una importancia particular para nuestra época porque virtualmente en todas las disciplinas crece la percepción de que vivimos en una era de transición de un modo de entender la realidad a otro".

del lector. Hans de Wit hace una distinción entre la modernidad temprana y la alta modernidad. En la primera, el interés en la referencia del texto es central, el lugar del texto es la historia. En la segunda, el texto es un objeto de arte que vale por sí mismo.[333] Ya en la modernidad tardía, y mucho más en los tiempos actuales, el lector y el texto son realidades interdependientes. El texto es actualizado por el lector, o como dice Hans de Wit: "ninguno de los dos puede existir por sí solo".[334] Este fue un proceso en el que se produjo un cambio de eje interpretativo (hermenéutico) del texto al lector. Las Sagradas Escrituras están al servicio del ser humano, su bienestar, su realidad, etc.

Este cambio tiene que ver con la manera de vivir la fe. Hoy, si alguien faltó a un culto, no pregunta "¿Qué dijo el pastor en el sermón?" o "¿Cómo predicó?" La pregunta que generalmente se hace es "¿Cómo estuvo el culto?" Hoy valoramos más la experiencia que la comprensión. Este cambio que se dio en la esfera cúltica tiene su impacto en los estudios bíblicos. En los tiempos actuales podemos ver determinados énfasis en la comprensión de la Palabra. La interpretación bíblica es un acto cotidiano, espontáneo y natural. Es parte de nuestra relación con nuestros semejantes y el mundo. Esto señala a un proceso mediante el cual discernimos, entendemos y explicamos nuestra realidad. Nacemos y crecemos con la capacidad de concebir y emitir juicios sobre el escenario que nos rodea y con el que interactuamos. La interpretación de la Escritura es resultado y causa de una relación dinámica entre quien interpreta (el creyente o lector), lo interpretado (el texto bíblico), y el escenario y circunstancias que posibilitan la existencia de todos estos elementos que influyen en cada uno de ellos (el contexto tanto del texto como del lector).[335]

En segundo lugar, debemos ser conscientes que la tecnología también juega un papel determinante en el desarrollo de los tiempos actuales. En nuestro caso, ya se trate de los programas o del software bíblico, como ya se ha mencionado, como también de los medios de comunicación. Quizás haya que mencionar un par de ejemplos para claridad. Por un lado, los medios de comunicación han influido o impactado profundamente en la vida social. Cada persona tiene entretenimiento en su propia casa. No tiene necesidad de salir a establecer

---

[333] De Wit, *En la dispersión el texto es patria*, 312.

[334] *Ibid.*

[335] En el capítulo 7 vamos a hablar de los distintos contextos que existen.

relaciones sociales. Esto ha hecho que cada ser humano se vuelva más individualista. Además, están las llamadas redes sociales, que representan un fenómeno al que nos cuesta adaptarnos. Facebook cuenta en la actualidad con alrededor de 1.200.000.000 (mil doscientos millones) de usuarios en todo el mundo.[336] Twitter tiene cerca de 500.000.000 (quinientos millones según sus propias estimaciones) de subscriptores.

A esto le debemos sumar Internet, que en general brinda una cantidad de información, a veces detallada, de todas las cosas que uno se pueda imaginar. De tal manera que hoy se puede acceder a datos que no siempre se está en condiciones de usar bien. Actualmente vivimos inmersos en un mundo lleno de información. Años atrás, para conseguirla tenías que consultar en bibliotecas o a profesionales. Ahora, con los avances tecnológicos, la tenemos en la yema de los dedos. Este proceso tiene sus pros y sus contras. Con un solo click podemos encontrar cualquier resultado deseado, podemos obtener información en cualquier momento y en cualquier lugar. Pero, no es menos cierto, que se han creado blogs y páginas webs con un alto riesgo a falsedad o simplemente con un nivel profesional relativamente bajo.[337]

Según los avances de la actual tecnología, se puede observar que la teoría y la realidad han estado muy unidas. Por consiguiente, esto se debe tomar en cuenta a la hora de definir nuestro propio criterio acerca de lo que es la sociedad y con qué pensamientos se debe avanzar en la vida. Se ha dicho que el postmodernismo critica todos los puntos de vista de las ciencias, pero estas han llevado a la humanidad a grandes descubrimientos. De hecho, las críticas y los cuestionamientos son buenos, pues así se pueden mejorar los métodos de investigación y los sistemas sociales. Pero esto no genera una revolución, no genera

---

[336] Ver Ana Laura Rossaro, *Las redes sociales y la educación*, en el seminario "Redes sociales y educación", organizado por la Pontificia Universidad Católica de Perú, en junio de 2010. La autora presentó en aquel momento la cifra de 350.000.000. El crecimiento es de más de un 21% anual. En la actualidad se piensa que supera los 1.150.000.000 de usuarios con 669.000.000 de usuarios que se conectan diariamente.

[337] La revolución informática ha creado el neologismo "infoxificación", término que fusiona los conceptos de información e intoxicación. Este neologismo se traduce en la incapacidad de procesar la información que recibimos de forma abrumadora y excesiva. Es decir, el caudal de datos es tan grande que el ser humano recibe más cantidad que calidad y, por lo tanto, las consecuencias presentan un saldo negativo. Tenemos más datos, pero sabemos menos. Esto también se da en la esfera de la interpretación bíblica. Nunca hubo tanta información disponible ni tantas herramientas hermenéuticas para ayudar a la interpretación.

un cambio que pueda beneficiar verdaderamente al quehacer humano. Como hemos dicho, estos cambios han producido un acercamiento al texto bíblico, su lectura e interpretación sin necesidad de una formación previa. El texto pasa a estar interrelacionado con el lector y se convierte en algo concreto, que tiene respuestas para sus preguntas diarias.

Verdades preconcebidas que permiten la lectura bíblica. Dentro del postmodernismo se ha desarrollado una serie de líneas teóricas, que permiten (o hasta entorpecen a veces) la interpretación de las Escrituras, pero que han servido de cimiento para la llamada "nueva hermenéutica". Enumeremos algunos de los más sobresalientes.

En primer lugar, la interpretación bíblica es vista como una construcción social. Se realiza a partir de un encuentro entre los lectores o lectoras de la misma. No debe ni puede ser algo que se haga en un absoluto individualismo. Se encuentra ubicada en el espacio, el tiempo y la cultura; en el aquí y el ahora. La interpretación no viene del cielo o emana de la nada. Ella está relacionada con las experiencias que nos tocan vivir como comunidad de fe.

En segundo lugar, y partiendo de esta realidad, la comprensión de las Escrituras es un hecho tanto real como posible, finito, parcial o incompleto. Dado que se da en un contexto específico, el del lector, es algo relativo que siempre se da en torno a una serie de variables que son finitas y pasajeras. Este hecho hace que nuestra comprensión de la Escritura sea más pertinente para cada uno, pero también se la limita. En realidad, no existe tal cosa como la objetividad o neutralidad total al interpretar la Biblia. Tampoco hay una interpretación "absoluta" y "final". Hay simplemente pluralidad de lecturas y lectores. Desde esta perspectiva, el intérprete nunca agota el significado de la Biblia.

A esto se le debe agregar que nadie va al texto sin prejuicios o preconceptos (*tabula rasa*). Siempre llevamos a él nuestras percepciones, predilecciones y posturas, que son resultado de nuestras personalidades, tradiciones, historia, educación y experiencias cotidianas.[338] Como afirmó E. V. McKnight, hoy existe el deseo de encontrar un sentido (significado) refrescante (fresco) al texto bíblico.[339] Esto estaría relacionado con un intento de complementar, modificar o adecuar el paradigma de la auto satisfacción. Sin seguir al pie de la letra las observaciones

---

[338] De este tema se hablará más adelante cuando se trate el contexto del lector.
[339] McKnight, *Post-modern Use of the Bible*, 67.

que este autor hace, se pueden recordar los siguientes elementos de la interpretación contemporánea (posmoderna), relacionada con las características de la época.

Primero, está la importancia de la "aplicación histórica" de la lectura de los textos. En este sentido, se pierde el contexto histórico original o solo se usa cuando este conviene, para reemplazarlo con el contexto del lector. De esta manera, el baile de David (2 S. 6.14) es interpretado desde una perspectiva cúltica. Se podrían seguir mencionando ejemplos. Segundo, hay una redefinición de los métodos histórico-críticos. La crítica ha dado un gran aporte a la investigación bíblica. Esto no está en duda. Pero al mismo tiempo, ha dejado un sabor amargo a los lectores del texto. De alguna manera, se ha puesto un énfasis exagerado en la "letra" dejando de lado al Espíritu.

• •

EJERCICIO 52

¿Qué significa para ti la búsqueda del sentido "refrescante" de las Sagradas Escrituras?

_____

_____

¿Cuáles son algunos de los preconceptos que tienes cuando lees la Biblia?

_____

_____

• •

Biblia y lingüística. Cuando hablamos de la lingüística nos referimos a la ciencia que tiene a la lengua como objeto de estudio.[340] El concepto de lingüística (que deriva del vocablo francés *linguistique*) nombra a aquello que pertenece a o está relacionado con el lenguaje. Esta incluye el estudio de la fonética, las palabras (vocabulario),

---

[340] Para un detalle de la historia de la lingüística ver Oswald Ducrot y Tzvetan Todorov, *Diccionario enciclopédico de las ciencias del lenguaje* (Madrid: Siglo XXI, 1997), 17-67. También Carreter, *Diccionario de términos filológicos*.

gramática, sintaxis, el origen de las lenguas y las interrelaciones que se dan entre ellas.[341]

A partir de distintas definiciones, podemos decir que se trata de un estudio teórico del lenguaje, que se ocupa de los métodos de investigación y de cuestiones comunes a las diversas lenguas o a una determinada lengua en especial, incluyendo tanto la descripción de la lengua como el conocimiento de los que la hablan.[342] Al pensar en los aportes de la lingüística para la comprensión de la Biblia, William Johnstone señala: "La lingüística como 'ciencia del lenguaje' se ocupa no solo de la descripción de los lenguajes concretos en y por sí mismos (aunque estos proporcionan datos esenciales), sino de cuestiones abstractas y generales, que surgen del lenguaje como fenómeno humano universal".[343]

La Biblia, como biblioteca de obras literarias, escrita en tres lenguas originales (hebreo, arameo y griego), y traducida total o parcialmente a unas dos mil lenguas receptoras, inevitablemente levanta cuestiones que la lingüística plantea tanto en el plano práctico (traducción y exégesis) como en el teórico. En este mismo sentido, escribió Santiago García-Jalón: "La Sagrada Escritura es un texto lingüístico. Parece claro, en consecuencia, su exégesis ha de servirse instrumentalmente de las disciplinas consagradas al examen de los fenómenos del lenguaje. Prescindir de ellas... privaría [a los estudios bíblicos] de abundantes recursos para conseguir el fin que persiguen".[344]

Al pensar en los aportes de la lingüística al estudio de la Biblia, debemos considerar, en primer lugar, que las lenguas, como todas las realidades culturales, tienen una historia, y la historia de cada idioma

---

[341] Se ha relacionado la lingüística con la semiótica, que es la ciencia que estudia los signos. La semiótica se expresa en tres ramas: sintáctica, que estudia las relaciones entre las palabras; semántica, toda palabra o signo tiene una significación, es decir, quiere comunicar algo concreto (es la relación entre la palabra con lo que trata de designar); y, finalmente, pragmática, que es la relación entre las palabras y los que las emplean. La semántica (del griego σῆμα, signo), es la ciencia o teoría de los significados lingüísticos.

[342] La lingüística como ciencia se desarrolló a partir de mediados del siglo XIX. Sin embargo, no fue hasta que Fernando de Saussure (Ginebra; 1857-1913) ofreció su curso de lingüística general, que se convirtió en una ciencia integrada a la disciplina de la semiología. Este curso se convirtió en un texto, a partir de las notas de sus alumnos, después de la muerte de Saussure, y fue publicado en 1916. Para una relación entre la obra de este autor y la semiótica, y el estructuralismo, ver también De Wit, *En la dispersión el texto es patria*, 339, 340.

[343] Barton, La interpretación bíblica hoy, 156.

[344] Santiago García-Jalón, *Lingüística y exégesis bíblica* (Madrid: Biblioteca de Autores Cristianos, 2011), xi.

registra una serie de cambios fonológicos, morfológicos, sintácticos y semánticos. Las lenguas, por lo tanto, pueden ser consideradas desde un doble punto de vista: sincrónicamente, es decir, en un momento determinado de su desarrollo; y, diacrónicamente, en su evolución histórica a través del tiempo. No se puede interpretar un término al margen del momento en que fue dicho.

En segundo lugar, un término debe examinarse en su relación con la sociedad y la cultura de la que es portavoz. Los cambios son consecuencia, natural e inevitable, de las transformaciones culturales, de las creencias y valoraciones que se dan en el curso de la historia. Cada vez que se alteran los contenidos que han de trasmitirse, cambia también la lengua. Nuevos conceptos requieren palabras nuevas, y nuevos hechos confieren a las viejas palabras un contenido modificado.[345]

El progreso técnico amplía el vocabulario de un idioma con nuevos vocablos y hace que otras palabras caigan en desuso. El léxico refleja en amplia medida las características de la cultura. Cuando se incorpora a la cultura un nuevo objeto o concepto, es preciso crear, adaptar o tomar prestado de otra lengua un vocablo para nombrar esa nueva realidad. Así, por ejemplo, en la Biblia hebrea la palabra *malak* (מלך), "mensajero", se usa algunas veces con el significado de "ángel". Como el griego no tenía ningún término para designar esa clase de seres celestiales, los traductores de la Biblia copiaron esa polisemia (es decir, la variedad de significados de una palabra) del término hebreo, empleado en el griego *ángelos* (ἄγγελος) con el significado de "ángel". Luego, la palabra pasó del griego al latín y así se extendió a las lenguas modernas.[346]

Por último, se debe recordar que cada lengua tiene su propia individualidad. Una consecuencia inevitable de esa diversidad es la imposibilidad de trasladar al texto traducido todos los matices del original. Más aún, si las cualidades fónicas de una lengua se utilizan para producir determinados efectos estilísticos (rimas, acentos, onomatopeyas, aliteraciones, etc.), la traducción se vuelve imposible. El traductor podrá, a lo sumo, tratar de producir en la lengua receptora algún efecto similar, pero nunca será exactamente igual que los de la lengua fuente. Esto se

---

[345] Ver Bertil Malmbert, *La lengua y el hombre: introducción a los problemas generales de la lingüística* (Madrid: Istmo, 1981), 237.

[346] Comparar Stephen Ullmann, *Semántica: introducción a la ciencia del significado* (Madrid: Aguilar, 1965), 187.

nota especialmente en la gran dificultad que plantea la traducción de los textos poéticos.

La lingüística puede aportar mucha ayuda a una comprensión de la Palabra de Dios. Sin embargo, no es una solución mágica, pues necesita de otros métodos ya que su acercamiento es parcial. El aporte se encuentra en los siguientes aspectos básicos: (1) la determinación del significado de las palabras, es decir, lo que tiene que ver con el léxico; (2) la conexión entre palabras, es decir, la gramática y sintaxis; y, (3) la transmisión del significado de una cultura a otra.[347]

• •

EJERCICIO 53

De acuerdo a lo leído, ¿cuál es la relación entre vocabulario y cultura?

_____

_____

¿De qué manera el progreso de un pueblo modifica su lenguaje?

_____

_____

Menciona algún ejemplo de nuestro contexto en el que se incorporan nuevas palabras o se cambia el sentido de alguna (por ejemplo, la palabra *tildé*).

_____

_____

• •

Relacionado con el anterior, y previo a este, podemos mencionar el análisis semiótico, que fue llamado inicialmente con el término general de "estructuralismo".[348] La semiótica se apoya sobre algunos principios o presupuestos.

---

[347] Barton, *La interpretación bíblica hoy*, 157, agrega la lingüística aplicada, es decir, los problemas relacionados con el lenguaje, como su aprendizaje, psicología, etc.

[348] Carreter, *Diccionario de términos filológicos*, 175, define estructuralismo como la teoría que concibe el lenguaje como un conjunto de elementos solidarios que

En primer lugar, está el principio de la inmanencia.[349] Según este principio, cada texto forma un sistema. La comprensión de un texto se logra a través de la comprensión de los distintos elementos de este sistema. No hay que recurrir a datos "externos", como el autor, los destinatarios, los acontecimientos narrados, etc. En segundo lugar, está el principio de la estructura del sentido, que se interesa por la gramática del lenguaje y no por la gramática de una palabra o de una frase, sino de un texto completo.[350] El sentido debe encontrarse en las relaciones entre los distintos términos que lo comprenden, ya sea de oposición como de homologación. En tercer lugar, se afirma que cada texto respeta una gramática, es decir, un cierto número de reglas o estructuras, que son propias de cada lengua. Esta "estructura" en un conjunto de frases es llamada discurso y hay diferentes niveles del mismo, cada uno de los cuales tiene su gramática.

Desde una perspectiva positiva de debe valorar el intento de sumergirse en el texto, definir su orden, y sus oposiciones y complementaciones. Si bien es cierto que este método pone todo el acento en el texto, tiene dos limitaciones importantes. La primera es que solo busca describir al texto y no interpretarlo. En segundo lugar, si bien es claro que el texto es la base de nuestro estudio, ese texto es el producto de una comunidad, que surgió en determinado momento histórico y en determinada cultura. Buscar una lectura de la Palabra que deje de lado el contexto vital en el que surgió es muy peligroso.

La Biblia como literatura. En la actualidad cuando se habla de la "teoría literaria" se trata con algo que es muy diferente a la "crítica

---

constituyen entre sí un sistema. Por otro lado, P. Valori, "Estructuralismo", en L. Pacomio y otros, eds., *Diccionario teológico interdisciplinar* (Salamanca: Sígueme, 1997), 2:979, tiene una visión más amplia, presentando al estructuralismo como un movimiento cultural que considera todas las manifestaciones de la vida humana... como expresiones de una estructura inconsciente pre-reflexiva y colectiva". Ver también, Equipo Cahiers Evangelie, *Iniciación en el análisis estructural* (Estella: Verbo Divino, 1978); Grupo de Entrevernes, *Análisis semiótico de los textos* (Madrid: Cristiandad, 1982).

[349] Inmanente es aquello que es interno a un ser o a un conjunto de seres, y no es el resultado de una acción exterior a ellos. En este caso, se quiere significar el carácter intrínseco del texto. Inmanente es algo que se debe entender en relación consigo mismo.

[350] Ver José M. Caballero Cuesta, *Hermenéutica y Biblia* (Estella: Verbo Divino, 1994), 77.

literaria" de los métodos histórico-críticos.[351] Para Toasus Abadia, el significado actual de la palabra "literatura" nació a finales del siglo XVII. Hans de Wit es más terminante al afirmar que esto comenzó a desarrollarse durante los años de 1940.[352] La crítica literaria se interesa no solo por lo que el texto dice, sino también por la forma en que lo dice. Fernando Bayón cita a John Crowe Ransom, quien afirma que los "modernos somos impacientes y destructivos".[353] En los estudios bíblicos, esta crítica invita a leer el texto como un todo, como una obra de arte, y a recibir el mensaje de este sin fraccionarlo. Esto significa considerar su belleza y el impacto que tiene sobre el lector o lectora.

Si bien es cierto que se ha leído la Biblia tomando en cuenta su forma literaria, fue a partir de la crítica de las formas que hubo un resurgir de este tipo de lectura de las Escrituras. Sin embargo, se debe señalar que el término literario se opone, por un lado, al método histórico-crítico, pues este es demasiado atomizante e historicista.[354] Por otro lado, se opone a las lecturas teológicas o dogmáticas, que usan la Palabra solamente para reforzar sus doctrinas. La crítica bíblica del siglo XIX estuvo más interesada en el contexto que en el texto de la Palabra de Dios.

Quizás, el primer paso para resolver el problema, es reconocer que toda obra literaria tiene algunas características que se deben señalar.[355] La primera es que una obra literaria es el resultado de una creación por parte de un autor, con una intención y propósito. Este dato no se puede olvidar, aunque es cierto que, en alguna medida, una vez que fue escrito el texto, este se independiza de su autor, quien no por eso deja de tener importancia. En segundo lugar, es necesario reconocer el valor de la forma y el estilo literario de un texto. El uso de narraciones, poe-

---

[351] Sobre la "crítica literaria" ya se habló antes. Las obras que tratan este tema son David Jasper, "Lecturas literarias de la Biblia", en Barton, *La interpretación bíblica hoy*, 38 ss; José P. Tosaus Abadia, *La Biblia como literatura* (Estella: Verbo Divino, 1996); De Wit, *En la dispersión el texto es patria*, 318ss; Thiselton, *New Horizons in Hermeneutics*, 471ss.

[352] Tosaus Abadia, *La Biblia como literatura*, 20; De Wit, *En la dispersión el texto es patria,* 318; Fernando Bayón, "Crítica literaria", en H-G Gadamer y otros, eds, *Diccionario de hermenéutica* (Bilbao: Universidad de Deusto, 2004), 71ss, afirma que comenzó en la década de 1920.

[353] Bayón, "Crítica literaria", 71. Esta afirmación se ha demostrado en que la exégesis bíblica a lo largo de mucho tiempo desarrolló una tendencia a atomizar el texto y a fijar la atención en un versículo o palabra.

[354] De Wit, *En la dispersión el texto es patria*, 319.

[355] Tosaus Abadia, *La Biblia como literatura*, 21.

mas, etc., tiene un doble propósito. Por un lado, porque se ajusta más al mensaje que el autor quiere transmitir; y, por el otro, es un propósito estético.

Desde un punto de vista literario, la Biblia presenta una notable variedad de "lenguajes".[356] Contiene distintos tipos de textos, entre los que se pueden mencionar: narraciones, códigos legales, dichos sapienciales (de sabiduría), poemas de distinto tipo, parábolas, profecías, cartas, escritos apocalípticos. Al mismo tiempo cada lengua tiene sus propias formas de contar historias, describir situaciones, escribir una carta o componer un poema. Los autores de los textos bíblicos fueron parte de su pueblo y cultura, por lo que usaron la manera de expresarse de su pueblo. Considerar la forma literaria ayuda a comprender cabalmente el mensaje que el autor trata de transmitir.

Luis Alonso Schökel se quejaba de que el carácter sagrado de los textos hizo que decayera la conciencia de su valor literario.[357] Si la Escritura se ha dado a sí misma una forma textual es muy importante conocer el género literario de un determinado escrito para comprender su mensaje. Si los textos son obras literarias deben ser analizados como tales.

● ●

EJERCICIO 54

Menciona por lo menos tres pasajes que te hayan "gustado" o cuya lectura haya sido muy agradable para ti:

1. _____

2. _____

3. _____

● ●

Método contextual-existencial

Uno de los métodos de comprensión y uso de la Palabra de Dios es el que se ha llamado método o interpretación contextual. Quizás, el primer

---

[356] Ver Armando Levoratti, *La Biblia como literatura,* en *Comentario bíblico latinoamericano* (Estella: Verbo Divino, 2007), 2:82.

[357] Luis Alonso Schökel, *Manual de poética hebrea* (Madrid: Cristiandad, 1987), 19; ver del mismo autor *Hermenéutica de la Palabra II: interpretación literaria de textos bíblicos* (Madrid: Cristiandad, 1987), donde presenta ejemplos de su interpretación literaria.

paso es definir cómo se entiende desde esta perspectiva este término. Contextualización es "ese proceso dinámico que interpreta la significación de una religión o una norma cultural de un grupo con un patrimonio cultural diferente (o desarrollado)". El término se originó en 1972 cuando el Fondo para la Educación Teológica publicó un documento llamado "Ministerio en contexto", y dijo: "La contextualización no es simplemente una 'moda pasajera o una palabra de capturas', sino una necesidad teológica exigida por la naturaleza encarnacional de la palabra".[358] Hace casi treinta años se preguntaba C. René Padilla: "¿Cómo podemos salvar el abismo entre el pasado y el presente? ¿Cómo puede el mensaje registrado en los documentos antiguos hablarle al intérprete en su realidad concreta, sin perder su significado original?"[359]

CLADE V: "La hermenéutica contextual es un método que pretende combinar lo que hay de positivo en los dos modelos anteriores [intuitivo y científico]. Procura hablar al lector contemporáneo sin cambiar el sentido original. Para eso, considera no solamente el sentido original de los textos bíblicos, sino también la realidad del lector en su propio contexto histórico, trayendo el mensaje del pasado al presente de manera relevante y contextualizada. Los horizontes de quien habló o escribió y de quien oye o lee deben unirse de manera que el mensaje sea inteligible".[360]

La lectura contextualizada de la Biblia. Sidney Rooy escribió que fue Shoki Coe quien introdujo la palabra "contextualización" como instrumento necesario para la interpretación de la Biblia. Esto era parte de una discusión más amplia sobre lo que se llamó "el círculo hermenéutico". El mismo dice: "Karl Barth solía decir que el cristiano necesita andar con la Biblia en una mano y el periódico en la otra. Es decir, que la lectura de la Biblia desde un contexto particular no es una tarea meramente teórica o cognoscitiva, sino una dimensión esencial de la definición de la misión de la iglesia y del creyente en el mundo".[361]

---

[358] Grant R. Osborne, *The Hermeneutical Spiral: A Comprehensive Introduction to Biblical Interpretation* (Downers Grove, ILL: InterVarsity Press, 2006), 410.

[359] C. René Padilla, "Hacia una hermenéutica contextual", en *Encuentro y Diálogo* 1 (1984): 5.

[360] Bedford y Segura, *Cuaderno de participación de CLADE V*, 15.

[361] Sidney Rooy, "El uso de la Biblia a través de la historia de la iglesia", en *Espacio de Diálogo* 1 (2004). (www.cenpromex.org.mx/revista_ftl/num_1). Ver también

El creyente vive la realidad de un mundo alejado de Dios, y ante los desafíos busca de qué manera la Palabra responde a sus necesidades. Al mismo tiempo, estudia las Escrituras, compenetrándose con su contexto y mensaje. De manera que busca transponer el mensaje de texto bíblico, con todas sus implicancias, al tiempo que le toca vivir hoy.

La comprensión de la Palabra de Dios no se completa hasta que se la traslada del texto al contexto (actual). Conocer el significado de los términos griegos o hebreos, su gramática o estructura no puede ser un fin en sí mismo, sino que tiene que tener como objetivo la aplicación dinámica del texto a las necesidades actuales y la presentación de ese texto a otros a través de la enseñanza y la predicación expositiva. Las Escrituras no deben ser solo comprendidas; es necesario creer en ellas y entonces proclamarlas.

Las relecturas de la Biblia. Para finalizar este breve vistazo a las principales maneras de comprender la Biblia, se debe mencionar las escuelas o maneras de interpretar la Biblia que se han enfatizado en los últimos años del siglo pasado y que tienen su importancia en la actualidad. La primera puede llamarse las "relecturas de la Biblia". Ya hemos mencionado a J. Severino Croatto, quien escribió: "la Biblia no es un depósito cerrado que ya 'dijo' todo; por el contrario, es un texto que 'dice' en presente".[362] Además, agrega que no vamos a inventar nada. Esta fue la experiencia de Israel al releer sus textos, y de la primera comunidad cristiana. Cualquier lectura del texto es una interpretación del mismo o, en palabras de Croatto, es "producción de un discurso".[363] Grant R. Osborne habla de una fusión entre lector y escritor, pues el lector se apropia del escrito; le da un sentido que responde a su necesidad, a su momento histórico.[364] Esto ocurre cuando conocer la Palabra se convierte en algo práctico y concreto para el creyente, que se acerca a la misma buscando una respuesta a sus preguntas o fortaleza frente a las pruebas. En segundo lugar, debemos considerar lo que Hans de Wit llama interpretaciones del genitivo.[365] Son las interpretaciones que tienen una aclaración, como por ejemplo, la interpretación de la liberación feminista, indígena, etc.

Juan Stam, "La Biblia, el lector y su contexto histórico: pautas para una hermenéutica evangélica contextual", *Boletín Teológico* 10-11 (1983): 27-73.

[362] Croatto, *Hermenéutica bíblica*, 6.

[363] *Ibid.*, 37.

[364] Osborne, *The Hermeneutical Spiral*, 478

[365] De Wit, *En la dispersión el texto es patria*, 187.

Hans de Wit: "En todas ellas encontramos esfuerzos por evocar de la tradición y de la Biblia una palabra para una situación propia y particular: la del negro/a, del indígena, del pobre, del perseguido, del excluido, de la mujer, etc. Evidentemente no es nueva esta situación. Siempre ha habido lecturas 'interesadas'. Lo nuevo es que ahora, en la hermenéutica moderna, surgieron una teoría de texto y una serie de conceptos nuevos a través de los cuales es posible comprender y seguir la ruta de lo que realmente es relectura".[366]

En el proceso de comprensión, de manera consciente o inconsciente, cada uno se acerca al texto guiado por un interés. Esto es natural. Cada uno tiene un punto de vista acerca del mundo que lo rodea. Esto significa que una de las implicaciones de la lectura como producción de sentido es que se transforma el sentido, de acuerdo a la posición del lector. Lo que no debe olvidar ningún lector es que toda lectura debe partir del texto. No debe aparecer ningún agregado arbitrario o accidental. Un ejemplo bíblico de relectura se encuentra en el propio Jesús, cuando en Lucas 24.25-27 guía a los discípulos que iban a Emaús a una nueva lectura de los textos del Antiguo Testamento.

El sentido de la interpretación

En distintos momentos se han presentado diferentes ilustraciones para representar el alcance de la tarea hermenéutica. C. René Padilla en el *Cuaderno de participación de CLADE V*, habla del círculo o espiral hermenéutico. Todos sabemos desde el punto de vista de las formas geométricas que un círculo no es lo mismo que una espiral, pero desde el punto de vista de lo conceptual, el círculo gira sobre sí mismo mientas que la espiral tiene un progreso. Padilla resuelve esto diciendo que se trata de un círculo virtuoso. Pero quizás es mejor usar la figura de la espiral hermenéutica, como lo hace Grant Osborne en su libro *The Hermeneutical Spiral : A Comprehensive Introduction to Biblical Interpretation*. Paul Ricoeur, por otro lado, presenta la imagen del puente o arco hermenéutico.[367] Carlos Mester habla del triángulo hermenéutico. Como podemos ver, se trata de figuras geométricas diferentes (por no decir muy diferentes entre sí), que usan distintos autores para mostrar su comprensión de la tarea de los que buscan conocer mejor las Escrituras.

---

[366] *Ibid.*, 402.
[367] *Ibid.*, 201.

El círculo hermenéutico

Siguiendo la tradición iniciada anteriormente, algunos autores consideran el círculo hermenéutico como un proceso fundamental para la realización de una hermenéutica contextual, dado que permite un movimiento constante en la interpretación de la Escritura. Cada nueva realidad obliga a una nueva interpretación de la Palabra de Dios. Los cambios de la situación que nos tocan vivir nos llevan necesariamente a buscar respuestas para los mismos, una nueva interpretación para esa nueva realidad y así sucesivamente. El tema del círculo hermenéutico había sido introducido por primera vez por Friedrich D. E. Schleiermacher (1768-1834). C. René Padilla, en su artículo sobre el círculo hermenéutico, lo grafica de esta manera:

Padilla agrega que, lejos de ser un círculo vicioso, permite una relación dinámica entre la lectura del texto bíblico y la lectura constante de la realidad contemporánea. La contextualización del mensaje bíblico es una tarea incesante, siempre inacabada y en proceso.[368]

Daniel Carro: "Cada uno de nosotros interpretamos las cosas y los textos que leemos también, a partir de nuestro propio 'mundo', de nuestra propia perspectiva y de nuestra propia manera de comprender las cosas. Esto es lo que se ha dado en llamar 'círculo hermenéutico'. Comprendemos las cosas a partir de nuestra pre-comprensión. Lo comprendido enriquece nuestra pre-comprensión, de modo que ahora podemos comprender más y mejor, lo cual a su vez enriquece aún más nuestra pre-comprensión, y así... en un círculo virtuoso y

---

[368] Padilla, "Hacia una hermenéutica contextual", 15.

ascendente sin final que, justamente por eso, ha sido llamado por algunos la 'espiral hermenéutica'".[369]

El círculo hermenéutico de la comprensión expresa la relación entre el sentido y el texto. Nos referimos al sentido que le da el lector, pues uno lee desde determinadas expectativas o conocimientos previos. Sin ese conocimiento previo no podemos comprender, pero esa comprensión de la Palabra debe ir revisándose a la medida en que se avanza en la penetración del sentido.

La espiral hermenéutica

Ya hemos mencionado que C. René Padilla en el *Cuaderno de participación* menciona el "círculo hermenéutico" o la "espiral hermenéutica". La diferencia terminológica expresa dos conceptos distintos. El círculo de alguna manera se mantiene estático (en el mismo lugar), mientras que la espiral involucra desarrollo o avance. Anthony Thiselton, cuando hace una síntesis de los aportes de Schleiermacher, no lo hace como un círculo sino como una "espiral" compleja.[370] El uso de la imagen de la espiral hermenéutica tiene como ventaja sobre el círculo el hecho de que se va enriqueciendo con la misma comprensión de la Palabra.

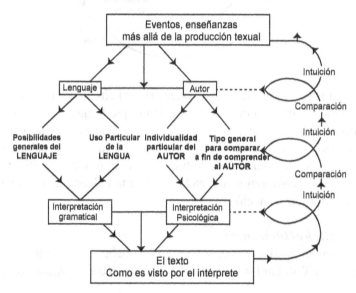

---

[369] Carro, "Principios de interpretación bíblica", 1:10.
[370] Thiselton, *New Horizons in Hermeneutics*, 225.

El mismo autor aclara que en el pensamiento de Schleiermacher hay una polaridad o contraste entre pensar y hablar, generalidad y particularidad, posibilidades del lenguaje y uso de la lengua, intuición y comparación. En esencia, se puede decir que a medida que el intérprete avanza en su conocimiento del texto (base del dibujo), del autor y del lenguaje, se mueve a través de comparaciones y sobre todo intuiciones para lograr ir más allá del texto al mensaje o enseñanza que este contiene. Una forma semejante es la que propone Catalina F. de Padilla en su libro *La Palabra de Dios para el pueblo de Dios*.[371]

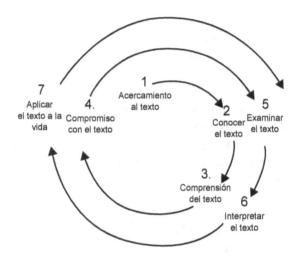

Como hemos visto, los dos casos anteriores (el círculo y la espiral), tienen muchos puntos en común. Es evidente que lo que quisieron decir los primeros en usar la terminología del círculo, no es lo mismo que los que la usan en paralelo con la de la espiral. La idea principal es que a partir de un acercamiento al texto bíblico y un mayor conocimiento del mismo, vamos comprendiendo cada vez más la Palabra, que a la vez se debe transformar en acción.

El puente hermenéutico
Cuando hablamos del puente hermenéutico, debemos recordar que, según Hans de Wit, Paul Ricoeur hablaba de un arco hermenéutico, como

---

[371] El siguiente cuadro es una adaptación del que presenta Catalina F. de Padilla, *La Palabra de Dios para el pueblo de Dios*.

el camino para llegar de un conocimiento superficial (saber ingenuo) a un saber comprensivo.[372]

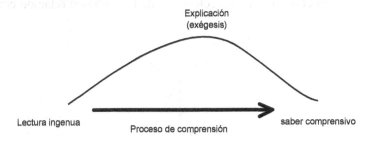

De una manera más sencilla y didáctica, J. Scott Duvall y J. Daniel Hays hablan de un puente de los principios. Ellos plantean el proceso de comprensión como un viaje, cuyo recorrido se inicia con una lectura detenida del texto y la búsqueda del sentido para los receptores originales. Sin embargo, eso solo no nos da la clave para aplicar el mensaje a nuestros días. Es necesario todavía pasar un río que nos separa (cultura, costumbres, idioma, situación, etc.). Para pasarlo hace falta el puente de los principios (lo que Ricoeur llamaba "arco"), que es la tarea de su libro y de este libro. Esto es, ayudar al cristiano a relacionar el mensaje que llegó a un pueblo hace más de dos mil años, con el momento que nos toca vivir hoy.[373]

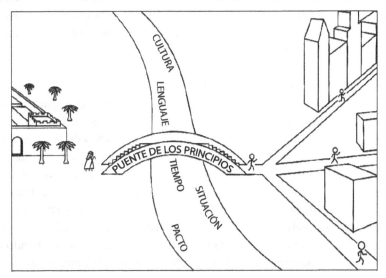

---

[372] Hans de Wit, *En la dispersión el texto es patria*, 201.
[373] Duvall y Hays, *Hermenéutica, entendiendo la Palabra de Dios*, 34-45.

El triángulo hermenéutico

Carlos Mesters habla de un triángulo hermenéutico y representa de esta manera el desafío de las relecturas de la Biblia en relación con la realidad.[374]

Nuestra realidad nos condiciona y nos marca, aunque no lo queramos. Esto es inevitable. Siempre leemos, vemos, escuchamos, desde lo que estamos viviendo y sintiendo (por ejemplo, si se ha muerto algún pariente o si estamos de fiesta). Además, es la realidad la que queremos iluminar y en donde queremos descubrir la presencia de Dios y finalmente seguirlo como su pueblo. La manera concreta de leer y estudiar la Biblia es a través de la unión inseparable entre la situación general, la que le toca vivir a la comunidad cristiana que en esta realidad reconoce la presencia de Dios, y la Biblia.

Lectura o sentido espiritual

Al repasar las distintas maneras de leer las Escrituras, dejé para el final lo que se ha llamado la búsqueda del sentido espiritual de la Palabra. Al pensar en este, por un lado, no lo debemos confundir con la interpretación simbólica de la Biblia; y, por el otro, debemos reconocer su lugar e importancia en la comprensión del texto. Para apreciar en toda su magnitud este sentido, es necesario tener en cuenta dos aspectos. En primer lugar, la obra de Jesús; y, en segundo lugar, la obra del Espíritu Santo.

En el Evangelio según Juan encontramos ejemplificado estos dos aspectos mencionados. En Juan 12.16 se encuentra ejemplificado el primero. Allí se presenta que el acontecimiento pascual, es decir, la

---

[374] Carlos Mesters, *Método de interpretación de la Biblia*, tomado de *http://www. cebiclar.cl/LecturaOrante/7%20pasos%20LOB_CMester.pdf 1.*

muerte y resurrección de Jesús, establecieron un contexto histórico radicalmente nuevo, que ilumina de una nueva manera los textos antiguos y les hace sufrir una mutación de sentido.[375] En particular, algunos textos que, en las circunstancias antiguas debían ser considerados como hiperbólicos —por ejemplo, la profecía en la que Dios hablando de un descendiente de David prometía afirmar "para siempre" su trono (2 S. 7.12, 13)— deben ser tomados ahora al pie de la letra, porque "el Cristo, habiendo resucitado de los muertos, no muere más" (Ro. 6.9).

El segundo aspecto a considerar, la obra del Espíritu Santo, se encuentra explícitamente mencionado en Juan 16.12, 13. Allí se muestra que fue cuando Jesús fue glorificado por medio de su muerte en la cruz y su resurrección, y cuando hubo enviado a su Espíritu, que lo que les había anunciado sobre el Mesías (Cristo) les resultó claro. Allí recordaron lo que les había dicho y vieron su auténtico significado. Es lo mismo que escribió el apóstol cuando dijo que "ninguna profecía surge de la interpretación particular de nadie", sino que los profetas hablaron impulsados (RVR: "inspirados") por el Espíritu Santo (2 P. 1.20, 21).

Como regla general, se puede definir el sentido espiritual, comprendido según la fe cristiana, como el sentido expresado por los textos bíblicos, cuando se los lee bajo la influencia del Espíritu Santo en el contexto del misterio pascual de Cristo y de la vida nueva que proviene de él. El Nuevo Testamento reconoce en él el cumplimiento de las Escrituras. Por lo tanto, debe ser normal releer las Escrituras a la luz de este nuevo contexto, que es el de la vida en el Espíritu. Este tipo de lectura o búsqueda de sentido no se debe confundir con las interpretaciones subjetivas dictadas por la imaginación o la especulación intelectual. Esto se puede relacionar con el sentido profundo del texto, querido por Dios, pero no claramente expresado por el autor humano. Se descubre la existencia de este sentido en un texto bíblico, cuando se lo estudia a la luz de otros textos bíblicos que lo utilizan o en su relación con el desarrollo interno de la revelación. Se trata, pues, del significado que un autor bíblico atribuye a un texto bíblico anterior, cuando lo vuelve a emplear en un contexto que le confiere un sentido literal nuevo. Por ejemplo, el contexto de Mateo 1.23 da un sentido pleno a la profecía de Isaías 7.14.

El fundamento y la clave de esta manera de leer la Palabra de Dios es que el Espíritu Santo es el autor principal de la Biblia. Él puede

---

[375] Es necesario recordar que más de una vez Jesús acusó a sus discípulos de un pobre conocimiento de las Escrituras (por ejemplo, Lc. 24.25).

guiar al autor humano en la elección de sus expresiones, de tal modo que ellas expresen una verdad de la cual él no percibe toda su profundidad, que será completamente revelada en el curso del tiempo. Y al mismo tiempo, es la llave que ayuda al intérprete que siempre debe recordar que la Palabra de Dios no tuvo "su origen en la voluntad humana, sino que los profetas hablaron de parte de Dios, impulsados por el Espíritu Santo" (2 P. 1.21).

EJERCICIO 55

Contesta las siguientes preguntas:

1. ¿Cuáles son los tres elementos que según Carlos Mesters condicionan nuestra lectura y comprensión de la Biblia?

   _____

   _____

   _____

2. ¿De qué manera influyen en ti las situaciones que te toca vivir al leer la Biblia?

   _____

   _____

Capítulo 6
La preeminencia del texto

"Al oír ustedes la palabra de Dios que les predicamos,
la aceptaron no como palabra humana
sino como lo que realmente es,
palabra de Dios,
la cual actúa en ustedes los creyentes".
1 Tesalonicenses 2.13.

En este versículo, Pablo menciona una de las razones por las que se entusiasmaba con la respuesta que había recibido de los tesalonicenses.[376] Como predicador, lo alentaba que quienes le habían escuchado predicar reconocieran que su mensaje había sido Palabra de Dios. Cuando los creyentes lo escucharon, se dieron cuenta de que las suyas no eran palabras de humana sabiduría, sino que provenían de Dios. El mensaje del evangelio no es la clase de mensaje que alguien inventaría, de allí que los creyentes percibieron que era mucho más que palabras de un ser humano. La palabra de Dios tiene un poder que transforma. Por esta razón, el mensaje divino que hablaron los profetas del Antiguo Testamento era reconocido por su poder y porque nunca volvía a Dios vacío (Is. 55.11). Pablo atribuía los cambios realizados en los tesalonicenses a la recepción de la Palabra de Dios, que no solo había efectuado cambios en ellos en el pasado, sino que seguía transformándolos, porque seguían creyéndola. Esto nos dice el apóstol de la Palabra (con mayúscula) que anunciada verbalmente, Palabra que nos quedó a nosotros en el texto de las Escrituras.

---

[376] En 1 Tesalonicenses 1.3 se menciona la primera razón, que es la "obra realizada por su fe".

En este capítulo vamos a hablar de la preeminencia del texto, algo que puede parecer obvio para cualquiera que quiera estudiar y comprender las Escrituras. Sin embargo, no siempre es tan natural. El que quiere conocer e interpretar la Palabra de Dios debe tener presente que ella es más importante y anterior a cualquier método o persona. Daniel Carro señaló que a eso se le llama preeminencia, porque es algo previo, anterior y es eminente, es decir, es más importante.[377] En esto, hay dos problemas a resolver. El primero es: ¿qué queremos decir con texto? Demasiadas veces la referencia es a frases, que tomadas aisladas no dan el auténtico sentido de lo que la Palabra nos quiere transmitir. En segundo lugar, debemos ser conscientes que las palabras y oraciones forman parte del texto y no son independientes del mismo. En muchas ocasiones quienes se enfrentan con la Palabra de Dios ponen el acento en "palabras" y no en la unidad textual. Es por eso que debemos comenzar definiendo qué es un texto, cuáles son sus propiedades o características, el uso de las distintas traducciones en el estudio y comprensión del texto, y cómo seleccionarlo.

¿Qué es el texto?

La palabra "texto" deriva del participio del verbo latino *textere,* cuyo significado básico es "tejer". Un texto es un tejido de palabras, frases, significados, relaciones, que intentan comunicar una información o un estado de ánimo. En principio, cualquier comunicación (incluso oral) puede considerarse como texto, es decir, como un conjunto entrelazado de elementos que intentan comunicar algo en su conjunto. A diferencia de otros autores, Paul Ricoeur limita el texto a todo discurso fijado por la escritura, lo que indica la importancia de la escritura como base.[378] En la comunicación escrita, ya sean libros u otro tipo de documentos, todo comienza con la palabra. Esas palabras están unidas en frases o proposiciones. Las frases describen una situación, mientras que las proposiciones representan un juico, y una secuencia de proposiciones representa un texto. El texto es la unidad superior de comunicación. Su extensión es variable. Puede ser un versículo bíblico, un capítulo o un libro; y corresponde a un todo comprensible que tiene una finalidad co-

---

[377] Daniel Carro, "Principios de interpretación bíblica", 20.

[378] Paul Ricoeur, *Del texto a la acción* (México: Fondo de Cultura Económica, 2001), 127.

municativa en un contexto dado. Como ya dijimos, puede coincidir con una frase o con un libro entero. Marta Marín define al texto como la "organización de un mensaje en forma lingüística. Esta forma lingüística es un conjunto de enunciados que forman entre sí un todo coherente y comprensible".[379]

Quizás debamos presentar estas definiciones de manera más práctica. Generalmente, consideramos un texto como un versículo, un capítulo o las divisiones principales de la traducción que usemos. Sin embargo, estas divisiones muchas veces no nos ayudan. Como hemos mencionado en *Panorama de la Biblia,* los autores no escribieron en capítulos y versículos. Esta división se hizo en la Edad Media, y ha sido muy útil a lo largo de los siglos para que podamos ubicarnos y encontrar pasajes o historias. Mayormente, cuando escuchamos la palabra texto, tenemos en mente estas divisiones. Sin embargo, al margen de su gran utilidad, muchas veces no tienen una unidad relacionada con el propósito comunicativo. En la Biblia encontramos capítulos que debieran estar unidos a otros.

La mayoría de las ediciones de la Biblia en castellano u otras lenguas tiene ciertas subdivisiones dentro del texto de los capítulos, que varían según la traducción o edición de la misma.[380] Por ejemplo, Mateo 1.1–17 es una subdivisión que ha sido titulada en general "Genealogía de Jesucristo". Al leer el texto nos damos cuenta que esta división es correcta, pues inmediatamente después cambia de tema. Pero no siempre es así. Sobre estas subdivisiones debemos mencionar dos aspectos. En primer lugar, en general los títulos de las subdivisiones están impresos antes que los versículos, cuyo contenido describen y aparecen en letra más negrita. Eso suele influir sobre el lector en su lectura del texto. En segundo lugar, la mayoría de las subdivisiones son más cortas que un capítulo. Un ejemplo se encuentra en Lucas 18. Allí encontramos varias subdivisiones. Los números de los capítulos impiden a muchos

---

[379] Marta Marín, *Conceptos claves: gramática, lingüística, literatura* (Buenos Aires: Aique, 2000), 220.

[380] Muchas veces, el que lee desde un púlpito un pasaje bíblico suele incluir el título que contiene la versión o edición de la Biblia que está usando. Se debe tener presente que una misma traducción, como por ejemplo RVR o NVI, se ha publicado en distintas ediciones diferentes, como ser "Biblias de Estudio", "Biblia del Ministro", etc., por lo que las divisiones que contienen suelen ser diferentes de otras ediciones, que los distintos lectores pueden tener.

cristianos encontrar el contexto de un texto, ya que a veces estos números interrumpen el mensaje que tiene Dios para nosotros.

En el libro de los Salmos podemos encontrar un par de ejemplos que iluminan lo que estamos diciendo. Por ejemplo: los Salmos 42 y 43 deberían formar una sola unidad. Notemos el estribillo que se repite en ambos: 42.5, 11 y 43.5 (un caso semejante pueden ser los Salmos 50 y 51). En el sentido inverso, existen algunos que por los temas tratados parecen indicar dos Salmos diferentes. Un ejemplo que podemos citar es el Salmo 19, donde los primeros versículos (vv. 1-7) tratan el tema de Dios como creador; pero la segunda parte (vv. 8-15) contiene un Salmo de alabanza a la *Torá* (Ley). Es por eso que una de las claves para la comprensión de la Biblia es trabajar con un texto, es decir, con un pasaje que tenga unidad.

De igual modo, en el Nuevo Testamento hay varios lugares donde los números de los capítulos interrumpen el mensaje. Por ejemplo: en 1 Corintios 10.23–33, el tema de esta subdivisión es la libertad del creyente, y en RVR tiene por título "Haced todo para la gloria de Dios". Pero notemos que 1 Corintios 11.1 pertenece al final del capítulo 10. Así pues, la división en capítulos (capítulo 11) interrumpe la secuencia de las palabras de Pablo. Esto es algo que debemos tener presente cuando determinamos el contexto de un versículo.[381]

Hay dos maneras de entender qué es un texto y cómo diferenciarlo del resto del libro. La primera es desde el punto de vista de su contenido o de su propósito. En este sentido, se debe tener presente que el texto es una unidad.[382] Como habrá de presentarse más adelante, el texto muestra una especie de independencia o quizás, mejor dicho, autarquía, referente al resto del libro. Como unidad tiene coherencia y clausura. En el vocabulario evangélico decimos que deja una enseñanza. En segundo lugar, debemos tener presente que, como los distintos autores que hemos citado nos muestran, el texto tiene una función comunicativa, es decir, es un medio de comunicación. Como habremos de ver más adelante, el proceso de comunicación involucra mucho más que un emisor y un receptor. Para que haya verdadera comunicación, tanto el emisor como el receptor deben reconocer un mismo código o

---

[381] Ver Gibbs, McGhee y Teague *Introducción a la hermenéutica*, 62.
[382] Según Ducrot y Todorov, *Diccionario enciclopédico de las ciencias del lenguaje*, 337, "se define por su autonomía y por su clausura". Por otro lado, Carreter, *Diccionario de términos filológicos*, 391, lo presenta como un conjunto analizable de signos.

lenguaje. El medio que se usa para este tipo de comunicación es el lenguaje, y de manera especial el lenguaje escrito.

El texto y la comunicación

Lo que diferencia al ser humano de los animales —entre otras cosas— es la conciencia de su historicidad. Es a partir de esta conciencia que el ser humano se desarrolla como tal, dado que la cultura es la clave de la comprensión de la persona humana como individuo. El ser humano tiene la capacidad de recibir, desarrollar y transmitir conocimientos o cultura.

La palabra comunicación tiene una etimología latina, que indica tener algo en común, compartir, ya sea un sentimiento o una idea. La teoría de la comunicación tiene cuatro axiomas o principios. En primer lugar, es imposible no comunicarse. De una forma u otra, explícita o implícitamente, estamos comunicándonos. En segundo lugar, todo mensaje tiene dos aspectos: uno de contenido y otro de vínculo. Al leer cualquier mensaje escrito o escuchar una comunicación oral, el lector no solo escucha o lee lo que se dice, sino también quien lo dice. En tercer lugar, los aspectos de vínculo clarifican los de contenido. Es justamente este tipo de relaciones el que ayuda para orientarnos en cómo interpretar el mensaje recibido. Finalmente, la naturaleza de las relaciones entre los sujetos comunicantes ocupa un lugar importante en la comunicación.

Como cristianos, afirmamos que la Biblia es la Palabra de Dios. Es su Palabra interpretada en lenguaje humano. Ella, como Jesucristo, es plenamente divina y plenamente humana. La Palabra es la acción de una persona que expresa algo de sí misma y se dirige a otra para establecer una comunicación. De acuerdo a esta definición, se puede decir que como Palabra la Biblia es el intento de Dios de dirigirse a otro. El que habla, por el simple hecho de dirigir la palabra a otra persona (y aunque no lo diga expresamente), está manifestando la voluntad de ser escuchado y comprendido, de obtener una respuesta, de lograr que su palabra no caiga en el vacío. Así, cuando el Señor dice "¡Abraham, Abraham!" (Gn. 22.11) o "¡Moisés, Moisés!" (Ex. 3.4), lo que hace es atraer la atención del que va a ser su interlocutor. Todavía no le ha comunicado nada. Lo llama simplemente para obtener de él una respuesta y establecer de ese modo el circuito de la comunicación. Porque sin ese llamado previo y sin la respuesta del interlocutor no habría diálogo posible. De igual manera, el que pide algo o da una orden con un imperativo, apunta en forma directa al destinatario del mensaje: "Ve a lavarte al estanque de Siloé", le dice Jesús al ciego de nacimiento, y esta orden provoca en él una respuesta inmediata: "El ciego fue y se lavó" (Jn 9,7).

Toda palabra comunica algo. Los interlocutores intercambian siempre algún tipo de información, y hasta la conversación más trivial versa sobre algún tema. El tema de la conversación, el significado de las palabras, la noticia que se quiere comunicar, dan un contenido al mensaje. Por su misma dinámica interna, la palabra tiende a convertirse en diálogo entre un yo y un tú. Es verdad que muchas veces empleamos el lenguaje por razones prácticas, de manera que la comunicación se establece casi siempre en un contexto utilitario y más bien superficial. Además, la comunicación fracasa muchas veces porque las personas no se abren al diálogo sino que se encierran en su propio egoísmo o porque la buena disposición de una persona no encuentra en la otra una acogida o un eco favorable. Por lo tanto, el encuentro personal puede adquirir distintos grados de profundidad, o puede incluso frustrarse por la falta de receptividad y de correspondencia en alguna de las partes. Pero también hay veces en que el encuentro se realiza plenamente, ya que la palabra y la respuesta se convierten en un diálogo auténtico y recíproco de comunión y de mutuo compromiso. Solo en el encuentro amoroso puede darse esta perfecta reciprocidad, que es fruto de una revelación y de un don, por una parte, y de una acogida franca y abierta, por la otra.

• •

EJERCICIO 56

Piensa en las siguientes preguntas: ¿De qué manera la Biblia es un medio de comunicación? ¿Quién es el emisor y quien el receptor? Escribe tres líneas claras en las que respondas a estas preguntas.

1. _____

2. _____

3. _____

• •

El texto y el lenguaje

Algo que se debe tener muy en claro desde el principio es la relación entre lenguaje y texto, es decir, la obra escrita. La Biblia como producción escrita en otra lengua (en realidad en tres lenguas diferentes) y en otro tiempo, requiere que prestemos atención a algunos aspectos de las lenguas que se utilizan en la misma.

Importancia del lenguaje. Al traducir a los autores bíblicos, los traductores se enfrentan al desafío de transmitir un mensaje que fue dado en una lengua que, como mencionamos, tiene su propia singularidad, dada por su historia. Volvemos a decir que cada idioma registra una serie innumerable de cambios fonológicos, morfológicos, sintácticos y semánticos. Las lenguas, por lo tanto, pueden ser consideradas desde un doble punto de vista: sincrónicamente,[383] es decir, en un momento determinado de su desarrollo; y, diacrónicamente,[384] es decir, en su evolución histórica a través del tiempo. No se puede interpretar un término al margen del momento en que fue dicho.

De la misma manera, los traductores se encuentran con el desafío de trasladar conceptos o ideas que representan una realidad cultural a otra cultura. Recordemos, lo que ya mencionamos, que las lenguas son portavoces de la cultura que representan. Los cambios culturales, en todas sus variantes, impactan sobre el lenguaje de la gente. Nuevos conceptos requieren palabras nuevas, y nuevos hechos confieren a las viejas palabras un contenido modificado.[385] Una sociedad que no conoce la metafísica no tiene necesidad de un vocablo para designarla y viceversa. Cuando se incorpora a la cultura un nuevo objeto o concepto, es preciso crear, adaptar o tomar prestado de otra lengua un vocablo para nombrar esa nueva realidad.

Por último, se debe recordar que cada lengua tiene su propia individualidad (en el plano fonológico, gramatical y semántico), y una consecuencia inevitable de esa diversidad es la imposibilidad de trasladar al texto traducido todos los matices del original. Más aún, si las cualidades

---

[383] Este término se deriva del griego συν: juntamente, a la vez; y χρόνος: tiempo. Su uso hace referencia al estado de algo en un determinado momento histórico. De la misma manera, diacronía fue usado por Saussure en relación con la lingüística. Ver Ducrot y Todorov, *Diccionario enciclopédico de las ciencias del lenguaje*, 165ss; Carreter, *Diccionario de términos filológicos*, 139.

[384] Término que se deriva del griego δια: a través de; y χρόνος: tiempo; en síntesis, es a través del tiempo. Se usa para referirse al desarrollo o evolución de algo a través del tiempo. Especialmente fue usado por el francés Saussure para designar el estudio de la evolución de una lengua o un fenómeno lingüístico a través del tiempo. Ver Ducrot y Todorov, *Diccionario enciclopédico de las ciencias del lenguaje*, 165ss; Carreter, *Diccionario de términos filológicos*, 139.

[385] Malmbert, *La lengua y el hombre*, 237.

fónicas de una lengua se utilizan para producir determinados efectos estilísticos (rimas, acentos, onomatopeyas, aliteraciones, etc.), la traducción se vuelve sencilla y llanamente imposible. El traductor podrá, a lo sumo, tratar de producir en la lengua receptora algún efecto similar, pero nunca será exactamente igual que el de la lengua fuente. Prueba de ello es la enorme dificultad que plantea la traducción de los textos poéticos.[386] Estas características que se mencionan en relación con las lenguas en general se aplican de manera especial a las lenguas de la Biblia. La tarea de los traductores de la Palabra de Dios consiste en reproducir el mensaje que fue escrito en una lengua, la original, a la lengua de los receptores. De allí la importancia de lo que hemos mencionado antes.

● ●

EJERCICIO 57

¿Cuáles son los tres aspectos del lenguaje mencionados en los párrafos anteriores?

1. _____

2. _____

3. _____

● ●

Niveles del lenguaje. Además de los aspectos mencionados, se deben señalar tres niveles del lenguaje. Luis Alonso Schökel menciona que el *humus* de los otros niveles es lo que llama lengua común. Por esta se refiere al lenguaje de la comunicación familiar, del gozo infantil, del amor. No es preciso, pero sí muy expresivo. Más que comunicar ideas

---

[386] Luis Alonso Schökel, *La palabra inspirada* (Madrid: Cristiandad, 1986), 120ss, menciona lo siguiente. En primer lugar, esto significa la capacidad humana radical de expresarse. Esto significa básicamente la comunicación social interpersonal. El segundo sentido son las lenguas particulares. Esta capacidad humana de expresarse se realiza en diversas lenguas. No existe la lengua en singular sino las lenguas en plural. El tercer sentido es lo que llama el uso individual, que presenta características personales que pueden llegar a constituir un estilo. Finalmente, el lenguaje puede designar obras concretas en las que se realiza el uso individual de una lengua: textos literarios en el sentido estricto. Estos son sistemas concretos y significativos de palabras, fijados en una tradición oral.

expresa emociones.[387] Aunque este autor no lo reconozca expresamente, en el libro de los Salmos (y en la poesía en general) encontramos este tipo de habla. Los autores tratan de comunicar emociones y sentimientos de distinta naturaleza.

El segundo nivel, presentado por Alonso Schökel es la lengua técnica. La lengua técnica procede de la lengua común, cambiando lo personal y subjetivo, para alcanzar la máxima objetividad. Dicho de otra manera: procura inhibir las funciones expresivas de aquella. Emplea conceptos abstractos, tratando de lograr la máxima precisión. En la lengua técnica, las palabras no son indiferentes. Importa muchísimo la precisión de los términos y la exactitud de las fórmulas. ¿Tenemos en la Sagrada Escritura una lengua semejante? A esta pregunta se debe responder afirmativamente. ¿Dónde se encuentra el lenguaje técnico? Por ejemplo, en la legislación. Las leyes de tipo casuístico ocupan una buena parte de la legislación bíblica, y emplean un lenguaje bastante técnico. Por otro lado, las leyes ceremoniales también están redactadas en lenguaje técnico. Como ejemplo se puede mencionar la terminología para pecado o para designar la Ley en el libro de Deuteronomio, o el uso que hace el apóstol Pablo del término griego *hamartía* o pecado.

Finalmente, el tercer nivel es la lengua literaria. La lengua literaria procede también de la lengua común. Toda la riqueza de las experiencias que deseamos compartir, toda la riqueza de nuestra vida interior que deseamos comunicar, no siempre alcanza plena objetivación en el lenguaje común de la conversación. El que escribe, tiene el desafío de comunicar sin la posibilidad de que el lector vea sus gestos, escuche su acentuación o énfasis. Este tipo de lenguaje tiene el reto de ser más preciso que la lengua técnica. Para esto el autor aprovecha todos los recursos de su lengua en orden a la expresión, aun los recursos todavía no actuados. Cuando siente que la lengua le falla, no se da por vencido, sino que la ensancha. Más aún, la resistencia y limitación de su lengua puede desafiarlo, como el mármol al escultor.

En la lengua literaria importan las palabras y de ordinario se eligen cuidadosamente. No son, simplemente, un modo de decir las cosas. El valor de las palabras está en su calidad sonora, en su disposición rítmica, en sus connotaciones. La mayor parte del Antiguo Testamento (y parte del Nuevo Testamento) pertenece a este nivel de lenguaje, en dos sentidos. En primer lugar, los escritores usan la lengua literaria pre-existente,

---

[387] *Ibid.*, 150ss

y bajo la inspiración desarrollan la suya propia. Cuando los autores nos cuentan las historias, por ejemplo de Abraham, Jacob, Jonás, podemos ver en esos relatos el esfuerzo por presentar el cuadro completo para que se pueda comprender el mensaje que se quiere transmitir.

EJERCICIO 58

En este párrafo se mencionaron distintos tipos de lenguaje (según Luis Alonso Schökel), cada uno representado por un libro o género literario de las Escrituras. Menciona cada uno de ellos, dando un texto que sirva como ejemplo.

1. _____

2. _____

3. _____

Funciones del lenguaje. Finalmente, quisiera mencionar las funciones del lenguaje. Si bien es cierto que, en general, el lenguaje es una herramienta más en el proceso de la comunicación, el lenguaje cumple distintas funciones que se encuentran entremezcladas. Es posible mencionar por lo menos cinco funciones del lenguaje en la Biblia.

En primer lugar, se debe mencionar la función histórica. Como menciona Tosaus Abadía, "el texto bíblico tiene diversos sentidos, pero todos ellos dependen del sentido literal o histórico".[388] En especial, en los textos narrativos, y a pesar de las distintas interpretaciones que hagamos, la Biblia quiere dar información de valor histórico. Muchas veces, para transmitir esa información los autores deben usar distintos recursos, como el humor y el drama. En Génesis 17, 18, 21, 22 tenemos, por un lado, a Abraham (primero) y luego a Sara riéndose de la promesa de un hijo. Luego viene la alegría del nacimiento (cap. 21), para llevarnos después al clímax cuando Dios le pide que ofrezca a su único hijo (cap. 22). El autor, como buen pedagogo, sabe que se comunica más y mejor cuando el receptor lee con agrado y está interesado en conocer el final.

---

[388] Tosaus Abadia, *La Biblia como literatura*, 146.

En segundo lugar, se debe mencionar la función teológica. En esta se muestra la actitud humana en relación con lo que se está diciendo. Dios es el que realiza los grandes hechos ocurridos en Israel. Los autores inspirados interpretan la historia a la luz de Dios y su propósito para la humanidad. Nunca debemos olvidar que la historia de Israel fue el medio por el que Dios se reveló. Esto es mucho más que contar lo que le ocurrió a un pueblo.

En tercer lugar, podemos mencionar una función emotiva. De manera especial, en la poesía los autores tratan de comunicarnos una serie de emociones, con el propósito de que nos identifiquemos con las mismas. Los libros de Salmos o Job son una muestra de esto. Las emociones pueden ser variadas: alegría por lo recibido, angustia y dolor por lo que se está sufriendo, enojo ("bronca") por las injusticias. Todas estas emociones fueron expresadas por los autores. ¿Cuál fue su propósito? Que en los momentos en que nos toquen vivir situaciones semejantes podamos encontrar consuelo para nuestra vida.

• •

EJERCICIO 59

Relaciona el pasaje bíblico que se encuentra en la columna de la derecha con las emociones que se encuentran en la columna de la izquierda. Coloca el número correspondiente en el casillero de la izquierda.

☐	Dolor	1. Salmos 128.1, 2
☐	Injusticia	2. Salmos 107.8
☐	Alegría	3. Salmos 34.19
☐	Gratitud	4. Salmos 4.1
☐	Clamor	5. Salmos 43.1

• •

Relacionada con la anterior, se puede mencionar la función doxológica, en la que se alaba a Dios por lo que ha hecho y al mismo tiempo se invita a la congregación a unirse en la alabanza. A esto hay que agregar una función didáctica, que tiene como propósito educar, enseñar y guiar al lector. Si bien toda la Escritura tiene un valor didáctico, hay pasajes o secciones en las que las personas inspiradas por Dios pusieron todo el acento en la enseñanza. Por ejemplo, en el Salmo 1, el autor, de manera genial, presenta dos estilos de vida y deja al lector la elección de cuál quiere seguir.

¿Qué propiedades tiene el texto?

Ya hemos mencionado que cuando hablamos de texto nos estamos refiriendo a una unidad temática (párrafo o división), que tiene por lo menos tres características básicas. Estas características son coherencia, cohesión y clausura.

Coherencia

De manera general, se entiende por coherencia la relación lógica y adecuada de distintas partes para que formen un todo, es decir, una unidad. Desde la perspectiva de la hermenéutica (lingüística), la coherencia es la propiedad de los textos que consiste en seleccionar y organizar la información que el autor quiere transmitir, para que pueda ser percibida de una forma clara y precisa por el receptor. La coherencia está relacionada con la organización de la información.

Un texto coherente tiene las siguientes características: (1) Todos los enunciados giran en torno a un tema; (2) Se encuentra internamente organizado o estructurado, es decir, todas las partes están relacionadas entre sí; (3) Presenta una progresión temática, que puede presentarse de diversas formas. El autor parte de un tema, es decir, de una información conocida, para luego llegar a información nueva o desconocida.

En términos generales, un texto es coherente cuando a partir de una idea principal, usa otras para apoyarla. Esto lo hace dejando como eje lo relevante y organizando lo irrelevante o accesorio, para que el receptor pueda ver la coherencia global, que es el sentido total del texto que ha leído o escuchado. Una de las claves de comprensión de cualquier texto, pero especialmente de la Biblia, es poder diferenciar lo relevante, es decir, lo que hace a la construcción del tema o enseñanza que el texto quiere dar, dejando de lado lo que es irrelevante.[389]

---

[389] Un ejemplo sencillo se encuentra en la "parábola del sembrador" (Mt. 13). Para el conocimiento o comprensión de la misma no es necesario saber qué tipo de aves fueron las que comieron las semillas, cuando el mismo texto nos indica que ellas representan al maligno (Mt. 13.19).

Cohesión

La cohesión es una propiedad de los textos que consiste en la relación gramatical y semántica entre los enunciados que forman ese texto. En el proceso de comunicación-redacción resulta inevitable repetir determinadas ideas o conceptos, que son esenciales para el tema que se está tratando. Con el propósito de producir un texto de lectura más accesible, el autor suele utilizar distintas maneras para evitar repeticiones innecesarias, manteniendo el mismo contenido. ¿Cómo lo hace? Aunque se mencionan varias maneras para lograr esta unión-cohesión, vamos a mencionar solamente las que nos parecen más importantes para nuestro trabajo.[390]

En primer lugar, el uso de afirmaciones generales y específicas. En ocasiones un autor comienza con una afirmación general o presentando su tema desde una perspectiva general, para inmediatamente después —y por medio de un conector— presentar una regulación o detalles de esta afirmación. Scott Duvall y Daniel Hays mencionan Gálatas 5.16 como un ejemplo de una afirmación general, que luego pasa a especificar en los versículos 19-23.[391]

En segundo lugar, la repetición de palabras, o como lo llaman algunos textos de gramática lingüística, mecanismos de recurrencia. En la Biblia es bastante común que un autor repita algunos términos como un hilo conductor, y a través de ellos, avanzar en su pensamiento. Un claro ejemplo se encuentra en 2 Corintios 1.2-7. Allí el apóstol hilvana su pensamiento alrededor de los términos relacionados con consuelo o consolación.

En tercer lugar, se debe considerar los pronombres, que en general se usan para evitar repeticiones. Esto es lo que Marta Martín llama

---

[390] Martín, *Conceptos claves de gramática, lingüística y literatura*, 32-34, menciona cinco mecanismos. (1) Referencia, que es la relación que se establece entre elementos presentes en el texto o el contexto; (2) Sustitución, que consiste en evitar la repetición de palabras, grupos de palabras u oraciones; (3) Elipsis, que consiste en suprimir lo que se sobreentiende en el texto o contexto. Conjunción, también llamados conectores, que establecen relaciones entre las distintas partes de un texto. Dentro de este grupo están, entre otros, los conectores sumativos, tales como "y", "además", y "también". Los conectores de oposición, como "pero", "sin embargo". Los conectores de consecuencia o causa, como "luego", "por lo tanto", "por consiguiente". Los ordenadores del discurso, como "en primer lugar", "para terminar", "a continuación"; (4) Cohesión léxica, que se obtiene por dos medios, la recurrencia o repetición de palabras, grupo de palabras u oraciones; o el uso de términos correspondientes al mismo campo; (5) Marcadores textuales, que ayudan al receptor a interpretar el sentido del mensaje, ya que informan sobre la actitud del emisor ante el enunciado.

[391] Duvall y Hays, *Hermenéutica, entendiendo la Palabra de Dios*, 72.

elipsis. Una de las tareas del que lee y estudia la Palabra de Dios al encontrarse con un pronombre es identificar su antecedente, es decir, a quién se refiere. Scott Duvall y Daniel Hays dicen que lo que se debe hacer es levantar la pregunta, ¿a quién o a qué se refiere? El ejemplo que dan es el de Efesios 1.3: "Alabado sea Dios, Padre de nuestro Señor Jesucristo, que nos ha bendecido en las regiones celestiales con toda bendición espiritual en Cristo". Terminan preguntando: ¿a quién aluden los pronombres "nuestro" y "nos"?

Finalmente, se debe mencionar lo que Marta Martín llama conectores textuales y F. Lázaro Ferrater denomina como conectores.[392] De manera más sencilla, Scott Duvall y Daniel Hays las denominan conjunciones. El ejemplo que estos autores dan es muy significativo.

Scott Duvall y Daniel Hays: "Si nos imaginamos el texto bíblico como una casa de ladrillos, las conjunciones representan entonces el mortero que une entre sí los ladrillos (las expresiones y oraciones gramaticales). Un aspecto crucial de la lectura minuciosa es la observación e identificación de todas las conjunciones ('y', 'pero', 'por tanto', 'puesto que', 'porque', etc.). Tendemos a ignorarlas, ¡pero es un grave error! Sin el mortero los ladrillos se desploman y forman un caos desastroso. Por ello es muy importante tomar siempre nota de las conjunciones e identificar su propósito o función. Es decir, intentar determinar qué es lo que conecta tal conjunción".[393]

El primer dato que el estudiante de la Biblia debe tener presente es que las conjunciones pueden ser de distinto tipo.[394] Es necesario sa-

---

[392] Carreter, *Diccionario de términos filológicos*, 106, llama conectivos a los elementos lingüísticos que funcionan como nexos (conjunciones, preposiciones, pronombres, relativos, verbos atributivos, etc.)

[393] Duvall y Hays, *Hermenéutica, entendiendo la Palabra de Dios*, 57; ver también Martín, *Conceptos claves de gramática, lingüística y literatura*, 31.

[394] Se han mencionado los siguientes tipos: Copulativas, que dan idea de suma o acumulación (*y, e, ni*). Adversativas, que dan idea de contraposición (*mas, pero, sino, sino que*). Disyuntivas, que dan idea de opción (*o, u*). Causales, que establecen relación de causa (*porque, pues, puesto que*). Condicionales, que expresan una condición (*si, con tal que, siempre que*). Concesivas, que indican dificultad que no impide (*aunque, si bien, así, por lo tanto*). Comparativas, que relacionan comparando (*como, tal como*). Consecutivas, que expresan una consecuencia (*tan, tanto que, así que*). Temporales, que dan idea de tiempo (*cuando, antes que*). Finales, que indican una finalidad (*para que, a fin de que*). Ver Real Academia Española, *Esbozo de una nueva gramática de la*

ber qué tipo de conjunción es importante, para comprender la relación de la frase con su contexto o del párrafo-perícopa con el resto del libro. Quisiera mencionar dos ejemplos muy sencillos de la importancia de las conjunciones. El primero se encuentra en Éxodo 21.15: "El que mate a su padre o a su madre será condenado a muerte". Si la conjunción (*o*) en lugar de ser disyuntiva (da una opción) fuera copulativa (*y*, que da idea de acumulación), cambia el sentido del texto. En este caso, la conjunción copulativa significaría que para ser condenado, el reo debería matar a los dos en lugar de uno solo de sus progenitores (conjunción disyuntiva). El segundo ejemplo se encuentra a Génesis 1.2, donde RVR60 traduce: "Y la tierra estaba desordenada y vacía". Al ser "y" en castellano una conjunción copulativa o ilativa, pareciera que después del primer versículo, que declara que Dios creó los cielos y la tierra, hubo alguna catástrofe. Sin embargo, en la lengua hebrea la conjunción aquí es adversativa (que da una idea de contraposición) y muestra que fue necesaria la intervención divina (creación), porque la tierra estaba en esa condición. En la lectura del texto no deben dejarse de lado las conjunciones, pues su importancia para la interpretación es muy significativa, como habremos de ver más adelante.

Clausura

Para interpretar o comprender cabalmente un texto no basta con analizar gramaticalmente o buscar el sentido final de las palabras, ya sea en castellano o en las lenguas originales de la Biblia (hebreo/griego). Estudiar las palabras (términos o frases) es incompleto si no se ha llegado a comprender en totalidad el pasaje o texto.

> **Walter Kaiser:** "Las palabras pertenecen a oraciones, y las oraciones generalmente pertenecen a párrafos, escenas, estrofas o unidades mayores dentro de la gramática de un género. Pero insisto en que un buen sermón expositivo nunca abarque menos de un párrafo completo o su equivalente literario (por ejemplo, una escena, una estrofa o semejantes) como base. La razón es clara: solamente el párrafo completo o su equivalente contiene una idea o concepto completo".[395]

---

lengua española (Madrid: Espasa Calpe, 1998), 500-504; también Carreter, *Diccionario de términos filológicos*, 107-108.

[395] Walter C. Kaiser, Jr., *Predicación y enseñanza desde el Antiguo Testamento* (El Paso, TX: Mundo Hispano, 2010), 59.

Dicho de otra manera, las principales divisiones o unidades de un texto tienen un "cierre" (clausura) en las ideas o enseñanza que el mismo contiene, ya sea el episodio que se está presentando (en una narración), el poema o una estrofa. Para que haya un texto se debe tener una idea o enseñanza completa. Piensa en algunas de las parábolas o en alguno de los Salmos y verás cómo tiene una independencia particular. Especialmente las parábolas, están relacionadas con el contexto, pero tienen una autonomía que nos permiten extraer una enseñanza de ellas.

• •

EJERCICIO 60

Al presentar las características de un texto (coherencia-cohesión-clausura) hemos mencionado algunos pasajes para ilustrarlas. Menciona en una frase qué aprendiste de cada una de estas características, en relación con los textos bíblicos:

1. Coherencia: _____

_____

2. Cohesión: _____

_____

3. Clausura: _____

_____

• •

¿Qué tipos de texto existen?

Desde una perspectiva literaria, se habla de distintos tipos de textos, teniendo en cuenta la intención del emisor-autor. Entre ellos se mencionan los textos narrativos, donde la intención del emisor es contar una historia; los textos descriptivos, en el que el autor se propone mostrar cómo es un objeto o una persona, un animal, un ambiente, etc. Los textos expositivos buscan analizar y explicar fenómenos o conceptos. Los textos argumentativos, como su nombre lo indica, tienen la intención de convencer al receptor de algo. Los textos legislativos son secuencias de leyes. Y, finalmente, están los textos exhortativos, que son aquellos en los que el énfasis se encuentra en exhortar.[396]

A esto debemos agregar que un texto (párrafo) no suele presentar siempre una estructura homogénea. Es frecuente encontrar textos narrativos con secuencias descriptivas; o textos argumentativos con partes expositivas. Cuando un texto presenta distintos tipos de secuencias, hay que tener en cuenta cuál es la secuencia textual dominante y la intención comunicativa del emisor. En nuestro estudio de la Biblia, en general, usamos otra nomenclatura para hablar de los tipos de textos que encontramos en la misma. Cuando se comienza a trabajar con un párrafo o perícopa, ya sea para delimitarlo e interpretarlo, un paso esencial es determinar qué tipo de composición literaria tenemos delante.

Siguiendo a Kaiser, se puede decir que, de manera general, hay cinco formas literarias básicas utilizadas por los escritores bíblicos (usando una generalización).[397] Estos tipos son: (1) prosa, (2) poesía, (3) narrativa, (4) sabiduría y (5) apocalíptica. Cada una de estas formas literarias tiene una forma y estilo distintivo. En consecuencia, al trabajar con los mismos se deben considerar las características de su forma particular. Además, cada una de estas cinco categorías es capaz de ser subdividida. Sugerimos suficientes variaciones aquí para alertar a la exégesis de los matices básicos involucrados en la mayoría de los patrones.

Prosa

En primer lugar, debemos mencionar la prosa. Este tipo de composición es la forma básica de la comunicación bíblica. La palabra prosa viene del latín *prosus* o *prorsus* que significa "directo" o "recta". Es el lenguaje directo no sometido a las leyes de la versificación (las reglas del verso o la poesía).[398] La prosa puede dividirse en cuatro sub-categorías. Prosa descriptiva (narrar directa o claramente sobre personas, lugares, cosas o acciones); prosa explicativa o expositiva (sobre temas de derecho, ciencia, filosofía, teología, política, etc.); prosa emotiva (principalmente dirigida a inducir sentimientos en lugar de

---

[396] Ver Marín, *Conceptos claves, gramática, lingüística, literatura*, 221-222; García-Jalón, *Lingüística y exégesis bíblica*, 54-55; este autor menciona que desde una perspectiva lingüística hay solo dos tipos: teóricos y narrativos. Por otro lado, Werner Stenger, *Los métodos de la exégesis bíblica* (Barcelona: Herder, 1990), 47ss., habla de textos narrativos, argumentativos, retóricos y poéticos.

[397] Kaiser, *Toward an Exegetical Theology*, 91ss.

[398] Carreter, *Diccionario de términos filológicos*, 338.

pensamientos); y prosa controversial (el trabajo de escritores, periodistas, críticos, oradores, etc.). En el estudio bíblico, al subdividir la prosa, debemos mencionar los discursos o sermones u oraciones que están en prosa; los registros, que contienen contratos, cartas, listas, leyes, celebraciones rituales; y las narrativas históricas.

Poesía

La segunda forma de composición bíblica es la poesía. Tenemos que tener presente que la poesía ocupa un tercio del Antiguo Testamento. Hay solo siete libros del Antiguo Testamento que no tienen poesía.[399] Los primeros estudios sobre la poesía hebrea fueron hechos por Robert Lowth en 1753, cuando publicó su tratado de poética hebrea. Fue el primero en poner énfasis en el paralelismo como la principal característica de la misma. Mientras que en la poesía en nuestras lenguas el paralelismo tiene solo una importancia marginal, en la poesía hebrea es de gran importancia para su cabal comprensión. La idea básica del paralelismo es que dos o más líneas del poema expresan una idea, ya sea por sinonimia, es decir, usando palabras equivalentes (paralelismo sinónimo); o puede ser que se logre la enseñanza a través de algún tipo de contraste (paralelismo antitético).

Narrativa

La tercera forma es la narración histórica. Esta es, desde un punto de vista formal, un texto en prosa, y para los fines del análisis, sigue la mayoría de las reglas de la prosa. Sin embargo, debido a que tiene algunas características especiales, vamos a considerarla como un tipo textual diferente. La narrativa es el arte de contar un suceso, que tiene una serie de características especiales, que hacen de un texto un relato, a diferencia del discurso o la descripción. Los rasgos narrativos, por los cuales se identifica un relato (que cuenta una historia), se diferencian de los rasgos discursivos, que permiten identificar un discurso que interpela directamente al destinatario.[400]

---

[399] Estos libros son: Levítico, Rut, Esdras, Nehemías, Ester, Hageo, y Malaquías.

[400] El análisis narrativo es, pues, un método de lectura del texto que explora y analiza cómo se concreta la narratividad en el texto. El estudio científico de la narratividad tiene un nombre: narratología. Esta ciencia es reciente, aun cuando a veces formula de modo nuevo conceptos antiguos y los afina.

Sabiduría

En cuarto lugar, está lo que se ha dado en llamar la literatura de sabiduría o sapiencial. Cuando hablamos de los libros de sabiduría o textos de sabiduría en la Biblia, hay tres tipos de textos diferentes, cada uno con características distintas. El primero es lo que se podría llamar sabiduría reflexiva, que tiende a presentar su enseñanza a través de un gran cuerpo de texto (Eclesiastés). El segundo es un tipo de sabiduría práctica, que consiste de unidades más breves, donde las enseñanzas son directas y muchas veces desconectadas o aisladas (Pr. 10–31; Stg.). El tercer y último tipo es lo que se podría llamar la sabiduría biográfica. Dos libros de la Biblia representan a este tipo y son Cantar de los Cantares y Job.

Apocalíptica

El último tipo de texto es el apocalíptico.[401] Este tipo usa formas distintivas y adecuadas para la transmisión de su mensaje. Es clave para su comprensión reconocer que hay un lenguaje apocalíptico. El lenguaje apocalíptico fue el medio adecuado para expresar el contenido de la revelación en determinados contextos. Este tipo tiene dos características sobresalientes. En primer lugar, contiene largos discursos, es repetitivo y está cargado de listas y cifras. En segundo lugar, se debe mencionar la profusión de simbolismos. El sistema de símbolos y figuras, hace que difícilmente se pueda entender sin una comprensión del método que usa el autor para transmitir su mensaje.

Para poder comprender mejor la Palabra de Dios es importante prestar atención a las formas literarias. A menudo la clave para el uso y la función del lenguaje está relacionada con la forma literaria en que nos llega el mensaje. Por otro lado, la elección de la forma literaria, para un texto en particular, tiene que ver con el momento que vivía el autor y el mensaje que quería transmitir.

• •

EJERCICIO 61

Se mencionaron cinco tipos literarios. Escribe una oración sobre cada uno y menciona un pasaje que lo ilustre.

---

[401] Los exponentes de este tipo de literatura son: algunas secciones de Isaías, Daniel, Joel, Zacarías, Apocalipsis; y algunas secciones de Marcos, Mateo y Lucas.

1. _____
   _____

2. _____
   _____

3. _____
   _____

4. _____
   _____

5. _____
   _____

• •

¿Qué es un texto confiable?

La primera tarea del que quiere entender y presentar las enseñanzas de la Biblia es realizar una adecuada lectura del texto en varias versiones.[402] Esto tiene que ver con el uso de las diversas versiones bíblicas. La selección, fijación y análisis del texto son un paso indispensable en el estudio de la Palabra. Demasiadas veces nos dejamos guiar por nuestra memoria, pues ya conocemos el pasaje y creemos que no necesitamos volver a leerlo. En otras ocasiones, leemos superficialmente, sin prestar atención a las pausas (signos de puntuación), los tiempos verbales, si está en singular o plural, etc. A esto se debe nuestro énfasis en la lectura del pasaje como primer paso.

---

[402] De mucha utilidad serán las ediciones del texto bíblico que tienen más de una versión y permiten una comparación muy fácil. Entre ellos se pueden mencionar: *Biblia paralela* (Miami: Vida, 2003); contiene en columnas paralelas el texto de la RVR y la NVI. En cuanto al Nuevo Testamento encontramos las siguientes ediciones que son de mucha utilidad: *El Nuevo Testamento en cuatro* versiones (Miami: Vida, 2003), que coloca en columnas paralelas RVR, Dios Habla Hoy, La Biblia de las Américas y Nueva Versión Internacional. Finalmente, se debe mencionar el *Nuevo Testamento multiversiones* (Río de Janeiro: Sociedad Bíblica, 2003), que contiene RVR1960, RVR1995; Dios Habla Hoy y Lenguaje Sencillo.

Las traducciones que usamos generalmente en nuestra lectura de la Biblia están hechas a partir de ediciones del texto bíblico en las lenguas originales (hebreo y arameo para el Antiguo Testamento y griego para el Nuevo). Pero estas ediciones tampoco son los escritos tal y como fueron originariamente compuestos. Ya se ha mencionado que los autógrafos, es decir, los textos tal como salieron de la mano del autor, se perdieron.[403] Aunque no poseemos ningún original de los textos bíblicos (hasta el momento solo se hallaron y conservaron copias posteriores), la cantidad de copias que hay es mucho más abundante que de ningún otro texto de la antigüedad. La pérdida de los autógrafos es explicable si se toma en cuenta que el pueblo de Israel primero y el cristiano después, sufrieron persecuciones, algunas de ellas directamente relacionadas con su fe, a lo que se debe sumar que los documentos se escribieron sobre materiales frágiles, como por ejemplo el papiro.[404]

Los manuscritos de los libros bíblicos o de partes de ellos, se produjeron en una época bastante posterior a la redacción de los originales, en algunos casos hasta siglos después.[405] Son por lo general copias de copias, en las que inevitablemente se han deslizado errores, unas veces inadvertidos (al igual que nos sucede hoy cuando copiamos un texto largo), otras reproduciendo errores que se contenían ya en manuscritos anteriores, y en algunos casos tratando de corregir o ampliar un texto que podría causar dificultades.[406]

El propósito aquí no es hacer una presentación particularizada de la importancia de la crítica textual, sino dar una información básica

---

[403] Cuando se tradujo e hizo la primera revisión de la versión más conocida entre nosotros, la Reina Valera, los autores solo tenían a disposición el *textus receptus*. Las ediciones críticas del Antiguo y Nuevo Testamento surgieron mucho después.

[404] En el caso de Israel, esto ocurrió con el conflicto con los seléucidas, nombre con el que se conoce a los sucesores del Imperio Griego (después de la muerte de Alejandro Magno en 323 a.C.) Estos prohibieron la práctica de la circuncisión y trataron de quemar las copias que encontraban de la Torá (Pentateuco). En el caso del Nuevo Testamento, esto ocurrió con la persecución del Imperio Romano, a partir de Nerón (alrededor del año 64 a.C.), que de manera intermitente persiguió a la iglesia naciente.

[405] Este es el nombre por el que se conocen las copias de textos, dado que fueron copiados a mano, antes de la invención de la imprenta en el siglo XV. Como dice George E. Ladd, *Crítica del Nuevo Testamento: un enfoque evangélico* (El Paso, TX: Mundo Hispano, 1990), 45: "el punto decisivo en la historia del texto fue la invención de la imprenta por Johannes Gutenberg". A partir de allí, la historia del texto bíblico cambió totalmente.

[406] Ya en *Panorama de la Biblia*, 29-44, mencionamos el proceso de transmisión de los textos bíblicos, y el lugar e importancia de las nuevas traducciones, dando una lista de las características de las principales.

sobre ella, para que cuando nos acerquemos a estudiar y comprender la Biblia sepamos por qué están o qué significan algunas frases como: "Otras autoridades antiguas añaden... ". o "algunos manuscritos no incluyen [o incluyen]...", que aparecen en muchas ediciones de estudio de la Palabra de Dios ("Biblias de estudio").[407]

La fijación del texto

Aunque los detalles de los problemas textuales entre el Antiguo y Nuevo Testamento difieren, hay ciertos aspectos que comparten. Según Gordon Fee y Douglas Stuart, las preocupaciones fundamentales de la crítica textual que abarca a ambos Testamentos son: (1) no existen copias de los manuscritos originales; (2) lo que existe son millares de copias (incluso copias de traducciones muy primitivas), hechas a mano y copiadas a mano repetidamente, durante un período de unos mil cuatrocientos años; (3) aunque la vasta mayoría de los manuscritos, que para los dos Testamentos proceden del período medieval, son muy parecidos, entre estos manuscritos difieren mucho las copias y traducciones de la primera parte del medioevo y las de la última parte.[408] Es por eso que, en los párrafos que siguen, vamos a considerar de qué se trata todo esto, cuáles son sus problemas, y, finalmente, cuál es la importancia y los aportes que hace la crítica textual al estudio y comprensión de la Palabra de Dios.

¿Qué es la crítica textual? Cuando hablamos de crítica textual nos estamos refiriendo a la técnica y el arte de tratar de restablecer el texto

---

[407] Este tipo de notas marginales son muy comunes en algunas traducciones de la Biblia, como son: *La Biblia de las Américas*, o *Dios Habla Hoy*, que aun en las ediciones que no son de estudio tienen notas textuales. O en Biblias de Estudio como por ejemplo: *Santa Biblia: Reina Valera 1995, Biblia de estudio* (Nueva York: Sociedades Bíblicas Unidas, 1995); *La Biblia de las Américas: Biblia de Estudio y Biblia de Estudio NVI* (Miami: Vida-Zondervan, 2001); y la más reciente *Biblia de Estudio Mundo Hispano* (El Paso, TX: Mundo Hispano, 2012), entre muchas otras.

[408] Fee y Stuart, *La lectura eficaz de la Biblia*, 26. Para Paul D. Wegner, *A Student's Guide to Textual Criticism of the Bible: Its History, Methods and Results* (Downers Grove, ILL: InterVarsity Press, 2006), 26, la crítica textual del Antiguo difiere de la del Nuevo Testamento en dos aspectos principales. En primer lugar, el período de tiempo durante el cual se copiaron los manuscritos es mucho mayor en el Antiguo Testamento; y en segundo lugar, tienen diferentes puntos de partida, pues la diferencia entre los autores y los manuscritos accesibles es mucho mayor en el Antiguo que en el Nuevo Testamento.

genuino de la Escritura o, al menos, el más aproximado, mediante el examen y la comparación de los manuscritos en que se ha transmitido.[409] Generalmente, esto exige un buen conocimiento de las lenguas originales, así como de los diferentes procedimientos y técnicas para decidir sobre las diversas variantes.[410] Todo esto nos introduce en un campo muy especializado, que aquí no podemos estudiar. Lo que sí podemos hacer en el poco espacio de que disponemos es dar algunas claves para poder estar seguros con el texto que usamos.[411]

Como disciplina, la crítica textual es independiente de la historia y origen de los escritos de la Escritura y de la formación del canon. La preocupación primaria de este estudio es la transmisión del texto, la aparición y desarrollo de las revisiones, la naturaleza y alcance de la actividad de los escribas durante el proceso de transmisión, la incidencia de la vocalización y el surgimiento del Texto Masorético. Volvamos a afirmar que el objetivo final de la crítica textual es recobrar el texto de la Escritura en la forma más cercana posible al original.

---

[409] Zimmermann, *Los métodos histórico-críticos en el Nuevo Testamento*, 21, la define así (en relación con el Nuevo Testamento): "La crítica textual del Nuevo Testamento tiene por objeto fijar, con la mayor exactitud posible, el texto original primitivo de cada uno de los veintisiete libros del Nuevo Testamento".

[410] El término "variante" que se ha usado, según el *Diccionario de la Lengua* significa "variedad", y en lingüística: la forma en que se presenta una palabra. Para Gonzalo Flor Serrano, *Diccionario de la ciencia bíblica*, 11, es la alternativa de lectura en una tradición textual. A modo de síntesis, se puede decir que una variante textual es un texto distinto del que se ha impreso, pero que aparece en otros manuscritos, del usado por los editores de la impresión del texto hebreo o griego. Ver el artículo de Roger L. Omanson, "Notas de crítica textual en Biblias de estudio", *en Revista Traducción de la Biblia* 5:1 (1995).

[411] En este apartado nos basta con remitir a las ediciones críticas del texto hebreo del Antiguo Testamento y del griego del Nuevo Testamento, publicados por Sociedades Bíblicas, así como a algunos manuales de referencia. En los últimos años se han publicado algunas obras muy interesantes sobre este tema en nuestra lengua, como por ejemplo: Gonzalo Báez-Camargo, *Breve historia del texto* bíblico (México: CUPSA, 1992); Lightfoot, *Comprendamos cómo se formó la Biblia*; Flor Serrano, *Diccionario de la ciencia bíblica*; O'Callagham, *Introducción a la crítica textual del Nuevo Testamento*; Bruce M. Metzger, *Un comentario textual al Nuevo Testamento griego* (Río de Janeiro: SBU, 2006); Elvira Marín Contreras y Guadalupe Seijas de los Ríos-Zarzosa, *Masora: la transmisión de la tradición en la Biblia Hebrea* (Estella: Verbo Divino, 2010); Natalio Fernández Marcos, *Septuaginta: la Biblia griega de los judíos y cristianos* (Salamanca: Sígueme, 2008). En inglés hay una obra que merece ser considerada: Wegner, *A Student's Guide to Textual Criticism of the Bible*.

Un elemento que debe ser considerado seriamente es la influencia que tiene en nosotros el texto con el que hemos crecido y aceptamos, por lo menos inconscientemente, como auténtico. Desde Erasmo (1466-1536), que en su edición del Nuevo Testamento griego mantuvo el pasaje de 1 Juan 5.7, no por razones críticas sino por cuestiones personales (¿emocionales?) hasta nuestros días, las traducciones conocidas (o aceptadas en general) tienen numerosos defensores y muy fervientes. Estas traducciones tradicionales se basan en lo que se llamó el *textus receptus*.[412]

Debemos tener presente que ante la ausencia de los autógrafos, se suele preferir los manuscritos más antiguos que existen de esos textos. Lo que es necesario saber es que entre las fechas de composición de los libros y las de los manuscritos existentes han pasado varios siglos. En el cuadro presentado en *Panorama de la Biblia* se trata de mostrar de manera simple un posible esquema de la transmisión del texto bíblico.[413] Prestemos atención al mismo, dado que tiene valor en la evaluación de las variantes (como habremos de ver más adelante).

• •

EJERCICIO 62

En tus propias palabras, describe qué es la crítica textual.

_____

_____

_____

• •

Objeciones a la crítica textual. Como ya dijimos, existe la tendencia a considerar el texto recibido, usado en las traducciones clásicas, como el auténtico. Cualquier revisión del mismo es vista como una innovación, sin tener en cuenta cuestiones críticas o históricas. Algunos

---

[412] El *Textus Receptus* es un término en latín que significa "texto recibido". Originalmente, la expresión se usó para referirse al texto griego editado por Desiderio Erasmo. Luego se convirtió en una frase para designar el texto hebreo masorético de las ediciones pre-críticas del Antiguo Testamento y el texto griego editado por este.

[413] Villanueva, *Panorama de la Biblia*, 36.

autores han presentado algunas afirmaciones en las que cuestionan el trabajo de la crítica textual, y que, según ellos, podrían considerarse como "falacias".[414]

En primer lugar, se dice que la crítica textual no es necesaria porque el sentido de los textos originales es claro. Algunos autores tratan o hablan del texto recibido (tanto del Antiguo como del Nuevo Testamento) como si fuera el texto original. De esa manera, ignoran o pasan por alto los grandes descubrimientos en la investigación bíblica.

En segundo lugar, se dice que la crítica textual no es muy importante en la interpretación o comprensión de las Escrituras, dado que su aporte es mínimo. Quienes señalan esto son autores que, aunque teóricamente reconocen la importancia de la crítica textual, no la utilizan en la hermenéutica, porque afirman que el trabajo es demasiado para los pocos resultados que se obtienen. Finalmente, después de tanto trabajo, no es muy grande el aporte al que se hace a la interpretación de la Biblia. Entonces dejan de lado el trabajo crítico basados en una evaluación coste-eficiente.

En tercer lugar, se dice que los resultados de la crítica textual suelen ser arbitrarios. Para muchos estudiosos de la Biblia, los resultados de la crítica textual suelen ser sospechosos de tratar de justificar una posición crítica, es decir, son arbitrarios. Generalmente, esta sospecha surge de quienes justamente tratan de afirmar que el texto dice lo que la evaluación crítica muestra que no dice.

La tarea de la crítica textual. Gordon Fee y Douglas Stuart señalan tres aspectos de la crítica textual que el lector de la Biblia tiene que tener en cuenta.[415] La primera es que la crítica textual es una ciencia que tiene controles cuidadosos. Aunque ellos no lo mencionan, esta es una respuesta a una de las objeciones que se le hacen, que sus resultados suelen ser arbitrarios, en el sentido de justificar una determinada posición. De manera clara, ellos mencionan que al presentar los resultados, se toman en cuenta dos tipos de evidencias, que se llaman externas e internas.[416] La evidencia externa tiene que ver con los manuscritos

---

[414] Por este término se entiende un razonamiento que parece correcto pero que no lo es.

[415] Fee y Stuart, *Lectura eficaz de la Biblia*, 26ss.

[416] Para una descripción más detallada de la evidencia verbal o interna y de la evidencia externa ver O'Callaghan, *Introducción a la crítica textual del Nuevo Testamento*, 12-16.

en los que se encuentran variantes, es decir, el apoyo documental de las variantes. Esta toma en cuenta no solo la cantidad, sino también el carácter y la calidad de los manuscritos. La evidencia interna tiene que ver con el tipo de diferencias o variantes que se encuentran, es decir, el posible error cometido por el o los copistas. Los eruditos a veces difieren en cuanto al peso que deben dar a estas evidencias, pero todos están de acuerdo en que la combinación fuerte de evidencias externas e internas convierte en rutina la vasta mayoría de las decisiones. En cambio, para el resto de ellas, cuando estas dos líneas de evidencia parecen chocar, las decisiones son más difíciles. Para ilustrar lo que estamos diciendo podemos citar los ejemplos que menciona Gordon Fee.[417] El primer texto es del Antiguo Testamento y la diferencia entre las versiones se encuentra en negrita:

1 Samuel 8.16			
RVR60	**LBLA**	**NVI**	**DHH**
Tomará vuestros siervos y vuestras siervas, vuestros **mejores jóvenes, y vuestros asnos**, y con ellos hará sus obras.	les tomará sus sirvientes, sus **mejores bueyes y burros** y los hará trabajar para él	Además, les quitará sus criados y criadas, y sus **mejores bueyes y asnos**, de manera que trabajen para él.	También les quitará a ustedes sus criados y criadas, y sus **mejores bueyes y asnos**, y los hará trabajar para él.

La RVR60 sigue el texto hebreo tal como fue transmitido por los manuscritos medievales, mientras que las otras versiones (LBLA, NVI y DHH) siguen la antigua traducción de la Septuaginta (traducción griega del Antiguo Testamento del siglo II a.C.) y algunos manuscritos. Según Gordon Fee, el origen de la copia errónea del texto hebreo, seguido por la RVR60, se entiende fácilmente. La palabra para "jóvenes" en hebreo se escribía *bhrykm* (בחוריכם), mientras que ganado o "bueyes" era *bqrykm* (בקרכם). A esta diferencia de dos letras se le debe agregar que el sonido de ambas palabras es semejante. Por eso se puede pensar en un cambio accidental, pues cambiar jóvenes por bueyes da más sentido al paralelismo. En cuanto al ejemplo del Nuevo Testamento ellos mencionan 1 Corintios 11.19.

---

[417] Fee y Stuart, *La lectura eficaz de la Biblia*, 27-28.

1 Corintios 11.29			
RVR60	**LBLA**	**NVI**	**DHH**
Porque el que **come y bebe indignamente, sin discernir** el cuerpo del Señor, juicio come y bebe para sí.	Porque el que **come y bebe sin discernir** correctamente el cuerpo *del Señor,* come y bebe juicio para sí	Porque el que **come y bebe sin discernir** el cuerpo, come y bebe su propia condena.	Porque si **come y bebe sin fijarse** en que se trata del cuerpo del Señor, para su propio castigo come y bebe.

En este caso, la diferencia está en la palabra "indignamente", que no se encuentra en ninguno de los manuscritos griegos más antiguos. Su presencia está en la Vulgata Latina (traducción latina de la Biblia) y en manuscritos griegos más recientes. Esto hizo que se incluyera en el *textus receptus,* el texto que sigue la traducción RVR, que lo incluye. Posiblemente el copista incluyó la palabra dado que en el versículo 27 la frase la contiene. Por otro lado, no es fácil de explicar las razones por las que habrían de sacarla.

Principios de la crítica textual. Es necesario tomar en cuenta algunas claves para tomar decisiones frente a las variantes textuales. Existen algunos principios que deben examinarse para realizar un trabajo de análisis de textos. En primer lugar, debe preferirse la lectura más difícil. Hay que suponer, en efecto, que en el transcurso de la historia textual fue mucho más fácil esclarecer o simplificar expresiones difíciles o sustituir palabras poco usuales o arcaicas por otras más corrientes que "dificultar" el texto.

En segundo lugar, debe preferirse la lectura más breve. Otra de las claves al momento de hacer evaluación de las posibles lecturas o variantes es que la lectura más breve prevalece sobre la que es más larga. Es más comprensible que un editor haya añadido algo al texto que no lo contrario.

En tercer lugar, debe preferirse la lectura diferente de los posibles paralelos. En textos paralelos, una lectura que se diferencia de la del paralelo prevalece sobre la que es conforme al mismo. Esto es así porque hay cierta tendencia a armonizar textos que son paralelos o muy semejantes. Así, cuando hay diferencias entre textos que son más bien paralelos, es más probable que deban respetarse las diferencias.

En cuarto lugar, debe preferirse la lectura que explique el origen de las otras. Esta es quizás la regla más útil y convincente en la discusión de las lecciones variantes. Cuando nos encontramos ante dos o más formas de un texto, la lectura que consigue explicar cómo nacieron esas variantes tiene muchas más probabilidades de ser la original.

• •

EJERCICIO 63

Escribe en una frase las cuatro claves para tomar decisiones frente a las variantes:

1. _____

2. _____

3. _____

4. _____

• •

Aportes de la crítica textual. La crítica textual no tiene como objetivo atacar al texto bíblico. Por el contrario, ella es el proceso de búsqueda a través de las diversas fuentes de los textos para determinar la más precisa o confiable lectura de un pasaje en particular. El proceso, de hecho, puede conducir a un aumento de confianza en la confiabilidad de los textos bíblicos. Bruce K. Waltke hace notar que en la *Biblia Hebraica Stuttgartensia* (una de las recientes ediciones críticas de la Biblia o del Texto Hebreo) hay aproximadamente una nota textual cada diez palabras. Esto significa —en la práctica— que el 90 por ciento del texto está sin una variación significativa.[418] Paul D. Wegner cita a Shemaryahu Talmon, quien dijo que incluso los errores y variaciones textuales que existen afectan al mensaje en muy pocos casos.[419]

En el Nuevo Testamento, la cuarta edición del texto griego editado por Sociedades Bíblicas Unidas menciona aproximadamente unas 500 palabras que contienen una nota textual o variantes, en relación con las 6.900 palabras totales del mismo. Esto implica a solo el siete por ciento

---

[418] Bruce K. Waltke, "Old Testament Textual Criticism", en *Foundations for Biblical Interpretation,* ed. por David S. Dockery, Kenneth A. Matthews y Robert Sloan (Nashville: Broadman, 1994), 157.

[419] Wegner, *A Student's Guide to Textual Criticism of the Bible*, 24.

del texto, mientras que el 93 por ciento está sin variaciones.[420] Sobre el texto del Nuevo Testamento, afirmó Neil R. Lightfoot: "Las lecturas variantes en los manuscritos no son de una naturaleza que amenacen derribar nuestra fe. Con excepción de pocos ejemplos, tenemos un texto indiscutible, y ni siquiera un principio de fe o mandamiento del Señor está involucrado".[421]

En una ocasión, F. F. Bruce, se preguntaba si es importante confiar en los documentos que constituyen el Nuevo Testamento.[422] Si bien la pregunta estaba dirigida en la relación con la historia, desde la perspectiva del texto podemos preguntarnos exactamente lo mismo. Si bien es cierto que nuestra fe se basa en nuestro encuentro con Jesús y nuestra entrega a él como Señor, también debemos reconocer que, en razón de que el cristianismo es una fe histórica, los documentos del Nuevo Testamento tienen importancia.[423]

En cuanto a los beneficios de la crítica textual, Luciano Jaramillo Cárdenas menciona los siguientes.[424] (1) Nos entrega el texto bíblico más depurado y cercano a lo que fueron los "autógrafos" u originales; (2) Prepara al lector y estudioso de las Escrituras para extraer el más fiel y exacto significado o sentido del texto; (3) Brinda al estudiante y expositor de la Biblia los conocimientos fundamentales de la historia del texto bíblico y el valor de cada uno de los testigos: manuscritos, códices y otros remanentes del mismo; (4) Nos enseña a utilizar técnicamente el aparato crítico de la Biblia (y de las Biblias de estudio en especial), que es la lista de referencias codificadas de las diversas variantes o cambios textuales que se encuentran en la rica variedad de códices y documentos que hoy tenemos del texto bíblico; (5) Nos enseña, además, a aplicar las reglas fundamentales de un estudio más científico y avanzado de las Escrituras, basado en sanos principios de exégesis y hermenéutica bíblicas; (6) Nos capacita para distinguir el valor y utilidad de las ver-

---

[420] Kurt Aland y Barbara Aland, *The Text of the New Testament* (Grand Rapids: Eerdmans, 1995), 317, mencionan que hay cerca de 5.400 (otros mencionan 5.700) manuscritos del Nuevo Testamento. Si cada uno de ellos aportara algunas variantes, el número de las mismas sería considerable.

[421] Lightfoot, *Comprendamos cómo se formó la Biblia*, 113. Una afirmación semejante hace sobre el texto del Antiguo Testamento en la página 155.

[422] F. F. Bruce, *¿Son fidedignos los documentos del Nuevo Testamento?* (Miami: Caribe, 1972), 9.

[423] Puigvert, *¿Cómo llegó la Biblia hasta nosotros?*, 75.

[424] Luciano Jaramillo Cárdenas, "Crítica y traducción bíblica", en *¡Fidelidad! ¡Integridad!* (Bogotá: Sociedad Bíblica Internacional, 2001), 4-5.

285

siones antiguas y modernas de la Biblia, conociendo las variantes de los diferentes manuscritos, versiones y testigos que hoy poseemos del texto original.

Se ha mencionado que existe una gran cantidad de variantes, pero esto es así por la gran cantidad de manuscritos de los textos bíblicos que existen. De lo que sí podemos estar seguros es de que ninguna de ellas afecta los temas claves de nuestra fe. Como dice George E. Ladd: "A pesar del texto pobre del *textus receptus*, debemos reconocer que tanto este como las traducciones bíblicas basadas en él son la Palabra de Dios".[425] Las variantes que hay no afectan ninguna verdad evangélica esencial. Y esto tomando en cuenta dos factores.

En primer lugar, la cantidad de materiales disponibles sobre el texto de la Biblia (es decir, el número de documentos textuales), icluyendo manuscritos y versiones, es tan vasto, que prácticamente desafía todo cálculo. ¡La Biblia es el libro mejor certificado del mundo antiguo! Esto ha impulsado a Frederic Kenyon a decir: "El número de manuscritos del Nuevo Testamento, de traducciones tempranas de él, y de citas de él en los más antiguos escritores de la iglesia es tan grande, que prácticamente es seguro que la verdadera lectura de cada pasaje dudoso está preservada en una u otra de estas autoridades antiguas. Esto no puede decirse de ningún otro libro antiguo en el mundo".[426]

En segundo lugar, la calidad de materiales disponibles sobre el texto de la Biblia, o sea, la información sobre el texto de la Biblia no es solamente abundante sino confiable. Dos de los manuscritos más conocidos como son el Vaticano y el Sinaítico están solamente a dos siglos de distancia del final de la era apostólica, y hasta este período está parcialmente lleno de documentos en papiro recientemente descubiertos. El texto de nuestro Nuevo Testamento descansa sobre manuscritos que están muy cercanos a la fecha de su composición original, es decir, que en comparación con otros libros antiguos tiene una categoría única y envidiable.

---

[425] Ladd, *Crítica del Nuevo Testamento*, 63.

[426] Lightfood, *Comprendamos cómo se formó la Biblia*, 218. Ya se ha mencionado en una nota la cantidad de manuscritos disponibles del Nuevo Testamento. Es interesante comparar esta cifra con los manuscritos de los principales escritos griegos y romanos que han llegado a nosotros. Por ejemplo, de Platón hay siete copias que se distancian más de 1200 años del autógrafo. En el caso de Aristóteles hay cuarenta copias con una distancia de más de 1400 años.

El uso de las traducciones

En cierta ocasión, un estudiante de la Biblia preparó un estudio sobre Proverbios 17.17, que en RVR dice: "En todo tiempo ama el amigo, y es como un hermano en tiempo de angustia". El problema surgió cuando otro joven del grupo dijo: "Mi Biblia tiene una lectura diferente: 'En todo tiempo ama el amigo; para ayudar en la adversidad nació el hermano' (NVI)". Después de leer su versión, el joven hizo la consabida pregunta: "Dígame, ¿qué es lo que dice la Biblia?"

Con cierta lógica, Scott Duvall y Daniel Hays afirman que en la actualidad no es tan fácil comprar *una* Biblia. A los diferentes tipos de traducciones se les deben sumar el agregado de múltiples Biblias de estudio o de orientación temática, como por ejemplo la Biblia del Joven, la Biblia de la Mujer, la Biblia del Ministro, etc. La gran cantidad de traducciones o versiones (evangélicas y católicas) que hay en el mercado puede llegar a multiplicar este problema. Es por eso que una vez que se ha leído detenidamente el pasaje seleccionado, se debe buscar una traducción que represente de la mejor manera lo que el autor escribió en su lengua.

En los últimos años, hubo un gran avance en las investigaciones y la técnica de la traducción.[427] Sin embargo, debemos reconocer que, por el mismo hecho de ser "traducciones", tienen algunas limitaciones que haremos bien de tomar en cuenta. Gordon Fee y Douglas Stuart afirman que por el mero hecho de que uno lea una traducción ya "está metido en una interpretación", y esto se aplica incluso a las traducciones contemporáneas. Si esto es así, ¿de qué manera o en qué sentido una traducción es una interpretación? Y, ¿qué cuidados debemos tomar al usar las distintas traducciones?

La traducción es una tarea de aproximación. Por mayor que sea el esfuerzo de los traductores, es imposible reproducir en su totalidad, en una determinada lengua, lo que se ha expresado originalmente en otra. Hay matices que están más allá de la equivalencia semántica de dos términos sinónimos pertenecientes a diferentes idiomas. Se trata de los contenidos emotivos resultantes de la situación en el momento del

---

[427] Ver, por ejemplo, Eugene A. Nida, *Toward a Science of Translating* (Leiden: Brill, 1964); Nida y Taber, *Teoría y práctica de la traducción*; Margot, *Traducir sin traicionar: teoría de la traducción aplicada a los textos bíblicos*; Sánchez Cetina, ed., *Descubre la Biblia*, vols. 1 y 3.

habla o de la escritura, que son consecuencias de la cosmovisión propia de quien comunica algo.[428]

Por otro lado, no se puede dejar sin considerar el llamado bagaje personal, es decir, el conjunto de las experiencias propias.[429] Son justamente estas experiencias, ya sea personales (familiares, educativas, laborales, etc.) o experiencias religiosas, las que influyen en nuestra comprensión del texto de la Escritura.[430] Como dice Plutarco Bonilla, no nos las podemos quitar de encima.[431] Algo semejante ocurre con el traductor. Se acerca al texto desde una perspectiva, con una determinada experiencia de fe y es desde su fe que comprende y traduce el texto de las Escrituras. Un ejemplo en como los traductores son influidos por su bagaje o comprensión previa se encuentra en la forma en que traducen 1 Tesalonicenses 4.4.

La Biblia de las Américas	Reina Valera Revisada 60	Lenguaje Actual	Dios habla hoy	Nueva Versión Internacional
que cada uno de vosotros sepa cómo poseer *su propio vaso* en santificación y honor,	que cada uno de vosotros sepa tener **su propia esposa** en santidad y honor;	y que cada uno de ustedes trate a **su propia esposa** con mucho respeto.	y que cada uno sepa dominar **su propio cuerpo** en forma santa y respetuosa,	que cada uno aprenda a controlar **su propio cuerpo** de una manera santa y honrosa,

En este ejemplo es evidente que la *Biblia de las Américas* como traducción es la más literal, pero al mismo tiempo la menos comprensible. ¿Qué quiere decir Pablo cuando usa la palabra "vaso"? Para los traductores de *RVR60* y *Lenguaje Actual*, lo interpretan como la esposa siguiendo a 1 Pedro 3.7. Mientras que la *Nueva Versión Internacional* y *Dios Habla Hoy* prefieren interpretarla como el propio cuerpo, en este caso siguiendo a 2 Corintios 4.7. Notemos que aunque los traductores buscaron la manera de presentar el mensaje dentro del contexto de las

---

[428] Plutarco Bonilla A., "Traducción y teología I", en *Descubre la Biblia*, 2:430.

[429] *Ibid.*, 426.

[430] La frase "experiencia religiosa" generalmente se emplea para referirse a una amplia variedad de experiencias, cuyo factor común es que son religiosamente significativas. Ver David Pailin, *El carácter antropológico de la teología* (Salamanca: Sígueme, 1995) 161-160.

[431] Bonilla, "Traducción y teología I", 427.

Escrituras, aun así tuvieron dificultades con este texto. Sin embargo, esta diferencia en las traducciones nos ayuda a tener una mejor comprensión del texto de la Palabra.

Gordon Fee y Douglas Stuart: "¿Qué traducciones se deben leer, entonces? De las versiones evangélicas, la de Casiodoro de Reina y Cipriano de Valera, conocida como la Reina-Valera (1960), es la más usada en nuestras iglesias y en el estudio; la Nueva Versión Internacional (NVI) es la mejor traducción que se puede obtener. Sería mejor tener varias traducciones para compararlas. La NVI fue hecha por un comité de eruditos en las Sagradas Escrituras y de las tradiciones evangélicas; La Versión Popular o Dios habla hoy, es una versión evangélica que también ha sido muy bien recibida por los católicos por la sencillez y corrección de su lenguaje".[432]

El que se enfrenta con el desafío de comprender y estudiar las Sagradas Escrituras, debe conocer las distintas traducciones y, con la ayuda de los diccionarios, usar aquellas que sean más fieles al mensaje de la Palabra. ¿Cómo elegir una traducción con la cual estudiar la Biblia? J. Scott Duvall y J. Daniel Hays mencionan cuatro elementos a tener en cuenta.[433] En primer lugar, se debe elegir una traducción que utilice lenguaje contemporáneo. Si el objetivo de una traducción es expresar el mensaje que los autores nos hicieron llegar en su lenguaje cercano al nuestro, una traducción que al mismo tiempo deba ser interpretada no nos ayuda mucho. Para muchos de los lectores en castellano la traducción de Casiodoro de Reina y Cipriano de Valera (conocida como Reina-Valera 1960) ha sido LA Biblia.[434] Sin embargo, debemos tener en cuenta que el castellano que contiene no es el que se habla en nuestro tiempo, pues hay términos que no entendemos.

---

[432] Fee y Stuart, *La lectura eficaz de la Biblia*, 34.

[433] Duvall y Hays, *Hermenéutica: entendiendo la Palabra de Dios*, 230-232.

[434] Con el uso del artículo LA nos referimos a que, en muchas esferas evangélicas, esta es la traducción de la Biblia por excelencia. Las otras traducciones solo tienen valor en la medida en que estén de acuerdo con la misma. Para una discusión de la importancia de esta versión, ver Plutarco Bonilla A., "La versión Reina-Valera: permanencia y temporalidad", en *Descubre la Biblia*, 413ss; y del mismo autor, "Reina-Valera: ¿una versión de hoy o de ayer?" en Armando Levoratti, ed., *Comentario bíblico latinoamericano*, 3:130ss.

En segundo lugar, se debe considerar con cuidado las traducciones basadas en las ediciones críticas de los textos hebreo-arameo y griego. Esto en comparación con el texto recibido. Como ya hemos dicho, las variantes textuales no afectan temas esenciales de nuestra fe. Sin embargo, es mejor usar una traducción que se basa en una edición contemporánea del texto bíblico.[435]

En tercer lugar, debe ser una traducción realizada por un comité o comisión. Las versiones en las que han participado varias personas son mejores que aquellas hechas por un solo traductor. Ya hemos mencionado el problema del bagaje personal. Por lo tanto, las traducciones que responden a grupos o comités de traducción son siempre menos influidas por posturas personales.

En cuarto lugar, la traducción debe ser apropiada para el propósito que se la quiere usar o el grupo ante quien se la va a leer. Por ejemplo, si se trata de un grupo de niños o adolescentes se debe buscar la versión que tenga el lenguaje más sencillo y actual. Si es para un estudio bíblico será la que tenga más cercanía a las lenguas originales de la Biblia.

● ●

EJERCICIO 64

¿Cuáles son los tres tipos de traducciones que se mencionaron? ¿Cuál te parece mejor para crecer en la comprensión de la Palabra?

1. _____

2. _____

3. _____

● ●

En resumen, debemos decir que la elección de la traducción está en relación directa con el propósito con el que se la va a usar. Para los fines de una correcta comprensión del texto, lo ideal es usar distintas versiones, por ejemplo, la NVI o LBLA, DHH, y sin duda, RVR.

---

[435] Por ejemplo, las distintas revisiones de RVR (1960, 1995) y Reina-Valera Contemporánea siguen usando el *texto recibido*, mientras que LBLA, DHH y NVI usan una edición crítica del Antiguo Testamento hebreo y del Nuevo Testamento griego.

¿Qué es seleccionar y delimitar el texto?

El ministro, el que enseña la Palabra, se enfrenta semanalmente con el desafío de estudiar (para predicar o enseñar), por lo menos un pasaje de la Biblia cada semana. Este es un reto constante, para lo que necesita una frescura en la lectura, estudio y comprensión de la misma. Siempre debemos tener presente que el primer paso es buscar la dirección del Señor, a fin de que el mensaje o estudio sea pertinente a la necesidad de los oyentes.

Como seleccionar el texto

La selección de un texto para predicar o enseñar es de gran importancia. Repetimos, el primer paso es buscar la dirección de Dios. ¿Qué pasos dar luego? En primer lugar, y como ya se ha mencionado, el objetivo debe ser que la Palabra de Dios llegue a su pueblo. Ahora bien, en la práctica la mayoría lucha con la selección y delimitación de los pasajes que se han de usar en los estudios o mensajes. El Dr. John R. W. Stott afirmó: "Si los autores bíblicos, pues, hablaron por Dios, no por impulso propio sino como el Espíritu Santo les impulsaba a hacerlo, es el Espíritu Santo quien puede interpretar lo que les hizo hablar".[436] Todo aquel que busca la dirección del Señor para su vida en la Palabra la encuentra.

> **Daniel Carro:** "Hay diversos motivos por los cuales una persona busca hacer una exégesis bíblica: hacer un trabajo de estudio metódico para encontrar un camino de interpretación sobre un libro completo de la Biblia, resolver los problemas que aparecen en la interpretación de un texto difícil, preparar el sermón del próximo domingo, o el estudio bíblico, o cualquier otra preocupación pastoral. En todos ellos, la presencia del Espíritu Santo es indispensable. Es cierto que la exégesis se hace con la mente, pero, también, principalmente con el espíritu. Cualquier persona que se involucre en estudio bíblico ha de estar primeramente dispuesta a dejarse guiar por el Espíritu Santo a toda verdad bíblica. Esta debe ser nuestra

---

[436] Stott, *Como comprender la Biblia*, 198.

primera oración antes de cualquier estudio bíblico serio, y también durante todo trabajo exegético".[437]

En segundo lugar, el texto que vamos a enseñar o estudiar debe impactarnos, o como dije más de una vez a los alumnos, debemos enamorarnos del mismo. Es cierto que muchas veces tenemos que predicar o enseñar con pasajes que "recibimos", ya sea de las lecciones bíblicas o de los temas de estudio o predicación. Sin embargo, eso no quita que al trabajar con el mismo lleguemos a un encuentro con Dios en la Palabra. En tercer lugar, el texto debe ser relevante a las necesidades de los oyentes, siendo pertinente a la situación en la cual el pueblo se encuentra. Debe contribuir al crecimiento y desarrollo de los oyentes. Si alguien trata de comprender la Biblia para usarla en la educación o predicación del evangelio, debe tener presente que tiene una gran responsabilidad. Pide al Señor que te guíe en la selección del pasaje apropiado para ayudar a tus oyentes en el desarrollo de su comunión con Dios.

Como delimitar el texto

Cuando leemos un libro o una sección de las Escrituras, si queremos comprenderlo, la primera operación ha de ser leerlo despacio e incluso releerlo varias veces, y si es posible en varias versiones. Después de este primer paso, esencial, el segundo es estructurarlo en secciones, párrafos, frases, y las palabras importantes.[438] De este modo logramos tener, por un lado, una visión de conjunto; y, por el otro, concentrar nuestra atención en las diversas partes o unidades. Partimos de lo que ya hicimos antes, al definir qué es un texto como una unidad coherente y que tiene una clausura.

La primera operación, por tanto, después de seleccionar el texto o perícopa, es establecer los límites del mismo, es decir, establecer su comienzo y su final. En la terminología de la exégesis bíblica, a esta

---

[437] Carro, "Principios de Interpretación de la Biblia", 21.

[438] Según Marín, *Conceptos claves de gramática, lingüística, literatura*, 125-127, 215, (desde la lingüística del discurso y la gramática del texto) el texto se organiza desde la superestructura (la forma global de un tipo de discurso), pasando luego a una macro-estructura (que da cuenta del contenido global de un texto y se expresa en oraciones); y la micro-estructura (las oraciones). Ver también A. Van Dijk, *Ciencia del texto* (Barcelona: Paidós, 1992), 55 y 141. Aquí preferimos el uso de la terminología más conocida y común en la ciencia exegética, como ser párrafo (o perícopa), divisiones, etc.

unidad se la llama perícopa, definida como una sección del texto bíblico que constituye una unidad de sentido completo, como un salmo, una narración, una parábola, etc.[439] Para un estudio adecuado de las Escrituras saber dónde comienza y finaliza una perícopa es de gran importancia.

La tarea generalmente no es fácil. Las divisiones ordinarias de nuestras Biblias no siempre pueden ayudarnos.[440] En principio, es bueno comparar varias traducciones (NVI – DHH – LBLA – RVR).[441] Si encontramos divisiones distintas, quiere decir que no es clara la delimitación de la perícopa y entonces es cuando debemos buscar la manera de delimitar el texto. Quizás el primer paso es reconocer que determinados géneros literarios de la Biblia tienen una división en sí mismos. Como ejemplo ya se ha mencionado a las parábolas, los Salmos o las narraciones. Pero en aquellos pasajes que no tienen una división natural, hay algunos datos que se deben tener en cuenta para limitarlos.

En primer lugar, hay que prestar atención a los signos de separación que puedan orientarnos. En los textos narrativos uno de los principales son los datos de tiempo, lugar y cambio de tema. Un ejemplo común se encuentra en Lucas 1.80 y 2.1. Allí se da una clara separación, que incluye distinto lugar y distinto tiempo. En otros casos, puede haber un cambio de tema muy claro, que en algunos textos legales del Antiguo Testamento son una de las maneras claves de separar una ley de otra. Un ejemplo clásico es Lucas 15—16. La diferencia entre estos capítulos no es arbitraria, pues supone un cambio de situación y oyentes. Mientras que en el capítulo 15 se mencionan a pecadores y publícanos, que se acercan a Jesús para oírle al tiempo que los fariseos y escribas lo critican; en 16.1, los oyentes a los que se dirige Jesús son los discípulos, y la parábola que aquí se introduce trata de un asunto totalmente distinto: el uso de las riquezas. De allí que el capítulo 15 es una unidad, en la que al mismo tiempo se pueden distinguir párrafos o perícopas, que contienen parábolas introducidas por la expresión "Él les contó una

---

[439] Flor Serrano, *Diccionario de la ciencia bíblica,* 85. Rivas, *Diccionario para el estudio de la Biblia,* 145, señala: "La perícopa (del griego *pericopé*, cortado alrededor) es un trozo, un fragmento que puede ser 're-cortado', separado del contexto porque tiene sentido en sí mismo".

[440] No solo la división en párrafos suele ser arbitraria, sino también debemos tener presente que la división en capítulos y versículos no fue hecha con criterios objetivos.

[441] Otra opción son las distintas Biblias de estudio, que usan traducciones distintas, como por ejemplo la Biblia de Estudio de LBLA, NVI, DHH, las distintas revisiones de RVR, y RVA, entre otras.

parábola" (v. 4); "supongamos que una mujer" (v. 8); "continuó Jesús" (v. 11).

Sin embargo, una situación diferente se encuentra en Nehemías 7.73 y 8.1. Al comparar la RVR con la NVI vemos que en la RVR el versículo termina con un punto y coma (;), cosa que no ocurre en la NVI; y que 8.1 se presenta como la conclusión (continuación) de la segunda parte del v. 73. La lectura del texto nos muestra que a partir del v. 73b, el texto dice: "Al llegar el mes séptimo, los israelitas ya estaban establecidos en sus ciudades". En la frase siguiente (8.1), el autor inicia una nueva situación ("Entonces"), que luego presenta la fiesta que se recordaba en el mes séptimo. Si en Lucas 15—16 la división en capítulos nos ayuda en la división de las perícopas, no ocurre lo mismo en Nehemías. Es por eso que si alguien quiere comprender y profundizar en la Palabra debe leer cuidadosamente el texto en más de una versión, pues como habremos de ver en el próximo capítulo, el contexto es muy importante para una comprensión adecuada del texto.

En segundo lugar, un elemento que sirve para delimitar un texto es el cambio de género literario. Este cambio es bastante común en la literatura profética.[442] Un ejemplo se encuentra en Jeremías 20. En los versículos 1 al 6 el profeta cuenta el encuentro con Pasur y su profecía hacia el mismo. En el v. 7 el texto cambia de género literario, y va de la prosa a la poesía, y con ello cambia el destinatario de las palabras pronunciadas por el profeta. Es decir, da lugar a una nueva perícopa.[443]

En tercer lugar, una pregunta retórica podría significar una clave para comprender que se inicia un nuevo tema y sección. Puede ser que también haya una serie de interrogantes que lleven adelante el plan de una sección entera o argumento. Un ejemplo claro se encuentra en Romanos 6. El v. 1 comienza con algunas preguntas retóricas y el v. 15 introduce una nueva serie de preguntas dando lugar a una nueva sección. A esto se debe agregar la aparición de un término repetido, cláusula o frase, que puede actuar como encabezado para introducir cada parte o como un final al concluir cada sección individual. La repetición de la misma palabra o frase, puede indicar también los límites de una sección. Un ejemplo se encuentra en 2 Corintios 1.3-7. Allí los términos

---

[442] Este tema se tratará más detalladamente cuando se hable de la manera de interpretar los textos proféticos.

[443] Para notar la diferencia entre los distintos géneros literarios, se deben usar las versiones contemporáneas (NVI, LBLA, RVC), pues no son claramente visibles en la RVR.

de la familia consolar–consuelo son los que van marcando las diferentes partes del texto. En ocasiones, puede haber pistas gramaticales como transición, como son las conjunciones o adverbios. Por ejemplo, "entonces", "por lo tanto", "por tanto", "pero", "sin embargo", "mientras tanto", etc. Una vez que se delimita el texto (dónde comienza y termina), el paso siguiente es hacer una nueva lectura, a partir de la cual hay que buscar la idea o tema central del mismo.

● ●

EJERCICIO 65

¿Cuáles son las cuatro claves que se pueden usar para delimitar un texto o una perícopa?

1. _____

2. _____

3. _____

4. _____

● ●

Capítulo 7
El texto en su contexto

"El profeta que tenga un sueño, que lo cuente;
pero el que reciba mi palabra, que la proclame con fidelidad.
¿Qué tiene que ver la paja con el grano? afirma el Señor.
¿No es mi palabra como el fuego
y como el martillo que despedaza la roca?"
Jeremías 23.28, 29.

Estos versículos, con su mensaje tan impactante, forman parte de una sección del libro de Jeremías (23.9-40) en la que él enfrenta a los que llama "profetas" y que nosotros llamaríamos "falsos profetas". Tengamos presente que este mensaje llega después de que Jeremías había presentado una condena contra los reyes de Judá (Jer. 22.1—23.8). De esta manera, de los líderes políticos pasa a los líderes religiosos. Esta sección se divide en varias perícopas, cada una de las cuáles tiene algo que decir acerca de los profetas. En la primera (23.9-15), el énfasis se encuentra en el carácter de los mismos. El clímax se encuentra en el v.14, donde afirma que "cometen adulterio, viven en la mentira; fortalecen las manos de los malhechores". Si el profeta era un vocero de Dios, debía reflejar el carácter del mismo. Su conducta era tan repulsiva, que tanto ellos como el pueblo se hicieron como Sodoma y Gomorra delante de Dios, por lo que la única alternativa viable para el Señor era castigarlos por su pecado.

En la segunda perícopa (23.16-22), Jeremías presta atención al mensaje de estos profetas. Los discursos de estos falsos profetas habían sido elaborados por ellos mismos, eran producto de sus mentes, en vez de transmitir la palabra que procedía de la boca de Dios. Proclamaban que iba a haber paz, pero esa no era la palabra que Dios había enviado. Si ellos hubieran estado en el secreto o consejo de Dios, habrían proclamado sus palabras al pueblo.

En la tercera perícopa (23.23-32), muestra que ellos no habían comprendido el carácter de Dios. Él no es un dios local y nadie puede ocultarse de su presencia. Nuestro Dios y Señor está en dominio de todo, de tal modo que no queda un solo lugar que esté fuera de su control. Los profetas aseguraban que Dios les había dado su revelación por medio de sueños, pero sus visiones no eran más que un engaño de su corazón. Sus sueños eran incapaces de satisfacer las necesidades espirituales, así como la paja no puede alimentar a un hambriento (v. 28). Los falsos profetas carecían tanto de inspiración personal al no haber recibido una palabra de Dios en forma personal, que solo podían repetir lo que escuchaban decir a otros. Se robaban el mensaje, cada uno a su compañero. Sus palabras carecían de fuerza, mientras que la palabra de Dios es tan poderosa como el fuego y tan eficaz como martillo que pulveriza la roca. Nada puede evitar que la palabra del Señor se cumpla.

Finalmente, en la última perícopa (23.33-40), el pueblo se preguntaba: "¿Qué mensaje tenemos del Señor?" Si el pueblo de Dios buscaba su palabra, Jeremías debía responder que no había ninguna, porque ya había sido dada. Estos profetas usaban muy mal el término "mensaje" (RVR: "profecía", vv. 37, 38). El mal uso había hecho que la gente pervirtiera las palabras del Dios viviente. Una lectura de estos versículos en su contexto nos muestra todas las implicaciones de su mensaje.

El tema de este capítulo es el contexto. Hay varias preguntas que nos proponemos responder. ¿Qué es lo que significa esta expresión tan usada? ¿Hasta qué punto el contexto es usado muchas veces como excusa o pretexto? ¿Cuál es el valor o importancia del mismo? Y, finalmente, ¿cuáles son los distintos tipos de contextos?

¿Qué es el contexto?

Rob Haskell: "Ya sabemos intuitivamente que el contexto es importantísimo para la comunicación. A todos nos ha ocurrido en algún momento u otro ser citados fuera de contexto. Alguna acusación surge, quizás, proclamando que hemos dicho algo falso o algo cruel. Pero no es verdad, y nos defendemos con 'eso no es lo que quise decir', 'me has malinterpretado', 'no estabas prestando atención' o 'solo has oído la parte que quieres oír'".[444]

---

[444] Haskell, *Hermenéutica: interpretación eficaz hoy*, 169.

En el proceso de la comunicación, el contexto es el conjunto de circunstancias en el cual se produce el mensaje y al mismo tiempo donde se lo puede comprender cabalmente. Aunque para el *Diccionario de la Real Academia* el contexto es el entorno lingüístico del cual depende el sentido y el valor de una palabra, frase o fragmento considerado, en la comprensión de la Biblia este término abarca mucho más. La palabra contexto, deriva etimológicamente del latín *cum* (preposición que indica la idea de asociación o compañía) y *textum* (tejido, trama). Por lo que aplicado a un documento, esto nos lleva a decir que el contexto es el marco que nos permite expresar la conexión de pensamiento existente entre sus diferentes partes para hacer del texto un todo coherente.[445]

Se ha afirmado que la causa más común de las malas interpretaciones de la Biblia es la negligencia en considerar adecuadamente su contexto. La falta de conocimiento del contexto conduce a una falta de comprensión correcta del significado del texto. Por eso, el contexto es muy importante, ya que el sentido de una determinada declaración depende fundamentalmente del entorno en el cual fue dicha. Toda palabra, toda frase, todo discurso tiene un trasfondo, un contexto dentro del cual los textos deben ser entendidos. El significado de las palabras está relacionado con los contextos en los que se usan. Es decir, las frases que las rodean, la sección en que se encuentran, etc. El sentido concreto de la palabra está relacionado con su contexto. El diccionario nos ayuda, nos brinda las posibilidades que tiene determinado término, pero es en la relación con la frase donde se puede concretizar su significado. Rob Haskell menciona un ejemplo muy ilustrativo: "Era una vela larga. . . que pertenecía a un barco gigante. . . Pero, ¿nos alumbrará toda la noche?"[446]

El diccionario nos puede ayudar con las distintas posibilidades que tiene la palabra "vela". Sin embargo, es en el contexto (la fase completa) en el que podemos apreciar su auténtico significado. Uno de los peligros que tiene el estudio de las palabras bíblicas, por ejemplo en el caso de los mensajes que muchas veces se preparan a partir de la concordancia, es que no se toma en cuenta el contexto, con lo que se puede

---

[445] Ver Rivas, *Diccionario para el estudio de la Biblia*, 41; Ducrot y Todorov, *Diccionario enciclopédico de las ciencias del lenguaje*, 375-376; García-Jalón, *Lingüística y exégesis bíblica*, 188-192.

[446] Haskell, *Hermenéutica: interpretación eficaz hoy*, 170

perder el auténtico significado de las mismas.[447] Un versículo sacado de su contexto es un arma peligrosa. Como se ha afirmado, todo texto tiene un contexto; no existe texto sin contexto.[448] En realidad, un versículo citado fuera de su contexto es tan engañoso, que este fue el método usado por Satanás para tentar a Jesús. Cuando leemos Mateo 4.5, 6, encontramos que el diablo lo "llevó a la ciudad santa e hizo que se pusiera de pie sobre la parte más alta del templo, y le dijo: Si eres el Hijo de Dios, tírate abajo. Porque escrito está: 'Ordenará que sus ángeles te sostengan en sus manos, para que no tropieces con piedra alguna'". En este pasaje Mateo está citando parte de Salmos 91.11, 12, donde el Señor promete que sus ángeles guardarán a su pueblo en todos sus caminos. Sin duda, saltar de un edificio alto no es parte de la conducta habitual del pueblo de Dios, por lo que no se puede aplicar esta promesa a esa situación particular.

EJERCICIO 66

Escribe una frase de por lo menos tres renglones en los que presentes la importancia del contexto para comprender el significado de las palabras:

_____

_____

_____

Menciona un ejemplo distinto al citado por Rob Haskell sobre la diferencia entre el significado y uso de las palabras:

_____

_____

[447] En el Capítulo 8 vamos a presentar el valor de las palabras, lo que aclarará un poco más esto que estamos diciendo.
[448] Carro, "Principios de interpretación bíblica", 13. Sin embargo, esta es una afirmación que en el caso de la poesía puede ser discutida, como veremos más adelante.

Distintos tipos de contextos

Para hablar de los distintos tipos de contextos, me gustaría comenzar diciendo que es un tema sobre el que hay distintas posiciones y maneras de abordar el mismo.

> **Santiago García-Jalón:** "El contexto es solo el conjunto de voces que comparten la condición de formar un texto, lo que algunos lingüísticas denominan co-texto. En este sentido, contexto y texto son sinónimos. . . . Es un lugar común apelar al contexto para interpretar aquellos significados cuya comprensión resulta problemática, lo que parece dar a entender que el contexto no ofrece dificultad alguna. . . . Pero el entorno verbal de una palabra–las demás que con ella componen un texto–no es la única fuente de recursos para la interpretación. Desde la Antigüedad, los filólogos han acudido igualmente al universo extra textual para elucidar el sentido de las voces y texto, lo que explica que con el tiempo, el significado de la palabra contexto se haya ampliado hasta llegar a comprender también dicho universo".[449]

Cada una de estas expresiones muestra un aspecto distinto del contexto (y del mismo autor). En la primera, García-Jalón encuentra que es difícil separar texto y contexto. De hecho, los considera sinónimos. En la segunda, quiere desmitificar la idea que si un texto es de difícil comprensión, el contexto puede ayudar en la misma. A esa opinión opone que no siempre el contexto carece de dificultad, es decir, el mismo contexto necesita ser comprendido. Finalmente, la tercera frase justamente relaciona el término contexto con los aspectos que no se encuentran en el texto mismo. Allí se hace mención al contexto extra textual, término muy usado en el ámbito del análisis lingüístico, que hace alusión al universo del pensamiento que rodea a un texto.

Los textos, y muy especialmente los textos bíblicos, tienen distintos tipos de contextos, que pueden clasificarse y estudiarse de variadas maneras. Edesio Sánchez Cetina menciona que en la Biblia se encuentran distintos contextos: el literario, el histórico, el geográfico, el social y el cultural. Cada uno de ellos ayudan a comprender el sentido del pasaje y a cada uno se lo puede relacionar con una de las siguientes preguntas: ¿Qué? ¿Quién? ¿Cuándo? ¿Cómo? ¿Por qué?[450]

---

[449] García-Jalón, *Lingüística y exégesis bíblica*, 189.

[450] Sánchez Cetina, "La cultura del Mediterráneo del siglo I", en *Descubre la Biblia I*, 315ss.

Enrique Alcaraz Varó y María Antonia Martínez Linares mencionan los contextos lingüístico y extra-lingüístico; y más adelante, y de manera mucho más completa, los dividen en tres divisiones que llaman bloques. El Bloque I es la dimensión espacio-temporal en la que se desarrolla el enunciado, lo que llamaríamos contexto histórico y sociocultural. El Bloque II sería el marco textual en el que está enclavado el texto al que se hace referencia. A este lo llaman también cotexto o marco de referencia. Este puede ser inmediato o acumulado, es decir, la sección o el libro al que pertenece el texto de referencia. Y, finalmente, el Bloque III es el que contiene la presuposición pragmática, es decir, las ideas, escalas de valores o los conocimientos culturales compartidos por los interlocutores o el autor-lector.[451]

Siguiendo esta misma división principal me gustaría hablar de tres tipos de contextos: el contexto del lector, el contexto histórico-cultural del pasaje y el contexto literario. Los dos primeros, no están en el texto y pueden ser considerados como ausentes.[452] Sin embargo, tienen un lugar importante en la interpretación de las Sagradas Escrituras. Mientras que el tercero (contexto literario) es el más conocido.[453]

● ●

EJERCICIO 67

¿Cuáles son los tres contextos que se habrán de estudiar en adelante?

1. _____

2. _____

3. _____

● ●

---

[451] Enrique Alcaraz Varó y María Antonia Martínez Linares, *Diccionario de lingüística moderna* (Barcelona: Ariel, 1997), 145-146

[452] Entendiendo esta frase ("contexto ausente") desde las ciencias del lenguaje; llamado también "extra textual". Por otro lado, Carro, "Principios de interpretación bíblica", 15, usa esta expresión para referirse a los pasajes que no tienen una relación con lo que precede o continúa, por ejemplo, algunas secciones del libro de Proverbios.

[453] Para esta sección, ver los distintos artículos de Vanhoozer, ed., *Dictionary for Theological Interpretation of the Bible*, 130ss; Vanhoozer, *Is There a Meaning in this Text?: The Bible, the Reader, and the Morality of Literary Knowledge*, 454-466; Duvall y Hays, *Hermenéutica: entendiendo la Palabra de Dios*, 117-163.

El contexto del lector

Pongo en primer lugar el contexto del lector porque es uno de los contextos que a menudo se pasa por alto. Cuando nos acercamos a las Escrituras para leerlas o estudiarlas, de manera consciente o inconsciente, tenemos una serie de presuposiciones. Por ejemplo, partimos del punto de vista de que es Palabra de Dios, lo que hace que nuestra lectura sea distinta de la de un periódico, una novela o una revista de noticias. Y sobre todo, debemos diferenciarla de los comentarios bíblicos o lecturas cristianas devocionales.[454] En otras palabras, cuando se habla del contexto del lector la referencia es al mundo desde el que se acerca al texto quien hoy lo estudia.

> **Hans de Witt:** "Durante el acto de lectura se da un punto de vista que se mueve adentro del texto. El lector constantemente mira hacia atrás, hacia adelante, anticipa, espera, es defraudado, etc. Leer es un acto a través del cual el lector está siendo educado. El lector está envuelto en un constante proceso de decisión, desafío, aprendizaje, rendición, ampliación de su horizonte. El lector constantemente trata de crear coherencia en el acto de lectura, está llenando los vacíos, las lagunas, lo no dicho, lo no definido o detallado del texto".[455]

El valor de esta afirmación es recordarnos, en primer lugar, que hay elementos que el texto no dice pero que, sin embargo, son parte del mismo. Y, en segundo lugar, destacar la importancia del lector, quien desde su rol va llenando los vacíos que el texto deja.[456] Volvemos a repetir, cuando leemos la Biblia nunca somos ni neutrales ni objetivos. Llevamos con nosotros muchísimas ideas e influencias preconcebidas al texto. Pensando en las influencias que todo lector tiene al comenzar su estudio o comprensión del texto bíblico podemos mencionar dos, siguiendo a J. Scott Duvall y J. Daniel Hays.[457] Por un lado, lo que ellos llaman

---

[454] Uno de los peligros que como lectores y estudiantes de la Biblia debemos evitar es poner en el mismo nivel los materiales de ayuda, comentarios, etc., con el texto de las Escrituras.

[455] De Wit, *En la dispersión el texto es patria*, 381; Carro, "Principios de interpretación bíblica", 9, habla de la cautividad ideológica del intérprete.

[456] En la ciencia de la literatura se habla de las instancias elípticas de un texto: lo no explicado o detallado por el texto. Lo que el texto deja entrever, conjeturar, lo que está solamente sugerido en el texto, aquello que está implícito pero no se dice.

[457] Duvall y Hays, *Hermenéutica: entendiendo la Palabra de Dios*, 117-163.

comprensión previa (o pre-compensión), y por el otro, las presuposiciones. Poder ser conscientes de estas influencias que tenemos y evaluarlas, como pre-texto (algo previo al texto), nos va a ayudar a no confundirnos en nuestra búsqueda del significado del texto bíblico.[458] Así, pues, en torno al contexto del lector hay varias cuestiones a considerar.

La comprensión previa. Una de las principales influencias que pueden llevarnos a una interpretación errada del texto y apartarnos de su verdadero sentido es lo que se ha dado en llamar la comprensión previa.[459] Con esta frase nos referimos a todas aquellas nociones y pensamientos preconcebidos, que cada lector lleva al texto y que ha aceptado, consciente o inconscientemente, antes de estudiar el mismo. En esta línea se puede incluir las experiencias específicas y lecturas anteriores del texto, que nos dan el trasfondo necesario para acercarnos a la lectura.

¿Cuál es el origen de la comprensión previa? En esta actúan influencias tanto positivas como negativas. Para un evangélico tradicional, la comprensión previa está formada por: (1) Nuestra experiencia de fe: el encuentro personal con Dios, la respuesta (o no) a nuestras oraciones y nuestra vida devocional ayudan a formar nuestra comprensión de la Palabra. (2) Lo que hemos escuchado en la escuela dominical, los mensajes y los estudios bíblicos. (3) La lectura personal de la Biblia. (4) Las canciones que cantamos y las que hemos escuchado así como distintas expresiones del arte (pinturas, teatro, etc.) (5) Los libros y la literatura que leemos, tanto cristianos como seculares.

Dijimos que la comprensión previa puede ser positiva o negativa. De manera positiva es cuando manejamos un vocabulario, un mundo conceptual que nos acerca al texto. Pero, por otro lado, una influencia negativa es lo que podríamos llamar la familiaridad con las Escrituras. Cuando estamos muy familiarizados con un pasaje, tendemos a pensar que sabemos todo lo hay que saber al respecto y somos proclives a pasar por él sin leerlo cuidadosamente. En estos casos, se genera en nosotros

---

[458] Se debe diferenciar entre el contexto del lector (lo que lleva al texto) con la *eisegesis*. En este último caso se trata de introducir en el texto (conscientemente) algo que el texto no dice, para justificar posiciones propias, y afirmar "así dice la Biblia".

[459] La expresión "comprensión previa" fue tomada de Duvall y Hays, *Hermenéutica: entendiendo la Palabra de Dios,* 119ss; De Wit, *En la dispersión el texto es* patria, 191, lo llama pre-comprensión.

una comprensión previa que es impedimento para un entendimiento correcto del pasaje. Un desafío es siempre acercarnos a la Escritura resistiendo la tentación de permitir que tal familiaridad dicte nuestras conclusiones antes de comenzar a estudiar el texto.

Podemos mencionar dos ejemplos, uno del Antiguo y uno del Nuevo Testamento. En Génesis 1, el relato de la creación, casi ningún creyente presta atención a las formas de las acciones verbales, directas e indirectas. Nuestros prejuicios nos llevan a pensar en una acción directa de parte de Dios todo el tiempo. ¿Dice eso el texto? ¿Dios actúa siempre en forma directa? El texto del Nuevo Testamento a mencionar es el muy conocido de Juan 3.16, que casi todos conocemos de memoria. Sin embargo, si preguntamos a los hermanos de nuestras congregaciones después de pedirles que lo lean, "¿Cuántas comas tiene este versículo?" notaremos que no le prestaron atención. La familiaridad con el texto les impidió hacerlo.

• •

EJERCICIO 68

¿Cuáles son los cinco elementos mencionados que ayudan a la formación de nuestra comprensión previa?

1. _____

2. _____

3. _____

4. _____

5. _____

¿Hay algún otro que quieras mencionar?

_____

• •

¿Cuáles son las características de la comprensión previa? Daniel Carro, en su artículo sobre interpretación bíblica, menciona algunas características de la pre-comprensión. En primer lugar, comprendemos todas las cosas dentro de nuestro mundo de comprensión. Él explica esto de la siguiente manera.

Daniel Carro: "Todo lo que podemos aprender cae necesariamente dentro de nuestro mundo, o permanece incomprendido. Si alguien me escribe una carta en idioma coreano, no puedo entenderla. ¿Por qué? ¿Acaso la carta está mal escrita? No, simplemente no puedo entenderla porque el idioma coreano no cae dentro de mi 'mundo' de comprensión. Ahora bien, si yo me dedicara a estudiar coreano, poco a poco, a medida que las estructuras de ese idioma entrasen en mi mundo de comprensión, aquella carta comenzaría a tener sentido para mí".[460]

En segundo lugar, comprendemos todas las cosas dentro de una determinada perspectiva. La referencia es al hecho que, de manera general, tendemos a ver o comprender los textos (y de hecho la realidad misma) desde un solo punto de vista. Tenemos una postura. Carro menciona que podemos elegir la cosa de la que no estoy seguro que sea así, y desde ese punto de vista comprendemos lo que leemos. Es muy difícil, por no decir imposible, tratar de ubicarnos en una doble perspectiva. Somos seres humanos y como tales podemos estar en un solo lugar a la vez.

Por último, comprendemos todas las cosas desde nuestras categorías de pensamiento. Esta afirmación está muy relacionada con la anterior. ¿Por qué tenemos una determinada perspectiva? Ya hemos mencionado que nuestra experiencia de fe es formadora de nuestra manera de interpretar las Escrituras. Ahora quisiera mencionar el rol que tienen nuestros sentimientos.[461] Nuestra experiencia de fe está directamente relacionada con nuestra manera de percibir a Dios y nuestra relación con él. Esa experiencia es la que condiciona nuestra manera de leer y comprender los textos bíblicos. Los sentimientos y resentimientos son los que muchas veces hacen que aceptemos o no cierta manera de ver la realidad.

¿Cuáles son los peligros de la comprensión previa? Duvall y Hays enfatizan que, en ocasiones, nuestra comprensión previa de un pasaje en concreto puede ser correcta. Pero el problema es que muchas veces nos dejamos guiar por la misma y no estudiamos el texto con seriedad, por lo que no podemos saber si es o no acertada. Y en otras tantas

---

[460] Carro, "Principios de interpretación bíblica", 10.
[461] En este punto ver Lonergan, *Método en teología*, 36ss.

ocasiones no lo es. Es por eso que es bueno tener en cuenta los distintos peligros de dejarnos guiar por una comprensión previa.[462]

Un primer peligro es el de asumir que nuestra comprensión previa de los textos es siempre correcta. Esto puede ocurrir por dos razones. La primera es la fe o confianza que se ha depositado en los que nos la transmitieron. La segunda es el orgullo.[463] En esta misma dirección, Kevin Vanhoozer dice que esta clase de orgullo estimula la idea de que conocemos el sentido correcto del texto, antes de que hayamos hecho el debido esfuerzo para entenderlo. Él afirma que el orgullo no escucha. Ya lo sabe todo. El mismo autor menciona un segundo pecado, como lo llama, de un intérprete, y este es la pereza.[464] Muchos cristianos y líderes prefieren buscar algún comentario, repetir lo que oyeron en una conferencia o estudio de las Escrituras.

Un segundo peligro, que mencionan Duvall y Hays, es el de acercarnos al texto con un presupuesto teológico ya formulado. Es cuando el lector o estudiante se acerca al texto buscando aquellos detalles que sostengan una posición teológica preconcebida. Es lo que Vanhoozer llama el señorío del lector frente a las Escrituras. En este caso, más que recibir lo que tiene el texto para decirnos, tratamos de adoctrinar al texto.[465] Nos situamos por encima de la Palabra de Dios y determinamos lo que esta significa, en lugar de ponernos bajo su autoridad, para entender lo que Dios quiere decirnos en ella.

Scott Duvall y Daniel Hays mencionan un tercer peligro, al que califican como uno de los aspectos más poderosos, aunque sutiles, de la comprensión previa. Se trata de la cultura o el bagaje cultural.[466] En este caso, ellos se refieren a la influencia de nuestros modelos culturales. Es decir, el conflicto que encontramos entre las demandas de la Palabra de Dios y cómo hemos sido formados. No hay duda que la cultura en la que estamos inmersos tiene una enorme influencia sobre el modo en que leemos e interpretamos la Biblia. Scott Duvall y Daniel Hays afirman: "La influencia de la cultura en que nos movemos es una fuerza que tiende a deformar el texto cuando lo leemos y que nos empuja a forzarlo para que encaje en nuestro mundo". ¿A qué nos referimos cuando hablamos de nuestro bagaje cultural? Duvall y Hays dicen

---

[462] Duvall y Hays, *Hermenéutica: entendiendo la Palabra de Dios,* 123.

[463] *Ibid.*

[464] Vanhoozer, *Is There a Meaning in this Text?* 462.

[465] *Ibid.,* 402-403.

[466] Duvall y Hays, *Hermenéutica: entendiendo la Palabra de Dios,* 124-128.

que es la combinación de nuestras herencias familiar y nacional. De mi parte quisiera agregar nuestra propia "subcultura" evangélica. Cuando hablamos de la herencia del trasfondo cultural nacional, se trata de una mezcla de lenguaje, costumbres y hábitos de nuestro contexto, que hemos recibido por medio de los programas de televisión, películas, literatura, en las conversaciones, etc. Todo esto nos da una imagen de la realidad que llevamos al acercarnos a la Palabra de Dios.[467]

Nuestro trasfondo familiar es también un elemento central de nuestra cultura. De la familia hemos heredado muchísimos valores, ideas e imágenes (para bien y para mal), que forman nuestro bagaje intelectual. Finalmente, mencionemos nuestro trasfondo religioso. Como escribió Krijn van der Jagt, la religión forma parte de la cultura.[468] De allí el énfasis en nuestra cultura religiosa, que lucha en nosotros. Por un lado, el catolicismo subyacente nos propone una determinada manera de ver las cosas; y, por el otro, está la influencia cultural de los materiales evangélicos. Como hemos mencionado, los evangélicos latinoamericanos hemos recibido mucho material (por ejemplo, muchos de los libros citados, como el de Duvall y Hays) de los Estados Unidos, de los que hemos recibido una visión de la realidad distinta a la de nuestros países.

Es claro que ningún cristiano hace deliberadamente una lectura cultural errónea de la Biblia. Sin embargo, no puede evitarlo. Duvall y Hays hablan de un traslado automático del texto bíblico a nuestra cultura. Esto es lo que llaman reflejo interpretativo.[469] Es algo que hacemos de manera natural e inconsciente y afecta nuestra lectura del texto.

---

[467] Tito Paredes, "Evangelio y cultura", en *CLADE III* (Quito: Fraternidad Teológica Latinoamericana, 1992), 136-137, habla de "dos enfoques" para entender la "cultura". Uno es el tradicional (en el sentido de formación) y el otro es más amplio e inclusivo. Aquí nos referimos a este segundo enfoque de lo que significa la cultura. La que está formada por las informaciones que el individuo recibe del ambiente social desde el nacimiento (quizás desde la gestación). Esta pretende suscitar determinadas respuestas del individuo ante estímulos concretos.

[468] Krijn van der Jagt, *Interpretación de la Biblia: acercamiento desde la antropología* (Miami: Sociedades Bíblicas Unidas, 2005), 32.

[469] Duvall y Hays, *Hermenéutica: entendiendo la Palabra de Dios,* 127, donde citan a Charles H. Kraft, "Interpreting in Cultural Context", *Journal of the Evangelical Theological Society*, 21:4 (Diciembre de 1978): 357-367. Ver también, Charles H. Kraft, "Culture, Worldview and Contextualization", en Ralph D. Winter y Steven C. Hawthorne, eds., *Perspectives on the World Christian Movement* (Pasadena: William Carey Library, 2009), 402; Vanhoozer, "Culture and Biblical Interpretation", en *Dictionary for Theological Interpretation of the Bible*, 151.

¿Cómo? Tendemos a llenar todos los vacíos y ambigüedades que encontramos en los textos bíblicos con explicaciones y datos procedentes de nuestra cultura. Por ejemplo, en la Biblia leemos sobre el cruce del río Jordán (Jos. 3.1-17) o las referencias al Mar de Galilea (Mt. 4.18), e inmediatamente tenemos en mente un río o un mar de nuestro contexto, sin pensar en el ambiente bíblico. El desafío está en aprender a evaluar nuestra cultura en vista de la Biblia y no viceversa.

• •

EJERCICIO 69

¿Cuáles son los peligros de la comprensión previa?

1. _____

2. _____

3. _____

Menciona por lo menos un ejemplo en el que tu trasfondo cultural te haya condicionado al interpretar un texto bíblico:

_____

• •

Las presuposiciones. Después de presentar el tema de la comprensión previa pasamos al segundo asunto mencionado anteriormente: las presuposiciones. Volvamos a repetir el hecho de que cada uno de nosotros se acerca al texto bíblico con una serie de presupuestos, partiendo de nuestra fe.[470] La Escritura afirma que sin fe es imposible agradar a Dios, ya que cualquiera que se acerca a él debe creer que existe (He. 11.6). Solo aquel que cree y confía en Dios puede entender verdaderamente lo que Dios ha hablado en su Palabra. ¿Cómo se puede entender un texto de la Biblia que pretende ser Palabra de Dios, si uno no cree en él o que la Biblia es su Palabra?

Si bien, debemos tratar de acercarnos al texto con la mente y el corazón abierto para lo que el Señor quiere decirnos a través del mismo, no por ello debemos dejar de lado aquellas cosas que son la base de

---

[470] Ignacio Carbajosa, *De la fe nace la exégesis* (Estella: Verbo Divino, 2011), 146ss, desarrolla la idea que la fe es el presupuesto adecuado de la interpretación bíblica.

nuestra interpretación. Duvall y Hays diferencian entre la comprensión previa y la presuposición como dos conceptos diferenciados.

J. Scott Duvall y J. Daniel Hays: "Nuestra comprensión previa está abierta a cambios cada vez que estudiamos un pasaje. La sometemos al texto e interactuamos con ella, la evaluamos en vista de nuestro estudio y es de esperar que vaya mejorando progresivamente. Por el contrario, las presuposiciones no cambian cada vez que leemos o estudiamos un pasaje. Estas no tienen que ver con textos en particular sino con el punto de vista general que tenemos de la Biblia".[471]

Pablo aclara en 1 Corintios 2.14 que la capacidad de aprehender la verdad de Dios en su sentido más amplio pertenece solo al que tiene el Espíritu. Esto es así porque la naturaleza de la Biblia es "espiritual", es decir, se trata de Dios que es espíritu, y por lo tanto, requiere de un lector que puede "sintonizar" esa dimensión. Así que, mientras se reconoce la necesidad de excelencia en la metodología de estudio de la Biblia, esta "excelencia" por sí sola no es suficiente para entender la Biblia. Tal entendimiento viene solo a través de poseer la sensibilidad espiritual que Dios da a quienes tienen fe en él, a los que creen. Así, la fe es fundamental para una plena comprensión de las Escrituras. No es la única calificación, ni garantiza la interpretación correcta, pero es la base para la interpretación correcta.[472]

Como cristianos tenemos varias presuposiciones acerca de la Biblia que surgen de nuestra relación con Cristo y que no podemos dejar de lado cada vez que abordamos un pasaje. Es esto lo que no cambia, ni debe cambiar. Servimos al Señor y tenemos al Espíritu Santo habitando en nosotros. La relación que tenemos con Dios está subordinada a la comunicación que tenemos con él por medio de la oración y la lectura de su Palabra. Esta relación nos impacta en gran manera a medida que interpretamos el texto y, a diferencia de lo que sucede con la comprensión previa, esta relación no podemos renegociarla cada vez que leemos la Palabra.

---

[471] Duvall y Hays, *Hermenéutica: entendiendo la Palabra de Dios,* 131. Ver también, Haskell, *Hermenéutica: interpretación eficaz hoy*, 19ss; Dockery y Guthrie, *Interpretación bíblica*, 42ss.

[472] Blomberg, Hubbard, y Ecklebarger, *Introduction to Biblical Interpretation*, 136.

Estos mismos autores mencionan algunas de las presuposiciones básicas que debiéramos tener. En primer lugar, el reconocer que la Biblia es la Palabra de Dios. Esta declaración, aunque parece muy elemental, es básica, y es el fundamento de nuestra interpretación. Las otras presuposiciones se basan en ella. Aquí está la clave. ¿Qué creemos que es la Biblia? Cualquier cambio en esta declaración, por mínimo que sea, nos lleva en una dirección diferente. En *Panorama de la Biblia* afirmamos que la Biblia es la Palabra de Dios en palabras de los seres humanos. Dios usó seres humanos, que vivieron en un determinado contexto, hablaron un determinado idioma, pero el resultado es la Palabra de Dios.

En segundo lugar, la Biblia es digna de confianza. Ella es verdad (Sal. 119.160). La afirmación que la Biblia es verdadera y completamente digna de confianza es clave también. Hay dos aspectos que señalar en este sentido. El primero, es el lugar de lo sobrenatural. Algunas de las líneas de pensamiento de la modernidad creían que los relatos de milagros (del Antiguo y especialmente del Nuevo Testamento) debían interpretarse simbólicamente, pues en su concepción racionalista no había lugar para ellos. La Biblia nos muestra a Dios actuando en la historia, y de manera especial a través de hechos normales y sobrenaturales. Cuando Dios entra en el mundo, las cosas cambian. El segundo aspecto a mencionar es que la Biblia no se contradice. Es una unidad y, sin embargo, diversa.

En tercer lugar, y relacionado con lo anterior, debemos leer la Escritura a través de Jesucristo como su clave hermenéutica. La unidad de la Palabra se centra en la persona de Jesús, de la misma manera él es la clave esencial para su comprensión. Quizás el milagro más importante que se puede encontrar en la Palabra de Dios es la encarnación. Si Dios no vino y caminó entre nosotros, si no enseñó, realizó milagros, fue crucificado, murió en la cruz y resucitó al tercer día, entonces vana es vuestra fe (1 Co. 15.14).

Estas presuposiciones tienen que ver con nuestra percepción de la Biblia como un todo y sirven de fundamento sobre el que afirmar nuestro estudio de la Palabra. No obstante, Dios trasciende más allá de nuestra humanidad y, por tanto, su Palabra no siempre es fácil de entender. En ella hay también tensión y misterio. ¿Qué necesitamos? Permitan que cite algunos pasajes que nos pueden ayudar. El primero dice: "Escucha Israel: El Señor nuestro Dios es el único Señor" (Dt. 6.4). El segundo dice: "Entonces [Jesús] les dijo: ¿Entienden lo que he hecho con ustedes?" (Jn. 13.12). Finalmente: "Si ahora ustedes me son del todo obedientes, y cumplen mi pacto" (Éx. 19.5).

Permitan que mencione una palabra en relación con cada uno de estos pasajes y los tres verbos dominantes: escuchar – entender – obedecer. El primer paso es escuchar, leer, conocer la Palabra de Dios, como lo venimos mencionando, casi hasta aburrir. Nada reemplaza este paso. Escuchar lo que Dios tiene para nosotros en su Palabra es básico. Pero a esto debemos agregar entender. Reconocemos que no siempre es fácil comprender el mensaje de la Biblia, y que esto requiere un esfuerzo de nuestra parte. Las herramientas que proponemos ayudan, pero tengamos presente que necesitamos de la ayuda del Espíritu Santo para una comprensión plena. Finalmente, la tercera palabra es obedecer, en este paso es donde se concreta la auténtica comprensión de la Palabra.

• •

EJERCICIO 70

¿Cuál es la importancia de 1 Corintios 2.14 para la comprensión de la Biblia?

_____

¿Cuáles son las presuposiciones básicas en la interpretación de la Biblia?

1. _____

2. _____

3. _____

• •

El contexto histórico y socio-cultural

Se considera a este contexto como el contexto ausente. Escribió Esteban Voth: "Durante varios siglos la Biblia se leyó sin tomar en cuenta su contexto más amplio. Se interpretaba como si fuera un texto aislado y hasta a-histórico".[473] Como él mismo lo describe, fue a partir del siglo XIX que hubo un gran cambio en la hermenéutica, cuando a partir de los grandes descubrimientos arqueológicos fue que se comenzó

---

[473] Esteban Voth, "El contexto histórico y cultural del Antiguo Oriente", en Edesio Sánchez Cetina, *Descubre la Biblia II*, 279.

a tomar muy en serio el contexto histórico-cultural y literario de la Palabra de Dios.

A pesar de que muchos autores toman estos dos aspectos (histórico y socio-cultural) como paralelos o sinónimos, debemos marcar que hay una diferencia entre los mismos. El primero nos ubica en el tiempo, en el momento en el que los sucesos bíblicos ocurrieron. No es el mismo contexto histórico el de Abraham que el de David, o Pablo. Hay mil años de diferencia entre cada uno. El segundo nos ubica en las costumbres y la estructura de la sociedad en ese momento. Aunque el trasfondo (contexto) histórico puede ayudar al lector de la Biblia a comprender el contexto cultural, hay algunos aspectos de la vida, de las costumbres y la cultura de un pueblo que deben ser considerados de manera independiente. Nuevamente, mencionamos el ejemplo de Abraham, David o Pablo. Las costumbres cambiaron, de la misma manera que la estructura familiar y social.

El contexto histórico. Escribió Louis Berkhof: "La Palabra de Dios se originó de un modo histórico y, por tanto, solo podrá entenderse a la luz de la historia. Esto no significa que todo lo que contiene puede ser explicado históricamente". Berkhof agrega: "Como revelación sobrenatural de Dios, contiene naturalmente elementos que trascienden los límites de la historia. Pero sí significa que el contenido de la Biblia ha sido determinado, en gran parte, históricamente; y para esta parte debe buscarse su explicación en la historia".[474]

Es muy difícil entender plenamente una palabra, hasta que se la comprenda como una palabra viva, esto es, tal como se usaba en el momento en el que la usó el autor. Si queremos interpretar lo que escribió un hombre de Dios en la Biblia, se lo debe considerar a la luz de su fondo histórico. Es verdad que el ser humano, en cierto sentido, controla las circunstancias de su vida y determina su carácter. Pero también es verdad que de un modo considerable es producto de sus circunstancias históricas, pues todo ser humano pertenece a algún pueblo y tierra, y a un momento especial.

Las dos coordenadas en las que se desarrolla nuestra vida son espacio (geografía) y tiempo, y estas se relacionan. Esto quiere decir que el contexto histórico y el geográfico (lugar y tiempo), y el ambiente en que se desarrolló una persona, forman su cosmovisión, es decir, su forma de

---

[474] Berkhof, *Principios de interpretación*, 106.

concebir el mundo y la vida. Esto se aplica igualmente a las personas que, inspiradas por Dios, escribieron los libros de la Biblia, especialmente los libros históricos. En todo el ámbito de la literatura no hay libro que iguale a la Biblia en lo que se refiere a tocar la vida humana en todos sus aspectos.

Es necesario, pues, destacar la importancia del contexto histórico. Si se compara la Biblia con documentos claves de otras religiones, esta resulta única en su retrato de hechos reales en que participan seres humanos concretos. La Biblia entierra sus raíces en la historia, puesto que es, en primera instancia, un recuento de cómo Dios ingresa en la historia para revelar el poder, la voluntad y la persona divinos. La fe bíblica se arraiga firmemente en los acontecimientos, en un Dios que actúa.[475] Scott Duvall y Daniel Hays, cuando presentan el valor o la importancia del contexto histórico para la comprensión de las Escrituras, dan un ejemplo tomado de las cartas de Pablo, y citan las palabras del apóstol a Timoteo, su hijo en la fe en 2 Timoteo 4. En la misma, Pablo expresa que siente que está en los últimos días de su vida (ver 2 Ti. 4.6-8), y repite a Timoteo un mensaje muy sencillo: "Haz todo lo posible por venir a verme cuanto antes" (v. 9), y añade en 4.21: "Haz todo lo posible por venir antes del invierno". Es fácil ver que Pablo desea que Timoteo lo visite lo antes posible. Pero únicamente una buena comprensión del contexto histórico y cultural que subyace tras estas palabras puede poner de relieve la profundidad y la emoción que hay en esta petición de Pablo.

Si como cree la mayoría de los eruditos evangélicos, Timoteo estaba en Éfeso y Pablo estaba encarcelado en Roma, los separaban muchos kilómetros.[476] Según las posibilidades de la época, el viaje en barco se consideraba peligroso desde mediados de septiembre hasta finales de mayo, y las rutas marítimas estaban totalmente cerradas desde comienzos de noviembre hasta comienzos de marzo (el invierno en el hemisferio norte). Esto es algo que tanto Pablo como Timoteo sa-

---

[475] Nida y Reyburn, *Significado y diversidad cultural*, 54.

[476] En 4.19-21, Pablo concluye la epístola con un número de instrucciones relacionadas con varios individuos en su ministerio, que muestran que Timoteo estaba en Éfeso. Priscila y Aquila (RVR: Prisca que es otro nombre para Priscila), eran un matrimonio que Pablo encontró en Corinto en su segundo viaje misionero (Hch. 18.1-3) y habían ayudado en la obra de Dios en Éfeso (Hch. 18.18-19). Otro de los mencionados es Onesíforo. Según 2 Timoteo 1.16-18, había acompañado a Pablo en Roma y pertenecía a esa iglesia. También se menciona a Trófimo, que era un miembro de la iglesia de Éfeso (Hch. 21.29), y que acompañó a Pablo en su viaje a Jerusalén (Hch. 20.4).

bían. Si Pablo envió esta carta (2 Timoteo) por medio de Tíquico en el verano, lo que Pablo le está diciendo realmente es: embárcate lo más pronto que puedas. Si no salía inmediatamente, antes de que llegara el invierno, las líneas marítimas se cerrarían y era posible que no llegara a ver al apóstol. Duvall y Hays rematan esta explicación con la siguiente frase: "Conocer el contexto histórico y cultural de este pasaje le hace cobrar vida y lo llena de intensa emoción. Pablo no le está pidiendo meramente a Timoteo que lo visite. La situación se parece más a la de un padre que reclama la presencia de su hijo antes de morir".[477]

Un ejemplo del Antiguo Testamento es tener en cuenta la situación en la que viven y escriben los profetas. Cuando ellos mencionan a los reyes bajo los cuáles llevaron adelante sus ministerios es porque están haciendo referencia a los problemas del momento histórico en el que vivían. Como vemos, pues, conocer el trasfondo histórico y las costumbres de la época es importante para una comprensión plena del mensaje de la Palabra.

La pregunta es, ¿dónde encontrar estos datos? La información sobre el contexto histórico de un libro de la Biblia está disponible en varias fuentes. Vamos a mencionar algunas de ellas. En primer lugar, las introducciones que contienen los mejores comentarios bíblicos. Muchos tienen resúmenes bastante detallados y actualizados de estos temas. Es importante consultar obras recientes y en lo posible serias (de autores y editoriales conocidos y confiables), debido a que en los últimos años hubo un gran crecimiento en la información sobre el trasfondo bíblico.[478] En segundo lugar, también son importantes las "introducciones" al Antiguo y Nuevo Testamento, ya que interactúan más ampliamente de lo que normalmente hace un comentario. Una tercera fuente serían los diccionarios y enciclopedias, con artículos separados, no solo de libros sino de autores, temas y cuestiones de fondo. A estos habría que agregar los atlas y obras arqueológicas, que permiten entender la topo-

---

[477] Duvall y Hays, *Hermenéutica: entendiendo la Palabra de Dios,* 135-136.

[478] Algunas obras que pueden ayudar en el estudio del contexto cultural son: John H. Walton, Victor H. Matthews y Mark W Chavalas, *Comentario del contexto cultural de la Biblia: Antiguo Testamento* (El Paso, TX: Mundo Hispano, 2004); y Craig S. Keener, *Comentario del contexto cultural de la Biblia: Nuevo Testamento* (El Paso, TX: Mundo Hispano. 2005); Ralph Gower, *Nuevo manual de usos y costumbres de los tiempos bíblicos* (Grand Rapids: Portavoz, 2004); Victor Matthews y Don C. Benjamin, *Paralelos del Antiguo Testamento* (Bilbao: Sal Terrae, 2004); Maurice de Cocagnac, *Los símbolos bíblicos* (Bilbao: Desclée de Brouwer, 1994).

grafía detrás de un libro. Finalmente, los libros de teología del Antiguo o del Nuevo Testamento, que a menudo ayudan en la presentación de las enseñanzas de un libro en especial.

El contexto socio-cultural. Ya se ha hablado de la influencia del contexto cultural del lector al acercarse al texto bíblico. Ahora debemos prestar atención al contexto socio-cultural del texto.

Esteban Voth: "La revelación de Dios ha llegado hasta nosotros a través de varias y variadas culturas de la antigüedad. Tal como ya hemos dicho, esto significa, entre otras cosas, que la palabra de Dios que buscamos interpretar no se originó en un vacío. Al contrario, estas palabras (hago énfasis en lo plural) surgieron de contextos histórico-culturales bien concretos. Dios se revela a través de la cultura y de esa manera el mensaje que propone está bien encarnado en la cultura. El ejemplo mayor de esto lo tenemos en la experiencia de Jesucristo, el hijo de Dios. Jesucristo mismo, siendo Dios, se encarna, se contextualiza en una cultura, en un momento histórico definido, con características particulares de ese momento y de esa cultura".[479]

En su revelación, Dios transmitió su mensaje a través de un pueblo, que vivió en un determinado momento histórico y con determinados patrones culturales.[480] A la hora de interpretar el texto bíblico debemos ser conscientes de esto, para poder comprender el texto en su sentido más cabal y amplio. Es, pues, muy necesario conocer los códigos culturales en el que Dios se reveló. El ser humano nace y se desarrolla reaccionando a dos tipos de informaciones que se reciben. La primera viene constituida por las informaciones genéticas. Estas varían de individuo en individuo e inciden (en cierta medida) en su capacidad de reacción frente al ambiente cultural. La segunda está formada por las informaciones que el individuo recibe del ambiente social desde el nacimiento (o desde la gestación), lo que se puede llamar cultura. Esta pretende provocar determinadas respuestas del individuo ante estímulos concretos.

El contexto cultural nos provee la respuesta al por qué los autores bíblicos usaron determinadas palabras, figuras e ideas. Este contexto

---

[479] Voth, "El contexto histórico y cultural del Antiguo Oriente", 280.

[480] Según Krijn van der Jagt, *Interpretación de la Biblia*, 10, cultura es toda actividad humana en contraposición de la visión elitista de este concepto.

orienta al estudiante de la Biblia en la búsqueda de los modelos culturales para poder comprender mejor el modo de pensar, de ver el mundo y de conducirse de los habitantes del mundo de la Biblia. El conocimiento del contexto cultural del Antiguo y Nuevo Testamento nos ayuda a evitar anacronismos, que desvirtúan el sentido del texto y producen incomprensiones hermenéuticas. No es lo mismo hablar de lo que significa ser padre o madre hoy que lo que significó serlo en la época de Abraham o de Jesús. Los roles que se exigen o esperan del hombre o la mujer hoy son muy diferentes de los que se esperaban del hombre y la mujer de los tiempos bíblicos. Lo mismo pasa con el manejo del tiempo y las relaciones interpersonales dentro y fuera del hogar. Dos ejemplos (uno del Antiguo y uno del Nuevo Testamento) nos pueden ayudar a comprender la importancia de la cultura en la interpretación de los textos.

El primero es Génesis 34, que trata de la venganza de los hermanos por la violación de Dina, un texto que suele llamar la atención. En este pasaje entran en juego dos conceptos muy importantes desde un punto de vista cultural: honor y vergüenza (Gn. 34.2, 5, 7).

Edesio Sánchez Cetina: "Estos dos elementos [honor y vergüenza] se constituyen en los dos valores básicos para entender las relaciones interpersonales. El 'honor' es el valor que una persona tiene a sus propios ojos (es decir, la reivindicación del propio valor) más el valor de esa persona a los ojos de su grupo social (reconocimiento social de tal valor). Esto se presenta en tres contextos que definen ese valor: el poder, el estatus sexual y la religión. Junto con el honor aparece el elemento de la vergüenza. Hay una 'vergüenza positiva' y una 'negativa'. La primera significa la sensibilidad hacia la propia reputación, hacia el propio grado de honor. Esto es tener sensibilidad ante la opinión de los demás. La 'vergüenza negativa' apunta hacia lo que hoy denominaríamos como el 'desvergonzado', hacia la persona que no tiene 'vergüenza', la que no reconoce las reglas de interacción humana, ni las fronteras sociales. Es decir, es aquella persona que se sitúa fuera de los límites de una vida moral aceptable".[481]

---

[481] Sánchez Cetina, "La cultura mediterránea del siglo I", 316.

Para el mundo antiguo, la virginidad de la mujer soltera (como en una época ocurrió en la sociedad occidental) era un honor. Es por eso que la violación era una deshonra, no solo para la joven sino para la familia.[482] El amor que luego Siquem mostrara por Dina no fue aceptado por los hermanos. El saqueo de la ciudad lo interpretaron como la compensación por la deshonra que habían sufrido.

Un segundo texto (del Nuevo Testamento) es el de Lucas 7.36-50. Allí encontramos el relato de la cena en casa de un fariseo llamado Simón, a la que fue invitado Jesús. Allí se cuenta que Jesús se sentó a la mesa y se agrega que una mujer se arrojó a sus pies. Si no se toma en cuenta que la costumbre de la época era reclinarse o recostarse en algo parecido a los divanes, con los pies hacia afuera, no se puede entender como hizo ella para estar a los pies de Jesús mientras este estaba sentado a la mesa. En el banquete, Jesús abiertamente le hace notar a su anfitrión el insulto o vergüenza que hace pasar a Jesús (y de paso a sí mismo), pues descuidó sus deberes hacia un huésped importante (Lc. 7.44-46). Jesús menciona que no le lavó los pies ("no me diste agua para los pies"), no le dio el beso de bienvenida, no lo ungió o frotó con aceite el cuero cabelludo. Si Simón el fariseo consideraba a Jesús como un superior o igual, hizo algo inadmisible para la cultura mediterránea, pues no había cumplido con lo mínimo que se esperaba de él según las leyes de la hospitalidad. La otra posibilidad era que deseaba insultarlo y dejarlo en deshonra y vergüenza, lo que parece ser por las palabras de Jesús. Así le hace notar que el honor que él le había negado (a pesar de haberlo invitado) lo recibió de esta pecadora.

El desafío de la interpretación de la Biblia es cruzar el gran salto cultural que existe entre el mundo antiguo y el tiempo que nos toca vivir hoy. J. Scott Duvall y J. Daniel Hays lo llaman el recorrido interpretativo.[483] Es claro que estos autores presentan dos contextos históricos y culturales distintos. Así, cuando hablan de un puente de los principios, ellos se están refiriendo a los principios de interpretación.

---

[482] Y formaba parte de la legislación de la época. Ver Walton, Matthews y Chavalas, *Comentario del contexto cultural de la Biblia*, 60.

[483] Duvall y Hays, *Hermenéutica: entendiendo la Palabra de Dios*, 37-41.

• •

EJERCICIO 71

¿Qué entiendes por cultura?

_____

Define en tus palabras los siguientes términos:

Honor: _____

Vergüenza: _____

• •

El contexto literario

Ya hemos hablado de los contextos del lector y también del histórico y cultural. Ahora quisiera que pensáramos en el contexto literario en sus distintos aspectos. W. W. Klein (y otros) menciona que para una correcta interpretación, uno debe tomar en cuenta cinco aspectos esenciales relacionados con el texto bíblico. En primer lugar, el contexto literario, que es el contexto inmediato en el libro en el que se encuentra nuestro texto. En segundo lugar, el contexto histórico-cultural. En tercer lugar, el significado de las palabras que se usan. En cuarto lugar, las relaciones gramaticales, o la sintaxis. Y, finalmente, el género literario, que provee un contexto general dentro del marco bíblico.[484] Kevin J. Vanhoozer llamó a esto cotexto y agrega: "Cotexto se refiere a la ubicación de un enunciado dentro de una cadena de datos lingüísticos, oraciones, párrafos y capítulos que rodean y se relacionan con un texto y en que una expresión encuentra su sentido. Se señala la importancia del cotexto por la ambigüedad del lenguaje. Ciertas palabras a menudo son capaces de múltiples significados, dando lugar a una posible incertidumbre cuando uno lee o escucha esa palabra".[485]

Más arriba mencionamos algunos ejemplos donde las palabras encuentran su definición precisa por el contexto. J. Scott Duvall y J. Daniel Hays presentan el siguiente gráfico en el que representan los

---

[484] Blomberg, Hubbard, y Ecklebarger, *Introduction to Biblical Interpretation*, 212.
[485] Vanhoozer, "Context", en *Dictionary for Theological Interpretation of the Bible*, 132.

distintos contextos escriturales del texto.[486] Este gráfico nos ayuda a ubicar el texto que queremos estudiar en relación con los distintos niveles de los contextos. En el gráfico, estos autores diferencian entre el contexto inmediato y el contexto orbital. Sin embargo, en su explicación del mismo, dicen que al hablar de contexto orbital nos referimos simplemente a los textos que rodean el pasaje que estamos estudiando.

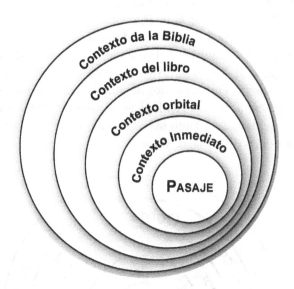

Se han mencionado tres razones por las cuales el estudio del contexto literario es muy importante. En primer lugar, porque conocer el contexto nos muestra el desarrollo del pensamiento de las ideas del autor. Si queremos comprender lo que está diciendo, tenemos que tratar de comprender como va desarrollando su mensaje o enseñanza. En segundo lugar, es gracias al contexto que podemos conocer el significado de las palabras. En el capítulo siguiente estudiaremos sobre las palabras y su valor en el texto. En tercer lugar, nos ayuda a comprender la correcta relación entre las distintas unidades que forman un libro. Salvo excepciones (por ejemplo, Salmos y Proverbios), los libros de la Biblia fueron escritos como un documento completo, para ser leídos como

---

[486] Duvall y Hays, *Hermenéutica: entendiendo la Palabra de Dios,* 171. Ver también el gráfico de Lee J. Gugliotto, *Handbook for Bible Study: A Guide to Understanding, Teaching, and Preaching the Word of God* (Hagerstown: Review and Herald Publishing Association, 2000. Edición electrónica).

unidades. Nuestra división en capítulos y versículos, en ocasiones no nos permite ver esa unidad. Es por eso que es muy importante leer detenidamente el contexto en el que se encuentra cada pasaje.

W. W. Klein (y otros) mencionan que hay tres principios de interpretación, relacionados con el contexto a tener en cuenta. En primer lugar, que cada declaración debe ser comprendida de acuerdo a su significado natural en el contexto en el que fue dicha. Este es probablemente una de las claves de la interpretación de la Biblia, y requiere la disposición a leer cuidadosamente toda la sección (libro) en el que se encuentra el texto a interpretar. En segundo lugar, enfatiza la frase archi-citada que dice que todo texto sin contexto es un pretexto. Como ejemplo menciona el uso de textos de prueba y pasajes sacados de contexto para probar posiciones teológicas. Y, en tercer lugar, y quizás esto es lo más interesante: "cuanto más minúsculo sea el pasaje a interpretar, mayor es la posibilidad de error".[487]

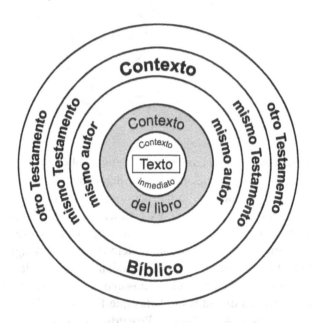

A partir de los distintos aportes, al pensar en el contexto literario, me gustaría que pensemos, en primer lugar, en el contexto canónico, es

---

[487] Blomberg, Hubbard, y Ecklebarger, *Introduction to Biblical Interpretation,* 217. El gráfico del círculo de contexto es del mismo autor en la página 219.

decir, el contexto de toda la Biblia. Y, al mismo tiempo, cómo este se encuentra relacionado con las dos grandes divisiones que tiene la Escritura (Antiguo y Nuevo Testamento). En segundo lugar, consideremos el género literario al que pertenece. Luego, comenzamos a pensar en el autor, los distintos libros escritos por un mismo autor (por ejemplo Pablo), que sirven como un contexto general a lo que determinado texto afirma. Luego, lo que el mismo libro afirma, para finalmente llegar a la sección en la que se encuentra el texto a estudiar, es decir, el contexto inmediato. En general vamos a seguir este camino, con las modificaciones necesarias.[488]

Al pensar en los círculos del contexto, podemos ir de lo general a lo específico, es decir, desde el contexto bíblico al inmediato del texto que queremos estudiar, o partir desde el texto hasta llegar a su relación con el mensaje total de la Palabra de Dios. Cuando estudiamos la Palabra de Dios, la elección del camino que debemos seguir puede variar, según sea la razón por la que nos acercamos al texto. Si estamos preparando estudios bíblicos sistemáticos (por ejemplo, clases de escuela de

---

[488] Un gráfico semejante se encuentra en Osborne, *The Hermeneutical Spiral*, 40.

enseñanza de la Biblia), quizás lo mejor es comenzar con ubicar el libro o el pasaje en el contexto de toda la Palabra (canónico), y a partir de allí ir "afinando la puntería" hasta llegar al texto. Pero si, por el contrario, es un texto del que nos enamoramos, es decir, que nos habló de manera especial en un momento muy significativo para nuestra vida, posiblemente el mejor camino sea ir de lo particular a lo más general.

● ●

EJERCICIO 72

Completa el gráfico con los distintos contextos que van desde el trasfondo de la Biblia hasta el texto a estudiar:

● ●

El contexto general de la Biblia y los Testamentos. Debemos comenzar afirmando que el establecimiento del canon supuso un contexto global dentro del cual se debe interpretar la Biblia. Cada uno de los libros debe ser leído en ese contexto canónico.[489] Como cristianos creemos que Dios sigue dando a conocer su voluntad a través de su Palabra. Ella no solo contiene un relato de tiempo pasado, sino que es viva y eficaz. Escribió Rob Haskell: "Un principio de interpretación importante para el protestantismo siempre ha sido la afirmación de que la Biblia es su propio intérprete, y que pasajes difíciles de interpretar pueden ser aclarados por otros pasajes más fáciles de interpretar".[490]

Cuando hablamos de intertextualidad afirmamos que los escritores bíblicos se presentan como una continuación de la revelación anterior, que es citada o que se muestra como un eco de la misma. Según este aporte a la interpretación del texto bíblico, el significado de muchos pasajes está relacionado con otros textos ya sea que sigan el mismo patrón literario, tengan correspondencia lingüística o bien haya una referencia

---

[489] Hay que tener en cuenta el lugar de la crítica canónica mencionada anteriormente y las obras de Brevard S. Childs.

[490] Haskell, *Hermenéutica: interpretación eficaz hoy,* 178-179.

al mismo.[491] Debemos reconocer la unidad de la Biblia. Hay un tema y una persona que forman el núcleo alrededor del cual se presentan los demás. En los dos "testamentos" el mismo Dios ofrece la salvación a los seres humanos a través de una persona, Jesús el Mesías, tal como podemos leer en la Epístola a los Hebreos 1.1-3. Este texto es básico desde una perspectiva hermenéutica. Nos muestra la clave de interpretación de toda la Biblia. Allí se muestra la iniciativa de Dios. Él es quien busca relacionarse con el ser humano. La meta de la revelación es que en los días finales Dios nos habló por medio del Hijo, y el objetivo de la misma es quitar el pecado, que separa al ser humano de Dios. Al estudiar la Palabra de Dios no se puede ignorar el desarrollo de su revelación.

El instrumento que usó Dios es el pacto.[492] De allí que la Biblia nos hable del Antiguo y Nuevo pacto (Testamento). Además de esta primera división, se debe reconocer que hay otras referencias a pactos en las Escrituras. Lee J. Gugliotto menciona los distintos pactos que se encuentran en la misma y hace el siguiente cuadro:

Adán	Noé	Abraham	Moisés	David	Nuevo Pacto		
Génesis 1, 2	Génesis 9	Génesis 12, 15, 17	Éxodo 19, 20	2 Sam. 7	Anunciado Jeremías 31 Éxodo 36	Introducido Mateo 26	Establecido Hebreos 8

Lee J. Gubliotto: "Es importante que se examine el contexto histórico, pero es igualmente importante relacionar el pasaje con el desarrollo del plan de Dios tal como aparece a lo largo de las Escrituras, porque cada palabra de Dios es para todo el pueblo de Dios independientemente de su nacionalidad o era. [Por lo tanto] Hasta que usted llegue a relacionar su texto con el momento en el desarrollo de la revelación progresiva, no puede relacionar su mensaje con el pasado, presente o futuro de las promesas de Dios".[493]

---

[491] Repasar la exégesis intrabíblica en el capítulo 2. Esto es lo que se ha llamado el contexto asistente.

[492] Las palabras que se traducen pacto o alianza son, en el Antiguo Testamento la palabra hebrea *berith* (Gn. 9.16, 17.7, 19, etc.) y en el Nuevo Testamento la palabra griega *diatheke* (He. 8.9, 13; 9.1, etc.) En términos generales, un pacto incluye un acuerdo, ya sea tácito o explícito, entre dos o más partes, que contiene términos o condiciones.

[493] Gugliotto, *Handbook for Bible Study*.

En la actualidad es común tomar un texto de cualquier libro de la Biblia y ponerlo al mismo nivel que cualquier otro texto, sin considerar en qué momento fue pronunciado o quién lo dijo. No es lo mismo las palabras de Jesús que las palabras de los amigos de Job. Algunos han llamado a este el contexto asistente. Grant R. Osborne llama a esto el contexto lógico (o teológico), y llega a afirmar es el factor más básico en la interpretación.[494] Este es probablemente uno de los contextos más olvidados en la hermenéutica contemporánea, y debe ser recuperado, pues la revelación final y suprema es la persona de Jesucristo.

El contexto del género literario. No cabe duda que el primer paso que el lector o quien quiere comprender la Palabra de Dios debe tomar es considerar a qué género literario pertenece. Debemos comenzar enfatizando la importancia de identificar el género literario del material que estamos leyendo. Esta es una acción que realizamos, ya sea de manera consciente o inconsciente, pero en cualquier caso influye en la interpretación. Cuando leemos el diario, no decimos: "Este es un diario y estoy leyendo lo que alguien describe e interpreta de los eventos de ayer". Lo leemos creyendo que así sucedieron las cosas. Cuando leemos una carta, la interpretamos de acuerdo de lo que se espera en una carta. Cuando leemos las instrucciones que vienen con un electrodoméstico, las leemos con esto en mente. Al leer una novela o la Palabra de Dios, a cada una de estas obras, les damos un valor, una importancia y una credibilidad distinta. Sería trágico que le diéramos la misma importancia a una novela que a la Palabra de Dios.

Cuando leemos en Esdras que el rey Darío dio un mandato y buscaron en los archivos en Babilonia, pensamos que el relato es histórico. Cuando leemos una epístola de Pablo debemos tomar en cuenta a quiénes escribe y por qué. Muchas diferencias de interpretación de la Escritura tienen que ver con la identificación de los géneros literarios. En Daniel y Apocalipsis, cuando se habla de bestias y otras figuras, ¿debemos entenderlas como imágenes simbólicas o literalmente? En otro capítulo nos vamos a dedicar específicamente a los distintos géneros literarios, pero ahora vamos a mencionar solo algunos aspectos.

Ronald L. Giese y Sandy D. Brent mencionan que el tema del género literario es central para la comunicación y, por lo tanto, para la

---

[494] Osborne, *The Hermeneutical Spiral*, 39; Henry A. Virkler, *Hermenéutica: principios y procedimientos de interpretación bíblica*, 99ss, llama a esto el contexto teológico.

interpretación.[495] Los géneros literarios actúan como una forma de pacto de comunicación, un acuerdo establecido entre el autor y el lector acerca del modo en que han de comunicarse. Una de las claves es permitir que sea el género que ha escogido el autor el que determine las reglas que vamos a utilizar para entender sus palabras. Cuando se trata de la Biblia, desatender el género literario significa descuidar la forma de comunicación que eligió el autor bíblico bajo la guía del Espíritu Santo, para transmitir su mensaje.

Sabemos esto puesto que los distintos géneros suscitan ciertas expectativas interpretativas por parte del lector. El género que identificamos determina las reglas de interpretación. Pues cada uno tiene sus propias reglas de interpretación. Cuando los lectores prestan atención a tales reglas, tienen muchas más probabilidades de entender el pasaje según la intención de quien lo escribió. Los géneros dan forma a nuestras expectativas acerca del modo en que hemos de acercarnos a cada texto en concreto. La forma o género del texto está realmente vinculado con su contenido y, por esta razón, hemos de tomar en serio los géneros literarios.[496] Walter C. Kaiser escribió: "Las parábolas no deben leerse como lamentos ni como salmos de alabanza. Un género apocalíptico tampoco debe leerse como una narración".[497]

Para pensar en el contexto literario en su sentido más amplio es bueno el ejemplo de Mateo 19.12: "Pues algunos son eunucos porque nacieron así; a otros los hicieron así los hombres; y otros se han hecho así por causa del reino de los cielos. El que pueda aceptar esto, que lo acepte". Bruce J. Malina, en su libro *El mundo del Nuevo Testamento: perspectivas desde la antropología cultural*, menciona que para interpretar este versículo se deben tener en cuenta dos aspectos.[498] El primero viene del contexto de la antropología cultural o las normas y valores sociales (que ya se mencionaron anteriormente), especialmente el tema del honor y la vergüenza. Y, en segundo lugar, el contexto del género literario, es decir, el género que usa el autor. Malina cita varios ejemplos del libro de Proverbios, por ejemplo, Proverbios 30.18, 19:

---

[495] Ronald L. Giese y Sandy D. Brent, *Compendio para entender el Antiguo Testamento* (Nashville: Broadman & Holman, 2007), 47.

[496] Como ya se ha mencionado este tema se tratará con mayor detalle en el capítulo 9, de este manual.

[497] Kaiser, *Predicación y enseñanza desde el Antiguo Testamento*, 58.

[498] Bruce J. Malina, *El mundo del Nuevo Testamento: Perspectivas desde la antropología cultural* (Estella: Verbo Divino, 1995), 13-20.

"Tres cosas hay que me causan asombro, y una cuarta que no alcanzo a comprender: el rastro del águila en el cielo, el rastro de la serpiente en la roca, el rastro del barco en alta mar, y el rastro del hombre en la mujer". Otro ejemplo es Proverbios 30.33: "que batiendo la leche se obtiene mantequilla, que sonándose fuerte sangra la nariz, y que provocando la ira se acaba peleando". El modo en que operan estos modelos literarios es que los primeros elementos son descripciones concretas o imaginativas, mientras que el último de la serie es abstracto y moral, relacionado con alguna conducta humana.

Jesús uso este modo en varias ocasiones en el Evangelio según Mateo, por ejemplo en Mateo 10.41, 42: "Cualquiera que recibe a un profeta por tratarse de un profeta, recibirá recompensa de profeta; y el que recibe a un justo por tratarse de un justo, recibirá recompensa de justo. Y quien dé siquiera un vaso de agua fresca a uno de estos pequeños por tratarse de uno de mis discípulos, les aseguro que no perderá su recompense".[499] Como podemos ver el patrón literario de Mateo 19.12 es el de un proverbio numérico, en el que los primeros elementos plantean descripciones concretas que preparan el camino al elemento final, que constituye el punto principal. Este tipo de análisis literario, el estudio de los géneros literarios, es otra manera de acercarse a un texto para una mejor comprensión del mismo.

El contexto del libro y el autor. Volviendo a los círculos del contexto, un lugar especial lo tienen el libro y las otras obras del mismo autor. Tengamos presente que algunos de los libros de la Biblia suponen que uno los ha leído de manera completa, o que conoce otra obra del mismo autor. Relacionar un texto con el libro en el que se encuentra, el autor y con otras obras del mismo autor es muy importante. Recordemos que la Biblia es una colección de libros que fueron escritos a lo largo de más de 1.200 años, por diferentes autores en distintas épocas e idiomas (hebreo –griego). Afirmamos con seguridad la unidad de las Escrituras, pero no debemos olvidar que cada libro pertenece a un autor, que tiene características especiales, y que fue escrito en un momento preciso.[500]

---

[499] Otros textos de Mateo son 8.20 y 11.7-9.

[500] Es lo que los autores de los comentarios han llamado el *Zits im lebem*, frase alemana que se usa para describir la situación concreta (en la vida) en que se escribió una obra.

Para avanzar por este camino es necesario tener en cuenta los siguientes elementos.[501] En primer lugar, responder a las siguientes preguntas: ¿Quién escribió? ¿Cuál era su trasfondo histórico y espiritual (teológico)? ¿A quiénes escribió? ¿Cuál fue su propósito? Algunos ejemplos pueden ilustrarnos sobre esto. El primer ejemplo es Eclesiastés 12.13, donde el autor mismo dice cuál fue el propósito del libro ("Teme, pues, a Dios y cumple sus mandamientos, porque esto es todo para el hombre"). El segundo ejemplo es Juan 20.31, donde el apóstol afirma: "estas se han escrito para que ustedes crean que Jesús es el Cristo, el Hijo de Dios".

· ·

EJERCICIO 73

Escribe a continuación del pasaje cuál fue el propósito del autor al escribir el libro:

Eclesiastés 12.13: _____

Juan 20.31: _____

Lucas 1.1-4: _____

· ·

En segundo lugar, tomar en cuenta el bosquejo del libro. A medida que estudiamos un texto debemos considerar qué lugar ocupa en el desarrollo de la enseñanza de ese libro. Las distintas versiones de la Biblia generalmente tienen divisiones en párrafos o perícopas. Seguramente habrá diferencias entre las mismas, pero también cierto acuerdo que seguramente ayudará a ubicar el texto en el contexto del libro.[502]

Finalmente, debemos considerar la relación del texto bajo estudio con los pasajes paralelos. Estos pueden ser del mismo libro, de otras obras del autor o de libros similares. Existen en los libros de la Biblia frases o ideas que el mismo autor repite en el libro o en otro de su autoría. Posiblemente el conjunto literario más conocido de la Biblia sea el de las epístolas paulinas. El apóstol Pablo escribió trece cartas que forman parte de nuestro Nuevo Testamento y comparten terminología

---

[501] Blomberg, Hubbard, y Ecklebarger, *Introduction to Biblical Interpretation*, 222-223.
[502] Este tema se desarrollará más adelante.

y conceptos.[503] José M. Martínez escribió: "En estos pasajes o paralelos generalmente hallamos ayuda no solo para entender mejor el texto que tratamos de interpretar, sino también para obtener una perspectiva más amplia tanto de su significado como de sus aplicaciones".[504]

Al pensar en los mismos, podemos considerar los siguientes casos. (1) Pasajes donde no hay un contexto literario inmediato, como por ejemplo Proverbios o Salmos. Es en esos casos donde debemos buscar en otros textos bíblicos que tratan problemas similares. Una comparación entre Proverbios 10.27; 14.27; 19.23 y 22.4 mostrará que hay una frase que se repite en todos estos pasajes y que nos ayudará a comprender el mensaje de la misma.[505] (2) Pasajes donde encontramos referencias a otros textos de la Biblia. Un ejemplo claro son los Evangelios Sinópticos (Mateo – Marcos – Lucas). Los tres tratan la vida de Jesús, sus hechos y enseñanzas. En estos pasajes, Jesús muchas veces hace referencia de forma directa o indirecta a textos del Antiguo Testamento.[506] Para una correcta interpretación debemos conocer los pasajes paralelos de los otros Evangelios y del Antiguo Testamento. Un ejemplo se encuentra en Marcos 12.30 y su relación con Mateo 22.37 y Deuteronomio 6.5. Podemos mencionar, además, los libros de Reyes y Crónicas, que aunque presentan relatos del mismo período, lo hacen desde perspectivas diferentes y complementándose.

El contexto inmediato. El contexto inmediato es todo aquello que antecede y que sigue al texto en cuestión. Cuando tomamos un versículo de la Biblia debemos darnos cuenta que está dicho dentro del curso de una frase. Todas las frases que le anteceden y todas las frases que le siguen tienen que ver con la interpretación de ese texto en particular. El párrafo o perícopa es el círculo de contexto más pequeño, que rodea al texto. Nunca se debe tratar de interpretar un versículo aisladamente,

---

[503] Ver más adelante la relación entre 2 Corintios 6.14—7.1 con 1 Corintios 5.

[504] Martínez, *Hermenéutica bíblica*, 156.

[505] Ver obras como Walter C. Kaiser, *Hacia una teología del Antiguo Testamento* (Miami: Vida, 2000), W. D. Crockett, *Bosquejo analítico de Samuel, Reyes y Crónicas* (El Paso: Casa Bautista de Publicaciones, 1965); la biblioteca digital Libronix, tiene a Jeffrey G. Jackson, *Sinopsis del Antiguo Testamento*, que es de mucha utilidad pues contiene los paralelos de Génesis – Jueces; 1 y 2 Crónicas con Samuel – Reyes – Salmos y Profetas; y un paralelismo entre los libros proféticos.

[506] Algunas obras para tratar este tema son: Steve Moyise, *The Old Testament in the New: An Introduction* (Londres: T. & T. Clark, 2001); G. K. Beale y D. A. Carson, *Commentary on the New Testament Use of the Old Testament* (Grand Rapids: Baker, 2007).

sino siempre dentro del párrafo en que se halla inserto. Todo autor sigue un hilo de pensamiento, entonces el intérprete debe ver dónde comienza ese hilo de pensamiento y dónde termina.[507]

El marco del contexto inmediato. En el gráfico de J. Scott Duvall y J. Daniel Hays se diferencia entre el contexto inmediato y el contexto orbital. Sin embargo, en su explicación del mismo dicen que "al hablar de contexto orbital nos referimos simplemente a los textos que rodean el pasaje que estamos estudiando".[508] Rob Haskell titula a esto como "Ahí, arriba, abajo", para referirse al contexto inmediato. Este autor cuenta la experiencia de haber presentado el tema de este asunto en una conferencia en la que uno de sus oyentes "en sus propias palabras resumió el principio diciendo: 'Ahí, arriba, abajo', señalando con su mano medio nivel, alto nivel y bajo nivel".[509] La lectura de los versículos previos y posteriores a un texto que queramos estudiar es lo que llamamos el contexto inmediato.

A. Berkeley Mickelson señaló que "la primera responsabilidad de cada intérprete es observar cuidadosamente lo que precede y lo que sigue a cualquier versículo o pasaje que él está interpretando. A menudo se trata de volver dos o tres párrafos o ir hacia adelante dos o tres párrafos".[510] Aunque las divisiones en capítulos en muchas ocasiones no ayudan, es una buena costumbre leer todo el capítulo y a veces el anterior y el posterior para conocer el contexto inmediato.

El uso de ciertas frases bíblicas fuera de contexto, en ocasiones ha sido una herramienta o arma usada para probar posturas propias y atacar a otros. Los textos breves (cortos) contienen muy poca información para que se pueda llegar a comprender en toda su secuencia su significado. Hay una frase que dice que los textos pequeños tienen gran posibilidad de errar en su interpretación. Para llegar a su comprensión es necesario conocer y estudiar todo el contexto. Un ejemplo mencionado por J. Scott Duvall y J. Daniel Hays es 1 Pedro 5.7: "Depositen en él toda ansiedad, porque él cuida de ustedes". Frase que puede ser usada con un sentido casi "mágico". La lectura de los versículos 5-9 (la perícopa) y posteriores muestra que el autor enfatiza la necesidad de humillarnos

---

[507] Repetimos que una de las excepciones a esta regla se encuentra en algunas secciones del libro de Proverbios.

[508] Duvall y Hays, *Hermenéutica: entendiendo la Palabra de Dios,* 170.

[509] Haskell, *Hermenéutica: interpretación eficaz hoy,* 173-174.

[510] Berkeley Mickelson, *Interpreting the Bible* (Grand Rapids: Eerdmans, 1963.) 102

delante de Dios (vv. 5, 6). "El contexto inmediato pone de relieve que cuando se nos exhorta a humillarnos ante Dios, lo que se tiene en mente es que confiemos todas nuestras preocupaciones y problemas a Dios porque sabemos que Dios nos ama y no nos fallará".[511] Algo semejante ocurre con Filipenses 4.13. Si se lee el párrafo o perícopa en la que se encuentra este versículo, veremos que el apóstol está hablando de la ofrenda y la fuerza que recibió de Dios para enfrentar tiempos de holgura y necesidades.

● ●

EJERCICIO 74

Escribe en tus propias palabras tres razones por las que es importante leer el contexto inmediato.

1. _____

2. _____

3. _____

● ●

Los problemas con el contexto inmediato. Al pensar en el contexto inmediato hay dos cosas a tener en cuenta. En primer lugar, hasta dónde llega este. Si pensamos que hay un contexto inmediato y uno mediato, ¿dónde se marca la diferencia? En lingüística se habla de las micro y macro estructuras, que podrían ayudar a pensar en esta diferencia. Los autores de trasfondo bíblico (por ejemplo, Lee J. Gugliotto) hablan de los contextos canónicos, del libro, de la sección e inmediato.[512] Otros autores hablan de un contexto remoto e inmediato.[513]

Para poder determinar concretamente el contexto, debemos reconocer que nos podemos encontrar con tres problemas. En primer lugar, las digresiones o paréntesis; y, en segundo lugar, los cambios bruscos de tema; y, finalmente, los llamados anacolutos. José M. Martínez menciona que existen ciertos problemas al examinar el contexto inmediato: "deben tenerse en cuenta los paréntesis, las digresiones y los cambios

---

[511] Duvall y Hays, *Hermenéutica: entendiendo la Palabra de Dios,* 172.
[512] Gugliotto, *Handbook for Bible Study.*
[513] Martínez, *Hermenéutica bíblica,* 151-152.

bruscos de un tema a otro. En cualquiera de estos casos, el hilo del pensamiento del autor parece romperse para introducir una línea nueva de reflexión".[514] Al hablar de las digresiones, el mismo Martínez da como ejemplo 2 Corintios 3.18, y afirma que los versículos 15-17 son un paréntesis. El contexto real se encuentra en el v. 14. Según Ralph Martin, el paréntesis se limita al v. 17.[515] De todas formas, es claro que hay un paréntesis en el que el autor hace una observación lateral o aclaratoria. En este ejemplo, como en otros, podemos ver que tenemos que tener cuidado al pensar en el contexto. Algunas veces no es tan sencillo referirnos al mismo.

En cuanto a los cambios bruscos o la ruptura del desarrollo de un argumento, el pasaje mencionado por distintos autores es 2 Corintios 6.14—7.1. El tema que se introduce en este lugar tiene poco que ver con lo que viene desarrollando el apóstol. Si en la lectura se obvian estos versículos, la relación entre 6.13 y 7.2 quedaría de esta manera:

[12] Nunca les hemos negado nuestro afecto, pero ustedes sí nos niegan el suyo.

[13] Para corresponder del mismo modo —les hablo como si fueran mis hijos—, ¡abran también su corazón de par en par!

[2] Hagan lugar para nosotros en su corazón. A nadie hemos agraviado, a nadie hemos corrompido, a nadie hemos explotado.

[3] No digo esto para condenarlos; ya les he dicho que tienen un lugar tan amplio en nuestro corazón que con ustedes viviríamos o moriríamos.

Como vemos la relación entre 6.13 y 7.2 es muy obvia. Pero eso no significa que se trate de un pasaje que no pertenezca al apóstol Pablo y su relación con la iglesia de Corinto. Es en este caso donde el contexto del autor nos puede ayudar y mucho. En 1 Corintios 5.9-19 y 10.27, 28, el apóstol trata con este tema, que en estos versículos desarrolla más ampliamente.[516] Luis H. Rivas menciona entre los problemas de este

---

[514] *Ibid.,* 154 ss.

[515] Ralph P. Martin, *2 Corinthians,* en *Word Biblical Commentary* (Dallas: Word Books, 1998).

[516] Ver la discusión de Simón J. Kistemaker, *Comentario al Nuevo Testamento: 2 Corintios* (Grand Rapids: Desafío, 2004), 253; y Margaret E. Thrall, *A Critical and Exegetical Commentary on the Second Epistle of the Corinthians* (London: T. & T. Clark, 2004), 473.

tipo los "anacolutos, que según él es una estructura sintáctica que se interrumpe y queda sin continuación o sin final".[517] Como ejemplo menciona Romanos 5.12 donde Pablo comienza un razonamiento, pero de pronto lo interrumpe para comenzar otro (v. 13), y finalmente vuelve al anterior en el v. 18.[518] Para enfatizar la importancia del contexto en la lectura y estudio de la Biblia, Carl Gibbs, Quentin McGhee y Willard Teague escribieron la siguiente historia.

Carl Gibbs, Quentin McGhee y Willard Teague: "Se cuenta una antigua historia de cuatro ciegos que tropezaron con un elefante. Cada uno le palpó una parte al animal y creyó lo que pensó que era. El primero le tocó una pata y creyó que era un árbol. El segundo le agarró la trompa y la soltó en seguida. ¡Creyó que era una serpiente! El tercero le tocó una oreja y creyó que era una gran rama de palmera. El cuarto le tocó el costado y creyó que era una pared. Así también puede suceder con nuestra lectura bíblica; si estudiamos textos aislados, sacados de su contexto, llegaremos a conclusiones erróneas. Pero cuando estudiamos los círculos contextuales que rodean un versículo, recibimos un mensaje de Dios mismo. Y un versículo de Dios, junto con su único y verdadero significado, es algo precioso para nosotros".[519]

¿Te identificas con alguno de los que tocaron al elefante?

• •

EJERCICIO 75

¿Alguna vez has usado un texto fuera de contexto?

Sí – alguna vez ☐   No - Nunca ☐

No - habitualmente ☐   Sí - habitualmente ☐

---

[517] Rivas, *Diccionario para el estudio de la Biblia*, 14; ver Carreter, *Diccionario de términos filológicos*, 41, que dice que es el abandono de la construcción sintáctica exigida por un período, para adoptar otra más acorde con lo que el hablante piensa.

[518] Ver el comentario de Stanley D. Clark, en el que se habla de un paréntesis (vv. 13-17), Stanley D. Clark, *Romanos*, en *Comentario bíblico Mundo Hispano*, 19:104.

[519] Gibbs, McGhee y Teague, *Introducción a la hermenéutica*, 68.

Si tu respuesta es SI, menciona algunas de las razones por las que lo has hecho.

1. _____

2. _____

¿Prestas atención al contexto antes de enseñar, predicar o usar un pasaje?

Sí – alguna vez ☐   No - Nunca ☐

• •

Capítulo 8
El estudio del texto (I)

"He guardado tus palabras en mi corazón
para no pecar contra ti".
Salmos 119.11, DHH.
"Postrado estoy en el polvo;
dame vida conforme a tu palabra".
Salmos 119.25, NVI.

En el libro de los Salmos encontramos un capítulo (el más largo de la Biblia), que está dirigido a presentar la palabra de Dios en su totalidad.[520] Para desarrollar este tema tan importante, el autor usa una serie de términos, en cada uno de los cuales habla de la Palabra de Dios destacando aspectos significativos de la misma. El Salmo está dividido en estrofas, cada una de las cuales representa una letra del alfabeto hebreo.[521] La importancia del tema de la Ley (palabra o revelación) de Dios en el Salmo se muestra con claridad en la variedad de términos que se utilizan para describirla y afirmarla. El autor usa, a lo largo del mismo y para describirla, una serie de términos que son prácticamente sinónimos.[522] Me gustaría mencionar algunos de los que aparecen en los primeros versículos (vv. 1-11) y que se repetirán a lo largo del Salmo.[523]

---

[520] Aunque se habla mucho de la Ley, no es una referencia a la revelación de Dios a Moisés en Sinaí, sino a las instrucciones divinas de manera más amplia.

[521] De allí los nombres que se encuentran en varias de nuestras versiones (por ejemplo NVI, DHH, RVR; etc.)

[522] Notar que salvo dos versículos de los 176 que contiene este Salmo tienen un término o palabra para referirse a la revelación de Dios.,

[523] Ver Samuel Pagán, *De lo profundo, Señor, a ti clamo* (Miami: Patmos, 2007), 603; o Mervin Breneman, "El libro de los Salmos", en D. Carro, J. T. Poe y R. O. Zorzoli, eds., *Comentario bíblico Mundo Hispano* (El Paso: Mundo Hispano, 1997), 371.

En primer lugar (v.1), habla de la "ley" (hebreo: *torah*). Este término viene de un verbo que significa "dirigir" o "enseñar". Se suele traducir como "ley" y "revelación". Es la voluntad de Dios revelada, tanto en "leyes" específicas o en toda su revelación. El v. 2 menciona el término "estatutos" (RVR: testimonios; hebreo: *'edot*), que proviene de un verbo que significa "dar testimonio". ¿Pero de qué? El énfasis se encuentra en dar testimonio de Dios mismo, y luego su voluntad y sus promesas. El v. 3 hace referencia a los "caminos" (hebreo: *derakim*; notar que el v. 15 agrega "sendas", hebreo: *'orjot*). Esta es una referencia al estilo de vida que corresponde a la dirección revelada por Dios. El v. 4 menciona sus "mandamientos" (hebreo: *piqqudim*), palabra que viene del verbo que significa visitar o prestar atención. Dios es el que tiene cuidado, visita o presta atención a cómo viven sus hijos de acuerdo a su palabra. Son ordenanzas de Dios que tienen que ver con la conciencia y la responsabilidad del ser humano. En el v. 5 se habla de los "estatutos" (hebreo: *huqquim*). La palabra se deriva de un verbo que significa "grabar" o "inscribir". El vocablo indica una ley escrita y definida, y subraya la permanencia y la autoridad de las Escrituras. El v. 6 contiene otro término que se traduce en NVI como "mandamiento" (hebreo: *miswot*), que se deriva de un verbo que significa "mandar" o "dar una orden". El énfasis de esta expresión se encuentra en la autoridad del que da la orden. El v. 7 habla de juicios (hebreo: *mishpatim*), que se deriva de un verbo, "gobernar" o "juzgar". Estas palabras se refieren a las normas éticas, los deberes y derechos que Dios, el juez sabio, ha dado para asegurar justicia entre los seres humanos. Los vv. 9-11 presentan un grupo de términos que señalan a la revelación de Dios por medio de palabras y promesas. Estos son "palabra" (hebreo: *dabar*), que es el término más amplio y se refiere a la voluntad explícita de Dios, su mensaje, su oráculo, y "dichos" (hebreo: *'imra*), término que está relacionado con lo que Dios ha dicho o prometido. Estas dos palabras se usaron profusamente en los libros proféticos para la revelación de Dios que habría de cumplirse, sin lugar a duda.

Como podemos ver, el salmista usó una terminología especial y eligió un grupo de palabras específicas. Para él, el valor de las palabras era importante para el mensaje que tenía que dar. En este capítulo vamos a pensar en las palabras que forman el texto bíblico y el valor, importancia y problemas que surgen del estudio las mismas.

El valor de las palabras

J. Scott Duvall y J. Daniel Hays: "¿Alguna vez has intentado montar uno de esos rompecabezas de mil piezas? En la caja se muestra un paisaje con una montaña majestuosa o una imagen con tres gatitos metidos en un canasto. Entonces vuelcas las mil piezas y con ellas comienzas a crear la imagen de la portada. Una y otra vez tomas una de las piezas, observas su forma y sus colores, e intentas encontrar su lugar dentro del esquema general. Cada una de las piezas aporta algo a la imagen general, y la imagen define a su vez cada una de las piezas individuales. Las palabras son como piezas de un rompecabezas. Cada una ocupa un lugar determinado para formar un relato o un párrafo dentro de una carta (i.e., la imagen o idea general). Hasta que no conozcamos bien el significado de ciertas palabras, no podremos entender el sentido de todo el pasaje. No conocer el significado de ciertas palabras de un pasaje de la Escritura puede compararse con el descubrimiento de que te faltan algunas piezas del rompecabezas. Igual que sucede con cada uno de los fragmentos del rompecabezas, las palabras dan vida a la imagen total".[524]

Este ejemplo es por demás ilustrativo, pues enfatiza que, por un lado, necesitamos la visión total del "dibujo" para insertar las piezas en el mismo, pero al mismo tiempo, son las distintas piezas las que terminan dando vida a la imagen total. No podemos dejar de lado la lectura y visión de conjunto del párrafo o perícopa que tenemos delante. Es esa visión de conjunto la que nos ayudará a encontrar el lugar de las palabras o unidades que son las que finalmente arman el conjunto.

Darrell Bock compara el texto bíblico con un edificio, que se construye pieza por pieza, donde las palabras son los bloques de la construcción. Aunque parezcan bloques separados, forman parte de un plan maestro. El uso de determinadas palabras no solo muestra el significado de las partes sino que da forma al conjunto.[525] El estudio de las palabras es de alguna manera investigar los componentes básicos del texto, o sea, el punto de partida del mismo. Rob Haskell habla de los círculos

---

[524] Duvall y Hays, *Hermenéutica: entendiendo la Palabra de Dios,* 185.

[525] Darrell Bock, "New Testament Word Analysis", en Scot McKnight, *Introducing New Testament Interpretation: Guides to New Testament Exegesis* (Grand Rapids: Baker Book House, 1989), 1:96.

del contexto, que presenta con el gráfico que está abajo y escribe lo siguiente: "El contexto no es algo que se aplica a las palabras, sino también a frases, oraciones y párrafos–a todas las unidades de sentido que son parte de comunicación oral o escrita. . . . Cada palabra tiene sentido dentro de su frase, cada frase tiene sentido dentro de la oración, cada oración tiene sentido dentro de su párrafo, etc".[526]

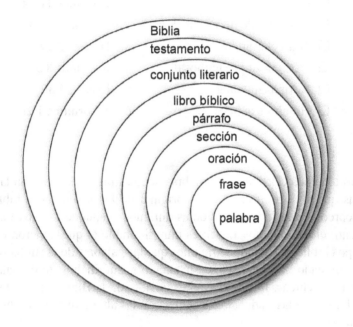

Es importante poner en relieve lo que estos dos autores citados mencionan. El valor de las palabras se encuentra relacionado con su contexto. Una práctica que se ha extendido a lo largo del tiempo ha sido la elaboración de mensajes a partir del "estudio" de ciertos términos partiendo de una concordancia, y dándoles en todos ellos el mismo significado. Las palabras de la Biblia están relacionadas con su contexto. Un ejercicio muy simple es tomar la palabra castellana "carne" (griego *sark*). Tomamos este ejemplo de la RVR. Este sencillo ejemplo puede mostrar hasta qué punto el significado de una palabra depende del contexto, ya sea una frase, oración o párrafo.

---

[526] Haskell, *Hermenéutica, interpretación eficaz hoy,* 171-172.

● ●

EJERCICIO 76

Relaciona el pasaje bíblico que se encuentra en la columna de la derecha con el significado del término (según su contexto) a la izquierda. Puedes comparar RVR con NVI, LBLA o DHH:

☐ Cuerpo	1. Romanos 11.14.
☐ Hombres de mi propia raza	2. 2 Corintios 10.3.
☐ Todo el mundo	3. Hechos 2.17.
☐ Naturaleza pecaminosa	4. Romanos 8.5.
☐ Normas humanas	5. Lucas 24.39.
☐ Hombres débiles	6. 1 Corintios 1.26.

● ●

Todos tenemos claro que las palabras de nuestras Biblias no son las palabras que se usaron en el texto original de los manuscritos bíblicos. El hebreo y el griego son idiomas antiguos y aunque los dos todavía se usan, el uso que hoy tienen es muy diferente al que tuvieron en los tiempos bíblicos. Cuando afirmamos que las palabras de la Biblia tienen su significado normal, estamos hablando primordialmente de palabras griegas y hebreas. El desafío del estudiante de la Biblia es, por lo menos, buscar en las traducciones cuáles son las alternativas de traducción de un texto.

Si bien no debemos aparentar un manejo de las lenguas bíblicas que no tenemos, si podemos (y debemos), a través de las herramientas que están a nuestro alcance, tratar de acercarnos al texto de las Escrituras lo mejor posible. En el Capítulo 1 mencionamos las herramientas para la interpretación bíblica y dimos algunos ejemplos de su uso. Lo que hacemos ahora es complementar lo ya mencionado. Reconozcamos que el uso del estudio de los términos en los idiomas originales cuesta trabajo, pero es una herramienta importante en la exégesis. Este estudio no toma el lugar de las varias etapas de análisis, síntesis y aplicación, sino que es una herramienta más, importante pero tan solo un instrumento, dentro del proceso del estudio del texto bíblico. Cuando hablamos del uso de las lenguas originales los dos aspectos más significativos son la lexicología y la gramática.

La lexicología

Por lexicología se entiende el estudio de las palabras. Debemos recordar que las palabras son la base de las lenguas. A través del uso de determinados términos, el autor está expresando una idea que tiene en mente. El estudio de una palabra bíblica debe hacerse a partir de la lengua original (hebreo o griego), y esto es muy útil en la enseñanza (predicación, estudio inductivo, etc.) de las Escrituras, y lo es de tres maneras.

En primer lugar, por su valor exegético y hermenéutico. Esto significa que ayuda a captar mejor el sentido de un concepto bíblico y sus implicaciones para la vida y experiencia cristianas. En segundo lugar, por su valor teológico y doctrinal. En la preparación de estudios, mensajes, o la propia comprensión de una enseñanza de la Palabra. Estudiar un término (hebreo o griego) nos ayudará a encontrar textos relacionados que nos ampliarán las ideas ligadas con el tema, para la preparación de estudios y sermones. En tercer lugar, tiene un profundo valor homilético. Ayudan al maestro- predicador a dar ilustraciones y ejemplos, que son importantes en la comunicación del mensaje bíblico.

Las palabras. Los creyentes latinoamericanos, acostumbrados a la lectura de la RVR, solemos pensar que el vocabulario o las palabras usadas en la Biblia son algo sobrenatural.

Rob Haskell: "A finales del siglo XIX hubo una época en que se debatía entre los eruditos qué tipo de idioma era el griego usado en el Nuevo Testamento. Las diferencias entre este griego y el de la literatura clásica griega son significativas, y en el siglo XIX el griego del Nuevo Testamento no acordaba con otros documentos griegos del siglo I, que se habían descubierto. Entonces, los estudiosos se preguntaron: ¿de dónde viene este estilo? ¿Por qué lo encontramos solo aquí en los textos del Nuevo Testamento? ¿Es algo, quizás, especial? Surgieron varias respuestas, como por ejemplo que el Nuevo Testamento representaba una especie de griego hebraizado solo usado en Palestina, o que era un griego usado especialmente para discusiones religiosas.[527] Pero a finales del siglo XIX, y gracias al descubrimien-

---

[527] Llegó a ser llamado el griego del Espíritu Santo, pues solo se encontraba en la Septuaginta y el Nuevo Testamento. Ver Everett Harrison, *Introducción al Nuevo Testamento* (Grand Rapids: TELL, 1987), 51. W. Robert Palmer, *Cómo entender la*

to de una gran cantidad de papiros escritos en griego, se estableció sin lugar a duda que el griego del Nuevo Testamento era el idioma común que se usaba en el mercado y en la vida cotidiana del imperio romano, y que no tenía pretensiones de ser literario".[528]

Cuando tratamos los términos bíblicos como palabras especiales, es decir, inspiradas por el Espíritu Santo (las palabras mismas), les atribuimos características que las palabras de uso común no tienen. Es verdad que estas palabras fueron escritas en un lenguaje antiguo, pero era la lengua común del pueblo en ese momento.

Ya hemos mencionado que Luis Alonso Schökel habla de tres niveles de lenguaje, que ahora vamos a desarrollar un poco más.[529] El primero que menciona es la lengua común, que es el humus, la base y abono, de todo el resto. Esta es la lengua de la comunicación familiar, a la que retornamos con gozo infantil; es la lengua de las emociones, la lengua para compartir ideales. Tiene gran riqueza personal, pero moderada precisión. Este es el lenguaje de la conversación ordinaria, familiar y social. Es el vocabulario que tiene un léxico con valor sonoro y significativo, que se automatiza y se hace inconsciente. Cuando una mamá le dice al médico que a su hijito le duele la panza, está usando este lenguaje, que no es preciso pero que está cargado de emotividad. La pregunta que nos hacemos es: ¿existe la lengua elemental de la conversación en la Biblia? Si bien no podemos decir que el lenguaje bíblico sea de este tipo, es claro que en muchas ocasiones los autores bíblicos usaron el lenguaje común. Cuando el salmista dice del sol que "sale de un extremo de los cielos y, en su recorrido, llega al otro extremo, sin que nada se libre de su calor". (Sal. 19.6), está usando una expresión que nosotros mismos usamos y que pertenece al lenguaje común y no científico o técnico. Una lectura de la Epístola a Filemón, como en otras cartas de Pablo (especialmente a los Corintios), se pueden ver muchas cosas que se dicen en estilo sencillo, en lenguaje cotidiano. La Biblia como Palabra de Dios para el pueblo de Dios usa un lenguaje (y palabras) accesible al mismo.

Biblia, 161-162: El alemán Roth escribió: "Podemos hablar, apropiadamente, de un idioma del Espíritu Santo; porque es evidente que el Espíritu Santo ha tomado parte en las palabras de la Biblia, moldeando para sí un modo de expresión distintivamente religioso del idioma".

[528] Haskell, *Hermenéutica: interpretación eficaz hoy*, 137.

[529] Alonso Schökel, *La palabra inspirada*, 120ss.

El segundo nivel que menciona Schökel, como se ha mencionado, es la lengua técnica o científica. Volviendo al ejemplo de la madre que visita al médico diciéndole que a su hijo le duele la "panza", suele recibir de este una serie de explicaciones que solo la confunden. El diagnóstico se encuentra en una lengua que la madre no entiende, pero que recibe confiada, porque le propone un tratamiento y una receta. Habitualmente solemos tener la sensación de que quien usa este tipo de lenguaje es alguien que sabe de qué habla. Si bien este tipo de lenguaje tiene su base en el anterior, la lengua común busca sacar los aspectos personales y subjetivos de la misma. Su propósito es la máxima objetividad, y así deja de lado la función expresiva del lenguaje. De acuerdo al campo en el que se desarrolla, crea sus propios términos, que forman una terminología casi universal, o al menos, rigurosamente traducible a los entendidos que hablan otros idiomas. En resumen, el profesional tiene un vocabulario común en las distintas lenguas. Repetimos que como lenguaje trata de evitar lo subjetivo y emocional para transmitir lo objetivo y conceptual. A medida que vamos creciendo en nuestro conocimiento como humanos, vamos desarrollando un lenguaje preciso según sea el campo. El de la tecnología es uno de los más conocidos.[530] Además de la precisión, la lengua técnica requiere también de un conocimiento del campo o una preparación previa para poder ser realmente comprendida. Dentro del lenguaje técnico podríamos ubicar al lenguaje religioso.

La Biblia contiene este tipo de lenguaje, especialmente en las leyes de tipo casuístico, o las normas y leyes que rigen el ritual. Este lenguaje ha sido tomado de la cultura oriental, por mediación de los cananeos. En la introducción a este capítulo vimos las distintas palabras que usó el autor del Salmo 119 para describir la revelación, palabras que también se encuentran en el libro de Deuteronomio y que son, en general, términos precisos. Pero hay una pregunta que debemos hacernos: ¿tenemos como evangélicos una lengua técnica? Tanto los ministros, pastores y músicos, como los creyentes en general, solemos usar un vocabulario "técnico", que demasiadas veces está fuera del alcance de la persona "nueva" en el evangelio. Cualquier hermano que haya tratado de leer

---

[530] Un ejemplo muy claro sobre esto se encuentra en el vocabulario tecnológico, especialmente en el campo de la computación, que ha incorporado a nuestro vocabulario una serie de términos que no existían, es decir, neologismos como: chateo, escaneo, memoria RAM, etc.

algunos de los comentarios más o menos específicos u obras teológicas, se ha enfrentado con ese tipo de lenguaje.

Finalmente, debemos mencionar la lengua literaria, que como hemos dicho también procede de la lengua común y no de la lengua técnica, como si fuera otra especialización paralela u opuesta.

> **Luis Alonso Schökel:** "La lengua literaria procede de la lengua común por potenciación. Toda la riqueza de las experiencias que deseamos compartir, toda la riqueza de nuestra vida interior que deseamos comunicar, no siempre alcanzan plena objetivación en el lenguaje común de la conversación. Terminada la conversación, muchas veces sentimos la distancia, la inadecuación de nuestras palabras. . . . La urgencia del diálogo nos robó las palabras, la intensidad del sentimiento inhibió en vez de favorecer la expresión. Y esos momentos en que lamentamos: no sé cómo decirlo. . . me faltan las palabras".

La lengua literaria intenta actualizar y objetivar en plenitud lo que queremos transmitir: conocimientos y emociones. Busca reunir todas las funciones del lenguaje aprovechando todos los recursos de su lengua. En ella importan las palabras y en general se las buscan con gran exigencia. No son un modo de decir, perfectamente separable de la cosa dicha. Importan las palabras en su calidad sonora, en su disposición rítmica, en su halo de connotaciones, en su resonancia semi- inconsciente. El que habla puede dar a sus palabras fuerza o matices de pronunciación y ademanes. Todo esto es algo que quien escribe no tiene la posibilidad de hacer. Es por eso que la lengua literaria tiene un sentido especial. Ustedes mismos al leer estas palabras no pueden ver mi expresión, ni escuchar mi tono. El desafío es tratar de usar la terminología que pueda transmitir mis pensamientos. Al mismo tiempo, la lengua literaria tiene una serie de convencionalismos (¿frases técnicas?) que se usan, tomados de otros escritos.

¿Encontramos lengua literaria en la Biblia? La mayor parte del Antiguo Testamento y parte del Nuevo, pertenece a este nivel de lenguaje, en dos sentidos. En primer lugar, usan la lengua literaria pre-existente. Muchas de las expresiones de los Salmos encuentran su paralelo en la poesía antigua, de la misma manera que los Proverbios tienen sus paralelos con la literatura sapiencial de los pueblos vecinos.[531] En segundo

---

[531] Para ver muchos ejemplos Matthews y Benjamin, *Paralelos del Antiguo Testamento*.

lugar, bajo la inspiración divina, desarrollaron su propia lengua literaria. Dos de los ejemplos se encuentran en las leyes apodícticas, cuyo
ejemplo especial son los llamados Diez Mandamientos. Este tipo de legislación no tiene paralelos con el Oriente Antiguo.

Al acercarnos al texto bíblico tenemos que tener en claro que encontramos que fue escrito en lenguaje humano y, por tanto, debe ante
todo ser interpretado gramaticalmente. En el estudio del texto, el intérprete puede proceder de dos maneras, puede empezar por la oración
gramatical como un todo, por la expresión del pensamiento del escritor como una unidad, y entonces descender a los detalles, a la interpretación de conceptos y palabras separadas. O puede comenzar con las
palabras, y gradualmente ascender a la consideración del argumento o
pensamiento como un todo. Cada uno de los métodos tiene su aspecto positivo y negativo. En este capítulo comenzamos con las palabras y
luego sus interrelaciones (gramática).

Darrell Bock presenta tres reglas, muy sencillas, que nos servirán
de guía, para el estudio de la terminología bíblica.[532] En primer lugar, el
que se acerca a la Palabra para comprenderla o entenderla e interpretarla debe buscar el significado que quiso dar el autor a cada palabra para
sus lectores originales. Parece una afirmación muy sencilla, pero recordemos que la comunicación fundamentalmente consiste en compartir
una idea de una persona a otra.

En segundo lugar, hay que tener presente que para establecer el significado preciso de una palabra, hay que reconocer que tiene un rango
posible de significados. A menudo un intérprete simplemente asume
que una palabra tiene siempre un solo significado específico. Sin embargo, el sentido de los términos puede cambiar de acuerdo al contexto
en que se usa o de persona a persona. Por lo tanto, el estudiante de la
Palabra debe tener cuidado en el estudio de las palabras que componen
el mensaje de las Escrituras.

En tercer lugar, las palabras operan en un contexto y reciben su
significado de ese contexto. Este punto es crucial. Las palabras vistas
como entidades separadas y aisladas no proporcionan la clave para el
significado de un texto. En cambio, las palabras en relación con otras
palabras forman la base de los conceptos que representan el mensaje de
un pasaje. Así la principal preocupación de la exégesis al determinar
el significado de una palabra es el escenario de la palabra en su libro,

---

[532] Bock, *New Testament Word Analysis*, 1:98.

verso y párrafo. Estos tres fundamentos proveen una sólida base para el análisis léxico, es decir, de las palabras, algo que el que estudia, interpreta o enseña la Biblia debe conocer con el fin de interpretar correctamente la Palabra de Dios.

El significado. En la obra de Lewis Carroll, *A través del espejo y lo que Alicia encontró al otro lado,* publicada pocos años después de la aparición de *Alicia en el país de las maravillas*, su autor logra una obra de mejor calidad literaria. Este libro, que vendría a ser la segunda parte del primero y más famoso, el autor ha logrado un nivel superior mediante la utilización de la técnica narrativa y el dominio de los juegos de palabras. Allí muestra un diálogo entre un personaje llamado Humpty-Dumpty con Alicia. La sección que nos interesa dice:

> — No sé qué quiere decir con eso de la "gloria"—Observó Alicia Humpty-Dumpty sonrió despectivamente.
> — Pues claro que no. . ., y no lo sabrás hasta que te lo diga yo. Quiere decir que "ahí te he dado con un argumento que te ha dejado bien aplastada".
> — Pero "gloria" no significa "un argumento que te deja aplastado" – objetó Alicia.
> — Cuando yo empleo una palabra —insistió Humpty-Dumpty en tono arrogante— significa lo que yo quiero que signifique. . ., ¡ni más ni menos!
> — La cuestión está en saber —objetó Alicia— si usted puede hacer que las palabras signifiquen tantas cosas diferentes.
> — La cuestión está en saber —declaró Humpty-Dumpty— quién manda aquí. . . ¡si ellas o yo![533]

Este diálogo plantea la cuestión de cómo trabajar o entender las palabras. Si Humpty-Dumpty tiene razón, mantener una buena comunicación sería imposible o por lo menos muy difícil, pues cada uno le daría a las palabras el sentido que quisiera. Intuitivamente creemos que

---

[533] Lewis Carroll, *Alicia en el país de las maravillas. A través del espejo* (Madrid: Cátedra), 316-317, se trata de una cita mencionada, en mayor o menor grado, por distintos autores al discutir el tema del valor de las palabras en la comprensión de la Biblia. Por ejemplo, García Jalón, *Lingüística y exégesis bíblica*, 25; Robert B. Chisholm, *From Exegesis to Exposition* (Grand Rapids: Baker, 1998), 31; Bruce K. Waltke y M. P. O'Connor, *An Introduction to Biblical Hebrew Syntax* (Winona: Eisenbrauns, 1990), 142

Alicia esta en lo correcto, pues uno no puede arbitrariamente asignar un significado a una palabra o cargarla con las ideas que se le ocurran.[534] Como escribió Robert Palmer: "Si deseamos conocer el significado exacto de la Palabra de Dios, debemos saber los significados exactos de las palabras usadas por Dios".[535]

Lo primero que tenemos que buscar es el significado básico, el que le dio el autor a determinada palabra. Walter Kaiser propone las siguientes claves.[536] El significado de las palabras está determinado, en primer lugar, por el uso general en el tiempo en que el autor escribió.[537] Ningún escritor inteligente deja de lado, deliberadamente el uso actual, el que prevalece en su tiempo, sin tener una buena razón para hacerlo y sin dejar alguna pista textual explícita que lo ha hecho.

La segunda clave de Kaiser es buscar el significado que el autor mismo quiso darle a la palabra. Si bien no es posible aplicar directamente la cita de Lewis Carroll, el ejemplo de Humpty- Dumpty, también ocurre que muchas veces los autores dan una pista del sentido especial que quieren dar a un término. Aunque es cierto que las palabras no tienen un significado independiente del que recibe del autor, sin embargo, debemos tener presente que para que haya comunicación, la terminología debe ser compatible para la audiencia. Debe relacionarse con lo que los oyentes o lectores pueden percibir. De otra manera, el mensaje sería incomprensible. Esta observación no niega que un autor puede comunicar un nuevo sentido a las palabras que utiliza. Sin embargo, sugiere que cuando el autor propone un nuevo significado, señalará alguna "pista" para que sus lectores o su audiencia puedan captar la nueva fuerza del término. Un ejemplo se encuentra en Hebreos 5.14: "el alimento sólido es para los adultos (griego: *teleíon*), para los que tienen la capacidad de distinguir entre lo bueno y lo malo". En este pasaje el autor aclara lo que quiere decir cuando usa el término griego *teleíon*, que NVI traduce como "adultos" mientras que RVR60 traduce como "los que alcanzaron madurez".

---

[534] Chisholm, *From Exegesis to Exposition*, 32.

[535] Palmer, *Como entender la Biblia*, 124.

[536] Kaiser, *Toward an Exegetical* Theology, 106.

[537] Técnicamente se habla del *usus loquendi*, frase latina que significa uso del habla, es decir, el uso común.

● ●

EJERCICIO 77

Lee los siguientes pasajes y define, según el texto bíblico, las palabras dadas a continuación de los mismos: Efesios 2.1; Juan 2.19-21; Juan 7.37-39.

1. Morir _____

2. Templo _____

3. Agua _____

● ●

Una tercera clave que podemos mencionar es que el significado de algunas palabras puede determinarse por los contrastes y antítesis contextuales. Un ejemplo que menciona Kaiser es 2 Corintios 3.4-6, donde el apóstol dice que el leteralismo (o literalismo exagerado) se opone al espíritu. Notar que Pablo usa el término griego *gramma* (letra) y no *grafe* (escritura). Es este leteralismo el que lleva a la muerte, mientras que el Espíritu lleva a la vida. Algo semejante ocurre en Romanos 8.5–8. En este caso, Pablo contrasta a quienes viven "conforme a la naturaleza pecaminosa" (griego, *sark*; RVR: "según la carne"), con los que viven "conforme al Espíritu".[538]

La etimología. El estudio o búsqueda del significado etimológico de las palabras merece atención, no por ser lo más importante para el que se acerca al estudio de la Palabra, sino porque precede, lógicamente, a todos los otros significados. Sin embargo, permitan que diga que, como criterio, no es aconsejable que el intérprete se extienda mucho en investigaciones etimológicas. Este trabajo es muy difícil y debe ser dejado a los especialistas. El estudio de la etimología no siempre da mucha luz sobre el significado de un término en el momento que lo usó un autor. No obstante, es aconsejable que el expositor de la Sagrada Escritura tenga esto en cuenta, ya que ello puede, en algunos casos, ayudar a determinar el significado real o iluminarlo de modo sorprendente.

---

[538] En la poesía del Antiguo Testamento, el uso del paralelismo es muy importante para la definición de los significados de las palabras. Sobre este tema hablaremos más adelante.

Es por esto que es importante investigar la raíz de un término y sus derivados. Debe quedar claro desde el principio que cuando nos acercamos a estudio de una palabra de las lenguas en las que fue escrita la Biblia es necesario comenzar con determinar el significado preciso de la misma, que se encuentra en los léxicos, para luego seguir con los pasos posteriores.

El primer paso es la identificación de la palabra hebrea o griega. Como paso previo a la definición precisa del término, debemos tener presente la identificación de la palabra. Esto debe ser hecho a la luz del hebreo y no del castellano. Un ejemplo se encuentra en el caso de las distintas palabras que se suelen traducir *rahab*. Si leemos en Josué 2.1 (y Jos. 2.6-25; Mt. 1.5) vemos que se trata del nombre de la prostituta que ayudó a los espías israelitas y que así se salvó con su familia. En el Nuevo Testamento se la alaba por su fe (He.11.31; Stg. 2.25). Pero al leer en Job 9.13 y 26.12 (también Sal. 89.10; Is. 51.9) encontramos una referencia un poco diferente. La diferencia la podemos descubrir usando el texto de RVR60 con los números de Strong en e-Sword y la *Nueva Concordancia Strong*.[539] Allí se ve que hay una diferencia entre la palabra usada en Josué (רחב = 7343), el nombre de la mujer mencionada cuyo significado es amplio, y la usada en Job, Salmos e Isaías (רהב = 7294), que significa orgullo, arrogancia, y era un nombre que se aplicaba a Egipto.

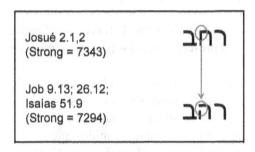

Josué 2.1,2
(Strong = 7343)

Job 9.13; 26.12;
Isaías 51.9
(Strong = 7294)

Si vemos los dibujos puestos junto a los números de Strong, la diferencia es muy pequeña, pero el significado resulta muy distinto. Esto nos recuerda las palabras de Jesús: "Les aseguro que mientras existan el cielo y la tierra, ni una letra ni una tilde de la ley desaparecerán hasta

---

[539] Strong, *Nueva Concordancia Strong*, 699; y en las páginas 122-123 del *Diccionario de palabras hebreas y arameas*, que se encuentra al final de la obra (y con una numeración nueva).

que todo se haya cumplido" (Mt. 5.18). Recuerda que ya mencionamos la utilidad de la *Concordancia Strong* para el estudio y comprensión de la Palabra de Dios.

El segundo paso debe ser la búsqueda en los diccionarios y léxicos (hebreo o griego).Ya hemos mencionado el diccionario que se encuentra al final de la *Concordancia Strong*, pero siguiendo los números de la misma hay varios diccionarios de los idiomas bíblicos accesibles. Por ejemplo, la obra de Moisés Chávez, *Diccionario del hebreo bíblico* para el hebreo y A. Tuggy, *Léxico griego- español del Nuevo Testamento* para el griego. Las dos obras se encuentran en e-Sword que, como ya dijimos, es un programa que se puede bajar gratis. Una mención especial merece la obra de W. E. Vine, *Diccionario expositivo de palabras del Antiguo y del Nuevo Testamento: exhaustivo*. Se trata de una obra que, si bien no es "erudita" en el sentido preciso del término, es práctica.

Este trabajo, que requiere tiempo, puede ser muy útil cuando estamos comparando versiones. En el ejemplo ya mencionado de 1 Tesalonicenses 4.4, el estudio de la palabra griega que se traduce "esposa" (RVR), "vaso" (LBLA) y "cuerpo" (NVI), es el término griego *skeuos*, cuyo significado básico es utensilio, vaso, vasija. En este sentido, escribe Berkhoff que el significado corriente, es decir, en relación con el uso de la palabra, es mucho más importante que su significado etimológico. Tengamos siempre presente que las palabras cambian su sentido con el curso del tiempo.[540]

El tercer paso es examinar los distintos significados a la luz de su contexto. Esto será presentado en los párrafos siguientes.

El sentido. En este apartado consideraremos los distintos sentidos que puede encerrar un término. Esto es lo que se conoce como polisemia. Además de la etimología de las palabras, un dato que debemos tener muy en cuenta son los distintos sentidos que tienen las palabras. A este estudio se lo ha llamado polisemia. Luis H. Rivas señala: "En la lingüística se habla de polisemia para referirse a la capacidad que tiene un término de expresar distintos sentidos, según sea el contexto en el que se lo coloca. Así, 'manzana' es el fruto del manzano, y también un espacio urbano delimitado por calles".[541]

---

[540] Berkhof, *Principios de interpretación bíblica*, 66.

[541] Rivas, *Diccionario para el estudio de la Biblia*, 149. Para una definición más técnica, ver Marta Marín, *Conceptos claves en gramática, lingüística, literatura*, 164-165;

Para referirse a este tema, J. Scott Duvall y J Daniel Hays hablan de una gama de significados (o variedad semántica), en referencia a que todo término tiene una gama de significados. Esto se da tanto en el caso de los términos hebreos o griegos (de las lenguas de la Biblia) como en los castellanos que se usan en las traducciones.[542] En el uso cotidiano de la lengua, reconocemos que los términos tienen más de un significado. Por ejemplo, cuando usamos el término "mesa", nos podemos referir a un objeto concreto, como a un grupo de personas que se reúne con un objetivo específico. Como menciona Henry A. Virkler, "las palabras que sobreviven por largo tiempo en un idioma adquieren muchas connotaciones".[543]

Rob Haskell: "Las palabras cambian a través de los años, y por eso tienen un sentido particular en un momento particular. Entonces, hay dos maneras de estudiar el sentido de una palabra. El estudio diacrónico (que significa a través del tiempo) determina lo que una palabra ha querido decir en diferentes épocas y cómo y por qué ha cambiado de sentido a través de los años. El estudio sincrónico (que significa en tiempo) determina el significado de una palabra en un momento particular. Entonces, ¿cuál es la manera de estudiar las palabras que más nos interesan en los estudios bíblicos? Nos interesan las dos maneras. El estudio diacrónico es importante porque debemos saber qué quisieron decir las palabras en el pasado, y desde nuestra perspectiva esto es un estudio diacrónico. Pero estamos principalmente interesados en el significado sincrónico de las palabras, o sea, lo qué quisieron decir en un momento particular".[544]

Ducrot y Todorov, *Diccionario enciclopédico de las ciencias del* lenguaje, 275; Carreter, *Diccionario de términos filológicos*, 327, quien distingue entre polisemia (varios significados) y disemia (dos significados).

[542] Duvall y Hays, *Hermenéutica: entendiendo la Palabra de Dios*, 196. En general, las palabras son polisémicas, es decir, tienen una variedad de significados, y son muy raros los términos monosémicos (un solo significado), y generalmente están relacionados con terminología técnica.

[543] Virkler, *Hermenéutica: principios y procedimientos de interpretación bíblica*, 86.

[544] Haskell, *Hermenéutica: interpretación eficaz hoy*, 139. Sobre los problemas en el uso de la etimología, ver Moisés Silva, *Biblical Words and their Meaning* (Grand Rapids: Zondervan, 1995), donde enfatiza el cambio de significado de las palabras con el paso del tiempo.

Este autor termina afirmando que si queremos saber lo que Dios nos quiere decir a través de su Palabra, debemos conocer qué querían decir los términos usados. Si bien este es un estudio más o menos técnico, hoy podemos encontrar suficientes recursos para el mismo. El autor hace referencia a los léxicos y las concordancias que ya mencionamos. Además de los distintos significados de las palabras debemos considerar el contexto o uso en otros textos del Nuevo Testamento. El Gálatas 3.4 encontramos una pregunta, que la NVI traduce: "¿Tanto sufrir, para nada?" (RVR: padecer). La misma pregunta es traducida por DHH como "¿Tantas buenas experiencias para nada?"[545] Como podemos ver estas traducciones, muy conocidas en nuestro contexto, tienen distintos acercamientos a este versículo. Al leer los léxicos podemos ver que el sentido básico del término griego *pasjo* era experimentar algo que venía de afuera.[546] Esta palabra se usó 42 veces en el Nuevo Testamento, principalmente con el sentido de sufrimiento (por ejemplo, Mr. 5.26; Mt. 27.19). En1 Corintios 12.26, Pablo compara u opone padecer o sufrir con honrar o alegrarse. De tal manera que dentro de las posibilidades que existen se debe reconocer que este término tiene el sentido de una experiencia dolorosa más que de una alegre.

Pero el problema de la polisemia debe también aplicarse a la terminología en castellano. Los traductores lucharon con esto. Es en este sentido que Rob Haskell menciona los campos semánticos, al pensar en los distintos significados de las palabras usadas por los traductores de la Biblia.[547] El ejemplo que menciona es el término "mundo" (especialmente en RVR60), que en griego está representado por tres palabras: *kosmos* (Mt. 5.14), *aión* (Mt. 28.20) y *oikoumenei* (Mt. 24.14), cada una de las cuáles tiene un sentido distinto, pero al mismo tiempo se refieren a un ámbito común, que es el planeta y la sociedad en la que vivimos.[548] Como podemos ver, el problema que suscita la polisemia puede ser aclarado por medio del contexto en el que se encuentra la palabra.

---

[545] La *Nueva Traducción Viviente* traduce de manera neutra: "¿Tantas experiencias para nada?"

[546] Kittel, Friedrich y Bromiley, *Compendio del diccionario teológico del Nuevo Testamento*, 777.

[547] Haskell, *Hermenéutica: interpretación eficaz hoy*, 145. Para Rivas, *Diccionario para el estudio de la Biblia*, 26, campo semántico es el grupo de palabras que coinciden en rasgos significativos comunes; ver también Marín, *Conceptos claves de gramática, lingüística, literatura*, 25-26.

[548] Haskell, *Hermenéutica: interpretación eficaz hoy*, 150-151. Por ejemplo, *kosmos* tiene el sentido de lo creado, orden, humanidad; *aion* tiene el sentido de *edad, período*;

El contexto. En ocasiones una misma palabra significa una cosa en lenguaje técnico y otra en leguaje popular. El término "verde" tiene varias acepciones. Si se usa literalmente designa un color, pero si se usa en una frase como "está verde" tiene el sentido de estar incompleto o inmaduro, o si es aplicado a una persona se refiere a falta de experiencia. Pero puede usarse de manera peyorativa (negativa) cuando decimos que es un "viejo verde". En este caso, no es una referencia ni al color ni a la falta de experiencia. ¿Cómo sabemos si significa una cosa u otra? En este último ejemplo (verde), todos sabemos a qué se refiere el término cuando lo usamos de una manera u otra. Si un extranjero nos pregunta como sabemos de qué manera se usa el término, la respuesta que damos es que todo depende de cuál es el contexto.

Como ejemplo, J. Scott Duvall y J. Daniel Hays mencionan el uso que el apóstol Pablo hace de la palabra "puerta" (*furá*) en 2 Corintios 2.12, donde es claro que el uso del término es metafórico.[549] Notemos en el Evangelio según Juan (10.1, 2 y 7-9) cómo juega el autor con el uso literal y metafórico del término. Eso muestra que, cuando leemos una palabra aislada de su contexto, no podemos saber bien cuál de los distintos significados que tiene es el que tenemos que tener en cuenta o aceptar. Más arriba se presentaron distintos gráficos para relacionar las palabras con el contexto. Una palabra se encuentra en una frase, y esa frase en un párrafo. Veamos algunos ejemplos.

Otro ejemplo del Nuevo Testamento mencionado es Efesios 4.29, especialmente el término griego *saprós*, que NVI traduce "obscena" (RVR: "corrompida"; LBLA y DHH: "mala"). El texto se ha usado muchas veces en nuestro contexto para referirse a términos obscenos o lo que llamamos "malas palabras", como NVI, LBLA o DHH. Al buscar en el léxico (de la *Concordancia Strong*) encontramos que esta palabra griega significa podrido, corrompido, que no vale nada. Después de saber qué significa el término, debemos ver el contexto en el que se encuentra. Allí hay un contraste: "Por el contrario, que sus palabras contribuyan a la necesaria edificación y sean de bendición para quienes escuchan". El contraste muestra que al autor está hablando de las palabras (conversaciones) que corrompen las relaciones. En cuanto

---

oikoumenei, que viene de *oikos*, se refiere a casa, lugar de habitación y tiene el sentido tierra, mundo o lugar que habitamos. Para los distintos significados, ver Kittel, Friedrich y Bromiley, *Compendio del diccionario teológico del Nuevo Testamento*.

[549] Duvall y Hays, *Hermenéutica: entendiendo la Palabra de Dios*, 202-203.

al Antiguo Testamento, una de las palabras que debe ser mencionada es la que casi siempre se traduce como "temor", que en pasajes como 1 Samuel 18.15 debería traducirse como "miedo" y en otros pasajes, como Proverbios 1.7, como reverencia, respeto. ¿Qué es lo que marca la diferencia? El contexto, es decir, cuál es la causa del temor. Si es Dios, entonces se trata de reverencia, respeto reconocimiento, pero si es un ser humano (o ejércitos) cambia el sentido.

Los sonidos. Un dato que debe tenerse en cuenta en la comprensión de las palabras es el sonido de las mismas. Debemos saber que las palabras son símbolos que tienen un significado, pero también tienen sonidos, que pueden producir un efecto especial en quien escucha.[550] Es claro que esto se trata de un trabajo que hacen los traductores, pero en ocasiones los sonidos son mencionados por los comentarios bíblicos y deben ser considerados. El autor bíblico puede llamar la atención a sus lectores ajustando las palabras al sentido que pretende, tomando en cuenta, de modo indirecto, su valor sonoro. Según Luis Alonso Schökel: "Los pueblos que han conservado la buena costumbre de recitar oralmente la poesía, han mantenido viva y despierta la sensibilidad para escuchar y apreciar la calidad fónica, sonora del lenguaje poético".[551]

Cuando Schökel habla de poesía no se limita a los llamados libros poéticos, como se verá más adelante. La poesía ocupa un lugar muy importante en el Antiguo Testamento, pues una gran parte del mismo está en esta forma literaria. Ampliando a Schökel, se podría afirmar que los pueblos que mantuvieron sus tradiciones por transmisión oral por siglos, prestaron mucha atención al valor sonoro de las palabras. La combinación de sonidos ayudó mucho a la fijación y la transmisión de generación en generación de las historias y de los mensajes de los profetas (la mayoría de ellos en forma poética). De la misma manera que hoy nos es más fácil recordar las letras de las canciones que los textos bíblicos.

---

[550] Tres términos que define José P. Tosaus Abadia, *La Biblia como literatura*, 136-137, son: onomatopeya, que es una repetición de sonidos que intenta reproducir o sugerir sonidos o movimiento reales; paronomasia, que es un juego de letras que consiste en reunir palabras de pronunciación parecida, pero de significado distinto. Un ejemplo de esto es Génesis 1.2, donde el autor usa las palabras *tohu vabouhu*, que en RVR60 se traduce como "desordenada y vacía". La NVI de manera acertada traduce "un caos total". Finalmente, se menciona la repetición de sonidos.

[551] Luis Alonso Schökel, *Hermenéutica de la Palabra: iInterpretación literaria de textos bíblicos* (Madrid: Cristiandad, 1987), 38-52, menciona ampliamente este tema. Ver también José P. Tosaus Abadia, *La Biblia como literatura*, 136-137.

Si bien este es un tema que se debe comprender desde las lenguas en que fue escrita la Biblia, especialmente el hebreo, hay algunos ejemplos que nos pueden ayudar a comprender mejor los juegos de sonidos usados por los autores en algunos pasajes. El primer ejemplo se encuentra en el libro de Jeremías (1.11, 12): "La palabra del Señor vino a mí, y me dijo: '¿Qué es lo que ves, Jeremías?' 'Veo una rama de almendro', respondí. 'Has visto bien —dijo el Señor—, porque yo estoy alerta para que se cumpla mi palabra'". El almendro es el primer árbol que florece en la tierra de Israel anticipándose a la primavera, y por eso en hebreo se llama *shaqued* (vigilante). Del mismo modo, el Señor vigila (*shoqued*, v. 12, o está atento) para que su palabra se cumpla. Para el profeta, esto era la garantía de parte del Señor y su promesa de que su palabra proclamada por Jeremías se haría realidad. El Señor no tardaría en cumplir su palabra, cuando Jeremías la declarase. Así como el brote temprano del almendro anunciaba la primavera, la palabra hablada señalaba su propio y rápido cumplimiento.

El segundo ejemplo se encuentra en el libro de Amós (8.1, 2), donde leemos: "El Señor omnipotente me mostró en una visión una canasta de fruta madura, y me preguntó: —¿Qué ves, Amós? —Una canasta de fruta madura—respondí. Entonces el Señor me dijo: —Ha llegado el tiempo de que Israel caiga como fruta madura; no volveré a perdonarlo". En este pasaje, vemos que el profeta cuenta una visión que tuvo, en la que vio una canasta de frutas maduras, que estaban a punto de estropearse ("pasas", 2 S. 16.1). En hebreo, la fruta en estas condiciones se conoció como *qayits*. El profeta combina este término con una palabra de sonido semejante en hebreo, *qets*, que significa fin o final. La traducción de RVR, no toma en cuenta este juego de sonidos que hace el autor y solo traduce lo más literalmente posible el hebreo, perdiendo parte del mensaje que el autor quiso transmitir (algo que intenta NVI).

● ●

EJERCICIO 78

Define en una frase y con tus propias palabras, los siguientes términos:

1. Polisemia: _____

_____

2. Etimología: _____

_____

3. Juegos de sonidos: _____

_____

• •

La sinonimia. Como mencionamos anteriormente, muchas veces el sentido de las palabras se descubre por medio del contraste u oposición. Ahora vamos a pensar en el valor de la sinonimia para acercarnos al significado de las palabras. Cuando hablamos de sinonimia nos referimos a cierta coincidencia en el significado entre dos o más vocablos.[552] Desde el punto de vista del texto, la sinonimia permite evitar las repeticiones indeseables, ayudando al autor a variar sus expresiones. Se ha dicho que existen sinónimos absolutos, es decir, palabras entre las que no hay ninguna diferencia contextual.[553] Pero también hay sinónimos relativos, que concuerdan entre sí en uno o más de sus significados, aunque difieran en otros. En este caso, cada uno tiene su matiz especial. Vamos a pensar en la sinonimia en el Antiguo y el Nuevo Testamento para ver el aporte que hace al estudio de la Biblia.

Al analizar la sinonimia en el Antiguo Testamento, podemos mencionar dos usos de la misma. El primero está en relación con los distintos términos para un mismo concepto en un libro o sección. Tal es el caso de Salmos 119, mencionado más arriba. En la misma línea se puede pensar en el vocabulario del pecado en el libro de Lamentaciones. El autor usa una serie de términos distintos en los primeros dos capítulos. La primer palabra hebrea es *pesha'* (NVI: "pecado"), que significa básicamente rebelión, romper las relaciones ya existentes (1.5, 14, 22; 3.42). La segunda (que también la NVI traduce como "pecado") es *hata'*, que tiene el sentido de errar el blanco, fallar a lo esperado (1.8; 3.39; 4.6, 13, 22; 5.7, 16; comparar Jue. 20.16: "sin errar"). Esta es sin duda la palabra más usada en todo el Antiguo Testamento para hablar de este tema. La tercera palabra es *marah*, que también puede ser traducida como ser terco, enfrentar, desobedecer (1.18, 20; 3.42). La cuarta palabra es *tamah* (NVI: "inmundicia"), que tiene que ver con la impureza. Finalmente, en

---

[552] Carreter, *Diccionario de términos filológicos*, 373; ver también Marín, *Conceptos claves, gramática, lingüística, literatura*, 202-203; y Ducrot y Todorov, *Diccionario enciclopédico de las ciencias del lenguaje*, 274-276.

[553] Alonso Schökel, *Hermenéutica de la Palabra*, 86, dice que la sinonimia perfecta o estricta quizá no exista.

2.14 se habla de "maldad" (*'awon*), cuyo sentido básico es torcer, distorsionar, doblar (2.14; 4.6, 13, 22; 5.7).

En cuanto a un pasaje, el ejemplo a mencionar es Isaías 53.2. Allí el profeta usa varias palabras para expresar la ausencia de gloria externa en la vida del siervo del Señor: "No había en él belleza ni majestad alguna; su aspecto no era atractivo y nada en su apariencia lo hacía deseable". La primera palabra (*to'ar*) significa aspecto, figura, presencia, con la idea adicional de belleza; y, por lo tanto, se refiere a la belleza corporal (ver 1 S. 16.18). La segunda (*hadar*) se refiere a un adorno, y aplicada a Dios, nos describe su majestad. Más que a una forma física, la palabra señala a la manera en que el Señor aparecería entre los seres humanos. Es la que se usa cuando se habla de la "hermosura de la santidad" (Sal.110.3). Y la tercera palabra (*mar'eh*, viene de *ra'ah*, "ver") se refiere algunas veces a una apariencia externa, que es la expresión de una manera de ser. La frase final es terminante, nada en su apariencia lo hacía deseable. El último término ("deseable", *jamar*) tiene el sentido de algo codiciable, agradable. Al usar esta terminología el profeta está afirmando que el aspecto externo del Siervo o Mesías no sería tal como los judíos esperaban.

En el Nuevo Testamento el pasaje clásico es Juan 21.15–17, cuando el Señor resucitado le preguntó al desanimado Pedro sobre su amor hacía él. Allí el Señor empleó dos palabras: *agapao* y *fileo*. Veamos solamente las preguntas con sus términos en una comparación entre RVR y NVI.

	RVR 1960	NVI
v.15	— Simón, hijo de Juan, ¿me amas (*agapao*) más que estos? — Sí, Señor, tú sabes que te quiero (*fileo*) —contestó Pedro.	Simón, hijo de Jonás, ¿me amas más que estos? Le respondió: Sí, Señor; tú sabes que te amo.
v.16	— Simón, hijo de Juan, ¿me amas (*agapao*)? — Sí, Señor, tú sabes que te quiero (*fileo*).	Volvió a decirle la segunda vez: Simón, hijo de Jonás, ¿me amas? Pedro le respondió: Sí, Señor; tú sabes que te amo.
v.17	— Simón, hijo de Juan, ¿me quieres (*fileo*)? A Pedro le dolió que por tercera vez Jesús le hubiera preguntado: "¿Me quieres?" Así que le dijo: — Señor, tú lo sabes todo; tú sabes que te quiero (*fileo*).	Le dijo la tercera vez: Simón, hijo de Jonás, ¿me amas? Pedro se entristeció de que le dijese la tercera vez: ¿Me amas? y le respondió: Señor, tú lo sabes todo; tú sabes que te amo.

A lo largo de los años, los comentaristas nos han mostrado la diferencia que existe entre ambos términos. En resumen, podemos decir que la primera expresa un amor controlado por la voluntad y de carácter duradero. Es la entrega al ser amado. Mientras que la segunda es más bien un afecto instintivo de los sentimientos o afectos naturales, susceptible a enfriarse fácilmente. Pedro no llega a comprender lo que le está preguntando el Señor, y este desciende al nivel de Pedro y en la tercera pregunta usa la misma palabra que Pedro. Estos ejemplos bastan para probar la gran importancia del estudio de los sinónimos. Aquí se abre un interesante campo de estudio para el que estudia la Biblia, dándole una mayor y mejor comprensión del texto. Las palabras tienen un valor especial en la comprensión de la Palabra de Dios, pero al mismo tiempo encierran un peligro. No en todos los pasajes se puede estudiar la terminología en detalle.

Errores en el uso de la lexicología

Como ya lo hemos mencionado, muchos tienen la tentación de presentar estudios bíblicos y doctrinales partiendo de palabras bíblicas. Sin juzgar si esto es una buena o mala práctica, es claro que se debe tener cuidado con la misma. Una palabra de alerta la da Donald A. Carson, quien presentó lo que llamó errores (falacias) en el estudio de las palabras.[554] Una lectura de los mismos será de mucha utilidad para evitar estas equivocaciones. Lo que el autor está tratando de presentar son los errores más comunes, que cometen aquellos que quieren hacer un estudio de las palabras y usarlas en los estudios bíblicos.

El error de tratar de comprender las palabras solo a partir de su etimología.[555] Uno de los errores más comunes es la idea de que el

---

[554] En esta sección seguiremos la presentación de Donald A. Carson, *Exegetical Fallacies* (Grand Rapids: Baker, 1996), 27-64, con algunas omisiones por no considerarlas importantes para nuestro estudio (Carson menciona 16 errores o falacias). Otras obras sobre el mismo tema son, Darrell Bock, "New Testament Word Analysis", en Scott McKnight, ed., *Introducing New Testament Interpretation* (Grand Rapids: Baker, 1989), 110-112; para el Antiguo Testamento, ver Kaiser, *Toward an Exegetical Theology*, 105-130, y el aporte de Silva, *Biblical Words and their Meaning*, 8-112.

[555] Algunos autores citan en castellano la obra de Carson, *Exegetical Fallacies*, usando el término falacia. Por ejemplo, Duvall y Hays, *Hermenéutica: entendiendo la Palabra de Dios*, 187-191. Cuando usamos el término falacia debemos saber qué significa. Según el Diccionario de la Real Academia falacia significa, engaño, fraude o mentira con que se intenta dañar a otro; o el hábito de emplear falsedades en daño

verdadero significado de un determinado término se encuentra en su raíz original. Esto ocurre cuando el estudiante o intérprete piensa que cada palabra actualmente tiene un significado implícito a su forma o componentes. La etimología de la palabra o de sus componentes puede que verifique el significado de una palabra en algún determinado contexto. El significado de la palabra no está atado a su etimología y debe ser descubierto por todo el rango semántico y por el contexto donde la palabra es usada.

Ya se ha mencionado que las palabras tienen una historia, y que la etimología representa el pasado de las mismas. Es importante saber qué significan en el momento en que el autor la usó. Eso mismo ocurre en nuestro idioma. El mero hecho de que alguien sea capaz de hablar de las partes esenciales de una palabra griega no significa que haya descubierto el verdadero significado de ese término.

Carson menciona el ejemplo de la palabra "apóstol", que está relacionada con el verbo enviar (*apostello*) y que muchas veces se usa mal al decir que un apóstol es alguien que es enviado, cuando el significado en el Nuevo Testamento es más bien mensajero. Es verdad que un mensajero usualmente es alguien enviado, pero el énfasis es sobre el mensaje y no sobre la acción de enviar. Un apóstol es un representante especial no simplemente alguien enviado.

La etimología tiene valor cuando intentamos entender el significado de ciertas palabras que aparecen una sola vez en la Escritura. Esto es mucho más frecuente en el hebreo del Antiguo Testamento, que en el griego del Nuevo Testamento. Carson cita a Moisés Silva, quien afirma que el valor relativo del uso de la etimología varía inversamente con la cantidad de material disponible en la lengua para comprender la palabra. Esto significa que para comprender las palabras muy usadas en el Antiguo o Nuevo Testamento, su etimología tiene menos valor.[556]

El error del anacronismo semántico. Este error tiene dos variantes. La primera es cuando le damos un significado de un tiempo, usualmente el contemporáneo, a una palabra de otro tiempo. Este es un gran error al hacerlo en nuestro propio idioma, pero ocurre también en los

---

ajeno. Aunque esta es la definición del término según el diccionario, no es el sentido que el uso cotidiano le da, ni lo que el término en inglés significa. Por eso, preferimos el término error.

[556] Carson, *Exegetical Fallacies*, 33; Silva, *Biblical Words and their Meaning*, 42.

idiomas originales de la Escritura. Usualmente esto ocurre al hacer un mal uso de léxicos y diccionarios, donde vemos un significado, pero pasamos por alto la información que nos dice que tal significado está limitado a un rango de tiempo fuera de la ocasión bíblica. Donald A. Carson utiliza el ejemplo de Romanos 1.16, donde la palabra *dynamis* ("poder") ha sido asociada con el término dinamita, poniendo énfasis en el poder "explosivo" del evangelio (posiblemente algunos de nosotros escuchó o predicó sobre esto). ¿Estaba Pablo pensando en la dinamita cuando utilizaba esta palabra? Afirmar que nuestra palabra dinamita proviene de tal término (*dynamis*), es no reconocer que esta es un término moderno que no tiene nada que ver con el uso de la palabra "poder" en la Escritura. Confundir o identificar los sentidos de estos términos induce al error y es peligroso. ¿Creemos que el poder de Dios tiene el mismo poder destructivo que la dinamita? Carson concluye diciendo que, por supuesto, lo que estos predicadores están intentando decir cuando aluden a la dinamita es que la grandeza del poder que actúa en el evangelio es inmensa. Aun así, cuando se trata de eso, Pablo no presenta el poderío de la dinamita, sino de la tumba vacía.[557]

En el Nuevo Testamento hay muchos ejemplos de este error. Otro ejemplo es la posible interpretación de 2 Corintios 9.7, cuando dice "Dios ama al que da con alegría". Dado que la palabra allí es *hilarón*, se puede concluir que lo que Dios ama es un hilarante, cuyo sentido en castellano no es el mismo que en griego. Un último ejemplo es el rango de significados y aplicaciones que la palabra sangre tiene en nuestros tiempos. Mientras que en la Biblia, particularmente en el Nuevo Testamento, sangre tiene que ver con la muerte, específicamente la muerte violenta y el sacrificio de Cristo, sería una pésima interpretación aplicar nuestro conocimiento médico contemporáneo al término bíblico "sangre". En el Nuevo Testamento esta palabra encuentra su significado (en su contexto) en relación con la muerte de Cristo en la cruz.

La segunda variante de este error es a la inversa. Esto ocurre cuando un significado pasado de la palabra es asignado a tal palabra en el tiempo bíblico. Algunos expositores usan léxicos obsoletos de las lenguas originales o asignan un significado clásico a una palabra bíblica, especialmente en el Nuevo Testamento, cuando el griego del mismo es *koiné* y no clásico.

---

[557] Carson, *Exegetical Fallacies*, 34.

El error de apelar a significados desconocidos o poco probables. Esto ocurre cuando el intérprete realmente va en búsqueda de un significado que avale su interpretación preconcebida. Si busca lo suficiente es muy posible que encuentre tal significado, y en algunos casos es posible que lo invente, en lugares o referencias oscuras para verificar tal significado. Por ejemplo, aunque la palabra "ley" en Pablo tiene su rango muy limitado de significados reconocidos, algunos intérpretes dicen que en 1 Corintios 14.34, 35, ley debe significar "interpretación rabínica", y que Pablo está meramente citando pero no concordando con tal interpretación. De tal manera que Pablo solo está citando a algún rabino (machista), al que refuta en los versículos. 36-40. Esta interpretación dejaría el texto de la siguiente manera: "[Algunos dicen] guarden las mujeres silencio en la iglesia, pues no les está permitido hablar. Que estén sumisas, como lo establece la tradición rabínica. . . . [Pero yo digo] ¿Acaso la palabra de Dios procedió de ustedes? ¿O son ustedes los únicos que la han recibido?" A pesar de que uno puede encontrar atractiva esta interpretación, no hay ninguna evidencia en la que se pueda decir que Pablo usa el término ley de esta manera.[558]

El error de apelar descuidadamente al contexto. Este error está muy relacionado con el anterior. En este caso, intérpretes apelan descuidadamente a ciertos trasfondos que convenientemente sostienen su interpretación favorecida. El ejemplo que menciona Carson es Juan 3.5, donde la frase "nacer de agua y del Espíritu" ha sido interpretada como refiriéndose al nacimiento natural ("agua", como referencia al líquido amniótico) y al nacimiento espiritual ("del Espíritu"). Esta interpretación ignora las muchas referencias que tiene el pasaje a que lo que "ha nacido del cuerpo es cuerpo". Esta interpretación, de que el agua se refiere al nacimiento natural tiene muchos adeptos, porque se supone que "agua" tiene ese simbolismo en ciertos trasfondos culturales que incluyen el judío.

Es mejor tomar la frase "de agua y del Espíritu" como significando la obra del Espíritu Santo, algo que se encuentra en Ezequiel 36.25-27. El profeta prevé un tiempo de purificación escatológica en que Dios rocíe agua sobre su pueblo, haciéndolos limpiar, una contraparte escatológica a los ritos de purificación de Levítico, y les dé un corazón y un espíritu nuevos. A Jesús le llama la atención que Nicodemo no

---

[558] *Ibid.*, 38.

comprenda esto (Jn. 3.10). Nacimiento o engendrar del agua y el Espíritu así no es una endíadis, sino una referencia a la doble labor del Espíritu (3.6), que al mismo tiempo purifica e imparte la naturaleza de Dios al ser humano.

El error de asumir algún significado técnico. En este error, el intérprete asume, equivocadamente, que una palabra siempre o casi siempre, tiene cierto significado técnico, que en general se deriva de alguna evidencia parcial o de la teología sistemática del intérprete. Por ejemplo, aunque santificación se refiere al proceso por el cual el creyente es progresivamente purificado, sería incorrecto deducir tal significado técnico de la palabra cuando otras referencias nos muestran que santificación también puede referirse a la separación inicial que Dios hace de las personas para sí mismo, como en 1 Corintios 1.2. Este error es particularmente peligroso cuando se basa toda una doctrina o práctica en un supuesto significado técnico de una palabra o frase.

El error de un análisis problemático de sinónimos. Carson menciona que Samuel Sandmel fue quien acuñó el término "paralelomanía", para referirse a la tendencia de muchos intérpretes bíblicos a hacer valer paralelos de dudoso valor.[559] El error consiste en que usamos los sinónimos como palabras "equivalentes", cuando en lingüística no es así. Los sinónimos no son palabras idénticas entre sí, pues dejarían de ser sinónimos y vendrían a ser meras equivalencias verbales. Mientras la evidencia lo permita, podemos ver cierta equivalencia en significado. Lo que nos va a ayudar a determinar qué tan sinónimo un término es de otro es el contexto.

El error del uso selectivo y prejuicioso de la evidencia. Este error pasa por alto la evidencia que contradeciría la interpretación del que estudia la Palabra, ya sea en el léxico o en la concordancia. Por ejemplo, limitando tanto el léxico como la concordancia, intérpretes afirman que "conocer a Dios" significa solo el tener la experiencia, el obedecerlo y el amarlo, y no significa un conocimiento intelectual de Dios y sus verdades. Pero esta es una falsa dicotomía, pues la creencia o fe cristiana no ocurre aparte del conocimiento intelectual cristiano. En los estudios

---

[559] *Ibid.*, 43, en referencia al artículo de Samuel Sandmel, "Parallelomania", *Ciencia Tomista* 81 (1962): 2–13.

de palabras, algunos autores y no pocos intérpretes, fuerzan la decisión entre esto o aquello, cuando un sentido complementario pudiera ser más aceptable. Debemos cuidarnos de no limitar el rango semántico de las palabras y crear subdivisiones inexistentes. De esta manera podremos prevenir una interpretación complementaria por medio de la afirmación de que tal o tal término deben tener este significado en oposición a aquél.

El error semántico-conceptual.[560] En este caso, el intérprete asume que una vez que ha estudiado una palabra, ha estudiado también todo un concepto. Si, por ejemplo, queremos descubrir lo que dice el Nuevo Testamento acerca de la iglesia, no hay duda de que hemos de estudiar la palabra que se traduce como iglesia (*ekklesia*). No obstante, sería un grave error concluir que una vez que hayamos estudiado el término *ekklesia,* ya sabremos todo lo que el Nuevo Testamento enseña acerca de la misma. Los conceptos son más amplios que cualquier palabra. Para ver lo que enseña el Nuevo Testamento respecto a la iglesia, hemos de ensanchar nuestro estudio a ideas como cuerpo de Cristo, templo del Espíritu Santo y familia de la fe. El concepto de iglesia es mucho más amplio de lo que nos dice al respecto la palabra *ekklesia.*

El error de recurrir solo al castellano. En todo caso, a cualquier lengua a la que se haya traducido el texto bíblico.[561] Este tipo de error se da cuando el que interpreta la Biblia realiza un estudio de palabras basándose en los términos del castellano en lugar de basarse en las palabras griegas o hebreas. El resultado es que se llega a conclusiones poco sólidas o que inducen al error. En este capítulo aprendemos a no cometer este error en nuestro estudio de las palabras. Puede ser que los que se acercan al texto no sean conscientes de que, muchas veces, una misma palabra hebrea o griega se traduce al castellano con distintos términos. Por ejemplo, en la NIV la palabra griega *paraklesisse* se traduce con las siguientes palabras: consuelo, ánimo, llamamiento, ser consolado, estimular, consolación, mensaje alentador, exhortación, de mucho ánimo, predicación, urgentemente. Es claro que palabras como consuelo

---

[560] Este error no se encuentra en Carson sino en Darrell Bock, "New Testament Word Analysis", 110-112.

[561] Los dos siguientes errores son tomados de Duvall y Hays, *Hermenéutica: entendiendo la Palabra de Dios,* 187-188.

y exhortación pueden significar cosas bastante diferentes, dependiendo del contexto.

El error de la sobrecarga. La mayoría de las palabras pueden significar varias cosas distintas. La falacia de la sobrecarga consiste en atribuir a las palabras todos sus sentidos cada vez que se utilizan. Por ejemplo, nuestra palabra "banco" puede aludir a un asiento, con respaldo o sin él, a un conjunto de peces que van juntos en gran número, a un establecimiento público de crédito y a otras nueve cosas distintas. Si asumiéramos que cada vez que aparece la palabra banco, esta conlleva, no uno, sino todos estos sentidos estaríamos sobrecargando el sentido del término usado. ¿Cuál de todos los que tiene es el sentido del término en una frase especial? El sentido se lo da el contexto de la frase. Por ejemplo, si decimos "cansado me senté en un banco", todos sabemos a qué nos referimos. Esto mismo suele ocurrir con la terminología bíblica. No podemos sobrecargar la palabra con todas las opciones (polisemia) en las frases en que aparece.

El error del cómputo de palabras. Este es un error que se comete cuando se insiste en que una palabra ha de tener el mismo significado cada vez que aparece. Por ejemplo, si estamos convencidos de que una palabra expresa cierto significado en siete de las ocho ocasiones en que aparece en el texto bíblico, podemos ser tentados a concluir que en el octavo pasaje en que aparece debe tener este mismo sentido. No obstante, como sostiene Darrell Bock, "lo que determina el significado de las palabras es el contexto, no el cómputo de las veces que aparece".[562]

• •

EJERCICIO 79

Escribe una frase en relación con cinco de los errores mencionados, los que consideres más importantes o peligrosos en el uso de la lexicología, con algún ejemplo:

1. _____

_____

---

[562] En Darrell Bock, *New Testament Word Analysis*, 111.

2. _____

_____

3. _____

_____

4. _____

_____

5. _____

_____

• •

La terminología

Hemos hablado acerca de un grupo de errores (once para ser precisos) comunes en los estudios de palabras. Puede que sea fácil cometer estos errores o aceptar una interpretación basada en alguno de los mismos. Pero ser conscientes de ellos nos ayudará a estar prevenidos. De todas maneras, creo que el estudio de la terminología es importante y útil en la comprensión de la Biblia. Es por eso que quisiera presentar algunas claves para hacer este estudio. El proceso consta de tres pasos: (1) Elegir las palabras para el estudio; (2) determinar el posible significado de la palabra escogida; (3) decidir lo que significa la palabra en este contexto.

De todos estos pasos, quizás el más importante es elegir las palabras con cuidado. Llevar a cabo adecuadamente un estudio de las palabras es un proceso que requiere trabajo. Por eso, el primer paso es saber qué palabras estudiar, dado que no se pueden estudiar todas las palabras del pasaje. Pero, aun más, no es necesario hacerlo. La mayoría de los pasajes bíblicos están llenos de palabras cuyo significado está perfectamente claro, pero también es innegable que algunas palabras demandan un estudio más profundo. La clave se encuentra en saber cuáles son. J. Scott Duvall y J. Daniel Hays dan las siguientes claves para tener en cuenta.[563]

En primer lugar, se deben buscar las palabras más importantes de un pasaje, que son sin duda las que ayudan a encontrar el sentido del mismo. Son términos que están cargados de sentido teológico o histórico.

---

[563] Duvall y Hays, *Hermenéutica: entendiendo la Palabra de Dios*, 191-192.

Son las palabras que llevan el peso del pasaje. Con frecuencia las palabras cruciales de un pasaje serán los sustantivos clave y/o los verbos. Un ejemplo se puede encontrar en Jeremías 4.2, donde el profeta comienza con el desafío "si con fidelidad, justicia y rectitud juras". Las tres palabras (fidelidad – justicia – rectitud) son claves para comprender el desafío que está haciendo el siervo de Dios.

En segundo lugar, se deben buscar las palabras que se repiten. En muchas ocasiones el autor indicará el tema que está desarrollando repitiendo las palabras que lo expresan. Al leer una perícopa o párrafo es importante prestar atención a la repetición de palabras. Un ejemplo clásico se encuentra en 2 Corintios 1.3-7. En el v. 3 hace su primera aparición la palabra "consolación" y la última en el v. 7. El uso de la palabra ayuda a dividir el párrafo (perícopa). Por otro lado, en la perícopa (cinco versículos) se usa nueve veces términos relacionados (consolación - consolar). Pero al mismo tiempo, se debe considerar otro grupo de palabras, las que comportan aflicción – sufrimiento – tribulación. Para cualquier lector es claro que el tema y énfasis del mismo es la fuente del consuelo frente a la aflicción.

• •

EJERCICIO 80

Lee con atención los siguientes pasajes y coloca cuáles son las palabras que se repiten:

1. Mateo 5.1-12 _____

2. Juan 15.1-11 _____

• •

En tercer lugar, se debe buscar o prestar atención a las figuras retóricas.[564] Nos referimos a las expresiones en las que las palabras no se usan en un sentido literal, sino como imágenes o representaciones. Más adelante hablaremos de las figuras literarias. En este momento solo

---

[564] Las obras claves para este tema son, Ethelbert W. Bullinger, *Figures of Speech Used in the Bible* (Grand Rapids: Baker, 1968); una adaptación de esta obra, realizada por Francisco Lacueva, se encuentra en castellano: Ethelbert W. Bullinger, *Diccionario de figuras de dicción usadas en la Biblia* (Barcelona: Clie, 1985); Schökel, *Hermenéutica de la palabra*, 168-197.

queremos pensar en palabras que se usan de manera retórica o figurada. Ya mencionamos el pasaje de Juan 10, donde Jesús usa el término
"puerta" en sentido literal y figurado. Debemos tener presente que en
ocasiones no es automático comprender si se está usando un término
de manera literal o retórica, o cuál es el uso que tiene la figura. Jesús
mismo preguntó a sus discípulos, "¿cómo es que no entienden que no
hablaba yo del pan sino de tener cuidado de la levadura de fariseos y
saduceos?" (Mt. 16.11). Algunas figuras son claras, como por ejemplo,
Jeremías 15.16 ("comer"). Otras han dado lugar a discusiones teológicas, como por ejemplo, cuando en Filipenses 2.7 el apóstol habla de
"rebajarse" (RVR: "despojarse"). Algunas figuras deben ser leídas en
el contexto, pues no siempre significan lo mismo. Por ejemplo, "león"
en Apocalipsis 5.5 y 1 Pedro 5.8. Pero una cosa es clara, cuando estudiamos una palabra debemos tener en cuenta si se usa como una figura
o debe ser leída de manera literal.

Finalmente, se deben leer o estudiar las palabras que tienen un sentido ambiguo o que son difíciles de comprender. Siempre debemos
comprender el pasaje en castellano. Es por eso que el uso de distintas
traducciones es de suma utilidad, especialmente si se comparan las versiones de equivalencia formal (RVR- LBLA) con las de equivalencia
funcional o dinámica (NVI – DHH). De ser necesario, debemos usar
diccionarios de la lengua española. Al comparar las traducciones debemos buscar las palabras en las que no se ponen de acuerdo. En este
caso la *Concordancia de Strong* o la RVR con números de Strong, que
se encuentran en e-Sword, son muy útiles, pues a partir de saber qué término es en griego o hebreo podemos comenzar el estudio profundo de
la palabra. Escribió J. Scott y J. Daniel Hays: "Quizá algún escritor
esté utilizando una palabra en un sentido técnico o especializado. Una
buena regla y muy simple es que 'las palabras más importantes son
aquellas que plantean problemas', y si una palabra da problemas, lo
que hay que hacer es estudiarla un poco más".[565]

La importancia de la gramática

Después del estudio de las palabras, un segundo aspecto muy importante para la plena comprensión de un texto es el estudio de las unidades,

---

[565] Duvall y Hays, *Hermenéutica: entendiendo la Palabra de Dios*, 191-192

es decir, las formas gramaticales. Probablemente a muchos de nosotros en las escuelas (primaria o secundaria) debió parecernos algo tedioso y aburrido el estudio de la gramática. Hubo un tiempo en el que aprender las partes de la oración era para nosotros algo sin sentido. Conocer la diferencia entre verbos, sustantivos y adjetivos era algo que considerábamos sin importancia. Escribió José P. Tosaus Abadia: "La coherencia de un texto tiene dos dimensiones. Una, externa, que sirve como marco de referencia: nuestra experiencia y conocimiento del mundo, que pueden ser más o menos amplios. Otra, interna, la relación existente entre las partes de cada sentencia y entre una sentencia y otra".[566]

Para este autor, la dimensión externa tiene que ver con la relación con la realidad. No solamente se debe expresar bien una idea, sino que debe sostenerse en relación con la realidad que trata de describir. Pero cuando se habla de la dimensión interna, esto tiene que ver con la correcta relación de las partes entre sí. Tengamos presente que la oración gramatical como un todo es la expresión básica del pensamiento del escritor como unidad. Es a partir de ella que se puede pasar a la interpretación y comprensión de conceptos y palabras separadas. Toda palabra está relacionada a las que la acompañan, y el valor o significado de esta es determinado en gran parte por esta relación.

Una de las mayores dificultades que tenemos en el estudio de la Palabra de Dios es nuestra falta de conocimiento gramatical de nuestra propia lengua. Un principio básico de la comprensión y el aprendizaje es que partimos de lo conocido a lo desconocido o por conocer. Se espera que los que quieren comprender y exponer (estudios bíblicos, sermones, etc.) la Palabra de Dios, aunque no conozcan nada de las lenguas de la Biblia, por lo menos tengan un conocimiento básico de su propia lengua, es decir, que la entiendan en su idioma.

Louis Berkhoff recuerda que "el lenguaje de la Escritura debe ser interpretado según su significado gramatical, y el significado de cualquier expresión, proposición o declaración, ha de ser determinado por las palabras que en ella se emplean".[567] Es por eso que, a modo de introducción, quisiera hacer algunas aclaraciones gramaticales básicas. Cuando leemos en un comentario que la oración que tenemos por delante es una oración condicional, debemos saber de qué estamos hablando. Lo mismo ocurre si se trata de un sustantivo, verbo o adjetivo. Las par-

---

[566] Tosaus Abdia, *La Biblia como literatura*, 222.
[567] Berkhof, *Principios de interpretación bíblica*, 71.

tes de la oración son importantes, por lo que dedicaremos un espacio a las mismas.

El sustantivo

Reconocer qué rol juega en la oración una palabra es muy importante. Recordemos que los sustantivos son las palabras que se usan para designar los objetos o las personas, ya sean reales o imaginarios.[568] Los adjetivos, por otro lado son la terminología que sirve para agregar alguna característica o señalar algo del sustantivo. Un lugar especial merecen en esta presentación los verbos, pues ellos son las partes de la oración que comunican la acción. En algunos idiomas, las palabras cambian de forma (normalmente es en la terminación) para mostrar la función gramatical que cumplen. Estas diferentes modificaciones se agrupan y forman conjuntos llamados casos. Cada idioma tiene casos diferentes y los utiliza a su manera. En español, los sustantivos mantienen su forma, sin importar su uso en la oración. Es decir, podemos escribir, "Un hermano tiene un hijo", o "Un hijo tiene un hermano", sin cambiar los nombres "hijo" y "hermano". En otras palabras, en castellano no existen los casos para los sustantivos. En el griego, los sustantivos son modificados para indicar su función. Esto permite cambiar el orden de las palabras sin confundir al lector en cuanto al sentido en que se usa.[569] En el Nuevo Testamento encontramos distintos casos, pero en castellano no. Nosotros sustituimos ese sistema desinencial mediante el uso de preposiciones.

Uno de los casos más conocidos en el Nuevo Testamento es el caso genitivo. Cuando hablamos de esto, nos referimos al caso de las lenguas que tienen una declinación en genitivo con la que, en general, se expresa la relación de posesión o pertenencia o la materia de que está hecha una cosa.[570] En el Nuevo Testamento se trata de un caso de definición o descripción, que limita al sustantivo que modifica (precedente). Por ejemplo, en Juan 5.27 tenemos la frase "hijo del hombre", que en griego es la combinación de dos palabras υἱος ἀνϑρωπου. Normalmente la palabra hombre es ἄνϑρωπος, pero en genitivo tiene una terminación diferente (ου- llamada desinencia), que muestra que es un

---

[568] Marín, *Conceptos claves en gramática, lingüística, literatura*, 207; Ducrot y Todorov, *Diccionario enciclopédico de las ciencias del lenguaje*, 290.

[569] Richard B. Ramsay, *Griego y exégesis* (Miami: Clie, 2006) 111.

[570] "Genitivo", en *Diccionario general de la lengua española Vox*, 1997.

genitivo. Como vemos, en la traducción en castellano, expresamos el genitivo del sustantivo mediante la preposición "de".

Entre las divisiones con que los gramáticos suelen sistematizar la gran variedad de genitivos sobresale, por su claridad y utilidad, la distinción entre genitivo subjetivo y objetivo. Así, "el amor del padre" puede significar dos cosas muy distintas: el amor con que ama el padre (sujeto del amor) y el amor con que el padre es amado (objeto del amor). Pero tengamos en cuenta que en ocasiones en el Nuevo Testamento tiene más de un significado. Por ejemplo, cuando el apóstol escribió "el amor de Cristo nos obliga" (2 Co. 5.14), ¿qué quiere decir? No se refería solamente el amor de Pablo hacia Cristo (eso sería un genitivo objetivo), sino que es también el amor de Cristo hacia nosotros (genitivo subjetivo), porque ese amor "apremiante" viene a ser una fuerza viva que actúa en la vida del apóstol.

Volvemos a repetir que, al usar este caso (genitivo), en general se habla de una característica del sustantivo que modifica. El genitivo indica posesión, procedencia, pertenencia o una característica especial. En el Nuevo testamento encontramos dos usos del caso genitivo, que merecen ser considerados de manera especial. Uno es el que Rivas llama genitivo "epexegético" (explicativo), que no expresa propiedad, materia o lugar, sino que se debe tomar como una aposición que explicita la verdadera naturaleza de ese sustantivo.[571] En Mateo 12.39, "la señal del profeta" Jonás no se refiere a que era propiedad de Jonás o a un signo que dará Jonás o algo que viene de Jonás, sino "el signo que es Jonás". Otro ejemplo es "el don del Espíritu Santo" (Hch. 2.38) no es algo que será dado por el Espíritu Santo, sino que es "el don que es el Espíritu Santo".

El segundo tipo que menciona Rivas es el que llama genitivo hebraico. Este es producto del influjo de la gramática hebrea sobre los escritores del Nuevo Testamento.[572] Hay en el mismo, pasajes en los que los autores usaron un genitivo en lugar de un adjetivo, siguiendo un giro lingüístico de la lengua hebrea. Esto se nota particularmente en el libro de Hebreos, donde el autor dice "cetro de justicia" (1.8, RVR: "cetro de equidad") debe entenderse como un "cetro justiciero", como dice DHH: "reinado de justicia". En Hebreos 1.3, RVR traduce "palabra de su poder", lo que es literal, mientras que NVI traduce con acierto "palabra poderosa".

---

[571] Rivas, *Diccionario para el estudio de la Biblia*, 74.
[572] *Ibid.*, 75. Rivas lo relaciona con los semitismos.

En relación con el sustantivo, se deben mencionar también los pronombres, que se usan en lugar de los sustantivos para hacer las oraciones más breves. Al decir de Marta Marín, los pronombres cumplen una función deíctica, es decir, sirven para señalar personas, situaciones, lugares o hechos. Uno de los problemas que existen con los pronombres es conocer a quien se refieren, es decir, cuál es su antecedente. Por ejemplo, en Juan 14.6, los nombres "yo" y "mí" están reemplazando el nombre de Jesús y el pronombre "le" se refiere a Tomás. Piensa lo complejo que sería leer este texto sin los pronombres (usando los nombres de la personas). Por otro lado, si no se toma en cuenta el antecedente de "le", no sabemos bien a quien se dirige Jesús.

• •

EJERCICIO 81

Lee Hechos 2.15 y escribe a quienes se refiere el pronombre "estos".

_____

_____

_____

• •

Los adjetivos

De manera general podemos decir que cuando hablamos del adjetivo, nos referimos a la parte variable de la oración que acompaña generalmente al sustantivo para calificarlo (adjetivo calificativo, cuando se presentan las calidades o circunstancias de una persona o cosa) o determinarlo (adjetivo determinativo, es decir, lo que distingue al sustantivo). En resumen, su función básica es describir o limitar a un sustantivo. En el Antiguo Testamento los adjetivos ocupan un lugar muy importante. El hebreo continuamente hace uso de oraciones simples conformadas por un sustantivo que funciona como sujeto y un adjetivo que funciona como predicado. Estas oraciones son oraciones no verbales, dado que el verbo "ser" o "estar" no se escribe sino que se implica. Sin embargo, el verbo debe incluirse en la traducción.[573] Entre los ejemplos podemos mencionar Salmos 25.8: "Bueno y justo **es** el

---

[573] Page H. Kelley, *El hebreo bíblico: una gramática introductoria* (Grand Rapids: Eerdmans, 1992).

Señor;" o Números14.7: "La tierra que recorrimos y exploramos es increíblemente buena".

Los verbos

En castellano, cuando hablamos de verbo, nos estamos refiriendo a la parte de la oración que afirma una acción o estado. Veamos las siguientes definiciones para completar la idea: "Clase de palabra que se usa para designar la clase de palabra que sirve para nombrar acciones o estados y cuya función es la de núcleo del predicado verbal".[574] En relación con la comprensión de las Escrituras, es muy importante poner especial atención en identificar la acción del verbo. Su tiempo (presente, pasado o futuro), el modo de la acción (directa o indirecta; simple o un mandato o imperativo) y la relación del sujeto con la acción (activa o pasiva). Algunos ejemplos que nos pueden ayudar a ver la importancia de esta tarea son los siguientes.

En cuanto al Nuevo Testamento, podemos citar 1 Juan 4.1: "Queridos hermanos, no crean a cualquiera que pretenda estar inspirado por el Espíritu". En este versículo la construcción verbal ("no crean") es una negación con un presente imperativo, que muestra que se trata de una prohibición. Como escribió W. W. Klein, es una construcción empleada para prohibir algo que ya estaba ocurriendo.[575] J. Scott Duvall y J. Daniel Hays mencionan Colosenses 3.1: "Ya que han resucitado con Cristo, busquen las cosas de arriba".[576] Allí hay un verbo en voz pasiva ("han resucitado") que es cuando el sujeto recibe la acción, es decir, ellos no hicieron nada (para resucitar), esto fue obra de Cristo. Y a continuación viene un verbo imperativo activo ("busquen"). El mandato ahora que habían recibido la posibilidad de una nueva vida por Cristo era poner su mira en las cosas de arriba.

En el Antiguo Testamento, los verbos tienen una característica diferente a la del castellano (y casi todas las lenguas modernas), pues no tiene la noción de tiempo implícito en el que transcurre la acción. Esta ubicación (pasado- presente – futuro) la da el contexto. Dice el texto en Isaías 9.2: "El pueblo que andaba en la oscuridad ha visto una gran luz; sobre los que vivían en densas tinieblas la luz ha resplandecido".

---

[574] Marín, *Conceptos claves en gramática, lingüística, literatura*, 220; ver también Real Academia Española, *Esbozo de una nueva gramática de la lengua española* (Madrid: Espasa Calpe, 1999), 249.

[575] Blomberg, Hubbard, y Ecklebarger, *Introduction to Biblical Interpretation*, 172.

[576] Duvall y Hays, *Hermenéutica: entendiendo la Palabra de Dios*, 60.

El verbo "ha visto" es una forma verbal hebrea que tradicionalmente se traduce en pasado. Sin embargo, el texto está profetizando, o sea, anticipando algo que va a pasar. El profeta lo coloca de esta manera para afirmar la certeza que tiene de su cumplimiento. Es lo que se ha llamado perfecto profético.

Como ya dijimos y repetimos, identificar los verbos es de mucha importancia en la comprensión de las Escrituras. Para ello, el primer paso es leer el texto en más de una versión y comprender lo que dice en nuestra lengua, para luego pensar en la de la Escritura. Los comentarios serán de gran ayuda, pero aun sin ellos, el estudio de la palabra hará posible su comprensión.

Los adverbios

Ya mencionamos que los adjetivos califican o determinan a los sustantivos. Los adverbios hacen lo mismo (califican o determinan) a los verbos. Según Marta Marín, son la clase de palabra que sirve para indicar la circunstancias en las que se cumple la acción del verbo. Hay adverbios de tiempo (ahora, después), de lugar (acá, allá, dondequiera), de modo (pronto), de negación (no), y de cantidad.[577]

• •

EJERCICIO 82

En cada uno de los pasajes que están a continuación hay un adverbio. Lee y coloca la letra correspondiente al adverbio que está en el pasaje (puede haber más de un pasaje por adverbio):

Tiempo (ahora, después),	Juan 13.27	_____
	Lucas 18.8	_____
Lugar (acá, allá, dondequiera)	Génesis 41.14	_____
Modo (pronto)	Ezequiel 11.22	_____
	Mateo 24.28	_____
Negación (no)	Hechos 24.4	_____
Cantidad	Gálatas 1.6	_____
	Apocalipsis 4.1	_____

• •

---

[577] Marín, *Conceptos claves: Gramática, lingüística, literatura*, 13.

Sentencias y oraciones

De acuerdo a la gramática española, la oración es una unidad de sentido completa en sí misma.[578] Tiene sentido completo, autonomía sintáctica y figura tonal propia, o como escribe otro autor: es la expresión hablada de un pensamiento. Cuando hablamos de la cohesión textual mencionamos la relación gramatical y semántica entre los enunciados que forman ese texto. Vuelve a leer estas dos páginas con sus ejemplos para tener en cuenta la importancia de las mismas.[579]

En castellano la construcción de la oración admite una gran variedad de orden. Sin embargo, normalmente se coloca el sujeto en primer lugar, con sus complementos, y luego viene el predicado con los suyos. En el griego del Nuevo Testamento ocurre algo semejante.[580] En cuanto al hebreo del Antiguo Testamento, aunque la oración normalmente comprende sujeto y predicado, en general se coloca primero el predicado, con sus modificadores, y luego viene el sujeto. Si existe algún elemento que resaltar, se lo coloca en primer lugar. Esta ubicación en el hebreo no significa que deba traducirse de la misma manera en castellano, pues en nuestro idioma el lugar de las partes de la oración es diferente.[581] El ejemplo clásico se encuentra en Génesis 1.1.

---

[578] Real Academia Española, *Esbozo de una nueva gramática de la lengua española*, 349. Mientras para el *Diccionario general de la lengua española Vox*, frase, proposición y oración son sinónimos; para García-Jalón, *Lingüística y exégesis bíblica*, 37-52, hace la diferencia entre sintagmas, que son varios nombres relacionados (por ejemplo, agua turbia); y las proposiciones, que son una secuencia de voces que constituyen un juicio. En este último caso es indispensable que haya un verbo. Para la Real Academia Española, *Esbozo de una nueva gramática de la lengua española*, 351, la frase es cualquier grupo de palabras conexo y dotado de sentido. No necesita tener verbo, a diferencia de la oración que debe tenerlo.

[579] Ver Roberto Hanna, *Sintaxis exegética del Nuevo Testamento griego* (El Paso, TX: Mundo Hispano, 2000), 25-122;

[580] Para Clarence Hale, *Aprendamos griego* (Miami: Logoi, 2001) 51, "La oración es un grupo de palabras que expresa un pensamiento completo;" ver también Humberto Casanova Roberts, *Introducción al griego del Nuevo Testamento* (Grand Rapids: Desafío, 2001), 155ss; Jaime Berenguer Amenós, *Gramática griega* (Barcelona: Bosch, 1999), 250ss. La obra que tiene una amplia discusión sobre las oraciones es H. E. Dana y Julius R. Mantey, *Manual de gramática del Nuevo Testamento griego* (El Paso, TX: Casa Bautista de Publicaciones, 1975), 261-296.

[581] Para ver la secuencia gramatical en hebreo, la obra por excelencia es Paul Joüon y Takamitsu Murakoa, *Gramática del hebreo bíblico* (Estella: Verbo Divino, 2007), 595ss; ver también, Thomas O. Lambdin, *Introducción al hebreo bíblico* (Estella: Verbo Divino, 2001); William Sanford LaSor, *Manual de hebreo bíblico,* (Bogotá: Centros de Literatura Cristiana, 2001), 2:195ss.

RVR 1960	NVI
En el principio creó Dios los cielos y la tierra	Dios, en el principio, creó los cielos y la tierra.

Como podemos ver la RVR sigue literalmente el hebreo, pero es una mala traducción al español, pues la gramática castellana coloca el sujeto antes que el predicado (salvo excepciones claras). Ocurre con frecuencia, sin embargo, que los escritores bíblicos, por una razón u otra, se apartan del orden. En algunos casos lo hacen para lograr efectos retóricos; en otros, para poner ciertos conceptos en más estrecha relación con otros. En algunos casos, el deseo de dar énfasis a una palabra les induce a tal transposición. Tales casos son de particular importancia para el intérprete. El contexto revelará, generalmente, la razón del por qué se ha producido dicho cambio.

Capítulo 9
El estudio del texto (II)

"Tomen el casco de la salvación
y la espada del Espíritu,
que es la Palabra de Dios".
Efesios 6.17.

Al final de una de las cartas más interesantes del apóstol Pablo, Efesios, el apóstol prepara y anima a los creyentes para las luchas que cada día deberían enfrentar. Desde el principio les declara que nuestra lucha no es contra seres humanos, sino contra poderes que dominan el mundo de tinieblas. En la vida cristiana luchamos contra fuerzas malignas encabezadas por el diablo (1 Pe. 5.8). En esta lucha no debemos confiar en nuestras fuerzas. Por el contrario, Pablo afirma que para contrarrestar esos ataques debemos depender de la fortaleza de Dios.

Cuando Pablo presenta el equipo que tiene el cristiano para enfrentar esa lucha, lo hace lo hace teniendo en mente, en primer lugar, los pertrechos de un soldado romano, el que probablemente lo estaba custodiando (Hch. 28.16), y al que podía describir con precisión. Pero también tendría presente el libro de Isaías (11.4, 5), donde se presenta al Mesías como un gobernante justo, que juzgará con imparcialidad.

En estos versículos (Ef. 6.14-17), Pablo usa un lenguaje figurado, tanto para describir al enemigo y su ataque (v. 16: "fechas encendidas"), como la defensa que Dios provee ("armadura de Dios"). En estos versículos hay una afirmación muy importante, y es que no debemos usar las armas humanas, sino confiar en lo que Dios nos da. Aquí el apóstol hace mención al cinturón de la verdad (v.14a), la coraza de justicia (v.14b); el calzado del evangelio de la paz (v.15); el escudo de la fe (v.16); el casco de la salvación (v. 17a), y, finalmente, la espada del Espíritu (v.17b). Como ya se mencionó, se trata, por una parte, de la descripción completa del soldado romano que lo custodiaba, y a partir de esa figura, Pablo presenta las armas con que Dios nos equipa para la lucha.

Si recordamos el capítulo anterior, allí hablamos de los genitivos, cada uno de los cuáles tiene un valor distinto. La expresión que pusimos en el encabezado, "la espada del Espíritu", significa que el Espíritu es la fuente de la Palabra de Dios, pero al mismo tiempo, el que le da efectividad a la misma (Jn. 16.8-11).[582]

El término que Pablo usa para "palabra" es *rhēma* (comparar Ef. 5.26; Ro. 10.8, 17; 1 P. 1.25), que se refiere a la palabra predicada o a una declaración de Dios impulsada por el Espíritu Santo en el corazón.[583] Los creyentes necesitan esta "espada" para combatir el ataque del enemigo, así como Cristo la usó tres veces cuando fue tentado por el diablo (Mt. 4.1-11).[584]

Como podemos ver en este texto, el apóstol usa con mucha precisión el lenguaje figurado. Las imágenes, que eran muy claras para sus lectores y no tanto para nosotros, fueron los instrumentos para transmitir una verdad. En la Palabra de Dios hay un uso abundante, tanto en el Antiguo como en el Nuevo Testamento, de este tipo de lenguaje. También se usan distintos géneros literarios con el mismo propósito de transmitir una verdad trascendente.

Todos los que hemos leído las Escrituras pudimos notar la diversidad de la misma, que se muestra en el período de tiempo en que sus libros fueron compuestos, las distintas culturas, los distintos idiomas y en los distintos géneros de literatura que tiene. Entre ellas podemos mencionar el género legal, narrativo, histórico, poético, profético, epistolar, apocalíptico. A esto debemos sumar que los diversos autores le han dado una impronta particular a sus escritos, aunque pertenecieran al mismo género literario que otros (por ejemplo, los libros proféticos o los Evangelios).

Este capítulo está pensado para ayudarnos a ver el lenguaje figurado y los distintos géneros literarios de la Palabra, y cuáles son sus claves para una correcta interpretación.

---

[582] Kenneth Boles, *The College Press NIV Commentary: Galatians & Ephesians* (Joplin: College Press, 1993).

[583] Para un estudio del error de interpretación o la falsa diferencia entre *logos* y *rhēma*, ver Rob Haskell, *Hermenéutica, interpretación eficaz hoy*, 270-277.

[584] John Walvoord y Roy B. Zuck, *El conocimiento bíblico: Un comentario expositivo* (Puebla: Ediciones Las Américas, 1996), 188.

El estudio de la Biblia y las figuras literarias

Cuando pensamos en el lenguaje simbólico (ya sea lenguaje figurado o figuras literarias), tenemos que recordar lo que escribió Carl Gibbs.

> **Carl Gibbs:** "Dios nos dio las Escrituras para revelar su persona y su voluntad a la humanidad. El propósito de la Biblia es aclarar y no confundir. Las Escrituras no son una colección de misterios oscuros o enigmas. Es un claro mensaje de Dios para la humanidad. Cuando interprete un texto, busque el significado más claro, el más obvio, natural y sencillo. A veces el lenguaje de las Escrituras es literal (exacto), pero otras veces es figurado (simbólico)".[585]

Parafraseando a Gibbs, no estamos entrando en un ámbito oscuro y difícil de entender. Por el contrario, el lenguaje figurado debe ubicarse en el marco del propósito de Dios de comunicar su mensaje a la humanidad. Por lo tanto, son fáciles de comprender.

Una definición de lenguaje figurado diría que es el uso de las palabras o frases, en algún sentido no usual o diferente de su acepción literal. Por otro lado, las figuras literarias son las maneras o formas de utilizar las palabras, en el sentido de que aunque son empleadas con sus acepciones habituales, son acompañadas de algunas particularidades, que las alejan de un uso normal de las mismas, por lo que terminan por resultar especialmente expresivas.

El lenguaje figurado es un término más amplio que incluye una gran variedad de formas literarias. Por ejemplo, la palabra "casa" simboliza el objeto que representa. La casa es la realidad; la palabra escrita y hablada son figuras de la casa misma. Pero si hablamos de "la casa de David", no damos a entender ningún edificio, sino una familia o tribu. Este es un uso figurado de la palabra. En este caso, la figura es una metáfora. Veamos un ejemplo.

Lenguaje común	Lenguaje figurado
El campo necesita lluvia.	El campo está sediento.
Tengo mucho frío.	Me estoy muriendo de frío.
Es una persona sin sentimientos.	Tiene el corazón de piedra.
Comí demasiado.	Comí como un animal.

---

[585] Gibbs, McGhee y Teague, *Introducción a la hermenéutica*, 97.

José María Martínez muestra otro aspecto del uso del lenguaje figurado, diciendo que no hay ninguna lengua en la que haya una palabra para cada concepto, material o abstracto. El uso de figuras tiene un valor práctico. Pero al mismo tiempo tiene un valor estilístico. Cumplen la función de, por un lado, dar mayor claridad; y, por el otro, dar mayor viveza y elegancia a un texto escrito.[586] El ejemplo que él menciona son los "yo soy" de Jesús.[587] Martínez propone que hagamos el esfuerzo de sustituir el lenguaje figurado por frases equivalentes sin figuras y notemos la diferencia en la impresión que tendremos al leer de nuevo el texto. Por ejemplo, si en lugar de "Yo soy la luz del mundo" (Jn. 8.12), intercambiamos por "Yo soy el mediador de la verdad y la justicia que han de salvar al mundo".

En cuanto a las figuras literarias, se usan comúnmente para dar efectos especiales al lenguaje: para introducir una idea novedosa o para darle fuerza; para comunicar cierto matiz de significado; para darle belleza; para suavizar algún pensamiento y hacerlo aceptable; o para ayudar a la comprensión de un concepto. Dentro de este grupo se pueden agrupar las metáforas, símiles, etc. Ya hemos mencionado en las normas gramaticales el uso figurado de la terminología, pero ahora debemos pensar en las figuras de dicción. Según Ethelbert W. Bullinger: "Todo idioma tiene sus propias normas gramaticales. Sin embargo, cuando queremos poner de relieve el poder de un vocablo o la fuerza de una expresión, tenemos que dejar a un lado el uso común del lenguaje y usar las palabras y las expresiones en una forma diferente. A estas nuevas formas llamamos figuras de dicción".[588]

Ya en la antigua Grecia se conocían estas figuras literarias, y organizaron con ellas todo un sistema, de tal manera que le pusieron nombre a más de doscientas. Con el declive de la cultura durante la Edad Media, el estudio de estas figuras cayó en desuso. Durante mucho tiempo pocos estudiosos de la Biblia les prestaron atención, pero a partir del siglo XX, volvieron a ser estudiadas en la mayoría de los textos que estudian la Palabra de Dios.

Algunos de los problemas que hemos enfrentado en la comprensión de la Biblia son la identificación e interpretación del lenguaje figurado

---

[586] Martínez, *Hermenéutica bíblica*, 163s.

[587] Estos son: "Yo soy el pan de vida" (Jn. 6.35), "la luz del mundo" (Jn. 8.12), "la puerta" (Jn. 10.7), "el buen pastor" (Jn. 10.11), "la resurrección y la vida" (Jn. 11.25), "el camino, la verdad y la vida" (Jn. 14.6), "la vid verdadera" (Jn. 15.1).

[588] Bullinger, *Diccionario de figuras de dicción usadas en la Biblia*, 7.

o las figuras literarias. Henry Virkler cita a E. D. Hirsch, quien comparó varios tipos de expresión literaria con distintos juegos. Para poder jugar a los mismos son necesarias dos cosas, la primera es saber qué tipo de juego es, y, relacionado con esto, la segunda es conocer las reglas del mismo. Y concluye afirmando que: "los desacuerdos en la interpretación surgen porque (1) hay una pregunta sobre cuál juego se está realizando, o (2) hay una confusión sobre las reglas apropiadas para llevar a cabo ese juego".[589]

El primer paso, es el de determinar si se trata de una figura literaria o de lenguaje figurado. Este paso es de vital importancia para comprender adecuadamente el texto bíblico. Louis Berkhof nos recuerda que en los Evangelios no solo el pueblo (Jn. 6.52) sino los mismos discípulos, tenían problemas para diferenciar entre una frase literal o figurada en las palabras de Jesús (Jn. 4.11, 32; Mt. 16.6-12). En la historia de la interpretación, desde la época de la Reforma, la comprensión de la frase "esto es mi cuerpo" (1 Co.11.24) fue un factor de división en la iglesia cristiana.[590] Este mismo autor menciona que lo que se debe tomar en cuenta es, en primer lugar, reconocer que hay géneros literarios (por ejemplo los textos legales; las confesiones de fe) en los que el lenguaje figurado es muy difícil o casi imposible de usar. Estos son textos en los que la precisión es fundamental. En segundo lugar, se debe interpretar una frase o palabra de manera literal a menos que tal interpretación literal implique una manifiesta contradicción o absurdo. En la práctica, esto depende del criterio de cada individuo.[591]

El segundo paso, es el de conocer las reglas del juego. En otras palabras, cuáles pueden ser algunos principios para interpretar el lenguaje figurado y las figuras literarias. Una primera clave es tener presente que el lenguaje figurado de la Biblia se deriva especialmente de: (1) las características geográficas de la Tierra Santa; (2) las instituciones religiosas de Israel; (3) la historia del antiguo pueblo de Dios; (4) la vida diaria y costumbres de los distintos pueblos que aparecen en la Biblia.[592] Un ejemplo claro es prestar atención a que cuando el autor compara al justo con la palmera (Sal. 92.12) o habla del hisopo (Sal, 51.7), estas figuras se deben interpretar en el contexto geográfico de la tie-

---

[589] Virkler, *Hermenéutica*, 133, 134.
[590] Berkhof, *Principios de interpretación bíblica,* 80.
[591] *Ibid.*, 81.
[592] *Ibid.*, 82.

rra de Israel. Una segunda clave es buscar la idea principal de la figura más que los detalles. Berkhof llama a esto el *tertium comparationis*.[593] Cuando los autores bíblicos emplean figuras, como por ejemplo las metáforas, por lo general están pensando en uno o más puntos específicos de coincidencia o semejanza. Tratar de aplicar cada detalle de la misma suele llevar a errores de comprensión. El contexto ayudará a determinar en cada caso hasta donde se puede llegar en la interpretación o aplicación de la figura.

• •

EJERCICIO 83

Lee los siguientes pasajes y escribe en una frase la figura literaria:

1. Génesis 49.14: _____

2. Salmo 108.9: _____

3. Eclesiastés 12.3: _____

4. Mateo 5.13: _____

5. 1 Corintios 5.7, 8: _____

• en • • •

Reconociendo que hay distintas maneras de estudiar las figuras literarias, vamos a pensar en ellas como relacionadas con las palabras, frases y los llamados modismos.

Relacionadas con palabras

En este caso, se trata de elipsis, asíndeton y duplicación.[594] Cuando hablamos de las figuras literarias que comprenden palabras, tenemos que tener en cuenta el uso especial de las mismas o su presencia o ausencia.

Elipsis. Según E. W. Bullinger, el vocablo elipsis procede del griego *élleipsis*, que significa omisión interior, ya que viene de *en*(en) y *leípein*(dejar). Esta figura se llama así porque existe en la frase un

---

[593] *Tertium comparationis*, la tercera [parte] de la comparación, es decir, el elemento que dos miembros comparten o tienen en común; es el punto de comparación.

[594] Siguiendo la obra clásica, que sigue siendo básica en el estudio de las figuras de dicción de Bullinger, *Diccionario de figuras de dicción usadas en la Biblia*, 15.

hueco, a causa de la omisión de una o más palabras, palabras que normalmente se requieren gramaticalmente, pero que no son necesarias para el sentido de la frase.[595] Bullinger agrega que esta omisión no se debe a una indolencia u otra circunstancia accidental, sino que tiene como propósito que no nos detengamos en la palabra omitida, sino que tengamos tiempo para prestar la debida atención a las otras palabras que, precisamente por dicha omisión, adquieren mayor relieve.[596]

Bullinger menciona como ejemplo Mateo 14.19, donde el texto dice (según RVR 1960), "tomando los cinco panes y los dos peces, y levantando los ojos al cielo, bendijo, y partió y dio los panes a los discípulos, y los discípulos a la multitud". Es claro que en la frase "los discípulos a la multitud", falta el verbo dar o repartir. El mismo Bullinger termina su análisis con las siguientes palabras:

E. W. Bullinger: "Esto sirve para concentrar nuestra atención y percatarnos de la figura empleada; nos damos cuenta del énfasis y aprendemos la lección intentada por el Espíritu Santo. ¿Cuál es esta lección? Simplemente, hacernos notar el hecho de que los discípulos dieron el pan no de sí mismos, sino solo instrumentalmente, ya que únicamente Jesús fue el Dador de aquel pan. De este modo, nuestro pensamiento se centra, no en los discípulos, sino en el Señor".[597]

•••

EJERCICIO 84

Lee los siguientes pasajes en las versiones que están entre paréntesis ( ) y escribe cuáles son las palabras que faltan:

1. Hechos 10.10 (RVR 1960): "Y tuvo gran hambre, y quiso comer; pero mientras le preparaban algo, le sobrevino un éxtasis".

---

[595] *Ibid.*, 19. Para otras definiciones de *elipsis*, recordar el diccionario castellano, para el que se trata de la supresión de una o más palabras de una frase que, desde un punto de vista gramatical, deberían estar presentes, pero sin las cuales se comprende perfectamente el sentido de la frase. Según Ducrot y Todorov, *Diccionario enciclopédico de las ciencias del lenguaje*, 319, es la supresión de uno de los elementos necesarios para una construcción sintáctica completa. Ver también Carreter, *Diccionario de términos filológicos*.

[596] Bullinger, *Diccionario de figuras de dicción usadas en la Biblia*, 19.

[597] *Ibid.* Un dato es que la mayoría de las versiones modernas, por ejemplo NVI, tratan de llenar estos vacíos dejados por el autor sin tomar en cuenta el valor exegético-hermenéutico de los mismos.

2. 1 Corintios 7.17:

v.7: _____ Dios no nos ha dado un espíritu de timidez, _____ de poder, de amor _____ de dominio propio.

v.8: _____ no te avergüences de dar testimonio de nuestro Señor, _____ tampoco de mí, que por su causa soy prisionero. _____, tú también, con el poder de Dios, debes soportar sufrimientos por el evangelio.

• •

Asíndeton. El término, según el Diccionario de la Real Academia Española, significa: figura que consiste en omitir los nexos entre palabras y oraciones buscando un efecto estilístico (dar mayor energía al concepto).[598] Como ejemplo se puede mencionar Éxodo 15.9, 10 (RVR 1960), donde después de la frase "el enemigo dijo", se suman una serie de verbos (perseguiré, alcanzaré, repartiré). En Lucas 17.27, 28, nuevamente la ausencia de nexos da mayor fuerza al versículo. Las dos figuras mencionadas tienen que ver con la omisión de algo dentro de la oración.

Duplicación. E. W. Bullinger menciona otras figuras que tienen que ver con adicionar algo o duplicarlo.[599] Dos ejemplos que él presenta son dignos de mencionar. El primero se encuentra en Génesis 6.17, donde el texto dice literalmente: "Y las aguas del diluvio prevalecieron grandemente, grandemente" (מְאֹד מְאֹד). En el texto hebreo hay una duplicación que tiene el propósito de enfatizar. Esto se repite en varios pasajes del Antiguo Testamento (Gn. 17.2, 6; Éx. 1.7; Nm. 14.7). En todos estos casos, en el texto hebreo hay una repetición que no se traduce al español. El segundo tipo de repetición que menciona Bullinger es la duplicación de nombres de personas, ya sea por parte de Dios, como por ejemplo en Génesis 22.11 (Gn. 46.2; Éx. 3.4; 1 S. 3.10); o el nombre de Dios por parte de los hombres, como por ejemplo en Mateo 7.21, 22 y Lucas 6.46. También pueden ser de ciudades (Mt. 23.37; Lc. 13.34), o Jesús repitiendo el nombre de Dios siguiendo al Salmo 22.1

---

[598] Carreter, *Diccionario de términos filológicos*, 62, señala que se produce este fenómeno cuando dos o más términos que podrían o deberían ir unidos mediante cópulas, carecen de ellas.

[599] Bullinger, *Diccionario de figuras de dicción usadas en la Biblia*, 180ss.

(Mt. 27.46; Mr. 15.34). En todos estos casos, el valor de la repetición es que quiere poner el acento sobre el llamado, resaltar la importancia de la persona, cosa o palabra que se repite.

Relacionadas con frases

Las figuras literarias relacionadas con palabras tienen su lugar en la comprensión o interpretación de la Biblia. En general, las más conocidas son las figuras literarias relacionadas con frases. Estas se pueden clasificar en figuras simples o breves y figuras compuestas o extensas.[600]

Figuras simples. Las dos más conocidas son el símil y la metáfora. Cuando se habla de símil se trata de una comparación, una figura que expresa algo que guarda cierta semejanza con otra cosa.[601] En general, se la puede identificar por el uso de las palabras "como" o "semejante a". Dos ejemplos nos pueden ayudar, uno del Antiguo y uno del Nuevo Testamento. En Salmos 1.3 dice el texto "es como árbol". Es claro que se trata de una figura literaria, y no puede interpretarse literalmente. En Mateo 9.36 se hace una comparación de las multitudes y dice que son "como ovejas que no tienen pastor", lo cual es mucho más impactante que una declaración directa. En todos estos casos, el sujeto y aquello con que se lo compara se mantienen separados, no dice que son, sino que son "como" (semejantes).

• •

EJERCICIO 85

En Mateo 13.44-48 encontramos tres comparaciones. Completa el siguiente cuadro:

El Reino de los cielos es como ⎰ un _____
⎱ un _____
una _____

• •

---

[600] Martínez, *Hermenéutica bíblica*, 165. La clasificación de Martínez es mucho más amplia que la que presentamos aquí. Él habla de figuras simples: a) De comparación (símil y metáfora). b) De dicción (pleonasmo, hipérbole). c) De relación (sinécdote, metonimia). d) De contraste (ironía, paradoja, atenuación, eufemismo). e) De índole personal (personificación, apóstrofe). Figuras compuestas: a) alegoría. b) Fábula. c) Enigma. En esta sección vamos a usar la división general del Martínez (simples – compuestas), pero siguiendo la presentación más directa o sencilla de Virkler, *Hermenéutica*, 133-153.

[601] Bullinger, *Diccionario de figuras de dicción usadas en la Biblia*, 622, menciona que el vocablo símil viene del latín *símile*, semejante.

La segunda de las figuras simples a mencionar es la metáfora.[602] En este caso, estamos hablando de una comparación no expresada, pues no emplea las palabras como o semejante. El sujeto, es decir, la figura principal, y aquello con lo que se lo compara, la figura de comparación, están entrelazados en lugar de mantenerse separados, como en el caso anterior. Según Bullinger, mientras el símil se ajusta más al hecho, por el uso del adverbio como, la metáfora apela al sentimiento. Un ejemplo mencionado por este autor es la frase: "El Señor es mi pastor" (Sal. 23.1), de la que dice: "Es una metáfora muy expresiva, pues se nos representa a Dios como el que cuida y alimenta a su pueblo mejor que lo pueda hacer el pastor humano más experto y amoroso con relación a sus ovejas".[603]

Figuras compuestas. Son figuras más extensas.[604] Siguiendo a Virkler vamos a mencionar las parábolas, los proverbios y las alegorías. Como escribió José M. Martínez, "el lenguaje figurado no se limita a palabras o figuras simples. . . . A menudo toma formas más extensas, relativamente claras en algunos casos".[605] Una de las claves para comprender estas figuras es tener una clara comprensión de las características de cada una.

Virkler comienza su presentación con las parábolas. Esta es posiblemente una de las figuras más conocidas de las Sagradas Escrituras.[606] Luis H. Rivas, entre otros, relaciona las parábolas con el término he-

---

[602] *Ibid.*, 628. Bullinger define el vocablo metáfora como proveniente del griego que significa transferencia, y consiste en transferir a una cosa, sin previo aviso, el significado de otra.

[603] *Ibid.*

[604] Otras figuras simples que pueden ser mencionadas por su valor interpretativo son la hipérbole y la ironía. En cuando a la primera (del griego *hypér*, sobre; y *bolé*, arrojar), significa agregar al sentido, aumentar algo más allá de su significado literal (es decir, exageraciones). Algunos ejemplos muy claros se encuentran en Génesis 42.28, donde el texto hebreo dice literalmente "se les salió el corazón" (RVR60: sobresaltó; NVI: se asustaron; ver también Dt. 1.28). Jesús usó esta figura en Mateo 7.3; 11.23; 21.13; Lc. 14.26. Para más ejemplos, ver *Ibid.*, 352. En cuanto a ironía, según Bullinger, la palabra significa disimulo, y consiste en expresar un pensamiento de tal forma que significa lo contrario de lo que se dice, no para ocultar su verdadero sentido, sino para darle más fuerza. Entre los ejemplos se puede mencionar 1 Reyes 18.27; Job. 122; Mateo 11.19. Ver *Ibid.*, 652.

[605] Martínez, *Hermenéutica bíblica*, 169.

[606] Una de las obras más interesantes sobre las parábolas es Edesio Sánchez Cetina, ed., *"Enseñaba por parábolas..." Estudio del género "parábola" en la Biblia*. Por otro lado, las principales obras de hermenéutica hacen referencia a estas.

breo *mashal,* que es traducido como proverbio. Las parábolas pueden tener una extensión muy breve (Mt. 8.20) o un desarrollo mucho más extenso (Lc. 15.11-32).[607] Volviendo a Virkler, este autor entiende por parábola un símil extendido, donde la comparación se explica más ampliamente. Tanto en los símiles como en las metáforas, debido a su naturaleza compacta, el autor por lo general trata de resaltar un punto, a diferencia de la parábola que se explaya más ampliamente.[608]

De igual manera, se entiende por alegoría una metáfora extendida.[609] En una parábola generalmente la aplicación sigue a la historia, mientras que en las alegorías se entremezclan la historia y su aplicación de modo que una alegoría lleva su aplicación dentro de ella.[610] Al mismo tiempo, puede interpretarse un proverbio como una parábola o alegoría comprimida, algunas veces participando de las características de ambas. Virkler usa el siguiente cuadro para mostrar estas relaciones.

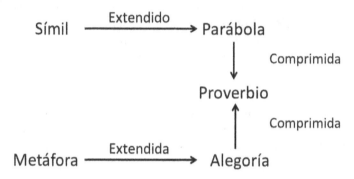

Como vemos en el cuadro, en los símiles y las parábolas las comparaciones son claramente diferenciadas y se mantienen separadas, mientras que en las metáforas y las alegorías ellas no están expresadas y se

---

[607] Rivas, *Diccionario para el estudio de la Biblia,* 138-140, donde define el *mashal* como una figura o narración de la que se desprende una enseñanza práctica de tipo teológico o moral. En esta, el pensamiento no es presentado por medio de conceptos, sino que se presenta por medio de imágenes. Además de esta definición de Rivas se pueden ver los distintos diccionarios bíblicos o del texto griego del Nuevo testamento.

[608] En el caso de Mateo 7.24-27 encontramos un símil, pero como es tan extendido puede ser clasificado como una parábola.

[609] Esta es también la opinión de Martínez, *Hermenéutica bíblica,* 169.

[610] Rivas, *Diccionario para el estudio de la Biblia,* 13, diferencia la alegoría de la parábola en que en la parábola el lector atiende al hecho que se narra, mientras que en la alegoría se desentiende del hecho relatado, para buscar el significado de cada uno de los personajes u objetos que se mencionan, y así reconstruir la enseñanza final del relato.

combinan. En una parábola hay una separación consciente de la historia y su aplicación, mientras que en una alegoría hay una unión de las dos. Otro elemento interesante del cuadro es la relación de los proverbios tanto con las parábolas como con las alegorías.

Ya se ha hablado del símil y la metáfora. Veamos ahora más en detalle algo sobre proverbios, parábolas y alegorías.

Los proverbios. Al hablar de proverbios en la Biblia, se debe comenzar recordando que el Antiguo Testamento usa el término hebreo *mashal*, que la Septuaginta traduce a veces parábola (1 S. 10.12; Sal. 77.2) y *paroimía* (de *pará*, junto a y *oímos*, senda; Prov. 1.1; 26.7), palabra esta última que significa dicho común.[611] Se trata de una frase o proverbio, que resume lo que se quiere decir. El proverbio es una expresión popular, antigua y familiar, que expresa la sabiduría común de manera aguda. Cuando se basa en un ejemplo típico, el proverbio puede ser enigmático para los que no están familiarizados con el ejemplo; cuando se basa en la naturaleza, tiene cierta relación con la fábula.[612]

Walter C. Kaiser escribió que no es extraño que los proverbios hayan sido definidos como oraciones breves fundamentadas por largas experiencias, conteniendo una verdad.[613] Muchos ven a los proverbios como lindas frases que quedan muy bien en cuadros en la pared, algo que puede hacer que se pierda el hecho de que detrás de esa hermosa frase hay una profunda sabiduría, producto de la experiencia.[614] El ob-

---

[611] Bullinger, *Diccionario de figuras de dicción usadas en la Biblia*, 637. Jeffrey D. Arthurs, *Predicando con variedad: cómo reproducir la dinámica de los géneros literarios usados en la Biblia* (Grand Rapids: Portavoz, 2009), 139, dice que la gama de significados de *mashal* va de proverbio, adivinanza y similitud.

[612] Kittel, Friedrich y Bromiley, *Compendio del diccionario teológico del Nuevo Testamento*, 769. Esta palabra es usada cinco veces en el Nuevo Testamento, en 2 Pedro 2.22 y cuatro veces en el Evangelio según Juan (10.6; 16.25 [2 veces] y 16.29). A diferencia de 2 Pedro, en Juan tiene el sentido de "dicho oscuro" o que necesita interpretación.

[613] Kaiser, *Predicación y enseñanza desde el Antiguo Testamento*, 94.

[614] Bullinger, *Diccionario de figuras de dicción usadas en la Biblia*, 637, menciona que los proverbios que se encuentran en la Biblia pueden dividirse en tres clases: (1) Los que son citados como existentes ya en el uso común (Nm. 21.27; Jer. 31.29). (2) Los que, aunque no se citen como tales, se usaban probablemente ya como expresiones proverbiales (Mt. 10.14, 9.24; Lc. 21.8). (3) Los que aparecen por primera vez en las Escrituras, pero que debido a la profundidad de su significado y a su extensa aplicación, pasaron después a usarse generalmente como dichos proverbiales (Dt. 25.4 comp. con 1 Co. 9.9; Pr. 22.8 comp con Gá. 6.7).

jetivo de la literatura sapiencial de Israel y los proverbios en particular fue llenar el hueco que hay entre la fe y la práctica, entre la experiencia religiosa y la experiencia de cada día, y se produzca una falta de integración práctica entre nuestras creencias teológicas y la vida cotidiana. Siempre existe el peligro de divorciar nuestra vida religiosa de las decisiones prácticas que tomamos a diario. Los proverbios fueron pensados para evitar este divorcio, porque muestran la verdadera fe en términos prácticos y concretos.

Podemos decir que el enfoque general del libro de Proverbios es el aspecto moral de la Ley. Su fin es presentar regulaciones éticas para la vida diaria, expresadas en términos de fácil comprensión. Desde el punto de vista de la comprensión o interpretación de los proverbios se deben tener en cuenta los siguientes elementos.[615]

1. Aceptar un proverbio por lo que es. Los proverbios centran la atención en situaciones y conceptos específicos, pero no tienen la intención de ser declaraciones completas sobre esas situaciones o conceptos. En vez de ocuparse de la teoría, tratan situaciones individuales.

2. Buscar ejemplos verificadores y ejemplos contrarios dentro de la colección de proverbios. La verdad de un proverbio individual está limitada a la porción específica de la realidad que describe. Diversos factores pueden afectar el resultado de determinada conducta. ¿De qué manera tratan otros proverbios estos factores? Los proverbios no deberían estudiarse en forma aislada sino dentro del contexto del resto de la Escritura.

3. Reconocer las formas poéticas en que los sabios expresaron su sabiduría. Una de las características de la poesía hebrea es el paralelismo (entre líneas del poema) y la relación entre palabras paralelas debe examinarse con cuidado. Las metáforas y las semejanzas abundan en el género proverbial como un medio para dar vida y un valor duradero a la porción de sabiduría. Los proverbios fueron escritos para recordarse.

4. Buscar pares y cadenas de proverbios. Algunos proverbios van solos, sin un contexto que los rodee. Pero para otros, el contexto es determinante en el significado. La identificación de pares y cadenas de proverbios puede ser importante para la interpretación correcta.

---

[615] Ted A. Hildebrandt, "Proverbios", en *Compendio para entender el Antiguo Testamento*, ed. por Ronald L. Giest y Sandy D. Brent (Nashville: Broadman & Holman, 2007), 246, 247.

5. Buscar evidencia del entorno del proverbio. Los proverbios se originaron en la vida familiar, en las cortes reales, las escuelas y los círculos de escribas. Hay que pensar en el significado de los proverbios individuales en cada uno de estos escenarios.

6. Examinar el proverbio en sí mismo. Hay que estudiar el orden y los significados de las palabras. De ser posible, es bueno leer el proverbio en el original hebreo, ya que en la traducción por lo general pierde la estética de la poesía. Hay que analizar la estructura principal del proverbio en comparación con otros.

7. Identificar el valor específico que el proverbio comunica. Replantear el proverbio con las propias palabras, tratando de captar su fuerza proverbial. Relacionar el proverbio con las situaciones de la vida real, y buscar circunstancias en la vida moderna que ilustran el punto central del proverbio y que pueden brindar excepciones a lo que el proverbio expresa.[616]

• •

EJERCICIO 86

Escribe en tus propias palabras las siete claves para comprender los proverbios.

1. _____

2. _____

3. _____

4. _____

5. _____

6. _____

7. _____

• •

---

[616] El mismo Ted A. Hildebrandt (*Ibid.*, 250) menciona cinco peligros al tratar de entender los proverbios bíblicos: (1) tomarlos como promesas de éxito, riqueza o felicidad; (2) concentrarse en las recompensas en vez de la obediencia; (3) tratar de dividir el significado de los términos sinónimos; (4) tratar de identificar ideas dentro del proverbio cuando estas no están expresadas; (5) usar los proverbios para brindar soluciones simplistas a los problemas modernos.

Las parábolas. Las parábolas merecen una atención especial. Si bien la mayoría de los cristianos las reconocemos o recordamos por el amplio uso que hizo Jesús de ellas en su ministerio de enseñanza, esta figura se encuentra a lo largo de toda la Escritura (Os. 12.10).[617] Como ya hemos mencionado, esta palabra fue usada unas 30 veces en la versión griega del Antiguo Testamento (Septuaginta) para traducir el hebreo *mashal*, proverbio.[618] La palabra viene del griego (*para*, junto y *ballein*, arrojar o echar, con el sentido "lanzar o colocar al lado de". De modo que la parábola es algo colocado al lado de otra cosa con el propósito de hacer una comparación. La parábola típica emplea un suceso común y corriente de la vida natural para destacar o aclarar una verdad importante.

Para nuestros fines podemos decir que las parábolas denotan un método simbólico de hablar, por el cual se ilustra una verdad moral o espiritual por medio de una analogía sacada de la experiencia común. Al pensar en relación con las otras figuras debemos decir que mientras la parábola es esencialmente una comparación o un símil ampliado, no todos los símiles son parábolas. Las parábolas se limitan a lo real y en sus imágenes no se exceden los límites de lo probable, es decir, se trata de hechos que podrían ocurrir.

Para poder comprender correctamente una parábola debemos tener en cuenta, en primer lugar, leer detenidamente el contexto de la misma. La ocasión en que fue pronunciada la parábola puede ilustrar su objeto y significado. Un ejemplo se encuentra en Lucas 16.19-31 (El rico y Lázaro), que se debe interpretar a la luz de Lucas 16.14. Al mismo tiempo, se debe leer con cuidado el texto de la misma, pues ciertas expresiones al final de la parábola pueden también indicar su significado, como por ejemplo en Lucas 12.21. En segundo lugar, se debe analizar cuidadosamente la representación figurada de la parábola, con todos los detalles geográficos e históricos, pues ellos muchas veces iluminan su contenido. La narración formal, que usa el autor, busca a la vez revelar y ocultar la verdad. Es por eso que se debe considerar detenidamente. En tercer lugar, se debe descubrir el punto exacto de comparación. Las parábolas se mueves de un campo de experiencia a otro. Se mueve, como la enseñanza en general, de lo conocido a lo desconocido. El siguiente cuadro puede ayudar a entender esto.[619]

---

[617] En el Nuevo Testamento griego, el término se usa 46 veces, de ellas 44 en los Evangelios Sinópticos (Mt. 13.3, 10) y dos en el libro de Hebreos (He. 9.9 y 11.19).

[618] Bullinger, *Diccionario de figuras de dicción usadas en la Biblia*, 637.

[619] Adaptado de Arthurs, *Predicando con variedad*, 120.

LUCAS 13.20-21

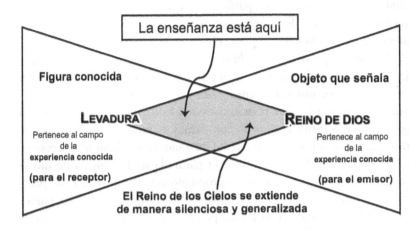

Uno de los peligros que se deben evitar es no atribuir un "significado espiritual" independiente a todos los detalles de la parábola. Es imposible ofrecer reglas o lineamientos precisos indicando hasta dónde se puede o debe llegar en cuanto a esto. Muchas veces ayuda el sentido (significado) común.

EJERCICIO 87

El Nuevo Testamento está lleno de parábolas. Piensa en las cinco que más conozcas y llena el siguiente cuadro con tus propias palabras:

	Pasaje	Título	Figura conocida	Objeto que señala	Enseñanza principal
1					
2					
3					
4					
5					

Las alegorías.[620] Como ya hemos dicho, de la misma manera que la parábola es un símil extendido, la alegoría es una metáfora extendida. Una alegoría difiere de una parábola en que una parábola en general diferencia la historia de su interpretación o aplicación, mientras que una alegoría mezcla la historia y su significado.

Desde una perspectiva de la comprensión-interpretación, las parábolas y alegorías difieren entre sí en otros puntos. En primer lugar, en una parábola hay un enfoque o enseñanza general, y los detalles son importantes solo en cuanto se relacionan con el mismo. En una alegoría hay generalmente varios puntos de comparación, no necesariamente centrados alrededor del punto principal. Una manera de ejemplificar este punto es mostrar la diferencia entre la parábola de la semilla de mostaza (Mt. 13.31, 32), que tiene como propósito central mostrar la dispersión del evangelio desde un pequeño grupo (la semilla de mostaza) a una comunidad de creyentes esparcidos por el mundo (el árbol). El énfasis se encuentra en la relación entre la semilla y el árbol. En este caso, el campo, el nido y las aves son adornos; tienen importancia solo con relación al árbol que crece. Por otro lado, en la alegoría de la armadura cristiana (Ef. 6.10-18) hay varios puntos de comparación, cada parte de la armadura cristiana tiene importancia, y cada una es necesaria para que el creyente pueda hacer frente a las artimañas del diablo.

A. Berkeley Mickelson menciona algunos principios para la interpretación de alegorías.[621] (1)Tener en cuenta quienes eran los oyentes o lectores originales. (2) Tener presente en el contexto, la razón por la que se dijo o dio la alegoría. (3) Buscar los puntos básicos de comparación mencionados por el autor o escritor (por ejemplo, en Jn. 15.1 se da el punto clave de comparación). Pero a esto se debe agregar los elementos o datos que agrega el contexto de la alegoría (por ejemplo, en 1 Co. 3.10-15 ver los vv. 5-9). (4) Después de enlistar los puntos bási-

---

[620] Martínez, *Hermenéutica bíblica,* 170, cree necesario que se tenga presente la diferencia entre alegoría y alegorización. Según él, la alegoría es un medio legítimo usado por algunos autores bíblicos para enseñar. La alegorización es, como vimos, un método de interpretación mediante el cual el intérprete da arbitrariamente a un texto un significado que se aparta completamente del pensamiento del autor. Por otro lado, Jean-Noël Aletti y otros, *Vocabulario razonado de la exégesis bíblica* (Estella: Verbo Divino, 2007), 127, afirma que el alegorismo es una deformación y una exageración de la verdadera alegoría. Una posición menos negativa la da Gonzalo Flor Serrano, *Diccionario de la ciencia bíblica,* 17, 18.

[621] A. Berkeley Mickelson, *Interpreting the Bible* (Grand Rapids: Eerdmans, 1977), 234, 235; ver también Martínez, *Hermenéutica bíblica,* 171.

cos de comparación y los aportes del contexto, reconocer cuáles son las verdades esenciales para los oyentes o lectores originales, que son las que debemos tomar en cuenta hoy.

• •

EJERCICIO 88

En 1 Corintios 3.10-15, el apóstol Pablo presenta una alegoría para enfatizar la responsabilidad de los líderes. Lee con atención 1 Corintios 3.5-15 y llena el siguiente cuadro.

3.10	Maestro constructor	_____
3.11	Fundamento	_____
3.12-15 (vv. 5, 6)	Otros constructores	_____
3.12	Materiales	_____
3.14, 15	Resultado	_____

• •

Relacionadas con modismos

Otro tema que se debe tener en cuenta al tratar con el texto bíblico son los llamados modismos. Por este término nos referimos al modo de hablar o escribir que se suele apartar en algo de las reglas de la gramática. En general, expresan ideas diferentes de lo que literalmente indicarían sus palabras. Este es un fenómeno que existen en todas la lenguas. José M. Martínez da el ejemplo que de nuestra frase "ha perdido la cabeza", cuando la escuchamos o leemos, a nadie se le ocurre pensar que a tal persona se le ha desprendido la parte superior de su cuerpo y que esta ha ido a parar a algún lugar desconocido. Es una manera de decir que se le ha perturbado la razón.[622]

Las lenguas de la Biblia también tienen sus modismos. Y si no somos capaces de descubrirlos y comprender su sentido, corremos el riesgo de hacer una interpretación errónea, que puede llegar a ser disparatada. Este riesgo es mayor cuando los hebraísmos pasan al griego, como sucede con frecuencia en una traducción literal o cuando, también literalmente, tanto los modismos del Antiguo Testamento como los del Nuevo pasan a las diferentes versiones sin una traducción o aclaración

---

[622] Martínez, *Hermenéutica bíblica,* 145.

adecuadas. Martínez cita a Robert Young, quien en su concordancia analítica habla de setenta y un tipos de modismos.[623] Tomás de la Fuente menciona seis modismos hebraicos que se encuentran en el Nuevo Testamento: 1) Uso de lo absoluto por lo relativo. 2) Uso de lo relativo por lo absoluto. 3) Modismos de filiación. 4) Modismos de tiempo. 5) Antropomorfismos. 6) La elipsis, de la que ya hablamos.[624] Vamos a comentar brevemente a cuatro de estos modismos.

Lo absoluto por lo relativo. El primero en ser mencionado por Martínez es el uso de lo absoluto por lo relativo.Por medio de esta forma, se hace una comparación entre dos cosas, para dar énfasis a la cosa más importante, por medio de una negación absoluta de la cosa menos importante. Un ejemplo claro se encuentra en Juan 6.27, donde Jesús dice: "Trabajen, pero no por la comida que es perecedera, sino por la que permanece para vida eterna, la cual les dará el Hijo del hombre". Si esta afirmación se tomara de manera absoluta, tendríamos que dejar nuestros trabajos, lo que está en oposición a otros pasaje de la Biblia (Ef. 4.28; 2 Ts. 3.10). Es claro que está enfatizando la importancia del servicio.

Modismos de filiación. El segundo mencionado son los llamados modismos de filiación. Estos se usan cuando se dice que una persona es "hija/o de" algo o de alguien, y es muy claro que la expresión no puede tomarse en sentido literal.[625] Hay dos maneras de interpretar esto. En la primera, la frase indica la idea de descendencia (Mt. 3.9 y Lc. 3.8). En la segunda, equivale a participar de las características del mencionado. Cuando Jesús llama a algunos de sus oyentes tienen al diablo por padre (Jn. 8.44), está dando a entender que se distinguen por los mismos rasgos de su padre, por ejemplo la mentira. De la misma manera cuando se es hijo de Dios se debe mostrar la justicia y la misericordia de Dios (Mt. 5.45).

Modismos de tiempo. En tercer lugar se ha mencionado los modismos de tiempo, es decir, la manera peculiar de definir el tiempo que tenía el pueblo de Israel. En el pueblo de Israel, una parte de un día se

---

[623] Robert Young, *Analytical Concordance to the Bible* (New York: Funk and Wagnalls, 1936), vi-vii.

[624] De la Fuente, *Claves de interpretación bíblica,* 94ss.

[625] Tomar en cuenta que en general la NVI como una traducción de equivalencia funcional y dinámica no traduce literalmente como lo hace RVR60 o LBLA. Sugerimos leer en más de una versión los textos señalados a continuación.

consideraba como un día, cuando nosotros pensamos en tres días lo planteamos en términos de horas (setenta y dos horas). Cuando los Evangelios afirman que Jesús quedaría en el sepulcro tres días y tres noches (Mt. 12.40) no está en contradicción con el hecho de que Jesús estuvo en la tumba dos noches y no tres. Los judíos veían el día y la noche como un periodo completo y una parte del mismo era equivalente a la totalidad.

Los antropomorfismos. Finalmente, el autor presta atención a los antropomorfismos, que define de la siguiente manera: "Dejando aparte las expresiones en las que se atribuyen a Dios órganos o miembros físicos ("los ojos del Señor", "la boca de Yahvéh", "el brazo del Poderoso"), en las que fácilmente se adivina su carácter metafísico, merecen especial mención aquellas en que Dios es presentado como un ser con reacciones típicamente humanas.[626] Una lectura de las principales obras muestra que cuando hablamos de antropomorfismos, estamos justamente hablando de lo que Martínez deja de lado, como el significado de la palabra indica.[627] Este modismo consiste en hablar de Dios usando palabras o figuras propias del ser humano. Dios es Espíritu, como tal no tiene cuerpo ni los miembros corporales (brazo, dedo, boca, etc.) Las razones o razón para usar este tipo de modismo es muy simple: para hablar de Dios el ser humano no tiene otra alternativa que usar palabras tomadas de la experiencia humana. Es natural que al pensar en que Dios sabe lo que decimos y hacemos se diga que tiene ojos, oídos y boca (Sal. 32.8; Éx. 2.23; Dt. 8.3). Se habla de que él viene para ayudarnos. Cuando se presenta su poder, la referencia es al brazo de Dios (Job 40.9).

Tomás de la Fuente: "Él olvida nuestros pecados, aunque no puede olvidar nada; y vuelve sus espaldas hacia los pecadores no arrepentidos, aunque no tiene cuerpo para volver. Todas estas expresiones se refieren a la manera en que funcionan los hombres; difícilmente

---

[626] Martínez, *Hermenéutica bíblica*, 147. Los ejemplos que da Martínez pueden ser catalogados como antropopatismo.

[627] Este término está compuesto por dos palabras griegas: *ánthropos* (ser humano, hombre) y *morfes* (forma). Juntas significan en la forma de hombre o ser humano. Rivas, *Diccionario para el estudio de la Biblia*, 16 dice: "hay antropomorfismo cuando se representa a Dios con rasgos corpóreos o con figura humana". Por otro lado, Flor Serrano, *Diccionario de la ciencia bíblica*, 22, los define de manera general como la "atribución de rasgos y comportamientos humanos a seres no humanos". Ver también Carreter, *Diccionario de términos filológicos*, 50.

podría ser de otra manera. El hábito de hablar de Dios en términos humanos nunca debe hacernos criticar a los escritores de la Biblia. Hablan en la forma más natural".[628]

• •

EJERCICIO 89

Escribe una frase explicando cada uno de los modismos hebreos presentados en esta sección.

1. _____

2. _____

3. _____

4. _____

• •

A modo de conclusión, podemos decir que hay muchas malas interpretaciones sobre los términos figurativos, y estas abundan simplemente por ignorar las muchas figuras literarias que la Biblia usa e interpretarlas literalmente, o interpretarlas simbólicamente, pero ignorando que en distintos contextos el símbolo bien puede variar. Por ejemplo, aunque usualmente la levadura tiene un simbolismo negativo, en Mateo 13.33 es absolutamente positivo, y en un número de pasajes no tiene simbolismo alguno, pues se usa para referirse a la sustancia misma. En ocasiones, hay términos que deben ser interpretados literalmente y al ser interpretados simbólicamente se deriva una mala interpretación.

El estudio de la Biblia y los géneros literarios

La Biblia, dado que es un texto escrito, debe leerse como literatura. La Palabra de Dios contiene una variedad de formas literarias, Dios ha querido que su Palabra llegue a nosotros de esa forma. Entre los diversos géneros literarios podemos mencionar: narración, poesía, legislación, profecía, parábola, entre otros.

En términos generales los géneros literarios actúan como un acuerdo de comunicación entre el autor y el lector, acerca del modo en que han de comunicarse. Como cada género tiene sus propias reglas, una

---

[628] De la Fuente, *Claves de interpretación bíblica*, 99.

de las claves para entender el texto es permitir que sea el género el que determine las reglas que vamos a utilizar para entender sus palabras. Cuando se trata de la Biblia, desatender al género literario significa descuidar la forma de comunicación que eligió el autor bíblico, bajo la guía del Espíritu Santo, para transmitir su mensaje.

> **Luis H. Rivas:** "Se da el nombre de 'género literario' a la forma o modo con el que las personas de una época o de una cultura expresan su pensamiento oralmente o por escrito. H. Gunkel (1862-1932), uno de los prominentes iniciadores de la investigación sobre este tema, dice que un género literario se constituye por tres factores internos y uno externo. Los factores internos son: (1) un tema particular; (2) una estructura o forma interna; (3) una cantidad de procedimientos frecuentes o dominantes (lenguaje, estilo); el factor externo es la situación vital en la que el género nace y se desarrolla (crítica literaria)".[629]

Si pensamos un poco, en el transcurso de la vida cotidiana, estamos constantemente en contacto con distintos géneros literarios. En un solo día podemos leer un diario, buscar un número de teléfono en la guía, reflexionar acerca de un poema, disfrutar de una carta de amor, etc. Cuando nos encontramos con cada uno de estos géneros, sabemos (conscientemente o no) que debemos leerlos teniendo en cuenta ciertas reglas de comunicación, aquellas que establece el propio género. Si no nos guiamos por las reglas específicas, corremos el riesgo de interpretar erróneamente las palabras en cuestión. Pensemos lo peligroso que es confundir una guía telefónica con una carta de amor o tomar un menú como un mandato. Obviamente, no leemos del mismo modo los menús que las cartas de amor o los periódicos que los libros devocionales.

Además, sabemos esto dado que los distintos géneros despiertan determinadas expectativas interpretativas por parte del lector. Pero hay un dato más que queremos agregar. El género que identificamos determina las reglas de interpretación, pues cada uno tiene sus propias reglas de interpretación. Cuando los lectores prestan atención a estas reglas, tienen muchas más probabilidades de entender el pasaje, según la intención de quien lo escribió. La forma o género del texto está realmente vinculado con su contenido y, por esta razón, hemos de tomar en serio los géneros literarios.

El reconocimiento de los géneros literarios, en general, comienza con una identificación no consciente de los tipos de literatura que como

---

[629] Rivas, *Diccionario para el estudio de la Biblia*, 73.

lectores ya conocemos. No necesitamos que nadie nos diga que un Salmo es una poesía. Todos alguna vez leímos un poema, de manera que sin pensarlo, lo reconocemos. En otras palabras, los lectores de la Biblia identifican de modo inconsciente lo que hallan en el Antiguo Testamento según las categorías literarias que ya tienen en mente.[630]

Si bien esto es así. Hay dos problemas que el lector que quiere comprender y enseñar la Biblia debe enfrentar. El primero es nuestra limitación con los géneros. Partimos de lo que conocemos por nuestra lengua y algunos de los géneros de la Biblia tienen algunas características distintas. Por ejemplo, la poesía hebrea o la literatura de sabiduría, que también se presenta en forma de verso, tienen características distintas a la poesía española. Por otro lado, hay géneros para los que los lectores contemporáneos no estamos preparados. Entre estos debemos mencionar la profecía y la literatura apocalíptica. Es en estos casos en que la confusión de géneros suele traer dificultades en la comprensión del texto.

Posiblemente en el Antiguo Testamento se encuentre la mayor variedad de géneros literarios: narrativa (en sus dos variables, histórica y didáctica-teológica), poesía, sabiduría, profecía, apocalíptica. En el Nuevo Testamento podemos agregar, los Evangelios, que son un tipo especial de forma literaria (que contienen narrativa, apocalíptica) y el género epistolar, que a su vez contiene el género profético.

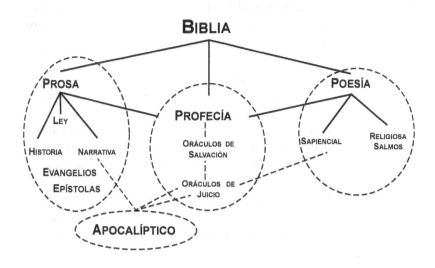

---

[630] Ronald L. Giese y Sandy D. Brent, *Compendio para entender el Antiguo Testamento* (Nashville: Broadman & Holman, 2007), 13.

A continuación, vamos a pensar muy brevemente en cada uno de los siguientes géneros: las variantes de la prosa (discursos, oraciones y plegarias, leyes), narraciones, poesía, profecía, evangelio, epístolas, y apocalíptica.[631]

La prosa

Se ha definido la prosa como la forma ordinaria del lenguaje, no sometida a las leyes externas de la versificación ni del ritmo.[632] Las composiciones en prosa son la forma básica de la comunicación bíblica. El significado de la palabra prosa viene del latín (del adjetivo *prosus*) que significa "directo" o "recto". Prosa, por lo tanto, es el discurso llano o directo que se utiliza sin referencia a las reglas del verso o poesía.[633] Es notable ver que la definición de prosa en general es por oposición a la de poesía. Walter Kaiser divide la prosa bíblica en tres categorías: (a) discursos (sermones, oraciones y leyes en prosa); (b) registros (cartas, listas, leyes); y (c) narraciones históricas.[634] Nosotros vamos a comentar especialmente sobre los discursos, que son una de las categorías más importantes en la Biblia.

En el Antiguo Testamento se hace referencia a personas dotadas del don de la palabra. Solo para mencionar algunos ejemplos, Moisés rechazó la misión que Dios le encomendaba diciendo que no tenía facilidad de palabra (Éx. 4.10), aunque Dios no aceptaba esta excusa (4.11ss). Como él repetía su negativa (4.13), le concedió como auxiliar

---

[631] En general, en esta sección seguimos a Giese y Brent, *Ibid.*, 47ss; Fee y Stuart, *La lectura eficaz de la* Biblia, 49ss; Arthurs, *Predicando con variedad,* 39ss; Kaiser, *Predicación y enseñanza desde el Antiguo Testamento,* 69ss.

[632] Carreter, *Diccionario de términos filológicos,* 338. Según Alonso Schökel, *La palabra inspirada*: "La lengua literaria puede presentar básicamente dos formas distintas, según se organicen los materiales expresivos: la prosa y el verso. La prosa es el modo natural de expresarse la lengua. No se somete a medidas ni a cadencias fijas. Su ritmo, irregular, es de naturaleza sintáctica. Se obtiene organizando adecuadamente los elementos de cada período. El verso es, en cambio, una forma de expresión artificiosa, exclusivamente literaria. Tiene sus elementos rigurosamente organizados según unas pautas de medida o extensión y de ritmo o sonoridad. Su ritmo es, pues, de naturaleza sonora y consiste principalmente en la organización regular de los acentos y las pausas en un determinado número de sílabas.

[633] Aunque se debe considerar la prosa poética o prosa lírica, que es definida como un verso libre que produce la impresión de poesía; ver Ducrot y Todorov, *Diccionario enciclopédico de las ciencias del lenguaje,* 223. Un ejemplo de la misma en la Biblia es Génesis 2.23, 24.

[634] Kaiser, *Toward an Exegetical Theology,* 91.

a su hermano Aarón, quien era muy elocuente (4.14). Una de las cualidades que le dieron a Saúl al presentarle a David es que sabía expresarse (1 S. 16.18). Es notable que de la misma manera que se mencionan varones también hay mujeres con la habilidad de expresarse y convencer a los hombres (2 S. 14.2; 2 S. 20.14-22).[635]

A diferencia de la literatura griega, en el Antiguo Testamento no hay un gran desarrollo del discurso político. Sin duda esto fue así por la teocracia que se desarrolló en Israel. Pero hay en la Biblia hebrea lo que se ha llamado discursos de despedida, en los que un jefe, ante la cercanía de su muerte, se despide de su pueblo dejándoles un mensaje final. En el Antiguo Testamento podemos encontrar los discursos de despedida de Josué (Jos. 22-24), Samuel (1 S. 12), David (1 R. 2.1-9), entre otros. En el Nuevo testamento encontramos a Jesús (Jn.13.31—17.26), Pablo (a los ancianos de Éfeso en Mileto, Hch. 20.17-28). En general, estos discursos tienen varios elementos, como ser: comienzo con el anuncio de la pronta partida del líder, una presentación de lo que Dios ha hecho a lo largo del tiempo (y en ocasiones por medio del líder), y un desafío a la obediencia, tanto a la generación presente como también a las futuras.[636]

Entre los discursos en la Biblia, los tres que más se destacan son: los sermones, las oraciones y plegarias, y las leyes.

Los sermones. En la Biblia hay varios sermones muy famosos. Por ejemplo, el sermón del Templo, predicado por Jeremías a las puertas del templo de Jerusalén (Jer. 7.1—8.3). En el Nuevo Testamento podemos ver los sermones de Pedro (Hch. 2), de Pablo (Hch. 17.21-32), y especialmente de Jesús (Sermón del Monte o del llano, Mt. 5—7; Lc.

---

[635] A estas podríamos agregar a Débora, la profetiza de juzgó a Israel (Jue. 4.4); Huldá; la profetiza que consultó el rey Josías (2 R. 22.14ss); en el Nuevo Testamento se pueden mencionar las diferentes mujeres mencionadas en Romanos 16.

[636] Rivas, *Diccionario para el estudio de la Biblia*, 56-57, menciona que en Juan 13.31—17.26 se encuentra el discurso de despedida de Jesús, en el que aparecen todos los elementos que componen este sub-género: (1) El personaje anuncia su partida o su muerte; (2) consuela a sus oyentes ante la tristeza producida por este anuncio; (3) les recuerda lo que Dios y él mismo han hecho por ellos; (4) les recomienda que guarden los mandamientos; (5) en especial los anima a que se amen y vivan unidos; (6) les anuncia futuras dificultades o persecuciones; (7) les reitera las promesas de Dios para los que se mantengan fieles; (8) designa un sucesor; (9) en muchos casos, concluye con una oración por los discípulos y las generaciones futuras. Ver también, Aletti, *Vocabulario razonado de la exégesis bíblica*, 94, 142-143.

6.17.49). Esto quiere decir que este sub-género es bien conocido en las Escrituras. En general, los sermones tienen como propósito desafiar a los oyentes y buscan lograr una respuesta práctica. Cada uno de estos mensajes que hemos mencionado hace un desafío personal y directo.

Las oraciones y plegarias. Entre los sub-géneros en prosa también ocupan un lugar las oraciones o plegarias. Nuevamente debemos mencionar que desde las oraciones de intercesión de Moisés hasta la oración de Jesús (Jn. 17) hay en las Sagradas Escrituras una gran cantidad de oraciones o plegarias, ya sea de alabanza (2 S. 7.18-29), dedicación (2 Cr. 6.14-42), intercesión (Gn. 18.22-32); confesión (Jue. 10.10-15) o penitencial (Lc. 18.13). Puede que sean breves, como la de Sansón (Jue. 16.28) o Jabes (1 Cr. 4.10); o pueden ser extensas, como la de Josafat (2 Cr. 20.5-15) o Esdras (Esd. 9.5—10.1).[637]

Las oraciones de la Biblia son un modelo. En este sentido, se debe recordar la oración modelo también conocida como el Padrenuestro (Mt. 6.9-13, Lc. 11.1-4). El texto de Lucas pone el acento en la necesidad de aprender a orar ("Señor, enséñanos a orar, como también..."), pero al mismo tiempo en que había una tradición anterior en la que la oración era guiada ("como también Juan enseñó"). Son varios autores los que comentan que era común que los rabinos enseñaran a sus discípulos a orar. Como muchos comentaristas lo han notado, el texto de Lucas aunque más corto que el de Mateo, contiene todo lo que necesitamos para ayudarnos a orar.

• •

EJERCICIO 90

Lee detenidamente Mateo 6.9-13, Marcos 11.25, 26 y Lucas 11.2-4, y señala cuál es el énfasis que comparten estos pasajes.

_____

_____

• •

---

[637] Para una exposición de la oración y su lugar en el ministerio cristiano, ver Pablo A. Deiros, *La oración en el ministerio* (Buenos Aires: Publicaciones PROFORME, 2012).

Las leyes. Dentro de la prosa debemos considerar las leyes o la prosa legislativa. En Israel como en gran parte de las sociedades antiguas hubo una serie de prescripciones legales, que tenían como propósito ordenar o guiar la vida, ya sea esta comunitaria, personal o religiosa (espiritual). Tengamos presente que este es uno de los géneros principales, ya que ha dado nombre al Antiguo Testamento en general y al Pentateuco en particular. Es el género legal, es decir, el de las leyes (de allí que se lo designe como Ley).[638]

Al pensar en la comprensión de la Ley en el Antiguo Testamento, debemos considerar algunos aspectos. En primer lugar, tenemos que tener presente el contexto histórico en el que se dieron las leyes. En segundo lugar, debemos revisar el concepto de "ley" que tenemos. A lo largo de nuestra historia de los estudios bíblicos, hemos interpretado la palabra hebrea *torah* con un solo sentido, que podríamos llamar "jurídico", pero así dejamos de lado el concepto hebreo. El término es mucho más amplio, y se refiere a dirección o enseñanza. La *torah* (ley) pretendía dar dirección, en sentido positivo, pero también limitar acciones, es decir, lo que no se podía hacer. El ejemplo clásico es el decálogo (los diez mandamientos), que contiene tres afirmaciones positivas, que al mismo tiempo se pueden relacionar con el desafío de Jesús (Mt. 22.37-39).

---

[638] Para iniciar una comprensión de las enseñanzas de la legislación bíblica vamos a pensar en el significado de los términos que la definen o presentan en el mismo texto del Antiguo Testamento, a partir del texto de Génesis 26.5, en el que se mencionan "preceptos", "mandamientos", "normas", y "enseñanzas" (RVR 1960: leyes). Comenzando por el último término ("ley") y quizás el más importante, decimos que el vocablo viene de una raíz que significa "enseñar", de allí que el sentido original de la palabra es "instrucción". Pero se convirtió con el tiempo en una prescripción o precepto. La palabra que se traduce "ordenanzas" viene de una raíz que significa "guardar" u "obedecer". De allí que se está hablando de lo que debe ser guardado u obedecido. Tiene un fuerte sentido de obligación. La segunda palabra usada en el texto "mandamientos" generalmente se la emplea como una orden directa de una autoridad más elevada, como por ejemplo del rey, el padre, etc. Por último, la palabra que se traduce "estatutos", aunque se usa con varios significados y en distintos contextos, el sentido básico es algo que está establecido, y que por lo tanto es una obligación. Una palabra que no se encuentra en este texto y que vale la pena mencionar es el término "palabras", que es el término que se usa en Éxodo 20.1. Aunque no son los únicos términos (por ejemplo, se puede mencionar el término "juicios"), esta enumeración tiene el propósito de mostrar la riqueza del vocabulario bíblico sobre el tema.

Ámbito de acción	Afirmación positiva	Prohibiciones (Regulaciones)
Mi relación con Dios: Mateo 22.37 Ama al Señor tu Dios con todo tu corazón, con todo tu ser y con toda tu mente	**Yo soy el Señor tu Dios**	No tengas otros dioses. No te hagas ningún ídolo. No te inclines delante de ellos. No pronuncies el nombre de tu Dios a la ligera
Mi relación conmigo mismo: Mateo 22.39 Ama a tu prójimo como a ti mismo.	**Acuérdate del sábado para consagrarlo**	No hagas en ese día ningún trabajo. Ni tampoco tú hijo ni tú hija. Ni tú esclavo ni tú esclava Ni tus animales Ni tampoco los extranjeros
Mi relación con el prójimo: Mateo 22.39 Ama a tu prójimo como a ti mismo.	**Honra a tu padre y a tu madre**	No mates. No cometas adulterio. No robes. No des falso testimonio. No codicies

Esta manera de leer el texto muestra que inicialmente este pasaje nos da una dirección de vida en los tres ámbitos en los que nos movemos. En primer lugar, la relación con Dios. En segundo lugar, el cuidado de nuestra persona. En tercer lugar, la relación con la comunidad. En cada uno de estos aspectos hay una dirección, ya que se ve la prioridad de Dios y de aquellas cosas que debemos evitar en la relación con él. Luego viene el cuidado de nuestro cuerpo y de nuestra persona a través del descanso (Dt. 5). Finalmente, se enfoca en la relación con la sociedad, donde el respeto a la autoridad (los padres) es el primer paso para vivir respetando la vida, la familia y las propiedades de los demás.

Otra cosa que es importante señalar, para comprender las leyes del Antiguo Testamento es la variedad de las mismas. En el Antiguo Testamento, se pueden distinguir, claramente, diversas clases de leyes mediante criterios externos e internos. En primer plano hay disposiciones que comienzan con "si" y exponen un "caso" con precisión (por ejemplo, Éx. 21.18 ss.) Estas leyes son llamadas "casuísticas" pues tratan de casos litigiosos de la vida diaria y se destinan para el uso de la comunidad judicial. Esta se reunía siempre en la plaza junto al portón, cuando era preciso juzgar un proceso. No había jueces profesionales, pero esa función era ejercida por la totalidad de los ciudadanos con derecho a voto. Un ejemplo vivo de la comunidad jurídica del capítulo 4 de Rut.

De naturaleza bien diferente son las sentencias apodícticas, que simplemente expresan un mandamiento o una prohibición sin cualquier condición o restricción: "tu harás" y "no harás" (por ejemplo, Éx. 20.2 ss). El "derecho casuístico" es congénere, según su forma y su contenido, al derecho usado en todo el Antiguo Oriente. Por otro lado, el "derecho apodíctico" es genuinamente israelita y es solamente comprensible por la peculiaridad de la fe del pueblo de Dios.

Finalmente se deben considerar las leyes cúlticas, que se ocupan de cuestiones relacionadas con el culto. Así por ejemplo, es descrito minuciosamente el acto de sacrificio en forma de rituales (Lv. 1—5), son compilados detalles para el uso del sacerdote sobre cuestiones técnicas del sacrificio (Lv. 6—7), o sobre pureza o impureza ritual (Lv. 11—15).

A modo de conclusión debemos decir que para comprender o interpretar correctamente las leyes se deben tener en cuenta los siguientes elementos: (1) Observar el contexto dentro del canon. El contexto literario canónico es importante. Comprender por qué la ley que se estudia se localiza donde está, puede contribuir a un mejor entendimiento de ella. (2) Fijarse en el estilo de la ley. ¿Se trata de una afirmación categórica (ley apodíctica) o es para una situación específica (ley casuística)? ¿En qué subgénero encaja en cuanto a la forma y al contenido? (3) Analizar la gramática de la ley, ya que puede conllevar mayor importancia para el arreglo interno de la recopilación y las categorías del pensamiento legal. Esto puede ayudar a distinguir una sección principal de leyes de la otra, así como unas cláusulas subsidiarias de otras dentro de una serie. (4) Comparar las leyes del texto bíblico con otras. Por ejemplo, las leyes sobre los esclavos en Éxodo 21.1-11 tienen paralelo en Deuteronomio15.12-18 y Levítico 25.39-43 y 47-55. (5)Tratar de determinar el significado de las palabras, las frases, las cláusulas, las oraciones y los párrafos. En algunos casos, determinadas palabras o frases son coyunturales para el significado del pasaje.

La narrativa[639]

Cuando hablamos de literatura narrativa nos estamos refiriendo al arte de contar un suceso. Se puede definir narratividad como el conjunto de

---

[639] Dos obras que tratan detalladamente la narrativa son Shimón Bar-Efrat, *El arte de la narrativa bíblica* (Madrid: Cristiandad, 2003); y, Daniel Marguerat e Yvan Bourquin, *Como leer los relatos bíblicos* (Santander: Sal Terrae, 2000). A estas obras habría que agregar a Osborne, *The Hermeneutical Spiral,* 200ss; Tremper Longman III y Raymond B. Dillard, *Introducción al Antiguo Testamento* (Grand Rapids: Desafío, 2007),

características que hacen de un texto un relato diferente de un discurso o una descripción.[640] Los rasgos narrativos, por los cuales se identifica un relato (una historia contada), se diferencian de los rasgos discursivos, que permiten identificar un discurso. En este se interpela directamente al destinatario, mientras que la narración deja al oyente o lector que saque sus propias conclusiones.

La relación entre narrador, narración y lector. No es la misma que la del pintor y la pintura o la del compositor y la composición musical. La gran diferencia está en el hecho de que el narrador está, pura y simplemente, dentro de la narración. Es parte integral de la obra, es uno de sus componentes estructurales, incluso uno de los más importantes. El narrador está al lado de los personajes y su voz se oye tanto como la de estos. Sin su tarea no tendríamos acceso directo a los personajes de la historia narrada. La construcción de la misma, con frases como "vio", "dijo", o "contestó", nos muestra que vemos y oímos tan solo a través de los ojos y oídos del mismo.[641]

¿Por qué es importante distinguir este tipo literario y sus características? En primer lugar, porque la perspectiva que tenga condiciona

---

34-40; Giese y Brent, *Compendio para entender el Antiguo Testamento*, 67ss; Kaiser, *Predicación y enseñanza desde el Antiguo Testamento*, 70-92.

[640] El estudio científico de las narraciones tiene un nombre: narratología. Esta ciencia es reciente, aun cuando a veces formula de modo nuevo conceptos antiguos y los afina. En una de sus comparaciones, Jesús presenta la imagen del escriba (convertido a la fe cristiana) como el "dueño de casa que saca de su tesoro cosas nuevas y cosas viejas" (Mt. 13.52). Este ejemplo puede aplicarse al análisis narrativo: explora con instrumentos nuevos un arte viejo como el mundo, el arte de contar.

[641] En las Sagradas Escrituras tenemos más de un tipo de narración, que podemos contraponer de acuerdo a las siguientes características: 1) En cuanto a su conocimiento de la historia. Por un lado, está el narrador que sabe absolutamente todo con respecto a los personajes y está presente siempre. Por el otro lado, está el narrador cuyo conocimiento es parcial. En ocasiones se habla de un narrador "omnisciente", que conoce hasta las emociones de los personajes sobre los que está relatando y las describe. 2) En cuanto a su relación con la historia. Está el narrador que mira las cosas desde arriba, como si planeara sobre los personajes. Este se opone al narrador que observa los acontecimientos como si participara en ellos. Uno se introduce en la historia, que añade comentarios y explicaciones necesarias para su comprensión. El otro aparece como en silencio focalizando en los hechos lo más posible, los cuenta desde una perspectiva remota, y ofrece una perspectiva panorámica. 3) En cuanto a su involucramiento en la historia. Esto puede ser, por un lado, neutral u objetivo, o sea que se limita a los hechos y no muestra un compromiso personal con lo contado. Por el otro, el narrador está comprometido con el relato, muestra o expresa su aprobación o desaprobación.

qué va a narrarse y cómo. Es el narrador el que hace no solo la selección de los sucesos que va a relatar, sino que al mismo tiempo le da el enfoque a los mismos. En segundo lugar, el punto de vista apropiado favorece a mejorar el interés en la narración. El hecho de que esta sea interesante es importante dado que si no lo hace no cumple con su propósito, que es mucho más que el lector siga la lectura. Su propósito principal es hacer participar al lector de la historia que está contando. En tercer lugar, el punto de vista del narrador es uno de los medios por los que trata de influir en el lector, llevándole a aceptar sus valores y actitudes. De alguna manera, el narrador lleva al lector a identificarse más con el autor que con los personajes de la narración, de manera que ve a los personajes con su misma postura y, por lo tanto, a aceptar ciertos valores.

En la narrativa bíblica, el narrador trata de influir en sus lectores y de impartir su visión de la vida, el bien y el mal, Dios y la acción divina en el mundo. Mientras que la literatura profética y sapiencial expresa directamente sus formas de ver el mundo e insiste abiertamente en que estas sean aceptadas por la audiencia, la narrativa opera de forma sutil y menos evidente. El narrador lleva al lector a recorrer una experiencia, y una experiencia vital. Por ejemplo, en Lucas 15. 31, 32 (la parábola del "hijo pródigo"), el padre termina diciendo al hijo mayor "todas mis cosas son tuyas", cuando este se enojó por la fiesta que se hizo celebrando el regreso del hermano. Jesús no nos dice cómo reaccionó el hijo mayor ante la afirmación del padre. En realidad, nos deja a nosotros la respuesta. Se trata de una manera indirecta de involucrarnos en la experiencia.

Cómo interpretar las narraciones bíblicas. Hay seis pasos a tomar en cuenta. En primer lugar, es necesario identificar cada escena de la narración. Como el foco de la interpretación se centra en el o los personajes principales, es necesario resumir sus palabras y acciones para reflejar el punto de vista del narrador y las razones para registrar estos detalles. En segundo lugar, es necesario analizar el argumento de la narración. Hay que notar cómo la acción avanza hacia el clímax y cómo el autor da ritmo al argumento y destaca los puntos principales de la historia. De ahí se puede marcar el comienzo, la mitad y el final tanto de los modelos sencillos como complejos dentro de la historia. Jeffrey D. Arthurs, *Predicando con variedad*, hace un gráfico semejante donde presenta cinco etapas de un argumento:(1) antecedentes; (2) conflicto;

(3) una acción que se intensifica; (4) punto culminante; (5) resolución. Tremper Longman III y Raymond B. Dillard presentan el siguiente gráfico en el que se muestran las distintas etapas de un argumento.[642]

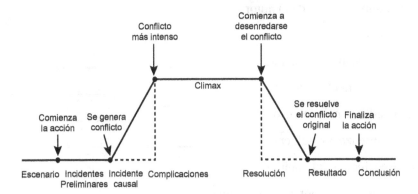

En tercer lugar, es necesario determinar el punto de vista por el que se registra la narración. ¿Cómo cuenta el narrador la historia? ¿En qué personaje de la historia se concentra el narrador? ¿Acaso revela el narrador los pensamientos y las emociones de los personajes o agrega una crítica a la acción? Estos son los temas clave al identificar el significado de la narrativa. En cuarto lugar, es necesario prestar gran atención a los detalles de la escena. Para comprender la historia es importante ver cómo se describe a los personajes. El lugar donde se desarrollan los hechos puede también sumar su importancia a los eventos. En quinto lugar, es necesario examinar el diálogo que el autor emplea para narrar la historia. ¿Cómo se lo introduce dentro de la narración? ¿Cómo se mueve el autor entre el diálogo y la narración? En sexto lugar, es necesario observar las unidades dentro de una escena y sus interrelaciones. Comprender cómo se estructuran las unidades puede contribuir con el significado de la escena. En séptimo lugar, es necesario estudiar los recursos estilísticos que el autor utiliza. Esto incluye, entre otros, la repetición, la omisión, la inclusión, el quiasma y la ironía. Por ejemplo, la repetición expresa el énfasis del autor sobre ciertas partes de la historia.

---

[642] Longman III y Raymond B. Dillard, *Introducción al Antiguo Testamento*, 40. Por otro lado, ver Arthurs, *Predicando con variedad*, 72.

• •

EJERCICIO 91

Lee con atención Génesis 3 y coloca los distintos pasos en el desarrollo del argumento que da el autor.

1. Escenario   _____

2. Comienzo de la acción   _____

3. Se genera el conflicto   _____

4. Conflicto más intenso   _____

5. Comienzo a resolverse   _____

6. Resolución del conflicto   _____

7. Finaliza la acción (consecuencias)   _____

• •

La poesía

Debemos considerar lo difícil que es definir poesía. Bien escribió Jeffery D. Arthurs: "La palabra poesía lo cubre todo, desde el Dr. Seuss a Shakespeare, desde la tarjeta de salutación a la épica. Hasta los que viven de la poesía tienen dificultad para definir su arte".[643] O. A. R. Gordon señaló: "Toda buena poesía es el espontáneo desborde de sentimientos potentes. Esto sucede especialmente con la poesía del Antiguo Testamento. Los israelitas pertenecían a una raza dotada de pasiones vehementes, y su poesía está saturada de este espíritu.[644] Además, J. A. Brewer apuntó: "La poesía y la religión van juntas. En el momento de exaltación religiosa, cuando el alma está unida con la armonía eterna de Dios, su lenguaje se torna rítmico e irrumpe en un cántico".[645]

Poesía y emociones. La poesía nos permite saber lo que la gente siente más que lo que la gente piensa. Dos de los principios básicos para entender la poesía son los siguientes. Por un lado, el hecho emotivo o

---

[643] Arthurs, *Predicando con variedad*, 40.

[644] O. A. R. Gordon, "Literatura poética y de sabiduría del Antiguo Testamento", en *Comentario bíblico de Abingdon*, (Buenos Aires: La Aurora, 1951), 1:436.

[645] J. A. Brewer, *Literatura del Antiguo Testamento* (Buenos Aires: La Aurora, 1953), 344.

lo que podríamos llamar la realidad emocional. Como hemos dicho la poesía es la explosión de los sentimientos. Y, por el otro lado, está la relación que tiene la poesía con la experiencia religiosa. La forma de expresión poética es mucho más impactante que una mera descripción intelectual, ya que no solo afecta a lo emotivo sino también a la imaginación. En este sentido, el uso de las figuras es muy importante en la poesía.[646]

Jeffrey Arthurs menciona la frase de David Larsen que sugiere hacer un bosquejo emocional.[647] Él propone que en la poesía debería hacerse un esquema de las emociones que se expresan en alguno de los Salmos, para comprender el desarrollo del mismo. Él presenta el Salmo 77 y hace una adaptación tomando en cuenta las estrofas del mismo. A continuación presentamos su bosquejo. En el texto es claro que el autor comienza con una enfoque negativo (vv.1-3), para ir profundizando el mismo (vv.4-9), hasta que en un punto cambia de actitud (v.10), y a partir de allí comienza a recordar las acciones maravillosas de Dios (vv.11ss).

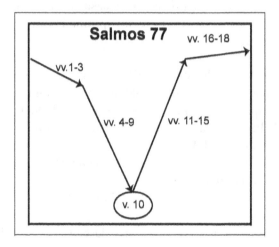

Poesía y características. Tremper Longman III y Raymond B. Dillard presentaron de manera muy concisa las características de la poesía hebrea poniendo el acento en cuatro aspectos principales.[648] En

---

[646] Hasekell, *Hermenéutica, interpretación eficaz hoy,* 220.

[647] Arthurs, *Predicando con variedad,* 55.

[648] Longman III y Dillard, *Introducción al Antiguo Testamento,* 31-33; ver también Tremper Longman III, *Como leer los Salmos: una introducción a la poesía hebrea*

primer lugar, ellos ponen énfasis en la concisión. Esta es una de las grandes diferencias entre poesía y prosa. Mientras la prosa tiene frases y párrafos, la poesía usa expresiones breves y concisas. La poesía usa menos palabras y hace un mayor impacto que la prosa.

La segunda característica de la poesía es el paralelismo. La geometría nos ha enseñado que las líneas paralelas son aquellas semi-rectas que corren la una junto a la otra, siempre manteniendo entre sí la misma distancia. Pero en poesía se habla de paralelismo cuando dos líneas poéticas o versos son de alguna manera semejantes. Esta semejanza puede ser gramatical (cuando las dos líneas poéticas tienen la misma estructura interna) o semántica (cuando el sentido de ambas líneas es prácticamente el mismo). Los paralelismos pueden ser sinonímicos, cuando se dice dos veces lo mismo (Pr. 16.32); antitético, cuando muestran casos opuestos (Pr. 28.1); y sintético o progresivo, cuando reúne una idea y una figura que la describe (Pr. 26.11).

Poesía y comprensión. ¿Cuáles son algunas de las claves para comprender mejor la poesía? Partiendo de la base que aun sin comprenderla de manera cabal, la poesía nos llega muy profundamente, debemos considerar algunas claves:

1. Tener en cuenta las estrofas de los Salmos. Es importante notar que muchos de los Salmos están divididos en unidades menores. Por ejemplo, en el Salmo 77, las estrofas se dividen por la palabra *selah. En otros casos, con una separación entre las estrofas (por ejemplo, el Sal. 31.1-5).
2. Analizar el paralelismo. Ya se han mencionado los tres tipos de paralelismo (sinónimo – antitético- sintético). No se pueden leer líneas sin considerar el conjunto. Por ejemplo, en el Salmo 23.2, 3a podemos leer:
   "en verdes pastos me hace descansar.
   Junto a tranquilas aguas me conduce;
   me infunde nuevas*fuerzas".
   Aquí tenemos combinado dos tipos de paralelismos. Las dos primeras líneas son sinónimas. El autor quería enfatizar la necesidad que tenía una persona que en el desierto buscaba un lugar donde

---

(Barcelona: Clie, 2000); Alonso Schökel, *Manual de poética hebrea*; Rivas, *Diccionario para el estudio de la Biblia*, 140.

estar tranquilo y seguro. La tercera línea muestra el objetivo de esto, que es tener nuevas fuerzas.

3. Tener en cuenta el lenguaje figurado de los Salmos (y la poesía). En la poesía, el lenguaje figurado es muy usado. Por ejemplo, en el Salmo 19 encontramos que los cielos cuentan la gloria de Dios. El autor no está tratando un tema cosmológico, por eso se debe buscar el sentido general de la figura.

4. Tener presente (si el texto lo dice) la situación histórica en que fue escrito. Hay varios Salmos que tienen una introducción histórica (Sal. 3; 7; 18; 30; 34; 51; 54; 56; 59). Cada uno de ellos debe leerse teniendo en cuenta la situación histórica en la que escribió el salmista.

5. Tener presente el género al que pertenece. Los Salmos contienen distintos géneros literarios. Por ejemplo, los Salmos de Alabanza (o Himnos) o los Salmos Penitenciales. El género del Salmo es importante para entender la terminología que usa.[649]

6. Estudiar el Salmo como un todo antes de detenernos en algunas frases o sacar conclusiones. Como hemos visto en el bosquejo emocional, si uno lee una estrofa sin tomar en cuenta el final del Salmo puede hacerle decir lo que no dice.

7. Identificar los principios espirituales permanentes que están en los Salmos.

• •

EJERCICIO 92

Tomando como modelo al Salmo 1, copia los distintos tipos de paralelismos.

(1) Sinonímico o sinónimo (1.2):

_____

_____

---

[649] Algunas de las obras que trabajan muy bien con los géneros literarios son: Luis Alonso Schökel, *Salmos*, 2 vols. (Estella: Verbo Divino, 1992); John Day, *Cómo leer los Salmos* (Barcelonoa: Clie, 2007); y especialmente, Breneman, "El libro de los Salmos", quien menciona los siguientes géneros literarios: himnos (cánticos a Sion, himnos de procesiones); súplicas y lamentos de la comunidad o individuales; salmos reales; salmos históricos; salmos didácticos; salmos mesiánicos, salmos imprecatorios y otros géneros menores.

(2) Antitético (1.6):

_____

_____

(3) Sintético o progresivo (1.1)

_____

_____

• •

La profecía

Cuando hablamos de la profecía solemos tener una visión parcial de lo que esta palabra significa. Para algunos solo se refiere a una predicción de eventos del futuro, mientras que para otros solo es denuncia de los pecados presentes, sobre todo de las estructuras sociales. Para muchos cristianos, la palabra profecía significa lo que aparece en la primera acepción de la mayoría de los diccionarios: "Don sobrenatural que consiste en conocer por inspiración divina las cosas distantes o futuras".[650] Esto es algo notable, pues no representa el contenido de los mensajes proféticos. Según Gordon Fee y Douglas Stuart, en la Biblia un dos por ciento de las profecías son mesiánicas; alrededor de un cinco por ciento se refieren al nuevo pacto, y menos del uno por ciento se refieren al futuro lejano, es decir, se aplicarían a nosotros.[651]

Los oráculos y mensajes proféticos. Para comprender la tarea del profeta nos puede ser de mucha ayuda el texto de Deuteronomio, que prohíbe consultar a agoreros y adivinos de todo tipo, y afirma que esta era costumbre de los pueblos que iban a conquistar pero no les era permitido por el Señor su Dios. Y dice: "levantaré entre sus hermanos un profeta como tú; pondré mis palabras en su boca, y él les dirá todo lo que yo le mande" (Dt. 18.14-18). Es claro que el texto se refiere a los profetas como portavoces del mensaje que Dios tiene para su pueblo. Él, como Señor de la historia, puede anunciar lo que va a ocurrir. Como ya mencionamos, los libros proféticos contienen más de un tipo de

---

[650] Diccionario de la Real Academia Española.
[651] Fee y Stuart, _La lectura eficaz de la Biblia_, 148; ver también Osborne, _The Hermeneutical Spiral_, 264.

mensajes u oráculos.[652] En este momento vamos a pensar solamente en los dos principales: los oráculos de salvación y los oráculos de juicio.

Oráculos y mensajes de juicio. Estos son los mensajes de juicio que dieron condenando el pecado y la desobediencia del pueblo. En general, los mensajes de juicio tenían una forma fija. Tomando como modelo Isaías 1.1-20, podemos encontrar: (1) Llamado a escuchar el mensaje de Dios (1.1a). (2) Acusación específica, que se demuestra con el modo de acción en el pasado del acusado (1.1b, 2). (3) Incapacidad del acusado de cambiar su estilo de vida (1.3-6; 11-15). (4) Declaración de la sentencia o castigo (1.7-10). (5) Último llamado a un arrepentimiento (1.16-20). Para comprender y aplicar el contenido de este tipo de mensaje profético y la función de anuncio del juicio, debemos ir más allá del mero análisis de las formas. Tenemos que tener presente el contexto histórico y teológico en el que se dieron. Algunas pautas para su comprensión o interpretación son las siguientes.[653]

En primer lugar, los mensajes de juicio se produjeron dentro de una situación histórica específica y estuvieron basados en una palabra específica por parte de Dios. Uno de los peligros de usarlos en la actualidad es olvidar esto. En segundo lugar, los mensajes de juicio descansan en evidencias históricas firmes, ya que el pueblo de Dios había desarrollado un estilo de vida totalmente al margen de Dios. Dios trae juicio a su pueblo, recién luego de una larga historia de pecado y disciplina. En tercer lugar, los mensajes de juicio recibieron muy diferentes tipos de respuestas. Nínive sorprendió a Jonás con su arrepentimiento (Jon. 3), pero el rey Joaquín, por el contrario, quemó el rollo que anunciaba el juicio (Jer. 36). Predicar lo que Dios nos ha ordenado no nos da la seguridad que nuestras palabras serán bien recibidas por su pueblo. Recordemos que la gente se burlaba de los profetas. En cuarto lugar, los mensajes de juicio no intentaban obtener un beneficio ya sea

---

[652] *Ibid.*, 266-267, menciona diez tipos distintos de oráculos o mensajes proféticos: (1) de juicio (Am. 7.17); (2) de bendición o liberación (Is. 41.8-20); (3) los "ayes" (comienzan con la expresión "Ay!", Am. 5.18); (4) oráculos por medio de acciones simbólicas (Jer. 18); (5) los mensajes legales o de querella (Is. 2.13-26); (6) los mensajes de disputa (Is. 24.14-19); (7) los oráculos con lamentos funerarios (Ez. 19); (8) oráculos o mensajes poéticos (Is. 33); (9) oráculos de sabiduría (Jer. 31.29-30); (10) mensajes apocalípticos (Ez.; Zac.) Aunque es una lista demasiado detallada, señala la variedad de formas que tuvo el mensaje de los profetas.

[653] Siguiendo en general a Giese y Brent, *Compendio para entender el Antiguo Testamento*, 155-174.

para el pueblo o el profeta. El anuncio de juicio informaba al pueblo las acciones que Dios iba a realizar basado en la conducta de los mismos, sin tratar de sacar un beneficio de los mismos. En quinto lugar, los mensajes de juicio no significan una trampa para Dios. Él rechaza la respuesta de autocompasión de Jonás (4.1-3). En los mensajes proféticos podemos ver de manera constante el elemento de esperanza. Dios siempre conserva la libertad de no castigar.

Oráculos y mensajes de salvación. Debemos tener presente que el anuncio de juicio es tan solo una parte del mensaje profético, y no la conclusión final. El juicio es una alternativa indeseable. El pueblo de Dios siempre debe ver que su Señor es un Dios amoroso, que mantiene la esperanza de un arrepentimiento y salvación.[654] Los mensajes de salvación reflejan ciertas características del contexto cultural, religioso y literario en el que se escribieron. Por lo tanto, para una adecuada interpretación de los mismos se deben tener presente los siguientes elementos:

En primer lugar, hay que recordar que el profeta usa imágenes para transmitir su mensaje. En vez de dar una declaración de salvación directa, los oráculos de salvación suelen expresar el mensaje de Dios usando imágenes que desafían a las mentes modernas a descubrir un entendimiento más holístico de la Palabra de Dios. Como ejemplo, en el libro de Isaías se compara el exilio con la desolación y el desierto (Is. 32.14; comparar. 6.11; 27.10). En contraste, la restauración se compara con arroyos y la transformación del desierto (Is. 35.1, 7a). Esta imagen subraya de manera vivida el mensaje de juicio y de restauración del profeta.

En segundo lugar, se debe relacionar la seguridad de las promesas y las bendiciones con los compromisos previos de Dios. El trasfondo para la interpretación debe ser siempre la revelación divina de sus promesas. Los oráculos de salvación se basan en los compromisos previos de Dios y además los complementan.

En tercer lugar, es necesario tener presente que los profetas presentaron su mensaje a personas que pedían o suplicaban por la liberación divina. El período en el que con mayor frecuencia se encuentran los oráculos y menajes de salvación es el llamado período post-exílico. El exilio fue un tiempo de juicio, castigo y humillación (Is. 2.6-11); de

---

[654] Por ejemplo, Jeremías 28.2-4; Isaías 2.1-5; Amós 9.11-15.

allí las palabras del profeta: "¡Consuelen, consuelen a mi pueblo!" (Is. 40.1). De allí que los profetas anuncian que en lugar de tribulación y vergüenza el pueblo gozaría un período de paz y bienestar. En lugar de ser juzgados, Jehová los limpiaría y perdonaría, lo cual traería las grandes bendiciones de su Señor: ". . . habrá un toldo que servirá de cobertizo, para dar sombra contra el calor del día, y de refugio y protección contra la lluvia y la tormenta" (Is. 4.5, 6).

En cuarto lugar, se deben interpretar los oráculos o mensajes proféticos de salvación desde la perspectiva de la transformación y el cambio. Es una transformación que se extiende a todas las áreas: el pueblo, el liderazgo y la tierra. La realidad de la salvación transformará el exilio en un tiempo nuevo de actividad de Dios: "Las cosas pasadas se han cumplido, y ahora anuncio cosas nuevas" (Is. 42.9; ver también Is. 43.19).

En quinto lugar, al leer las profecías se debe comprender su cumplimiento como un proceso. La operación de Dios en la historia redentora revela una conexión interna entre sus actos de liberación. El cumplimiento es progresivo en el tiempo y no está ligado a un momento específico. Uno puede leer en el libro de Isaías: "Me regocijaré por Jerusalén y me alegraré en mi pueblo; no volverán a oírse en ella voces de llanto ni gritos de clamor" (Is. 65.19). Estas palabras comenzaron a cumplirse con la restauración del exilio (ver Sal. 126). Este momento fue solo una etapa en el progreso de la redención y es una parte integral de los acontecimientos que siguen: la venida de Cristo, el establecimiento del reino de Cristo y el nuevo cielo y la nueva tierra. Nunca debemos olvidar que el cumplimiento de los mensajes y oráculos de salvación tienen su cumplimiento pleno en la venida de Jesús. En la venida de Jesús, la salvación se hace más evidente (1 P. 1.10-15).

Cómo interpretar la profecía. Después de esta mirada muy general, debemos considerar de manera positiva y negativa cómo estudiar e interpretar las profecías de la Biblia.

En primer lugar, Grant R. Osborne menciona algunas claves generales para interpretar los libros proféticos.[655] (1) Determinar el dicho u oráculo individual, es decir, cuándo comienza y termina. Generalmente comienzan con la frase: "Así dice el Señor" (Jer. 7.21; RVR60: "Así ha dicho Jehová"). (2) Determinar el tipo de oráculo, es decir, si es de juicio o de salvación. Estudiar el oráculo a la luz de todo el libro pro-

---

[655] Adaptado de Osborne, *The Hermeneutical Spiral*, 270-273.

fético. ¿Cuál es el lugar que tiene el oráculo en el libro? (3) Tener presente el contexto histórico. Ubicación en el desarrollo de la revelación. (4) Ser cuidadoso en hacer un balance entre la profecía predictiva y la histórica. Bernard Ramm hace algunas observaciones que deben ser tomadas en cuenta. En primer lugar determinar si se trata de un oráculo predictivo o didáctico, es decir, que contiene una enseñanza. En segundo lugar, si es condicional o no. Esto es importante pues muchas de las predicciones proféticas son condicionales (Jer. 18.8, 10 y 26; Ez. 33.13-15).[656] (5) Determinar si se está en presencia de lenguaje simbólico o literal. Es importante separar lo simbólico de lo literal. Se debe ser cuidadoso en la interpretación de los símbolos (lenguaje simbólico). (6) Buscar si hay un énfasis cristocéntrico. Tener presente que en la profecía hay muchas referencias al Mesías, en algunos casos muy directas (Miq. 5.2; Mal 4.5) mientras que otros son indirectos (Os. 11.1; Jer. 31.15). Algunas profecías tienen su cumplimiento pleno en la persona de Jesús, el Mesías esperado. (7) No imponer nuestra posición teológica al texto. No hay duda que cada uno de nosotros tiene una comprensión previa de cómo es Dios. El problema es cuando queremos imponer eso a un texto que no lo tiene. (8) Finalmente, ser cuidadosos al buscar las analogías con la situación de la iglesia cristiana contemporánea. Si bien las profecías fueron dadas en otro tiempo y cultura (el lenguaje es parte de esa cultura), hay muchos pasajes que pueden y deben ser aplicados al tiempo que nos toca vivir.

En segundo lugar, Walter Kaiser menciona que hay cuatro formas que no debemos predicar de la profecía bíblica.[657] (1) Cuando hay cierta tipología contemporánea en la que el propósito del intérprete controla al texto. Esto es especialmente observable en las interpretaciones políticas del texto bíblico, en los que los pasajes son usados para denunciar injusticias sociales. (2) Cuando se toma el mensaje profético como simbolizando acontecimientos contemporáneos, ignorando el significado real del pasaje. (3) Cuando se sacan fuera de contexto algunas frases y se las utiliza como un lema o consigna. (4) Cuando se hace un paralelismo entre la situación que vivieron los profetas con la actual sin profundizar en la misma.

---

[656] Ramm, *Protestant Biblical interpretation*, 250.
[657] Adaptado de Kaiser, *Toward an Exegetical Theology*, 186-193.

●●

EJERCICIO 93

Menciona por lo menos cuatro de las claves generales para interpretar las profecías.

1. _____

2. _____

3. _____

4. _____

¿Cuáles son las cuatro formas en que no debemos interpretar las profecías?

1. _____

2. _____

3. _____

4. _____

●●

La literatura apocalíptica

Para muchos cristianos, la literatura apocalíptica, en especial partes de Ezequiel, Daniel 7—12, Zacarías 9—14, y el libro de Apocalipsis, es la gran incomprendida. Se trata de textos poco leídos y reconocidos, como también de difícil lectura. Esta situación se dificulta por las distintas interpretaciones que, en lugar de sacar a luz el contenido de la misma, la han oscurecido. Como parece evidente, estos libros (y secciones) pertenecen a una clase especial de literatura, que debe leerse siguiendo ciertas pautas especiales. Y es justamente la falencia en tomar en cuenta esas pautas lo que ha llevado a que el género apocalíptico sea sometido a algunas de las más erróneas interpretaciones imaginables.

Definiendo la apocalíptica. Hoy, quien dice "apocalíptico" generalmente piensa en una catástrofe. Las películas con el término "apocalipsis" en el título suelen ser de terror o catástrofe. Con este término se trata de dar miedo. La palabra se ha usado con varias asociaciones, pero casi siempre con algo que tiene que ver con confusión, desastre y el fin del mundo, algo que nadie es capaz de evitar. Muchas veces se ha definido a la apocalíptica como profecía. Sin embargo, hay diferencias notables entre estos dos géneros literarios.[658]

Diferencias entre la Profecía y la Apocalíptica	
El pecado del pueblo como el problema que debían enfrentar.	El pecado se ha extendido tanto que la destrucción es inevitable.
La crisis que se debían enfrentar era de carácter espiritual.	La crisis tenía un carácter físico (persecución).
Dios se encuentra disconforme con el actuar de su pueblo.	El pueblo se encuentra desconforme de cómo el pecado se ha extendido y pide la intervención de Dios.
Dios llama a su pueblo al arrepentimiento.	Dios llama a los fieles a perseverar.
La intervención de Dios es por medios naturales o humanos.	La intervención de Dios es siempre por medios sobrenaturales.
Mensajes directos de Dios.	Mensaje por medios de símbolos, indirectos.
Predicción de sucesos inminentes y futuros, muchas veces condicionales.	Predicción de eventos cósmicos, inevitables y finales.

Es por esto que deberíamos definir y describir qué es la literatura apocalíptica. Lo primero a mencionar es que el término viene del griego del Nuevo Testamento (Ap. 1.1) y significa revelación. Esta palabra tiene un sentido positivo: quitar el velo que cubre los acontecimientos. Se trataba de textos que pretendían clarificar el camino y, por tanto, dar esperanza a un pueblo perseguido. Otro elemento a tener en cuenta es el contexto histórico en el que surge esta literatura. Es claro que surge en momentos de persecución. Representa la respuesta teológica a las persecuciones o crisis. El pueblo frustrado al punto de la desesperación fueron los oyentes previstos para la apocalíptica, y los autores buscaron maneras de transmitirles aliento para soportar el torrente de tribulación y permanecer firmes en la fe. En cuanto a su procedencia, como escribió Luis Alonso Schökel, en la literatura apocalíptica convergen la profecía y también la narrativa y la sabiduría. Al leer el libro de Daniel, nos encontramos con secciones narrativas, donde el autor nos relata una historia (capítulos 1—6). De la misma manera Daniel es llamado sabio, y finalmente su mensaje (capítulos 7—12) llega por medio de símbolos o lenguaje simbólico.

---

[658] Adaptado y ampliado de Klein, Blomberg y Ecklebarger, *Introduction to Biblical Interpretation*, 385.

Comprendiendo la apocalíptica. Para comprender correctamente la literatura apocalíptica, debemos tener en cuenta los siguientes elementos.

En primer lugar, se debe establecer una meta modesta.[659] En lugar de tratar de entender todos los detalles, se debe intentar simplemente comprender tanto como sea posible. La literatura apocalíptica (Daniel, Zacarías, Apocalipsis) probablemente contiene algunos de los pasajes más difíciles de la Biblia, de tal manera que el propio Daniel incluso encontró una visión incomprensible (Dn. 8.27; 12.8).

En segundo lugar, se debe tomar el simbolismo y los números que se encuentran en el texto en serio pero no literalmente. El simbolismo y la imaginación fueron las herramientas de los pueblos antiguos para transmitir su mensaje. No quisieron hacerlo con precisión estadística. Por ejemplo, resulta significativo que Daniel ve cuatro bestias y no cuatro frutos en Daniel 7. La elección de estas figuras es para representar a los cuatro reinos que amenazan con devastar el mundo (v. 17) y la metáfora de la bestia muestra cómo el libro "piensa" y "se siente" acerca de los imperios. En cuanto a los números, deben ser leídos no como cifras exactas. En general, tienen un valor simbólico, con un significado especial.[660]

El uso de los números en la literatura apocalíptica	
Número	**Significado**
1	Símbolo de unidad o existencia independiente.
2	Símbolo de fortaleza.
3	Símbolo de lo divino o de Dios.
3 ½	Símbolo del tiempo de persecución (Dn. 11.3—12.14).
4	Símbolo de lo humano o cósmico (cuatro ángulos de la tierra, cuatro extremidades del hombre)
6	Símbolo de lo imperfecto o la maldad (no de la bestia "666;" es la combinación de 3 (lo divino) y 6 (lo imperfecto).
7	Era considerado como el número sagrado o perfecto.
8	Número del Mesías.[661]
10	Es el número completo (ver los diez mandamientos).
12	Es el número del pueblo de Dios (tribus, apóstoles, de allí sale el número 144 (12x12).

---

[659] *Ibid.*, 386.

[660] Ray Summers, *Digno es el cordero* (El Paso, TX: Casa Bautista de Publicaciones, 1967), 36-49.

[661] Ver Adolf Deismann, *Light from the Ancient East* (Grand Rapids: Baker, 1965) 278; y especialmente, G. B. Caird, *A Commentary on Revelation* (Nueva York: Harper, 1966), 174-175.

En torno a todo esto, podemos mencionar a Ray Summers, quien afirmó que en la apocalíptica, "el escritor se enfrenta con la tarea de ver lo invisible, de describir lo indescriptible, y de expresar lo inexpresable". Sea como sea que se comprenda el simbolismo, es indudable que era necesario para el autor hacer uso de este ya sea como medio de comunicación o como forma de expresión de sus experiencias. Esto mismo debe llevar a no ser dogmático en la interpretación de los símbolos, sino buscar el uso que el autor intentó darles y de allí el valor hermenéutico que tienen. En este sentido, hay que tener presente que el género apocalíptico es intensamente literario, con abundancia de figuras de dicción, como metáfora, hipérbole e ironía. El lector debe fijarse con cuidado en las técnicas literarias de los autores. Las imágenes y las escenas cautivantes tienen la intención de atraer a los lectores dentro de la historia, para poder experimentarla como un niño fascinado con un cuento de hadas. Lo apocalíptico es intencionalmente vívido en cómo describe las cosas.

En tercer lugar, se deben leer los libros apocalípticos del Antiguo Testamento en relación con los del Nuevo y viceversa. Por ejemplo, leer Mateo 24, Marcos 13 y Apocalipsis, en relación con Daniel, Zacarías y Ezequiel.

Zacarías 1,8	Apocalipsis 6	
[8] He aquí, de noche vi un hombre que iba montado en un caballo rojo; él estaba entre los mirtos que había en la quebrada, y detrás de él, caballos rojos, castaños y blancos.	v. 2	[2] Miré, y he aquí, un caballo blanco; y el que estaba montado en él tenía un arco; se le dio una corona, y salió conquistando y para conquistar.
	v. 4	[4] Entonces salió otro caballo rojo; y al que estaba montado en él se le concedió quitar la paz de la tierra y que *los hombres* se mataran unos a otros; y se le dio una gran espada.
	v. 5	[5] Cuando abrió el tercer sello, oí al tercer ser viviente que decía: Ven. Y miré, y he aquí, un caballo negro; y el que estaba montado en él tenía una balanza en la mano.
	v. 8	[8] Y miré, y he aquí, un caballo amarillento; y el que estaba montado en él se llamaba Muerte; y el Hades lo seguía.

¿Cuáles son las implicaciones de esta relación en nuestra comprensión de la Biblia? Una de las claves para entender los textos apocalípticos es notar la relación con los textos anteriores. Allí puede estar una de las claves de su comprensión

En cuarto lugar, se debe tener presente la preocupación pastoral del autor por su audiencia. Como mencionamos anteriormente, las raíces de los textos apocalípticos se encuentran en una crisis de fe de Israel en cuanto al control de Dios sobre la historia. Su objetivo principal, por lo tanto, es animar a los santos para enfrentar el sufrimiento. Por ejemplo, Daniel repetidamente subraya que los "santos" (es decir, los creyentes israelitas) sobrevivirán a sus dificultades actuales para disfrutar el Reino (ver Dn. 7.18, 21, 22, 27; 8.25; 12.1-4).

En quinto lugar, no se debe buscar en la apocalíptica algo que esta no intenta revelar. La función del texto apocalíptico es la clave para entenderlo. Aunque los autores apocalípticos tienen algo importante para transmitir, hay más esperanza para el futuro que información acerca del futuro. El significado del pasaje está estrechamente relacionado con el impacto que tiene asignado ejercer sobre el lector. No obstante, la apocalíptica no es, por lo general, un relato cronológico del futuro sino un tratamiento literal de ese impacto. Opera con imágenes fuertes y con alto contenido gráfico para quitar nuestra atención de los problemas que enfrentamos, y darnos la esperanza de que Dios obtendrá una resonante victoria sobre el mal.

En sexto lugar, se debe intentar comprender el punto central de un texto apocalíptico. Lo apocalíptico tiende a ser impresionista, como una pintura abstracta que transmite una impresión en general. Si uno permanece muy cerca de la pintura tratando de examinar el detalle de la obra del artista, pierde lo que la pintura intenta transmitir. Del mismo modo, la correcta interpretación de lo apocalíptico busca comprender el gran cuadro, el significado del todo en lugar del significado de las partes. A veces los detalles en lo apocalíptico son para producir un efecto impactante. Esto puede no tener más importancia que la forma en que la imagen de la escena se relaciona con los detalles. En lo apocalíptico dichos detalles no deben verse como alegóricos, en el sentido de que cada uno tiene su correspondiente realidad.

• •

EJERCICIO 94

Menciona por lo menos cinco elementos que ayudan a comprender la literatura apocalíptica.

1. _____

2. _____

3. _____

4. _____

5. _____

• •

Los "evangelios"

Definición de "evangelios". Aunque parezca mentira, quizás el primer paso es tratar de definir a qué nos referimos cuando usamos el término "evangelios". Casi con seguridad, cuando hablamos de los Evangelios nos referimos a los libros del Nuevo Testamento. Como escribió Javier Pikaza: "en nuestra mentalidad ya hecha, tenemos formado un concepto concreto de la palabra evangelio; con ella, denotamos cuatro escritos más o menos apostólicos en su origen, y que tratan de Jesús".[662] Ninguno de ellos pretende ser una biografía, aunque tienen datos biográficos, como ninguno pretende narrar todo lo que hizo Jesús.

Es probable que la forma plural "evangelios" no hubiera sido entendida en la época apostólica, pues parte de la esencia del testimonio apostólico es que no había más que un evangelio verdadero. Como escribió Pablo, quien predica o anuncia "un evangelio distinto del que les hemos predicado, ¡que caiga bajo maldición!" (Gá. 1.8).[663] La fórmula tradicional en el cristianismo fue Evangelio según Mateo, Evangelio según Marcos, Evangelio según Lucas, y Evangelio según Juan.[664]

---

[662] Javier Pikaza y Francisco de la Calle, *Teología de los evangelios de Jesús* (Salamanca: Sígueme, 1977), 19.

[663] F. F. Bruce, "Los Evangelios", en J. D. Douglas, *Nuevo diccionario bíblico* (Miami: Certeza, 1997).

[664] De los cuatro Evangelios existentes, tres de ellos (Mateo, Marcos y Lucas) parecen, a primera vista, que repiten las historias y relatos siguiendo el mismo orden, de tal modo que se pueden leer en paralelo. Es por eso que se los conoce con el nombre de sinópticos (que se pueden mirar en conjunto, que se repiten). Un estudio comparativo de Mateo, Marcos, y Lucas lleva a reconocer que existe un considerable cuerpo de material que es común a los tres o a dos de ellos. (1) Lo sustancial de 606 de los 661 versículos de Marcos (sin contar Mr. 16.9–20) reaparece en forma abreviada en Mateo. (2) Unos 380 de los 661 versículos de Marcos reaparecen en Lucas. (3) De los 1.068 versículos de Mateo, alrededor de 500 contienen lo sustancial de 606 versículos de Marcos, mientras que de los 1.149 versículos de Lucas unos 380 tienen paralelos en

Afirmar que hay un solo evangelio de Jesús quiere decir que Jesús es a la vez sujeto y objeto del evangelio. Es su sujeto porque como escribió Marcos (1.14) "después de que Juan fue arrestado, marchó Jesús a Galilea proclamando el evangelio de Dios". Pero también es su único objeto, y Pablo hace mucho énfasis en esto al hablar del "evangelio que les prediqué, el mismo que recibieron y en el cual se mantienen firmes... les transmití a ustedes lo que yo mismo recibí: que Cristo murió por nuestros pecados según las Escrituras, que fue sepultado, que resucitó al tercer día según las Escrituras, y que se apareció a Cefas, y luego a los doce" (1Co. 15.1-5).

En un sentido absoluto, no hay más que un evangelio. Sin embargo, la figura de Jesús no podría ser encerrada en un único libro (Jn. 20.30). Al pensar en las razones de por qué tenemos cuatro Evangelios, podemos señalar dos. En primer lugar, podemos decir que los cuatro Evangelios pueden compararse a interpretaciones de Cristo realizadas por cuatro artistas. Cada artista o autor de un "evangelio" incluye solo lo que considera importante para su propósito.[665] En segundo lugar, y seguramente relacionado con lo anterior, los distintos Evangelios son respuestas a las necesidades de la iglesia naciente. Gordon Fee y Douglas Stuart señalaron:

Gordon Fee y Douglas Stuart: "Había diferentes comunidades cristianas que necesitaban un libro acerca de Jesús. Por muchas razones, el evangelio escrito para una comunidad o grupo de creyentes no satisfacía necesariamente todas las necesidades de otra comunidad. Así que uno se escribió primero (Marcos, según la opinión más común), y ese evangelio se volvió a escribir dos veces (Mateo y Lucas) por diferentes razones, para satisfacer diferentes necesidades. Independientemente de ellos, otra vez y por otras razones de diferente tipo, Juan escribió un evangelio. Creemos que todo esto fue dispuesto así por el Espíritu Santo".[666]

Marcos. (4) Solo 31 versículos de Marcos no tienen ningún paralelo en Mateo ni en Lucas. (5) Mateo y Lucas tienen ambos hasta 250 versículos que contienen material en común que no aparece en Marcos. A veces este material en común aparece en Mateo y en Lucas en lenguaje prácticamente idéntico, mientras en otros casos la divergencia verbal es considerable. (6) Alrededor de 300 versículos de Mateo no tienen paralelo en ninguno de los otros Evangelios. (7) Hay 520 versículos de Lucas que no tienen paralelo en ninguno de los otros Evangelios.

[665] Gibbs, McGhee y Teague, *Introducción a la hermenéutica*, 217.
[666] Fee y Stuart, *La lectura eficaz de la* Biblia, 101.

En resumen, fueron las necesidades de las distintas comunidades las que llevaron a los autores a producir sus obras. Estos mismos autores señalan que los evangelios mismos se presentan como modelos hermenéuticos, y representan una interpretación de la persona Jesús, en respuesta a las necesidades de distintas comunidades. Repitamos que el propósito de los autores no fue tanto dar una información histórico-biográfica como ofrecer una formación teológica. Lo importante era la edificación de las comunidades en y a las que escribían.

Dos niveles de interpretación. Al interpretar o leer uno de los Evangelios, hay que reconocer que tienen dos niveles de interpretación. La primera puede ser llamada lectura horizontal; y la segunda es la lectura vertical.[667]

La lectura horizontal. Acercarse a los Evangelios horizontalmente significa que al estudiar un pasaje de cualquier Evangelio, debemos compararlo con los paralelos en los otros Evangelios.[668]

---

[667] Este cuadro es una adaptación del que presentan Klein, Blomberg, Hubbard y Ecklebarger, *Introduction to Biblical Interpretation,* 402.

[668] Para ayudarnos en esta tarea, se pueden mencionar las armonías o sinopsis de los Evangelios. A. T. Robertson, *Una armonía de los cuatro Evangelios* (El Paso, TX: Casa Bautista de Publicaciones, 1957); Kurt Aland, *Sinopsis de los cuatro Evangelios. Edición bilingüe* (Stuttgart: Sociedad Bíblica Alemana, 2005); P. Benoit; M. E. Boismard, J. L. Malillos, *Sinopsis de los cuatro Evangelios* (Bilbao: Desclée de Brouwer, 1975).

Gordon Fee aclara que el hecho de que Dios haya puesto cuatro Evangelios en el canon significa que no se debe leer un Evangelio sin tener en cuenta a los otros tres. Entre las razones básicas para este tipo de lectura, se puede mencionar, en primer lugar, que los pasajes paralelos a menudo nos hacen apreciar los rasgos distintivos de cada uno de los Evangelios. Además, nos muestran los diferentes contextos en los que se conocieron los mismos. El ejemplo que encontramos en el cuadro es la alimentación de los 5.000, que relatan los cuatro Evangelios (Mr. 6.32-44; Mt. 14.13-21; Lc. 9.10-17, Jn. 6.1-15). Algunos de los datos que podemos ver de la misma son: esta es la única visita a Jerusalén (salvo la final) que es relatada por los cuatro Evangelios. Tomando el relato de Marcos como base del estudio podemos notar en varios aspectos en que los otros evangelistas lo "completan". Por ejemplo, en Juan 6.4, se agrega que "faltaba muy poco tiempo para la fiesta judía de la Pascua". Este dato que es confirmado por Marcos 6.39, que señala que "mandó que hicieran que la gente se sentara por grupos sobre la hierba verde", en razón de que en aquel clima no habría habido "hierba verde" después de la Pascua.[669] Por otro lado, en Marcos 6.32, el relato comienza con una palabra típica del evangelista, "solos" (*kat' idian*, modismo griego que significa "en privado"), y que usa de manera especial Marcos para referirse a las instrucciones que Jesús quería dar a su grupo íntimo (ver también 4.34a; 7.33; 9.2, 28; 13.3).[670]

La lectura vertical. Leer los relatos de los Evangelios de manera vertical significa que cuando se lee un pasaje se lo hace a la luz del propósito o énfasis de cada uno de los evangelistas. Tengamos presente siempre que los evangelistas no querían estudiar la vida de Jesús como personaje histórico, si bien esto debería interesarnos, pues los Evangelios en su forma actual son la Palabra de Dios para nosotros. Gordon Fee ilustra este tema con el texto de Mateo 20.1-16, la parábola de Jesús sobre los obreros de la viña.[671] Es interesante notar el contexto en el que se encuentra. Si leemos el texto horizontalmente veremos que tanto Marcos como Lucas (Mr. 10.17-31; Lc. 18.18-30) son paralelos de Mateo 19.1-30, el pasaje previo (contexto vertical). Allí podemos ver que Mateo 19.30 y Marcos 10.31 tienen el dicho de Jesús "muchos de

---

[669] Alfred Edersheim, *Comentario bíblico histórico* (Barcelona: Clie, 2009).

[670] Walvoord y Zuck, *El conocimiento bíblico*, 1:165.

[671] Fee y Stuart, Lectura eficaz de la Biblia, 110-112.

los primeros serán últimos, y muchos de los últimos serán primeros". Inmediatamente después, le sigue la parábola de los obreros de la viña, que termina con la frase: "Así que los últimos serán primeros, y los primeros últimos (Mt. 20.16).[672] Es decir, se trata del mismo dicho, pero en orden inverso. Y esta es una clave de comprensión del texto. Como escribió William Barclay: "Hay personas que creen que, porque son miembros de una iglesia desde hace mucho, la iglesia les pertenece y ellos pueden dictar su política. A tales personas les molesta lo que les parece una intromisión de la nueva sangre o el surgimiento de una nueva generación con planes y métodos diferentes".[673]

Como podemos ver estas dos maneras de leer los Evangelios son al mismo tiempo claves para comprenderlos de manera especial.

Las "epístolas"

Al acercarnos a estos textos debemos tener en cuenta los siguientes elementos. En primer lugar, como escribió Everett F. Harrison, de los 27 libros del Nuevo Testamento, 21 son cartas o epístolas. A esto habría que agregar que el libro de Apocalipsis tiene un encabezamiento de carta, y en los primeros capítulos encontramos las cartas a las siete iglesias.[674] En segundo lugar, y contrastando con esto, en el Antiguo Testamento no hay ningún libro que fuera escrito como carta. Aunque también es cierto que en los contenidos de los libros hay referencias a cartas (por ejemplo, 2 S. 11.14, y especialmente Jer. 29). Y, en tercer lugar, existe la idea (el preconcepto) de que las cartas son muy fáciles de comprender. Gordon Fee lo resume de la siguiente manera: "Después de todo, ¿quién necesita ayuda especializada para entender que 'todos pecaron' (Ro. 3.23), que 'la paga del pecado es muerte' (Ro. 6.23) y que 'por gracia sois salvos, por medio de la fe' (Ef. 2.8), o los mandatos 'andad en el Espíritu' (Gá. 5.16) y 'andad en amor' (Ef. 5.2)?[675]

Sin embargo, el mismo autor afirma que la aparente "facilidad" con la que generalmente uno se acerca a las cartas o epístolas del Nuevo Testamento puede ser engañosa. Él mismo señala a 1 Corintios 7.25

---

[672] Tener presente que RVR60 traduce los dos textos iguales (Mt. 19.30: "Pero muchos primeros serán postreros, y postreros, primeros;" Mt. 20.16: "Así, los primeros serán postreros, y los postreros, primeros"); mientras que LBLA, DHH, y RVR95 siguen el texto griego del Nuevo Testamento como lo hace la traducción de la NVI citada.

[673] William Barclay, *Comentario al Nuevo Testamento* (Barcelona: CLIE, 2006), 155.

[674] Harrison, *Introducción al Nuevo Testamento*, 249.

[675] Fee y Stuart, *La lectura eficaz de la Biblia*, 35.

como un texto difícil de comprender (entre otros textos), y donde la pregunta sería, ¿la opinión de Pablo es Palabra de Dios? O ¿Cuál es el valor de lo sacrificado a los ídolos (1 Co. 8) en el día de hoy? Justamente estas y otras preguntas son lo que nos lleva a dedicar algunos párrafos a pensar en estos libros que conforman las dos terceras partes del Nuevo Testamento. Para hacerlo, en primer lugar, debemos definir si estamos hablando de cartas o epístolas; en segundo lugar, cómo es la estructura de las mismas; y, finalmente, algunas claves para su mejor comprensión.

Definición de cartas y epístolas. Al definir estos libros del Nuevo Testamento, se los ha llamado cartas o epístolas. Aunque estos términos no son sinónimos, muchas veces los hemos usado como si lo fueran. Luis H. Rivas hace la siguiente diferencia:

> **Luis H. Rivas:** "Una carta es una obra no-literaria, una comunicación entre personas que están separadas una de la otra. Es confidencial y personal, destinada solamente a la persona a la que se escribe, y no a todo el público. La epístola, en cambio, es una forma literaria artística. Aunque tiene la forma de carta, está destinada a darse a publicidad, no trata de temas íntimos, sino que desarrolla un tema que interesa al público y está destinada a ser publicada para que llegue a conocimiento de muchos (como sucede actualmente con las Encíclicas de los Papas)".[676]

En resumen una epístola es una carta pensada para que circule ampliamente (Col. 4.16), que aborda temas que son de interés común a los lectores. De alguna manera, la forma en que las llamamos tiene menos importancia que reconocer el carácter del texto que tenemos por delante.[677]

---

[676] Rivas, *Diccionario para el estudio de la Biblia*, 30-31. Esta definición de epístola permite ubicar a las epístolas de Pablo

[677] La discusión de si los escritos de Pablo son cartas o epístolas comenzó al inicio del siglo XX por Deissmann, *Light from the Ancient East*, 217-224; Fee y Stuart, *La lectura eficaz de la* Biblia, las llaman epístolas, haciendo énfasis en la diferencia; Duvall y Hays, *Hermenéutica: entendiendo la Palabra de Dios*, de la misma manera; Harrison, *Introducción al Nuevo Testamento*, 2541ss muestra que las cartas o epístolas de Pablo están en un punto intermedio entre estos dos tipos de comunicaciones. Un dato que mencionan Duvall y Hays, *Hermenéutica: entendiendo la Palabra de Dios*, 313, es la extensión de las cartas o epístolas del Nuevo Testamento, que es muy superior a las cartas descubiertas de la antigüedad.

Estructura de las cartas y epístolas. En cuanto a la estructura de las mismas debemos reconocer que siguen un patrón, relacionado con el tipo de cartas o epístolas que se escribían en los tiempos en que fueron escritos. Esto es de la misma manera que nuestras cartas tienen una forma general común. Gordon Fee y Douglas Stuart presentan el formato en seis partes: (1) Nombre de escritor. (2) Nombre del destinatario. (3) Saludo. (4) Petición de oración o acción de gracias. (5) Texto o argumento. (6) Saludo final y despedida.

● ●

EJERCICIO 95

De la lista de textos que se presentan a continuación, tomando Hechos 15 como punto de partida, coloca las frases que corresponden a cada una de las divisiones (puede haber más de uno para cada parte): Hechos 15.23-29; Santiago 1.1; Romanos 1.1, 7, 8, 17; 16.6-15, 20; 1 Corintios 1.1-10; 16.19-24.

(1) Nombre de escritor: _____

(2) Nombre del destinatario: _____

(3) Saludo: _____

(4) Petición de oración o acción de gracias: _____

(5) Texto o argumento: _____

(6) Saludo final y despedida: _____

● ●

En la antigüedad una carta o epístola tenía como propósito sustituir la presencia personal del autor. En la actualidad, con las comunicaciones telefónicas esto ya no es necesario. Desde cualquier punto del mundo es posible comunicarse con la persona o grupo que se desee, ya sea por teléfono o los mensajes de textos (y otros medios como WhatsApp). A esto debemos agregar el lugar de la autoridad inherente al que escribía.

Comprensión de las cartas y epístolas. Algunas de las claves para comprender las cartas y epístolas son las siguientes. En primer lugar, se debe tener muy presente la situación en que fueron escritas. Se ha escrito que leer una de las cartas o epístolas del Nuevo testamento es como escuchar por casualidad una conversación telefónica. Se puede tratar de reconstruir lo que el otro está diciendo por las respuestas que escuchamos. Carl Gibbs lo ilustra de la siguiente manera:

> **Carl Gibbs:** "Si usted oye a una mujer que dice: 'Estoy muy contenta contigo; sé que querías un niño. ¿Cuánto pesa?' bien puede suponer que la amiga que está al otro extremo de la línea tuvo un bebé. No es probable que su amiga pregunte por el peso del novio. De la misma manera, si el escritor de una epístola pone énfasis en una doctrina o repite una exhortación, uno puede usar este énfasis como una pista que dé con la solución de los problemas o situaciones espirituales a que se enfrentaban los lectores originales.[678]

Como vemos en el ejemplo, este primer paso es muy importante, es clave para comprenderlas. En algunos casos, Pablo mismo menciona que fue informado de ciertas situaciones (1 Co.1.11; 7.1) o responde a temas que sin duda les fueron presentados (1 Co. 8.1; 11.3; 12.1; 15.1). En otras ocasiones sus palabras demuestran conocimiento de situaciones concretas, aunque no explica como lo sabe (Fil. 4.2; Gá. 1.6; 2 Ts. 3.10). La cuestión es que las cartas y epístolas no fueron escritas como textos de teología o enseñanzas aisladas de las situaciones concretas en las que los lectores estaban inmersos. Eran respuestas a situaciones concretas y una respuesta se comprende a partir de la pregunta. Es por eso que este primer paso es muy importante. Los diccionarios bíblicos o las introducciones al Nuevo Testamento (o las Biblias de Estudio) serán de mucha ayuda para ubicarnos en este contexto.

J. Scott Duvall y J. Daniel Hays afirman que el segundo paso es considerar ¿cuáles son las diferencias entre los receptores bíblicos y nosotros?[679] Estas cartas o epístolas se escribieron en un determinado contexto histórico, que no siempre podemos aplicar directamente a nuestra situación. El ejemplo típico es la discusión de lo sacrificado a los ídolos (1 Co.8) o algunas referencias al cabello del hombre o la mujer (1 Co.11). En otros casos, la aplicación puede ser directa (1 Co. 6.18ss). Otra manera de presentar este tema es reconocer que un

---

[678] Gibbs, McGhee y Teague, *Introducción a la hermenéutica*, 232.
[679] Duvall y Hays, *Hermenéutica: entendiendo la Palabra de Dios*, 326.

texto no puede significar lo que nunca pudo haber significado para los lectores originales.[680]

El tercer paso es responder a la pregunta: ¿Cuáles son los principios teológicos del texto?[681] Es claro que en las respuestas específicas de los autores bíblicos a los problemas de las distintas comunidades hay principios aplicables a las situaciones que nos tocan vivir a nosotros hoy. La clave es identificarlos. Sus respuestas contienen lo que varios autores llaman teología práctica, o sea, muestran la manera de entender la vida desde la perspectiva de la fe.

Estos mismos autores dicen que hay tres preguntas que hay que hacer: ¿Afirma directamente el autor algún principio? ¿Pone de relieve el contexto más amplio algún principio teológico? ¿Por qué dieron los autores este mandamiento o instrucción? Los principios que se extraigan a partir de estas preguntas deben tener las siguientes características: (1) Deben estar reflejados en el texto bíblico. (2) Deben ser principios intemporales, no vinculados a una situación histórica. (3) No pueden estar condicionados a consideraciones culturales. (4) Deben armonizar con el resto de las enseñanzas de la Biblia. (5) Deben ser pertinentes tanto para los primeros lectores como para el cristiano contemporáneo.[682]

● ●

EJERCICIO 96

Confecciona una lista, en sus propias palabras, de las tres claves para comprender mejor las cartas y epístolas, con un ejemplo de cada una.

(1) _____

(2) _____

(3) _____

● ●

Iniciamos este capítulo hablando de la importancia de estudiar detenidamente el texto. Vimos las distintas figuras y géneros literarios que

---

[680] Fee y Stuart, *La lectura eficaz de la* Biblia, 52.

[681] Duvall y Hays, *Hermenéutica: entendiendo la Palabra de Dios*, 326-327.

[682] *Ibid.*, 328.

se encuentran en la Palabra de Dios. Los distintos géneros que hemos visto pueden ayudarnos a acercarnos al texto de la Biblia y leerlos con mayor provecho. Pero nunca debemos dejar que opaquen el valor espiritual de las Sagradas Escrituras. La lectura de la Biblia, como Palabra de Dios, es esencial para nuestro crecimiento en la fe.

UNIDAD TRES

CAMINO Y RESULTADO DE LA INTERPRETACIÓN

"La conclusión, cuando todo se ha oído, es esta:
teme a Dios y guarda sus mandamientos,
porque esto concierne a toda persona".
Eclesiastés 12.13 (LBA).

Llegamos a la última unidad de este libro, y lo que queremos hacer en este momento es sintetizar y poner en práctica todo lo que estuvimos leyendo a través de las páginas anteriores. Volvemos a la pregunta, ¿la Biblia tiene algo que decir a los hombres y mujeres contemporáneos? ¿Es relevante para el mundo de hoy? Como creyentes creemos que el mensaje de Dios es atemporal y plenamente relevante para nosotros. La Biblia tiene un mensaje que tenemos que conocer, un mensaje que puede transformar nuestras vidas y las de aquellos a los que la ministremos. Pero no podemos comprender el mensaje plenamente sin las herramientas adecuadas para ello.

El autor de Eclesiastés pone en palabras muy sencillas lo que debería ser el objetivo del estudio de la Biblia: "Temer a Dios y guardar sus mandamientos". En el versículo anterior, el autor escribió una advertencia: "ten presente que el hacer muchos libros es algo interminable y que el mucho leer causa fatiga". ¿Acaso está escribiendo contra su propia obra? Es claro que está advirtiendo contra las exageraciones (Ecl. 7.16-18). En este mismo sentido, el apóstol amonestaba a evitar las discusiones sobre palabras (1 Ti. 6.4). En ocasiones los detalles nos impiden ver el propósito general de lo que estamos haciendo. Como dice el viejo refrán: "El árbol impide ver el bosque".

431

El propósito de todo lo que escribimos es ayudar a comprender y al mismo tiempo poder explicar o usar la Palabra de Dios en la edificación propia y de los que nos escuchen. Una de las preguntas claves que hasta ahora no nos hicimos es, ¿por qué debemos estudiar, comprender o entender la Biblia? ¿No es suficiente con leer la Palabra? Si la revelación es la manifestación de la voluntad de Dios, es necesario llegar a comprender o entender el mensaje revelado, si queremos que tenga algo que ver con nosotros. La experiencia que proporciona un conocimiento más profundo de las cosas espirituales no puede compararse con nada.

Como escribieron J. Scott Duvall y J. Daniel Hays: "El proceso de interpretación y comprensión de la Biblia es como emprender un viaje".[683] El objeto de buscar y entender la enseñanza de la Biblia es ponerla en práctica, enseñarla y predicarla. No debemos aprender a interpretar bien la Biblia para nuestro propio conocimiento y beneficio. La comprensión de la Biblia no debe ser un fin en sí misma.[684] Nuestro objetivo debe ser usar lo que hemos aprendido con el fin de ayudar a otros. Si enseña o predica con frecuencia en una congregación, los que lo escuchan esperan que les ayude a aplicar correctamente la Palabra de Dios a la vida diaria. Y esto es lo que trataremos de mostrar en esta última unidad.

Parafraseando a J. Scott Duvall y J. Daniel Hays, el recorrido de este libro, que nos ha traído a este momento, comenzó (Unidad I) definiendo la propuesta de trabajo (entender la Biblia) y presentando las herramientas que existen para el mismo. Las Escrituras se entienden a sí mismas, junto con las formas en que los cristianos a lo largo de los siglos las entendieron y usaron. La pregunta que nos hicimos en aquel momento fue, ¿después de dos mil años queda algo por descubrir acerca de la Biblia? Todos los cristianos sabemos que la respuesta a esta pregunta es que la Palabra de Dios es siempre nueva y cada día tiene algo que decirnos.

En la Unidad II (la interpretación frente al texto bíblico), después de repasar los distintos métodos que los cristianos hemos usado para

---

[683] Duvall y Hays *Hermenéutica: entendiendo la Palabra de Dios*, 34; ver también Chisholm, *From Exegesis to Exposition*, 186.

[684] Klein, Blomberg, Hubbard y Ecklebarger, *Introduction to Biblical Interpretation*, 451.

comprender el texto de la Escritura, comenzamos a pensar en el texto y en cuáles son sus características (capítulo 6). Luego consideramos el contexto, es decir, los distintos tipos de contextos y su importancia para la comprensión del pasaje (capítulo 7). Los últimos dos capítulos estuvieron dedicados al estudio del texto, gramática y palabras, las figuras y los géneros literarios.

Con todos estos datos, que pueden parecer sueltos, vamos a señalar los pasos para comprender el texto bíblico, en una secuencia que parte de la elección del texto y el estudio del mismo (capítulo 10). Luego veremos cómo extraer las enseñanzas del pasaje y su aplicación (capítulo 11), para finalmente descubrir las enseñanzas del texto y como predicar sobre él (capítulo 12).

J. Scott Duvall y J. Daniel Hays señalan que el acercamiento correcto a las Escrituras es aquél que nos permite profundizar en cualquier pasaje utilizando un método con que podamos determinar el significado del texto en cuestión para nosotros hoy. Ellos hablan de un río que hay que cruzar. Ese río representa las diferencias entre la situación del texto y la nuestra, y el puente que debemos usar para que el texto bíblico tenga relevancia para el día de hoy son los pasos de la interpretación.[685] Pero me gusta más pensar en un camino que emprendemos. Un camino en el que no debemos crear significados, sino descubrir lo que Dios quiere comunicar a su pueblo. Pero debemos reconocer que para llegar a este punto debemos seguir una serie de pasos que vamos a presentar como los diez pasos para entender y comprender el texto bíblico. A su vez, este camino tiene cinco etapas.

ETAPA		PASO		SIGNIFICADO
I	ANÁLISIS TEXTUAL	1	Elección del texto.	Elección del texto.
		2	Establecimiento del texto.	Comparación de versiones Examinar los posibles problemas en el texto.

---

[685] Quien define el mismo tema es John R. W. Stott, *La predicación: puente entre dos mundos* (Grand Rapids: Desafío, 2000), 128ss.

II	ANÁLISIS GRAMÁTICO-SINTÁCTICO	3	Análisis morfológico.	Analizar y explicar la composición y el significado de palabras importantes del texto
		4	Análisis gramatical.	Analizar el valor gramatical de la terminología del texto, el lugar de los sustantivos, verbos, etc.
		5	Análisis sintáctico.	Analizar factores sintácticos importantes (expresiones enfáticas, declaraciones, preguntas, mandatos, etc.)
III	ANÁLISIS CONTEXTUAL	6	Contexto presente.	Tomar en cuenta el contexto literario del texto bíblico (libro, capítulo y sección).
		7	Contexto ausente.	Ubicar en el contexto histórico y cultural.
IV	ANÁLISIS TEOLÓGICO	8	Pensamiento clave.	Discernir los asuntos vitales del pasaje que tienen relevancia para los creyentes contemporáneos.
		9	Contexto sistemático.	Relacionar el texto con otros pasajes o enseñanzas de las Sagradas Escrituras
V	ANÁLISIS HOMILÉTICO	10	Bosquejo homilético.	Volcar los resultados del trabajo exegético en un bosquejo manejable que exponga el contenido del pasaje de una manera relevante para los oyentes

Capítulo 10
Pasos para interpretar el texto bíblico

"Daniel fue llevado a la presencia del rey,
y este le preguntó: —¿Así que tú eres Daniel,
uno de los exiliados que mi padre trajo de Judá?
Me han contado que en ti reposa el espíritu de los dioses,
y que posees gran agudeza e inteligencia,
y una sabiduría sorprendente.
Los sabios y hechiceros se presentaron ante mí
para leer esta escritura y decirme lo que significa,
pero no pudieron descifrarla.
Según me han dicho, tú puedes dar interpretaciones
y resolver problemas difíciles".
Daniel 5.11-16 (NVI).

El capítulo 5 del libro de Daniel presenta el relato que se ha conocido como la escritura en la pared. La clave principal para comprender la narración del festín de Belsasar debe verse en los vasos de oro y plata que el rey y su compañía usaron en su gran banquete. Estos vasos son expresamente identificados con los que fueron secuestrados del templo de Jerusalén por los babilonios. Nabucodonosor había menospreciado la voluntad de Dios y había intentado usurpar su autoridad. Pero Belsasar fue más lejos e hizo ofensa de los símbolos de la fe, para satisfacer sus propios caprichos.

De pronto, la escena se ve interrumpida por la aparición a la luz de los candelabros de una mano de hombre que escribe en la pared detrás del rey. La escritura en la pared arruinó el festín con un veredicto. Al ver la mano que escribía, el rostro del rey palideció y empezó a temblar de miedo. En su angustia, convocó a sus sabios, astrólogos y adivinos, y prometió que el que pudiera leer e interpretar la escritura sería investido con el ropaje real y sería el tercer gobernante del reino (v. 7). La escritura en la pared exigía una sabiduría que no podía ni puede ser comprada. La imposibilidad de los sabios de descifrar la escritura deja al rey más perplejo que antes.

Es en este contexto que la madre del rey presenta cuatro cualidades de un hombre que podía descifrar el misterio (v. 11). En él habita el espíritu de los santos dioses. Es alguien que posee poseía sabiduría e inteligencia, y, finalmente, una gran percepción. Es claro que la primera característica o lo que este rey pagano llamó "el espíritu de los dioses", para nosotros significa la dirección del Espíritu Santo en la preparación para una mayor y mejor comprensión de la Palabra de Dios.

Pero las tres palabras finales tienen un sentido especial. La primera, sabiduría, significa iluminación o comprensión interior. El término está relacionado con luz, por lo que se sugiere que tiene que ver con la iluminación de Dios (Dn. 2.22), la capacidad de comprender algo de manera interior o tener la mente clara (DHH). La segunda expresión, que se traduce inteligencia, es un término arameo que significa habilidad de conocer o descubrir un significado. También se lo ha definido como prudencia y atención. Y, finalmente, la tercera, percepción, es la capacidad de conocer de manera práctica o concreta. En otras palabras, es la facultad de usar o aplicar lo que se conoce. No se llega a comprender algo si no se puede aplicar a una situación concreta. Estas son cualidades que debemos ejercitar en el estudio de la Biblia. Especialmente para entender que toda comprensión de la Palabra debe llevar a una aplicación concreta.

10 PASOS EN LA COMPRENSIÓN DE LA BIBLIA

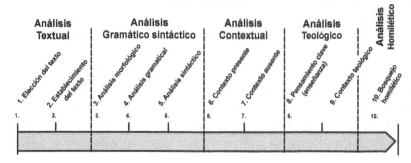

Los diez pasos que a continuación vamos a presentar, divididos en cinco etapas de análisis, son, por un lado, el resumen de lo que venimos diciendo, y por el otro la concreción del "discurso oído". ¿Cómo llegar desde la lectura de un texto a hacer efectivo el desafío de preparar una meditación o una clase de la Palabra o ponerse delante de quienes nos van a escuchar? El proceso que presentamos es como aprender a caminar, o aprender a andar en bicicleta, o aprender a conducir. Al comienzo requiere esfuerzo y concentración, pero a medida que nos habituamos al mismo lo hacemos casi sin pensar, pero nunca dejamos de hacerlo.

● ●

EJERCICIO 97

¿Cuáles son las cuatro características de Daniel según el versículo que vimos?

(1) _____

(2) _____

(3) _____

(4) _____

● ●

Análisis textual

Ya hemos mencionado que el primer paso en el estudio de la Palabra de Dios es la relación entre el lector o intérprete y el texto. Los antiguos vendedores afirmaban que nadie puede vender lo que no ha comprado, es decir, si una persona no cree en las cualidades de un producto, difícilmente puede convencer a otro a que lo adquiera. Salvando las distancias, algo así debe ocurrir con nosotros al estudiar y presentar la Palabra de Dios. Debemos amar intensamente el texto que vamos a usar.

Robert Chisholm menciona que antes de iniciar esta expedición es importante prepararse adecuadamente.[686] Y un primer paso es lo que él llama mirar el bosque antes que al árbol. Esto significa tener en cuenta todos los pasos que se deben dar, para luego comenzar con cada uno

---

[686] Chisholm, *From Exegesis to Exposition*, 187.

de ellos. Recordemos que una lectura cuidadosa e integral del texto, y el contexto literario, es el primer paso antes de iniciar el proceso de estudio del mismo.

Paso 1: Elección del texto

Cuando hablamos de la elección de un texto para la enseñanza o la predicación, partimos del presupuesto de que este es la base del trabajo que vamos a realizar.[687] Demasiadas veces en los encuentros ("clases") bíblicos, la Palabra de Dios está ausente, o es simplemente una excusa para que uno o más presenten sus propias ideas o consejos. El empleo de un texto tiene ventajas considerables. Jerry Stanley Key menciona varias ventajas del uso de un texto bíblico en la predicación o la enseñanza, de las que mencionaremos algunas.[688]

En primer lugar, este autor menciona que el texto proporciona una base de autoridad. Ya no se trata de lo que piensa el maestro o predicador, sino de la revelación de Dios. Es cierto que muchas veces se han usado los textos para justificar actitudes propias. Sin embargo, un texto bien usado confiere autoridad a la tarea del maestro o predicador. De ninguna manera este libro tiene como objetivo producir eruditos, sino hombres y mujeres que comprendan la Palabra para transmitirla al pueblo de Dios.

En segundo lugar, cuando un predicador o maestro usa bien la Palabra (2 Ti. 2.15), despierta en el pueblo el deseo de conocer más de la misma. Esta es una de las grandes necesidades del pueblo de Dios en este tiempo que nos toca vivir. Como ya lo mencionamos, nunca como ahora hubo tal cantidad de versiones o traducciones de la Biblia, y nunca como ahora el texto de la Palabra de Dios estuvo tan al alcance del pueblo. Pero nunca como ahora hay tal desconocimiento de las Escrituras. ¿Por qué es esto? Posiblemente porque el pueblo de Dios no sabe la bendición que significa profundizar en la Palabra. Es responsabilidad de aquellos que la conocemos ser guías del pueblo, a fin de que crezca en la gracia y el conocimiento de nuestro Señor y Salvador (2 P. 3.8).

En tercer lugar, el uso de un texto ayuda a centrar las ideas de manera concreta, y permite al que nos escucha recordar las principales

---

[687] Partimos de la descripción de texto que dimos en el capítulo 6; y también de cómo seleccionar un texto.

[688] Jerry Stanley Key, *La preparación y predicación del sermón bíblico* (El Paso, TX: Mundo Hispano, 2008), 98-100.

ideas de las enseñanzas. A medida que somos capaces de extraer de un pasaje de la Biblia lo que Dios nos quiere decir allí, el que nos escucha podrá, con solo recordar el pasaje, tener presente lo que hemos presentado. Pensemos en los mensajes que nosotros escuchamos, si no recordamos más el texto que el predicador usó que la argumentación que utilizó. Pero esta capacidad de transmitir la enseñanza de la Palabra solo es posible cuando el lector o intérprete ha encontrado en la misma el alimento y la ayuda para su propia persona. Cuando el estudio de la Biblia nos ayuda a cultivar nuestra propia relación personal con Dios y conocer más profundamente su voluntad, estamos listos para transmitir esa sensación o experiencia a otros. El comprender o entender la Biblia debe ser una experiencia viva, más que un ejercicio intelectual.

Si bien el maestro de una clase o líder de una célula, muchas veces tiene que presentar un texto que no ha elegido, sino que es parte de un programa o selección de la que no ha participado, en otras ocasiones sí tiene la oportunidad de hacerlo. En cualquiera de los dos casos, es necesario conocer el texto de tal manera que podamos elegir o seleccionar lo que vamos a usar del mismo. De alguna manera el texto debe apoderarse de nuestra mente y corazón.[689] No podemos enseñar o presentar un texto que no represente algo concreto para cada uno de nosotros. Como escribió John Stott, los mejores sermones que hemos predicado son aquellos que nos hemos predicado a nosotros mismos.

En el caso de los textos que están dados por una secuencia de clases, John Stott afirma que apegarse en forma esclavizada a las lecciones prescitas puede ser un lazo innecesario. Es mejor considerarlas como indicadores que sugieren un tema del día.[690] No tengo duda que en cada pasaje podemos encontrar aquellas cosas que Dios nos está diciendo a nosotros y a los que están bajo nuestro cuidado. La Biblia tiene esa cualidad. Siempre podemos encontrar en ella lo que Dios tiene para decirnos.

Ante la opción de tener que elegir un texto para una clase o predicación, Jerry S. Key menciona algunas claves a tener en cuenta.[691] (1) El texto debe ser relevante para las necesidades de los oyentes. Tanto en la predicación como en la enseñanza, el pasaje que se use debe

---

[689] *Ibid.*, 101.

[690] Stott, *La predicación: puente entre dos mundos*, 210.

[691] Key, *La preparación y predicación del sermón bíblico*, 100-107, como en el caso de las ventajas de tener un texto solo mencionaremos las que nos parecen más significativas. Ver también Stott, *La predicación: puente entre dos mundos*, 210-217.

ser pertinente a la situación en la que se encuentra el oyente.[692] (2) Se debe evitar la selección de textos demasiado largos. (3) El texto debe ser claro en su significado. Sabemos que en la Biblia hay pasajes oscuros, en los que se debe trabajar mucho para ayudar al oyente a aplicar el mismo. No se debe utilizar un texto cuando uno mismo no tiene claro lo que significa ni que implica en la conducta diaria. Un axioma en la enseñanza es que no puedo enseñar lo que yo mismo no comprendo. (4) No tener miedo de elegir un texto que sea muy conocido por el pueblo de Dios. En la Biblia encontramos algunos textos que representan puntos clave de la enseñanza de la Palabra (por ejemplo, Sal. 1, 23; Jn. 3.16; Hch. 4.12). El hecho de que el texto sea conocido puede ser una gran ventaja, pues ya se parte de una base común, pero al mismo tiempo, demanda una profundización en la reflexión sobre el mismo.

Uno de las tentaciones al elegir un texto es no tomar en cuenta quién ni cuándo lo dice en la Biblia. Por ejemplo, Hechos 16.17 tiene una declaración: "Estos hombres son siervos del Dios Altísimo, y les anuncian a ustedes el camino de salvación", frase que podría usarse en algún culto en el que se reconoce a un ministro. Sin embargo, se debe tener en cuenta que fue pronunciada por una joven poseída de un espíritu de adivinación (16.16). Otro ejemplo tiene que ver con el mensaje de los amigos de Job. Pasajes como Job 4.7 o 11.13-20 suelen ser tentadores para predicar. Sin embargo, fueron pronunciados por los amigos de Job, quienes fueron condenados por Dios mismo (Job. 42.7).

A esto podemos agregar las cuatro razones a tener en cuenta al pensar en un texto para la enseñanza o predicación que menciona Ramesh Richard.[693] En primer lugar, el calendario cristiano. Es decir las fechas claves de nuestra fe, como la llamada Semana Santa, Pentecostés, etc. En segundo lugar, el calendario nacional, Es decir las fechas claves para el país. Por ejemplo la independencia, día de la familiar, etc. En tercer lugar, las fechas claves de la iglesia. Nos referimos al aniversario de su constitución o fechas especiales de cada congregación. Y finalmente, los eventos especiales, como alguna catástrofe nacional o suceso que conmueva a la congregación.

---

[692] *Ibid.*, 211-213.

[693] Ramesh Richard, *La predicación expositiva* (Buenos Aires: FIET, 2002), 174.

●●

EJERCICIO 98

Escribe tres ventajas que tiene tener un texto básico en la enseñanza o predicación y tres claves para elegirlo.

(1) _____

(2) _____

(3) _____

●●

John R. W. Stott: "Si nuestro texto es parte de una meditación o serie, o por alguna razón ha sido establecido con semanas o meses de anticipación, tenemos el gran beneficio de un largo período de 'incubación subconsciente', o bien lo que los norteamericanos llaman 'maduración'. Por cierto, el texto del domingo debiera ser escogido a más tardar el lunes anterior, para que pueda producirse algo de este proceso. . . . Dietrich Bonhoeffer practicó el escoger el texto con anticipación. Luego reflexionaba al respecto cada día y trataba de 'sumergirse profundamente en él', como para escuchar lo que realmente dice".[694]

Paso 2: Establecimiento del texto

Cuando hablamos de establecer el texto nos estamos refiriendo a la tarea de comparar versiones, buscando las diferencias y similitudes. Un repaso de los beneficios de la crítica textual será de mucha ayuda.[695] Allí podemos ver la teoría (con algunos ejemplos). Ahora vamos a presentar dos maneras de hacerlo con el texto que nosotros elijamos. Los pasos para establecer el texto son los siguientes.

En primer lugar, debemos elegir una traducción de base. En nuestro caso, escogemos la NVI. A partir de ella, comparamos las otras versiones que tenemos en castellano.[696] Para evitar confusiones, solo vamos a

---

[694] Stott, *La predicación: puente entre dos mundos*, 214-215.

[695] Ver lo discutido bajo el título "Fijación del texto". Especialmente al tener presente qué traducciones usan el *textus receptus* o las ediciones críticas de la Biblia, tanto en hebreo como en griego.

[696] Recordar los distintos tipos de traducciones (interlineales; equivalencia formal, funcional, libre), que mencionamos anteriormente.

comparar cinco traducciones y, además, las realizadas por instituciones del campo evangélico-protestante (NVI; RVR; LBLA; DHH; LA). Hay dos maneras de hacer la comparación: la manera horizontal y la vertical. En cuanto a la manera horizontal, es la que han usado tanto Walter Kaiser como Gordon Fee y Douglas Stuart.[697] En este método las distintas versiones se colocan en paralelo comenzando con la que se toma como base y a continuación las otras traducciones, finalizando con una que resuma lo encontrado. Veamos el siguiente ejemplo de Juan 20.29.

NVI: Porque me has visto, has creído —le dijo Jesús—; dichosos los que no han visto y sin embargo creen.

RVR: Jesús le dijo: Porque me has visto, Tomás, creíste; bienaventurados los que no vieron, y creyeron.

LBLA: Jesús le dijo: ¿Porque me has visto has creído? Dichosos los que no vieron, y sin embargo creyeron.

DHH: Jesús le dijo: -¿Crees porque me has visto? ¡Dichosos los que creen sin haber visto!

LA: Jesús le dijo: ¿Creíste porque me viste? ¡Felices los que confían en mí sin haberme visto!

Propia _____

La segunda manera es la que llamamos vertical. Es la que se presenta en el programa Logos (Libronix). En ella, el mismo texto sería presentado de la siguiente manera:

NVI	RVR	LABLA	DHH	LA
29 —Porque me has visto, has creído —le dijo Jesús—; dichosos los que no han visto y sin embargo creen.	29 Jesús le dijo: Porque me has visto, *Tomás, creíste;* bienaventurados los que no vieron, y creyeron.	29 Jesús le dijo: ¿Porque me has visto has creído? Dichosos los que no vieron, y sin embargo creyeron.	29 Jesús le dijo:—¿Crees porque me has visto? ¡Dichosos los que creen sin haber visto!	29 Jesús le dijo:— ¿Creíste porque me viste? ¡Felices los que confían en mí sin haberme visto!

_____

[697] Kaiser, *Toward an Exegetical Theology*, 50ss; Fee y Stuart, *La lectura eficaz de la Biblia*, 28ss.

Walter Kaiser propone que finalmente se haga un resumen, que él la llama traducción propia, pero que en esencia es un resumen.[698] Si un término o palabra se repite en las distintas versiones, esto es una muestra de la seguridad de su inclusión. Pero si un término (en este caso "Tomás") solo está en una versión y esta es la que usa el *Textus Receptus*, eso muestra que esa palabra es cuestionable en el texto.

• •

EJERCICIO 99

Escribe Oseas 7.14b en las distintas versiones y marca en rojo las diferencias importantes.

NVI: _____

RVR: _____

LBLA: _____

DHH: _____

LA: _____

• •

Análisis morfológico, gramátical y sintáctico

Como lo presentamos en el Capítulo 8 al estudiar el texto bíblico, las palabras y oraciones ocupan un lugar muy importante.[699] Hay una interrelación entre una palabra y la oración en la que se encuentra. En este apartado vamos a ver el análisis morfológico, es decir, la composición de la palabra en sí misma y cómo ello influye en su significado. Luego viene el análisis gramatical, es decir, el lugar que ocupa la palabra en la oración. Para terminar con el análisis sintáctico, en otras palabras, las relaciones entre las distintas partes de la oración.

Paso 3: Análisis morfológico

Cuando hablamos del análisis morfológico, nos estamos refiriendo al estudio descriptivo de la lengua, que se centra en las palabras tomadas

---

[698] Kaiser, *Toward an Exegetical Theology*, 51.

[699] Ver los círculos del contexto que presenta Haskell, *Hermenéutica: interpretación eficaz hoy*, 171-172.

independientemente de sus relaciones en la frase.[700] No se trata solo de las variaciones que pueden sufrir las palabras (los términos bíblicos), que incluyen el género, número, etc. Este análisis va más allá, porque se trata de considerar la forma de las palabras. Daniel Carro señala que el análisis morfológico es "considerar la forma de las palabras. Si son palabras compuestas, determinar de qué otras palabras derivan. Analizar la relación de los verbos con los sustantivos en cuanto a su forma, es decir, si hay formas verbales y sustantivales de la misma palabra. . . . Las formas de las palabras determinan en mucho su sentido".[701]

Ya hemos mencionado la importancia del estudio de las palabras. Es claro, como dijimos, que es un error recurrir solo al castellano. Hay que utilizar las lenguas en las que se escribió la Biblia. Pero, por otro lado, es muy cierto que la mayoría de los que estudiamos la Biblia, solo la podemos leer, con gran provecho, en nuestra propia lengua.

> **Rob Haskell:** "Por otro lado, la persona que no sabe griego y hebreo no debe desesperar como si el estudio de la Biblia no estuviera a su alcance. Debemos acordarnos que los traductores y editores de nuestras Biblias han trabajado durísimo para traducir el texto antiguo de una manera que tenga sentido para nosotros hoy en nuestro idioma. Por eso, podemos usar nuestras traducciones y usarlas con confianza. Los expertos ya han hecho el trabajo, y resulta que el Diccionario de la Real Academia es, después de todo, uno de los recursos de la iglesia hispanoparlante".[702]

En base a esta afirmación de Rob Haskell, vamos a usar algunos ejemplos seleccionados en castellano, y luego alguno tomado de las lenguas bíblicas. En Romanos 12.2 (RVR) leemos: "No os conforméis a este siglo, sino transformaos por medio de la renovación de vuestro entendimiento, para que comprobéis cuál sea la buena voluntad de Dios, agradable y perfecta".[703] En este pasaje, por lo menos en cas-

---

[700] Ducrot y Todorov, *Diccionario enciclopédico de las ciencias del lenguaje*, 67; Marín, *Conceptos claves: gramática, lingüística, literatura*, 134.

[701] Carro, "*Principios de interpretación bíblica*", 1:21; ver también María Rita Guido y María Cristina Planas, *Lengua y Literatura* (Buenos Aires: El Ateneo, 1993), 140.

[702] Haskell, *Hermenéutica: interpretación eficaz hoy*, 139-140.

[703] La NVI tiene "No se amolden al mundo actual, sino sean transformados mediante la renovación de su mente. Así podrán comprobar cuál es la voluntad de Dios, buena, agradable y perfecta".

tellano, podemos ver que en las primeras siete palabras hay dos que son compuestas (conforméis y transformaos, y en el resto del versículo hay dos más). Con la ayuda de diccionarios de la lengua española, podemos saber un poco más de las mismas.[704] La primera palabra es "conforméis" (conformar), que viene de la unión de con[705] y forma.[706] Si vamos al texto griego del Nuevo Testamento y buscamos la palabra conformar (*susquematizo*, συσχηματίζω) en la *Concordancia Strong*,[707] vemos que el número que acompaña a la palabra en este texto es el 4964, y en la referencia del diccionario de palabras griegas que está al final dice que viene de 4862 (*sun*, unión, junto a) y 4976 (*squema*, figura, apariencia).[708] En general, los diccionarios en español sobre esta palabra dicen: concordar, ajustar una cosa con otra. Pero si observamos este tipo de estudio (tanto en nuestro idioma como en griego), podemos comprender mejor el significado del término. Implica algo así como unirse a una forma exterior, o como dice un diccionario griego, vivir según el patrón de.[709] Y esta nueva definición nos arroja una mayor luz sobre el texto.

La segunda palabra mencionada es "transformar", que también es la unión de dos términos: trans[710] y formar. En este caso, el diccionario de la lengua española dirá: hacer que algo cambie de forma o aspecto.[711] Pero si vamos nuevamente a la *Concordancia Strong*, encontraremos que se trata de la una palabra griega que es muy diferente a la anterior (*metamorfóō*, μεταμορφόω, identificada con el número 3339). Esta pa-

---

[704] Las definiciones son tomadas de: *Diccionario general de la lengua española Vox*, comparándolo con la *Enciclopedia ilustrada de la lengua castellana* (Buenos Aires: Editorial Sopena, 1956).

[705] Prefijo de origen latino, que entra en la formación de nombres y verbos, con el significado de "junto a", "con", como en conllevar, conciudadano (tener presente que antes de b o p adopta la forma com, como en compatriota).

[706] *Diccionario general de la lengua española Vox*: "Conjunto de líneas y superficies que determinan la planta, el contorno o el volumen de una cosa, en contraposición a la materia de que está compuesta".

[707] Strong, *Nueva concordancia Strong exhaustiva: Diccionario*, 145.

[708] Ibid., 81 y 83. De esta se deriva el término esquema.

[709] Alfred E. Tuggy, *Léxico griego – español del Nuevo Testamento* (El Paso, TX: Mundo Hispano, 2003), 913: vivir según el patrón; ver también, W. E. Vine, *Vine diccionario expositivo de palabras del Antiguo y del Nuevo Testamento* (Barcelona: Clíe, 1989).

[710] Prefijo de origen latino que entra en la formación de adjetivos, nombres y verbos con el significado de "más allá de", "al otro lado de", "a través de".

[711] *Diccionario general de la lengua española Vox*. El *Diccionario de la Real Academia Española* tiene: "Hacer cambiar de forma a alguien o algo".

labra en griego se deriva de dos términos: *metá* (μετα, 3326), que significa acompañamiento, participación; y *morfóō* (μορφόω, 3445), cuyo significado es forma o naturaleza.[712] El término plantea un desafío a los cristianos a reconfigurar su conducta en conformidad con el nuevo estilo de vida. Esto se va dando a medida que su mente y su voluntad van siendo renovadas por el Espíritu. Es así como han de ir convirtiéndose en aquello que en verdad son.[713] Nuevamente, el cambio que hay entre la definición de los diccionarios castellanos y el significado de la palabra griega es muy significativo.

Volviendo al texto, el apóstol nos amonesta a los cristianos a no adoptar las formas exteriores y las modas de la sociedad en la que vivimos, sino a seguir con el proceso de transformación y cambio de naturaleza, que es producto de la renovación interior (entendimiento). Este tipo de análisis puede parecer algo que lleva mucho tiempo y esfuerzo. Sin embargo, como hemos podido notar, los resultados valen la pena, pues nos presentan un acercamiento al texto absolutamente distinto.

● ●

EJERCICIO 100

Haz el mismo ejercicio (en castellano) con la palabra renovación. Respondiendo:

1. ¿Cuál es el significado en el diccionario de la lengua castellana?

_____

2. ¿Qué dos palabras griegas representa según la *Concordancia Strong*? (*Diccionario de palabras griegas*: 6 y 42)

_____

● ●

Paso 4: *Análisis gramatical*

Recordemos lo que escribió Paul Ricoeur: "Cuando el texto toma el lugar del habla, algo importante pasa. En el intercambio de habla, los

---

[712] Strong, *Nueva concordancia Strong exhaustiva*, 842 y en el *Diccionario de palabras griegas*, 81, 83.

[713] Kittel; Friedrich y Bromiley, *Compendio del diccionario teológico del Nuevo Testamento*, 596.

hablantes están en presencia mutua pero también están presentes la situación, el ambiente". En el texto, las palabras deben ocupar el lugar del intercambio de expresiones que hay entre los hablantes. Es por eso que los tiempos del verbo, y especialmente los adverbios de tiempo y lugar, como los pronombres demostrativos, ocupan ese lugar. La morfología abstrae las palabras de su contexto, para clasificarlas en distintos grupos según las funciones de las que son capaces. Estudia las diferentes formas que pueden adquirir, para representar categorías gramaticales. Al análisis gramatical y sintáctico le corresponde estudiar el contexto inmediato de las palabras y las relaciones entre las mismas.

Ya hemos dado una definición de cada uno de los componentes de las oraciones (sustantivos, verbos, etc.), y los distintos tipos de oraciones. Lo que ahora vamos a hacer es mostrar cómo todo eso se aplica a la comprensión de un texto o un párrafo, partiendo del concepto, ya mencionado, que cada lengua tiene su propia estructura gramatical. Repetimos que, cuando se habla de análisis gramatical, se trata de considerar la gramática del texto escrito. Robert Palmer dice que para hacer un análisis gramático-sintáctico correcto, el primer paso es tomar en consideración las reglas básicas de la gramática y la retórica.[714] Y afirma que a esto se le llama sentido común.

La gramática nos enseña a considerar el lugar gramatical de cada palabra en la oración. Esto significa identificar el "sujeto", el "predicado", el "verbo", los "adverbios", y "adjetivos" (llamados también modificadores). Es también observar la ortografía, el valor de los tiempos y modos de los verbos en las oraciones, el uso de las preposiciones, los pronombres personales y relativos, y los artículos definidos (conectores). El ejemplo que Palmer menciona es el de 1 Corintios 11.27: "De manera que cualquiera que comiere este pan o bebiere esta copa del Señor indignamente, será culpado del cuerpo y de la sangre del Señor" (RVR). Muchos cristianos, después de la lectura de este texto, llegan a la conclusión de que no son dignos de participar de la Cena del Señor. Este malentendido surge por no seguir una simple regla gramatical. La palabra "indignamente" es un adverbio, no adjetivo. El adjetivo modifica al sustantivo y el adverbio modifica al verbo, al adjetivo o a otro adverbio. Como adverbio, "indignamente" modifica la parte que dice: "comiere este pan o bebiere", y no al término "cualquiera". Así que,

---

[714] Palmer, *Como entender la Biblia*, 128-132.

según el texto, no es indigna la persona, sino la manera de participar. Este es el tema del contexto completo (vv.20- 34).

Además, es necesario analizar los verbos que están determinando las acciones que el escrito propone, y estudiar los sustantivos que muestran a los sujetos y objetos de aquellas acciones. Es necesario también ver los adjetivos y adverbios que colorean y dan marco a los verbos y sustantivos que son utilizados en el texto, y especialmente prestar atención a los conectores.[715] El primer paso al enfrentarse a un texto es reconocer en el mismo los verbos, que son en general los que llevan la acción o expresan estados (los verbos estativos). Según J. Scott Duvall y J. Daniel Hays, las preguntas que debemos hacernos frente al texto bíblico son: "¿Qué clase de verbo se utiliza? ¿Está en tiempo pasado, presente o futuro (fui, voy, iré)? ¿Expresa quizá una idea progresiva, es decir, una acción continua (me dirigía, me dirijo, me dirigiré)? ¿Es un imperativo (¡Id!)?"[716]

En el texto bíblico es de gran importancia tomar en cuenta las actitudes del hablante, representadas a través de los modos verbales. En griego estos son cuatro (indicativo, subjuntivo, imperativo y optativo).[717] En hebreo son tres (indicativo, representado por el perfecto e imperfecto; imperativo; y, finalmente, las formas volitivas representadas por el yusivo y cohortativo).[718] De manera sumaria vamos a presentar cuatro modos, incluyendo ejemplos de ambas lenguas.

---

[715] Ya se ha presentado la importancia y valor de los mismos con ejemplos, y volveremos sobre los mismos en el capítulo 12.

[716] Duvall y Hays *Hermenéutica: entendiendo la Palabra de Dios*, 59. Tengamos presente que al pensar en los verbos debemos considerar que presentan una parte invariable que se llama raíz o radical, y una parte variable que se llama terminación o desinencia. En la terminación observamos los cuatro tipos de accidentes que caracterizan a los verbos: modo, tiempo, persona, y número.

[717] A diferencia del castellano, que tiene tres modos (los tres primeros mencionados), el griego tiene un cuarto: el optativo. Ver James A. Brooks y Carlton L. Winbery, *Syntax of the New Testament* (Lanham, MD: University Press of America, 1979), 124-130; y Roberto Hanna, *Sintaxis exegética del Nuevo Testamento griego* (El Paso, TX: Mundo Hispano), 137-174. Dana y Mantey, *Manual de gramática del Nuevo Testamento griego*, 159-170; y Maximiliano Zerwick, *El griego del Nuevo Testamento* (Estella: Verbo Divino, 225-236.

[718] Joüon y Murakoa, *Gramática del hebreo bíblico*, 367ss; y Waltke y Connor, *An Introduction to Biblical Hebrew Syntax*, 347s; Thomas O. Lambdin, *Introducción al hebreo bíblico* (Estella: Verbo Divino, 2001); LaSor, *Manual de hebreo bíblico*, 2:203, afirma que: "Modo es la categoría gramatical que expresa la relación del verbo con la realidad, la actitud del hablante ante lo que dice, tal como certeza, incertidumbre, mandato, deseo, etc".

El primero en mencionarse es el modo indicativo.[719] Este modo expresa un hecho presentado como real. El segundo es el modo subjuntivo, que expresa duda, o posibilidad, según Hanna, sin expectativa de cumplimiento. Este autor menciona un caso interesante para ejemplificar estos dos modos. En Gálatas 5.25 se puede distinguir entre el indicativo y el subjuntivo en la frase εἰ ζῶμεν πνεύματι, πνεύματι καὶ στοιχῶμεν: "Si vivimos en el Espíritu, andemos en (o por) el Espíritu" (basado en un hecho "si vivimos" (indicativo) se expresa una exhortación, "andemos" (subjuntivo).[720] En cuanto al Antiguo Testamento, Bruce Waltke menciona el ejemplo de Deuteronomio 1.12: "¿Cómo puedo seguir ocupándome de todos los problemas, las cargas y los pleitos de ustedes?" Aquí el énfasis se encuentra en la modalidad y es sin expectativa de cumplimiento.[721]

El tercer modo que se debe mencionar el modo imperativo, que expresa una orden, un pedido, un ruego o exhortación. Como dice Hanna: "Es el modo que involucra a la voluntad. Por ello se usa principalmente para expresar mandatos. Muestra el intento que alguien tiene de ejercer su voluntad sobre otra persona". Este autor presenta el ejemplo de Mateo 5.44: "Pero yo les digo: Amen (imperativo) a sus enemigos y oren (imperativo) por quienes los persiguen". En el Nuevo Testamento griego, el imperativo en tiempo aoristo es la manera más directa de un mandato.[722] Por ejemplo, en 1 Tesalonicenses 5.26: "Saluden (griego imperativo aoristo: Ἀσπάσασθε, "saludad" RVR) a todos los hermanos con un beso santo".

Esto que se dice del griego también se puede aplicar al hebreo bíblico.[723] La única diferencia es que en hebreo, el imperativo nunca se usa

---

[719] Según Joüon y Murakoa, *Gramática del hebreo bíblico*, 129, en hebreo bíblico tanto el perfecto e imperfecto son indicativos. En relación con esto se deben considerar las raíces (o formas verbales) que son una peculiaridad de la lengua en las que una de ellas, la intensiva (*Pi'el*) puede ser considerada una variante del imperativo.

[720] Hanna, *Sintaxis exegética del Nuevo Testamento griego*, 143, y agrega que, en un sentido, la realización de la acción verbal vincula al subjuntivo con el futuro, aunque el subjuntivo no siempre tiene un sentido temporal.

[721] Waltke y O'Connor, *An Introduction to Biblical Hebrew Syntax*, 506; también citado en Joüon y Murakoa, *Gramática del hebreo bíblico*, 388.

[722] El término griego aoristo (ἀόριστος) significa indeterminado, no definido, y representa una acción puntual. Según Hanna, *Sintaxis exegética del Nuevo Testamento griego*, 190, se usa cuando el autor presenta su argumento sin especificar los detalles o el proceso de la acción del verbo. Sobre el aoristo hablaremos un poco más adelante.

[723] Hanna, *Sintaxis exegética del Nuevo Testamento griego*, 159. La prohibición es una orden o mandato que se expresa con el propósito de impedir o detener una acción. Ver también Brooks y Winbery, *Syntax of the New Testament*, 127-129; en hebreo ver

para prohibiciones como en el griego.[724] Un ejemplo significativo del modo imperativo es el de Deuteronomio 6.4: "Escucha" (imperativo, es una orden), Israel: El Señor nuestro Dios es el único Señor". Las prohibiciones en hebreo se construyen con una negación enfática más la forma imperfecta del verbo, como se puede notar en los llamados "diez mandamientos". Cada una de las expresiones comienza con un adverbio de negación enfático más el imperfecto (simple), lo que tiene la fuerza de una prohibición.

Finalmente, vamos a mencionar el modo optativo, que está estrechamente relacionado con el subjuntivo y se usa para expresar un deseo o una posibilidad que no tiene anticipación definitiva de realización.[725] En el Nuevo Testamento, en ocasiones el deseo es más claro, como por ejemplo en 2 Tesalonicenses 3.5: "Y el Señor encamine vuestros corazones al amor de Dios". Mientras que en otros casos se usa para expresar preguntas retóricas indirectas, como en Lucas 9.46: "Entonces entraron en discusión sobre quién de ellos sería el mayor". En cuanto a los ejemplos del Antiguo Testamento podemos citar Deuteronomio 12.20: "¡Cómo quisiera comer carne!" o en Números 6.25: "el Señor te mire con agrado y te extienda su amor".

Otro de los elementos claves de un verbo es el tiempo que expresa o el momento en que se realiza una acción: presente, pasado y futuro. E. Dana y Julius R. Mantey señalan que ningún otro elemento de la lengua griega es de más importancia para el estudiante del Nuevo Testamento, que el tiempo del verbo.

E. Dana y Julius R. Mantey: "La función distintiva del verbo es expresar acción. La acción como presentada en la expresión de una idea verbal envuelve dos elementos, tiempo de la acción y clase de acción. . . . El elemento importante del tiempo en griego es la clase de acción. Esta es su significación fundamental. 'La función

---

Waltke y O'Connor, *An Introduction to Biblical Hebrew Syntax*, 570ss; también citado en Joüon y Murakoa, *Gramática del hebreo bíblico*, 146-147; 395-396.

[724] Kelley, *El hebreo bíblico: una gramática introductoria*: "Los imperativos hebreos ocurren solamente en la segunda persona (masculino y femenino, singular y plural). Se utilizan exclusivamente para expresar mandatos positivos, jamás prohibiciones".

[725] Dana y Mantey, *Manual de gramática del Nuevo Testamento griego*, 166; Hanna, *Sintaxis exegética del Nuevo Testamento griego*, 170; Brooks y Winbery, *Syntax of the New Testament*, 124-126. En hebreo, ver Joüon y Murakoa, *Gramática del hebreo bíblico*, 390-395; Waltke y O'Connor, *An Introduction to Biblical Hebrew Syntax*, 564ss.

principal de un tiempo griego no es, entonces, denotar tiempo, sino progreso'. Para este elemento de tiempo, gramáticos recientes han adoptado el término alemán *Aktionsart,* 'clase de acción'. El carácter de una acción se le puede definir desde tres puntos de vista; puede ser continuo, puede ser completo, o puede ser considerado simplemente como ocurriendo, sin referencia al asunto de progreso. Hay, de consiguiente, tres tiempos fundamentales en griego: el presente, que representa acción continua; el perfecto que representa acción completa; y el aoristo (ἀόριστος, sin límites, indefinido), que representa acción indefinida".[726]

El Dr. Stanley D. Clark, menciona que en la interpretación del sentido de la acción de un verbo hay que tener en cuenta tres elementos: (1) el significado de la acción representada por la raíz verbal; (2) el significado del tiempo en sí; y, (3) el contexto.[727] Un ejemplo del valor del tiempo en la interpretación se encuentra en la lectura de 1 Juan 2.1 y 3.9. Allí encontramos dos frases, que en RVR pueden parecer contradictorias:

	RVR	NVI
2.1	y si alguno hubiere pecado, abogado tenemos para con el Padre, a Jesucristo el justo.	Pero si alguno peca, tenemos ante el Padre a un intercesor, a Jesucristo, el Justo.
3.9b	y no puede pecar, porque es nacido de Dios.	no puede practicar el pecado, porque ha nacido de Dios.

Roberto Hanna nos explica que en 2.1 el tiempo aoristo del verbo pecar (ἀμάρτῃ) describe un estado, y tiene el significado: comienza a ser un pecador o cometió un acto de pecado. Mientras que en 3.9, el infinitivo de presente del mismo verbo (pecar, ἀμαρτάνειν) expresa una manera de vivir y no una sola acción.[728] Aunque con ciertas semejanzas, el hebreo tiene algunas características peculiares. W. Sanford LaSor escribió que: "En las lenguas semíticas, el verbo se flexiona para indicar aspecto o tipo de acción (*Aktionsart*), en vez de tiempo. La predicación ver-

---

[726] Dana y Mantey, *Manual de gramática del Nuevo Testamento griego,* 170 y 171; ver también Zerwick, *El griego del Nuevo Testamento,* 109ss; y en cuanto a los errores en la interpretación de los tiempos griegos: Carson, *Exegetical Fallacies,* 69-75.

[727] Stanley D. Clark, "Apuntes de clase sintaxis del griego del Nuevo Testamento", Buenos Aires: Seminario Internacional Teológico Bautista, 2013.

[728] Hanna, *Ayuda gramatical para el estudio del Nuevo Testamento Griego,* 640 y 643.

bal es completa o incompleta".[729] Posiblemente, la gran diferencia es que en hebreo, el tiempo de la acción tiene mucha menos importancia que en griego. Como señaló Alviero Niccacci: "Es necesario evitar la atribución de un valor temporal fijo a las distintas formas verbales".[730] Y se puede agregar que el verbo hebreo del Antiguo Testamento no tiene tiempo en el sentido estricto de lo que nosotros tenemos en las lenguas modernas, usa una variedad de medios para expresar el tiempo en el que transcurre la acción (por ejemplo, adverbios temporales o construcciones gramaticales específicas).[731]

	Salmos 23 - RVR	Salmos 23 - NVI
v.1	Jehová es mi pastor; nada me faltará.	El Señor es mi pastor, nada me falta;
v.2	En lugares de delicados pastos me hará descansar. Junto a aguas de reposo me pastoreará.	en verdes pastos me hace descansar. Junto a tranquilas aguas me conduce.

Como podemos ver en el caso anterior, las distintas traducciones tiene distintos tiempos verbales (en castellano) y es por lo que hemos mencionado acerca del verbo. Aquí tenemos la forma imperfecta del verbo, que indica una acción en progreso, inacabada, ya sea en pasado, presente o futuro. El énfasis se encuentra en que no le faltó ni le falta, por lo que obviamente no le faltará.

● ●

EJERCICIO 101

Elige uno de los dos pasajes que están a continuación. Hazlo con cuidado porque en los siguientes va a usar el mismo texto. (Si tienes otro, escríbelo en una hoja y trabaja con el mismo). Sobre el texto elegido:

---

[729] LaSor, *Manual de hebreo bíblico*, 2:203. Notar que usa el mismo término alemán (*Aktionsart*) que Dana-Mantey.

[730] Alviero Niccacci, *Sintaxis del hebreo bíblico* (Estella: Verbo Divino, 2002), 151; ver también Joüon y Murakoa, *Gramática del hebreo bíblico*, 368-371; Rudolf Meyer, *Gramática del hebreo bíblico* (Barcelona: Clie, 1989), 337, es más terminante: "el sistema semítico occidental [donde se encuentra el hebreo] no conoce en principio ningún tipo de tiempos en sentidos de las categorías temporales objetivas". Sobre este tema ya se comentó, con el ejemplo de Isaías 9.2.

[731] Waltke y O'Connor, *An Introduction to Biblical Hebrew Syntax*, 347.

1. Subraya (o resalta) los verbos de por lo menos tres versículos.

2. Marca en qué tiempo se encuentran y cuáles son los receptores de la acción.

Jeremías 17.5-10	1 Corintios 1.3-11
[5] Así dice el Señor: "¡Maldito el hombre que confía en el hombre! ¡Maldito el que se apoya en su propia fuerza y aparta su corazón del Señor!"	[3] Alabado sea el Dios y Padre de nuestro Señor Jesucristo, Padre misericordioso y Dios de toda consolación,
[6] Será como una zarza en el desierto: no se dará cuenta cuando llegue el bien. Morará en la sequedad del desierto, en tierras de sal, donde nadie habita. [7] "Bendito el hombre que confía en el Señor, y pone su confianza en él. [8] Será como un árbol plantado junto al agua, que extiende sus raíces hacia la corriente; no teme que llegue el calor, y sus hojas están siempre verdes. En época de sequía no se angustia, y nunca deja de dar fruto". [9] Nada hay tan engañoso como el corazón. No tiene remedio. ¿Quién puede comprenderlo? [10] "Yo, el Señor, sondeo el corazón y examino los pensamientos, para darle a cada uno según sus acciones y según el fruto de sus obras".	[4] quien nos consuela en todas nuestras tribulaciones para que con el mismo consuelo que de Dios hemos recibido, también nosotros podamos consolar a todos los que sufren. [5] Pues así como participamos abundantemente en los sufrimientos de Cristo, así también por medio de él tenemos abundante consuelo. [6] Si sufrimos, es para que ustedes tengan consuelo y salvación; y si somos consolados, es para que ustedes tengan el consuelo que los ayude a soportar con paciencia los mismos sufrimientos que nosotros padecemos. [7] Firme es la esperanza que tenemos en cuanto a ustedes, porque sabemos que así como participan de nuestros sufrimientos, así también participan de nuestro consuelo.

Paso 5: Análisis sintáctico

Cuando hablamos de análisis sintáctico, una de las preguntas que podemos hacernos es: ¿De qué hablamos cuando usamos la frase análisis sintáctico? ¿No es lo mismo que el análisis gramatical? De acuerdo a su etimología, sintaxis implica visión de conjunto o la composición.[732] Como señaló Henry Virkler, se trata del modo en que los pensamientos se expresan.[733]

[732] C. Mora Paz, M. Grilli y R. Dillmann, *Lectura pragmalingüística de la Biblia* (Estella: Verbo Divino, 1999), 31, 32.

[733] Virkler, *Hermenéutica*, 93.

Roberto Hanna responde definiendo el campo de estudio de la sintaxis en los siguientes puntos.[734] (1) La sintaxis estudia las palabras como parte de una estructura (frase, cláusula, oración, párrafo o discurso) en la que adquieren significados y cumplen una función específica. Ya hemos mencionado que la morfología se encarga de analizar cada palabra y sus modificaciones (número, género y caso en los sustantivos; persona, modo, tiempo y número en los verbos). (2) Las palabras, sean habladas o escritas, solo tienen sentido completo cuando se las emplea en combinación con otras para formar oraciones. En un sentido, las palabras no solo tienen sentido, sino un uso especial.[735] Por ejemplo, la palabra levadura, su sentido depende de la oración en la que se encuentra, es decir, puede ser negativa (Mt. 16.6) o positiva (Mt. 13.33). (3) La estructura o conjunto de palabras que tiene sentido comunicable cabal recibe el nombre de oración.[736] (4) La oración consiste en varias partes, una de las cuales es la frase. Una frase es un conjunto de palabras que expresa una idea, pero sola no tiene sentido. (5)Para construir una o más oraciones, el que habla o escribe necesita escoger palabras (en función del tiempo, modo, género, significado, etc.) y combinarlas de acuerdo con las reglas aceptadas de la lengua. El análisis sintáctico busca descubrir, en el enunciado, sus unidades y las relaciones en que ellas se basan (relaciones sintagmáticas, asociativas, distributivas y de oposición). (6) Muchas veces, las oraciones ocurren en medio de una estructura mayor, llamada discurso.[737] El discurso es, entonces, la serie de oraciones convenientemente colocadas para expresar el pensamiento. El discurso adquiere la forma de párrafo en prosas donde el autor hace razonamientos (argumentación, como en Ef. 2; Col. 3; Tit. 2), o la de episodio en prosas donde el autor relata acontecimientos o eventos (narrativa, como en Jn. 5; Hch. 9).[738] (7) El estudio de la sintaxis

---

[734] Lo que sigue es un resumen de Hanna, *Sintaxis exegética del Nuevo Testamento griego*, 15-18; ver también David A Black, *Using New Testament Greek in Ministry* (Grand Rapids: Baker, 1995), 75ss.

[735] Ver también Silva, *Biblical Words and their Meaning*, 103, 104.

[736] Ver Samuel Gil Gaya, *Curso superior de sintaxis española* (Barcelona: Bibliograf, 1980), 17; Real Academia Española, *Esbozo de una gramática de la lengua española*, 349-350.

[737] André Martinet, *Elementos de lingüística general* (Madrid: Gredos, 1972), 366–368.

[738] Hanna, *Sintaxis exegética del Nuevo Testamento griego*, 17, agrega: "Este nivel de relaciones estructurales tradicionalmente ha escapado al estudio sintáctico y, como campo de estudio especializado, ha sido objeto de investigación por parte de una

implica ocuparse de aspectos relativos a la estructura y al sentido de las oraciones. Y para hacerlo adecuadamente conviene considerar, precisamente, la oración como una de esas estructuras que deben tenerse en cuenta en el estudio lingüístico y literario.

Como podemos ver, hay una relación estrecha entre el análisis gramatical y el sintáctico. Los dos sirven para ayudar a una comprensión del texto. Veamos los siguientes ejemplos. Tomando el texto del Salmo1.1, el primer paso es marcar (señalar) los verbos. Una vez identificados debemos señalar los nombres que reciben la acción, con sus modificadores (por ejemplo, "consejo" es modificado por "malvados"). Así podemos ver un triple paralelismo, donde en primer lugar, los verbos muestran un movimiento en sentido decreciente (seguir, detenerse, cultivar, asentarse), y muestra que hay distintas etapas en el proceso. Al ver los nombres (sustantivos), vemos que avanzan en un sentido creciente, es decir, en la intensidad de la pecaminosidad. Si lo fuéramos a marcar en nuestras Biblias quedaría más o menos así:

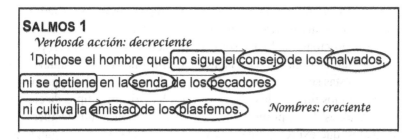

SALMOS 1

Verbos de acción: decreciente

¹Dichose el hombre que no sigue el consejo de los malvados,

ni se detiene en la senda de los pecadores

ni cultiva la amistad de los blasfemos. *Nombres: creciente*

Un ejemplo del Nuevo Testamento puede ser el de 1 Juan 4.14: "Y nosotros hemos visto y declaramos que el Padre envió a su Hijo para ser el Salvador del mundo".[739] Es notable que en palabras tan simples, el autor presente la esencia del evangelio.[740] El verbo principal "envió" contiene la acción del Padre y muestra no solo el acontecimiento histó-

---

disciplina específica (análisis del discurso). De todas maneras, es inevitable que la sintaxis se ocupe de estudiar las relaciones que existen entre las oraciones, para poder entender lo que quiere comunicar el autor".

[739] Hay una diferencia interesante entre la NVI y la RVR. NVI dice: "El Padre envió a su Hijo para ser el Salvador". RVR dice: "El Padre ha enviado al Hijo, el Salvador del mundo". Una comparación muestra que falta la cláusula "para ser" en RVR. La LBLA tiene esta frase en cursiva (*para ser*), mostrando que no se encuentra en el texto griego.

[740] John R. W. Stott, *The Letters of John: An Introduction and Commentary*, en *Tyndale New Testament Commentaries* (Downers Grove: InterVarsity Press, 1988), 166.

rico del envío, pero también el propósito y el resultado del mismo, que es la salvación del mundo.[741] Uno de los aspectos importantes del versículo son los cuatro sustantivos, en el que cada uno tiene un valor especial. "Mundo" se refiere a la humanidad sin Dios, alejada de él y por lo tanto condenada. "Salvador" implica que el mundo necesita y puede, ser salvado, con todo lo que eso implica. El "Hijo" es quien fue enviado, cuya acción sigue presente, por el "Padre". Si tuviéramos que subrayar la Biblia podría ser así:

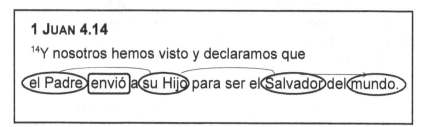

1 JUAN 4.14

[14]Y nosotros hemos visto y declaramos que

el Padre envió a su Hijo para ser el Salvador del mundo.

En cuanto a los diferentes tipos de oraciones es necesario señalar que cada una tiene una relación con su entorno y que para relacionarlas, el autor usa partículas. Dado que solo puede decir una cosa a la vez, prolonga el pensamiento en varias sentencias u oraciones relacionándolas. En ocasiones estas se contraponen o tienen un diferente nivel. Según Walter Kaiser, para los fines de la exégesis bíblica hay distintos tipos de cláusulas u oraciones.[742] En primer lugar, están las oraciones independientes o principales, que expresan una idea y pueden estar solas. En segundo lugar, están las oraciones coordinadas, es decir, las que forman parte de una oración compuesta. En tercer lugar, están las oraciones subordinadas, es decir, las que dependen de otra. Tomando Romanos 1.16, 17 como ejemplo, podemos decir que cuando dice "pues es poder de Dios para la salvación de todos los que creen: de los judíos primeramente, pero también de los gentiles", se trata de una oración subordinada, pues depende de la

---

[741] El verbo en este lugar es un perfecto griego (ἀπέσταλκεν, *apestalken*), que sugiere una acción (de Dios) en el pasado, pero que tiene un efecto duradero. Ver S. S. Smalley, *Word Biblical Commentary: 1, 2, 3 John* (Dallas: Word, 2002), 241.

[742] En castellano se habla de oraciones simples y compuestas. Las oraciones condicionales forman parte de las simples. Ver Real Academia Española, *Esbozo de una nueva gramática de la lengua española*, 349ss; 500ss; Enrique Alcaró Varró y María A. Martínez Linares, *Diccionario de lingüística moderna* (Barcelona: Ariel, 1997), 395ss; Jorge L. Cotos, *Gramática castellana adaptada para el estudio bíblico* (Barcelona: Clie, 1992), 91-128.

anterior ("A la verdad, no me avergüenzo del evangelio").[743] Finalmente, hay un tipo de oración que es muy importante en la Biblia. Se trata de las oraciones condicionales. Una oración condicional es la declaración de una suposición, el cumplimiento de la cual se da por sentado para asegurar la realización de un hecho potencial expresado en una oración compañera. La oración que contiene la suposición es llamada la prótasis y la declaración basada sobre la suposición es llamada la apódosis.

Las oraciones condicionales pueden ser clasificadas sobre la base de la actitud que expresan con referencia al hecho.[744] Así, pues, está la condición simple, que se usaba cuando uno deseaba presumir o parecía presumir la realidad de su premisa: "Pero si los guía el Espíritu, no están bajo la ley" (Gá. 5.18). Pero hay también una condición contraria al hecho. Esta condición afirma una cosa como si fuera mentira o irreal. En Lucas 7.39 dicen de Jesús: "Si este hombre fuera profeta, sabría quién es la que lo está tocando". Es decir, parten del hecho de que no creen que fuera profeta. Como podemos ver, cuando una oración presenta un mandato negativo, es decir, una prohibición o una condición negativa, comprender de qué se trata trae mucha luz a nuestra comprensión del texto. Muchos de los comentarios que usamos hoy en día en castellano suelen traer este tipo de ayuda, por lo que debemos prestarles atención.

Análisis contextual

En el Capítulo 7 presentamos los distintos tipos de contextos. Sería bueno que leas nuevamente ese capítulo y completes el ejercicio a continuación.

• •

EJERCICIO 102

Responde a las siguientes preguntas.

1. ¿Qué lugar ocupan nuestras presuposiciones y la comprensión previa en nuestro acercamiento a las Escrituras?

---

[743] Kaiser, *Toward an Exegetical Theology*, 97

[744] Para una descripción precisa de las oraciones condicionales ver Dana y Mantey, *Manual de gramática del Nuevo Testamento griego*, 280-282; y Zerwick, *El griego del Nuevo Testamento*, 132-142.

2. ¿Qué tipo de datos ofrece el contexto histórico y cultural?

_____

3. ¿Qué significa en la práctica el "contexto bíblico"?

_____

4. ¿Qué es el cotexto?

_____

• •

Aunque no está mencionado específicamente en los pasos para interpretar el texto bíblico, no debemos olvidar, como mencionamos en el Capítulo 7, que siempre debemos luchar con el contexto del lector o lo que llamamos nuestra comprensión previa. Esta se moldeó a lo largo del tiempo, por el bagaje de información que recibimos a través de distintos medios. Al acercarnos a las Escrituras la llevamos con nosotros sin darnos cuenta ni pensar en ella. Dos ejemplos pueden ayudarnos a tomar conciencia de esto. El primero es la opinión común, entre muchos cristianos, que cuando Noé construyó el arca, sus contemporáneos se reían y burlaban de él, pues hasta ese momento no había llovido nunca. En esta afirmación, que algunos dicen tiene base bíblica, hay dos errores. El primero es que en ningún lugar la Biblia dice que se burlaron de Noé. El segundo es afirmar que nunca había llovido. Quienes esto afirman lo hacen en base a que la Biblia dice que en el Jardín del Edén no necesitaba lluvia, pues un vapor RVR) o manantial (NVI) regaba el lugar. Pero hay que recordar que el ser humano había sido expulsado de ese lugar particular.

El segundo ejemplo es el de Elías. En general, afirmamos que fue llevado en un carro de fuego. Sin embargo, la Biblia no dice esto. Dice que un carro de fuego "separó" a Elías de Eliseo, y que Elías "subió al cielo en medio de un torbellino" (2 R. 2.11). Cuando nos enfrentamos con la tarea de prepararnos para presentar un pasaje de la Biblia, debemos acercarnos a ella con humildad, tratando de dejar todo lo que nos aleja de su verdadero sentido. Debemos dejar que ella nos hable de manera directa. Es cierto que esta comprensión previa es muy difícil de dejar atrás. Pero si somos conscientes de la misma, estaremos dispuestos a no dar por cierto nada que la Escritura no afirme explícitamente.

Al considerar la cuestión del contexto, debemos tener en cuenta a dos tipos de contexto: el contexto presente y el contexto ausente.

Paso 6: El contexto presente

Recuerda que en los diez pasos para comprender la Biblia que presentamos al comienzo de este capítulo se menciona el análisis contextual, comenzando por el llamado contexto presente (Paso 6), que en síntesis es el contexto bíblico. En nuestro estudio de la Palabra de Dios, a fin de evitar conclusiones incompletas, no podemos dejar de tener en cuenta lo que viene antes y después del texto. Esto es lo que queremos decir cuando hablamos de familiarizarnos con el contexto.

Ya presentamos un gráfico, que es el que mencionamos como "guía" en el camino o proceso de la comprensión. Quiero ahora sintetizar los pasos para analizar el contexto presente (o bíblico) de la siguiente manera. En primer lugar, siempre tenemos que tener presente que cualquier texto que tengamos delante forma parte de la Escritura, es decir, de la Biblia. Ya hemos dicho que la Biblia es una unidad, y esa unidad gira en torno a la persona de Jesús. Los autores de Antiguo Testamento prepararon al pueblo para su llegada; y los autores del Nuevo Testamento, lo presentan e interpretan. Cualquier texto bíblico debe ser leído en ese contexto.

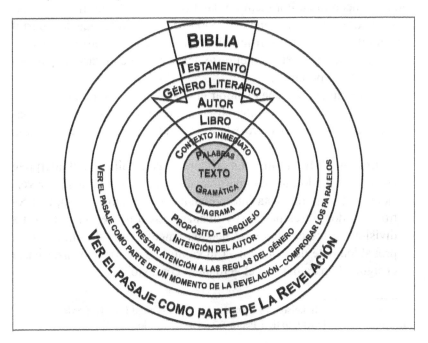

Debemos entender que un texto en particular o pasaje es parte de una fuente más grande de revelación, que fluye progresivamente del Antiguo Testamento hacia el Nuevo. La salvación es más bien una promesa que se desarrolla y cumple progresivamente en un determinado período de tiempo, antes que una predicción, que se limita a un cumplimiento particular. En torno a esto, el consejo concreto es: mantener el texto en perspectiva y nunca perder de vista el panorama. Cuanto más breve sea el pasaje bajo estudio, mayor será el peligro de ignorar el contexto.

En segundo lugar, se debe considerar, el género literario y el libro al que pertenece. No es lo mismo la comprensión de la poesía que de la prosa, o la profecía. Como ejemplo podemos citar a Rob Haskell, quien menciona que los Salmos tienen sus temas y vocabulario especial, de la misma manera que el libro de Proverbios. Todos sabemos que los cuatro Evangelios tratan el tema de la vida de Jesús (sus hechos y dichos), muerte y resurrección. Sin embargo, hay una semejanza entre los tres primeros, que se diferencian del cuarto Evangelio (Juan). Cada género literario tiene una fraseología característica. Una vez hecho lo anterior, debemos concentrarnos en la ubicación más local del pasaje bajo estudio. Hay que considerar al autor, si escribió otros libros, el plan y propósito general del libro. También hay que ver la situación en la que el autor se encontraba. Por ejemplo, las Epístolas de Pablo tienen distintos contextos, que tienen que ver con la situación en la vida del apóstol y de la iglesia a la que se dirigía. Por eso es necesario prestar atención a las relaciones del texto con el resto del libro y preguntarse a que sección del mismo pertenece.

En tercer lugar, se debe explorar el contexto inmediato del versículo o pasaje. Para ello hace falta observar cualquier paralelismo gramatical, lógico o teológico, entre este y otro material en la misma sección.

A. Berkeley Mickelson: "La primera responsabilidad del intérprete es notar cuidadosamente qué precede y qué sigue a cualquier versículo o pasaje que está interpretando. A menudo esto implica retroceder dos o tres párrafos y avanzar dos o tres en la lectura. La división de los capítulos no necesariamente sirve de límites. Uno probablemente necesite volver al capítulo anterior o avanzar hacia el siguiente para dar con el verdadero contexto".[745]

---

[745] A. Berkeley Mickelson, *Interpreting the Bible* (Grand Rapids: Eerdman, 1963), 102. Además, ver el ejemplo de 1 Pedro 5.7 ya mencionado.

●●●

EJERCICIO 103

Resume en una frase los consejos o pasos para conocer el contexto presente:

1. _____

2. _____

3. _____

●●●

Paso 7: El contexto ausente

Cuando nos referimos al contexto ausente, nos estamos refiriendo al que se suele llamar histórico o cultural. Como hemos mencionado, la Palabra de Dios llegó en un determinado contexto histórico y en una cultura muy alejada y diferente a la nuestra. Muchas veces los errores se encuentran en que tomamos afirmaciones de la misma sin considerar en qué momento y sociedad (cultura) se escribieron. A esto debemos agregar las consideraciones geográficas, como mencionamos en *Panorama de la Biblia*.[746] En cuanto al contexto histórico, este tiene varias implicaciones. La primera es el tiempo cronológico y la segunda es el lugar en el momento de la revelación. Si hiciéramos una línea del tiempo (ver Capítulo 11) de la historia bíblica, en la que no solamente sumáramos los períodos históricos sino también los principales hechos con sus implicaciones teológicas, nos ayudaría mucho en la ubicación de los libros y pasajes.

John R. W. Stott: "Los cristianos dividen la historia en antes y después de Cristo (a.C. y d.C.) porque creen que la venida de Jesucristo al mundo es la línea divisoria de la historia. Asimismo, la vida de Jesucristo divide la Biblia en dos: el Antiguo Testamento, que mira hacia su advenimiento y es una preparación para recibirlo; y el Nuevo Testamento, que relata la historia de su vida, muerte y resurrección, extrayendo sus implicaciones a medida que empieza a emerger la joven iglesia que un día llegará a su realización".[747]

---

[746] Villanueva, *Panorama de la Biblia*, 77.124; ver también Capítulo 7.
[747] Stott, *Cómo comprender la Biblia*, 60, 61.

461

Una ilustración de este tipo de contexto la encontramos en relación con el "Sermón del Templo" (Jer. 7). Allí podemos ver que las declaraciones de Jeremías fueron hechas en respuesta a una determinada situación histórica y siguiendo los patrones culturales de su momento. Una lectura del libro nos muestra que él asistió a la destrucción de Jerusalén, producto del pecado del pueblo. Es por eso que, cuando leemos: "No confíen en esas palabras engañosas que repiten: '¡Este es el templo del Señor, el templo del Señor, el templo del Señor!' (Jer 7.4), el profeta se está refiriendo a la situación en la que estaba viviendo el pueblo. Otro ejemplo es cuando el profeta habla del "alfarero". Jeremías se refería a la forma de construir vasijas en el cercano oriente, donde el artífice hacía girar una rueda con los pies mientras daba forma a la vasija con sus manos (Jer. 18.3-6). A esto debemos agregar que esas vasijas eran muy frágiles. Así podemos entender Isaías 30.14: "Su iniquidad quedará hecha pedazos, hecha añicos sin piedad, como vasija de barro: ni uno solo de sus pedazos servirá para sacar brasas del fuego ni agua de una cisterna".

¿Cómo conocer este contexto de un pasaje sobre el que queremos conocer? Después de estudiar el pasaje y su contexto literario (bíblico, del libro, en su totalidad), es bueno ver cómo otros autores han entendido la organización del capítulo y del libro del cual forma parte. Con frecuencia, en la introducción de un libro bíblico (en un diccionario bíblico, en un comentario, en una introducción bíblica, o en las Biblias de estudio) aparece un bosquejo del libro y, por ende, del pasaje que se estudia. En este caso, siempre debemos tener en cuenta que las presuposiciones de los diferentes autores les hacen ver las cosas de un cierto modo, por lo que se debe tener cuidado en aceptar ciegamente su explicación. Por lo tanto, se debe leer con cautela.

Las "introducciones" (tanto al Antiguo como al Nuevo Testamento, o a algunas secciones especiales) presentan informaciones sobre título, autor, marco histórico, tema y bosquejo de cada libro. Estos materiales contienen información que ayudará y mucho, para una mejor comprensión de los pasajes bíblicos. Pero, al elegir un libro de este tipo, conviene tener en cuenta la inclinación teológica del autor.[748]

---

[748] Es por eso que vamos a mencionar algunas de las más conocidas del campo evangélico: D. A. Carson y Douglas J. Moo, Una introducción al Nuevo Testamento (Barcelona: Clie, 2009); Harrison, Introducción al Antiguo Testamento; William S. LaSor, David Hubbard y Frederic Bush. Panorama del Antiguo Testamento (Buenos Aires: Nueva Creación, 1995). Algunas de estas obras se encuentran en algunos de los software bíblicos mencionados anteriormente (Capítulo 1), o se puede acceder a ellas por Internet.

Capítulo 11
Las enseñanzas del texto bíblico

"Predica la Palabra;
persiste en hacerlo, sea o no sea oportuno;
corrige, reprende y anima con mucha paciencia,
sin dejar de enseñar.
Porque llegará el tiempo en que
no van a tolerar la sana doctrina".
2 Timoteo 4.2, 3a.

En el texto que inicia este capítulo podemos ver que el apóstol Pablo concluye el largo llamamiento a Timoteo, que ha desarrollado en la mayor parte de la carta, y que tiene que ver con su ministerio. Según Gordon Fee, este llamado se inició en 1.6 y se reanudó en 3.10, después del interludio acerca de los falsos maestros (2.14— 3.9), y que ahora toma la forma de una solemne comisión (v. 1), seguida por una serie de imperativos (cinco en el versículo 2 y cuatro en el 5).[749]

Las llamadas Epístolas Pastorales (1 y 2 Timoteo y Tito) tienen dos aspectos que las distinguen de las demás cartas de Pablo. En primer lugar, se encuentran entre los últimos documentos que escribió y, por lo tanto, reflejan la clase de asuntos que preocupaban al apóstol cerca del final de su ministerio. En segundo lugar, se dirigen a dos hombres y no a una congregación, ministros que realizaban funciones ministeriales. Por lo tanto, estas epístolas son peculiares entre las cartas paulinas. Son muy personales, prácticas y asistemáticas en su naturaleza,

---

[749] Gordon Fee, *Comentario de las epístolas a 1 y 2 Timoteo y Tito* (Barcelona: Clie, 2008), 321, 322.

y tratan asuntos de orden eclesiástico, que Pablo no había tocado hasta entonces sino solo ocasionalmente.[750]

Timoteo era hijo de padre griego y madre judía (Hch. 16.1). En el Nuevo Testamento se menciona a su madre Eunice y a su abuela Loida por su fe sincera (2 Ti. 1.5). Pablo tomó a Timoteo bajo su protección como un discípulo prometedor, de manera que se consideraba a sí mismo como su padre espiritual (1 Ti. 1.2; 2 Ti. 1.2). El apóstol vio en el joven un gran potencial para el ministerio (1 Ti. 1.18; 4.14; 2 Ti. 4.5), por lo que lo llevó consigo y este se convirtió en uno de los colaboradores y mensajero del apóstol (Ro. 16.21; Fil. 2.19-22; Hch. 19.22; 1 Co. 4.17), y parecería que lo consideraba un sucesor suyo.[751] En seis de sus epístolas, el apóstol lo incluye en el saludo (2 Co. 1.1; Fil. 1.1; Col. 1.1; 1 Ts. 1.1; 2 Ts. 1.1; Flm. 1). Finalmente, habría que agregar, para comprender cabalmente este pasaje, las limitaciones que pudo tener (o parece que tenía) Timoteo. De acuerdo con algunos énfasis que hace el apóstol, pudo haber sido algo pasivo o tímido, retraído, con alguna tendencia a intimidarse (2 Ti. 1.7).

J. F. Walvoord y R. B. Zuck: "Con frecuencia Pablo lo animaba a actuar (1 Ti. 1.3; 4.11; 5.7; 6.2; 2 Ti. 3.14; 4.2, 5). No debía permitir que nada, ni siquiera su relativa juventud (1 Ti. 4.12), le estorbara en el desempeño de sus deberes (2 Ti. 2.1-7; 4.5). Como buen soldado, tenía que pelear 'la buena milicia' (1 Ti. 1.18; 6.12), protegiendo y proclamando con decisión el evangelio y usando su amplio repertorio de dones (1 Ti. 4.14; 2 Ti. 1.6)".[752]

Volviendo al texto, el primer grupo de imperativos que se encuentra en 2 Timoteo 4. 2, repite la preocupación acerca del ministerio de Timoteo, que se expresa en los imperativos de este versículo.[753] El primero, "predica la Palabra", muestra que por encima de todo lo demás, y como

---

[750] J. F. Walvoord y R. B. Zuck, *El conocimiento bíblico: Un comentario expositivo: Nuevo Testamento,* (Puebla: Ediciones Las Américas, 1996), 3:295.

[751] Marcos Antonio Ramos, *Comentario bíblico Hispanoamericano I Timoteo, II Timoteo y Tito* (Miami: Caribe, 1992), 65.

[752] Walvoord y Zuck, *El conocimiento bíblico,* 3:299.

[753] Es de notar que todos estos imperativos son aoristos, según W. D. Nounce, *Word Biblical Commentary: Pastoral Epistles* (Dallas: Word, 2002), 202: el tiempo aoristo agrega un tono serio y apropiado para este pronunciamiento

fundamento de su ministerio, debía proclamar la verdad del evangelio.[754] El segundo imperativo, "insiste a tiempo y fuera de tiempo" (LBLA; mientras que NVI: "persiste en hacerlo"), significa que Timoteo tenía de persistir en la tarea le pareciera o no conveniente. Los tres últimos imperativos (corrige, reprende y anima) se relacionan con los distintos aspectos de su tarea como mensajero de la Palabra. Timoteo tiene que estar dispuesto a corregir. El verbo tiene el sentido de mostrarle a alguien su pecado.[755] Cuando dice reprende, se refiere a atribuir culpa, es decir, no se debe reducir la gravedad de su pecado. Pero, el Nuevo Testamento sigue a la LXX al tratar la reprensión humana con gran reserva.[756]

El último verbo tiene el sentido de exhortar o instar (NVI: animar), y se trata de un verbo que se usa 109 veces en el Nuevo Testamento y su significado varía entre a) rogar, suplicar; b) aconsejar, exhortar; c) consolar. El primer significado es muy específico (y raro). El uso principal se encuentra en las dos últimas opciones. F. Solter afirma que antes de Pablo, el exhortar formaba parte de la vida de la comunidad.[757] El desafío era vivir el evangelio en una vida de rectitud.[758]

Timoteo tenía que llevar a cabo estas tres últimas tareas con mucha paciencia, sin dejar de enseñar. La paciencia es necesaria por lo que se dirá a continuación, o sea, no todos le prestarán atención. No obstante, Timoteo debía presentar siempre la verdad con paciencia. La palabra final que RVR traduce doctrina, es el término griego *didajé* (διδαχή).[759] Esta palabra designa la enseñanza o instrucción como realidad, y como tal designa una doctrina establecida y formulada, por contraste con

---

[754] Pablo usa este verbo, que puede traducirse como "proclamar" (κηρύσσω) en 21 pasajes (Ro. 2.21; 10.8, 14, 15; 1 Co. 1.23; 9.27; 1 Ti. 3.16; 2 Ti. 4.2). Según Kittel, Friedrich y Bromiley, *Compendio del diccionario teológico del Nuevo Testamento*, 425: "Es un error el traducir simplemente esos términos, y el propio κηρύσσειν, como 'predicar'. Fundamentalmente, κηρύσσειν es la declaración de un acontecimiento. . . . Su mayor importancia respecto a κῆρυξ ο κήρυγμα muestra que el acento se pone en la proclamación dinámica. Por otro lado, la referencia a la Palabra (λόγος) en las Epístolas Pastorales, significa mensaje del evangelio (1 Ti. 4.5)

[755] *Ibid.*, 221.

[756] *Ibid.*, 247.

[757] F. Solter, "Aconsejar (παρακαλέω)", en *Diccionario teológico del Nuevo Testamento*, ed. por Lothar Coenen. Erich Beyreuther y Hans Biettenhard (Salamanca: Sígueme, 1985), 1:58; Kittel, Friedrich y Bromiley, *Compendio del diccionario teológico del Nuevo Testamento*, 760.

[758] Mounce, *Word Biblical Commentary: Pastoral Epistles*, 574.

[759] Strong, *Nueva concordancia Strong*, 256, y el *Diccionario de palabras griegas*, 22, muestran que *didajé* viene de *didásko*.

la herejía.[760] El desafío a Timoteo, como ministro del evangelio, era predicar o proclamar la verdad de Dios con perseverancia y en base a la enseñanza revelada. Pues la instrucción en la verdad requiere un período de tiempo y el uso claro de la Palabra de Dios.

Biblia y teología

Llegamos a un tema que para muchos cristianos (y maestros y predicadores) parece ser tabú, o por lo menos es de los menos queridos. Y tiene que ver con el sentido que le damos a la palabra teología. Por eso, el primer paso es una breve definición de términos, a fin de saber qué queremos decir cuando usamos un término u otro.

Definiciones: teología y dogma

Está en lo correcto José M. Martínez en marcar de manera muy clara la diferencia entre teología y dogmática. En su afirmación, él dice que mientras la teología es dinámica, la dogmática es estática. La primera es más bien un trabajo; la segunda, un resultado de ese trabajo. La dogmática es un conjunto de dogmas.[761] Quisiera presentar una definición de cada una de estas expresiones y su uso e implicaciones en relación con la comprensión de la Biblia.

Dogma. Cuando hablamos de dogma, el significado básico del término es lo que parece correcto.[762] Puede ser una opinión, un principio, una resolución, un decreto, o una ley. El verbo significa afirmar una opinión, establecer un decreto, publicar un edicto.[763] La palabra se usa en el Nuevo Testamento en seis ocasiones, en tres de ellas para referirse a un edicto de un rey (Lc. 2.1; Hch. 17.7 y He. 11.23). En Colosenses 2.14 se refiere a la ley y, finalmente, en Hechos 16.4 se usa para las

---

[760] Kittel, Friedrich y Bromiley, *Compendio del diccionario teológico del Nuevo Testamento*, 167; ver también Horst Balz y Gerhard Schneider, eds., *Diccionario exegético del Nuevo Testamento* (Salamanca: Sígueme, 2001), 1:966, 967.

[761] Martínez, *Hermenéutica bíblica*, 218.

[762] Debemos tener presente que el vocablo dogmático/a puede tomarse ya sea como perteneciente al dogma; o por otro lado, como alguien que no admite crítica contra sus opiniones

[763] Kittel, Friedrich y Bromiley, *Compendio del diccionario teológico del Nuevo Testamento*, 178; Harrison, *Diccionario de Teología*, 190; Claudio Correa de Andrade, *Diccionario teológico* (Miami: Patmos, 2002), 129.

resoluciones del concilio apostólico. Posiblemente en este último texto se encuentra un antecedente del uso posterior en la iglesia cristiana.

Desde el siglo XVIII, la palabra dogma se ha usado habitualmente en la teología católica y en el lenguaje oficial de la iglesia con un sentido muy concreto: sirve para designar las verdades reveladas por Dios y definidas como tales por el magisterio eclesiástico.[764] Es decir, a nivel eclesiástico, dogma es una verdad supuestamente revelada por Dios, que la iglesia declara solemnemente como tal. En general, las iglesias de la Reforma rechazaron la conexión de lo dogmático con lo infalible. Como escribió Karl Barth, la Palabra de Dios está por encima del dogma como los cielos están por encima de la tierra.

Aunque se podría hablar de un origen positivo, en el sentido de que la iglesia comenzó a precisar doctrinas bíblicas, finalmente en la actualidad llegó a tener una connotación negativa, especialmente cuando se la emplea en referencia a la experiencia de fe. Lo que originalmente tuvo un sentido didáctico con el tiempo adquirió un carácter jurídico. Para formar parte de una iglesia se debía aceptar ciertos "dogmas". Si bien en un momento fue necesario enfrentar la herejía, y los dogmas o declaraciones de fe fueron un factor muy positivo, el abuso (más que el uso) de los dogmas fue un factor muy negativo en la historia de la fe cristiana.

Teología. En cuanto a la teología, casi no tenemos necesidad de definir la semántica y significado básico de la palabra, pero si hay que mencionar lo que señala Robert Morgan.

> **Robert Morgan:** "El término ha experimentado cambios de significado a medida que la reflexión disciplinada sobre la fe religiosa ha sufrido altibajos en la cultura occidental. Partiendo de un 'discurso sobre Dios o los dioses', originalmente asociado con la antigua religión y mitología griega, su prestigio aumentó con el discurso cristiano, hasta hacer referencia a un discurso racional sobre Dios estrechamente relacionado con la filosofía".[765]

---

[764] D. Bonifazi, "Dogma", en L. Pacomio y otros, *Diccionario teológico interdisciplinar* (Salamanca: Sígueme, 1997), 851ss; ver la amplia discusión de Alois Stenzel, "*Kerygma y dogma*, en *Misterium Salutis*, ed. por Johannes Feiner y Magnus Löhrer (Madrid: Cristiandad, 1974), 1:704ss.

[765] Robert Morgan, "La Biblia y la teología cristiana", en *La interpretación bíblica hoy*, ed. por John Barton (Santander: Sal Terrae, 2001), 141.

En estas palabras de Morgan nos enfrentamos con la primera sorpresa, cuando nos acercamos a la historia de la palabra teología, y es que este término no tiene un origen cristiano y ni siquiera bíblico. Procede del mundo cultural griego, y solo entra a formar parte del "patrimonio común" del mundo cristiano occidental, de forma generalizada, hacia el siglo XII.[766] Históricamente, uno de los primeros en usarla fue Platón como sinónimo de mitología (eran las narraciones o mitologías referentes a los dioses). Platón pensaba que era necesario hacer una depuración de los relatos míticos, absurdos e inmorales, y presentar a la divinidad desde un punto de vista filosófico.[767]

Fue Aristóteles quien amplió el significado de la palabra teología, en dos direcciones. Primero, habla de teología como "mitología" en el sentido platónico (Hesíodo y Hornero son teólogos en contraposición a los "físicos" jónicos o filósofos de la naturaleza). El segundo sentido de teología era algo así como una especie de "filosofía especial". Aristóteles utiliza por primera vez el término teología en "sentido científico". Para él, la teología sería una de las tres ciencias teóricas, más aun sería la ciencia suprema que está por encima incluso de la física y de la matemática. La teología se identificaba con la metafísica y la ciencia primera.[768]

Quizás fue por este trasfondo griego que los padres de la iglesia no usaron este término. San Agustín, hombre de fuerte influencia neoplatónica, prefería hablar de doctrina cristiana, más que de teología. En síntesis, podemos decir que originalmente el término teología, aún antes de la llegada del cristianismo, estuvo asociada a la filosofía. Como tal, debemos reconocer su trayectoria e importancia histórica. Pero hay que tener en cuenta que a partir de la última parte del siglo XX, el acento de la teología dejó de estar sobre el ser de Dios en sí mismo y dirigió su atención sobre el ser humano. De tal manera que la teología comenzó a centrarse más bien en la experiencia de la criatura racional (el creyente) con Dios en su entorno concreto. Lo que parece significar

---

[766] De importancia sobre este tema es Raúl Berzosa Martínez, *¿Qué es teología? Una aproximación a su identidad y a su método* (Bilbao: Desclée de Brouwer, 1999), 20-24; José M. Tellería Larrañaga, *El método en teología* (Gran Canaria: Mundo Bíblico, 2011), 5-11.

[767] *Ibid.*, 8-10 con una cita de *La República*, Libro 2:379.

[768] Berzosa Martínez, *¿Qué es teología?*, 23.

que la teología llegará a ser (o debería ser) una escucha atenta de la reflexión sobre la Palabra revelada, a partir de la experiencia de fe.[769]

Lugar de la Biblia en la teología

Uno de los temas en discusión ha sido el lugar que ocupa la Biblia en el desarrollo de la teología. Millard Erickson escribió sobre el particular: "El primer paso en nuestro método teológico será recoger todos los pasajes bíblicos relevantes de las doctrinas que van a ser investigadas. Este paso también implicará una utilización amplia y coherente de los métodos y herramientas mejores y más adecuados para llegar al significado del pasaje.[770] Aunque estas palabras suenan muy interesantes, la realidad es bien diferente. El mismo Erickson reconoce que el punto de partida son las doctrinas que van a ser investigadas, es decir, un factor que es externo a la Biblia.

Debemos reconocer que la Biblia no ha dado origen por sí misma a una teología determinada. Incluso sus partes más claramente teológicas solo contribuyeron a la continua tarea de la teología cristiana al ser interpretadas de maneras muy concretas. Un medio parcial por el que los cristianos intentan entender su fe es el compromiso serio con los textos bíblicos. Lo que hacen requiere tanta explicación como los textos que leen.

En los últimos años, ha surgido un movimiento que se ha llamado teología bíblica. Aunque se puede remontar los orígenes a la Reforma Protestante, la teología bíblica tiene su origen histórico en J. P. Gabler. Este fue un joven alemán que pronunció un discurso doctoral en la Universidad de Altdorf, el 30 de Marzo de 1787, que provocó gran discusión. Su tema fue: "Una distinción correcta entre la teología bíblica y la dogmática y los objetivos específicos de cada una".[771] Esta conferencia es recordada o reconocida como la primera en formular sistemáticamente una distinción entre la teología bíblica y la dogmática. Más importante que esto es que sentó las bases del estudio de la primera.

Allí planteó con gran énfasis el reconocimiento de la diferencia entre la teología bíblica o histórica y la dogmática o didáctica. Gabler afirmó que la teología bíblica es de naturaleza histórica y transmite

---

[769] Jared Wicks, *Introducción al método teológico* (Estella: Verbo Divino, 1996); Tellería Larrañaga, *El método en teología*, 12-13.

[770] Millard Erickson, *Teología sistemática* (Barcelona: Clie, 2008), 70.

[771] Brevard S. Childs, *Teología bíblica del Antiguo y Nuevo Testamento* (Salamanca: Sígueme, 2011), 18ss.

lo que los escritores sagrados pensaban de las cosas divinas. Por otro lado, define la teología sistemática como la disciplina que tiene la libertad de evaluar y desarrollar estas ideas en un marco más amplio de pensamiento y análisis. Su método de acercamiento a la teología bíblica debía adecuarse a las siguientes pautas. (1) Las ideas de los materiales bíblicos deben ser reunidos después de haber hecho un trabajo exegético del texto basado en la mejor interpretación tomando en cuenta la gramática, las formas literarias y la filología. (2) Las ideas bíblicas deben ser analizadas tomando en cuenta los períodos históricos, tanto Antiguo y Nuevo Testamento como entre los distintos períodos dentro de cada uno de ellos. (3) Se debe tener en cuenta que las palabras están condicionadas históricamente, es decir, que se deben leer en su propio contexto socio-cultural. (4) Las ideas de cada autor deben ser comparadas o interpretadas en el contexto del "universo" del pensamiento bíblico, es decir, de la enseñanza general de la Biblia. (5) Las ideas de cada período pueden no estar restringidas por la intención de Dios a un limitado momento histórico.

• •

EJERCICIO 104

¿Cuáles son las tres pautas más importantes para el desarrollo de una teología bíblica según tu concepto?

1. _____

2. _____

3. _____

• •

En las últimas décadas del siglo pasado ha tenido gran desarrollo una corriente teológica que se ha dado en llamar exégesis desde el canon, que propone una reorientación de la exégesis y la teología a partir del canon bíblico.[772] Una de las razones de su aceptación es que ayuda a restablecer la autoridad de la Biblia como Palabra de Dios. Si bien no renuncia a los aportes de la crítica, recupera el lugar teológico de la Bi-

---

[772] Para una evaluación de la exégesis desde el canon, ver lo señalado en páginas anteriores.

blia. Esta es (o debe ser) fundamental para la teología cristiana, porque a partir de sus páginas se puede conocer la revelación de Dios en Cristo, que no se puede captar fuera de ella.

Lugar de la teología en la interpretación bíblica

Ya hemos mencionado el lugar de la Biblia en el pensamiento teológico, y cómo en los últimos años hubo un cambio en la forma de hacer teología. Sin embargo, todavía se está muy lejos de la teología que la iglesia necesita. No obstante, se ha iniciado el camino en esa dirección. Ya mencionamos tres presuposiciones básicas para todo aquel que se acerca a la comprensión de las Escrituras. En primer lugar, reconocer que la Biblia es la Palabra de Dios. En segundo lugar, afirmar que la Biblia es digna de confianza. Y, finalmente, debemos leer la Escritura a través de Jesucristo como clave hermenéutica. La unidad de la Palabra se centra en la persona de Jesús.

Al pensar en el lugar de la teología en la comprensión de la Biblia, podemos verla desde un punto de vista negativo y uno positivo. Desde la perspectiva negativa podemos citar a R. Morgan.

> **R. Morgan:** "La interpretación bíblica ha estado dominada generalmente por los intereses religiosos. Sin embargo, no todos ellos son teológicos. Tal categoría abarca diferentes niveles de sofisticación, pero propiamente hace referencia al proceso intelectual de expresar una fe y una práctica religiosas relacionando una tradición religiosa autoritativa con el conocimiento y la experiencia contemporáneos, y viceversa".[773]

En el ámbito evangélico, nos cuesta reconocer que muchas veces usamos las Sagradas Escrituras para justificar posturas sectoriales o denominacionales. Este tipo de posiciones no parten de un examen de la Biblia serio y responsable, por el contrario, rara vez hace justicia a la verdad bíblica. Rob Haskell dedica un capítulo de su libro a lo que llama "tres famosas malinterpretaciones".[774] Las primeras dos representan conflictos entre distintos acercamientos dentro del campo evangélico y la tercera con otra religión o secta (mormonismo). En la presentación del tema sobre la profecía en el día de hoy, este autor escribe lo siguiente.

---

[773] Morgan, "La Biblia y la teología cristiana", 140.

[774] Haskell, *Hermenéutica: interpretación eficaz hoy*, 264-285.

Rob Haskell: "Hay dos términos principales en griego que se traducen al español como 'palabra': *logos* y *rhēma*. Algunos afirman que en el Nuevo Testamento estas palabras se usan para comunicar conceptos diferentes, los cuales no se pueden discernir tan fácilmente en el español porque solo usamos un término para 'palabra'. En esta interpretación se asevera que *logos* se refiere siempre a la verdad de Dios que no cambia, primordialmente la Biblia. Por otro lado, el término *rhēma* se considera una palabra para el momento, una palabra inspirada por el Espíritu Santo que viene del Logos y que trae con ella vida, poder y fe para cumplirla".[775]

Lo que plantea Haskell es que esta postura está vinculada a la idea de que Dios hoy da revelaciones específicas por medio de profecías inspiradas por el Espíritu Santo. En su presentación muestra lo que él considera errores de la posición de Hammon. Lo que quisiera destacar es que tanto Hammon como Haskell utilizan datos, estadísticas, léxicos (unos mejores que otros), y ambos llegan a conclusiones muy diferentes. La pregunta que podemos hacernos es, ¿cómo es posible que dos personas usando casi los mismos instrumentos lleguen a conclusiones diferentes? Simplemente por la posición teológica previa de cada uno. En este sentido, nos puede ayudar la postura de Bernard Lonergan, quien nos alerta sobre el lugar que tienen los sentimientos y la experiencia religiosa en la interpretación de los datos.[776]

A modo personal, permitan que comparta que cuando uno de mis hijos estuvo grave, la lectura de Habacuc 3.17, 18 (en RVR: "Con todo, yo me alegraré en Jehová, y me gozaré en el Dios de mi salvación") trajo a mi vida confianza y paz. En ese momento no entendía bien el pasaje, pero significó mucho para mí. Aún hoy me cuesta analizarlo "críticamente", pues mi experiencia y sentimientos siguen siendo muy

---

[775] *Ibid.*, 270 (el tema lo discute en las páginas 270-277). El cita a Bill Hammon, cuya obra se encuentra en castellano: *Profetas y profecía personal: la voz profética para el día de hoy* (USA: Christian International, 2001), 43-49. En apoyo a la postura de Haskell, podemos ver los significados de las palabras (λόγος y ῥῆμα) *en* Kittel, Friedrich y Bromiley, *Compendio del diccionario teológico del Nuevo Testamento*, 495ss; Coenen, Beyreuther y Biettenhard, *Diccionario teológico del Nuevo Testamento*, 3:266-278; Balz y Schneider, eds., *Diccionario exegético del Nuevo Testamento*, 2:69-78; 1307-1310.

[776] Lonergan, *Método en teología*, 147; ver también: 33-65; 107-124. Esta obra marca una diferencia y plantea una acercamiento distinto a la manera en que hacemos teología.

fuertes al acercarme al mismo. Dios me habló por este pasaje y ese mensaje fue para mí de manera especial (según Hammon, fue mi propia *rhema*).

Desde un punto de vista positivo es importante reconocer los aportes que la teología puede darnos a la comprensión de la Palabra.

José M. Martínez: "La validez de la función teológica en la interpretación bíblica no ha sido unánimemente reconocida y no han faltado quienes prácticamente la han excluido de la hermenéutica. A veces este rechazamiento parece inspirado en motivos dialécticos más que en razones objetivas y da la impresión de que, equivocadamente, se identifica la interpretación teológica con un sistema teológico determinado. Pero la verdad es que aun sus detractores hacen uso de ella en sus trabajos exegéticos".[777]

Si tuviéramos que definir algunas pautas a fin de que nos guíen en nuestra comprensión de la Biblia serían las siguientes. Una primera pauta es reconocer que la Biblia es nuestro común punto de partida, porque en ella la Palabra de Dios nos confronta y tiene un mensaje para nosotros hoy. Debemos acercarnos a la Palabra con la convicción de que tiene algo que decirnos, y estar más prontos a escuchar que a discutir, a obedecer que a afirmar nuestras propias opiniones. Una segunda pauta puede ser que el mensaje primordial de la Biblia tiene que ver con la actividad redentora de la gracia de Dios para la salvación del ser humano, a fin de crear en Jesucristo un pueblo para sí. Con esta preocupación central, las Escrituras presentan un llamamiento lleno de autoridad al ser humano, quien debe responder en fe y obediencia. El centro y la meta de toda la Biblia es Jesucristo. Esto da a los dos Testamentos una perspectiva en la cual Jesucristo aparece a la vez como el cumplimiento y el fin de la ley.

La unidad del Antiguo y el Nuevo Testamento se encuentra en la actividad redentora de Dios en la historia de un pueblo, que alcanza su cumplimiento en Cristo. En consecuencia, es de importancia decisiva para la comprensión del Antiguo Testamento hacerlo a la luz de la revelación total de la persona de Jesucristo, la Palabra de Dios encarnada. A estas afirmaciones debemos agregar que el punto de partida del cristiano, que se acerca a la Palabra de Dios, está dentro de la

---

[777] Martínez, *Hermenéutica bíblica*, 216.

comunidad redimida de la cual es miembro. La palabra de Dios llegó por medio de su pueblo (tanto en el Antiguo como en el Nuevo Testamento) y nos desafía a ser parte del mismo.

Análisis teológico

Ahora pasamos a la parte práctica del análisis teológico, es decir, de qué manera este nos ayuda en la comprensión y presentación de la Palabra de Dios. Dos pasos en el camino que emprendimos para entender y presentar la Biblia tienen que ver con este análisis.

Paso 8: Pensamiento clave de un pasaje

Como escribió Jerry Stanley, la tarea del intérprete no termina cuando él descubre el significado teológico, gramatical e histórico del texto, sino cuando lo puede presentar con claridad. Y para ello propone algunos pasos, entre los que se encuentran los siguientes.[778] (1) Buscar la guía y orientación del Espíritu Santo para que, después de haber estudiado el texto, él nos de la determinación de lo que quiere enseñar. (2) Leer, meditar y reflexionar sobre el pasaje. Al estudio analítico debe seguirle una reflexión personal. (3) Usar la imaginación y la creatividad, sin herir a la dignidad esencial del texto. ¿Cómo y cuándo se presentó este mensaje? El desafío es imaginar cómo fue dado el mensaje. A esto habría que agregar que tenemos que hacer un bosquejo del pasaje.

Cuando hablamos del pensamiento clave del pasaje, esto es tomar en cuenta que la proposición central es el tema o énfasis singular en torno al que se tejen los detalles del texto.[779] Los análisis anteriores no son un fin en sí mismo y deben llevar a una comprensión del texto en su totalidad. La clave es descubrir cuál es la idea principal del texto bajo estudio, o sea, lo que Ramesh Richard llama la proposición central del texto. Para poder presentar un pasaje con claridad, es clave cristalizar el tema del texto o de la unidad de la Escritura bajo consideración. Debemos tener en claro que buscar la idea del tema central es importante a fin de transmitir el mensaje de la Palabra. F. B. Meyer escribió: "el secreto de la comunicación no está en decir siete cosas, sino

---

[778] Lo que se presenta es una adaptación de: Jerry Stanley, *La preparación y predicación del sermón bíblico*, 134-136 (no se mencionan todas sus propuestas).

[779] Ramesh Richard, *La predicación expositiva* (Buenos Aires: FADEAC, 2002), 74; a esto mismo Haddon W. Robinson, *La predicación bíblica: Desarrollo y presentación de mensajes expositivos* (Miami: Unilit, 2000), 64 lo llama *idea exegética*.

en decir una cosa siete veces".[780] Se debe encerrar el tema en una sola palabra, frase, o sentencia.

Para Richard, la proposición central del texto contiene dos componentes: (1) El tema del texto. Él lo define como la respuesta a la pregunta, ¿de qué habla el autor en el texto? (2) El énfasis del texto, que es la respuesta a la pregunta, ¿qué es lo que el autor dice acerca de lo que habla (tema) en el texto?[781] A estas dos propuestas de Ramesh Richard, José S. Franco propone una serie de pasos que uno debe observar en el estudio de un versículo o pasaje bíblico.

Los pasos a dar en este proceso de descubrir el tema, idea exegética, o proposición central de un texto (ya elegido) sería más o menos los siguientes.[782] (1) Leer varias veces el texto. Comparar con otras versiones, a fin de establecer el texto (recuerda todo lo que dijimos en el Paso 2). (2) Estudiar las palabras importantes, difíciles o repetidas (Paso 3). En este momento debes prestar atención a términos que ya han adquirido un significado especial en la Biblia (por ejemplo, siervo, herencia). (3) Marcar el texto o reescribirlo, señalando (subrayando, marcando) los verbos (tiempos y acción) y las formas gramaticales (Pasos 4 y 5). Recordar que el análisis lingüístico y gramatical nunca debe convertirse en un fin por sí mismo, más bien debe conducir a una mejor comprensión del pasaje en su totalidad. (4) Leer cuidadosamente los pasajes anteriores y posteriores del texto escogido (Paso 6: contexto presente) y responder a las preguntas: ¿Quién lo dijo? ¿Por qué lo dijo? ¿Cuándo lo dijo? ¿Cómo lo dijo? (Paso 7: contexto ausente). (5) ¡Ahora sí! Definir el tema que el autor está tratando en este pasaje. Esta debe ser la respuesta a la pregunta, ¿de qué está hablando este texto? H. W. Robinson dice que cuando encontramos la respuesta a esta pregunta, deberíamos volver a repetir los pasos anteriores a fin de estar seguros que se ajusta a los mismos.[783]

---

[780] Citado por Stephen F. Olford y David L. Olford, *Guía de la predicación expositiva* (Nashville: Broadman, 2005), 74.

[781] Ramesh Richard, *La predicación expositiva*, 75.

[782] Ver también José S Franco, *Introducción a la predicación bíblica* (Grand Rapids: Desafío, 2008), 65.

[783] Haddon W. Robinson, *La predicación bíblica: Desarrollo y presentación de mensajes expositivos* (Miami: Unilit, 2000), 63.

EJERCICIO 105

Escribe en una frase el significado de los cinco pasos mencionados más arriba.

1. _____

2. _____

3. _____

4. _____

5. _____

• •

H. W. Robinson presenta el ejemplo de Santiago 1.5-8: "Si a alguno de ustedes le falta sabiduría, pídasela a Dios, y él se la dará, pues Dios da a todos generosamente sin menospreciar a nadie. Pero que pida con fe, sin dudar, porque quien duda es como las olas del mar, agitadas y llevadas de un lado a otro por el viento. Quien es así no piense que va a recibir cosa alguna del Señor; es indeciso e inconstante en todo lo que hace". Al pensar en el tema de este texto, una respuesta inicial a este pasaje podría ser que está hablando acerca de la sabiduría (Paso 1-2). No hay duda que el término sabiduría es clave para la comprensión del mismo. Pero al mismo tiempo, esta es una afirmación demasiado amplia. Viendo el pasaje desde más cerca, descubrimos que el apóstol habla de cómo obtener sabiduría, una afirmación más precisa del tema (Pasos 4 y 5). Pero si avanzamos al Paso 6, el conocimiento del contexto inmediato, veremos que habla de las pruebas, por lo que el tema podría ser: Cómo obtener sabiduría en medio de las pruebas.[784] Todos los detalles del párrafo, en forma directa o indirecta, se relacionan con ese asunto. Cuando un tema propuesto describe acertadamente lo que habla el autor, todo se ilumina: los detalles del pasaje y el tema.

Paso 9: Contexto teológico de un pasaje

Cuando hablamos del contexto teológico ,debemos recordar las palabras de Daniel Carro, quien escribió: "poner un texto dentro de su contexto

---

[784] Robinson, *La predicación bíblica*, 65.

bíblico significa que podamos trazar las relaciones que ese texto tiene dentro del desarrollo de la revelación progresiva que se manifiesta en la Biblia, que podamos relacionarlo con el pensamiento de otros autores bíblicos".[785] Según José M. Martínez es indispensable interpretar teniendo en cuenta la perspectiva teológica de la Escritura. Y agrega más adelante: "El principio básico de la interpretación teológica es que el significado doctrinal atribuido al texto debe estar en consonancia no solo con algunos otros textos escogidos a capricho, sino con la enseñanza que sobre el mismo punto de doctrina aparece a lo largo de toda la Biblia".[786]

José M. Martínez propone algunos principios básicos para la interpretación teológica que son muy interesantes. Quisiera mencionar solamente algunos de los mismos.[787] En primer lugar, el análisis lingüístico debe preceder a la interpretación teológica. El problema histórico del uso de las Escrituras en la teología fue que el sentido de un texto fue desfigurado con el propósito de hacer afirmaciones dogmáticas.[788] Al mismo tiempo, se debe mirar al resultado de la exégesis bajo la perspectiva global de la enseñanza de la Biblia.

En segundo lugar, la interpretación teológica debe de efectuarse teniendo presente la estructura doctrinal de la Escritura. Por esta frase se refiere a la revelación progresiva, en la que sobresalen unos hechos y unas verdades que constituyen su armazón permanente. Estos hechos y verdades iluminan el verdadero sentido de las restantes partes de la revelación. Cuando se busca un pensamiento clave que sirva de clave (sea el pacto, el reino de Dios, etc.) siempre se corre el peligro del olvidar el principio anterior. La comprensión de la Biblia no puede ignorar el lugar que ocupa el pasaje en estudio en el contexto general de la enseñanza de esta. Aunque trata con un tema un poco diferente, Rob Haskell hace una comparación que puede ser de ayuda. Él habla de la foto y los píxeles:

---

[785] Carro, "Principios de interpretación bíblica".

[786] Martínez, *Hermenéutica bíblica*, 217.

[787] Para el número completo ver *Ibid.*, 223-233.

[788] Martínez cita a Thiselton, *The Two Horizon*, 315: "vemos que demasiado a menudo una idea teológica previa ha producido una comprensión acrítica y prematura del texto, en la que este era forzado a decir solamente lo requerido por una tradición teológica dada".

Rob Haskell: "Para entender mejor la dinámica entre los pasajes específicos y nuestra gran foto de la Biblia vamos a digitalizar esta gran foto y llevarla al ambiente de la computadora. Cuando se genera una foto en la pantalla de una computadora, esa foto está compuesta de cientos o miles de píxeles, que son puntitos de luz. Estos píxeles son la unidad de luminosidad de la pantalla, y cada uno de ellos es de un color determinado. Todo lo que vemos en la pantalla viene de la combinación de píxeles de diferentes colores. Entonces, si la panorámica del mensaje bíblico es una gran foto, imaginemos que es una gran foto en una pantalla de computadora y que está hecha de miles de píxeles. Los píxeles equivalen a los pasajes específicos de la Biblia, y estos se combinan para formar la imagen. Así, si algunos píxeles brillan con el color equivocado, la foto no aparecerá bien. Si muchos de los píxeles están mal puestos, será difícil discernir la imagen y si todos los píxeles están mal puestos el resultado será un caos total. De aquí surge la importancia de la relación entre lo específico y lo general, entre los píxeles y la foto, entre pasajes y teología".[789]

LÍNEA DEL TIEMPO DE LA HISTORIA DE LA BIBLIA

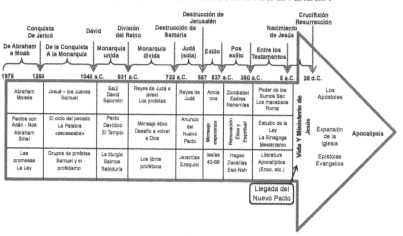

A la luz de este ejemplo que presenta Haskell, debemos señalar dos peligros. El primero es que la foto debería ser el contexto general de la

---

[789] Haskell, *Hermenéutica, interpretación eficaz hoy,* 258, 259.

Biblia, pero muchas veces la foto es lo que hemos recibido de la misma de parte de nuestros maestros, pastores y líderes. Heskell señala que muchas veces comenzamos la vida cristiana con una foto que no corresponde (lo que nos enseñaron) y que aceptamos como una verdad. De tal manera que cuando un pixel (pasaje) no se acomoda a la misma usamos una especie de photoshop hermenéutico, para ajustar su comprensión a lo que recibimos. El segundo peligro, que no menciona Haskell, es que por mirar los píxeles perdamos de vista la foto. Volvemos a enfatizar la última frase de la cita de este autor: "la importancia de la relación entre lo específico y lo general, entre los píxeles y la foto, entre pasajes y teología".

En tercer lugar, la interpretación teológica ha de asumir tanto la unidad esencial como el carácter progresivo de la revelación. Como lo venimos haciendo, debemos volver a enfatizar que la Biblia es una unidad. Su contenido va desarrollándose hasta adquirir la plenitud de su dimensión y significado en el Nuevo Testamento. Finalmente, las conclusiones doctrinales deben basarse preferentemente en el Nuevo Testamento. Partiendo de la unidad de toda la Escritura y la continuidad de múltiples enseñanzas del Antiguo Testamento, es obvio que algunos elementos que allí se encuentran caducaron con Cristo. Una de los problemas que hay es la falta de discernimiento en lo que es permanente y lo que no en la enseñanza del Antiguo Testamento.

Volvemos a enfatizar que debemos ser conscientes de la importancia del elemento doctrinal en la interpretación o comprensión de la Biblia. Fue John Bright en su obra sobre la autoridad del Antiguo Testamento, quien llamó especialmente la atención sobre este particular y sobre lo que se entiende por exégesis teológica.

John Bright: "[Por exégesis teológica] Se entiende una exégesis del texto en profundidad teológica. Una exégesis que no se contenta meramente con extraer el significado verbal preciso del texto, sino que se extiende más allá para descubrir la teología que comunica el texto. Es una exégesis que busca descubrir no meramente lo que la antigua ley exigía sino también la teología expresada en la ley; no solamente los abusos atacados por Amós, sino la teología que le indujo a condenarlos; no solamente las directrices dadas por Pablo a esta o aquella iglesia, sino la teología que le impelía a darlas. Todos los textos bíblicos expresan teología en el sentido de que todos están animados, aunque a veces indirectamente, por una preocupación teológica.

Incumbe al intérprete tratar de descubrir cuál es esa preocupación. Hacer esto no constituye ninguna violación de los sanos principios exegéticos. Más bien es la consumación de la tarea exegética".[790]

Y parafraseando al mismo Bright, conferimos autoridad a las Escrituras cuando en el púlpito o las clases de Biblia la usamos con justicia para presentar lo que Dios nos quiere decir con la mayor claridad posible y dejando de lado todos nuestros prejuicios.

Discernir la relevancia del texto bíblico

Un aspecto clave en la comprensión y entendimiento de la Biblia es cómo aplicarla al cristiano que vive en este momento de la historia. El estudio, conocimiento y enseñanza de la Biblia deben producir resultados palpables en la vida, deben producir un verdadero crecimiento. Una de las preguntas que debemos hacernos es si solamente estamos llenando nuestros cerebros de datos o si la Palabra produce un cambio, porque se puede aplicar a la vida concreta. La Biblia no fue escrita para llenar nuestros cerebros, sino para transformar nuestra vida.

Cuando nos sentamos semana tras semana solo a escuchar sermones o clases, cuando pasamos días preparando un estudio y solo está pensado en explicar y no ayudar a concretar en acciones estamos fallando, algo anda mal. Cuando hacemos del estudio de la Biblia meramente un ejercicio académico dejamos de lado el impacto transformador que puede tener sobre nuestras familias y nuestras relaciones. Tengamos presente lo que dice Santiago 1.22: "No se contenten solo con escuchar la palabra, pues así se engañan ustedes mismos. Llévenla a la práctica".

En los siguientes párrafos presentaremos (adaptados) algunos pasos sugeridos por distintos autores.[791]

El mensaje del texto bíblico. En primer lugar, debemos comprender y entender el mensaje del pasaje que tenemos delante. Para ello, debemos utilizar las herramientas que hemos mencionado (los distintos pasos en la interpretación y comprensión de la Biblia). Como

---

[790] John Bright, *The Authority of the Old Testament* (Grand Rapids: Baker, 1975), 170.

[791] Klein, Blomberg, Hubbard y Ecklebarger, *Introduction to Biblical Interpretation*, 478-497; Osborne, *The Hermeneutical Spiral*, 409-433; Duvall y Hays *Hermenéutica: entendiendo la Palabra de Dios*, 295-308; Martínez, *Hermenéutica bíblica*, 552-559; Virkler, *Hermenéutica*, 186, 187.

escribieron J. Scott Duvall y J. Daniel Hays, es necesario entender el texto en su contexto resumiendo la situación original (el contexto histórico y cultural) y su significado para los receptores bíblicos. La aplicación del texto no puede estar separada de su significado. Toda aplicación debe tener como primer paso escuchar lo que el texto dice. Estos autores mencionan el ejemplo de Filipenses 4.13, donde se debe dar lugar al contexto, ya sea el contexto bíblico (comenzando con esta epístola) y el contexto histórico (ausente). El apóstol escribe esta carta durante su estancia en la cárcel, mientras esperaba su juicio (1.7, 13, 14, 17). Allí reconoce la ayuda económica que los filipenses le han hecho llegar por medio de Epafrodito, su amigo común (4.10-13). En este contexto, les deja esta famosa frase ("Todo lo puedo en Cristo que me fortalece"). Pablo quiere también dejarles claro que aunque está muy agradecido por su ofrenda de amor, su ministerio depende en última instancia de Cristo.[792]

El contenido del texto bíblico. En segundo lugar, debemos descubrir el elemento común al contexto original del autor y el del lector.[793] En muchos casos, el contenido del texto puede ser aceptado en su sentido inmediato, pues su actualidad es perenne, o sea, trasciende todos los cambios culturales. En esta clase de textos podemos incluir muchos de los que expresan verdades doctrinales, normas morales o exhortaciones. Pasajes como Éxodo 20.1-17; Juan 1.1-18; 16.8-11; Romanos 5.1-11; 1 Corintios 10.7-10; Efesios 2.8-10; 1 Tesalonicenses 5.12-22, entre muchos más que podríamos citar, hablan a las personas de todos los tiempos de modo directo. No precisan ser actualizados.[794] Pero nunca debemos olvidar que el lector actual está separado de los receptores bíblicos por grandes diferencias lingüísticas, históricas, sociales, culturales, etc. ¿Cómo saber cuándo ciertos mandamientos bíblicos, ejemplos, promesas o advertencias son "una cuestión cultural" (es decir, limitada a su contexto original, no atemporal o universal)?

Hay muchos ejemplos de textos que trascienden los cambios culturales. Pero hay pasajes cuya aplicación literal estaría fuera de lugar. Un ejemplo clásico es el pasaje que trata acerca de la carne ofrecida a los

---

[792] Duvall y Hays *Hermenéutica: entendiendo la Palabra de Dios*, 296.

[793] Martínez, *Hermenéutica bíblica*, 553; Klein, Blomberg, Hubbard, y Ecklebarger, *Introduction to Biblical Interpretation*, 478-497, y Osborne, *The Hermeneutical Spiral*, 409-433.

[794] Martínez, *Hermenéutica bíblica*, 554.

ídolos (1 Co. 8). El comienzo del capítulo muestra que este era un tema sobre el que había sido consultado el apóstol ("En cuanto a"). El apóstol responde a esa a inquietud haciendo ver que no es suficiente declarar que un ídolo no es nada. Los cristianos de Corinto sabían que no hay más que un solo Dios, el Padre, quien creó todas las cosas, y sabían que no hay más que un solo Señor, Jesucristo. Pero parecería que no tenían claro que los ídolos no son nada. A algunos todavía les molesta la idolatría, los ídolos y la comida que se les ofrecía. La libertad que algunos corintios practicaban podría convertirse en una piedra de tropiezo para los débiles. Pablo les advierte que no descarríen a los débiles, porque si destruyen la conciencia del hermano débil, pecan en contra de su hermano y en contra de Cristo. Pablo mismo está dispuesto a abstenerse de comer carne para evitar que su hermano caiga en pecado. Como vemos la aplicación no puede ser literal.[795]

La aplicación del texto bíblico. En tercer lugar, si las aplicaciones directas no son transferibles, debemos identificar uno o más principios que ayuden a la aplicación del texto a nuestro contexto.[796] Como escriben J. Scott Duvall y J. Daniel Hays, debemos hacer una lista de los principios teológicos que transmite el pasaje.[797] En este caso, el desafío es a encontrar las verdades que transmite un pasaje concreto. Para ellos debemos hacer tres cosas. (1) Determinar el pensamiento central del mensaje. No es suficiente ahondar en el significado de palabras aisladas o de algunas frases sobresalientes. Hay que descubrir la línea de pensamiento del autor. La actualización siempre debe ser fiel a esa línea. (2) Tomar en cuenta todas las partes del texto. Es frecuente, sobre todo en la predicación, la actualización de un pasaje bíblico sin atender a todos sus puntos esenciales, sacando solamente lo susceptible de aplicación a la situación del predicador y sus oyentes. (3) Se debe descubrir y respetar el fondo teológico del pasaje y su relación con el mensaje de la Biblia. En la aplicación de un texto debemos prestar atención a la evolución de los conceptos que encontramos en otras partes de la Escritura. Un ejemplo sencillo se encuentra en el mandamiento "no

---

[795] Otros textos discutidos en su aplicación literal (o no) son: 1 Corintios 11.5, 6: el velo de la mujer; o 1 Timoteo 5.23, que es claro que no puede tomarse como de una prescripción médica para el tratamiento de enfermedades gástricas.

[796] Klein, Blomberg, Hubbard y Ecklebarger, *Introduction to Biblical Interpretation*, 483.

[797] Duvall y Hays *Hermenéutica: entendiendo la Palabra de Dios*, 297.

matarás" (Éx. 20.13), cuya aplicación no puede ignorar lo que dijo Jesús sobre el mismo (Mt. 5.21, 22).

El significado del texto bíblico. Finalmente, tenemos que tener presente que los textos tienen solo un significado, pero pueden tener muchas aplicaciones. El significado es el que el autor tenía en mente, pero las aplicaciones de ese significado pueden referirse a situaciones que nunca imaginó el autor en un tiempo y cultura diferentes. Por ejemplo, el autor de Génesis intentó darnos un recuento histórico de la primera tentación, no un análisis psicológico del proceso de la tentación. Para que nuestra aplicación del texto sea válida, es necesario que esté fundamentada en el análisis del mismo. El propósito del autor en un pasaje narrativo era describir un suceso, es válido analizar ese pasaje de manera deductiva para entender la secuencia y el proceso de esa tentación en particular y entonces ver cómo puede aplicarse a nuestra vida. En este caso tenemos que tener presente lo que Klein llama los distintos niveles de autoridad.[798] Las afirmaciones directas de las Escrituras tienen el mayor peso (en el paso anterior mencionamos una serie de textos de aplicación directa); mientras que las aplicaciones indirectas o derivadas, gozan de la autoridad derivada de las Escrituras.[799] En esto tenemos que ser muy cuidadosos, pues cuando aplicamos erróneamente la Biblia, hacemos daño a nuestros oyentes dirigiéndoles hacia realidades falsas. Las personas ponen su esperanza en algo que ellos creen que es cierto, cuando en realidad no lo es, y sufren por ello.

La aplicación fiel de la Biblia a nuevos contextos requiere que seamos tan serios como lo somos al estudiar la Biblia. Para ello, también necesitamos conocer el mundo al que estamos tratando de llegar. Es decir, debemos conocer bien las Escrituras y también la situación de los que estamos sirviendo. Muchos de los que predican o enseñan la Biblia no son capaces de aplicarla a la realidades de la sociedad contemporánea. En realidad, los que nos escuchan esperan respuestas que se apliquen a la vida diaria.[800] José M. Martínez termina su presentación de la aplicación del texto bíblico con un párrafo que llama la respuesta a la Palabra. Allí dice: "La actualización del mensaje bíblico solo es efecti-

---

[798] Klein, Blomberg, Hubbard y Ecklebarger, *Introduction to Biblical Interpretation*, 499.

[799] Sobre este tema habremos de hablar en el Capítulo 12.

[800] En esta misma serie encontramos varios tomos que hacen referencia a la realidad de la sociedad contemporánea.

va cuando produce una respuesta positiva, tanto en el expositor como en aquellos a quienes se predica. De lo contrario, la exégesis, la teología y la predicación resultan vanas".[801]

La Biblia da muchos ejemplos de personas o pueblos que desoyeron el desafío del mensaje de Dios. Pero lo que me impacta es que tuvieron la posibilidad de responder. El que les presentó el mensaje les dio la oportunidad de responder. En Ezequiel 3.11, en el pasaje que se cuenta el llamado o comisión del profeta, es interesante notar las acciones que se le ordenan. En primer lugar, le dice "ve adonde están". El Señor lo está desafiando a estar con el pueblo al que era comisionado, a estar entre ellos para conocerlos y darles el mensaje. En segundo lugar, se le ordena hablar a su pueblo con la indicación "tal vez te escuchen, tal vez no". Ezequiel es llamado a predicar un mensaje de juicio sin tener en cuenta los resultados. Nuestra tarea con la Palabra es la de ser fieles a la misma, en su aplicación a nuestra vida y en la presentación a quienes tengamos oportunidad de hacerlo.

• •

EJERCICIO 106

Escribe en tus propias palabras los cuatro pasos presentados para aplicar un pasaje a la vida diaria.

1. _____

2. _____

3. _____

4. _____

5. _____

• •

---

[801] Martínez, *Hermenéutica bíblica*, 559.

Capítulo 12
Predicando del texto bíblico

"Y él [Jesús] comenzó a hablarles:
'Hoy se cumple esta Escritura
en presencia de ustedes'".
Lucas 4.21 NVI.

Una lectura del contexto de los versículos del encabezado nos muestra a Jesús regresando a la ciudad donde se había criado (Lc. 4.16), después de su bautismo y tentaciones en el desierto (Lc. 3.21, 22; 4.1-13). Esto es algo que para cualquier predicador representa una dura prueba. Jesús llega a ese lugar, precedido por una fama propia de un maestro admirado (Lc. 4.14, 15). En este contexto, participa del servicio en la sinagoga, que seguramente ya conocía. En esa ocasión, tiene la oportunidad de leer lo que se llama *Haftarah / Haftaroth*, que es la selección de pasajes de los libros proféticos que se leen después de la lectura formal y oficial de la Torá. De acuerdo al texto, la *Haphtarah* para aquel día se hallaba en las profecías de Isaías e incluía el pasaje (Is. 61.1, 2), que es citado por el evangelista como leído por Jesús (Lc. 4.18, 19).[802]

La elección del texto del primer sermón "mesiánico" representó un anticipo de lo que sería todo su ministerio.[803] Jesús lo situó en

---

[802] Seguramente lo que Lucas nos cuenta es solamente una selección, pues las secciones que se leían incluían más versículos que los de las versiones modernas. Ver Edersheim, *Comentario bíblico histórico*, 837

[803] Joselito Orellana, "Lucas: exposición", en *Comentario bíblico Mundo Hispano*, ed. por Juan C. Cevallos y Rubén O. Zorzoli (El Paso, TX: Mundo Hispano, 2007), 117: "En el pasaje de la lectura en Nazaret, es la figura del siervo sufriente del Señor la que trasciende. Este aspecto profético del siervo sufriente de Isaías como central está muy profundamente arraigado en el NT, especialmente en Lucas, donde aparece como

su contexto más amplio en la historia de la salvación.[804] La aplicación que recibió el pasaje en el discurso de nuestro Señor fue peculiarmente apropiada. Las palabras con que Lucas informa parecen más bien un sumario, que puede haber servido de guía en la predicación. Es interesante notar algunos aspectos de la manera en que Lucas nos muestra el mensaje de Jesús. En primer lugar, este mensaje puede ser resumido en una frase. Esto no quiere decir que haya sido solo esa frase, pero la grandeza de Jesús como predicador es que sus mensajes se podían recordar fácilmente. En segundo lugar, está su afirmación de que la Escritura tenía algo que ver con la vida de los que estaban escuchando. Esto fue actualizar el mensaje de la Palabra. En tercer lugar, al aplicar su mensaje a los pobres, los cautivos y los oprimidos, su mensaje presenta una esperanza y oportunidad para los que no tenían ninguna.

Una vez pronunciado el discurso, y después del silencio completo con que según la costumbre judía había sido escuchado, se oyó un murmullo general. Todos estaban de acuerdo en un punto: las palabras que habían procedido de su boca eran hermosas (Lc. 4.22). ¡Jesús era un muy buen predicador! Pero eso no evitó que al aplicar el discurso, sus oyentes se llenaron de indignación y furor. No siempre los buenos mensajes son aceptados (Lc. 4.28-31). Cuando leemos el informe de la reacción de sus oyentes a las palabras de Jesús, nos damos cuenta que provocó el furor de sus oyentes hasta el punto de que quisieron matarlo. Que el hijo de José hubiera mencionado de un modo tan directo que él era la luz hacia los gentiles, al tiempo que proyectaba sombras tan grandes sobre ellos, era intolerable. Como escribieron Bealey y Carson:

G. K. Beale y D. A. Carson: "Finalmente, el significado teológico de este pasaje no se limita al Evangelio de Lucas. Temas como el rechazo de los judíos en un entorno de la sinagoga, inclusión de los gentiles, el papel del Espíritu y la poderosa naturaleza del logos ("palabra") en 4.16-31 señalan la importancia de este pasaje para la historia de Lucas en Hechos. Por lo tanto, el ministerio de Jesús otra

---

Redentor de los pobres remontándose a la ideología real del AT, que es el que prefigura la teología mesiánica".

[804] Beale y Carson, *Commentary on the New Testament use of the Old Testament*, 287. Tengamos presente que este es uno de los pasajes reconocidos como mesiánicos en el Antiguo Testamento,

vez está conectado con el ministerio de los apóstoles en un entorno que contiene una larga cita de Isaías".[805]

Como escribió Kaiser la exégesis o interpretación de la Biblia nunca debe ser un fin en sí mismo. Su propósito se realiza plenamente cuando transmite lo aprendido.[806] Así, pues, este capítulo final tiene como objetivo reconocer el lugar de la comprensión de la Biblia en la presentación de los mensajes que predicamos. Vamos a considerar algunas pautas de cómo usar el texto bíblico como fundamento para lo que predicamos y enseñamos.

El uso de la Biblia en la iglesia

W. W. Klein, hacia el final de su libro de interpretación bíblica, dedica un capítulo al uso de la Biblia hoy y comienza el mismo diciendo:

W. W. Klein: "El mensaje de Dios es intemporal y consistentemente relevante según como nosotros lo entendemos correctamente. La Biblia tiene un mensaje que tenemos que conocer, un mensaje que va a transformar nuestras vidas y el mundo. Pero nosotros no podemos comprender el mensaje tan plenamente sin las herramientas adecuadas de interpretación. Las Escrituras constituyen la revelación de Dios a su pueblo, su Palabra en forma escrita. Es así como el pueblo de Dios con entusiasmo nos esforzamos para entender y responder a su mensaje. Es un mensaje para ser utilizado, para animar, para motivar, para guiar y para instruir. Si sabemos cómo descifrar el mensaje, seremos capaces de entenderlo y utilizarlo.[807]

El mismo autor aclara que, sin duda, hoy podemos encontrar muchas personas que no son creyentes cristianos, pero que leen o estudian la Biblia, como por ejemplo, investigadores en campos como la sociología, la historia antigua y la arqueología. Otros pueden leerla por curiosidad o incluso buscando argumentos para rebatir sus afirmaciones. Sin embargo, al pensar en los usos de la Biblia que se presentarán a

---

[805] *Ibid.*, 290.

[806] Kaiser, *Toward an Exegetical Theology*, 149.

[807] Klein, Blomberg, Hubbard y Ecklebarger, *Introduction to Biblical Interpretation*, 449-470.

continuación, tenemos en mente a los creyentes en la fe de Jesucristo, y el uso que ellos puedan dar a las Escrituras. Entre estos usos podemos mencionar la tarea de conocer más las Escrituras, su uso en la adoración y liturgia, la formulación de doctrinas, predicar, enseñar, cuidado pastoral, formación en la vida cristiana, entre otros. En los próximos párrafos vamos a mencionar algunos de ellos, teniendo en cuenta que otros ya fueron mencionados.

El uso de la Biblia para aumentar el conocimiento

Como cristianos creemos que en la Biblia, Dios nos ha dejado información, no solo sobre quién es él y cómo quiere que respondamos a su llamado, sino sobre el mundo que nos rodea y nuestro rol en el mismo. Es lo que se ha llamado la cosmovisión que nos da la Biblia. No se debe confundir la cosmovisión con la fe o la religión de un pueblo. Sin duda que una influye sobre la otra, pero no es lo mismo. Una comunidad de fe naturalmente se relaciona con la cultura en la que surge y se desarrolla. Esta posee estructuras de pensamiento que son aceptadas por la misma inconscientemente. La comunidad cristiana surgió y aceptó una visión de la vida, una cierta comprensión del mundo, a partir de la cosmovisión presentada en el Antiguo Testamento.

En términos generales podemos decir que la Biblia contiene información sobre la historia y la fe de Israel, la vida y enseñanzas de Jesús, y la creación y la primera expansión de la iglesia cristiana. Allí descubrimos cómo adoraba Israel, cómo predicaron los profetas, y cuál era la esperanza del antiguo Israel. Tenemos la convicción que a través de la Biblia, Dios transmite información confiable. Para comprender esta revelación, nosotros debemos conocer e interpretar los relatos bíblicos con precisión. De manera que, nuestras pautas de comprensión (que algunos llaman nuestra hermenéutica), es lo que condiciona lo que aprendemos de la Biblia. Una actitud y herramientas correctas nos ayudan a conocer e interpretar el contenido de la Biblia. No obstante, si bien la lectura y comprensión de la Biblia, a fin de crecer en el conocimiento de la misma, es muy útil para el cristiano no es el objetivo fundamental que tenemos en relación con ella. Se puede usar la Biblia de esa manera para la adquisición de conocimiento. Pero el objetivo principal es que la comprensión de la Biblia se concrete en una vida cambiada y la presentación de la misma a quienes lo necesitan.

El uso de la Biblia en la adoración y la liturgia

El tema de la adoración no debe interesar solamente a los músicos, sino a la iglesia toda. Los grandes teólogos se han ocupado de esta cuestión. Martín Lutero decía "tener un Dios es adorarlo". Karl Barth afirmó que "la adoración cristiana es la acción más trascendental, urgente y gloriosa que pueda tener lugar en la vida humana". Las dificultades que existen para definir la adoración están basadas en que, en primer lugar, adorar es una experiencia.

La adoración afecta la totalidad de la vida. Debemos recordar a los antiguos hebreos, que desterrados de su tierra y su lugar tradicional de adoración, se sentaron a las orillas de los ríos de Babilonia y sollozaban (Sal. 137.1, 2). La renovación interior (espiritual) es esencial si vamos a relacionarnos adecuadamente con nuestro entorno social. Separada de la adoración, la fe muere, el poder moral se degenera, y la palabra profética se pierde. Separados de la visión de la ciudad santa de Dios, el sueño de una ciudad feliz y justa en la tierra perecerá. Si vemos la adoración como un espejo de la realidad, en el que percibimos a Dios y a nosotros mismos al más profundo nivel, esta se vuelve un medio de ensanchar nuestra conciencia y adquirir un conocimiento sin el cual solo podemos aparentar vivir.

El culto es la manifestación externa de nuestra fe. Consiste en actos de sometimiento a la divinidad en los que se muestra el reconocimiento y el acatamiento de la superioridad de esta. Es la respuesta humana ante lo sagrado y el origen de múltiples manifestaciones, tales como ritos, plegarias, sacrificios, peregrinaciones, fiestas, etc. Puede distinguirse entre un culto interior del creyente, manifestado por pensamientos de fe o de esperanza y por oraciones privadas, y el culto público, que se manifiesta mediante determinados actos simbólicos sensibles. Así, en el culto se manifiesta una actitud interna de sumisión y una expresión externa de dicha actitud de reconocimiento. Al conjunto de prescripciones del culto se le denomina liturgia.

Puesto que la Biblia proviene de Dios mismo y registra sus obras poderosas y su gloriosa persona, su pueblo naturalmente descubre en sus páginas motivación y oportunidades para el culto. Para el cristiano, la adoración es la experiencia y el momento cuando la persona responde a la revelación de Dios de sí mismo y cómo él actuó en Jesucristo, la gracia de Dios y su amor por su pueblo. Cuando los creyentes aprenden de su estudio de la Biblia quién es Dios y lo que ha logrado en su nombre, de sus corazones, o sea, de lo más profundo de su ser, surge la alabanza y la adoración. Esta es una de las razones por las que la poesía de los Salmos atrae tanto a los lectores.

El salterio es un libro de oraciones. Aquí radica su originalidad respecto a los demás libros de la Biblia. También es verdad que en otros lugares de la Biblia nos encontramos con oraciones. Estas oraciones son puestas en labios de algún personaje, pero se presentan como un elemento más del relato bíblico. Los Salmos sí que están destinados directamente a la oración de la comunidad. Al ser plegaria de la comunidad, toman a los fieles tal como son, con su vida de cada día, con sus esperanzas y sus pecados, con sus dificultades y su amor. Un hecho destacable de los Salmos es su atractivo personal, aunque probablemente están orientados primariamente para la adoración colectiva. Tal como los himnarios modernos, los Salmos están arreglados para apuntar en dirección a Dios y para enriquecer y engrandecer el alma. Así era el salterio.

Uso de la Biblia en el cuidado pastoral

La Biblia siempre ha sido una fuente de guía positiva, así como fuente de consuelo para el pueblo de Dios. Jesús dijo a sus discípulos que en el "mundo afrontarán aflicciones" (Jn. 16.33). Estas eran palabras que no tenían el propósito de desanimar, como tampoco eran excesivamente negativas o alarmistas. Simplemente indicaban la condición humana, que afectaría también a los discípulos. En esta vida todos enfrentaremos dificultades. Pero a esto debemos agregar que el mundo es, a veces, especialmente hostil a los seguidores de Jesús. En este contexto de aflicciones, las palabras de Jesús son las que traen auténtica paz a partir de su afirmación "Yo he vencido al mundo".

Como cristianos tenemos en la Biblia muchos recursos para ayudar a otros en sus necesidades. Muchos hemos encontrado una fuente de inspiración y ayuda en tremendos pasajes del Antiguo Testamento, como por ejemplo, textos claves como el Salmos 23 y especialmente algunos pasajes del libro de Proverbios.[808] Jesús mismo fue un ejemplo

---

[808] Un material que ha desarrollado el tema del uso de la Biblia en el cuidado y la consejería pastoral es el publicado por Jane Hunt *Claves bíblicas para la consejería* (Dallas: Centro de Literatura Cristiana, 2006), quien produjo 10 volúmenes en los que desarrolla casi todos los temas de consulta general sobre consejería. La objeción a este material es su literalismo y el uso forzado de ciertos pasajes.

de aliento por medio del uso de las Escrituras.[809] En el relato conocido como el del camino a Emaús (Lc. 24.13-33) encontramos un ejemplo claro de este principio.[810] En este pasaje encontramos al Maestro asumiendo actitudes y compartiendo palabras de gran consuelo con sus discípulos entristecidos. (1) Lo vemos en el camino, caminando con ellos (vv. 13-14). Este es Jesús caminando con el ser humano en medio de sus dolores y tristeza. (2) El texto indica que Jesús les hace una pregunta, es decir, les da la oportunidad de expresar su dolor (v. 17). Les da la oportunidad de expresar su tristeza (v. 17), desilusión (v. 21) e incredulidad (v. 22). (3) Luego les explicó las Escrituras (v. 27). Sin duda ellos tenían una manera de leerlas, algo que ocurre cuando la tradición puede más que el texto. (4) Los guió a en la oración y adoración (v. 30). Esta debe ser una de las claves de nuestra experiencia de fe, que no es un encuentro con la doctrina sino con una persona. (5) Finalmente, los fortaleció para que dieran testimonio de ese encuentro (v. 32, 33). El objetivo del "encuentro" no era la reunión en sí misma, sino el testimonio que ellos dieron de ese encuentro con el Cristo vivo. Como bien dijo Isidoro Baumgartner, Emaús no es el final del trayecto.

Cuando se trata de trabajar con aspectos del sufrimiento humano, el consejero o pastor tratará de dar el mejor consejo y ánimo que pueda. En estas situaciones pueden ser tentados de abusar de la Biblia. Pero debemos usar con sabiduría las Escrituras, pues en ocasiones cuando tomamos el literalismo, sin tomar en cuenta los elementos básicos para su comprensión, podemos hacerle decir lo que en realidad no dice. Un estudio responsable de los textos bíblicos refrenarán la ayuda bien intencionada pero, a veces, errada.[811]

El uso de la Biblia en la predicación[812]

Si bien Francisco de Asís pronunció esas palabras que siguen siendo muy interesantes: "Predica el evangelio siempre, y si es necesario usa

---

[809] Ver su apoyo a Marta y María ante la muerte de su hermano Lázaro (Jn. 11).

[810] El bosquejo que presentamos es un resumen y adaptación de la exposición de Isidoro Baumgartner, *Psicología pastoral* (Bilbao: Desclée de Brouwer, 1997), 91-126.

[811] Klein, Blomberg, Hubbard y Ecklebarger, *Introduction to Biblical Interpretation*, 469.

[812] Aunque en general vamos a hablar de la predicación, el capítulo está dirigido a la presentación de la Palabra, ya sea en clases de escuela dominical, estudios bíblicos en hogares, células, etc.

palabras", la predicación tiene un lugar importante en la comunicación de evangelio.

John MacArthur: "Pablo enfatizó repetidas veces la importancia de la predicación a Timoteo, emitiendo una nota que resuena continuamente por el Nuevo Testamento. Los puntos destacados en la historia de la iglesia han verificado la importancia de la predicación bíblica. El fundamento propio para la predicación es la Palabra de Dios, un fundamento que falla en harta predicación contemporánea. El contenido de la predicación debería incluir enseñanza así como exhortaciones para una conducta basada en dicha enseñanza.[813]

Como bien menciona John R. W. Stott, la predicación es un puente entre dos mundos. Por un lado, el mundo bíblico, y, por el otro, el de los oyentes (y el del propio predicador). El sermón o mensaje (y creo que esto se puede aplicar también a la enseñanza) consiste en establecer la comunicación entre estos dos polos de la predicación, o sea, se trata de llevar el mensaje de la Palabra a la realidad que están viviendo nuestros oyentes. El predicador tiene la enorme tarea de construir un puente entre el mundo bíblico y el mundo de sus oyentes. Esta ilustración parte del hecho de que hay un "abismo" entre el mundo de la Biblia y el actual. El mismo Stott comenta que por algunos años sus mensajes no llegaban al otro lado del puente.[814]

Stott afirma que si el predicador es un heraldo de la Palabra, no debe mostrarse indiferente a quienes escuchan su mensaje. Si tomamos la imagen bíblica del pastor, su tarea es buscar pastos apropiados para sus ovejas. La predicación (presentación de la Palabra) no solo es exposición sino comunicación, no es solo exégesis sino transmitir el mensaje dado por Dios a las personas que necesitan escucharlo. Por ello, el que presenta la Palabra debe hacer todo el esfuerzo posible por transmitirla de tal manera que sea relevante para quienes la necesitan.

La importancia de la predicación

De acuerdo a la Biblia, la predicación es el medio ordenado por Dios para salvar, santificar y fortalecer a su iglesia. La proclamación del

---

[813] John MacArthur, *El ministerio pastoral* (Barcelona: Clie, 2005), 299.
[814] Stott, *La predicación: puente entre dos mundos*, 133-138.

evangelio es lo que pone al alcance de los seres humanos la fe salvadora (Ro. 10.14). Por medio de la presentación de la Palabra viene el conocimiento de la verdad, que resulta en una vida diferente (Jn. 17.17). Es por medio de ella que se anima a los creyentes a vivir en una sociedad que se opone a Dios, haciéndolo con esperanza y la fortaleza para vivir de manera distinta disfrutando de las bendiciones de su Padre (Hch. 14.21, 22).

Un pasaje que debemos considerar es 1 Timoteo 5.17. Aquí el apóstol está hablando a los ancianos, expresión que no se refiere simplemente a los hombres de mayor edad sino a aquellos que ocupaban puestos de liderazgo en la iglesia (Tit. 1.5-9; Hch. 20.17ss). Pablo le dice a Timoteo y a la iglesia que especialmente los que dedican sus esfuerzos a la predicación y la enseñanza deben recibir honor, puesto que así lo enseña la Escritura (v. 18).

Acerca de ellos, menciona, en primer lugar, la importancia de su tarea, que era dirigir(προΐστημι, *proístemi)*, término griego que significa poner al frente, conducir, dirigir, ayudar y cuidar de.[815] El vocablo tiene también el sentido de "preocuparse por" la propia familia. La preocupación aquí es que tales ancianos hagan bien su obra.[816] En segundo lugar, menciona entre los ancianos a los que trabajan en la predicación y la enseñanza. No todos los que dirigen los asuntos de la iglesia son también maestros. No obstante, a los maestros se les considera parte de quienes dirigen. Pero prestemos atención al verbo que se traduce "dedican" sus esfuerzos, que el apóstol ya ha usado en relación con su propio ministerio y el de Timoteo (4.10). Es una de las palabras que usa para referirse a las tareas relacionadas con el evangelio (1 Ts. 5.12; 1 Co. 15.10; 16.16). Una exhortación que debemos considerar es que presentar la palabra requiere de un esfuerzo, de un trabajo con el texto.

El énfasis en la predicación (y la enseñanza) no es único en Pablo, se encuentra en otros pasajes del Nuevo testamento. Jesús desarrolló un fuerte ministerio de predicación y enseñanza. En Lucas 4.43 habló que "es necesario", expresión que denota el elemento de obligación y representa la voluntad de Dios que para Jesús era una regla de vida, pues él estaba dispuesto a la obedecerla hasta el final (Lc. 2.49; 9.22; 13.33;

---

[815] Kittel; Friedrich y Bromiley, *Compendio del diccionario teológico del Nuevo Testamento*, 916. Esta es una palabra interesante para realizar el análisis morfológico que mostramos antes.

[816] Fee, *Comentario de las epístolas a 1 y 2 de Timoteo y Tito*, 163.

17.25).[817] En este versículo, Jesús define con toda claridad la esencia de su misión de anunciar el evangelio. Su ministerio fue principalmente de predicación y enseñanza (Mt. 4.17; 11.1; Mr. 1.14; Lc. 8.1).

Cuando Cristo subió al monte y llamó a sí a los que quiso y estableció a los doce a quienes nombró apóstoles, su propósito fue convocarlos para que lo acompañaran (RVR: estuviesen con él) y para enviarlos a predicar y ejercer autoridad para expulsar demonios (Mr. 3.14, 15). La comunión con Cristo sería su preparación; los milagros de liberación serían las credenciales para su mensaje; pero la obra central debía ser la de predicar (proclamar la verdad). Cuando los doce fueron enviados de dos en dos a recorrer la provincia de Galilea, sus instrucciones fueron: "vayan, prediquen este mensaje" (Mt. 10.7). Y cuando Jesús quiso reducir a la forma más breve posible su gran comisión, la expresó en estas palabras: "Vayan por todo el mundo y anuncien las buenas nuevas a toda criatura" (Mr. 16.15).

La importancia de la presentación del mensaje, ya en forma de predicación o de enseñanza, fue primordial para la iglesia primitiva. Los ejemplos de Felipe cuando descendió a la ciudad de Samaria ("les anunciaba al Mesías", Hch. 8.5), y de Pedro cuando se presentó ante el centurión romano en Cesarea y afirmó: "Él nos mandó a predicar al pueblo" (Hch. 10.42) son elocuentes. Los filósofos atenienses cuando quisieron describir a Pablo, dijeron: "Parece que es predicador" (Hch. 17.18); y el apóstol mismo definió su tarea de esta manera: "Cristo no me envió a bautizar sino a predicar el evangelio" (1Co. 1.17).

A lo largo de la historia de la iglesia cristiana se puede ver el lugar que la predicación y presentación del evangelio tuvieron en la extensión de la misma.[818]

Orlando E. Costas: "Pero la predicación, aparte de la influencia del ambiente cultural, ocupa por su propia naturaleza un lugar especial, no meramente en el ministerio pastoral, sino en el ministerio total de la iglesia cristiana. . . . Broadus había iniciado su clásico tratado sobre la predicación afirmando que 'la predicación es el principal medio de difusión del evangelio' y, por lo tanto, es

---

[817] Kittel; Friedrich y Bromiley, *Compendio del diccionario teológico del Nuevo Testamento*, 143, notar que de las 102 veces que se usa el término en el Nuevo Testamento, 41 pertenecen a Lucas-Hechos.

[818] Para una presentación de la historia de la predicación, ver Alfred E. Garvie, *Historia de la predicación cristiana* (Barcelona: Clie, 1987).

'una necesidad'. Con esto concuerdan las palabras de Pablo en 1 Corintios 9.16 donde se refiere a la predicación como una necesidad impuesta por Cristo: 'iAy de mi si no predicare el evangelio!' La importancia y centralidad de la predicación en el ministerio de la iglesia, es, pues, un hecho indiscutible".[819]

El contenido de la predicación

Debemos considerar que en la actualidad, la predicación y muchas de las clases bíblicas están pasando por una crisis. Varios autores afirman que uno de los problemas de la predicación y enseñanza en la actualidad es que carecen de un contenido bíblico substancial.[820] Una cosa destacada acerca de los grandes predicadores del pasado, algo que hace que sus sermones vivan por cientos de años después de que fueron escritos, es que estos se distinguían por su gran fuerza doctrinal y contenido bíblico.

¿Cuál es la clave que daba a los sermones de estos grandes embajadores su fuerza espiritual? Era precisamente esto: su fuerte contenido bíblico. Sus sermones estaban llenos de contenido bíblico sólido, de tal manera que aquel que escuchaba sentía que se establecía una comunicación entre él y la Palabra. El asunto no quedaba entre el oyente y el predicador, sino entre el oyente y la Palabra de Dios que estaba siendo comunicada a él por el predicador. Por un lado, es verdad que la fortaleza de los grandes predicadores cuyos mensajes formaron generaciones estuvo en su apego a la Biblia. Por otro lado, también es verdad que la "decadencia" de la predicación es la pérdida del fundamento bíblico.[821] En muchos casos, el sermón se considera como otra forma del discurso humano.[822] En muchas ocasiones, tanto los mensajes como las clases bíblicas se ocupan más en autoayuda que en presentar el desafío de la Palabra de Dios. Como lo mencionamos en la introducción a la Unidad 1, tanto en el ámbito evangélico como el católico hay una denuncia de alejamiento de la Palabra.[823]

---

[819] Orlando E. Costas, *Comunicación por medio de la predicación* (Miami: Caribe, 1989), *22*.

[820] A. N. Martin, *¿Qué está fallando con la predicación de hoy?* (Graham: Publicaciones Faro de Gracia, 2002), 21. Robinson, *La predicación bíblica*, 13, habla de una devaluación de la predicción.

[821] John MacArthur, *El ministerio pastoral*, 303.

[822] Olford y Olford, *Guía de la predicación expositiva*, 2, 3.

[823] Ver la introducción a la Unidad 1.

La comunicación en la predicación

Comenzamos esta sección con una cita de Orlando E. Costas: "La predicación es un acto comunicativo. Tiene como finalidad la comunicación de la Palabra de Dios a los hombres. Comunicar es compartir, y
en virtud de ese compartimiento tener ciertos conceptos actitudes o experiencias en común con otras personas. Predicar es, pues, compartir a
Cristo con otras personas y así introducirlas a una relación íntima con
Dios.[824] No se puede pensar en el arte de la preparación de sermones y
de la predicación sin conocer ciertos principios básicos de la comunicación. Toda comunicación implica compartir con otras personas ideas,
conceptos, para que haya comprensión. Involucra un proceso mental y
emocional. Constituye una experiencia de interacción social en la que
se comparten ideas, actitudes y sentimientos con otras personas, con el
fin de modificar o influir sobre su conducta. Como podemos ver, es un
proceso dinámico de actividad intelectual y emocional, que se da en
la esfera de las ideas y emociones. Traducido a la predicación (o enseñanza), lo dicho quiere decir que esta no es una simple transmisión de
ideas acerca de Dios y sus relaciones con el mundo. Están implícitas
la actitud o predisposición que tengan el predicador (o maestro), tanto hacia sí mismo como hacia Dios, su Palabra y especialmente hacia
la congregación. Pero también se debe considerar las actitudes de los
oyentes (congregación) hacia el predicador, su mensaje, el culto y sus
propios compañeros (hermanos en la fe).

De manera clásica se dice que en el proceso de la comunicación
existe una fuente que emite el mensaje y un receptor hacia el cual se
destina. Para una buena comunicación es necesario saber lo que se
quiere decir y a quiénes se lo quiere comunicar. En este proceso también intervienen el cómo, cuándo y dónde decírselo. Para que haya una
buena comunicación se debe pensar en la mejor manera de despertar
el interés del oyente. Pero la cosa no termina allí, sino que se debe
pensar cuál es el estímulo que llevará al oyente a poner en práctica
la enseñanza. Si entendemos la predicación, como dijimos más arriba, debemos tener claro que antes de ser un mero dar y recibir estático,
donde uno (el predicador) es el que da y muchos (la congregación) los
que reciben, es una actividad dinámica y una experiencia de interacción social que afecta y es afectada por el cuerpo, el pensamiento, las

---

[824] Costas, *Comunicación por medio de la predicación*, 33.

palabras, los sentimientos, las actitudes, tanto del predicador como de la congregación.

Se habla que en el proceso de comunicación puede haber ruidos que estorben la comunicación.[825] Los ruidos son diferentes interferencias que impiden que el mensaje sea bien transmitido y comprendido. Jerry S. Key menciona los siguientes ruidos. El primer ruido puede estar en la persona receptora del mensaje. Por ejemplo, cuando el receptor mantiene su mente cerrada hacia algo nuevo o diferente, crea una barrera. En la presentación del mensaje hay una interacción con los oyentes y sus respuestas. Es aquí donde entra a actuar lo que se conoce como "retroalimentación", que es el proceso retroactivo por medio del cual el receptor de un mensaje brinda información al emisor.

De acuerdo con la retroalimentación que recibe de los miembros de la congregación, el que presenta el mensaje debe ir modificando y reorganizando los elementos que componen su sermón o la clase. En el caso del predicador, debe poner atención a los efectos reflejos de su congregación (expresiones faciales, movimientos corporales, etc.) En el caso del maestro de una clase, debe escuchar las preguntas e intervenciones, y estar dispuesto a responder a las mismas. De no hacerlo, se corre el peligro de que su presentación sea oída pero que él o ella no escuchado o escuchada, y si es escuchado que la persona que lo oye no entendida.

El segundo ruido se encuentra en el propio transmisor que, por ejemplo, utiliza demasiado la "jerga evangélica o teológica", que solamente comprenden los "iniciados". La eficiencia de nuestras presentaciones depende en gran parte de cómo decimos el mensaje. Debemos relacionar el contenido bíblico con la vida de las personas. Como aconseja Haddon W. Robinson: "No sobrestime el vocabulario de la gente, pero tampoco subestime su inteligencia".[826] Un tercer ruido puede ser la ocasión o la situación en que se da el acto de la presentación de la Palabra. Esta no se da en el aire, sino en una situación histórica concreta, única y diferente a cualquier otra. Tiene que ver con la necesidad concreta de los oyentes. Esa situación forma el contexto para la interacción dinámica que caracteriza todo acto comunicativo. En el caso de la predicación, el contexto histórico concreto sirve de escenario para ese encuentro entre predicador, mensaje y congregación.

---

[825] Key, *La preparación y predicación del sermón bíblico*, 26-28.
[826] Robinson, *La predicación bíblica*, 186.

Sin duda que existen muchas otras trabas para que la comunicación entre el maestro y predicador sea fluida, trabas que interfieren en la comunicación. Algunas de ellas tienen que ver con hablar demasiado rápido o muy despacio, hablar muy bajito o utilizar ciertos tonos de voz, tener ciertas expresiones en el rostro que desvían la atención de los oyentes para cosas que no son el mensaje. Pero la mención de los elementos que expusimos nos parece que puede ayudar.

· ·

EJERCICIO 107

Mencione tres ruidos en la comunicación y si tienes alguna experiencia sobre alguno de los mismos:

1. _____

2. _____

3. _____

· ·

La autoridad en la predicación

Partimos de la afirmación que la Biblia, tanto en Antiguo como el Nuevo Testamento, tiene un inherente sentido de autoridad. En el Antiguo Testamento encontramos el uso constante de "Así dice el Señor", que aparece cientos de veces (Éx. 9.1, 13; Jos. 24.2; Jue. 6.8; 1 S. 2.27; 2 S. 24.12; 1 R. 11.31; Is. 1.2; Jer. 2.2). En el Nuevo Testamento, se reconocen, por un lado, las palabras de los profetas de Israel (2 Ti. 3.16; 2 P. 1.19-21). Y, por otro lado, hay un reconocimiento que las palabras de los apóstoles eran de origen divino (1 Co. 14.37; 2 P. 3.2). El apóstol Pablo fue claro en diferenciar entre sus propias palabras (u opinión) y los mandatos del Señor (1 Co. 7.10, 11 y 12-15). Jesús prometió que el Espíritu Santo les haría recordar a los discípulos todo lo que él había dicho, y que les guiaría a toda la verdad. Esto apunta a la obra del Espíritu Santo al capacitar a los discípulos para recordar y anotar sin error todo lo que Jesús había dicho (Jn. 14.26 y 16.13).

Si como cristianos aceptamos la Biblia como autoridad final, en el diagrama a continuación podemos ver que el nivel de autoridad se mueve hacia abajo (decae, primer flecha), cuando pasamos del texto a su interpretación y luego a su aplicación (el mensaje – clase). Por otro lado, hay una segunda flecha, que muestra que la autoridad del mensaje o la interpretación crecen a medida que se acercan al texto, que es la autoridad final. Por lo tanto, en la preparación de nuestras presentaciones (sean mensajes o clases) debemos avanzar hacia arriba, asegurarnos que nuestra aplicación se aproxima lo más posible a nuestra interpretación, y que esto a su vez es coherente al significado original y propósito del texto o autor bíblico. Este es el único medio para tener autoridad en nuestras clases o mensajes.[827]

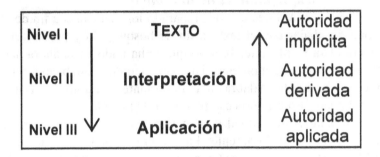

Nivel I	**TEXTO**	↑	Autoridad implícita
Nivel II	**Interpretación**		Autoridad derivada
Nivel III ↓	**Aplicación**		Autoridad aplicada

El uso de la Biblia en la homilética

El estudio de las escrituras nunca puede se completo hasta que se mueve del texto al contexto. El estudio estático del significado original de un texto nunca puede ser un fin en sí mismo. En todo momento debe tener como objetivo la aplicación dinámica del texto a las necesidades actuales y la presentación de ese texto con otros mediante la enseñanza y predicación. Las Escrituras no deben ser simplemente aprendidas; deben ser creídas y luego proclamadas. A medida que nos movemos desde el mundo del texto a su significado, no podemos separar la comprensión o interpretación de la Palabra de su aplicación. Para llegar a la aplicación de un texto debemos comprenderlo muy bien, porque el horizonte de su comprensión se ha unido con el horizonte del texto, y la exposición se ha convertido en el principio de la significación.

La tarea del predicador o maestro es la de presentar la Palabra de Dios en el contexto del día de hoy (siglo XXI) con la misma eficacia que lo hicieron los que lo anunciaron anteriormente. La tarea del maestro y predicador es asegurar que la palabra hable tan claramente hoy

---

[827] El cuadro y su aplicación son de Osborne, *The Hermeneutical Spiral*, 25.

como lo hizo en la antigüedad. Pero esto no ocurre tan habitualmente, incluso para aquellos que tienen cuidado en buscar el sentido del texto. En buena medida esto es así porque no han podido proporcionar una sólida base textual a su mensaje. La gran pregunta entonces es, ¿cómo trabajar con el texto para darle una forma homilética? Es decir, cómo lograr que el texto sea el que dirija o guíe las ideas de la presentación de la Palabra.

Paso 10: bosquejando el texto bíblico

En los pasos anteriores hemos preparado los elementos a fin de ahora poder trabajar con el texto a fin de bosquejarlo y presentarlo de manera clara y aplicable. Todo lo que se ha leído hasta ahora nos ha preparado para este momento. Una vez elegido y establecido el texto, debes buscar las palabras más importantes y estudiarlas (análisis morfológico). En este proceso final será de mucha ayuda volver a repasar el análisis gramatical y sintáctico. Para ello, es necesario leer (nuevamente) cuidadosamente el texto. Prestar atención al hecho que en Mateo 28.19 se usa la palabra "nombre" en el singular cuando se refiere a las tres personas de la Trinidad. En Efesios 4.13, el apóstol habla de la unidad de la fe. En este caso es de señalar el uso del artículo definido.[828]

Además, se debe leer toda la sección en la que se encuentra tu texto. Esto ayuda a tener una comprensión del contexto literario (presente) ubicándolo en el contexto general de la Biblia. Es importante informarse sobre la situación histórica en la que nos llega el pasaje, su enseñanza central y las implicaciones teológicas del mismo. Pero en este momento hay que volver a trabajar con el texto a fin de dividirlo (bosquejarlo, estructurarlo) a fin de darle una organización para poder presentarlo.

Partimos del punto de que tenemos delante de nosotros un texto, una perícopa o un párrafo delimitado. La característica principal de un párrafo es que encierra un tema unificador. Esto es a menudo indicado por el uso repetido del mismo término o conceptos ("amor" en 1 Co. 13; "sabiduría" en 1 Co. 2.6ss). El párrafo es el marco para expresar y

---

[828] Para este tipo de comprobaciones es necesario leer una traducción más literal, como ser LBLA (o RVR). NVI (o DHH, LA) al ser dinámicas no suelen prestar atención a estos detalles.

desarrollar una sola idea. Generalmente trata de un solo tema o una serie de eventos que se relacionan con un actor o participante en la misma ubicación. Se puede concluir que un párrafo consiste en una afirmación de una propuesta temática con distintas proposiciones. Para esto es clave evaluar los distintos tipos de oraciones.[829]

Algunas claves para hacer el

Análisis Sintáctico

1. Recordar que hay más de un tipo de oraciones.

Oración: unidad de sentido del discurso. Se las puede diferenciar como:

(1) Independientes: Cuando no va acompañada de otra.

(2) Coordinadas: Cuando necesita de otra para completar su significación.

(3) Subordinadas: Dependen de otras.

(4) Condicionales: Declaración de una suposición.

2. Reconocer las relaciones entre los distintos tipos de oraciones.

(1) Yuxtaposición.

(2) Coordinación.

(3) Subordinación.

Analizar cómo se relacionan las proposiciones que forman un párrafo es un desafío muy importante. Generalmente la estructura superficial suministrará muchas de las pistas, como por ejemplo, la aparición de partículas introductorias. En el cuadro a continuación presentamos un esquema simple para mostrar palabras conectoras (partículas, conjunciones, preposiciones), que son importantes a fin de relacionar las distintas oraciones.[830]

---

[829] En estos párrafos siguiendo a Carreter, *Diccionario de términos filológicos*, 94, 303, 337-338, usaremos cláusulas, oraciones y proposiciones como *cuasi* sinónimos. Cuando hablamos de oraciones reconocemos que es el elemento constituyente sintáctico más pequeño o las unidades mínimas de predicación. Real Academia Española, *Nueva gramática de la lengua*, 17. Estas pueden ser simples o compuestas.

[830] En la nota n. 406 habíamos mencionado las preposiciones. Ahora en el cuadro ampliamos a distintos términos que sirven de conectores.

Significado	Palabras
Causa	por, porque, dado que, según.
Razón	por, porque, dado que, según, que, a fin de.
Resultado	que, así que, así, lo que, por.
Propósito	en orden a, a, hacia, hasta, para, a fin de.
Medios	por, de, a través, fuera de, en.
Tiempo	hasta, hasta que, a, cuando, cuando sea que, desde, a través, de, en, por, según, contra, con, en cuanto, a fuera de.
Lugar	donde, donde quiera que, desde, en, a través, en sobre, con, concerniente a, hasta.
Explicativas	o sea, es decir, esto es.
Manera	así como, como, con, a , así.
Concesivas	aunque, a pesar de que, y eso que, sin embargo.
Condicionales	si, ya que, siempre que, con tal que, como.
Finales	a fin de que, para que, de modo que.
Consecutivas	luego, conque, así que, de modo que, por eso, por lo tanto, por consiguiente.
Copulativas	y, ni, además, también, junto con.
Disyuntiva (eligen)	o, o bien.
Adversativas	pero, sin embargo, no obstante, antes bien, aunque, más bien, por lo demás.

Teniendo en mente este cuadro, debemos analizar la relación entre oraciones, cláusulas y frases, lo que nos ayudará a formar un esquema o bosquejo del pasaje. Partiendo de la primera cláusula, con un sujeto y un verbo o predicado, debemos buscar las relaciones lógicas entre los distintos componentes. Ramesh Richard, menciona el caso de Esdras 7.10, que dice: "Ya que Esdras había dedicado su corazón a estudiar la ley del Señor, y a practicarla, y a enseñar sus estatutos y ordenanzas en Israel" (LBLA).[831] Después de la primera frase, las siguientes son introducidas por una partícula de propósito (ver cuadro), que en RVR es "para". El esquema sería: "Ya que Esdras había dedicado su corazón a estudiar la ley y a practicarla y a enseñar sus estatutos y ordenanzas".

Como vemos, el bosquejo de este versículo nos provee de una herramienta para formar un bosquejo homilético. Sobre la base del tema: "El propósito de Esdras".

---

[831] Richard, *La predicación expositiva*, 59.

1. Estudiar la Palabra.
2. Vivir de acuerdo a la Palabra.
3. Enseñar la Palabra.

Las etapas para bosquejar un pasaje serían las siguientes. En primer lugar, limitar y descubrir la idea central del texto. En segundo lugar, identificar las divisiones naturales en el párrafo según lo sugerido, tomado en cuenta las palabras que conectan las distintas frases (cuadro). Para ello, se debería hacer lo siguiente. (1) Subrayar los conectores (pronombres relativos, preposiciones, conjunciones). (2) Notar las relaciones, lógicas y gramaticales, entre las distintas frases (subordinas o coordinadas, etc).[832] Para el estudio del texto bíblico, dado que vamos a usar versiones castellanas del mismo, es importante tener en cuenta nuestra gramática. En general, nosotros hablamos español, pero no sabemos qué valor tiene cada una de las construcciones que usamos.

El proceso de bosquejar un párrafo o texto debe seguir las siguientes etapas concretas.[833] El primer paso es escribir o copiar el párrafo en una hoja, en la versión que hayamos elegido.[834] Si trabajamos con computadora el proceso es más fácil. El paso siguiente es ordenar las frases u oraciones siguiendo el orden natural del texto, y tomando en cuenta su funcionamiento interno y sus interrelaciones.

Ramesh Richard, propone con cierta lógica que se deben identificar los que él llama marcadores de estructura.[835] Esto es lo que hemos llamado palabras conectoras (las del cuadro), ya que son esas palabras las que muestran la relación entre las oraciones. La frase que contiene la propuesta temática del texto se debe colocar en el margen izquierdo, y las unidades sintácticas que la modifican o califican se ponen en el siguiente renglón e indentadas. El material que modifica o califica a estas unidades sintácticas subordinadas a la proposición del tema están indentadas un espacio más, y así sucesivamente. En el caso que haya

---

[832] Richard, *La predicación expositiva*, 40-42; a partir de la página 43ss introduce el tema de las relaciones psicológicas, que tendrían que ver con las reacciones y relaciones humanas. Esto es aplicable a las curaciones de Jesús y algunas parábolas (como la del hijo pródigo). Él mismo menciona el peligro o subjetividad que implica esto.

[833] Kaiser, *Toward an Exegetical Theology*, 87ss, propone un "diagrama en bloque" que usaremos como modelo, aunque adaptado.

[834] Hoy a través de algunos de los programas que mencionamos se puede hacer en la versión que consideremos apropiada. Muchas veces las formales o literales (LBLA – RVR) son más adecuadas para este tipo de trabajo.

[835] Richard, *La predicación expositiva*, 62.

palabras o frases que estén en paralelo, y que sean simples ampliaciones de la idea ya propuesta, se deben poner debajo y a la misma altura.

Tomando los siguientes dos versículos como modelo vamos a presentarlo así:

"Así que recomiendo, ante todo, que se hagan plegarias, oraciones, súplicas y acciones de gracias por todos, especialmente por los gobernantes y por todas las autoridades, para que tengamos paz y tranquilidad, y llevemos una vida piadosa y digna" (1 Ti. 2.1, 2).

Así que
recomiendo, ante todo,
    que se hagan plegarias,
        oraciones,
        súplicas
        y acciones de gracias
    por todos,
        especialmente por los gobernantes
        y por todas las autoridades,

        para que tengamos paz y tranquilidad,
        y llevemos una vida piadosa y digna.

Este tipo de diagrama busca organizar todo el material, independientemente de su longitud. Así que las interrelaciones de frases completas, cláusulas y frases pueden ser visualmente evidentes a simple vista.[836] Las ventajas de esto es que: (1) Nos ayuda o dirige de tal manera, que enfocamos el hilo de significado a lo largo de todo el párrafo, en lugar de desperdiciar esfuerzos con palabras o frases aisladas. (2) Nos ofrece un esquema a fin de poder desarrollar, como lo hacemos en el margen derecho, un bosquejo homilético. Según Haddon Robinson, es necesario desarrollar una idea homilética, que surge después de un estudio intensivo del pasaje, y un análisis del auditorio, que debe ser expresada creativamente.[837] A continuación veremos dos ejemplos, uno del

---

[836] En las diagramaciones llamadas diagramaciones lineales por Kaiser, *Toward an Exegetical Theology*, 100, se dibujaban líneas para indicar gráficamente los elementos o frases vinculadas y el nivel de vinculación. El mismo Kaiser propone "bloques", pero creemos que la tabulación es suficiente, y confunde menos al lector.

[837] Robinson, *La predicación bíblica*, 100.

Antiguo y otro del Nuevo Testamento, que pueden ayudar a aclarar algunos conceptos.

Ejemplo del Antiguo Testamento

Tomando el ejemplo del Salmo 1, que ya estuvimos analizando parcialmente, vamos a bosquejar el texto. Lo primero que tenemos que hacer es tener muy en claro cuál es el tema central del pasaje y las divisiones principales. En este caso, la simple lectura muestra que se contraponen dos estilos de vida, uno que agrada a Dios y el otro que no. A partir de esto, vamos a buscar la primera oración independiente ("Dichoso el hombre" [referencia al ser humano]), y las que están subordinadas a ella por medio de conectores, y también si hay algunas que dependan de estas. Luego, buscamos la segunda oración independiente y las subordinadas o que modifican a esta. El cuadro de arriba nos mostrará cuál es la función de los conectores.

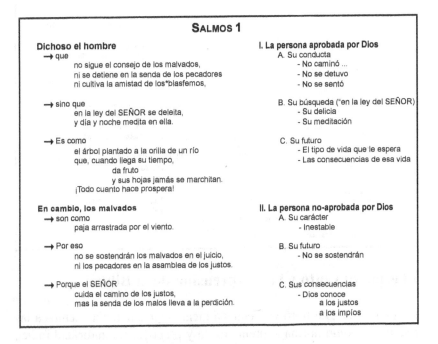

SALMOS 1

Dichoso el hombre	**I. La persona aprobada por Dios**
→ que	A. Su conducta
no sigue el consejo de los malvados,	- No caminó ...
ni se detiene en la senda de los pecadores	- No se detuvo
ni cultiva la amistad de los *blasfemos,	- No se sentó
→ sino que	B. Su búsqueda ("en la ley del SEÑOR)
en la ley del SEÑOR se deleita,	- Su delicia
y día y noche medita en ella.	- Su meditación
→ Es como	C. Su futuro
el árbol plantado a la orilla de un río	- El tipo de vida que le espera
que, cuando llega su tiempo,	- Las consecuencias de esa vida
da fruto	
y sus hojas jamás se marchitan.	
¡Todo cuanto hace prospera!	
En cambio, los malvados	**II. La persona no-aprobada por Dios**
→ son como	A. Su carácter
paja arrastrada por el viento.	- Inestable
→ Por eso	B. Su futuro
no se sostendrán los malvados en el juicio,	- No se sostendrán
ni los pecadores en la asamblea de los justos.	
→ Porque el SEÑOR	C. Sus consecuencias
cuida el camino de los justos,	- Dios conoce
mas la senda de los malos lleva a la perdición.	a los justos
	a los impíos

Ejemplo del Nuevo Testamento

Al presentar el pasaje de Efesios 5.15-21, debemos mencionar que la sección que comienza en estos versículos se extiende desde 5.15-6.9, y que al mismo tiempo se pueden subdividir en secciones más cortas.

Se tratan cuatro temas: la vida en el Espíritu (5.15-21), la relación entre esposas y maridos (5.22-33), hijos y padres (6.1-4), y esclavos y amos (6.5-9). Efesios 5.15-21 representa un clímax-resumen y una posterior ampliación de lo que significa "vivir de una manera digna del llamamiento que han recibido" (4.1). En 5.15 encontramos la última utilización del término "andar" (NVI, "vivir"), que Pablo ha venido utilizando para definir la ética cristiana. Igual que sucede con otras muchas secciones de la carta, estos versículos son intensamente trinitarios.[838]

En este pasaje, el bosquejo homilético tiene un alto contenido gramatical. Desde esta perspectiva el texto está dominado por tres imperativos, que a su vez se encuentran aclarados por participios. En el bosquejo a continuación podemos ver los conectores con los imperativos y luego los participios (señalados en negrita).

EFESIOS 5.15-21

CÓMO VIVIR COMO AGRADA A DIOS

Por tanto, **tened cuidado cómo andáis**;
no como insensatos,
sino como sabios,
aprovechando bien el tiempo,
porque los días son malos.

I. Una vida diferente (v.15-16)
1. Evitar acciones insensatas
2. Sabiduría al aprovechar los momentos apropiados
3. Reconocer las dificultades (días malos)

Así pues, **no seáis necios**,
sino **entended** cuál es la voluntad del Señor.
Y no os embriaguéis con vino,
en el cual hay disolución,

II. Una vida en la voluntad de Dios (v. 17)
1. Reconocer la voluntad de Dios..
2. Reconocer las falsas opciones
3. Reconocer lo que es pasajero

sino **sed llenos** del Espíritu,

hablando entre vosotros con salmos,
himnos
y cantos espirituales,
cantando
y **alabando** con vuestro corazón al Señor;
dando siempre gracias por todo,
en el nombre de nuestro Señor Jesucristo,
a Dios, el Padre;
sometiéndoos unos a otros en el temor de Cristo.

III. Una vida en la llenura del Espíritu (18-20)
1. En las conversaciones
2. En la alabanza y adoración
3. En la acción de gracias
4. En las relaciones mutuas

El espíritu santo y la comprensión de la Biblia

Para terminar este libro volvemos a mencionar que reconocemos a las Escrituras como norma suprema de fe y práctica. Su autoridad radica principalmente en la afirmación que es revelación de Dios. La Biblia es el registro de una revelación mediada históricamente y centrada en las

---

[838] Klyne Snodgrass, *Comentario de Efesios: del texto bíblico a una aplicación contemporánea* (Miami: Vida, 2009), 351.

palabras y los hechos poderosos de Dios, por lo que deriva su autoridad del Dios que se auto-revela y auto-autentifica. La autoridad de la Biblia está basada en el Espíritu Santo, quien proporciona iluminación en cuanto al significado y la aplicación de los textos y libros específicos del Antiguo y del Nuevo Testamento (2 P. 1.20, 21). Fue Bernard Ramm quien afirmó que el principio de autoridad protestante es "el Espíritu Santo hablando en las Escrituras".[839]

John R. W. Stott: "Las tres personas de la Trinidad tuvieron intervención en la composición de las Escrituras. La Palabra vino de Dios, se centra en Cristo y fue inspirada por el Espíritu Santo. Podemos definir a la Biblia como el testimonio del Padre sobre el Hijo, dado a través del Espíritu. Nos ocuparemos aquí del papel del Espíritu Santo en la composición e interpretación de las Sagradas Escrituras.[840]

Si la ayuda del Espíritu Santo es importante en el testimonio cristiano (Hch. 1.8), ¡cuánto más en la presentación de la Palabra! ¿De qué manera nos ayuda?

En primer lugar, el Espíritu es quien revela y escudriña (1 Co. 2.9). Solo el Espíritu conoce a Dios y solo él lo da a conocer. Como dice Gordon Fee, "nosotros hemos recibido el Espíritu, que conoce la mente de Dios, y nos ha revelado lo que Dios está haciendo".[841] De la misma manera que el ser humano se conoce a sí mismo por medio de la auto-comprensión, el Espíritu conoce y comprende lo que Dios quiere hacer. La presencia del Espíritu en nuestra vida y el dejarlo que nos guíe es clave para la comprensión de la Palabra.

En segundo lugar, el Espíritu ilumina nuestra mente. Para Stott, esto es el proceso subjetivo por el cual el Espíritu ilumina nuestra mente para una comprensión del mensaje bíblico. En 1 Corintios 2.14, 15, Pablo avanza más en el tema.

John R. W. Stott: "¿En qué se diferencian el cristiano y el no cristiano cuando leen la Biblia? La persona que no tiene al Espíritu Santo no puede recibir las cosas que son del Espíritu porque para él

---

[839] Ramm. *The Pattern of Authority*, 28.

[840] John R. W. Stott, "El Espíritu y la Palabra", en, *Así leo la Biblia*, ed. por Jorge Atiencia, Samuel Escobar y John R. W. Stott (Buenos Aires: Certeza, 1999), 110.

[841] Gordon D. Fee, *Primera epístola a los Corintios* (Grand Rapids: Nueva Creación, 1994), 113.

son locura y no las puede comprender. La persona que tiene al Espíritu Santo, en cambio, juzga o discierne todas las cosas. Esto, por supuesto, no lo convierte en un ser omnisciente o infalible. Significa que aquellas verdades espirituales para las que era ciego ahora empiezan a tener sentido. Entiende lo que antes no entendía. . . . Hay aspectos del análisis y la reflexión en los que la más avanzada de las computadores es incapaz de reemplazar a la mente humana, de la misma manera, solo el Espíritu Santo es capaz de investigar todo, hasta lo profundo de Dios.[842]

Volvemos a repetir que quienes no han tenido una experiencia con Cristo y cuentan con la presencia del Espíritu en su vida no puede comprender las verdades espirituales. De una experiencia con Dios nace el discernimiento de la Biblia. Los programas de computadora, los diccionarios o comentarios que tengamos, el conocimiento de las lenguas bíblicas, todo eso no sirve de nada sin la acción del Espíritu de Dios en nuestras vidas. Esta es la clave inicial sin la cual perdemos el eje de la comprensión de la Biblia.

Hay un tercer aspecto que mencionar que tiene que ver con la acción del Espíritu en el que se acerca a la Palabra para comprenderla. Y es lo que podríamos llamar "hermanéutica". ¿Qué significa esta palabra? Es la unión de dos términos hermano y hermenéutica. La pregunta de Stott es si el Espíritu Santo es quien ilumina a los cristianos cuando interpretamos las Sagradas Escrituras, ¿por qué todavía hay desacuerdo entre nosotros? Tengamos presente que formamos parte de una comunidad de fe, que abarca más que la comunidad local o denominacional. Cuando hablamos del reino de Dios, en ocasiones nos detenemos en "provincialismos". La iglesia como una comunidad hermenéutica, es donde Dios quiere que su Palabra sea interpretada (Ef. 3.18). Es una bendición que podamos compartir con hermanos la lectura y comprensión de la Palabra, especialmente cuando tenemos diferentes trasfondos culturales.

Para que esto sea posible necesitamos humildad, en dos sentidos. En primer lugar, para aceptar que nos necesitamos mutuamente y que otras personas pueden ayudarnos a comprender mejor la Palabra de Dios. Ya sea por medio de libros, o sencillos hermanos en la fe que nos ayudan a reflexionar en temas que no habíamos notado en las Escrituras. Desde

---

[842] Stott, "El Espíritu y la Palabra", 112.

mi experiencia personal, las mejores preguntas llegaron de los hermanos de la iglesia más que de los estudiantes de teología.

Pero especialmente necesitamos humildad para que la Palabra derrumbe nuestras defensas y prejuicios. La Palabra de Dios quiere desafiarnos y transformarnos. Demasiadas veces vamos a ella para ver lo que queremos ver. El Espíritu Santo, Espíritu de verdad (Jn. 14.17; 15.26, 27) nos puede dar la comprensión necesaria para que la Palabra haga en nosotros lo que quiere hacer. A veces creemos que nosotros leemos la Escritura. La clave es que ella nos lea a nosotros y transforme.

Espero que estas páginas te hayan llevado a una mejor comprensión de la Palabra de Dios, para que el Espíritu que la reveló, nos ilumine para vivir según sea su voluntad.

TAREAS PARA EL HOGAR

El maestro o tutor asignará las tareas a medida que se vaya desarrollando el programa del curso. Las tareas aparecen indicadas siguiendo el bosquejo general del curso. Podrán ser entregadas por el discípulo durante el desarrollo del mismo o al final, a criterio del maestro o tutor.

Se sugiere que el discípulo utilice un cuaderno de actividades para completar sus tareas. El cumplimiento satisfactorio de todas las tareas asignadas es fundamental para la aprobación del presente curso.

UNIDAD 1: LA INTERPRETACIÓN DE LA BIBLIA

Capítulo 1: Definiendo la interpretación bíblica

Tarea 1: Las herramientas de la interpretación bíblica.

1. En una o dos oraciones, define cada una de las siguientes herramientas de la interpretación bíblica.
   Biblia de estudio.
   Diccionarios.
   Concordancias.
2. A la luz de tu experiencia, ¿cómo has usado cada uno de estos recursos?
3. ¿Cuál estimas es la utilidad de los mismos?
4. ¿Qué comentario bíblico has usado últimamente?
5. ¿Qué agregó este comentario a tu conocimiento de la Biblia?

Capítulo 2: La Biblia se interpreta a sí misma

Tarea 2: Exégesis intra-bíblica

1. Escribe en tus propias palabras una definición amplia de exégesis intra-bíblica.

2. ¿Cuáles son las tres razones, principales, por las que la Biblia se interpreta a sí misma? Menciona cada una de las presentadas en este capítulo y un texto que lo demuestra o ilustra.
3. Menciona algún pasaje que hayas leído en una versión como Reina Valera 1960 y que te haya costado entender por el vocabulario que se usa. Explica las razones de estas dificultades.

Capítulo 3: La interpretación y su historia (I)

Tarea 3: Agustín de Hipona y sus reglas de interpretación
En tus palabras, presenta cada una de las doce reglas de interpretación de Agustín de Hipona, haz una crítica personal de cada una de ellas y explica por qué te parecen importantes.

Capítulo 4: La interpretación y su historia (II)

Tarea 4: Los aportes hermenéuticos de Lutero y Calvino.
Escribe un ensayo de 500 palabras sobre los aportes de Martín Lutero y Juan Calvino a la interpretación de la Biblia, mencionando especialmente los tres que te hayan parecido más importantes.

UNIDAD 2: LA INTERPRETACIÓN FRENTE AL TEXTO BÍBLICO

Capítulo 5: Métodos de interpretación bíblica

Tarea 5: Los métodos alegórico e hiper-literal
Compara los métodos alegórico e hiper-literal, mencionando los puntos fuertes de cada uno y sus debilidades:

Método alegórico	Método hiper-literal

Puntos fuertes:

1. _____ _____
  _____ _____

2. _____ _____
  _____ _____

3. _____ _____
  _____ _____

Debilidades:

1. _____   _____

    _____   _____

2. _____   _____

    _____   _____

3. _____   _____

    _____   _____

Capítulo 6: La preeminencia del texto

Tarea 6: Un texto confiable

Escribe un ensayo de 500 palabras sobre el tema de esta tarea en el que por lo menos menciones dos razones por las cuáles se puede confiar en el texto del Nuevo Testamento.

Capítulo 7: El texto en su contexto

Tarea 7: La importancia de los géneros literarios

Escribe un ensayo de 500 palabras respondiendo a la pregunta siguiente: ¿de qué manera comprender los géneros literarios ayuda al estudio de la Biblia? Ofrece la mayor cantidad de ejemplos bíblicos posibles.

Capítulo 8: El estudio del texto (I)

Tarea 8: La importancia de las conjunciones y conexiones en la Biblia

1. Lee con cuidado 2 Timoteo 1.7, 8 en RVR y NVI, y escribe las conjunciones o conexiones entre las frases de cada uno de los versículos. Luego responde a las dos preguntas que están al final de la Tarea:

    v. 7: _____ Dios no nos ha dado un espíritu de timidez, _____ de poder, de amor _____ de dominio propio.

    v. 8: _____ no te avergüences de dar testimonio de nuestro Señor, _____ tampoco de mí, que por su causa soy prisionero. _____, tú también, con el poder de Dios, debes soportar sufrimientos por el evangelio.

2. Responde a las preguntas siguientes:

   a. ¿Qué contrasta la palabra "sino" en el v. 7?

   b. ¿Cómo afecta la relación entre los dos versículos la primer conjunción del v. 8?

3. A la luz de este ejercicio y la discusión en este capítulo, ¿cuál te parece que es la importancia de las conjunciones y conexiones para la comprensión de un texto bíblico? Ofrece algunas ilustraciones propias.

Capítulo 9: El estudio del texto (II)

Tarea 9: Dos maneras de leer los Evangelios: horizontal y vertical

En el cuadro siguiente encontrarás un mismo relato presentado por tres de los Evangelios (Sinópticos). Subraya con azul las frases que solo aparecen en Marcos, con rojo las que solo aparecen en Mateo y con marrón las que solo aparecen en Lucas. Luego responde las siguientes preguntas.

Mateo 8.14, 15	Marcos 1.29-31	Lucas 4.38, 39
[14] Cuando Jesús entró en casa de Pedro, vio a la suegra de este en cama, con fiebre.	[29] Tan pronto como salieron de la sinagoga, Jesús fue con Jacobo y Juan a casa de Simón y Andrés.	[38a] Cuando Jesús salió de la sinagoga, se fue a casa de Simón,
	[30] La suegra de Simón estaba en cama con fiebre, y en seguida se lo dijeron a Jesús.	[38b] cuya suegra estaba enferma con una fiebre muy alta. Le pidieron a Jesús que la ayudara,
[15] Le tocó la mano y la fiebre se le quitó; luego ella se levantó y comenzó a servirle.	[31] Él se le acercó, la tomó de la mano y la ayudó a levantarse. Entonces se le quitó la fiebre y se puso a servirles.	[39] así que se inclinó sobre ella y reprendió a la fiebre, la cual se le quitó. Ella se levantó en seguida y se puso a servirles.

1. ¿Qué relato presenta de manera más clara el contexto en el que se desarrolla?

2. ¿Cuál es más específico en relación con la enfermedad de la suegra de Pedro?

3. ¿Cuál da más datos sobre la manera de curarla?

4. ¿Cuál es la importancia de este ejercicio para una mejor comprensión del pasaje?

UNIDAD 3: CAMINO Y RESULTADO DE LA INTERPRETACIÓN

Capítulo 10: Pasos para interpretar el texto bíblico

Tarea 10: La importancia de las introducciones bíblicas

Busca en una Introducción bíblica, Biblia de estudio o Diccionario la siguiente información sobre Josué, 1 Samuel, Jeremías, Marcos, Hechos, 2 Corintios y Apocalipsis.

1) Autor:
2) Fecha:
3) Situación histórica:
4) Propósito:

Capítulo 11: Las enseñanzas del texto bíblico

Tarea 11: Pensamiento clave de un pasaje

Escoge un pasaje bíblico y completa el cuadro siguiente:

PENSAMIENTO CLAVE DE UN PASAJE

Texto: _____

Palabras claves: _____
_____

Tema principal: _____
_____

Temas secundarios: _____
_____
_____

¿Quién lo dijo? _____
¿Por qué lo dijo? _____
¿Cuándo lo dijo? _____
¿Cómo lo dijo? _____

Capítulo 12: Predicando del texto bíblico

Tarea 12: Los diez pasos de la interpretación bíblica

Escribe una oración sobre los diez pasos de la interpretación bíblica:

1. Elección del texto.
2. Establecimiento del texto.
3. Análisis morfológico.
4. Análisis gramatical.
5. Análisis sintáctico.
6. Contexto presente.
7. Contexto ausente.
8. Pensamiento clave.
9. Contexto teológico.
10. Bosquejando el texto.

BIBLIOGRAFÍA SELECCIONADA

Alonso Schökel, Luis. *Hermenéutica de la Palabra II: interpretación literaria de textos bíblicos*. Madrid: Cristiandad, 1987.

Barclay, William, *Introducción de la Biblia*. México: CUPSA, 1987.

Barton, John, ed. *La interpretación bíblica hoy*. Santander: Sal Terrae, 1998.

Berkhof, Louis. *Principios de interpretación bíblica*. Barcelona: Clie, 1989.

Bruce, F. F. *¿Son fidedignos los documentos del Nuevo Testamento?* Miami: Caribe, 1972.

Bullinger, Ethelbert W. *Diccionario de figuras de dicción usadas en la Biblia*. Barcelona: Clie, 1985.

Caballero Cuesta, José M. *Hermenéutica y Biblia*. Estella: Verbo Divino, 1994.

Carbajosa, Ignacio. *De la fe nace la exégesis*. Estella: Verbo Divino, 2011.

Carrez, Maurice. *Las lenguas de la Biblia*. Estella: Verbo Divino, 1984.

Carro, Daniel. "Principios de interpretación bíblica". En *Comentario bíblico Mundo Hispano*. El Paso, TX: Mundo Hispano, 1994.

Croatto, J. Severino. *Hermenéutica bíblica*. Buenos Aires: Lumen, 2000.

De la Fuente, Tomás. *Claves de interpretación bíblica*. El Paso, TX: Casa Bautista de Publicaciones, 2004.

De Tuya, Manuel y José Salguero. *Introducción a la Biblia*. Madrid: Biblioteca de Autores Cristianos, 1967.

DeWit, Hans. *En la dispersión el texto es patria: introducción a la hermenéutica clásica, moderna y posmoderna*. San José, Costa Rica: Universidad Bíblica Latinoamericana, 2002.

Dockery, David S. y George H. Guthrie. *Guía Holman de interpretación bíblica*. Nashville: Broadman, 2004.

Donner, Theo G., *El texto que interpreta al lector*. Medellín: Publicaciones SBC, 2009.

Duvall, J. Scott y J. Daniel Hays. *Hermenéutica: entendiendo la Palabra de Dios*. Barcelona: Clie, 2008.

Efird, James E., Cómo interpretar la Biblia. México: CUPSA, 1988.

Fee, Gordon D. *Exegesis del Nuevo Testamento.* Miami: Vida, 1993.

Fee, Gordon D. y Douglas Stuart. *La lectura eficaz de la Biblia.* Miami: Vida, 1994.

Ferraris, Mauricio. *Historia de la hermenéutica.* Buenos Aires: Siglo XXI, 2005.

Flor Serrano, Gonzalo y Luis Alonso Schökel. *Diccionario de la ciencia bíblica.* Estella: Verbo Divino, 2000.

Gadamer, Hans-Georg y otros, eds. *Diccionario de hermenéutica.* Bilbao: Universidad de Deusto, 2004.

García-Jalón, Santiago. *Lingüística y exégesis bíblica.* Madrid: Biblioteca de Autores Cristianos, 2011.

Gibbs, Carl; Quentin McGhee y Willard Teague. *Introducción a la hermenéutica: cómo interpretar la Biblia.* Springfield, ILL: Global University, 2006.

Giese, Ronald L. y Sandy D. Brent. *Compendio para entender el Antiguo Testamento.* Nashville: Broadman & Holman, 2007.

Gómez, Rubén. *Guía práctica de software bíblico.* Barcelona: Clie, 2000

Hanna, Roberto. *Sintaxis exegética del Nuevo Testamento griego.* El Paso, TX: Mundo Hispano, 2000.

Harrison, Everett F. *Introducción al Nuevo Testamento.* Grand Rapids: TELL, 1987.

Haskell, Rob. *Hermenéutica: interpretación eficaz hoy.* Barcelona: Clie, 2009.

Henrichsen, Walter. *Entendamos 24 principios básicos para interpretar la Biblia.* Miami: Caribe, 1976.

Jaramillo Cárdenas, Luciano. *¡Ahora entiendo! Hermenéutica bíblica: diferentes sentidos de las Escrituras.* Miami: Vida, 2005.

Kaiser, Walter C., Jr. *Toward an Exegetical Theology: Biblical Exegesis for Preaching and Teaching.* Grand Rapids: Baker, 1998.

Kaiser, Walter C., Jr. y Moisés Silva. *Introdução à hermenêtica bíblica.* São Paulo: Editora Cultura Cristã, 2002.

Klein, W. W.; C. Blomberg; R. L. Hubbard y K. A. Ecklebarger. *Introduction to Biblical Interpretation.* Nashville: Thomas Nelson, 1993.

Koning, Johan. *La Biblia, su historia y su lectura.* Madrid: Verbo Divino, 1995.

Krüguer, René; Severino Croatto y Nestor Míguez. *Métodos exegéticos.* Buenos Aires: ISEDET, 2005.

Ladd, George E. *Crítica del Nuevo Testamento: un enfoque evangélico.* El Paso, TX: Mundo Hispano, 1990.

La Haye, Tim. *Cómo estudiar la Biblia por sí mismo.* San Juan, Puerto Rico: Betania, 1977.

Lightfoot, Neil R. *Comprendamos cómo se formó la Biblia.* El Paso, TX: Mundo Hispano, 2009.

Longenecker, Richard. N. *Biblical Exegesis in the Apostolic Period.* Grand Rapids: Eerdmans, 1999.

Lund, E. y A. Luce. *Hermenéutica: introducción bíblica.* Miami: Vida, 1975.

McKnight, Scott, ed. *Introducing New Testament Interpretation: Guides to New Testament Exegesis.* Grand Rapids: Baker, 1989.

Margot, Jean-Claude. *Traducir sin traicionar: teoría de la traducción aplicada a los textos bíblicos.* Madrid: Cristiandad, 1979.

Marguerat, Daniel y Yvan Bourquin. *Cómo leer los relatos bíblicos.* Santander: Sal Terrae, 2000.

Martínez, José M. *Hermenéutica bíblica.* Barcelona: Clie, 1984.

Mayhue, Richard. *Cómo interpretar la Biblia uno mismo.* Grand Rapids: Portavoz, 1994.

Metzger, Bruce M. *Un comentario textual al Nuevo Testamento griego.* Río de Janeiro: Sociedades Bíblicas Unidas, 2006.

Mickelson, A. Berkeley. *Interpreting the Bible.* Grand Rapids: Eerdmans, 1963.

Mora Paz, C.; M. Grilli y R. Dillmann. *Lectura pragmalingüística de la Biblia.* Estella: Verbo Divino, 1999.

Nida, Eugene A. *Toward a Science of Translating.* Leiden: Brill, 1964

Nida, Eugene A. y William D. Reyburn. *Significado y diversidad cultural.* Miami: Sociedades Bíblicas Unidas, 1998.

Nida, Eugene A. y Charles R. Taber. *Teoría y práctica de la traducción.* Madrid: Cristiandad, 1986.

O'Callagham, Josep. *Introducción a la crítica textual del Nuevo Testamento.* Estella: Verbo Divino, 1999.

Osborne, Grant R. *The Hermeneutical Spiral: A Comprehensive Introduction to Biblical Interpretation.* Downers Grove: InterVarsity Press, 2006.

Padilla, Catalina F. *La Palabra de Dios para el pueblo de Dios.* Buenos Aires: Kairós, 2007.

Palmer, W. Robert. *Cómo entender la Biblia.* Joplin, MO: Literature and Teaching Ministries, 1999.

Pontificia Comisión Bíblica. *La interpretación de la Biblia en la Iglesia.* Ciudad del Vaticano: Librería Editrice Vaticana, 1993.

Puigvert, Pedro. *¿Cómo llegó la Biblia hasta nosotros?* Barcelona: Clie, 1999.

Ramm, Bernard. *Protestant Biblical Interpretation: A Textbook of Hermeneutics.* Grand Rapids: Baker Books, 1970.

Ratizger, J.; Beuchamp, P.; Costacurta, B.; De la Potterie, I.; Stock, K.; Vanhoye, A., *Escritura e interpretación Los fundamentos de la interpretación bíblica.* Madrid: Palabra, 2003.

Ricoeur, Paul. *Del texto a la acción.* México: Fondo de Cultura Económica, 2001.

Rivas, Luis H. *Diccionario para el estudio de la Biblia*. Buenos Aires: AMICO, 2010.

Sánchez Cetina, Edesio, ed. *Descubre la Biblia III*. Miami: Sociedades Bíblicas Unidas, 2006.

Sproul, R. C. *Cómo estudiar e interpretar la Biblia*. Miami: Logoi, 2004.

Stenger, Werner. *Los métodos de la exégesis bíblica*. Barcelona: Herder, 1990.

Stott, John R. W. *Cómo comprender la Biblia*. Buenos Aires: Certeza, 1977.

Tellería, Juan María, *La interpretación del Nuevo Testamento a lo largo de la historia*. Las Palmas: Editorial Mundo Bíblico, 2014.

Terry, Milton S. *Hermenéutica*. Barcelona: Clie, 1990.

Tosaus Abadia, José P. *La Biblia como literatura*. Estella: Verbo Divino, 1996.

Trebolle Barrera, Julio. *La Biblia judía y la Biblia cristiana*. Madrid: Trotta, 1998.

Trenchard, Ernesto. *Normas de interpretación bíblica*. Madrid: Literatura Bíblica, 1973.

Van der Jagt, Krijn. *Interpretación de la Biblia: acercamiento desde la antropología*. Miami: Sociedades Bíblicas Unidas, 1987.

Van Dijk, A. *Ciencia del texto*. Barcelona: Paidós, 1992.

Vanhoozer, Kevin J., ed. *Dictionary for Theological Interpretation of the Bible*. Grand Rapids: Baker Academic, 2005.

Villanueva, Carlos. *Panorama de la Biblia*. Buenos Aires: Publicaciones PROFORME, 2008.

Vine, W. E. *Diccionario expositivo de palabras del Antiguo y del Nuevo Testamento*. Barcelona: Clíe, 1989.

Virkler, Henry A. *Hermenéutica: principios y métodos de interpretación bíblica*. Miami: Vida, 1994.

Warren, Rick. *Métodos de estudio bíblico personal*. Miami: Vida, 2005.

Wegner, Paul D. *A Student's Guide to Textual Criticism of the Bible: Its History, Methods and Results*. Downers Grove, ILL: InterVarsity Press, 2006.

Weren, Wim. *Métodos de exégesis de los evangelios*. Estella: Verbo Divino, 2003.

Wicks, Jared. *Introducción al método teológico*. Estella: Verbo Divino, 1996.

Wonderly, William L. *Traducciones bíblicas para uso popular*. México: Sociedades Bíblicas Unidas, 1977.

Zimmermann, H. *Los Métodos histórico-críticos en el Nuevo Testamento*. Madrid: Biblioteca de Autores Cristianos, 1969.

Títulos de la colección

CURSO DE FORMACIÓN TEOLÓGICA EVANGÉLICA

Como muestra de gratitud por su compra,

visite www.editorialclie.info
y descargue gratis:

"Los 7 nuevos descubrimientos sobre Jesús que nadie te ha contado"

Código:

DESCU24